应急管理法规汇编

(第二版)

法律出版社法规中心 编

北京

图书在版编目（CIP）数据

最新应急管理法规汇编／法律出版社法规中心编．
2版．－－北京：法律出版社，2025．－－ISBN 978-7
-5197-9822-2

Ⅰ.D922.109

中国国家版本馆CIP数据核字第20242LD855号

| 最新应急管理法规汇编 ZUIXIN YINGJI GUANLI FAGUI HUIBIAN | 法律出版社法规中心 编 | 责任编辑 李　群　陈　熙
装帧设计 李　瞻 |

出版发行 法律出版社　　　　　　　　开本 A5
编辑统筹 法规出版分社　　　　　　　印张 19.875　　字数 852千
责任校对 张红蕊　　　　　　　　　　版本 2025年1月第2版
责任印制 耿润瑜　　　　　　　　　　印次 2025年1月第1次印刷
经　　销 新华书店　　　　　　　　　印刷 保定市中画美凯印刷有限公司

地址：北京市丰台区莲花池西里7号（100073）
网址：www.lawpress.com.cn　　　　　销售电话：010-83938349
投稿邮箱：info@lawpress.com.cn　　　客服电话：010-83938350
举报盗版邮箱：jbwq@lawpress.com.cn　咨询电话：010-63939796
版权所有·侵权必究

书号：ISBN 978-7-5197-9822-2　　　　定价：63.00元
凡购买本社图书，如有印装错误，我社负责退换。电话：010-83938349

目　　录

一、综　　合

中华人民共和国突发事件应对法（2007.8.30）（2024.6.28修订）……（ 1 ）
突发事件应急预案管理办法（2024.1.31）…………………………（ 17 ）
国家突发公共事件总体应急预案（2006.1.8）………………………（ 24 ）
国务院关于特大安全事故行政责任追究的规定（2001.4.21）………（ 30 ）

二、灾害防治

1. 防汛抗旱
中华人民共和国防洪法（1997.8.29）（2016.7.2修正）……………（ 35 ）
中华人民共和国防汛条例（1991.7.2）（2011.1.8修订）……………（ 46 ）
中华人民共和国抗旱条例（2009.2.26）………………………………（ 52 ）
国家防汛抗旱应急预案（2022.5.30）…………………………………（ 59 ）

2. 气象灾害防治
中华人民共和国气象法（节录）（1999.10.31）（2016.11.7修正）…（ 87 ）
气象灾害防御条例（2010.1.27）（2017.10.7修订）…………………（ 90 ）
国家气象灾害应急预案（2009.12.11）…………………………………（ 96 ）
气象灾害预警信号发布与传播办法（2007.6.12）……………………（110）

3. 地质灾害防治
中华人民共和国防震减灾法（1997.12.29）（2008.12.27修订）……（112）
破坏性地震应急条例（1995.2.11）（2011.1.8修订）…………………（126）
地震监测管理条例（2004.6.17）（2024.12.6修订）…………………（130）
地震安全性评价管理条例（2001.11.15）（2019.3.2修订）…………（135）
国家地震应急预案（2012.8.28修订）…………………………………（138）
地质灾害防治条例（2003.11.24）………………………………………（149）
国务院关于加强地质灾害防治工作的决定（2011.6.13）……………（157）
矿山地质环境保护规定（2009.3.2）（2019.7.24修正）……………（162）
国家突发地质灾害应急预案（2006.1.13）……………………………（166）

4. 火灾防治

中华人民共和国消防法(1998.4.29)(2021.4.29 修正) …………………（173）
消防安全责任制实施办法(2017.10.29) ……………………………（186）
高层民用建筑消防安全管理规定(2021.6.21) ……………………（194）
中华人民共和国森林法(1984.9.20)(2019.12.28 修订) ……………（203）
森林防火条例(1988.1.16)(2008.12.1 修订) …………………………（215）
草原防火条例(1993.10.5)(2008.11.29 修订) ………………………（222）
国家森林草原火灾应急预案(2020.10.26) …………………………（228）
中华人民共和国石油天然气管道保护法(2010.6.25) ………………（239）
城镇燃气管理条例(2010.11.19)(2016.2.6 修订) …………………（248）
机关、团体、企业、事业单位消防安全管理规定(2001.11.14) ………（257）

三、安全生产管理

1. 综合

中华人民共和国安全生产法(节录)(2002.6.29)(2021.6.10 修正) ………（266）
安全生产许可证条例(2004.1.13)(2014.7.29 修订) ………………（276）
生产安全事故应急条例(2019.2.17) …………………………………（279）
应急管理部行政复议和行政应诉工作办法(2024.4.4) ……………（285）
安全生产违法行为行政处罚办法(2007.11.30)(2015.4.2 修正) ……（292）
生产安全事故信息报告和处置办法(2009.6.16) ……………………（304）
生产安全事故应急预案管理办法(2016.6.3)(2019.7.11 修正) ……（308）
国家安全生产事故灾难应急预案(2006.1.22) ………………………（315）
生产安全事故罚款处罚规定(2024.1.10) ……………………………（323）

2. 危险化学品、有毒物品安全生产

中华人民共和国监控化学品管理条例(1995.12.27)(2011.1.8 修订) ………（328）
易制毒化学品管理条例(2005.8.26)(2018.9.18 修订) ……………（331）
危险化学品安全管理条例(2002.1.26)(2013.12.7 修订) …………（340）
危险化学品登记管理办法(2012.7.1) ………………………………（361）

3. 行业安全生产

建设工程安全生产管理条例(节录)(2003.11.24) …………………（367）
建设工程质量管理条例(2000.1.30)(2019.4.23 修订) ……………（368）
建设工程抗震管理条例(2021.7.19) …………………………………（377）
民用爆炸物品安全管理条例(2006.5.10)(2014.7.29 修订) ………（384）
烟花爆竹安全管理条例(2006.1.21)(2016.2.6 修订) ………………（394）
中华人民共和国电力法(1995.12.28)(2018.12.29 修正) ……………（401）

电力设施保护条例(1987.9.15)(2011.1.8修订) …………………… (409)
电力安全事故应急处置和调查处理条例(2011.7.7) …………… (414)
国家大面积停电事件应急预案(2015.11.13) …………………… (420)

四、抢险救援工作

中华人民共和国红十字会法(1993.10.31)(2017.2.24修订) …… (430)
军队参加抢险救灾条例(2005.6.7) ……………………………… (434)
铁路交通事故应急救援和调查处理条例(2007.7.11)(2012.11.9修订)
 ……………………………………………………………………… (437)
自然灾害救助条例(2010.7.8)(2019.3.2修订) ………………… (442)
国家自然灾害救助应急预案(2024.1.20) ……………………… (447)
国务院办公厅关于加强水上搜救工作的通知(2019.10.31) …… (464)
国家海上搜救应急预案(2006.1.23) …………………………… (466)
国家突发公共事件医疗卫生救援应急预案(2006.2.26) ……… (477)
矿山救援规程(2024.4.28) ……………………………………… (485)
民用运输机场突发事件应急救援管理规则(2016.4.20) ……… (513)

五、能源应急管理

中华人民共和国核安全法(节录)(2017.9.1) …………………… (527)
核电厂核事故应急管理条例(1993.8.4)(2011.1.8修订) ……… (528)
国家核应急预案(2013.6.30修订) ……………………………… (534)
中华人民共和国生物安全法(2020.10.17)(2024.4.26修正) …… (543)
病原微生物实验室生物安全管理条例(节录)(2004.11.12)(2018.3.19修订) ……………………………………………………………… (557)
国境口岸突发公共卫生事件出入境检验检疫应急处理规定(2003.11.7)
(2018.4.28修正) ………………………………………………… (558)
突发公共卫生事件交通应急规定(2004.3.4) ………………… (563)
国家突发公共卫生事件应急预案(2006.2.26) ………………… (571)
重大动物疫情应急条例(2005.11.18)(2017.10.7修订) ……… (582)
国家突发重大动物疫情应急预案(2006.2.27) ………………… (588)

六、通讯应急管理

中华人民共和国电信条例(2000.9.25)(2016.2.6修订) ……… (599)

中华人民共和国无线电管理条例(1993.9.11)(2016.11.11 修订) ………… (611)
国家通信保障应急预案(2011.12.10 修订) ……………………………… (621)
应急广播管理暂行办法(2021.6.7) ………………………………………… (627)

一、综　合

中华人民共和国突发事件应对法

1. 2007 年 8 月 30 日第十届全国人民代表大会常务委员会第二十九次会议通过
2. 2024 年 6 月 28 日第十四届全国人民代表大会常务委员会第十次会议修订
3. 自 2024 年 11 月 1 日起施行

目　　录

第一章　总　　则
第二章　管理与指挥体制
第三章　预防与应急准备
第四章　监测与预警
第五章　应急处置与救援
第六章　事后恢复与重建
第七章　法律责任
第八章　附　　则

第一章　总　　则

第一条　【立法目的】①为了预防和减少突发事件的发生,控制、减轻和消除突发事件引起的严重社会危害,提高突发事件预防和应对能力,规范突发事件应对活动,保护人民生命财产安全,维护国家安全、公共安全、生态环境安全和社会秩序,根据宪法,制定本法。

第二条　【突发事件定义、调整范围及法律适用】本法所称突发事件,是指突然发生,造成或者可能造成严重社会危害,需要采取应急处置措施予以应对的自然灾害、事故灾难、公共卫生事件和社会安全事件。

突发事件的预防与应急准备、监测与预警、应急处置与救援、事后恢复与重建等应对活动,适用本法。

《中华人民共和国传染病防治法》等有关法律对突发公共卫生事件应对作出规定,适用其规定。有关法律没有规定,适用本法。

---

① 条文主旨为编者所加,下同。

第三条　【突发事件分级和分级标准的制定】按照社会危害程度、影响范围等因素，突发自然灾害、事故灾难、公共卫生事件分为特别重大、重大、较大和一般四级。法律、行政法规或者国务院另有规定的，从其规定。

突发事件的分级标准由国务院或者国务院确定的部门制定。

第四条　【指导思想、领导体制和治理体系】突发事件应对工作坚持中国共产党的领导，坚持以马克思列宁主义、毛泽东思想、邓小平理论、"三个代表"重要思想、科学发展观、习近平新时代中国特色社会主义思想为指导，建立健全集中统一、高效权威的中国特色突发事件应对工作领导体制，完善党委领导、政府负责、部门联动、军地联合、社会协同、公众参与、科技支撑、法治保障的治理体系。

第五条　【应对工作原则】突发事件应对工作应当坚持总体国家安全观，统筹发展与安全；坚持人民至上、生命至上；坚持依法科学应对，尊重和保障人权；坚持预防为主、预防与应急相结合。

第六条　【社会动员机制】国家建立有效的社会动员机制，组织动员企业事业单位、社会组织、志愿者等各方力量依法有序参与突发事件应对工作，增强全民的公共安全和防范风险的意识，提高全社会的避险救助能力。

第七条　【信息发布制度】国家建立健全突发事件信息发布制度。有关人民政府和部门应当及时向社会公布突发事件相关信息和有关突发事件应对的决定、命令、措施等信息。

任何单位和个人不得编造、故意传播有关突发事件的虚假信息。有关人民政府和部门发现影响或者可能影响社会稳定、扰乱社会和经济管理秩序的虚假或者不完整信息的，应当及时发布准确的信息予以澄清。

第八条　【新闻采访报道制度和公益宣传】国家建立健全突发事件新闻采访报道制度。有关人民政府和部门应当做好新闻媒体服务引导工作，支持新闻媒体开展采访报道和舆论监督。

新闻媒体采访报道突发事件应当及时、准确、客观、公正。

新闻媒体应当开展突发事件应对法律法规、预防与应急、自救与互救知识等的公益宣传。

第九条　【投诉、举报制度】国家建立突发事件应对工作投诉、举报制度，公布统一的投诉、举报方式。

对于不履行或者不正确履行突发事件应对工作职责的行为，任何单位和个人有权向有关人民政府和部门投诉、举报。

接到投诉、举报的人民政府和部门应当依照规定立即组织调查处理，并将调查处理结果以适当方式告知投诉人、举报人；投诉、举报事项不属于其职责的，应当及时移送有关机关处理。

有关人民政府和部门对投诉人、举报人的相关信息应当予以保密，保护投诉人、举报人的合法权益。

第十条　【应对措施合理性原则】突发事件应对措施应当与突发事件可能造成的社会危害的性质、程度和范围相适应；有多种措施可供选择的，应当选择有利于最大程度地保护公民、法人和其他组织权益，且对他人权益损害和生态环境影响较小的措施，并根据情况变化及时调整，做到科学、精准、有效。

第十一条　【特殊群体优先保护】国家在突发事件应对工作中，应当对未成年人、老年人、残疾人、孕产期和哺乳期的妇女、需要及时就医的伤病人员等群体给予特殊、优先保护。

第十二条　【应急征用与补偿】县级以上人民政府及其部门为应对突发事件的紧急需要，可以征用单位和个人的设备、设施、场地、交通工具等财产。被征用的财产在使用完毕或者突发事件应急处置工作结束后，应当及时返还。财产被征用或者征用后毁损、灭失的，应当给予公平、合理的补偿。

第十三条　【时效中止、程序中止】因依法采取突发事件应对措施，致使诉讼、监察调查、行政复议、仲裁、国家赔偿等活动不能正常进行的，适用有关时效中止和程序中止的规定，法律另有规定的除外。

第十四条　【国际合作与交流】中华人民共和国政府在突发事件的预防与应急准备、监测与预警、应急处置与救援、事后恢复与重建等方面，同外国政府和有关国际组织开展合作与交流。

第十五条　【表彰、奖励】对在突发事件应对工作中做出突出贡献的单位和个人，按照国家有关规定给予表彰、奖励。

第二章　管理与指挥体制

第十六条　【应急管理体制和工作体系】国家建立统一指挥、专常兼备、反应灵敏、上下联动的应急管理体制和综合协调、分类管理、分级负责、属地管理为主的工作体系。

第十七条　【突发事件应对管理工作的属地管辖】县级人民政府对本行政区域内突发事件的应对管理工作负责。突发事件发生后，发生地县级人民政府应当立即采取措施控制事态发展，组织开展应急救援和处置工作，并立即向上一级人民政府报告，必要时可以越级上报，具备条件的，应当进行网络直报或者自动速报。

突发事件发生地县级人民政府不能消除或者不能有效控制突发事件引起的严重社会危害的，应当及时向上级人民政府报告。上级人民政府应当及时采取措施，统一领导应急处置工作。

法律、行政法规规定由国务院有关部门对突发事件应对管理工作负责的，从其规定；地方人民政府应当积极配合并提供必要的支持。

第十八条　【涉及两个以上行政区域的突发事件管辖】突发事件涉及两个以上行政区域的，其应对管理工作由有关行政区域共同的上一级人民政府负责，或者由各有关行政区域的上一级人民政府共同负责。共同负责的人民政府应当按照国家有关规定,建立信息共享和协调配合机制。根据共同应对突发事件的需要,地方人民政府之间可以建立协同应对机制。

第十九条 【行政领导机关与应急指挥机构】县级以上人民政府是突发事件应对管理工作的行政领导机关。

国务院在总理领导下研究、决定和部署特别重大突发事件的应对工作;根据实际需要,设立国家突发事件应急指挥机构,负责突发事件应对工作;必要时,国务院可以派出工作组指导有关工作。

县级以上地方人民政府设立由本级人民政府主要负责人、相关部门负责人、国家综合性消防救援队伍和驻当地中国人民解放军、中国人民武装警察部队有关负责人等组成的突发事件应急指挥机构,统一领导、协调本级人民政府各有关部门和下级人民政府开展突发事件应对工作;根据实际需要,设立相关类别突发事件应急指挥机构,组织、协调、指挥突发事件应对工作。

第二十条 【应急指挥机构发布决定、命令、措施】突发事件应急指挥机构在突发事件应对过程中可以依法发布有关突发事件应对的决定、命令、措施。突发事件应急指挥机构发布的决定、命令、措施与设立它的人民政府发布的决定、命令、措施具有同等效力,法律责任由设立它的人民政府承担。

第二十一条 【应对管理职责分工】县级以上人民政府应急管理部门和卫生健康、公安等有关部门应当在各自职责范围内做好有关突发事件应对管理工作,并指导、协助下级人民政府及其相应部门做好有关突发事件的应对管理工作。

第二十二条 【乡镇街道、基层群众性自治组织的职责】乡级人民政府、街道办事处应当明确专门工作力量,负责突发事件应对有关工作。

居民委员会、村民委员会依法协助人民政府和有关部门做好突发事件应对工作。

第二十三条 【公众参与】公民、法人和其他组织有义务参与突发事件应对工作。

第二十四条 【武装力量参加突发事件应急救援和处置】中国人民解放军、中国人民武装警察部队和民兵组织依照本法和其他有关法律、行政法规、军事法规的规定以及国务院、中央军事委员会的命令,参加突发事件的应急救援和处置工作。

第二十五条 【人大常委会对突发事件应对工作的监督】县级以上人民政府及其设立的突发事件应急指挥机构发布的有关突发事件应对的决定、命令、措施,应当及时报本级人民代表大会常务委员会备案;突发事件应急处置工作结束后,应当向本级人民代表大会常务委员会作出专项工作报告。

第三章 预防与应急准备

第二十六条 【突发事件应急预案体系】国家建立健全突发事件应急预案体系。

国务院制定国家突发事件总体应急预案,组织制定国家突发事件专项应急预案;国务院有关部门根据各自的职责和国务院相关应急预案,制定国家突发事件部门应急预案并报国务院备案。

地方各级人民政府和县级以上地方人民政府有关部门根据有关法律、法规、规章、上级人民政府及其有关部门的应急预案以及本地区、本部门的实际情况,制定相应的突发事件应急预案并按国务院有关规定备案。

第二十七条 【应急管理部门指导应急预案体系建设】县级以上人民政府应急管理部门指导突发事件应急预案体系建设,综合协调应急预案衔接工作,增强有关应急预案的衔接性和实效性。

第二十八条 【应急预案的制定与修订】应急预案应当根据本法和其他有关法律、法规的规定,针对突发事件的性质、特点和可能造成的社会危害,具体规定突发事件应对管理工作的组织指挥体系与职责和突发事件的预防与预警机制、处置程序、应急保障措施以及事后恢复与重建措施等内容。

应急预案制定机关应当广泛听取有关部门、单位、专家和社会各方面意见,增强应急预案的针对性和可操作性,并根据实际需要、情势变化、应急演练中发现的问题等及时对应急预案作出修订。

应急预案的制定、修订、备案等工作程序和管理办法由国务院规定。

第二十九条 【纳入、制定相关规划】县级以上人民政府应当将突发事件应对工作纳入国民经济和社会发展规划。县级以上人民政府有关部门应当制定突发事件应急体系建设规划。

第三十条 【国土空间规划符合预防、处置突发事件的需要】国土空间规划等规划应当符合预防、处置突发事件的需要,统筹安排突发事件应对工作所必需的设备和基础设施建设,合理确定应急避难、封闭隔离、紧急医疗救治等场所,实现日常使用和应急使用的相互转换。

第三十一条 【应急避难场所的规划、建设和管理】国务院应急管理部门会同卫生健康、自然资源、住房城乡建设等部门统筹、指导全国应急避难场所的建设和管理工作,建立健全应急避难场所标准体系。县级以上地方人民政府负责本行政区域内应急避难场所的规划、建设和管理工作。

第三十二条 【突发事件风险评估体系】国家建立健全突发事件风险评估体系,对可能发生的突发事件进行综合性评估,有针对性地采取有效防范措施,减少突发事件的发生,最大限度减轻突发事件的影响。

第三十三条 【危险源、危险区域的调查、登记与风险评估】县级人民政府应当对本行政区域内容易引发自然灾害、事故灾难和公共卫生事件的危险源、危险区域进行调查、登记、风险评估,定期进行检查、监控,并责令有关单位采取安全防范措施。

省级和设区的市级人民政府应当对本行政区域内容易引发特别重大、重大突发事件的危险源、危险区域进行调查、登记、风险评估,组织进行检查、监控,并责令有关单位采取安全防范措施。

县级以上地方人民政府应当根据情况变化，及时调整危险源、危险区域的登记。登记的危险源、危险区域及其基础信息，应当按照国家有关规定接入突发事件信息系统，并及时向社会公布。

第三十四条　【及时调解处理矛盾纠纷】县级人民政府及其有关部门、乡级人民政府、街道办事处、居民委员会、村民委员会应当及时调解处理可能引发社会安全事件的矛盾纠纷。

第三十五条　【单位安全管理制度】所有单位应当建立健全安全管理制度，定期开展危险源辨识评估，制定安全防范措施；定期检查本单位各项安全防范措施的落实情况，及时消除事故隐患；掌握并及时处理本单位存在的可能引发社会安全事件的问题，防止矛盾激化和事态扩大；对本单位可能发生的突发事件和采取安全防范措施的情况，应当按照规定及时向所在地人民政府或者有关部门报告。

第三十六条　【高危行业单位的突发事件预防义务】矿山、金属冶炼、建筑施工单位和易燃易爆物品、危险化学品、放射性物品等危险物品的生产、经营、运输、储存、使用单位，应当制定具体应急预案，配备必要的应急救援器材、设备和物资，并对生产经营场所、有危险物品的建筑物、构筑物及周边环境开展隐患排查，及时采取措施管控风险和消除隐患，防止发生突发事件。

第三十七条　【人员密集场所的经营或者管理单位的预防义务】公共交通工具、公共场所和其他人员密集场所的经营单位或者管理单位应当制定具体应急预案，为交通工具和有关场所配备报警装置和必要的应急救援设备、设施，注明其使用方法，并显著标明安全撤离的通道、路线，保证安全通道、出口的畅通。

有关单位应当定期检测、维护其报警装置和应急救援设备、设施，使其处于良好状态，确保正常使用。

第三十八条　【培训制度】县级以上人民政府应当建立健全突发事件应对管理培训制度，对人民政府及其有关部门负有突发事件应对管理职责的工作人员以及居民委员会、村民委员会有关人员定期进行培训。

第三十九条　【应急救援队伍】国家综合性消防救援队伍是应急救援的综合性常备骨干力量，按照国家有关规定执行综合应急救援任务。县级以上人民政府有关部门可以根据实际需要设立专业应急救援队伍。

县级以上人民政府及其有关部门可以建立由成年志愿者组成的应急救援队伍。乡级人民政府、街道办事处和有条件的居民委员会、村民委员会可以建立基层应急救援队伍，及时、就近开展应急救援。单位应当建立由本单位职工组成的专职或者兼职应急救援队伍。

国家鼓励和支持社会力量建立提供社会化应急救援服务的应急救援队伍。社会力量建立的应急救援队伍参与突发事件应对工作应当服从履行统一领导职责或者组织处置突发事件的人民政府、突发事件应急指挥机构的统一指挥。

县级以上人民政府应当推动专业应急救援队伍与非专业应急救援队伍联合

培训、联合演练,提高合成应急、协同应急的能力。

第四十条 【应急救援人员保险与职业资格】地方各级人民政府、县级以上人民政府有关部门、有关单位应当为其组建的应急救援队伍购买人身意外伤害保险,配备必要的防护装备和器材,防范和减少应急救援人员的人身伤害风险。

专业应急救援人员应当具备相应的身体条件、专业技能和心理素质,取得国家规定的应急救援职业资格,具体办法由国务院应急管理部门会同国务院有关部门制定。

第四十一条 【武装力量应急救援专门训练】中国人民解放军、中国人民武装警察部队和民兵组织应当有计划地组织开展应急救援的专门训练。

第四十二条 【应急知识宣传普及和应急演练】县级人民政府及其有关部门、乡级人民政府、街道办事处应当组织开展面向社会公众的应急知识宣传普及活动和必要的应急演练。

居民委员会、村民委员会、企业事业单位、社会组织应当根据所在地人民政府的要求,结合各自的实际情况,开展面向居民、村民、职工等的应急知识宣传普及活动和必要的应急演练。

第四十三条 【学校应急知识教育和应急演练】各级各类学校应当把应急教育纳入教育教学计划,对学生及教职工开展应急知识教育和应急演练,培养安全意识,提高自救与互救能力。

教育主管部门应当对学校开展应急教育进行指导和监督,应急管理等部门应当给予支持。

第四十四条 【经费保障与资金管理】各级人民政府应当将突发事件应对工作所需经费纳入本级预算,并加强资金管理,提高资金使用绩效。

第四十五条 【国家应急物资储备保障制度】国家按照集中管理、统一调拨、平时服务、灾时应急、采储结合、节约高效的原则,建立健全应急物资储备保障制度,动态更新应急物资储备品种目录,完善重要应急物资的监管、生产、采购、储备、调拨和紧急配送体系,促进安全应急产业发展,优化产业布局。

国家储备物资品种目录、总体发展规划,由国务院发展改革部门会同国务院有关部门拟订。国务院应急管理等部门依据职责制定应急物资储备规划、品种目录,并组织实施。应急物资储备规划应当纳入国家储备总体发展规划。

第四十六条 【地方应急物资储备保障制度】设区的市级以上人民政府和突发事件易发、多发地区的县级人民政府应当建立应急救援物资、生活必需品和应急处置装备的储备保障制度。

县级以上地方人民政府应当根据本地区的实际情况和突发事件应对工作的需要,依法与有条件的企业签订协议,保障应急救援物资、生活必需品和应急处置装备的生产、供给。有关企业应当根据协议,按照县级以上地方人民政府要求,进行应急救援物资、生活必需品和应急处置装备的生产、供给,并确保符合国家有关产品质量的标准和要求。

国家鼓励公民、法人和其他组织储备基本的应急自救物资和生活必需品。有关部门可以向社会公布相关物资、物品的储备指南和建议清单。

第四十七条 【应急运输保障体系】国家建立健全应急运输保障体系,统筹铁路、公路、水运、民航、邮政、快递等运输和服务方式,制定应急运输保障方案,保障应急物资、装备和人员及时运输。

县级以上地方人民政府和有关主管部门应当根据国家应急运输保障方案,结合本地区实际做好应急调度和运力保障,确保运输通道和客货运枢纽畅通。

国家发挥社会力量在应急运输保障中的积极作用。社会力量参与突发事件应急运输保障,应当服从突发事件应急指挥机构的统一指挥。

第四十八条 【能源应急保障体系】国家建立健全能源应急保障体系,提高能源安全保障能力,确保受突发事件影响地区的能源供应。

第四十九条 【应急通信、应急广播保障体系】国家建立健全应急通信、应急广播保障体系,加强应急通信系统、应急广播系统建设,确保突发事件应对工作的通信、广播安全畅通。

第五十条 【突发事件卫生应急体系】国家建立健全突发事件卫生应急体系,组织开展突发事件中的医疗救治、卫生学调查处置和心理援助等卫生应急工作,有效控制和消除危害。

第五十一条 【急救医疗服务网络】县级以上人民政府应当加强急救医疗服务网络的建设,配备相应的医疗救治物资、设施设备和人员,提高医疗卫生机构应对各类突发事件的救治能力。

第五十二条 【社会力量支持】国家鼓励公民、法人和其他组织为突发事件应对工作提供物资、资金、技术支持和捐赠。

接受捐赠的单位应当及时公开接受捐赠的情况和受赠财产的使用、管理情况,接受社会监督。

第五十三条 【红十字会与慈善组织的职责】红十字会在突发事件中,应当对伤病人员和其他受害者提供紧急救援和人道救助,并协助人民政府开展与其职责相关的其他人道主义服务活动。有关人民政府应当给予红十字会支持和资助,保障其依法参与应对突发事件。

慈善组织在发生重大突发事件时开展募捐和救助活动,应当在有关人民政府的统筹协调、有序引导下依法进行。有关人民政府应当通过提供必要的需求信息、政府购买服务等方式,对慈善组织参与应对突发事件、开展应急慈善活动予以支持。

第五十四条 【应急救援资金、物资的管理】有关单位应当加强应急救援资金、物资的管理,提高使用效率。

任何单位和个人不得截留、挪用、私分或者变相私分应急救援资金、物资。

第五十五条 【巨灾风险保险体系】国家发展保险事业,建立政府支持、社会力量参与、市场化运作的巨灾风险保险体系,并鼓励单位和个人参加保险。

第五十六条 【人才培养和科技赋能】国家加强应急管理基础科学、重点行业领域关键核心技术的研究,加强互联网、云计算、大数据、人工智能等现代技术手段在突发事件应对工作中的应用,鼓励、扶持有条件的教学科研机构、企业培养应急管理人才和科技人才,研发、推广新技术、新材料、新设备和新工具,提高突发事件应对能力。

第五十七条 【专家咨询论证制度】县级以上人民政府及其有关部门应当建立健全突发事件专家咨询论证制度,发挥专业人员在突发事件应对工作中的作用。

第四章 监测与预警

第五十八条 【突发事件监测制度】国家建立健全突发事件监测制度。

县级以上人民政府及其有关部门应当根据自然灾害、事故灾难和公共卫生事件的种类和特点,建立健全基础信息数据库,完善监测网络,划分监测区域,确定监测点,明确监测项目,提供必要的设备、设施,配备专职或者兼职人员,对可能发生的突发事件进行监测。

第五十九条 【突发事件信息系统】国务院建立全国统一的突发事件信息系统。

县级以上地方人民政府应当建立或者确定本地区统一的突发事件信息系统,汇集、储存、分析、传输有关突发事件的信息,并与上级人民政府及其有关部门、下级人民政府及其有关部门、专业机构、监测网点和重点企业的突发事件信息系统实现互联互通,加强跨部门、跨地区的信息共享与情报合作。

第六十条 【信息收集与报告制度】县级以上人民政府及其有关部门、专业机构应当通过多种途径收集突发事件信息。

县级人民政府应当在居民委员会、村民委员会和有关单位建立专职或者兼职信息报告员制度。

公民、法人或者其他组织发现发生突发事件,或者发现可能发生突发事件的异常情况,应当立即向所在地人民政府、有关主管部门或者指定的专业机构报告。接到报告的单位应当按照规定立即核实处理,对于不属于其职责的,应当立即移送相关单位核实处理。

第六十一条 【信息报送制度】地方各级人民政府应当按照国家有关规定向上级人民政府报送突发事件信息。县级以上人民政府有关主管部门应当向本级人民政府相关部门通报突发事件信息,并报告上级人民政府主管部门。专业机构、监测网点和信息报告员应当及时向所在地人民政府及其有关主管部门报告突发事件信息。

有关单位和人员报送、报告突发事件信息,应当做到及时、客观、真实,不得迟报、谎报、瞒报、漏报,不得授意他人迟报、谎报、瞒报,不得阻碍他人报告。

第六十二条 【突发事件隐患和监测信息的分析评估】县级以上地方人民政府应当

及时汇总分析突发事件隐患和监测信息，必要时组织相关部门、专业技术人员、专家学者进行会商，对发生突发事件的可能性及其可能造成的影响进行评估；认为可能发生重大或者特别重大突发事件的，应当立即向上级人民政府报告，并向上级人民政府有关部门、当地驻军和可能受到危害的毗邻或者相关地区的人民政府通报，及时采取预防措施。

第六十三条　【突发事件预警制度】国家建立健全突发事件预警制度。

可以预警的自然灾害、事故灾难和公共卫生事件的预警级别，按照突发事件发生的紧急程度、发展势态和可能造成的危害程度分为一级、二级、三级和四级，分别用红色、橙色、黄色和蓝色标示，一级为最高级别。

预警级别的划分标准由国务院或者国务院确定的部门制定。

第六十四条　【警报信息发布、报告及明确的内容】可以预警的自然灾害、事故灾难或者公共卫生事件即将发生或者发生的可能性增大时，县级以上地方人民政府应当根据有关法律、行政法规和国务院规定的权限和程序，发布相应级别的警报，决定并宣布有关地区进入预警期，同时向上一级人民政府报告，必要时可以越级上报；具备条件的，应当进行网络直报或者自动速报；同时向当地驻军和可能受到危害的毗邻或者相关地区的人民政府通报。

发布警报应当明确预警类别、级别、起始时间、可能影响的范围、警示事项、应当采取的措施、发布单位和发布时间等。

第六十五条　【预警发布平台及预警信息的传播】国家建立健全突发事件预警发布平台，按照有关规定及时、准确向社会发布突发事件预警信息。

广播、电视、报刊以及网络服务提供者、电信运营商应当按照国家有关规定，建立突发事件预警信息快速发布通道，及时、准确、无偿播发或者刊载突发事件预警信息。

公共场所和其他人员密集场所，应当指定专门人员负责突发事件预警信息接收和传播工作，做好相关设备、设施维护，确保突发事件预警信息及时、准确接收和传播。

第六十六条　【三级、四级预警的应对措施】发布三级、四级警报，宣布进入预警期后，县级以上地方人民政府应当根据即将发生的突发事件的特点和可能造成的危害，采取下列措施：

（一）启动应急预案；

（二）责令有关部门、专业机构、监测网点和负有特定职责的人员及时收集、报告有关信息，向社会公布反映突发事件信息的渠道，加强对突发事件发生、发展情况的监测、预报和预警工作；

（三）组织有关部门和机构、专业技术人员、有关专家学者，随时对突发事件信息进行分析评估，预测发生突发事件可能性的大小、影响范围和强度以及可能发生的突发事件的级别；

（四）定时向社会发布与公众有关的突发事件预测信息和分析评估结果，并对相关信息的报道工作进行管理；

（五）及时按照有关规定向社会发布可能受到突发事件危害的警告，宣传避免、减轻危害的常识，公布咨询或者求助电话等联络方式和渠道。

第六十七条 【一级、二级预警的应对措施】发布一级、二级警报，宣布进入预警期后，县级以上地方人民政府除采取本法第六十六条规定的措施外，还应当针对即将发生的突发事件的特点和可能造成的危害，采取下列一项或者多项措施：

（一）责令应急救援队伍、负有特定职责的人员进入待命状态，并动员后备人员做好参加应急救援和处置工作的准备；

（二）调集应急救援所需物资、设备、工具，准备应急设施和应急避难、封闭隔离、紧急医疗救治等场所，并确保其处于良好状态、随时可以投入正常使用；

（三）加强对重点单位、重要部位和重要基础设施的安全保卫，维护社会治安秩序；

（四）采取必要措施，确保交通、通信、供水、排水、供电、供气、供热、医疗卫生、广播电视、气象等公共设施的安全和正常运行；

（五）及时向社会发布有关采取特定措施避免或者减轻危害的建议、劝告；

（六）转移、疏散或者撤离易受突发事件危害的人员并予以妥善安置，转移重要财产；

（七）关闭或者限制使用易受突发事件危害的场所，控制或者限制容易导致危害扩大的公共场所的活动；

（八）法律、法规、规章规定的其他必要的防范性、保护性措施。

第六十八条 【预警期内对重要商品和服务市场情况的监测】发布警报，宣布进入预警期后，县级以上人民政府应当对重要商品和服务市场情况加强监测，根据实际需要及时保障供应、稳定市场。必要时，国务院和省、自治区、直辖市人民政府可以按照《中华人民共和国价格法》等有关法律规定采取相应措施。

第六十九条 【社会安全事件报告制度】对即将发生或者已经发生的社会安全事件，县级以上地方人民政府及其有关主管部门应当按照规定向上一级人民政府及其有关主管部门报告，必要时可以越级上报，具备条件的，应当进行网络直报或者自动速报。

第七十条 【预警调整和解除】发布突发事件警报的人民政府应当根据事态的发展，按照有关规定适时调整预警级别并重新发布。

有事实证明不可能发生突发事件或者危险已经解除的，发布警报的人民政府应当立即宣布解除警报，终止预警期，并解除已经采取的有关措施。

第五章 应急处置与救援

第七十一条 【应急响应制度】国家建立健全突发事件应急响应制度。

突发事件的应急响应级别,按照突发事件的性质、特点、可能造成的危害程度和影响范围等因素分为一级、二级、三级和四级,一级为最高级别。

突发事件应急响应级别划分标准由国务院或者国务院确定的部门制定。县级以上人民政府及其有关部门应当在突发事件应急预案中确定应急响应级别。

第七十二条 【采取应急处置措施的要求】突发事件发生后,履行统一领导职责或者组织处置突发事件的人民政府应当针对其性质、特点、危害程度和影响范围等,立即启动应急响应,组织有关部门,调动应急救援队伍和社会力量,依照法律、法规、规章和应急预案的规定,采取应急处置措施,并向上级人民政府报告;必要时,可以设立现场指挥部,负责现场应急处置与救援,统一指挥进入突发事件现场的单位和个人。

启动应急响应,应当明确响应事项、级别、预计期限、应急处置措施等。

履行统一领导职责或者组织处置突发事件的人民政府,应当建立协调机制,提供需求信息,引导志愿服务组织和志愿者等社会力量及时有序参与应急处置与救援工作。

第七十三条 【自然灾害、事故灾难或者公共卫生事件的应急处置措施】自然灾害、事故灾难或者公共卫生事件发生后,履行统一领导职责的人民政府应当采取下列一项或者多项应急处置措施:

(一)组织营救和救治受害人员,转移、疏散、撤离并妥善安置受到威胁的人员以及采取其他救助措施;

(二)迅速控制危险源,标明危险区域,封锁危险场所,划定警戒区,实行交通管制、限制人员流动、封闭管理以及其他控制措施;

(三)立即抢修被损坏的交通、通信、供水、排水、供电、供气、供热、医疗卫生、广播电视、气象等公共设施,向受到危害的人员提供避难场所和生活必需品,实施医疗救护和卫生防疫以及其他保障措施;

(四)禁止或者限制使用有关设备、设施,关闭或者限制使用有关场所,中止人员密集的活动或者可能导致危害扩大的生产经营活动以及采取其他保护措施;

(五)启用本级人民政府设置的财政预备费和储备的应急救援物资,必要时调用其他急需物资、设备、设施、工具;

(六)组织公民、法人和其他组织参加应急救援和处置工作,要求具有特定专长的人员提供服务;

(七)保障食品、饮用水、药品、燃料等基本生活必需品的供应;

(八)依法从严惩处囤积居奇、哄抬价格、牟取暴利、制假售假等扰乱市场秩序的行为,维护市场秩序;

(九)依法从严惩处哄抢财物、干扰破坏应急处置工作等扰乱社会秩序的行为,维护社会治安;

(十)开展生态环境应急监测,保护集中式饮用水水源地等环境敏感目标,控

制和处置污染物;

(十一)采取防止发生次生、衍生事件的必要措施。

第七十四条 【社会安全事件的应急处置措施】社会安全事件发生后,组织处置工作的人民政府应当立即启动应急响应,组织有关部门针对事件的性质和特点,依照有关法律、行政法规和国家其他有关规定,采取下列一项或者多项应急处置措施:

(一)强制隔离使用器械相互对抗或者以暴力行为参与冲突的当事人,妥善解决现场纠纷和争端,控制事态发展;

(二)对特定区域内的建筑物、交通工具、设备、设施以及燃料、燃气、电力、水的供应进行控制;

(三)封锁有关场所、道路,查验现场人员的身份证件,限制有关公共场所内的活动;

(四)加强对易受冲击的核心机关和单位的警卫,在国家机关、军事机关、国家通讯社、广播电台、电视台、外国驻华使领馆等单位附近设置临时警戒线;

(五)法律、行政法规和国务院规定的其他必要措施。

第七十五条 【突发事件严重影响国民经济正常运行的应急措施】发生突发事件,严重影响国民经济正常运行时,国务院或者国务院授权的有关主管部门可以采取保障、控制等必要的应急措施,保障人民群众的基本生活需要,最大限度地减轻突发事件的影响。

第七十六条 【应急协作机制】履行统一领导职责或者组织处置突发事件的人民政府及其有关部门,必要时可以向单位和个人征用应急救援所需设备、设施、场地、交通工具和其他物资,请求其他地方人民政府及其有关部门提供人力、物力、财力或者技术支援,要求生产、供应生活必需品和应急救援物资的企业组织生产、保证供给,要求提供医疗、交通等公共服务的组织提供相应的服务。

履行统一领导职责或者组织处置突发事件的人民政府和有关主管部门,应当组织协调运输经营单位,优先运送处置突发事件所需物资、设备、工具、应急救援人员和受到突发事件危害的人员。

履行统一领导职责或者组织处置突发事件的人民政府及其有关部门,应当为受突发事件影响无人照料的无民事行为能力人、限制民事行为能力人提供及时有效帮助;建立健全联系帮扶应急救援人员家庭制度,帮助解决实际困难。

第七十七条 【基层群众性自治组织应急救援职责】突发事件发生地的居民委员会、村民委员会和其他组织应当按照当地人民政府的决定、命令,进行宣传动员,组织群众开展自救与互救,协助维护社会秩序;情况紧急的,应当立即组织群众开展自救与互救等先期处置工作。

第七十八条 【突发事件发生地有关单位的应急救援职责】受到自然灾害危害或者发生事故灾难、公共卫生事件的单位,应当立即组织本单位应急救援队伍和工作人员营救受害人员,疏散、撤离、安置受到威胁的人员,控制危险源,标明危险区域,封锁危险场所,并采取其他防止危害扩大的必要措施,同时向所在地县级人民政府报告;对因本单位的问题引发的或者主体是本单位人员的社会安全事件,有关单位应当按照规定上报情况,并迅速派出负责人赶赴现场开展劝解、疏导工作。

突发事件发生地的其他单位应当服从人民政府发布的决定、命令,配合人民政府采取的应急处置措施,做好本单位的应急救援工作,并积极组织人员参加所在地的应急救援和处置工作。

第七十九条　【突发事件发生地个人的义务】突发事件发生地的个人应当依法服从人民政府、居民委员会、村民委员会或者所属单位的指挥和安排,配合人民政府采取的应急处置措施,积极参加应急救援工作,协助维护社会秩序。

第八十条　【城乡社区应急工作机制】国家支持城乡社区组织健全应急工作机制,强化城乡社区综合服务设施和信息平台应急功能,加强与突发事件信息系统数据共享,增强突发事件应急处置中保障群众基本生活和服务群众能力。

第八十一条　【心理援助工作】国家采取措施,加强心理健康服务体系和人才队伍建设,支持引导心理健康服务人员和社会工作者对受突发事件影响的各类人群开展心理健康教育、心理评估、心理疏导、心理危机干预、心理行为问题诊治等心理援助工作。

第八十二条　【遗体处置及遗物保管】对于突发事件遇难人员的遗体,应当按照法律和国家有关规定,科学规范处置,加强卫生防疫,维护逝者尊严。对于逝者的遗物应当妥善保管。

第八十三条　【信息收集与个人信息保护】县级以上人民政府及其有关部门根据突发事件应对工作需要,在履行法定职责所必需的范围和限度内,可以要求公民、法人和其他组织提供应急处置与救援需要的信息。公民、法人和其他组织应当予以提供,法律另有规定的除外。县级以上人民政府及其有关部门对获取的相关信息,应当严格保密,并依法保护公民的通信自由和通信秘密。

第八十四条　【有关单位和个人获取他人个人信息的要求及限制】在突发事件应急处置中,有关单位和个人因依照本法规定配合突发事件应对工作或者履行相关义务,需要获取他人个人信息的,应当依照法律规定的程序和方式取得并确保信息安全,不得非法收集、使用、加工、传输他人个人信息,不得非法买卖、提供或者公开他人个人信息。

第八十五条　【个人信息的用途限制和销毁要求】因依法履行突发事件应对工作职责或者义务获取的个人信息,只能用于突发事件应对,并在突发事件应对工作结束后予以销毁。确因依法作为证据使用或者调查评估需要留存或者延期销毁的,应当按照规定进行合法性、必要性、安全性评估,并采取相应保护和处理措施,严格依法使用。

第六章　事后恢复与重建

第八十六条　【解除应急响应、停止执行应急处置措施】突发事件的威胁和危害得到控制或者消除后，履行统一领导职责或者组织处置突发事件的人民政府应当宣布解除应急响应，停止执行依照本法规定采取的应急处置措施，同时采取或继续实施必要措施，防止发生自然灾害、事故灾难、公共卫生事件的次生、衍生事件或者重新引发社会安全事件，组织受影响地区尽快恢复社会秩序。

第八十七条　【突发事件影响和损失的调查评估】突发事件应急处置工作结束后，履行统一领导职责的人民政府应当立即组织对突发事件造成的影响和损失进行调查评估，制定恢复重建计划，并向上一级人民政府报告。

受突发事件影响地区的人民政府应当及时组织和协调应急管理、卫生健康、公安、交通、铁路、民航、邮政、电信、建设、生态环境、水利、能源、广播电视等有关部门恢复社会秩序，尽快修复被损坏的交通、通信、供水、排水、供电、供气、供热、医疗卫生、水利、广播电视等公共设施。

第八十八条　【恢复重建的支持与指导】受突发事件影响地区的人民政府开展恢复重建工作需要上一级人民政府支持的，可以向上一级人民政府提出请求。上一级人民政府应当根据受影响地区遭受的损失和实际情况，提供资金、物资支持和技术指导，组织协调其他地区和有关方面提供资金、物资和人力支援。

第八十九条　【善后工作】国务院根据受突发事件影响地区遭受损失的情况，制定扶持该地区有关行业发展的优惠政策。

受突发事件影响地区的人民政府应当根据本地区遭受的损失和采取应急处置措施的情况，制定救助、补偿、抚慰、抚恤、安置等善后工作计划并组织实施，妥善解决因处置突发事件引发的矛盾纠纷。

第九十条　【公民参加应急工作的权益保障】公民参加应急救援工作或者协助维护社会秩序期间，其所在单位应当保证其工资待遇和福利不变，并可以按照规定给予相应补助。

第九十一条　【伤亡人员的待遇保障与致病人员的救治】县级以上人民政府对在应急救援工作中伤亡的人员依法落实工伤待遇、抚恤或者其他保障政策，并组织做好应急救援工作中致病人员的医疗救治工作。

第九十二条　【突发事件情况和应急处置工作报告】履行统一领导职责的人民政府在突发事件应对工作结束后，应当及时查明突发事件的发生经过和原因，总结突发事件应急处置工作的经验教训，制定改进措施，并向上一级人民政府提出报告。

第九十三条　【审计监督】突发事件应对工作中有关资金、物资的筹集、管理、分配、拨付和使用等情况，应当依法接受审计机关的审计监督。

第九十四条　【档案管理】国家档案主管部门应当建立健全突发事件应对工作相关档案收集、整理、保护、利用工作机制。突发事件应对工作中形成的材料，应当按照国家规定归档，并向相关档案馆移交。

第七章 法律责任

第九十五条 【政府及有关部门不履行或不正确履行法定职责的法律责任】地方各级人民政府和县级以上人民政府有关部门违反本法规定,不履行或者不正确履行法定职责的,由其上级行政机关责令改正;有下列情形之一,由有关机关综合考虑突发事件发生的原因、后果、应对处置情况、行为人过错等因素,对负有责任的领导人员和直接责任人员依法给予处分:

(一)未按照规定采取预防措施,导致发生突发事件,或者未采取必要的防范措施,导致发生次生、衍生事件的;

(二)迟报、谎报、瞒报、漏报或者授意他人迟报、谎报、瞒报以及阻碍他人报告有关突发事件的信息,或者通报、报送、公布虚假信息,造成后果的;

(三)未按照规定及时发布突发事件警报、采取预警期的措施,导致损害发生的;

(四)未按照规定及时采取措施处置突发事件或者处置不当,造成后果的;

(五)违反法律规定采取应对措施,侵犯公民生命健康权益的;

(六)不服从上级人民政府对突发事件应急处置工作的统一领导、指挥和协调的;

(七)未及时组织开展生产自救、恢复重建等善后工作的;

(八)截留、挪用、私分或者变相私分应急救援资金、物资的;

(九)不及时归还征用的单位和个人的财产,或者对被征用财产的单位和个人不按照规定给予补偿的。

第九十六条 【有关单位的法律责任】有关单位有下列情形之一,由所在地履行统一领导职责的人民政府有关部门责令停产停业,暂扣或者吊销许可证件,并处五万元以上二十万元以下的罚款;情节特别严重的,并处二十万元以上一百万元以下的罚款:

(一)未按照规定采取预防措施,导致发生较大以上突发事件的;

(二)未及时消除已发现的可能引发突发事件的隐患,导致发生较大以上突发事件的;

(三)未做好应急物资储备和应急设备、设施日常维护、检测工作,导致发生较大以上突发事件或者突发事件危害扩大的;

(四)突发事件发生后,不及时组织开展应急救援工作,造成严重后果的。

其他法律对前款行为规定了处罚的,依照较重的规定处罚。

第九十七条 【编造、传播虚假信息的法律责任】违反本法规定,编造并传播有关突发事件的虚假信息,或者明知是有关突发事件的虚假信息而进行传播的,责令改正,给予警告;造成严重后果的,依法暂停其业务活动或者吊销其许可证件;负有直接责任的人员是公职人员的,还应当依法给予处分。

第九十八条 【不服从决定、命令或不配合的法律责任】单位或者个人违反本法规定,不服从所在地人民政府及其有关部门依法发布的决定、命令或不配合其依法采取的措施的,责令改正;造成严重后果的,依法给予行政处罚;负有直接责任的人员是公职人员的,还应当依法给予处分。

第九十九条　【违反个人信息保护规定的责任】单位或者个人违反本法第八十四条、第八十五条关于个人信息保护规定的,由主管部门依照有关法律规定给予处罚。

第一百条　【民事责任】单位或者个人违反本法规定,导致突发事件发生或者危害扩大,造成人身、财产或者其他损害的,应当依法承担民事责任。

第一百零一条　【紧急避险的适用】为了使本人或者他人的人身、财产免受正在发生的危险而采取避险措施的,依照《中华人民共和国民法典》、《中华人民共和国刑法》等法律关于紧急避险的规定处理。

第一百零二条　【行政与刑事责任】违反本法规定,构成违反治安管理行为的,依法给予治安管理处罚;构成犯罪的,依法追究刑事责任。

第八章　附　　则

第一百零三条　【紧急状态】发生特别重大突发事件,对人民生命财产安全、国家安全、公共安全、生态环境安全或者社会秩序构成重大威胁,采取本法和其他有关法律、法规、规章规定的应急处置措施不能消除或者有效控制、减轻其严重社会危害,需要进入紧急状态的,由全国人民代表大会常务委员会或者国务院依照宪法和其他有关法律规定的权限和程序决定。

紧急状态期间采取的非常措施,依照有关法律规定执行或者由全国人民代表大会常务委员会另行规定。

第一百零四条　【保护管辖】中华人民共和国领域外发生突发事件,造成或者可能造成中华人民共和国公民、法人和其他组织人身伤亡、财产损失的,由国务院外交部门会同国务院其他有关部门、有关地方人民政府,按照国家有关规定做好应对工作。

第一百零五条　【外国人、无国籍人的属地管辖】在中华人民共和国境内的外国人、无国籍人应当遵守本法,服从所在地人民政府及其有关部门依法发布的决定、命令,并配合其依法采取的措施。

第一百零六条　【施行日期】本法自2024年11月1日起施行。

突发事件应急预案管理办法

1. 2024年1月31日国务院办公厅发布
2. 国办发〔2024〕5号

第一章　总　　则

第一条　为加强突发事件应急预案(以下简称应急预案)体系建设,规范应急预案管理,增强应急预案的针对性、实用性和可操作性,依据《中华人民共和国突发事件应对法》等法律、行政法规,制定本办法。

第二条 本办法所称应急预案,是指各级人民政府及其部门、基层组织、企事业单位和社会组织等为依法、迅速、科学、有序应对突发事件,最大程度减少突发事件及其造成的损害而预先制定的方案。

第三条 应急预案的规划、编制、审批、发布、备案、培训、宣传、演练、评估、修订等工作,适用本办法。

第四条 应急预案管理遵循统一规划、综合协调、分类指导、分级负责、动态管理的原则。

第五条 国务院统一领导全国应急预案体系建设和管理工作,县级以上地方人民政府负责领导本行政区域内应急预案体系建设和管理工作。

突发事件应对有关部门在各自职责范围内,负责本部门(行业、领域)应急预案管理工作;县级以上人民政府应急管理部门负责指导应急预案管理工作,综合协调应急预案衔接工作。

第六条 国务院应急管理部门统筹协调各地区各部门应急预案数据库管理,推动实现应急预案数据共享共用。各地区各部门负责本行政区域、本部门(行业、领域)应急预案数据管理。

县级以上人民政府及其有关部门要注重运用信息化数字化智能化技术,推进应急预案管理理念、模式、手段、方法等创新,充分发挥应急预案牵引应急准备、指导处置救援的作用。

第二章 分类与内容

第七条 按照制定主体划分,应急预案分为政府及其部门应急预案、单位和基层组织应急预案两大类。

政府及其部门应急预案包括总体应急预案、专项应急预案、部门应急预案等。

单位和基层组织应急预案包括企事业单位、村民委员会、居民委员会、社会组织等编制的应急预案。

第八条 总体应急预案是人民政府组织应对突发事件的总体制度安排。

总体应急预案围绕突发事件事前、事中、事后全过程,主要明确应对工作的总体要求、事件分类分级、预案体系构成、组织指挥体系与职责,以及风险防控、监测预警、处置救援、应急保障、恢复重建、预案管理等内容。

第九条 专项应急预案是人民政府为应对某一类型或某几种类型突发事件,或者针对重要目标保护、重大活动保障、应急保障等重要专项工作而预先制定的涉及多个部门职责的方案。

部门应急预案是人民政府有关部门根据总体应急预案、专项应急预案和部门职责,为应对本部门(行业、领域)突发事件,或者针对重要目标保护、重大活动保障、应急保障等涉及部门工作而预先制定的方案。

第十条 针对突发事件应对的专项和部门应急预案,主要规定县级以上人民政府或有关部门相关突发事件应对工作的组织指挥体系和专项工作安排,不同层级预案内容各有侧重,涉及相邻或相关地方人民政府、部门、单位任务的应当沟通一致后明确。

国家层面专项和部门应急预案侧重明确突发事件的应对原则、组织指挥机制、预警分级和事件分级标准、响应分级、信息报告要求、应急保障措施等,重点规范国家层面应对行动,同时体现政策性和指导性。

省级专项和部门应急预案侧重明确突发事件的组织指挥机制、监测预警、分级响应及响应行动、队伍物资保障及市县级人民政府职责等,重点规范省级层面应对行动,同时体现指导性和实用性。

市县级专项和部门应急预案侧重明确突发事件的组织指挥机制、风险管控、监测预警、信息报告、组织自救互救、应急处置措施、现场管控、队伍物资保障等内容,重点规范市(地)级和县级层面应对行动,落实相关任务,细化工作流程,体现应急处置的主体职责和针对性、可操作性。

第十一条 为突发事件应对工作提供通信、交通运输、医学救援、物资装备、能源、资金以及新闻宣传、秩序维护、慈善捐赠、灾害救助等保障功能的专项和部门应急预案侧重明确组织指挥机制、主要任务、资源布局、资源调用或应急响应程序、具体措施等内容。

针对重要基础设施、生命线工程等重要目标保护的专项和部门应急预案,侧重明确关键功能和部位、风险隐患及防范措施、监测预警、信息报告、应急处置和紧急恢复、应急联动等内容。

第十二条 重大活动主办或承办机构应当结合实际情况组织编制重大活动保障应急预案,侧重明确组织指挥体系、主要任务、安全风险及防范措施、应急联动、监测预警、信息报告、应急处置、人员疏散撤离组织和路线等内容。

第十三条 相邻或相关地方人民政府及其有关部门可以联合制定应对区域性、流域性突发事件的联合应急预案,侧重明确地方人民政府及其部门间信息通报、组织指挥体系对接、处置措施衔接、应急资源保障等内容。

第十四条 国家有关部门和超大特大城市人民政府可以结合行业(地区)风险评估实际,制定巨灾应急预案,统筹本部门(行业、领域)、本地区巨灾应对工作。

第十五条 乡镇(街道)应急预案重点规范乡镇(街道)层面应对行动,侧重明确突发事件的预警信息传播、任务分工、处置措施、信息收集报告、现场管理、人员疏散与安置等内容。

村(社区)应急预案侧重明确风险点位、应急响应责任人、预警信息传播与响应、人员转移避险、应急处置措施、应急资源调用等内容。

乡镇(街道)、村(社区)应急预案的形式、要素和内容等,可结合实际灵活确定,力求简明实用,突出人员转移避险,体现先期处置特点。

第十六条　单位应急预案侧重明确应急响应责任人、风险隐患监测、主要任务、信息报告、预警和应急响应、应急处置措施、人员疏散转移、应急资源调用等内容。

大型企业集团可根据相关标准规范和实际工作需要,建立本集团应急预案体系。

安全风险单一、危险性小的生产经营单位,可结合实际简化应急预案要素和内容。

第十七条　应急预案涉及的有关部门、单位等可以结合实际编制应急工作手册,内容一般包括应急响应措施、处置工作程序、应急救援队伍、物资装备、联络人员和电话等。

应急救援队伍、保障力量等应当结合实际情况,针对需要参与突发事件应对的具体任务编制行动方案,侧重明确应急响应、指挥协同、力量编成、行动设想、综合保障、其他有关措施等具体内容。

第三章　规划与编制

第十八条　国务院应急管理部门会同有关部门编制应急预案制修订工作计划,报国务院批准后实施。县级以上地方人民政府应急管理部门应当会同有关部门,针对本行政区域多发易发突发事件、主要风险等,编制本行政区域应急预案制修订工作计划,报本级人民政府批准后实施,并抄送上一级人民政府应急管理部门。

县级以上人民政府有关部门可以结合实际制定本部门(行业、领域)应急预案编制计划,并抄送同级应急管理部门。县级以上地方人民政府有关部门应急预案编制计划同时抄送上一级相应部门。

应急预案编制计划应当根据国民经济和社会发展规划、突发事件应对工作实际,适时予以调整。

第十九条　县级以上人民政府总体应急预案由本级人民政府应急管理部门组织编制,专项应急预案由本级人民政府相关类别突发事件应对牵头部门组织编制。县级以上人民政府部门应急预案,乡级人民政府、单位和基层组织等应急预案由有关制定单位组织编制。

第二十条　应急预案编制部门和单位根据需要组成应急预案编制工作小组,吸收有关部门和单位人员、有关专家及有应急处置工作经验的人员参加。编制工作小组组长由应急预案编制部门或单位有关负责人担任。

第二十一条　编制应急预案应当依据有关法律、法规、规章和标准,紧密结合实际,在开展风险评估、资源调查、案例分析的基础上进行。

风险评估主要是识别突发事件风险及其可能产生的后果和次生(衍生)灾害事件,评估可能造成的危害程度和影响范围等。

资源调查主要是全面调查本地区、本单位应对突发事件可用的应急救援队伍、物资装备、场所和通过改造可以利用的应急资源状况，合作区域内可以请求援助的应急资源状况，重要基础设施容灾保障及备用状况，以及可以通过潜力转换提供应急资源的状况，为制定应急响应措施提供依据。必要时，也可根据突发事件应对需要，对本地区相关单位和居民所掌握的应急资源情况进行调查。

案例分析主要是对典型突发事件的发生演化规律、造成的后果和处置救援等情况进行复盘研究，必要时构建突发事件情景，总结经验教训，明确应对流程、职责任务和应对措施，为制定应急预案提供参考借鉴。

第二十二条 政府及其有关部门在应急预案编制过程中，应当广泛听取意见，组织专家论证，做好与相关应急预案及国防动员实施预案的衔接。涉及其他单位职责的，应当书面征求意见。必要时，向社会公开征求意见。

单位和基层组织在应急预案编制过程中，应根据法律法规要求或实际需要，征求相关公民、法人或其他组织的意见。

第四章 审批、发布、备案

第二十三条 应急预案编制工作小组或牵头单位应当将应急预案送审稿、征求意见情况、编制说明等有关材料报送应急预案审批单位。因保密等原因需要发布应急预案简本的，应当将应急预案简本一并报送审批。

第二十四条 应急预案审核内容主要包括：

（一）预案是否符合有关法律、法规、规章和标准等规定；

（二）预案是否符合上位预案要求并与有关预案有效衔接；

（三）框架结构是否清晰合理，主体内容是否完备；

（四）组织指挥体系与责任分工是否合理明确，应急响应级别设计是否合理，应对措施是否具体简明、管用可行；

（五）各方面意见是否一致；

（六）其他需要审核的内容。

第二十五条 国家总体应急预案按程序报党中央、国务院审批，以党中央、国务院名义印发。专项应急预案由预案编制牵头部门送应急管理部衔接协调后，报国务院审批，以国务院办公厅或者有关应急指挥机构名义印发。部门应急预案由部门会议审议决定、以部门名义印发，涉及其他部门职责的可与有关部门联合印发；必要时，可以由国务院办公厅转发。

地方各级人民政府总体应急预案按程序报本级党委和政府审批，以本级党委和政府名义印发。专项应急预案按程序送本级应急管理部门衔接协调，报本级人民政府审批，以本级人民政府办公厅（室）或者有关应急指挥机构名义印发。部门应急预案审批印发程序按照本级人民政府和上级有关部门的应急预案管理规定执行。

重大活动保障应急预案、巨灾应急预案由本级人民政府或其部门审批，跨行政区域联合应急预案审批由相关人民政府或其授权的部门协商确定,并参照专项应急预案或部门应急预案管理。

单位和基层组织应急预案须经本单位或基层组织主要负责人签发,以本单位或基层组织名义印发,审批方式根据所在地人民政府及有关行业管理部门规定和实际情况确定。

第二十六条 应急预案审批单位应当在应急预案印发后的20个工作日内,将应急预案正式印发文本(含电子文本)及编制说明,依照下列规定向有关单位备案并抄送有关部门:

(一)县级以上地方人民政府总体应急预案报上一级人民政府备案,径送上一级人民政府应急管理部门,同时抄送上一级人民政府有关部门;

(二)县级以上地方人民政府专项应急预案报上一级人民政府相应牵头部门备案,同时抄送上一级人民政府应急管理部门和有关部门;

(三)部门应急预案报本级人民政府备案,径送本级应急管理部门,同时抄送本级有关部门;

(四)联合应急预案按所涉及区域,依据专项应急预案或部门应急预案有关规定备案,同时抄送本地区上一级或共同上一级人民政府应急管理部门和有关部门;

(五)涉及需要与所在地人民政府联合应急处置的中央单位应急预案,应当报所在地县级人民政府备案,同时抄送本级应急管理部门和突发事件应对牵头部门;

(六)乡镇(街道)应急预案报上一级人民政府备案,径送上一级人民政府应急管理部门,同时抄送上一级人民政府有关部门。村(社区)应急预案报乡镇(街道)备案;

(七)中央企业集团总体应急预案报应急管理部备案,抄送企业主管机构、行业主管部门、监管部门;有关专项应急预案向国家突发事件应对牵头部门备案,抄送应急管理部、企业主管机构、行业主管部门、监管部门等有关单位。中央企业集团所属单位、权属企业的总体应急预案按管理权限报所在地人民政府应急管理部门备案,抄送企业主管机构、行业主管部门、监管部门;专项应急预案按管理权限报所在地行业监管部门备案,抄送应急管理部门和有关企业主管机构、行业主管部门。

第二十七条 国务院履行应急预案备案管理职责的部门和省级人民政府应当建立应急预案备案管理制度。县级以上地方人民政府有关部门落实有关规定,指导、督促有关单位做好应急预案备案工作。

第二十八条 政府及其部门应急预案应当在正式印发后20个工作日内向社会公开。单位和基层组织应急预案应当在正式印发后20个工作日内向本单位以及可能受影响的其他单位和地区公开。

第五章　培训、宣传、演练

第二十九条　应急预案发布后,其编制单位应做好组织实施和解读工作,并跟踪应急预案落实情况,了解有关方面和社会公众的意见建议。

第三十条　应急预案编制单位应当通过编发培训材料、举办培训班、开展工作研讨等方式,对与应急预案实施密切相关的管理人员、专业救援人员等进行培训。

各级人民政府及其有关部门应将应急预案培训作为有关业务培训的重要内容,纳入领导干部、公务员等日常培训内容。

第三十一条　对需要公众广泛参与的非涉密的应急预案,编制单位应当充分利用互联网、广播、电视、报刊等多种媒体广泛宣传,制作通俗易懂、好记管用的宣传普及材料,向公众免费发放。

第三十二条　应急预案编制单位应当建立应急预案演练制度,通过采取形式多样的方式方法,对应急预案所涉及的单位、人员、装备、设施等组织演练。通过演练发现问题、解决问题,进一步修改完善应急预案。

专项应急预案、部门应急预案每3年至少进行一次演练。

地震、台风、风暴潮、洪涝、山洪、滑坡、泥石流、森林草原火灾等自然灾害易发区域所在地人民政府,重要基础设施和城市供水、供电、供气、供油、供热等生命线工程经营管理单位,矿山、金属冶炼、建筑施工单位和易燃易爆物品、化学品、放射性物品等危险物品生产、经营、使用、储存、运输、废弃处置单位,公共交通工具、公共场所和医院、学校等人员密集场所的经营单位或者管理单位,应当有针对性地组织开展应急预案演练。

第三十三条　应急预案演练组织单位应当加强演练评估,主要内容包括:演练的执行情况,应急预案的实用性和可操作性,指挥协调和应急联动机制运行情况,应急人员的处置情况,演练所用设备装备的适用性,对完善应急预案、应急准备、应急机制、应急措施等方面的意见和建议等。

各地区各有关部门加强对本行政区域、本部门(行业、领域)应急预案演练的评估指导。根据需要,应急管理部门会同有关部门组织对下级人民政府及其有关部门组织的应急预案演练情况进行评估指导。

鼓励委托第三方专业机构进行应急预案演练评估。

第六章　评估与修订

第三十四条　应急预案编制单位应当建立应急预案定期评估制度,分析应急预案内容的针对性、实用性和可操作性等,实现应急预案的动态优化和科学规范管理。

县级以上地方人民政府及其有关部门应急预案原则上每3年评估一次。应急预案的评估工作,可以委托第三方专业机构组织实施。

第三十五条　有下列情形之一的,应当及时修订应急预案:

(一)有关法律、法规、规章、标准、上位预案中的有关规定发生重大变化的;

(二)应急指挥机构及其职责发生重大调整的;
(三)面临的风险发生重大变化的;
(四)重要应急资源发生重大变化的;
(五)在突发事件实际应对和应急演练中发现问题需要作出重大调整的;
(六)应急预案制定单位认为应当修订的其他情况。

第三十六条　应急预案修订涉及组织指挥体系与职责、应急处置程序、主要处置措施、突发事件分级标准等重要内容的,修订工作应参照本办法规定的应急预案编制、审批、备案、发布程序组织进行。仅涉及其他内容的,修订程序可根据情况适当简化。

第三十七条　各级人民政府及其部门、企事业单位、社会组织、公民等,可以向有关应急预案编制单位提出修订建议。

第七章　保障措施

第三十八条　各级人民政府及其有关部门、各有关单位要指定专门机构和人员负责相关具体工作,将应急预案规划、编制、审批、发布、备案、培训、宣传、演练、评估、修订等所需经费纳入预算统筹安排。

第三十九条　国务院有关部门应加强对本部门(行业、领域)应急预案管理工作的指导和监督,并根据需要编写应急预案编制指南。县级以上地方人民政府及其有关部门应对本行政区域、本部门(行业、领域)应急预案管理工作加强指导和监督。

第八章　附　则

第四十条　国务院有关部门、地方各级人民政府及其有关部门、大型企业集团等可根据实际情况,制定相关应急预案管理实施办法。

第四十一条　法律、法规、规章另有规定的从其规定,确需保密的应急预案按有关规定执行。

第四十二条　本办法由国务院应急管理部门负责解释。

第四十三条　本办法自印发之日起施行。

国家突发公共事件总体应急预案

2006 年 1 月 8 日国务院发布施行

1　总　则

1.1　编制目的

提高政府保障公共安全和处置突发公共事件的能力,最大程度地预防和减少突发公共事件及其造成的损害,保障公众的生命财产安全,维护国家安全和社会稳定,促进经济社会全面、协调、可持续发展。

1.2 编制依据

依据宪法及有关法律、行政法规,制定本预案。

1.3 分类分级

本预案所称突发公共事件是指突然发生,造成或者可能造成重大人员伤亡、财产损失、生态环境破坏和严重社会危害,危及公共安全的紧急事件。

根据突发公共事件的发生过程、性质和机理,突发公共事件主要分为以下四类:

(1)自然灾害。主要包括水旱灾害、气象灾害、地震灾害、地质灾害、海洋灾害、生物灾害和森林草原火灾等。

(2)事故灾难。主要包括工矿商贸等企业的各类安全事故,交通运输事故,公共设施和设备事故,环境污染和生态破坏事件等。

(3)公共卫生事件。主要包括传染病疫情,群体性不明原因疾病,食品安全和职业危害,动物疫情,以及其他严重影响公众健康和生命安全的事件。

(4)社会安全事件。主要包括恐怖袭击事件,经济安全事件和涉外突发事件等。

各类突发公共事件按照其性质、严重程度、可控性和影响范围等因素,一般分为四级:Ⅰ级(特别重大)、Ⅱ级(重大)、Ⅲ级(较大)和Ⅳ级(一般)。

1.4 适用范围

本预案适用于涉及跨省级行政区划的,或超出事发地省级人民政府处置能力的特别重大突发公共事件应对工作。

本预案指导全国的突发公共事件应对工作。

1.5 工作原则

(1)以人为本,减少危害。切实履行政府的社会管理和公共服务职能,把保障公众健康和生命财产安全作为首要任务,最大程度地减少突发公共事件及其造成的人员伤亡和危害。

(2)居安思危,预防为主。高度重视公共安全工作,常抓不懈,防患于未然。增强忧患意识,坚持预防与应急相结合,常态与非常态相结合,做好应对突发公共事件的各项准备工作。

(3)统一领导,分级负责。在党中央、国务院的统一领导下,建立健全分类管理、分级负责,条块结合、属地管理为主的应急管理体制,在各级党委领导下,实行行政领导责任制,充分发挥专业应急指挥机构的作用。

(4)依法规范,加强管理。依据有关法律和行政法规,加强应急管理,维护公众的合法权益,使应对突发公共事件的工作规范化、制度化、法制化。

(5)快速反应,协同应对。加强以属地管理为主的应急处置队伍建设,建立联动协调制度,充分动员和发挥乡镇、社区、企事业单位、社会团体和志愿者队伍的作用,依靠公众力量,形成统一指挥、反应灵敏、功能齐全、协调有序、运转高效的应急管理机制。

(6)依靠科技,提高素质。加强公共安全科学研究和技术开发,采用先进的监测、预测、预警、预防和应急处置技术及设施,充分发挥专家队伍和专业人员的作用,提高应对突发公共事件的科技水平和指挥能力,避免发生次生、衍生事件;加强宣传和培训教育工作,提高公众自救、互救和应对各类突发公共事件的综合素质。

1.6 应急预案体系

全国突发公共事件应急预案体系包括:

(1)突发公共事件总体应急预案。总体应急预案是全国应急预案体系的总纲,是国务院应对特别重大突发公共事件的规范性文件。

(2)突发公共事件专项应急预案。专项应急预案主要是国务院及其有关部门为应对某一类型或某几种类型突发公共事件而制定的应急预案。

(3)突发公共事件部门应急预案。部门应急预案是国务院有关部门根据总体应急预案、专项应急预案和部门职责为应对突发公共事件制定的预案。

(4)突发公共事件地方应急预案。具体包括:省级人民政府的突发公共事件总体应急预案、专项应急预案和部门应急预案;各市(地)、县(市)人民政府及其基层政权组织的突发公共事件应急预案。上述预案在省级人民政府的领导下,按照分类管理、分级负责的原则,由地方人民政府及其有关部门分别制定。

(5)企事业单位根据有关法律法规制定的应急预案。

(6)举办大型会展和文化体育等重大活动,主办单位应当制定应急预案。

各类预案将根据实际情况变化不断补充、完善。

2 组织体系

2.1 领导机构

国务院是突发公共事件应急管理工作的最高行政领导机构。在国务院总理领导下,由国务院常务会议和国家相关突发公共事件应急指挥机构(以下简称相关应急指挥机构)负责突发公共事件的应急管理工作;必要时,派出国务院工作组指导有关工作。

2.2 办事机构

国务院办公厅设国务院应急管理办公室,履行值守应急、信息汇总和综合协调职责,发挥运转枢纽作用。

2.3 工作机构

国务院有关部门依据有关法律、行政法规和各自的职责,负责相关类别突发公共事件的应急管理工作。具体负责相关类别的突发公共事件专项和部门应急预案的起草与实施,贯彻落实国务院有关决定事项。

2.4 地方机构

地方各级人民政府是本行政区域突发公共事件应急管理工作的行政领导机构,

负责本行政区域各类突发公共事件的应对工作。
2.5 专家组
国务院和各应急管理机构建立各类专业人才库,可以根据实际需要聘请有关专家组成专家组,为应急管理提供决策建议,必要时参加突发公共事件的应急处置工作。

3 运 行 机 制

3.1 预测与预警
各地区、各部门要针对各种可能发生的突发公共事件,完善预测预警机制,建立预测预警系统,开展风险分析,做到早发现、早报告、早处置。

3.1.1 预警级别和发布
根据预测分析结果,对可能发生和可以预警的突发公共事件进行预警。预警级别依据突发公共事件可能造成的危害程度、紧急程度和发展势态,一般划分为四级:Ⅰ级(特别严重)、Ⅱ级(严重)、Ⅲ级(较重)和Ⅳ级(一般),依次用红色、橙色、黄色和蓝色表示。

预警信息包括突发公共事件的类别、预警级别、起始时间、可能影响范围、警示事项、应采取的措施和发布机关等。

预警信息的发布、调整和解除可通过广播、电视、报刊、通信、信息网络、警报器、宣传车或组织人员逐户通知等方式进行,对老、幼、病、残、孕等特殊人群以及学校等特殊场所和警报盲区应当采取有针对性的公告方式。

3.2 应急处置
3.2.1 信息报告
特别重大或者重大突发公共事件发生后,各地区、各部门要立即报告,最迟不得超过4小时,同时通报有关地区和部门。应急处置过程中,要及时续报有关情况。

3.2.2 先期处置
突发公共事件发生后,事发地的省级人民政府或者国务院有关部门在报告特别重大、重大突发公共事件信息的同时,要根据职责和规定的权限启动相关应急预案,及时、有效地进行处置,控制事态。

在境外发生涉及中国公民和机构的突发事件,我驻外使领馆、国务院有关部门和有关地方人民政府要采取措施控制事态发展,组织开展应急救援工作。

3.2.3 应急响应
对于先期处置未能有效控制事态的特别重大突发公共事件,要及时启动相关预案,由国务院相关应急指挥机构或国务院工作组统一指挥或指导有关地区、部门开展处置工作。

现场应急指挥机构负责现场的应急处置工作。

需要多个国务院相关部门共同参与处置的突发公共事件,由该类突发公共事件的业务主管部门牵头,其他部门予以协助。

3.2.4 应急结束

特别重大突发公共事件应急处置工作结束,或者相关危险因素消除后,现场应急指挥机构予以撤销。

3.3 恢复与重建

3.3.1 善后处置

要积极稳妥、深入细致地做好善后处置工作。对突发公共事件中的伤亡人员、应急处置工作人员,以及紧急调集、征用有关单位及个人的物资,要按照规定给予抚恤、补助或补偿,并提供心理及司法援助。有关部门要做好疫病防治和环境污染消除工作。保险监管机构督促有关保险机构及时做好有关单位和个人损失的理赔工作。

3.3.2 调查与评估

要对特别重大突发公共事件的起因、性质、影响、责任、经验教训和恢复重建等问题进行调查评估。

3.3.3 恢复重建

根据受灾地区恢复重建计划组织实施恢复重建工作。

3.4 信息发布

突发公共事件的信息发布应当及时、准确、客观、全面。事件发生的第一时间要向社会发布简要信息,随后发布初步核实情况、政府应对措施和公众防范措施等,并根据事件处置情况做好后续发布工作。

信息发布形式主要包括授权发布、散发新闻稿、组织报道、接受记者采访、举行新闻发布会等。

4 应急保障

各有关部门要按照职责分工和相关预案做好突发公共事件的应对工作,同时根据总体预案切实做好应对突发公共事件的人力、物力、财力、交通运输、医疗卫生及通信保障等工作,保证应急救援工作的需要和灾区群众的基本生活,以及恢复重建工作的顺利进行。

4.1 人力资源

公安(消防)、医疗卫生、地震救援、海上搜救、矿山救护、森林消防、防洪抢险、核与辐射、环境监控、危险化学品事故救援、铁路事故、民航事故、基础信息网络和重要信息系统事故处置,以及水、电、油、气等工程抢险救援队伍是应急救援的专业队伍和骨干力量。地方各级人民政府和有关部门、单位要加强应急救援队伍的业务培训和应急演练,建立联动协调机制,提高装备水平;动员社会团体、企事业单位以及志愿者等各种社会力量参与应急救援工作;增进国际间的交流与合作。要加强以乡镇和社区为单位的公众应急能力建设,发挥其在应对突发公共事件中的重要作用。

中国人民解放军和中国人民武装警察部队是处置突发公共事件的骨干和突击

力量,按照有关规定参加应急处置工作。

4.2 财力保障

要保证所需突发公共事件应急准备和救援工作资金。对受突发公共事件影响较大的行业、企事业单位和个人要及时研究提出相应的补偿或救助政策。要对突发公共事件财政应急保障资金的使用和效果进行监管和评估。

鼓励自然人、法人或者其他组织(包括国际组织)按照《中华人民共和国公益事业捐赠法》等有关法律、法规的规定进行捐赠和援助。

4.3 物资保障

要建立健全应急物资监测网络、预警体系和应急物资生产、储备、调拨及紧急配送体系,完善应急工作程序,确保应急所需物资和生活用品的及时供应,并加强对物资储备的监督管理,及时予以补充和更新。

地方各级人民政府应根据有关法律、法规和应急预案的规定,做好物资储备工作。

4.4 基本生活保障

要做好受灾群众的基本生活保障工作,确保灾区群众有饭吃、有水喝、有衣穿、有住处、有病能得到及时医治。

4.5 医疗卫生保障

卫生部门负责组建医疗卫生应急专业技术队伍,根据需要及时赴现场开展医疗救治、疾病预防控制等卫生应急工作。及时为受灾地区提供药品、器械等卫生和医疗设备。必要时,组织动员红十字会等社会卫生力量参与医疗卫生救助工作。

4.6 交通运输保障

要保证紧急情况下应急交通工具的优先安排、优先调度、优先放行,确保运输安全畅通;要依法建立紧急情况社会交通运输工具的征用程序,确保抢险救灾物资和人员能够及时、安全送达。

根据应急处置需要,对现场及相关通道实行交通管制,开设应急救援"绿色通道",保证应急救援工作的顺利开展。

4.7 治安维护

要加强对重点地区、重点场所、重点人群、重要物资和设备的安全保护,依法严厉打击违法犯罪活动。必要时,依法采取有效管制措施,控制事态,维护社会秩序。

4.8 人员防护

要指定或建立与人口密度、城市规模相适应的应急避险场所,完善紧急疏散管理办法和程序,明确各级责任人,确保在紧急情况下公众安全、有序的转移或疏散。

要采取必要的防护措施,严格按照程序开展应急救援工作,确保人员安全。

4.9 通信保障

建立健全应急通信、应急广播电视保障工作体系,完善公用通信网,建立有线和无线相结合、基础电信网络与机动通信系统相配套的应急通信系统,确保通信畅通

4.10 公共设施

有关部门要按照职责分工,分别负责煤、电、油、气、水的供给,以及废水、废气、固体废弃物等有害物质的监测和处理。

4.11 科技支撑

要积极开展公共安全领域的科学研究;加大公共安全监测、预测、预警、预防和应急处置技术研发的投入,不断改进技术装备,建立健全公共安全应急技术平台,提高我国公共安全科技水平;注意发挥企业在公共安全领域的研发作用。

5 监督管理

5.1 预案演练

各地区、各部门要结合实际,有计划、有重点地组织有关部门对相关预案进行演练。

5.2 宣传和培训

宣传、教育、文化、广电、新闻出版等有关部门要通过图书、报刊、音像制品和电子出版物、广播、电视、网络等,广泛宣传应急法律法规和预防、避险、自救、互救、减灾等常识,增强公众的忧患意识、社会责任意识和自救、互救能力。各有关方面要有计划地对应急救援和管理人员进行培训,提高其专业技能。

5.3 责任与奖惩

突发公共事件应急处置工作实行责任追究制。

对突发公共事件应急管理工作中做出突出贡献的先进集体和个人要给予表彰和奖励。

对迟报、谎报、瞒报和漏报突发公共事件重要情况或者应急管理工作中有其他失职、渎职行为的,依法对有关责任人给予行政处分;构成犯罪的,依法追究刑事责任。

6 附 则

6.1 预案管理

根据实际情况的变化,及时修订本预案。

本预案自发布之日起实施。

国务院关于特大安全事故行政责任追究的规定

2001 年 4 月 21 日国务院令第 302 号公布施行

第一条 为了有效地防范特大安全事故的发生,严肃追究特大安全事故的行政责任,保障人民群众生命、财产安全,制定本规定。

第二条 地方人民政府主要领导人和政府有关部门正职负责人对下列特大安全事故的防范、发生,依照法律、行政法规和本规定的规定有失职、渎职情形或者负有领导责任的,依照本规定给予行政处分;构成玩忽职守罪或者其他罪的,依法追究刑事责任:

(一)特大火灾事故;
(二)特大交通安全事故;
(三)特大建筑质量安全事故;
(四)民用爆炸物品和化学危险品特大安全事故;
(五)煤矿和其他矿山特大安全事故;
(六)锅炉、压力容器、压力管道和特种设备特大安全事故;
(七)其他特大安全事故。

地方人民政府和政府有关部门对特大安全事故的防范、发生直接负责的主管人员和其他直接责任人员,比照本规定给予行政处分;构成玩忽职守罪或者其他罪的,依法追究刑事责任。

特大安全事故肇事单位和个人的刑事处罚、行政处罚和民事责任,依照有关法律、法规和规章的规定执行。

第三条 特大安全事故的具体标准,按照国家有关规定执行。

第四条 地方各级人民政府及政府有关部门应当依照有关法律、法规和规章的规定,采取行政措施,对本地区实施安全监督管理,保障本地区人民群众生命、财产安全,对本地区或者职责范围内防范特大安全事故的发生、特大安全事故发生后的迅速和妥善处理负责。

第五条 地方各级人民政府应当每个季度至少召开一次防范特大安全事故工作会议,由政府主要领导人或者政府主要领导人委托政府分管领导人召集有关部门正职负责人参加,分析、布置、督促、检查本地区防范特大安全事故的工作。会议应当作出决定并形成纪要,会议确定的各项防范措施必须严格实施。

第六条 市(地、州)、县(市、区)人民政府应当组织有关部门按照职责分工对本地区容易发生特大安全事故的单位、设施和场所安全事故的防范明确责任、采取措施,并组织有关部门对上述单位、设施和场所进行严格检查。

第七条 市(地、州)、县(市、区)人民政府必须制定本地区特大安全事故应急处理预案。本地区特大安全事故应急处理预案经政府主要领导人签署后,报上一级人民政府备案。

第八条 市(地、州)、县(市、区)人民政府应当组织有关部门对本规定第二条所列各类特大安全事故的隐患进行查处;发现特大安全事故隐患的,责令立即排除;特大安全事故隐患排除前或者排除过程中,无法保证安全的,责令暂时停产、停业或者停止使用。法律、行政法规对查处机关另有规定的,依照其规定。

第九条 市(地、州)、县(市、区)人民政府及其有关部门对本地区存在的特大安全事故隐患,超出其管辖或者职责范围的,应当立即向有管辖权或者负有职责的上级人民政府或者政府有关部门报告;情况紧急的,可以立即采取包括责令暂时停产、停业在内的紧急措施,同时报告;有关上级人民政府或者政府有关部门接到报告后,应当立即组织查处。

第十条 中小学校对学生进行劳动技能教育以及组织学生参加公益劳动等社会实践活动,必须确保学生安全。严禁以任何形式、名义组织学生从事接触易燃、易爆、有毒、有害等危险品的劳动或者其他危险性劳动。严禁将学校场地出租作为从事易燃、易爆、有毒、有害等危险品的生产、经营场所。

中小学校违反前款规定的,按照学校隶属关系,对县(市、区)、乡(镇)人民政府主要领导人和县(市、区)人民政府教育行政部门正职负责人,根据情节轻重,给予记过、降级直至撤职的行政处分;构成玩忽职守罪或者其他罪的,依法追究刑事责任。

中小学校违反本条第一款规定的,对校长给予撤职的行政处分,对直接组织者给予开除公职的行政处分;构成非法制造爆炸物罪或者其他罪的,依法追究刑事责任。

第十一条 依法对涉及安全生产事项负责行政审批(包括批准、核准、许可、注册、认证、颁发证照、竣工验收等,下同)的政府部门或者机构,必须严格依照法律、法规和规章规定的安全条件和程序进行审查;不符合法律、法规和规章规定的安全条件的,不得批准;不符合法律、法规和规章规定的安全条件,弄虚作假、骗取批准或者勾结串通行政审批工作人员取得批准的,负责行政审批的政府部门或者机构除必须立即撤销原批准外,应当对弄虚作假骗取批准或者勾结串通行政审批工作人员的当事人依法给予行政处罚;构成行贿罪或者其他罪的,依法追究刑事责任。

负责行政审批的政府部门或者机构违反前款规定,对不符合法律、法规和规章规定的安全条件予以批准的,对部门或者机构的正职负责人,根据情节轻重,给予降级、撤职直至开除公职的行政处分;与当事人勾结串通的,应当开除公职;构成受贿罪、玩忽职守罪或者其他罪的,依法追究刑事责任。

第十二条 对依照本规定第十一条第一款的规定取得批准的单位和个人,负责行政审批的政府部门或者机构必须对其实施严格监督检查;发现其不再具备安全条件的,必须立即撤销原批准。

负责行政审批的政府部门或者机构违反前款规定,不对取得批准的单位和个人实施严格监督检查,或者发现其不再具备安全条件而不立即撤销原批准的,对部门或者机构的正职负责人,根据情节轻重,给予降级或者撤职的行政处分;构成受贿罪、玩忽职守罪或者其他罪的,依法追究刑事责任。

第十三条 对未依法取得批准,擅自从事有关活动的,负责行政审批的政府部门或者机构发现或者接到举报后,应当立即予以查封、取缔,并依法给予行政处罚;属于经营单位的,由工商行政管理部门依法相应吊销营业执照。

负责行政审批的政府部门或者机构违反前款规定,对发现或者举报的未依法取得批准而擅自从事有关活动的,不予查封、取缔、不依法给予行政处罚,工商行政管理部门不吊销营业执照的,对部门或者机构的正职负责人,根据情节轻重,给予降级或者撤职的行政处分;构成受贿罪、玩忽职守罪或者其他罪的,依法追究刑事责任。

第十四条 市(地、州)、县(市、区)人民政府依照本规定应当履行职责而未履行,或者未按照规定的职责和程序履行,本地区发生特大安全事故的,对政府主要领导人,根据情节轻重,给予降级或者撤职的行政处分;构成玩忽职守罪的,依法追究刑事责任。

负责行政审批的政府部门或者机构、负责安全监督管理的政府有关部门,未依照本规定履行职责,发生特大安全事故的,对部门或者机构的正职负责人,根据情节轻重,给予撤职或者开除公职的行政处分;构成玩忽职守罪或者其他罪的,依法追究刑事责任。

第十五条 发生特大安全事故,社会影响特别恶劣或者性质特别严重的,由国务院对负有领导责任的省长、自治区主席、直辖市市长和国务院有关部门正职负责人给予行政处分。

第十六条 特大安全事故发生后,有关县(市、区)、市(地、州)和省、自治区、直辖市人民政府及政府有关部门应当按照国家规定的程序和时限立即上报,不得隐瞒不报、谎报或者拖延报告,并应当配合、协助事故调查,不得以任何方式阻碍、干涉事故调查。

特大安全事故发生后,有关地方人民政府及政府有关部门违反前款规定的,对政府主要领导人和政府部门正职负责人给予降级的行政处分。

第十七条 特大安全事故发生后,有关地方人民政府应当迅速组织救助,有关部门应当服从指挥、调度,参加或者配合救助,将事故损失降到最低限度。

第十八条 特大安全事故发生后,省、自治区、直辖市人民政府应当按照国家有关规定迅速、如实发布事故消息。

第十九条 特大安全事故发生后,按照国家有关规定组织调查组对事故进行调查。事故调查工作应当自事故发生之日起60日内完成,并由调查组提出调查报告;遇有特殊情况的,经调查组提出并报国家安全生产监督管理机构批准后,可以适当延长时间。调查报告应当包括依照本规定对有关责任人员追究行政责任或者其他法律责任的意见。

省、自治区、直辖市人民政府应当自调查报告提交之日起30日内,对有关责任人员作出处理决定;必要时,国务院可以对特大安全事故的有关责任人员作出处理决定。

第二十条 地方人民政府或者政府部门阻挠、干涉对特大安全事故有关责任人员追究行政责任的,对该地方人民政府主要领导人或者政府部门正职负责人,根据情节轻重,给予降级或者撤职的行政处分。

第二十一条　任何单位和个人均有权向有关地方人民政府或者政府部门报告特大安全事故隐患,有权向上级人民政府或者政府部门举报地方人民政府或者政府部门不履行安全监督管理职责或者不按照规定履行职责的情况。接到报告或者举报的有关人民政府或者政府部门,应当立即组织对事故隐患进行查处,或者对举报的不履行、不按照规定履行安全监督管理职责的情况进行调查处理。

第二十二条　监察机关依照行政监察法的规定,对地方各级人民政府和政府部门及其工作人员履行安全监督管理职责实施监察。

第二十三条　对特大安全事故以外的其他安全事故的防范、发生追究行政责任的办法,由省、自治区、直辖市人民政府参照本规定制定。

第二十四条　本规定自公布之日起施行。

二、灾害防治

1. 防汛抗旱

中华人民共和国防洪法

1. 1997年8月29日第八届全国人民代表大会常务委员会第二十七次会议通过
2. 根据2009年8月27日第十一届全国人民代表大会常务委员会第十次会议《关于修改部分法律的决定》第一次修正
3. 根据2015年4月24日第十二届全国人民代表大会常务委员会第十四次会议《关于修改〈中华人民共和国港口法〉等七部法律的决定》第二次修正
4. 根据2016年7月2日第十二届全国人民代表大会常务委员会第二十一次会议《关于修改〈中华人民共和国节约能源法〉等六部法律的决定》第三次修正

目 录

第一章　总　则
第二章　防洪规划
第三章　治理与防护
第四章　防洪区和防洪工程设施的管理
第五章　防汛抗洪
第六章　保障措施
第七章　法律责任
第八章　附　则

第一章　总　则

第一条　【立法目的】为了防治洪水，防御、减轻洪涝灾害，维护人民的生命和财产安全，保障社会主义现代化建设顺利进行，制定本法。

第二条　【防洪原则】防洪工作实行全面规划、统筹兼顾、预防为主、综合治理、局部利益服从全局利益的原则。

第三条　【防洪费用承担】防洪工程设施建设，应当纳入国民经济和社会发展计划。
防洪费用按照政府投入同受益者合理承担相结合的原则筹集。

第四条 【防洪与水资源保护及江河、湖泊治理关系】开发利用和保护水资源,应当服从防洪总体安排,实行兴利与除害相结合的原则。

江河、湖泊治理以及防洪工程设施建设,应当符合流域综合规划,与流域水资源的综合开发相结合。

本法所称综合规划是指开发利用水资源和防治水害的综合规划。

第五条 【防洪管理体制】防洪工作按照流域或者区域实行统一规划、分级实施和流域管理与行政区域管理相结合的制度。

第六条 【防洪义务】任何单位和个人都有保护防洪工程设施和依法参加防汛抗洪的义务。

第七条 【政府防洪职责】各级人民政府应当加强对防洪工作的统一领导,组织有关部门、单位,动员社会力量,依靠科技进步,有计划地进行江河、湖泊治理,采取措施加强防洪工程设施建设,巩固、提高防洪能力。

各级人民政府应当组织有关部门、单位,动员社会力量,做好防汛抗洪和洪涝灾害后的恢复与救济工作。

各级人民政府应当对蓄滞洪区予以扶持;蓄滞洪后,应当依照国家规定予以补偿或者救助。

第八条 【水行政主管部门职责】国务院水行政主管部门在国务院的领导下,负责全国防洪的组织、协调、监督、指导等日常工作。国务院水行政主管部门在国家确定的重要江河、湖泊设立的流域管理机构,在所管辖的范围内行使法律、行政法规规定和国务院水行政主管部门授权的防洪协调和监督管理职责。

国务院建设行政主管部门和其他有关部门在国务院的领导下,按照各自的职责,负责有关的防洪工作。

县级以上地方人民政府水行政主管部门在本级人民政府的领导下,负责本行政区域内防洪的组织、协调、监督、指导等日常工作。县级以上地方人民政府建设行政主管部门和其他有关部门在本级人民政府的领导下,按照各自的职责,负责有关的防洪工作。

第二章 防洪规划

第九条 【防洪规划定义与地位】防洪规划是指为防治某一流域、河段或者区域的洪涝灾害而制定的总体部署,包括国家确定的重要江河、湖泊的流域防洪规划,其他江河、河段、湖泊的防洪规划以及区域防洪规划。

防洪规划应当服从所在流域、区域的综合规划;区域防洪规划应当服从所在流域的流域防洪规划。

防洪规划是江河、湖泊治理和防洪工程设施建设的基本依据。

第十条 【编制防洪规划部门】国家确定的重要江河、湖泊的防洪规划,由国务院水行政主管部门依据该江河、湖泊的流域综合规划,会同有关部门和有关省、自治区、直辖市人民政府编制,报国务院批准。

其他江河、河段、湖泊的防洪规划或者区域防洪规划,由县级以上地方人民政府水行政主管部门分别依据流域综合规划、区域综合规划,会同有关部门和有关地区编制,报本级人民政府批准,并报上一级人民政府水行政主管部门备案;跨省、自治区、直辖市的江河、河段、湖泊的防洪规划由有关流域管理机构会同江河、河段、湖泊所在地的省、自治区、直辖市人民政府水行政主管部门、有关主管部门拟定,分别经有关省、自治区、直辖市人民政府审查提出意见后,报国务院水行政主管部门批准。

城市防洪规划,由城市人民政府组织水行政主管部门、建设行政主管部门和其他有关部门依据流域防洪规划、上一级人民政府区域防洪规划编制,按照国务院规定的审批程序批准后纳入城市总体规划。

修改防洪规划,应当报经原批准机关批准。

第十一条 【防洪规划编制原则】编制防洪规划,应当遵循确保重点、兼顾一般,以及防汛和抗旱相结合、工程措施和非工程措施相结合的原则,充分考虑洪涝规律和上下游、左右岸的关系以及国民经济对防洪的要求,并与国土规划和土地利用总体规划相协调。

防洪规划应当确定防护对象、治理目标和任务、防洪措施和实施方案,划定洪泛区、蓄滞洪区和防洪保护区的范围,规定蓄滞洪区的使用原则。

第十二条 【沿海地区防御风暴潮规定】受风暴潮威胁的沿海地区的县级以上地方人民政府,应当把防御风暴潮纳入本地区的防洪规划,加强海堤(海塘)、挡潮闸和沿海防护林等防御风暴潮工程体系建设,监督建筑物、构筑物的设计和施工符合防御风暴潮的需要。

第十三条 【山洪多发地区防治规定】山洪可能诱发山体滑坡、崩塌和泥石流的地区以及其他山洪多发地区的县级以上地方人民政府,应当组织负责地质矿产管理工作的部门、水行政主管部门和其他有关部门对山体滑坡、崩塌和泥石流隐患进行全面调查,划定重点防治区,采取防治措施。

城市、村镇和其他居民点以及工厂、矿山、铁路和公路干线的布局,应当避开山洪威胁;已经建在受山洪威胁的地方的,应当采取防御措施。

第十四条 【易涝地区治理规定】平原、洼地、水网圩区、山谷、盆地等易涝地区的有关地方人民政府,应当制定除涝治涝规划,组织有关部门、单位采取相应的治理措施,完善排水系统,发展耐涝农作物种类和品种,开展洪涝、干旱、盐碱综合治理。

城市人民政府应当加强对城区排涝管网、泵站的建设和管理。

第十五条 【入海河口整治】国务院水行政主管部门应当会同有关部门和省、自治区、直辖市人民政府制定长江、黄河、珠江、辽河、淮河、海河入海河口的整治规划。

在前款入海河口围海造地,应当符合河口整治规划。

第十六条 【防洪规划用地】防洪规划确定的河道整治计划用地和规划建设的堤防

用地范围内的土地,经土地管理部门和水行政主管部门会同有关地区核定,报经县级以上人民政府按照国务院规定的权限批准后,可以划定为规划保留区;该规划保留区范围内的土地涉及其他项目用地的,有关土地管理部门和水行政主管部门核定时,应当征求有关部门的意见。

规划保留区依照前款规定划定后,应当公告。

前款规划保留区内不得建设与防洪无关的工矿工程设施;在特殊情况下,国家工矿建设项目确需占用前款规划保留区内的土地的,应当按照国家规定的基本建设程序报请批准,并征求有关水行政主管部门的意见。

防洪规划确定的扩大或者开辟的人工排洪道用地范围内的土地,经省级以上人民政府土地管理部门和水行政主管部门会同有关部门、有关地区核定,报省级以上人民政府按照国务院规定的权限批准后,可以划定为规划保留区,适用前款规定。

第十七条 【在江河、湖泊上建防洪工程和水工程、水电站规定】在江河、湖泊上建设防洪工程和其他水工程、水电站等,应当符合防洪规划的要求;水库应当按照防洪规划的要求留足防洪库容。

前款规定的防洪工程和其他水工程、水电站未取得有关水行政主管部门签署的符合防洪规划要求的规划同意书的,建设单位不得开工建设。

第三章 治理与防护

第十八条 【洪水防治总要求】防治江河洪水,应当蓄泄兼施,充分发挥河道行洪能力和水库、洼淀、湖泊调蓄洪水的功能,加强河道防护,因地制宜地采取定期清淤疏浚等措施,保持行洪畅通。

防治江河洪水,应当保护、扩大流域林草植被,涵养水源,加强流域水土保持综合治理。

第十九条 【规划治导线】整治河道和修建控制引导河水流向、保护堤岸等工程,应当兼顾上下游、左右岸的关系,按照规划治导线实施,不得任意改变河水流向。

国家确定的重要江河的规划治导线由流域管理机构拟定,报国务院水行政主管部门批准。

其他江河、河段的规划治导线由县级以上地方人民政府水行政主管部门拟定,报本级人民政府批准;跨省、自治区、直辖市的江河、河段和省、自治区、直辖市之间的省界河道的规划治导线由有关流域管理机构组织江河、河段所在地的省、自治区、直辖市人民政府水行政主管部门拟定,经有关省、自治区、直辖市人民政府审查提出意见后,报国务院水行政主管部门批准。

第二十条 【河道、湖泊整治与航运、竹木流放、渔业】整治河道、湖泊,涉及航道的,应当兼顾航运需要,并事先征求交通主管部门的意见。整治航道,应当符合江河、湖泊防洪安全要求,并事先征求水行政主管部门的意见。

在竹木流放的河流和渔业水域整治河道的,应当兼顾竹木水运和渔业发展的需要,并事先征求林业、渔业行政主管部门的意见。在河道中流放竹木,不得影响行洪和防洪工程设施的安全。

第二十一条　【河道、湖泊管理原则及管理范围界定】河道、湖泊管理实行按水系统一管理和分级管理相结合的原则,加强防护,确保畅通。

国家确定的重要江河、湖泊的主要河段,跨省、自治区、直辖市的重要河段、湖泊,省、自治区、直辖市之间的省界河道、湖泊以及国(边)界河道、湖泊,由流域管理机构和江河、湖泊所在地的省、自治区、直辖市人民政府水行政主管部门按照国务院水行政主管部门的划定依法实施管理。其他河道、湖泊,由县级以上地方人民政府水行政主管部门按照国务院水行政主管部门或者国务院水行政主管部门授权的机构的划定依法实施管理。

有堤防的河道、湖泊,其管理范围为两岸堤防之间的水域、沙洲、滩地、行洪区和堤防及护堤地;无堤防的河道、湖泊,其管理范围为历史最高洪水位或者设计洪水位之间的水域、沙洲、滩地和行洪区。

流域管理机构直接管理的河道、湖泊管理范围,由流域管理机构会同有关县级以上地方人民政府依照前款规定界定;其他河道、湖泊管理范围,由有关县级以上地方人民政府依照前款规定界定。

第二十二条　【河道、湖泊管理范围内土地与岸线管理】河道、湖泊管理范围内的土地和岸线的利用,应当符合行洪、输水的要求。

禁止在河道、湖泊管理范围内建设妨碍行洪的建筑物、构筑物,倾倒垃圾、渣土,从事影响河势稳定、危害河岸堤防安全和其他妨碍河道行洪的活动。

禁止在行洪河道内种植阻碍行洪的林木和高秆作物。

在船舶航行可能危及堤岸安全的河段,应当限定航速。限定航速的标志,由交通主管部门与水行政主管部门商定后设置。

第二十三条　【禁止围湖造地与围垦河道】禁止围湖造地。已经围垦的,应当按照国家规定的防洪标准进行治理,有计划地退地还湖。

禁止围垦河道。确需围垦的,应当进行科学论证,经水行政主管部门确认不妨碍行洪、输水后,报省级以上人民政府批准。

第二十四条　【居民外迁】对居住在行洪河道内的居民,当地人民政府应当有计划地组织外迁。

第二十五条　【护堤护岸林木营造与管理】护堤护岸的林木,由河道、湖泊管理机构组织营造和管理。护堤护岸林木,不得任意砍伐。采伐护堤护岸林木的,应当依法办理采伐许可手续,并完成规定的更新补种任务。

第二十六条　【跨河工程设施改建与拆除】对壅水、阻水严重的桥梁、引道、码头和其他跨河工程设施,根据防洪标准,有关水行政主管部门可以报请县级以上人民政府按照国务院规定的权限责令建设单位限期改建或者拆除。

第二十七条　【跨河工程技术要求与审批】建设跨河、穿河、穿堤、临河的桥梁、码头、道路、渡口、管道、缆线、取水、排水等工程设施,应当符合防洪标准、岸线规划、航运要求和其他技术要求,不得危害堤防安全、影响河势稳定、妨碍行洪畅通;其工程建设方案未经有关水行政主管部门根据前述防洪要求审查同意的,建设单位不得开工建设。

前款工程设施需要占用河道、湖泊管理范围内土地,跨越河道、湖泊空间或者穿越河床的,建设单位应当经有关水行政主管部门对该工程设施建设的位置和界限审查批准后,方可依法办理开工手续;安排施工时,应当按照水行政主管部门审查批准的位置和界限进行。

第二十八条 【跨河等工程设施的检查与验收】对于河道、湖泊管理范围内依照本法规定建设的工程设施,水行政主管部门有权依法检查;水行政主管部门检查时,被检查者应当如实提供有关的情况和资料。

前款规定的工程设施竣工验收时,应当有水行政主管部门参加。

第四章 防洪区和防洪工程设施的管理

第二十九条 【防洪区界定与分类】防洪区是指洪水泛滥可能淹及的地区,分为洪泛区、蓄滞洪区和防洪保护区。

洪泛区是指尚无工程设施保护的洪水泛滥所及的地区。

蓄滞洪区是指包括分洪口在内的河堤背水面以外临时贮存洪水的低洼地区及湖泊等。

防洪保护区是指在防洪标准内受防洪工程设施保护的地区。

洪泛区、蓄滞洪区和防洪保护区的范围,在防洪规划或者防御洪水方案中划定,并报请省级以上人民政府按照国务院规定的权限批准后予以公告。

第三十条 【防洪区内土地利用管理】各级人民政府应当按照防洪规划对防洪区内的土地利用实行分区管理。

第三十一条 【地方政府领导防洪区工作】地方各级人民政府应当加强对防洪区安全建设工作的领导,组织有关部门、单位对防洪区内的单位和居民进行防洪教育,普及防洪知识,提高水患意识;按照防洪规划和防御洪水方案建立并完善防洪体系和水文、气象、通信、预警以及洪涝灾害监测系统,提高防御洪水能力;组织防洪区内的单位和居民积极参加防洪工作,因地制宜地采取防洪避洪措施。

第三十二条 【洪泛区、蓄滞洪区补偿与救助】洪泛区、蓄滞洪区所在地的省、自治区、直辖市人民政府应当组织有关地区和部门,按照防洪规划的要求,制定洪泛区、蓄滞洪区安全建设计划,控制蓄滞洪区人口增长,对居住在经常使用的蓄滞洪区的居民,有计划地组织外迁,并采取其他必要的安全保护措施。

因蓄滞洪区而直接受益的地区和单位,应当对蓄滞洪区承担国家规定的补偿、救助义务。国务院和有关的省、自治区、直辖市人民政府应当建立对蓄滞洪区的扶持和补偿、救助制度。

国务院和有关的省、自治区、直辖市人民政府可以制定洪泛区、蓄滞洪区安全建设管理办法以及对蓄滞洪区的扶持和补偿、救助办法。

第三十三条 【洪泛区、蓄滞洪区内非防洪建设项目的建设】在洪泛区、蓄滞洪区内建设非防洪建设项目，应当就洪水对建设项目可能产生的影响和建设项目对防洪可能产生的影响作出评价，编制洪水影响评价报告，提出防御措施。洪水影响评价报告未经有关水行政主管部门审查批准的，建设单位不得开工建设。

在蓄滞洪区内建设的油田、铁路、公路、矿山、电厂、电信设施和管道，其洪水影响评价报告应当包括建设单位自行安排的防洪避洪方案。建设项目投入生产或者使用时，其防洪工程设施应当经水行政主管部门验收。

在蓄滞洪区内建造房屋应当采用平顶式结构。

第三十四条 【防洪重点】大中城市，重要的铁路、公路干线，大型骨干企业，应当列为防洪重点，确保安全。

受洪水威胁的城市、经济开发区、工矿区和国家重要的农业生产基地等，应当重点保护，建设必要的防洪工程设施。

城市建设不得擅自填堵原有河道沟叉、贮水湖塘洼淀和废除原有防洪围堤。确需填堵或者废除的，应当经城市人民政府批准。

第三十五条 【防洪工程设施保护范围】属于国家所有的防洪工程设施，应当按照经批准的设计，在竣工验收前由县级以上人民政府按照国家规定，划定管理和保护范围。

属于集体所有的防洪工程设施，应当按照省、自治区、直辖市人民政府的规定，划定保护范围。

在防洪工程设施保护范围内，禁止进行爆破、打井、采石、取土等危害防洪工程设施安全的活动。

第三十六条 【水库大坝管理】各级人民政府应当组织有关部门加强对水库大坝的定期检查和监督管理。对未达到设计洪水标准、抗震设防要求或者有严重质量缺陷的险坝，大坝主管部门应当组织有关单位采取除险加固措施，限期消除危险或者重建，有关人民政府应当优先安排所需资金。对可能出现垮坝的水库，应当事先制定应急抢险和居民临时撤离方案。

各级人民政府和有关主管部门应当加强对尾矿坝的监督管理，采取措施，避免因洪水导致垮坝。

第三十七条 【单位与个人不得破坏防洪工作】任何单位和个人不得破坏、侵占、毁损水库大坝、堤防、水闸、护岸、抽水站、排水渠系等防洪工程和水文、通信设施以及防汛备用的器材、物料等。

第五章　防汛抗洪

第三十八条 【防汛抗洪管理体制】防汛抗洪工作实行各级人民政府行政首长负责

制,统一指挥、分级分部门负责。

第三十九条 【防汛抗洪指挥机构】国务院设立国家防汛指挥机构,负责领导、组织全国的防汛抗洪工作,其办事机构设在国务院水行政主管部门。

在国家确定的重要江河、湖泊可以设立由有关省、自治区、直辖市人民政府和该江河、湖泊的流域管理机构负责人等组成的防汛指挥机构,指挥所管辖范围内的防汛抗洪工作,其办事机构设在流域管理机构。

有防汛抗洪任务的县级以上地方人民政府设立由有关部门、当地驻军、人民武装部负责人等组成的防汛指挥机构,在上级防汛指挥机构和本级人民政府的领导下,指挥本地区的防汛抗洪工作,其办事机构设在同级水行政主管部门;必要时,经城市人民政府决定,防汛指挥机构也可以在建设行政主管部门设城市市区办事机构,在防汛指挥机构的统一领导下,负责城市市区的防汛抗洪日常工作。

第四十条 【防御洪水方案的制定】有防汛抗洪任务的县级以上地方人民政府根据流域综合规划、防洪工程实际状况和国家规定的防洪标准,制定防御洪水方案(包括对特大洪水的处置措施)。

长江、黄河、淮河、海河的防御洪水方案,由国家防汛指挥机构制定,报国务院批准;跨省、自治区、直辖市的其他江河的防御洪水方案,由有关流域管理机构会同有关省、自治区、直辖市人民政府制定,报国务院或者国务院授权的有关部门批准。防御洪水方案经批准后,有关地方人民政府必须执行。

各级防汛指挥机构和承担防汛抗洪任务的部门和单位,必须根据防御洪水方案做好防汛抗洪准备工作。

第四十一条 【汛期起止日期】省、自治区、直辖市人民政府防汛指挥机构根据当地的洪水规律,规定汛期起止日期。

当江河、湖泊的水情接近保证水位或者安全流量,水库水位接近设计洪水位,或者防洪工程设施发生重大险情时,有关县级以上人民政府防汛指挥机构可以宣布进入紧急防汛期。

第四十二条 【障碍物处置】对河道、湖泊范围内阻碍行洪的障碍物,按照谁设障、谁清除的原则,由防汛指挥机构责令限期清除;逾期不清除的,由防汛指挥机构组织强行清除,所需费用由设障者承担。

在紧急防汛期,国家防汛指挥机构或者其授权的流域、省、自治区、直辖市防汛指挥机构有权对壅水、阻水严重的桥梁、引道、码头和其他跨河工程设施作出紧急处置。

第四十三条 【汛期服务】在汛期,气象、水文、海洋等有关部门应当按照各自的职责,及时向有关防汛指挥机构提供天气、水文等实时信息和风暴潮预报;电信部门应当优先提供防汛抗洪通信的服务;运输、电力、物资材料供应等有关部门应当优先为防汛抗洪服务。

中国人民解放军、中国人民武装警察部队和民兵应当执行国家赋予的抗洪抢险任务。

第四十四条 【汛期水库】在汛期,水库、闸坝和其他水工程设施的运用,必须服从有关的防汛指挥机构的调度指挥和监督。

在汛期,水库不得擅自在汛期限制水位以上蓄水,其汛期限制水位以上的防洪库容的运用,必须服从防汛指挥机构的调度指挥和监督。

在凌汛期,有防凌汛任务的江河的上游水库的下泄水量必须征得有关的防汛指挥机构的同意,并接受其监督。

第四十五条 【紧急措施】在紧急防汛期,防汛指挥机构根据防汛抗洪的需要,有权在其管辖范围内调用物资、设备、交通运输工具和人力,决定采取取土占地、砍伐林木、清除阻水障碍物和其他必要的紧急措施;必要时,公安、交通等有关部门按照防汛指挥机构的决定,依法实施陆地和水面交通管制。

依照前款规定调用的物资、设备、交通运输工具等,在汛期结束后应当及时归还;造成损坏或者无法归还的,按照国务院有关规定给予适当补偿或者作其他处理。取土占地、砍伐林木的,在汛期结束后依法向有关部门补办手续;有关地方人民政府对取土后的土地组织复垦,对砍伐的林木组织补种。

第四十六条 【蓄滞洪区】江河、湖泊水位或者流量达到国家规定的分洪标准,需要启用蓄滞洪区时,国务院、国家防汛指挥机构,流域防汛指挥机构,省、自治区、直辖市人民政府,省、自治区、直辖市防汛指挥机构,按照依法经批准的防御洪水方案中规定的启用条件和批准程序,决定启用蓄滞洪区。依法启用蓄滞洪区,任何单位和个人不得阻拦、拖延;遇到阻拦、拖延时,由有关县级以上地方人民政府强制实施。

第四十七条 【灾后工作、洪水保险】发生洪涝灾害后,有关人民政府应当组织有关部门、单位做好灾区的生活供给、卫生防疫、救灾物资供应、治安管理、学校复课、恢复生产和重建家园等救灾工作以及所管辖地区的各项水毁工程设施修复工作。水毁防洪工程设施的修复,应当优先列入有关部门的年度建设计划。

国家鼓励、扶持开展洪水保险。

第六章　保　障　措　施

第四十八条 【政府防洪投入】各级人民政府应当采取措施,提高防洪投入的总体水平。

第四十九条 【投资分担原则】江河、湖泊的治理和防洪工程设施的建设和维护所需投资,按照事权和财权相统一的原则,分级负责,由中央和地方财政承担。城市防洪工程设施的建设和维护所需投资,由城市人民政府承担。

受洪水威胁地区的油田、管道、铁路、公路、矿山、电力、电信等企业、事业单位应当自筹资金,兴建必要的防洪自保工程。

第五十条 【中央与地方财政资金用途】中央财政应当安排资金,用于国家确定的重要江河、湖泊的堤坝遭受特大洪涝灾害时的抗洪抢险和水毁防洪工程修复。省、自治区、直辖市人民政府应当在本级财政预算中安排资金，用于本行政区域内遭受特大洪涝灾害地区的抗洪抢险和水毁防洪工程修复。

第五十一条　【基本与管理费征收】国家设立水利建设基金，用于防洪工程和水利工程的维护和建设。具体办法由国务院规定。

　　受洪水威胁的省、自治区、直辖市为加强本行政区域内防洪工程设施建设，提高防御洪水能力，按照国务院的有关规定，可以规定在防洪保护区范围内征收河道工程修建维护管理费。

第五十二条　【防洪、救灾物资使用与监督】任何单位和个人不得截留、挪用防洪、救灾资金和物资。

　　各级人民政府审计机关应当加强对防洪、救灾资金使用情况的审计监督。

第七章　法　律　责　任

第五十三条　【违反建设防洪工程、水工程、水电站责任】违反本法第十七条规定，未经水行政主管部门签署规划同意书，擅自在江河、湖泊上建设防洪工程和其他水工程、水电站的，责令停止违法行为，补办规划同意书手续；违反规划同意书的要求，严重影响防洪的，责令限期拆除；违反规划同意书的要求，影响防洪但尚可采取补救措施的，责令限期采取补救措施，可以处一万元以上十万元以下的罚款。

第五十四条　【违法规划治导线责任】违反本法第十九条规定，未按照规划治导线整治河道和修建控制引导河水流向、保护堤岸等工程，影响防洪的，责令停止违法行为，恢复原状或者采取其他补救措施，可以处一万元以上十万元以下的罚款。

第五十五条　【阻碍行洪责任】违反本法第二十二条第二款、第三款规定，有下列行为之一的，责令停止违法行为，排除阻碍或者采取其他补救措施，可以处五万元以下的罚款：

　　（一）在河道、湖泊管理范围内建设妨碍行洪的建筑物、构筑物的；

　　（二）在河道、湖泊管理范围内倾倒垃圾、渣土，从事影响河势稳定、危害河岸堤防安全和其他妨碍河道行洪的活动的；

　　（三）在行洪河道内种植阻碍行洪的林木和高秆作物的。

第五十六条　【违法围海造地、围湖造地、围垦河道责任】违反本法第十五条第二款、第二十三条规定，围海造地、围湖造地、围垦河道的，责令停止违法行为，恢复原状或者采取其他补救措施，可以处五万元以下的罚款；既不恢复原状也不采取其他补救措施的，代为恢复原状或者采取补救措施，所需费用由违法者承担。

第五十七条　【违法建设跨河工程责任】违反本法第二十七条规定，未经水行政主管部门对其工程建设方案审查同意或者未按照有关水行政主管部门审查批准的位置、界限，在河道、湖泊管理范围内从事工程设施建设活动的，责令停止违法行为,补办审查同意或者审查批准手续;工程设施建设严重影响防洪的,责令限期拆除,逾期不拆除的,强行拆除,所需费用由建设单位承担;影响行洪但尚可采取补救措施的,责令限期采取补救措施,可以处一万元以上十万元以下的罚款。

第五十八条 【在洪泛区、蓄滞洪区内建设非防洪建设项目责任】违反本法第三十三条第一款规定,在洪泛区、蓄滞洪区内建设非防洪建设项目,未编制洪水影响评价报告或者洪水影响评价报告未经审查批准开工建设的,责令限期改正;逾期不改正的,处五万元以下的罚款。

违反本法第三十三条第二款规定,防洪工程设施未经验收,即将建设项目投入生产或者使用的,责令停止生产或者使用,限期验收防洪工程设施,可以处五万元以下的罚款。

第五十九条 【城建妨碍防洪责任】违反本法第三十四条规定,因城市建设擅自填堵原有河道沟叉、贮水湖塘洼淀和废除原有防洪围堤的,城市人民政府应当责令停止违法行为,限期恢复原状或者采取其他补救措施。

第六十条 【故意破坏防洪工程、水文、通信设施及防汛器材责任】违反本法规定,破坏、侵占、毁损堤防、水闸、护岸、抽水站、排水渠系等防洪工程和水文、通信设施以及防汛备用的器材、物料的,责令停止违法行为,采取补救措施,可以处五万元以下的罚款;造成损坏的,依法承担民事责任;应当给予治安管理处罚的,依照治安管理处罚法的规定处罚;构成犯罪的,依法追究刑事责任。

第六十一条 【妨碍执行职务责任】阻碍、威胁防汛指挥机构、水行政主管部门或者流域管理机构的工作人员依法执行职务,构成犯罪的,依法追究刑事责任;尚不构成犯罪,应当给予治安管理处罚的,依照治安管理处罚法的规定处罚。

第六十二条 【截留、挪用防洪、救灾物资责任】截留、挪用防洪、救灾资金和物资,构成犯罪的,依法追究刑事责任;尚不构成犯罪,给予行政处分。

第六十三条 【行政处罚主管机关】除本法第五十九条的规定外,本章规定的行政处罚和行政措施,由县级以上人民政府水行政主管部门决定,或者由流域管理机构按照国务院水行政主管部门规定的权限决定。但是,本法第六十条、第六十一条规定的治安管理处罚的决定机关,按照治安管理处罚法的规定执行。

第六十四条 【刑事责任与行政处分】国家工作人员,有下列行为之一,构成犯罪的,依法追究刑事责任;尚不构成犯罪,给予行政处分:

(一)违反本法第十七条、第十九条、第二十二条第二款、第二十二条第三款、第二十七条或者第三十四条规定,严重影响防洪的;

(二)滥用职权,玩忽职守,徇私舞弊,致使防汛抗洪工作遭受重大损失的;

(三)拒不执行防御洪水方案、防汛抢险指令或者蓄滞洪方案、措施、汛期调度运用计划等防汛调度方案的;

(四)违反本法规定,导致或者加重毗邻地区或者其他单位洪灾损失的。

第八章　附　　则

第六十五条　【施行日期】本法自1998年1月1日起施行。

中华人民共和国防汛条例

1. 1991年7月2日国务院令第86号发布
2. 根据2005年7月15日国务院令第441号《关于修改〈中华人民共和国防汛条例〉的决定》第一次修订
3. 根据2011年1月8日国务院令第588号《关于废止和修改部分行政法规的决定》第二次修订

第一章　总　　则

第一条　为了做好防汛抗洪工作,保障人民生命财产安全和经济建设的顺利进行,根据《中华人民共和国水法》,制定本条例。

第二条　在中华人民共和国境内进行防汛抗洪活动,适用本条例。

第三条　防汛工作实行"安全第一,常备不懈,以防为主,全力抢险"的方针,遵循团结协作和局部利益服从全局利益的原则。

第四条　防汛工作实行各级人民政府行政首长负责制,实行统一指挥,分级分部门负责。各有关部门实行防汛岗位责任制。

第五条　任何单位和个人都有参加防汛抗洪的义务。
中国人民解放军和武装警察部队是防汛抗洪的重要力量。

第二章　防汛组织

第六条　国务院设立国家防汛总指挥部,负责组织领导全国的防汛抗洪工作,其办事机构设在国务院水行政主管部门。

长江和黄河,可以设立由有关省、自治区、直辖市人民政府和该江河的流域管理机构(以下简称流域机构)负责人等组成的防汛指挥机构,负责指挥所辖范围的防汛抗洪工作,其办事机构设在流域机构。长江和黄河的重大防汛抗洪事项须经国家防汛总指挥部批准后执行。

国务院水行政主管部门所属的淮河、海河、珠江、松花江、辽河、太湖等流域机构,设立防汛办事机构,负责协调本流域的防汛日常工作。

第七条　有防汛任务的县级以上地方人民政府设立防汛指挥部,由有关部门、当地驻军、人民武装部负责人组成,由各级人民政府首长担任指挥。各级人民政府防汛指挥部在上级人民政府防汛指挥部和同级人民政府的领导下,执行上级防汛指令,制定各项防汛抗洪措施,统一指挥本地区的防汛抗洪工作。

各级人民政府防汛指挥部办事机构设在同级水行政主管部门;城市市区的防汛指挥部办事机构也可以设在城建主管部门,负责管理所辖范围的防汛日常工作。

第八条　石油、电力、邮电、铁路、公路、航运、工矿以及商业、物资等有防汛任务的部门和单位,汛期应当设立防汛机构,在有管辖权的人民政府防汛指挥部统一领导下,负责做好本行业和本单位的防汛工作。

第九条　河道管理机构、水利水电工程管理单位和江河沿岸在建工程的建设单位,必须加强对所辖水工程设施的管理维护,保证其安全正常运行,组织和参加防汛抗洪工作。

第十条　有防汛任务的地方人民政府应当组织以民兵为骨干的群众性防汛队伍,并责成有关部门将防汛队伍组成人员登记造册,明确各自的任务和责任。

河道管理机构和其他防洪工程管理单位可以结合平时的管理任务,组织本单位的防汛抢险队伍,作为紧急抢险的骨干力量。

第三章　防汛准备

第十一条　有防汛任务的县级以上人民政府,应当根据流域综合规划、防洪工程实际状况和国家规定的防洪标准,制定防御洪水方案(包括对特大洪水的处置措施)。

长江、黄河、淮河、海河的防御洪水方案,由国家防汛总指挥部制定,报国务院批准后施行;跨省、自治区、直辖市的其他江河的防御洪水方案,有关省、自治区、直辖市人民政府制定后,经有管辖权的流域机构审查同意,由省、自治区、直辖市人民政府报国务院或其授权的机构批准后施行。

有防汛抗洪任务的城市人民政府,应当根据流域综合规划和江河的防御洪水方案,制定本城市的防御洪水方案,报上级人民政府或其授权的机构批准后施行。

防御洪水方案经批准后,有关地方人民政府必须执行。

第十二条　有防汛任务的地方,应当根据经批准的防御洪水方案制定洪水调度方案。长江、黄河、淮河、海河(海河流域的永定河、大清河、漳卫南运河和北三河)、松花江、辽河、珠江和太湖流域的洪水调度方案,由有关流域机构会同有关省、自治区、直辖市人民政府制定,报国家防汛总指挥部批准。跨省、自治区、直辖市的其他江河的洪水调度方案,由有关流域机构会同有关省、自治区、直辖市人民政府制定,报流域防汛指挥机构批准;没有设立流域防汛指挥机构的,报国家防汛总指挥部批准。其他江河的洪水调度方案,由有管辖权的水行政主管部门会同有关地方人民政府制定,报有管辖权的防汛指挥机构批准。

洪水调度方案经批准后,有关地方人民政府必须执行。修改洪水调度方案,应当报经原批准机关批准。

第十三条　有防汛抗洪任务的企业应当根据所在流域或者地区经批准的防御洪水

方案和洪水调度方案,规定本企业的防汛抗洪措施,在征得其所在地县级人民政府水行政主管部门同意后,由有管辖权的防汛指挥机构监督实施。

第十四条　水库、水电站、拦河闸坝等工程的管理部门,应当根据工程规划设计、经批准的防御洪水方案和洪水调度方案以及工程实际状况,在兴利服从防洪,保证安全的前提下,制定汛期调度运用计划,经上级主管部门审查批准后,报有管辖权的人民政府防汛指挥部备案,并接受其监督。

经国家防汛总指挥部认定的对防汛抗洪关系重大的水电站,其防洪库容的汛期调度运用计划经上级主管部门审查同意后,须经有管辖权的人民政府防汛指挥部批准。

汛期调度运用计划经批准后,由水库、水电站、拦河闸坝等工程的管理部门负责执行。

有防凌任务的江河,其上游水库在凌汛期间的下泄水量,必须征得有管辖权的人民政府防汛指挥部的同意,并接受其监督。

第十五条　各级防汛指挥部应当在汛前对各类防洪设施组织检查,发现影响防洪安全的问题,责成责任单位在规定的期限内处理,不得贻误防汛抗洪工作。

各有关部门和单位按照防汛指挥部的统一部署,对所管辖的防洪工程设施进行汛前检查后,必须将影响防洪安全的问题和处理措施报有管辖权的防汛指挥部和上级主管部门,并按照该防汛指挥部的要求予以处理。

第十六条　关于河道清障和对壅水、阻水严重的桥梁、引道、码头和其他跨河工程设施的改建或者拆除,按照《中华人民共和国河道管理条例》的规定执行。

第十七条　蓄滞洪区所在地的省级人民政府应当按照国务院的有关规定,组织有关部门和市、县,制定所管辖的蓄滞洪区的安全与建设规划,并予实施。

各级地方人民政府必须对所管辖的蓄滞洪区的通信、预报警报、避洪、撤退道路等安全设施,以及紧急撤离和救生的准备工作进行汛前检查,发现影响安全的问题,及时处理。

第十八条　山洪、泥石流易发地区,当地有关部门应当指定预防监测员及时监测。雨季到来之前,当地人民政府防汛指挥部应当组织有关单位进行安全检查,对险情征兆明显的地区,应当及时把群众撤离险区。

风暴潮易发地区,当地有关部门应当加强对水库、海堤、闸坝、高压电线等设施和房屋的安全检查,发现影响安全的问题,及时处理。

第十九条　地区之间在防汛抗洪方面发生的水事纠纷,由发生纠纷地区共同的上一级人民政府或其授权的主管部门处理。

前款所指人民政府或者部门在处理防汛抗洪方面的水事纠纷时,有权采取临时紧急处置措施,有关当事各方必须服从并贯彻执行。

第二十条　有防汛任务的地方人民政府应当建设和完善江河堤防、水库、蓄滞洪区等防洪设施,以及该地区的防汛通信、预报警报系统。

第二十一条 各级防汛指挥部应当储备一定数量的防汛抢险物资,由商业、供销、物资部门代储的,可以支付适当的保管费。受洪水威胁的单位和群众应当储备一定的防汛抢险物料。

防汛抢险所需的主要物资,由计划主管部门在年度计划中予以安排。

第二十二条 各级人民政府防汛指挥部汛前应当向有关单位和当地驻军介绍防御洪水方案,组织交流防汛抢险经验。有关方面汛期应当及时通报水情。

第四章 防汛与抢险

第二十三条 省级人民政府防汛指挥部,可以根据当地的洪水规律,规定汛期起止日期。当江河、湖泊、水库的水情接近保证水位或者安全流量时,或者防洪工程设施发生重大险情,情况紧急时,县级以上地方人民政府可以宣布进入紧急防汛期,并报告上级人民政府防汛指挥部。

第二十四条 防汛期内,各级防汛指挥部必须有负责人主持工作。有关责任人员必须坚守岗位,及时掌握汛情,并按照防御洪水方案和汛期调度运用计划进行调度。

第二十五条 在汛期,水利、电力、气象、海洋、农林等部门的水文站、雨量站,必须及时准确地向各级防汛指挥部提供实时水文信息;气象部门必须及时向各级防汛指挥部提供有关天气预报和实时气象信息;水文部门必须及时向各级防汛指挥部提供有关水文预报;海洋部门必须及时向沿海地区防汛指挥部提供风暴潮预报。

第二十六条 在汛期,河道、水库、闸坝、水运设施等水工程管理单位及其主管部门在执行汛期调度运用计划时,必须服从有管辖权的人民政府防汛指挥部的统一调度指挥或者监督。

在汛期,以发电为主的水库,其汛限水位以上的防洪库容以及洪水调度运用必须服从有管辖权的人民政府防汛指挥部的统一调度指挥。

第二十七条 在汛期,河道、水库、水电站、闸坝等水工程管理单位必须按照规定对水工程进行巡查,发现险情,必须立即采取抢护措施,并及时向防汛指挥部和上级主管部门报告。其他任何单位和个人发现水工程设施出现险情,应当立即向防汛指挥部和水工程管理单位报告。

第二十八条 在汛期,公路、铁路、航运、民航等部门应当及时运送防汛抢险人员和物资;电力部门应当保证防汛用电。

第二十九条 在汛期,电力调度通信设施必须服从防汛工作需要;邮电部门必须保证汛情和防汛指令的及时、准确传递,电视、广播、公路、铁路、航运、民航、公安、林业、石油等部门应当运用本部门的通信工具优先为防汛抗洪服务。

电视、广播、新闻单位应当根据人民政府防汛指挥部提供的汛情,及时向公众发布防汛信息。

第三十条 在紧急防汛期,地方人民政府防汛指挥部必须由人民政府负责人主持工作,组织动员本地区各有关单位和个人投入抗洪抢险。所有单位和个人必须听从指挥,承担人民政府防汛指挥部分配的抗洪抢险任务。

第三十一条 在紧急防汛期,公安部门应当按照人民政府防汛指挥部的要求,加强治安管理和安全保卫工作。必要时须由有关部门依法实行陆地和水面交通管制。

第三十二条 在紧急防汛期,为了防汛抢险需要,防汛指挥部有权在其管辖范围内,调用物资、设备、交通运输工具和人力,事后应当及时归还或者给予适当补偿。因抢险需要取土占地、砍伐林木、清除阻水障碍物的,任何单位和个人不得阻拦。

前款所指取土占地、砍伐林木的,事后应当依法向有关部门补办手续。

第三十三条 当河道水位或者流量达到规定的分洪、滞洪标准时,有管辖权的人民政府防汛指挥部有权根据经批准的分洪、滞洪方案,采取分洪、滞洪措施。采取上述措施对毗邻地区有危害的,须经有管辖权的上级防汛指挥机构批准,并事先通知有关地区。

在非常情况下,为保护国家确定的重点地区和大局安全,必须作出局部牺牲时,在报经有管辖权的上级人民政府防汛指挥部批准后,当地人民政府防汛指挥部可以采取非常紧急措施。

实施上述措施时,任何单位和个人不得阻拦,如遇到阻拦和拖延时,有管辖权的人民政府有权组织强制实施。

第三十四条 当洪水威胁群众安全时,当地人民政府应当及时组织群众撤离至安全地带,并做好生活安排。

第三十五条 按照水的天然流势或者防洪、排涝工程的设计标准,或者经批准的运行方案下泄的洪水,下游地区不得设障阻水或者缩小河道的过水能力;上游地区不得擅自增大下泄流量。

未经有管辖权的人民政府或其授权的部门批准,任何单位和个人不得改变江河河势的自然控制点。

第五章 善后工作

第三十六条 在发生洪水灾害的地区,物资、商业、供销、农业、公路、铁路、航运、民航等部门应当做好抢险救灾物资的供应和运输;民政、卫生、教育等部门应当做好灾区群众的生活供给、医疗防疫、学校复课以及恢复生产等救灾工作;水利、电力、邮电、公路等部门应当做好所管辖的水毁工程的修复工作。

第三十七条 地方各级人民政府防汛指挥部,应当按照国家统计部门批准的洪涝灾害统计报表的要求,核实和统计所管辖范围的洪涝灾情,报上级主管部门和同级统计部门,有关单位和个人不得虚报、瞒报、伪造、篡改。

第三十八条 洪水灾害发生后,各级人民政府防汛指挥部应当积极组织和帮助灾区群众恢复和发展生产。修复水毁工程所需费用,应当优先列入有关主管部门年度建设计划。

第六章 防汛经费

第三十九条 由财政部门安排的防汛经费,按照分级管理的原则,分别列入中央财政和地方财政预算。

在汛期,有防汛任务的地区的单位和个人应当承担一定的防汛抢险的劳务和费用,具体办法由省、自治区、直辖市人民政府制定。

第四十条 防御特大洪水的经费管理,按照有关规定执行。

第四十一条 对蓄滞洪区,逐步推行洪水保险制度,具体办法另行制定。

第七章 奖励与处罚

第四十二条 有下列事迹之一的单位和个人,可以由县级以上人民政府给予表彰或者奖励:

(一)在执行抗洪抢险任务时,组织严密,指挥得当,防守得力,奋力抢险,出色完成任务者;

(二)坚持巡堤查险,遇到险情及时报告,奋力抗洪抢险,成绩显著者;

(三)在危险关头,组织群众保护国家和人民财产,抢救群众有功者;

(四)为防汛调度、抗洪抢险献计献策,效益显著者;

(五)气象、雨情、水情测报和预报准确及时,情报传递迅速,克服困难,抢测洪水,因而减轻重大洪水灾害者;

(六)及时供应防汛物料和工具,爱护防汛器材,节约经费开支,完成防汛抢险任务成绩显著者;

(七)有其他特殊贡献,成绩显著者。

第四十三条 有下列行为之一者,视情节和危害后果,由其所在单位或者上级主管机关给予行政处分;应当给予治安管理处罚的,依照《中华人民共和国治安管理处罚法》的规定处罚;构成犯罪的,依法追究刑事责任:

(一)拒不执行经批准的防御洪水方案、洪水调度方案,或者拒不执行有管辖权的防汛指挥机构的防汛调度方案或者防汛抢险指令的;

(二)玩忽职守,或者在防汛抢险的紧要关头临阵逃脱的;

(三)非法扒口决堤或者开闸的;

(四)挪用、盗窃、贪污防汛或者救灾的钱款或者物资的;

(五)阻碍防汛指挥机构工作人员依法执行职务的;

(六)盗窃、毁损或者破坏堤防、护岸、闸坝等水工程建筑物和防汛工程设施以及水文监测、测量设施、气象测报设施、河岸地质监测设施、通信照明设施的;

(七)其他危害防汛抢险工作的。

第四十四条 违反河道和水库大坝的安全管理,依照《中华人民共和国河道管理条例》和《水库大坝安全管理条例》的有关规定处理。

第四十五条 虚报、瞒报洪涝灾情,或者伪造、篡改洪涝灾害统计资料的,依照《中华人民共和国统计法》及其实施细则的有关规定处理。

第四十六条 当事人对行政处罚不服的,可以在接到处罚通知之日起十五日内,向作出处罚决定机关的上一级机关申请复议;对复议决定不服的,可以在接到复议决定之日起十五日内,向人民法院起诉。当事人也可以在接到处罚通知之日起十五日内,直接向人民法院起诉。

当事人逾期不申请复议或者不向人民法院起诉,又不履行处罚决定的,由作出处罚决定的机关申请人民法院强制执行;在汛期,也可以由作出处罚决定的机关强制执行;对治安管理处罚不服的,依照《中华人民共和国治安管理处罚法》的规定办理。

当事人在申请复议或者诉讼期间,不停止行政处罚决定的执行。

第八章 附 则

第四十七条 省、自治区、直辖市人民政府,可以根据本条例的规定,结合本地区的实际情况,制定实施细则。

第四十八条 本条例由国务院水行政主管部门负责解释。

第四十九条 本条例自发布之日起施行。

中华人民共和国抗旱条例

2009 年 2 月 26 日国务院令第 552 号公布施行

第一章 总 则

第一条 为了预防和减轻干旱灾害及其造成的损失,保障生活用水,协调生产、生态用水,促进经济社会全面、协调、可持续发展,根据《中华人民共和国水法》,制定本条例。

第二条 在中华人民共和国境内从事预防和减轻干旱灾害的活动,应当遵守本条例。

本条例所称干旱灾害,是指由于降水减少、水工程供水不足引起的用水短缺,并对生活、生产和生态造成危害的事件。

第三条 抗旱工作坚持以人为本、预防为主、防抗结合和因地制宜、统筹兼顾、局部利益服从全局利益的原则。

第四条 县级以上人民政府应当将抗旱工作纳入本级国民经济和社会发展规划,所需经费纳入本级财政预算,保障抗旱工作的正常开展。

第五条 抗旱工作实行各级人民政府行政首长负责制,统一指挥、部门协作、分级负责。

第六条　国家防汛抗旱总指挥部负责组织、领导全国的抗旱工作。

　　国务院水行政主管部门负责全国抗旱的指导、监督、管理工作,承担国家防汛抗旱总指挥部的具体工作。国家防汛抗旱总指挥部的其他成员单位按照各自职责,负责有关抗旱工作。

第七条　国家确定的重要江河、湖泊的防汛抗旱指挥机构,由有关省、自治区、直辖市人民政府和该江河、湖泊的流域管理机构组成,负责协调所辖范围内的抗旱工作;流域管理机构承担流域防汛抗旱指挥机构的具体工作。

第八条　县级以上地方人民政府防汛抗旱指挥机构,在上级防汛抗旱指挥机构和本级人民政府的领导下,负责组织、指挥本行政区域内的抗旱工作。

　　县级以上地方人民政府水行政主管部门负责本行政区域内抗旱的指导、监督、管理工作,承担本级人民政府防汛抗旱指挥机构的具体工作。县级以上地方人民政府防汛抗旱指挥机构的其他成员单位按照各自职责,负责有关抗旱工作。

第九条　县级以上人民政府应当加强水利基础设施建设,完善抗旱工程体系,提高抗旱减灾能力。

第十条　各级人民政府、有关部门应当开展抗旱宣传教育活动,增强全社会抗旱减灾意识,鼓励和支持各种抗旱科学技术研究及其成果的推广应用。

第十一条　任何单位和个人都有保护抗旱设施和依法参加抗旱的义务。

第十二条　对在抗旱工作中做出突出贡献的单位和个人,按照国家有关规定给予表彰和奖励。

第二章　旱灾预防

第十三条　县级以上地方人民政府水行政主管部门会同同级有关部门编制本行政区域的抗旱规划,报本级人民政府批准后实施,并抄送上一级人民政府水行政主管部门。

第十四条　编制抗旱规划应当充分考虑本行政区域的国民经济和社会发展水平、水资源综合开发利用情况、干旱规律和特点、可供水资源量和抗旱能力以及城乡居民生活用水、工农业生产和生态用水的需求。

　　抗旱规划应当与水资源开发利用等规划相衔接。

　　下级抗旱规划应当与上一级的抗旱规划相协调。

第十五条　抗旱规划应当主要包括抗旱组织体系建设、抗旱应急水源建设、抗旱应急设施建设、抗旱物资储备、抗旱服务组织建设、旱情监测网络建设以及保障措施等。

第十六条　县级以上人民政府应当加强农田水利基础设施建设和农村饮水工程建设,组织做好抗旱应急工程及其配套设施建设和节水改造,提高抗旱供水能力和水资源利用效率。

　　县级以上人民政府水行政主管部门应当组织做好农田水利基础设施和农村饮水工程的管理和维护,确保其正常运行。

干旱缺水地区的地方人民政府及有关集体经济组织应当因地制宜修建中小微型蓄水、引水、提水工程和雨水集蓄利用工程。

第十七条　国家鼓励和扶持研发、使用抗旱节水机械和装备，推广农田节水技术，支持旱作地区修建抗旱设施，发展旱作节水农业。

国家鼓励、引导、扶持社会组织和个人建设、经营抗旱设施，并保护其合法权益。

第十八条　县级以上地方人民政府应当做好干旱期城乡居民生活供水的应急水源贮备保障工作。

第十九条　干旱灾害频繁发生地区的县级以上地方人民政府，应当根据抗旱工作需要储备必要的抗旱物资，并加强日常管理。

第二十条　县级以上人民政府应当根据水资源和水环境的承载能力，调整、优化经济结构和产业布局，合理配置水资源。

第二十一条　各级人民政府应当开展节约用水宣传教育，推行节约用水措施，推广节约用水新技术、新工艺，建设节水型社会。

第二十二条　县级以上人民政府水行政主管部门应当做好水资源的分配、调度和保护工作，组织建设抗旱应急水源工程和集雨设施。

县级以上人民政府水行政主管部门和其他有关部门应当及时向人民政府防汛抗旱指挥机构提供水情、雨情和墒情信息。

第二十三条　各级气象主管机构应当加强气象科学技术研究，提高气象监测和预报水平，及时向人民政府防汛抗旱指挥机构提供气象干旱及其他与抗旱有关的气象信息。

第二十四条　县级以上人民政府农业主管部门应当做好农用抗旱物资的储备和管理工作，指导干旱地区农业种植结构的调整，培育和推广应用耐旱品种，及时向人民政府防汛抗旱指挥机构提供农业旱情信息。

第二十五条　供水管理部门应当组织有关单位，加强供水管网的建设和维护，提高供水能力，保障居民生活用水，及时向人民政府防汛抗旱指挥机构提供供水、用水信息。

第二十六条　县级以上人民政府应当组织有关部门，充分利用现有资源，建设完善旱情监测网络，加强对干旱灾害的监测。

县级以上人民政府防汛抗旱指挥机构应当组织完善抗旱信息系统，实现成员单位之间的信息共享，为抗旱指挥决策提供依据。

第二十七条　国家防汛抗旱总指挥部组织其成员单位编制国家防汛抗旱预案，经国务院批准后实施。

县级以上地方人民政府防汛抗旱指挥机构组织其成员单位编制抗旱预案，经上一级人民政府防汛抗旱指挥机构审查同意，报本级人民政府批准后实施。

经批准的抗旱预案，有关部门和单位必须执行。修改抗旱预案，应当按照原批准程序报原批准机关批准。

第二十八条　抗旱预案应当包括预案的执行机构以及有关部门的职责、干旱灾害预警、干旱等级划分和按不同等级采取的应急措施、旱情紧急情况下水量调度预案和保障措施等内容。

干旱灾害按照区域耕地和作物受旱的面积与程度以及因干旱导致饮水困难人口的数量,分为轻度干旱、中度干旱、严重干旱、特大干旱四级。

第二十九条　县级人民政府和乡镇人民政府根据抗旱工作的需要,加强抗旱服务组织的建设。县级以上地方各级人民政府应当加强对抗旱服务组织的扶持。

国家鼓励社会组织和个人兴办抗旱服务组织。

第三十条　各级人民政府应当对抗旱责任制落实、抗旱预案编制、抗旱设施建设和维护、抗旱物资储备等情况加强监督检查,发现问题应当及时处理或者责成有关部门和单位限期处理。

第三十一条　水工程管理单位应当定期对管护范围内的抗旱设施进行检查和维护。

第三十二条　禁止非法引水、截水和侵占、破坏、污染水源。

禁止破坏、侵占、毁损抗旱设施。

第三章　抗旱减灾

第三十三条　发生干旱灾害,县级以上人民政府防汛抗旱指挥机构应当按照抗旱预案规定的权限,启动抗旱预案,组织开展抗旱减灾工作。

第三十四条　发生轻度干旱和中度干旱,县级以上地方人民政府防汛抗旱指挥机构应当按照抗旱预案的规定,采取下列措施:

(一)启用应急备用水源或者应急打井、挖泉;

(二)设置临时抽水泵站,开挖输水渠道或者临时在江河沟渠内截水;

(三)使用再生水、微咸水、海水等非常规水源,组织实施人工增雨;

(四)组织向人畜饮水困难地区送水。

采取前款规定的措施,涉及其他行政区域的,应当报共同的上一级人民政府防汛抗旱指挥机构或者流域防汛抗旱指挥机构批准;涉及其他有关部门的,应当提前通知有关部门。旱情解除后,应当及时拆除临时取水和截水设施,并及时通报有关部门。

第三十五条　发生严重干旱和特大干旱,国家防汛抗旱总指挥部应当启动国家防汛抗旱预案,总指挥部各成员单位应当按照防汛抗旱预案的分工,做好相关工作。

严重干旱和特大干旱发生地的县级以上地方人民政府在防汛抗旱指挥机构采取本条例第三十四条规定的措施外,还可以采取下列措施:

(一)压减供水指标;

(二)限制或者暂停高耗水行业用水;

(三)限制或者暂停排放工业污水;

(四)缩小农业供水范围或者减少农业供水量;
(五)限时或者限量供应城镇居民生活用水。

第三十六条 发生干旱灾害,县级以上地方人民政府应当按照统一调度、保证重点、兼顾一般的原则对水源进行调配,优先保障城乡居民生活用水,合理安排生产和生态用水。

第三十七条 发生干旱灾害,县级以上人民政府防汛抗旱指挥机构或者流域防汛抗旱指挥机构可以按照批准的抗旱预案,制订应急水量调度实施方案,统一调度辖区内的水库、水电站、闸坝、湖泊等所蓄的水量。有关地方人民政府、单位和个人必须服从统一调度和指挥,严格执行调度指令。

第三十八条 发生干旱灾害,县级以上地方人民政府防汛抗旱指挥机构应当及时组织抗旱服务组织,解决农村人畜饮水困难,提供抗旱技术咨询等方面的服务。

第三十九条 发生干旱灾害,各级气象主管机构应当做好气象干旱监测和预报工作,并适时实施人工增雨作业。

第四十条 发生干旱灾害,县级以上人民政府卫生主管部门应当做好干旱灾害发生地区疾病预防控制、医疗救护和卫生监督执法工作,监督、检测饮用水水源卫生状况,确保饮水卫生安全,防止干旱灾害导致重大传染病疫情的发生。

第四十一条 发生干旱灾害,县级以上人民政府民政部门应当做好干旱灾害的救助工作,妥善安排受灾地区群众基本生活。

第四十二条 干旱灾害发生地区的乡镇人民政府、街道办事处、村民委员会、居民委员会应当组织力量,向村民、居民宣传节水抗旱知识,协助做好抗旱措施的落实工作。

第四十三条 发生干旱灾害,供水企事业单位应当加强对供水、水源和抗旱设施的管理与维护,按要求启用应急备用水源,确保城乡供水安全。

第四十四条 干旱灾害发生地区的单位和个人应当自觉节约用水,服从当地人民政府发布的决定,配合落实人民政府采取的抗旱措施,积极参加抗旱减灾活动。

第四十五条 发生特大干旱,严重危及城乡居民生活、生产用水安全,可能影响社会稳定的,有关省、自治区、直辖市人民政府防汛抗旱指挥机构经本级人民政府批准,可以宣布本辖区内的相关行政区域进入紧急抗旱期,并及时报告国家防汛抗旱总指挥部。

特大干旱旱情缓解后,有关省、自治区、直辖市人民政府防汛抗旱指挥机构应当宣布结束紧急抗旱期,并及时报告国家防汛抗旱总指挥部。

第四十六条 在紧急抗旱期,有关地方人民政府防汛抗旱指挥机构应当组织动员本行政区域内各有关单位和个人投入抗旱工作。所有单位和个人必须服从指挥,承担人民政府防汛抗旱指挥机构分配的抗旱工作任务。

第四十七条 在紧急抗旱期,有关地方人民政府防汛抗旱指挥机构根据抗旱工作的需要,有权在其管辖范围内征用物资、设备、交通运输工具。

第四十八条 县级以上地方人民政府防汛抗旱指挥机构应当组织有关部门,按照干旱灾害统计报表的要求,及时核实和统计所管辖范围内的旱情、干旱灾害和抗旱情况等信息,报上一级人民政府防汛抗旱指挥机构和本级人民政府。

第四十九条 国家建立抗旱信息统一发布制度。旱情由县级以上人民政府防汛抗旱指挥机构统一审核、发布;旱灾由县级以上人民政府水行政主管部门会同同级民政部门审核、发布;农业灾情由县级以上人民政府农业主管部门发布;与抗旱有关的气象信息由气象主管机构发布。

报刊、广播、电视和互联网等媒体,应当及时刊播抗旱信息并标明发布机构名称和发布时间。

第五十条 各级人民政府应当建立和完善与经济社会发展水平以及抗旱减灾要求相适应的资金投入机制,在本级财政预算中安排必要的资金,保障抗旱减灾投入。

第五十一条 因抗旱发生的水事纠纷,依照《中华人民共和国水法》的有关规定处理。

第四章 灾后恢复

第五十二条 旱情缓解后,各级人民政府、有关主管部门应当帮助受灾群众恢复生产和灾后自救。

第五十三条 旱情缓解后,县级以上人民政府水行政主管部门应当对水利工程进行检查评估,并及时组织修复遭受干旱灾害损坏的水利工程;县级以上人民政府有关主管部门应当将遭受干旱灾害损坏的水利工程,优先列入年度修复建设计划。

第五十四条 旱情缓解后,有关地方人民政府防汛抗旱指挥机构应当及时归还紧急抗旱期征用的物资、设备、交通运输工具等,并按照有关法律规定给予补偿。

第五十五条 旱情缓解后,县级以上人民政府防汛抗旱指挥机构应当及时组织有关部门对干旱灾害影响、损失情况以及抗旱工作效果进行分析和评估;有关部门和单位应当予以配合,主动向本级人民政府防汛抗旱指挥机构报告相关情况,不得虚报、瞒报。

县级以上人民政府防汛抗旱指挥机构也可以委托具有灾害评估专业资质的单位进行分析和评估。

第五十六条 抗旱经费和抗旱物资必须专项使用,任何单位和个人不得截留、挤占、挪用和私分。

各级财政和审计部门应当加强对抗旱经费和物资管理的监督、检查和审计。

第五十七条 国家鼓励在易旱地区逐步建立和推行旱灾保险制度。

第五章 法律责任

第五十八条 违反本条例规定,有下列行为之一的,由所在单位或者上级主管机关、监察机关责令改正;对直接负责的主管人员和其他直接责任人员依法给予处分;构成犯罪的,依法追究刑事责任:

(一)拒不承担抗旱救灾任务的;

（二）擅自向社会发布抗旱信息的；

（三）虚报、瞒报旱情、灾情的；

（四）拒不执行抗旱预案或者旱情紧急情况下的水量调度预案以及应急水量调度实施方案的；

（五）旱情解除后，拒不拆除临时取水和截水设施的；

（六）滥用职权、徇私舞弊、玩忽职守的其他行为。

第五十九条 截留、挤占、挪用、私分抗旱经费的，依照有关财政违法行为处罚处分等法律、行政法规的规定处罚；构成犯罪的，依法追究刑事责任。

第六十条 违反本条例规定，水库、水电站、拦河闸坝等工程的管理单位以及其他经营工程设施的经营者拒不服从统一调度和指挥的，由县级以上人民政府水行政主管部门或者流域管理机构责令改正，给予警告；拒不改正的，强制执行，处 1 万元以上 5 万元以下的罚款。

第六十一条 违反本条例规定，侵占、破坏水源和抗旱设施的，由县级以上人民政府水行政主管部门或者流域管理机构责令停止违法行为，采取补救措施，处 1 万元以上 5 万元以下的罚款；造成损坏的，依法承担民事责任；构成违反治安管理行为的，依照《中华人民共和国治安管理处罚法》的规定处罚；构成犯罪的，依法追究刑事责任。

第六十二条 违反本条例规定，抢水、非法引水、截水或者哄抢抗旱物资的，由县级以上人民政府水行政主管部门或者流域管理机构责令停止违法行为，予以警告；构成违反治安管理行为的，依照《中华人民共和国治安管理处罚法》的规定处罚；构成犯罪的，依法追究刑事责任。

第六十三条 违反本条例规定，阻碍、威胁防汛抗旱指挥机构、水行政主管部门或者流域管理机构的工作人员依法执行职务的，由县级以上人民政府水行政主管部门或者流域管理机构责令改正，予以警告；构成违反治安管理行为的，依照《中华人民共和国治安管理处罚法》的规定处罚；构成犯罪的，依法追究刑事责任。

第六章　附　　则

第六十四条 中国人民解放军和中国人民武装警察部队参加抗旱救灾，依照《军队参加抢险救灾条例》的有关规定执行。

第六十五条 本条例自公布之日起施行。

国家防汛抗旱应急预案

1. 2022 年 5 月 30 日国务院办公厅发布
2. 国办函〔2022〕48 号

1 总　　则
　1.1　指导思想
　1.2　编制依据
　1.3　适用范围
　1.4　工作原则
2　组织指挥体系及职责
　2.1　国家防汛抗旱总指挥部
　2.2　流域防汛抗旱总指挥部
　2.3　地方各级人民政府防汛抗旱指挥部
　2.4　其他防汛抗旱指挥机构
3　预防和预警机制
　3.1　预防预警信息
　3.2　预防预警行动
　3.3　预警支持系统
　3.4　预警响应衔接
4　应急响应
　4.1　应急响应的总体要求
　4.2　一级应急响应
　4.3　二级应急响应
　4.4　三级应急响应
　4.5　四级应急响应
　4.6　不同灾害的应急响应措施
　4.7　信息报送和处理
　4.8　指挥和调度
　4.9　抢险救灾
　4.10　安全防护和医疗救护
　4.11　社会力量动员与参与
　4.12　信息发布
　4.13　应急终止

5 应急保障
　5.1 通信与信息保障
　5.2 应急支援与装备保障
　5.3 技术保障
　5.4 宣传
　5.5 培训和演练
6 善后工作
　6.1 救灾
　6.2 防汛抗旱物资补充
　6.3 水毁工程修复
　6.4 蓄滞洪区运用补偿
　6.5 灾后重建
　6.6 工作评价与灾害评估
7 附　　则
　7.1 名词术语定义
　7.2 预案管理与更新
　7.3 国际沟通与协作
　7.4 奖励与责任追究
　7.5 预案解释部门
　7.6 预案实施时间

1 总　　则

1.1 指导思想

以习近平新时代中国特色社会主义思想为指导,深入贯彻落实习近平总书记关于防灾减灾救灾的重要论述和关于全面做好防汛抗旱工作的重要指示精神,按照党中央、国务院决策部署,立足新发展阶段,完整、准确、全面贯彻新发展理念,构建新发展格局,坚持人民至上、生命至上,统筹发展和安全,进一步完善体制机制,依法高效有序做好水旱灾害突发事件防范与处置工作,最大限度减少人员伤亡和财产损失,为经济社会持续健康发展提供坚强保证。

1.2 编制依据

《中华人民共和国防洪法》、《中华人民共和国水法》、《中华人民共和国防汛条例》、《中华人民共和国抗旱条例》、《水库大坝安全管理条例》和《国家突发公共事件总体应急预案》等。

1.3 适用范围

本预案适用于我国境内突发性水旱灾害的防范和处置。突发性水旱灾害包括:江河洪水和渍涝灾害、山洪灾害(指由降雨引发的山洪、泥石流灾害)、台风风暴潮灾害、干旱灾害、供水危机以及由洪水、风暴潮、地震等引发的水库垮坝、堤防决口、水闸倒塌、堰塞湖等次生衍生灾害。

1.4 工作原则

1.4.1 坚持统一领导、协调联动，分级负责、属地为主。防汛抗旱工作在党的领导下，实行各级人民政府行政首长负责制。各级防汛抗旱指挥机构在同级党委和政府、上级防汛抗旱指挥机构领导下，组织指挥管辖范围内防汛抗旱工作，贯彻落实同级党委和政府、上级防汛抗旱指挥机构的部署要求。

1.4.2 坚持安全第一、常备不懈，以防为主、防抗救相结合。防汛抗旱工作坚持依法防抗、科学防控，实行公众参与、专群结合、军民联防、平战结合，切实把确保人民生命安全放在第一位落到实处，保障防洪安全和城乡供水安全。

1.4.3 坚持因地制宜、城乡统筹，统一规划、局部利益服从全局利益。防汛抗旱工作要按照流域或区域统一规划，科学处理上下游左右岸之间、地区之间、部门之间、近期与长远之间等各项关系，突出重点，兼顾一般，做到服从大局、听从指挥。

1.4.4 坚持科学调度、综合治理，除害兴利、防汛抗旱统筹。在确保防洪安全的前提下，尽可能利用洪水资源。抗旱用水以水资源承载能力为基础，实行先生活、后生产，先地表、后地下，先节水、后调水，科学调度，优化配置，最大限度满足城乡生活、生态、生产用水需求。

2 组织指挥体系及职责

国务院设立国家防汛抗旱指挥机构，县级以上地方人民政府、有关流域设立防汛抗旱指挥机构，负责本区域的防汛抗旱工作。有关单位可根据需要设立防汛抗旱指挥机构，负责本单位防汛抗旱工作。

2.1 国家防汛抗旱总指挥部

国务院设立国家防汛抗旱总指挥部（以下简称国家防总），负责领导、组织全国的防汛抗旱工作，其办事机构国家防总办公室设在应急部。

2.1.1 国家防总组织机构

国家防总由国务院领导同志任总指挥，应急部、水利部主要负责同志，中央军委联合参谋部负责同志和国务院分管副秘书长任副总指挥，应急部分管副部长任秘书长，根据需要设副秘书长，中央宣传部、国家发展改革委、教育部、工业和信息化部、公安部、财政部、自然资源部、住房城乡建设部、交通运输部、水利部、农业农村部、商务部、文化和旅游部、国家卫生健康委、应急部、广电总局、中国气象局、国家粮食和储备局、国家能源局、国家铁路局、中央军委联合参谋部、中央军委国防动员部、中国红十字会总会、中国国家铁路集团有限公司、中国安能建设集团有限公司等部门和单位为国家防总成员单位。

2.1.2 国家防总职责

贯彻落实党中央、国务院关于防汛抗旱工作的决策部署，领导、组织全国防汛抗旱工作,研究拟订国家防汛抗旱政策、制度等;依法组织制定长江、黄河、淮河、海河等重要江河湖泊和重要水工程的防御洪水方案,按程序决定启用重要蓄滞洪区、弃守堤防或破堤泄洪;组织开展防汛抗旱检查,督促地方党委和政府落实主体责任,监督落实重点地区和重要工程防汛抗旱责任人,组织协调、指挥决策和指导监督重大水旱灾害应急抢险救援救灾工作,指导监督防汛抗旱重大决策部署的贯彻落实;指导地方建立健全各级防汛抗旱指挥机构,完善组织体系,建立健全与流域防汛抗旱总指挥部(以下简称流域防总)、省级防汛抗旱指挥部的应急联动、信息共享、组织协调等工作机制。

2.2 流域防汛抗旱总指挥部

长江、黄河、淮河、海河、珠江、松花江、太湖等流域设立流域防总,负责落实国家防总以及水利部防汛抗旱的有关要求,执行国家防总指令,指挥协调所管辖范围内的防汛抗旱工作。流域防总由有关省、自治区、直辖市人民政府和该流域管理机构等有关单位以及相关战区或其委托的单位负责人等组成,其办事机构(流域防总办公室)设在该流域管理机构。国家防总相关指令统一由水利部下达到各流域防总及其办事机构执行。

2.3 地方各级人民政府防汛抗旱指挥部

有防汛抗旱任务的县级以上地方人民政府设立防汛抗旱指挥部,在上级防汛抗旱指挥机构和本级人民政府的领导下,强化组织、协调、指导、督促职能,指挥本地区的防汛抗旱工作。防汛抗旱指挥部由本级人民政府和有关部门、当地解放军和武警部队等有关单位负责人组成。防汛压力大、病险水库多、抢险任务重、抗旱任务重的地方,政府主要负责同志担任防汛抗旱指挥部指挥长。

乡镇一级人民政府根据当地实际情况明确承担防汛抗旱防台风工作的机构和人员。

2.4 其他防汛抗旱指挥机构

有防汛抗旱任务的部门和单位根据需要设立防汛抗旱机构,在本级或属地人民政府防汛抗旱指挥机构统一领导下开展工作。针对重大突发事件,可以组建临时指挥机构,具体负责应急处理工作。

3 预防和预警机制

3.1 预防预警信息

3.1.1 气象水文海洋信息

(1)各级自然资源(海洋)、水利、气象部门应加强对当地灾害性天气的监测和预报预警,并将结果及时报送有关防汛抗旱指挥机构。

(2)各级自然资源(海洋)、水利、气象部门应当组织对重大灾害性天气的联合监测、会商和预报,尽可能延长预见期,对重大气象、水文灾害作出评估,按规定及时发布预警信息并报送本级人民政府和防汛抗旱指挥机构。

(3) 当预报即将发生严重水旱灾害和风暴潮灾害时，当地防汛抗旱指挥机构应提早通知有关区域做好相关准备。当江河发生洪水时，水利部门应加密测验时段，及时上报测验结果，为防汛抗旱指挥机构适时指挥决策提供依据。

3.1.2 工程信息

（1）堤防工程信息。

a. 当江河出现警戒水位以上洪水或海洋出现风暴潮黄色警戒潮位以上的高潮位时，各级堤防管理单位应加强工程监测，并将堤防、涵闸、泵站等工程设施的运行情况报同级防汛抗旱指挥机构和上级主管部门。发生洪水地区的省级防汛抗旱指挥机构应在每日9时前向国家防总报告工程出险情况和防守情况，大江大河干流重要堤防、涵闸等发生重大险情应在险情发生后4小时内报到国家防总。

b. 当堤防和涵闸、泵站等穿堤建筑物出现险情或遭遇超标准洪水袭击，以及其他不可抗拒因素而可能决口时，工程管理单位必须立即采取抢护措施，并在第一时间向预计淹没区域的有关基层人民政府和基层组织发出预警，同时向同级防汛抗旱指挥机构和上级主管部门准确报告出险部位、险情种类、抢护方案以及处理险情的行政责任人、技术责任人、通信联络方式、除险情况，以利加强指导或作出进一步的抢险决策。

（2）水库工程信息。

a. 当水库水位超过汛限水位时，水库管理单位应对大坝、溢洪道、输水管等关键部位加密监测，并按照批准的洪水调度方案调度，其工程运行状况应向同级防汛抗旱指挥机构和上级主管部门报告。大型和防洪重点中型水库发生的重大险情应在险情发生后1小时内报到国家防总办公室。

b. 当水库出现险情征兆时，水库管理单位必须立即采取抢护措施，并在第一时间向预计垮坝淹没区域的有关基层人民政府和基层组织发出预警，同时向同级防汛抗旱指挥机构和上级主管部门报告出险部位、险情种类、抢护方案以及处理险情的行政责任人、技术责任人、通信联络方式、除险情况，以进一步采取相应措施。

c. 当水库遭遇超标准洪水或其他不可抗拒因素而可能垮坝时，水库管理单位应提早向预计垮坝淹没区域的有关基层人民政府和基层组织发出预警，为群众安全转移和工程抢护争取时间。

3.1.3 洪涝灾情信息

（1）洪涝灾情信息主要包括：灾害发生的时间、地点、范围、受灾人口、因灾死亡失踪人口、紧急转移安置人口、因灾伤病人口、需紧急生活救助人口等信息，以及居民房屋等财产、农林牧渔、交通运输、邮电通信、水利、水电气设施等方面的损失信息。

（2）洪涝灾情发生后，有关部门应及时向防汛抗旱指挥机构和应急管理部门报告洪涝受灾情况，防汛抗旱指挥机构和应急管理部门应及时组织研判灾情和气象趋势，收集动态灾情，全面掌握受灾情况，并及时向同级人民政府、上级防汛抗旱指挥机构和应急管理部门报告。对人员伤亡和较大财产损失的灾情,应立即上报,重大灾情在灾害发生后4小时内将初步情况报到国家防总和应急部,并对实时灾情组织核实,核实后及时上报,为抗灾救灾提供准确依据。

(3)地方各级人民政府、防汛抗旱指挥机构应按照水旱灾害信息报送有关制度规定上报洪涝灾情。

3.1.4　旱情信息

(1)旱情信息主要包括:干旱发生的时间、地点、程度、受旱范围、影响人口等信息,以及对工农业生产、城乡生活、生态环境等方面造成的影响信息。

(2)防汛抗旱指挥机构应掌握雨水情变化、当地蓄水情况、农业旱情和城乡供水等情况。水利、农业农村、气象等部门应加强旱情监测预测,并将干旱情况及时报同级防汛抗旱指挥机构。地方各级人民政府、防汛抗旱指挥机构应按照水旱灾害信息报送有关制度规定及时上报受旱情况,遇旱情急剧发展时应及时加报。

3.2　预防预警行动

3.2.1　预防准备工作

(1)思想准备。加强宣传,增强全民预防水旱灾害和自我保护的意识,做好防大汛抗大旱的思想准备。

(2)组织准备。建立健全防汛抗旱组织指挥机构,落实防汛抗旱责任人、防汛抗旱队伍和山洪易发重点区域的监测网络及预警措施,加强防汛抗旱应急抢险救援专业队伍建设。

(3)工程准备。按时完成水毁工程修复和水源工程建设任务,对存在病险的堤防、水库、涵闸、泵站等各类防洪排涝工程设施及时除险加固;对跨汛期施工的涉水工程,要落实安全度汛责任和方案措施。

(4)预案准备。修订完善江河湖库和城市防洪排涝预案、台风风暴潮防御预案、洪水预报方案、防洪排涝工程调度规程、堤防决口和水库垮坝应急方案、堰塞湖应急处置预案、蓄滞洪区安全转移预案、山丘区防御山洪灾害预案和抗旱预案、城市抗旱预案等各类应急预案和方案。研究制订防御超标准洪水的应急方案,主动应对大洪水。针对江河堤防险工险段,要制订工程抢险方案。大江大河干流重要河段堤防决口抢险方案由流域管理机构组织审批。

(5)物资准备。按照分级负责的原则,储备必需的防汛抗旱抢险救援救灾物资。在防汛重点部位应储备一定数量的抢险物资,以应急需。

(6)通信准备。充分利用公众通信网,确保防汛通信专网、蓄滞洪区的预警反馈系统完好和畅通。健全水文、气象测报站网,确保雨情、水情、工情、灾情信息和指挥调度指令及时传递。

(7)防汛抗旱检查。实行以查组织、查工程、查预案、查物资、查通信为主要内容的分级检查制度,发现薄弱环节要明确责任、限时整改。

(8)防汛日常管理工作。加强防汛日常管理工作,对在江河、湖泊、水库、滩涂、人工水道、蓄滞洪区内建设的非防洪建设项目应当编制洪水影响评价报告,并经有审批权的水利部门审批,对未经审批并严重影响防洪的项目,依法强行拆除。

3.2.2 江河洪水预警

(1)当江河即将出现洪水时,各级水利部门应做好洪水预报和预警工作,及时向同级防汛抗旱指挥机构报告水位、流量的实测情况和洪水走势。各级气象部门应做好天气监测预报工作,及时向防汛抗旱指挥机构报告降雨实况、预报等。

(2)各级水利部门应按照分级负责原则,确定洪水预警区域、级别和洪水信息发布范围,按照权限向社会发布。

(3)各级水利部门应跟踪分析江河洪水的发展趋势,及时滚动预报最新水情,为抗灾救灾提供基本依据和技术支撑。

3.2.3 渍涝灾害预警

(1)城市内涝预警。当气象预报将出现强降雨,并可能发生城市内涝灾害时,各级防汛抗旱指挥机构应按照分级分部门负责原则,组织住房城乡建设、水利、应急管理、气象等部门开展联合会商,研判形势。地方住房城乡建设、水利、应急管理、气象等有关部门按任务分工及时发布有关预警信息,当地防汛抗旱指挥机构按照预案启动相应级别的应急响应。当地人民政府视情及时组织做好人员转移、停工、停学、停业、停运和暂停户外活动等工作,对重点部位和灾害易发区提前预置抢险救援力量。

(2)乡村渍涝预警。当气象预报将出现强降雨,村庄和农田可能发生渍涝灾害时,当地防汛抗旱指挥机构应及时组织会商,有关部门按职责及时发布预警,并按预案和分工提前采取措施减轻灾害损失。

3.2.4 山洪灾害预警

(1)可能遭受山洪灾害威胁的地方,应根据山洪灾害的成因和特点,主动采取预防和避险措施。自然资源、水利、气象等部门应密切联系,相互配合,实现信息共享,提高预报水平,及时发布预警。

(2)有山洪灾害防治任务的地方,水利部门应加强日常防治和监测预警。地方各级人民政府组织自然资源、水利、应急管理、气象等部门编制山洪灾害防御预案,绘制区域内山洪灾害风险图,划分并确定区域内易发生山洪灾害的地点及范围,制订安全转移方案,明确组织机构的设置及职责,指导行政村(社区)编制山洪灾害防御预案。具体工作由基层人民政府组织实施。

(3)山洪灾害易发区应建立专业监测与群测群防相结合的监测体系,落实监测措施,汛期坚持24小时值班巡逻制度,降雨期间,加密监测、加强巡逻。每个乡镇(街道)、村(社区)、组和相关单位都要落实信号发送员,一旦发现危险征兆,立即向周边群众发出警报,实现快速转移,并报告本地防汛抗旱指挥机构,以便及时组织抗灾救灾。

3.2.5 台风风暴潮灾害预警

(1)各级气象部门应密切监视台风动向,及时发布台风(含热带低压等)监测预警信息,做好未来趋势预报,并及时将台风中心位置、强度、移动方向、速度等信息报告同级人民政府和防汛抗旱指挥机构。自然资源(海洋)部门根据台风预报做好风暴潮监测预报预警工作。

(2)可能遭遇台风袭击的地方,各级防汛抗旱指挥机构应加强值班,跟踪台风动向,并将有关信息及时向社会发布。

(3)水利部门应根据台风影响的范围,及时通知有关水库、主要湖泊和河道堤防管理单位,做好防范工作。各工程管理单位应组织人员分析水情和台风带来的影响,加强工程检查,必要时实施预泄预排措施。

(4)预报将受台风影响的沿海地区,当地防汛抗旱指挥机构应及时通知有关部门和人员做好防台风工作。

(5)有关部门要加强对城镇危房、在建工地、仓库、交通运输、电信电缆、电力电线、户外广告牌等公用设施的检查,及时采取加固措施,组织船只回港避风和沿海养殖人员撤离工作。当地人民政府视情及时做好人员转移、停工、停学、停业、停运和暂停户外活动等工作。

3.2.6 蓄滞洪区预警

(1)蓄滞洪区所在地县级防汛抗旱指挥机构应组织蓄滞洪区管理单位等拟订群众安全转移方案,由所在地县级人民政府组织审批。

(2)蓄滞洪区工程管理单位应加强工程运行监测,发现问题及时处理,并报告本级防汛抗旱指挥机构和上级主管部门。

(3)运用蓄滞洪区,当地人民政府和防汛抗旱指挥机构应把人民群众生命安全放在第一位,迅速启动预警系统,按照群众安全转移方案实施转移。

3.2.7 干旱灾害预警

(1)各级水利部门应加强旱情监测和管理,针对干旱灾害的成因、特点,因地制宜采取预警防范措施。

(2)各级防汛抗旱指挥机构应及时掌握旱情灾情,根据干旱发展趋势,及时组织和督促有关部门做好抗旱减灾工作。

(3)各级防汛抗旱指挥机构应当鼓励和支持社会力量开展抗旱减灾工作。

3.2.8 供水危机预警

当因供水水源短缺或被破坏、供水线路中断、供水设施损毁、供水水质被侵害等原因而出现供水危机,有关部门应按相关规定及时向社会发布预警信息,及时报告同级防汛抗旱指挥机构并通报水行政主管部门,居民、企事业单位应做好储备应急用水的准备,有关部门做好应急供水的准备。

3.3 预警支持系统

3.3.1 洪涝、干旱和台风风暴潮风险图

(1)各级防汛抗旱指挥机构应组织有关部门,研究绘制本地区的城市洪涝风险图、蓄滞洪区洪水风险图、流域洪水风险图、山洪灾害风险图、水库洪水风险图、干旱

风险图、台风风暴潮风险图。

(2)防汛抗旱指挥机构应以各类洪涝、干旱和台风风暴潮风险图作为抗洪抢险救灾、群众安全转移安置和抗旱救灾决策的技术依据。

3.3.2 洪涝防御方案

(1)防汛抗旱指挥机构应根据需要,组织水行政、住房城乡建设等有关部门编制和修订防御江河洪水方案、城市排涝方案,主动应对江河洪水和城市渍涝。长江、黄河、淮河、海河等重要江河湖泊和重要水工程的防御洪水方案,由水利部组织编制,按程序报国务院批准。重要江河湖泊和重要水工程的防洪抗旱调度和应急水量调度方案由水利部流域管理机构编制,报水利部审批后组织实施。调度方案和指令须抄国家防总、应急部。

(2)水行政主管部门应根据情况变化,修订和完善洪水调度方案。

3.3.3 抗旱预案

各级水利部门应编制抗旱预案,主动应对不同等级的干旱灾害。

3.4 预警响应衔接

(1)自然资源、住房城乡建设、交通运输、水利、应急管理、气象等部门按任务分工健全预警机制,规范预警发布内容、范围、程序等。有关部门应按专群有别、规范有序的原则,科学做好预警信息发布。

(2)自然资源、住房城乡建设、交通运输、水利、应急管理、气象等部门要加强监测预报和信息共享。

(3)各级防汛抗旱指挥机构要健全多部门联合会商机制,预测可能出现致灾天气过程或有关部门发布预警时,防汛抗旱指挥机构办公室要组织联合会商,分析研判灾害风险,综合考虑可能造成的危害和影响程度,及时提出启动、调整应急响应的意见和建议。

(4)各级防汛抗旱指挥机构应急响应原则上与本级有关部门的预警挂钩,把预警纳入应急响应的启动条件。省级防汛抗旱指挥机构要指导督促下级防汛抗旱指挥机构做好相关预警与应急响应的衔接工作。

(5)预警发布部门发布预警后,要滚动预报预警,及时向本级防汛抗旱指挥机构报告。

(6)有关部门要建立预报预警评估制度,每年汛后对预报预警精确性、有效性进行评估。

4 应急响应

4.1 应急响应的总体要求

4.1.1 按洪涝、干旱、台风、堰塞湖等灾害严重程度和范围,将应急响应行动分为一、二、三、四级。一级应急响应级别最高。

4.1.2 进入汛期、旱期,各级防汛抗旱指挥机构及有关成员单位应实行24小时值班制度,全程跟踪雨情、水情、风情、险情、灾情、旱情,并根据不同情况启动相关应急程序。国家防总成员单位启动防汛抗旱相关应急响应时,应及时通报国家防总。国家防总各成员单位应按照统一部署和任务分工开展工作并及时报告有关工作情况。

4.1.3　当预报发生大洪水或突发险情时,水利部组织会商,应急部等部门派员参加。涉及启用重要蓄滞洪区、弃守堤防或破堤泄洪时,由水利部提出运用方案报国家防总,按照总指挥的决定执行。重大决定按程序报国务院批准。

4.1.4　洪涝、干旱、台风、堰塞湖等灾害发生后,由地方人民政府和防汛抗旱指挥机构负责组织实施抢险救灾和防灾减灾等方面的工作。灾害应对关键阶段,应有党政负责同志在防汛抗旱指挥机构坐镇指挥,相关负责同志根据预案和统一安排靠前指挥,确保防汛抢险救灾工作有序高效实施。

4.1.5　洪涝、干旱、台风、堰塞湖等灾害发生后,由当地防汛抗旱指挥机构向同级人民政府和上级防汛抗旱指挥机构报告情况。造成人员伤亡的突发事件,可越级上报,并同时报上级防汛抗旱指挥机构。任何个人发现堤防、水库发生险情时,应立即向有关部门报告。

4.1.6　对跨区域发生的上述灾害,或者突发事件将影响到临近行政区域的,在报告同级人民政府和上级防汛抗旱指挥机构的同时,应及时向受影响地区的防汛抗旱指挥机构通报情况。

4.1.7　因上述灾害而衍生的疾病流行、水陆交通事故等次生灾害,当地防汛抗旱指挥机构应及时向同级人民政府和上级防汛抗旱指挥机构报告,并由当地人民政府组织有关部门全力抢救和处置,采取有效措施切断灾害扩大的传播链,防止次生或衍生灾害蔓延。

4.2　一级应急响应

4.2.1　出现下列情况之一者,为一级应急响应:
(1)某个流域发生特大洪水;
(2)多个流域同时发生大洪水;
(3)多个省(自治区、直辖市)启动防汛抗旱一级应急响应;
(4)大江大河干流重要河段堤防发生决口;
(5)重点大型水库发生垮坝;
(6)多个省(自治区、直辖市)发生特大干旱;
(7)多座特大及以上城市发生特大干旱;
(8)其他需要启动一级应急响应的情况。

根据汛情、险情、灾情、旱情发展变化,当发生符合启动一级应急响应条件的事件时,国家防总办公室提出启动一级应急响应的建议,由副总指挥审核后,报总指挥批准;遇紧急情况,由总指挥决定。必要时,国务院直接决定启动一级应急响应。

4.2.2 一级应急响应行动

(1)由国家防总总指挥或党中央、国务院指定的负责同志主持会商,统一指挥调度,国家防总成员参加。视情启动经国务院批准的防御特大洪水方案,作出防汛抗旱应急工作部署,加强工作指导,并将情况上报党中央、国务院。应急响应期内,根据汛情、险情、灾情、旱情发展变化,可由副总指挥主持,有关成员单位参加,随时滚动会商,并将情况报总指挥。按照党中央、国务院安排派出工作组赴一线指导防汛抗旱工作。国家防总加强值守,密切监视汛情、险情、灾情、旱情,做好预测预报,做好重点工程调度,并在8小时内派出由国家防总领导或成员带队的工作组、专家组赴一线指导防汛抗旱工作,及时在中央主要媒体及新媒体通报有关情况,报道汛(旱)情及抗洪抢险、抗旱减灾工作。财政部为灾区及时提供资金帮助。国家粮食和储备局按照国家防总办公室要求为灾区紧急调运防汛抗旱物资;铁路、交通运输、民航部门为防汛抗旱物资提供运输保障。水利部做好汛情旱情预测预报,做好重点工程调度和防汛抢险技术支撑。应急部组织协调水旱灾害抢险和应急救援工作,转移安置受洪水威胁人员,及时救助受灾群众。国家卫生健康委根据需要,及时派出卫生应急队伍或专家赴灾区协助开展紧急医学救援、灾后卫生防疫和应急心理干预等工作。国家防总其他成员单位按照任务分工,全力做好有关工作。

(2)有关流域防汛抗旱指挥机构按照权限调度水利、防洪工程,为国家防总和水利部提供调度参谋意见。派出工作组、专家组,支援地方抗洪抢险和抗旱减灾。

(3)有关省、自治区、直辖市的防汛抗旱指挥机构启动一级应急响应,可依法宣布本地区进入紧急防汛期或紧急抗旱期,按照《中华人民共和国防洪法》和突发事件应对相关法律的规定行使权力。同时,增加值班人员,加强值班,由防汛抗旱指挥机构的主要负责同志主持会商,动员部署防汛抗旱工作;按照权限组织调度水利、防洪工程;根据预案转移危险地区群众,组织强化巡堤查险和堤防防守,及时控制险情或组织强化抗旱工作。受灾地区的各级防汛抗旱指挥机构负责人、成员单位负责人,应按照职责到分管的区域组织指挥防汛抗旱工作,或驻点具体帮助重灾区做好防汛抗旱工作。有关省、自治区、直辖市的防汛抗旱指挥机构应将工作情况上报当地人民政府、国家防总及流域防汛抗旱指挥机构。有关省、自治区、直辖市的防汛抗旱指挥机构成员单位按任务分工全力配合做好防汛抗旱和抗灾救灾工作。

4.3 二级应急响应

4.3.1 出现下列情况之一者,为二级应急响应:
(1)一个流域发生大洪水;
(2)多个省(自治区、直辖市)启动防汛抗旱二级或以上应急响应;
(3)大江大河干流一般河段及主要支流堤防发生决口;
(4)多个省(自治区、直辖市)发生严重洪涝灾害;
(5)一般大中型水库发生垮坝;
(6)预报超强台风登陆或严重影响我国;

(7)正在发生大范围强降雨过程,中央气象台发布暴雨红色预警,会商研判有两个以上省(自治区、直辖市)大部地区可能发生严重洪涝灾害;

(8)同一时间发生两个以上极高风险的堰塞湖;

(9)一省(自治区、直辖市)发生特大干旱或多个省(自治区、直辖市)发生严重干旱;

(10)多个大城市发生严重干旱;

(11)其他需要启动二级应急响应的情况。

根据汛情、险情、灾情、旱情发展变化,当发生符合启动二级应急响应条件的事件时,国家防总办公室提出启动二级应急响应的建议,由国家防总秘书长审核后,报副总指挥批准;遇紧急情况,由副总指挥决定。

4.3.2 二级应急响应行动

(1)国家防总副总指挥主持会商,国家防总成员单位派员参加会商,作出相应工作部署,加强防汛抗旱工作的指导,在2小时内将情况上报国务院领导同志并通报国家防总成员单位。应急响应期内,根据汛情、险情、灾情、旱情发展变化,可由国家防总秘书长主持,随时滚动会商。国家防总加强值班力量,密切监视汛情、险情、灾情、旱情,做好预测预报,做好重点工程调度,并在12小时内派出由成员单位组成的联合工作组、专家组赴一线指导防汛抗旱工作。水利部密切监视汛情、旱情、工情发展变化,做好汛情、旱情预测预报预警,做好重点工程调度和抗洪应急抢险技术支撑。国家防总组织协调有关方面不定期在中央主要媒体及新媒体平台通报有关情况。根据灾区请求及时调派抢险救援队伍、调拨防汛抗旱物资支援地方抢险救灾。国家防总各成员单位按照任务分工做好有关工作。

(2)有关流域防汛抗旱指挥机构密切监视汛情、险情、灾情、旱情发展变化,做好洪水预测预报,派出工作组、专家组,支援地方抗洪抢险救援和抗旱救灾;按照权限调度水利、防洪工程;为国家防总和水利部提供调度参谋意见。

(3)有关省、自治区、直辖市防汛抗旱指挥机构可根据情况,依法宣布本地区进入紧急防汛期或紧急抗旱期,按照《中华人民共和国防洪法》和突发事件应对相关法律的规定行使相关权力。同时,增加值班人员,加强值班。有关省级防汛抗旱指挥机构应将工作情况上报当地人民政府主要负责同志、国家防总及流域防汛抗旱指挥机构。有关省、自治区、直辖市的防汛抗旱指挥机构成员单位按任务分工全力配合做好防汛抗旱和抗灾救灾工作。

4.4 三级应急响应

4.4.1 出现下列情况之一者,为三级应急响应:

(1)多个省(自治区、直辖市)同时发生洪涝灾害;

(2)一省(自治区、直辖市)发生较大洪水;

(3)多个省(自治区、直辖市)启动防汛抗旱三级或以上应急响应;

(4)大江大河干流堤防出现重大险情;

(5)大中型水库出现严重险情或小型水库发生垮坝;
(6)预报强台风登陆或严重影响我国;
(7)正在发生大范围强降雨过程,中央气象台发布暴雨橙色预警,会商研判有两个以上省(自治区、直辖市)大部地区可能发生较重洪涝灾害;
(8)发生极高风险的堰塞湖;
(9)多个省(自治区、直辖市)同时发生中度干旱;
(10)多座中等以上城市同时发生中度干旱或一座大城市发生严重干旱;
(11)其他需要启动三级应急响应的情况。

根据汛情、险情、灾情、旱情发展变化,当发生符合启动三级应急响应条件的事件时,国家防总办公室提出启动三级应急响应的建议,报国家防总秘书长批准;遇紧急情况,由国家防总秘书长决定。

4.4.2 三级应急响应行动

(1)国家防总秘书长主持会商,中国气象局、水利部、自然资源部等国家防总有关成员单位参加,作出相应工作安排,加强防汛抗旱工作的指导,有关情况及时上报国务院并通报国家防总成员单位。水利部密切监视汛情、旱情发展变化。国家防总办公室在18小时内派出由司局级领导带队的工作组、专家组赴一线指导防汛抗旱工作。

(2)有关流域防汛抗旱指挥机构加强汛(旱)情监视,加强洪水预测预报,做好相关工程调度,派出工作组、专家组到一线协助防汛抗旱。

(3)有关省、自治区、直辖市的防汛抗旱指挥机构,由防汛抗旱指挥机构负责同志主持会商,具体安排防汛抗旱工作;按照权限调度水利、防洪工程;根据预案组织防汛抢险或组织抗旱,派出工作组、专家组,并将防汛抗旱的工作情况上报当地人民政府分管负责同志、国家防总及流域防总。省级防汛抗旱指挥机构在省级主要媒体及新媒体平台发布防汛抗旱有关情况。省级防汛抗旱指挥机构各成员单位按照任务分工做好有关工作。

4.5 四级应急响应

4.5.1 出现下列情况之一者,为四级应急响应:
(1)多个省(自治区、直辖市)启动防汛抗旱四级或以上应急响应;
(2)多个省(自治区、直辖市)同时发生一般洪水;
(3)大江大河干流堤防出现险情;
(4)大中型水库出现险情;
(5)预报热带风暴、强热带风暴、台风登陆或影响我国;
(6)预测或正在发生大范围强降雨过程,中央气象台发布暴雨黄色预警,会商研判有两个以上省(自治区、直辖市)可能发生洪涝灾害;
(7)发生高风险的堰塞湖;
(8)多个省(自治区、直辖市)同时发生轻度干旱;

(9) 多座中等以上城市同时因旱影响正常供水;

(10) 其他需要启动四级应急响应的情况。

根据汛情、险情、灾情、旱情发展变化,当发生符合启动四级应急响应条件的事件时,国家防总办公室主任决定并宣布启动四级应急响应。

4.5.2　四级应急响应行动

(1) 国家防总办公室负责同志主持会商,中国气象局、水利部、自然资源部等国家防总有关成员单位参加,分析防汛抗旱形势,作出相应工作安排,加强对汛(旱)情的监视,在24小时内派出由司局级领导带队的工作组、专家组赴一线指导防汛抗旱工作,将情况上报国务院并通报国家防总成员单位。

(2) 有关流域防总加强汛情、旱情监视,做好洪水预测预报,并将情况及时报国家防总办公室。

(3) 有关省、自治区、直辖市的防汛抗旱指挥机构由防汛抗旱指挥机构负责同志主持会商,具体安排防汛抗旱工作;按照权限调度水利、防洪工程;按照预案采取相应防守措施或组织抗旱;派出工作组、专家组赴一线指导防汛抗旱工作;将防汛抗旱的工作情况上报当地人民政府和国家防总办公室。

4.6　不同灾害的应急响应措施

4.6.1　江河洪水

(1) 当江河水位超过警戒水位时,当地防汛抗旱指挥机构应按照经批准的防洪预案和防汛责任制的要求,组织专业和群众防汛队伍巡堤查险,严密布防,必要时动用解放军和武警部队、民兵参加重要堤段、重点工程的防守或突击抢险。

(2) 当江河水位继续上涨,危及重点保护对象时,各级防汛抗旱指挥机构和承担防汛任务的部门、单位,应根据江河水情和洪水预报,按照规定的权限和防御洪水方案、洪水调度方案,适时调度运用防洪工程,调节水库拦洪错峰,开启节制闸泄洪,启动泵站抢排,启用分洪河道、蓄滞洪区行蓄洪水,清除河道阻水障碍物、临时抢护加高堤防增加河道泄洪能力等。

(3) 在实施蓄滞洪区调度运用时,根据洪水预报和经批准的洪水调度方案,由防汛抗旱指挥机构决定做好蓄滞洪区启用的准备工作,主要包括:组织蓄滞洪区内人员转移、安置,分洪设施的启用和无闸分洪口门爆破准备。当江河水情达到洪水调度方案规定的条件时,按照启用程序和管理权限由相应的防汛抗旱指挥机构批准下达命令实施分洪。

(4) 在紧急情况下,按照《中华人民共和国防洪法》有关规定,有关县级以上人民政府防汛抗旱指挥机构可以宣布进入紧急防汛期,并行使相关权力、采取特殊措施,保障抗洪抢险的顺利实施。

4.6.2　渍涝灾害

渍涝灾害应急处置工作由当地防汛抗旱指挥机构组织实施。各级防汛抗旱指挥机构要加强组织协调,督促指导有关部门做好排涝工作。

(1) 城市内涝。住房城乡建设、交通运输、水利等有关部门以及铁路等有关单位按任务分工全面排查城市易涝风险点,要突出抓好轨道交通、市政道路隧道、立交桥、地下空间、下沉式建筑、在建工程基坑等易涝积水点(区)隐患排查,并逐项整治消险。对主要易涝点要按照"一点一案"制定应急处置方案,明确责任人、队伍和物资,落实应急措施。

当出现城市内涝灾害时,当地防汛抗旱指挥机构应根据应急预案,及时组织有关部门和力量转移安置危险区域人员;对低洼积水等危险区域、路段,有关部门要及时采取警戒、管控等措施,避免人员伤亡。要及时通过广播、电视、新媒体等对灾害信息进行滚动预警;情况危急时,停止有关生产和社会活动。

住房城乡建设、水利等部门应加强协调和配合,科学调度防洪排涝工程、正确处理外洪内涝关系,确保防洪防涝安全。交通运输、电力、通信、燃气、供水等有关部门和单位应保障城市生命线工程和其他重要基础设施安全,保证城市正常运行。

(2) 当村庄和农田发生渍涝灾害时,有关部门要及时组织专业人员和设备抢排涝水,尽快恢复生产和生活,减少灾害损失。

4.6.3 山洪灾害

(1) 山洪灾害日常防治和监测预警工作由水利部门负责,应急处置和抢险救灾工作由应急管理部门负责,具体工作由基层人民政府组织实施。各级防汛抗旱指挥机构要加强组织协调,指导自然资源、生态环境、住房城乡建设、水利、应急管理、消防、气象等各有关部门按任务分工做好相关工作。

(2) 当山洪灾害易发区观测到降雨量达到预警阈值时,水利等有关部门应及时发出预警,基层人民政府及时按预案组织受威胁人员安全撤离。

(3) 转移受威胁地区的群众,应本着就近、迅速、安全、有序的原则进行,先人员后财产,先老幼病残后其他人员,先转移危险区人员和警戒区人员,防止出现道路堵塞和发生意外事件。

(4) 当发生山洪灾害时,当地防汛抗旱指挥机构应组织自然资源、水利、应急管理、气象等有关部门的专家和技术人员,及时赶赴现场,加强观测,采取应急措施,防止造成更大损失。

(5) 发生山洪灾害后,若导致人员伤亡,应立即组织国家综合性消防救援队伍、民兵、抢险突击队紧急抢救,必要时向当地解放军和武警部队及上级人民政府请求救援。

(6) 如山洪、泥石流、滑坡体堵塞河道,当地防汛抗旱指挥机构应召集有关部门、专家研究处理方案,尽快采取应急措施,避免发生更大的灾害。

4.6.4 台风风暴潮灾害

(1) 台风风暴潮(含热带低压)灾害应急处理由当地人民政府防汛抗旱指挥机构负责。

(2) 发布台风蓝色、黄色预警阶段。

a. 气象部门对台风发展趋势提出具体的分析和预报意见,并立即报告同级人民政府及防汛抗旱指挥机构。

b. 自然资源(海洋)部门根据台风动向,分析、预报风暴潮,并及时报告同级人民政府及防汛抗旱指挥机构。

c. 沿海地区各级防汛抗旱指挥机构负责同志及水利工程防汛负责人应根据台风预警上岗到位值班,并部署防御台风的各项准备工作。

d. 防汛抗旱指挥机构督促有关地区和部门组织力量加强巡查,督促对病险堤防、水库、涵闸进行抢护或采取必要的紧急处置措施。台风可能明显影响的地区,超汛限水位的水库应将水位降到汛限水位,平原河网水位高的应适当预排。水利部门做好洪水测报的各项准备。做好受台风威胁地区群众的安全转移准备工作。

e. 海上作业单位通知出海渔船回港避风,提醒商船落实避风措施。自然资源(海洋)、渔业、海运、海上安全等部门检查归港船只锚固情况,敦促沿海地区做好建设工地、滩涂养殖、网箱加固及渔排上人员安全转移、港口大型机械加固、人员避险、货物避水等工作。

f. 新闻媒体及时播发台风预警信息和防汛抗旱指挥机构的防御部署情况。

(3)发布台风橙色、红色预警阶段。

a. 台风可能影响地区的各级防汛抗旱指挥机构负责同志及水利工程防汛负责人应立即上岗到位值班,根据当地防御洪水(台风)方案进一步检查各项防御措施落实情况。对台风可能登陆地区和可能严重影响的地区,当地县级以上人民政府应发布防台风动员令,组织防台风工作,派出工作组深入第一线,做好宣传发动工作,落实防台风措施和群众安全转移措施,指挥防台风和抢险工作。

b. 气象部门应作出台风可能登陆地点、时间以及台风暴雨量级和雨区的预报。自然资源(海洋)部门应作出风暴潮预报。水利部门应根据气象部门的降雨预报,提早作出江河洪水的预报。

c. 海上作业单位应检查船只进港情况,尚未回港的应采取应急措施。对停港避风的船只应落实防撞等保安措施。

d. 水利工程管理单位应做好工程的保安工作,并根据降雨量、洪水预报,控制运用水库、水闸及江河洪水调度运行,落实蓄滞洪区分洪的各项准备。抢险人员加强对工程的巡查。

e. 洪水预报将要受淹的地区,做好人员、物资的转移。山洪灾害易发地区提高警惕,落实应急措施。

f. 台风将登陆影响和台风中心可能经过的地区,居住在危房的人员应及时转移;成熟的农作物、食盐、渔业产品应组织抢收抢护;高空作业设施做好防护工作;建设工地做好大型临时设施固结和工程结构防护等工作;电力、通信部门应做好抢修准备,保障供电和通信畅通;住房城乡建设(园林绿化)部门应按职责做好市区树木的保护工作;卫生健康部门做好抢救伤员的应急处置方案。

g. 新闻媒体应增加对台风预报和防台风措施的播放和刊载。

h. 国家综合性消防救援队伍、驻地解放军和武警部队、民兵根据抢险救灾预案做好各项准备,一旦有任务即迅速赶往现场。卫生健康部门根据实际需要,组织卫生应急队伍集结待命。公安机关做好社会治安工作。

i. 各级防汛抗旱指挥机构应及时向上一级防汛抗旱指挥机构汇报防台风行动情况。

4.6.5　堤防决口、水闸垮塌、水库(水电站)垮坝

(1)当出现堤防决口、水闸垮塌、水库(水电站)垮坝征兆时,防汛责任单位要迅速调集人力、物力全力组织抢险,尽可能控制险情,第一时间向预计淹没区域的有关基层人民政府和基层组织发出警报,并及时向当地防汛抗旱指挥机构和上级主管部门报告。大江大河干流堤防决口、水闸垮塌和大型水库(水电站)垮坝等事件应立即报告国家防总办公室。

(2)堤防决口、水闸垮塌、水库(水电站)垮坝的应急处理,由当地防汛抗旱指挥机构负责,水利部门提供技术支撑。首先应迅速组织受影响群众转移,并视情况抢筑二道防线,控制洪水影响范围,尽可能减少灾害损失。必要时,向上级防汛抗旱指挥机构提出援助请求。

(3)当地防汛抗旱指挥机构视情况在适当时机组织实施堤防堵口,按照权限调度有关水利工程,为实施堤防堵口创造条件,并应明确堵口、抢护的行政、技术责任人,启动堵口、抢护应急预案,及时调集人力、物力迅速实施堵口、抢护。上级防汛抗旱指挥机构负责同志应立即带领专家赶赴现场指导。

4.6.6　干旱灾害

县级以上防汛抗旱指挥机构根据本地区实际情况,按特大、严重、中度、轻度4个干旱等级,制定相应的应急抗旱措施,并负责组织抗旱工作。

(1)特大干旱。

a. 强化地方行政首长抗旱责任制,确保城乡居民生活和重点企业用水安全,维护灾区社会稳定。

b. 防汛抗旱指挥机构强化抗旱工作的统一指挥和组织协调,加强会商。水利部门强化抗旱水源的科学调度和用水管理。各有关部门按照防汛抗旱指挥机构的统一指挥部署,协调联动,全面做好抗旱工作。

c. 启动相关抗旱预案,并报上级指挥机构备案。必要时经省级人民政府批准,省级防汛抗旱指挥机构可依法宣布进入紧急抗旱期,启动各项特殊应急抗旱措施,如应急开源、应急限水、应急调水、应急送水,条件许可时及时开展人工增雨等。

d. 水利、农业农村等有关部门要及时向防汛抗旱指挥机构和应急管理部门报告旱情、灾情及抗旱工作;防汛抗旱指挥机构要加强会商,密切跟踪旱情灾情发展变化趋势及抗旱工作情况,及时分析旱情灾情对经济社会发展的影响,适时向社会通报旱灾信息。

e. 及时动员社会各方面力量支援抗旱救灾工作。

f. 加强旱情灾情及抗旱工作的宣传。

（2）严重干旱。

a. 有关部门加强旱情监测和分析预报工作，及时向防汛抗旱指挥机构报告旱情灾情及其发展变化趋势，及时通报旱情信息和抗旱情况。

b. 防汛抗旱指挥机构及时组织抗旱会商，研究部署抗旱工作。

c. 适时启动相关抗旱预案，并报上级防汛抗旱指挥机构备案。

d. 督促防汛抗旱指挥机构各成员单位落实抗旱职责，做好抗旱水源的统一管理和调度，落实应急抗旱资金和抗旱物资。

e. 做好抗旱工作的宣传。

（3）中度干旱。

a. 有关部门要加强旱情监测，密切注视旱情的发展情况，及时向防汛抗旱指挥机构报告旱情信息和抗旱情况。

b. 防汛抗旱指挥机构要加强会商，分析研判旱情发展变化趋势，及时分析预测水量供求变化形势。

c. 及时上报、通报旱情信息和抗旱情况。

d. 关注水量供求变化，组织做好抗旱调度。

e. 根据旱情发展趋势，动员部署抗旱工作。

（4）轻度干旱。

a. 有关部门及时做好旱情监测、预报工作。

b. 及时掌握旱情变化情况，分析了解社会各方面的用水需求。

c. 协调有关部门做好抗旱水源的管理调度工作。

4.6.7 供水危机

（1）当发生供水危机时，有关防汛抗旱指挥机构应指导和督促有关部门采取有效措施，做好应急供水工作，最大程度保证城乡居民生活和重点单位用水安全。

（2）针对供水危机出现的原因，组织有关部门采取措施尽快恢复供水水源，保障供水量和水质正常。

4.7 信息报送和处理

4.7.1 汛情、险情、灾情、旱情等防汛抗旱信息按任务分工实行分级上报，归口处理，同级共享。

4.7.2 防汛抗旱信息的报送和处理，应快速、准确、详实，重要信息应立即上报，因客观原因一时难以准确掌握的信息，应及时报告基本情况，同时抓紧跟踪了解，尽快补报详情。

4.7.3 属一般性汛情、险情、灾情、旱情，按分管权限，分别报送本级防汛抗旱指挥机构和水利、应急管理部门。凡因险情、灾情较重，按分管权限上报一时难以处理，需上级帮助、指导处理的，经本级防汛抗旱指挥机构负责同志审批后，可向上一级防汛抗旱指挥机构和水利、应急管理部门报告。

4.7.4 凡经本级或上级防汛抗旱指挥机构采用和发布的水旱灾害、工程抢险等信息,水利、应急管理等有关部门应立即核查,对存在的问题,及时采取措施,切实加以解决。

4.7.5 洪涝灾害人员伤亡、重大险情及影响范围、处置措施等关键信息,必须严格按照国家防总相关规定和灾害统计报告制度报送,不得虚报、瞒报、漏报、迟报。

4.7.6 国家防总办公室接到特别重大、重大的汛情、险情、灾情、旱情报告后应立即报告国务院,并及时续报。

4.8 指挥和调度

4.8.1 出现水旱灾害后,事发地防汛抗旱指挥机构应立即启动应急预案,并根据需要成立现场指挥部。在采取紧急措施的同时,向上一级防汛抗旱指挥机构报告。根据现场情况,及时收集、掌握相关信息,判明事件性质和危害程度,并及时上报事态发展变化情况。

4.8.2 事发地防汛抗旱指挥机构负责人应迅速上岗到位,分析事件的性质,预测事态发展趋势和可能造成的危害程度,并按规定的处置程序,组织指挥有关部门和单位按照任务分工,迅速采取处置措施,控制事态发展。

4.8.3 发生重大水旱灾害后,上一级防汛抗旱指挥机构应派出由有关负责同志带队的工作组赶赴现场,加强指导,必要时成立前线指挥部。

4.9 抢险救灾

4.9.1 出现水旱灾害或防洪工程发生重大险情后,事发地防汛抗旱指挥机构应根据事件的性质,迅速对事件进行监控、追踪,按照预案立即提出紧急处置措施,统一指挥各部门和单位按照任务分工,各司其职,团结协作,快速反应,高效处置,最大程度减少损失。

4.9.2 在汛期,河道、水库、水电站、闸坝等水工程管理单位必须按照规定对水工程进行巡查,发现险情,必须立即采取抢护措施,第一时间向预计淹没区域的有关基层人民政府和基层组织发出预警,并及时向防汛抗旱指挥机构和上级主管部门报告相关信息。

电力、交通、通信、石油、化工等工程设施因暴雨、洪水、内涝和台风发生险情时,工程管理单位应当立即采取抢护措施,并及时向其行业主管等有关部门报告;行业主管部门应当立即组织抢险,并将险情及抢险行动情况报告同级防汛抗旱指挥机构。

当江河湖泊达到警戒水位并继续上涨时,应急管理部门应组织指导有关地方提前落实抢险队伍、抢险物资,视情开展巡查值守,做好应急抢险和人员转移准备。

洪水灾害发生后,水利部门按照防汛抗旱指挥机构部署,派出水利技术专家组,协助应急管理部门开展险情处置,提供技术支持。

4.9.3 大江大河干流堤防决口的堵复、水库(水电站)重大险情的抢护应按照事先制定的抢险预案进行,并由防汛专业抢险队伍或抗洪抢险专业部队等实施。

4.9.4 必要时协调解放军和武警部队增援,提请上级防汛抗旱指挥机构提供帮助。

4.10 安全防护和医疗救护

4.10.1 各级人民政府和防汛抗旱指挥机构应高度重视应急救援人员的安全,调集和储备必要的防护器材、消毒药品、备用电源和抢救伤员必备的器械等,以备随时应用。

4.10.2 抢险人员进入和撤出现场由防汛抗旱指挥机构视情况作出决定。抢险人员进入受威胁的现场前,应采取防护措施以保证自身安全。参加一线抗洪抢险的人员,必须穿救生衣,携带必要的安全防护器具。当现场受到污染时,应按要求为抢险人员配备防护设施,撤离时应进行消毒、去污处理。

4.10.3 出现水旱灾害后,事发地防汛抗旱指挥机构应及时做好群众的救援、转移和疏散工作。

4.10.4 事发地防汛抗旱指挥机构应按照当地人民政府和上级领导机构的指令,及时发布通告,防止人、畜进入危险区域或饮用被污染的水源。

4.10.5 当地人民政府负责妥善安置受灾群众,提供紧急避难场所,保证基本生活。要加强管理,防止转移群众擅自返回。

4.10.6 出现水旱灾害后,事发地人民政府和防汛抗旱指挥机构应组织卫生健康部门加强受影响地区的传染病和突发公共卫生事件监测、报告工作,落实各项防控措施,必要时派出卫生应急小分队,设立现场医疗点,开展紧急医学救援、灾后卫生防疫和应急心理干预等工作。

4.11 社会力量动员与参与

4.11.1 出现水旱灾害后,事发地防汛抗旱指挥机构可根据事件的性质和危害程度,报经当地人民政府批准,对重点地区和重点部位实施紧急控制,防止事态及其危害进一步扩大。

4.11.2 必要时可通过当地人民政府广泛调动社会力量积极参与应急突发事件处置,紧急情况下可依法征用、调用交通工具、物资、人员等,全力投入抗洪抢险和抗灾救灾。

4.12 信息发布

4.12.1 防汛抗旱的信息发布应当及时、准确、客观、全面。对雨情、汛情、旱情、灾情描述要科学严谨,未经论证不得使用"千年一遇"、"万年一遇"等用语,在防汛救灾中也不得使用"战时状态"等表述。

4.12.2 汛情、旱情由水利部门发布,灾情及防汛抗旱工作情况由各级防汛抗旱指挥机构统一审核和发布。

4.12.3 信息发布形式主要包括授权发布、编发新闻稿、组织报道、接受记者采访、举行新闻发布会等。

4.13 应急终止

4.13.1 当洪水灾害、极度缺水得到有效控制时,事发地防汛抗旱指挥机构可视汛情旱情,宣布终止紧急防汛期或紧急抗旱期。

4.13.2 依照有关紧急防汛期、抗旱期规定征用调用的物资、设备、交通运输工具等,在汛期、旱期结束后应当及时归还;造成损坏或者无法归还的,按照国务院有关规定给予适当补偿或者作其他处理。取土占地、砍伐林木的,在汛期结束后依法向有关部门补办手续;有关地方人民政府对取土后的土地组织复垦,对砍伐的林木组织补种。

4.13.3 紧急处置工作结束后,事发地防汛抗旱指挥机构应协助当地人民政府进一步恢复正常生产生活秩序,指导有关部门修复水毁基础设施,尽可能减少突发事件带来的损失和影响。

5 应急保障

5.1 通信与信息保障

5.1.1 任何通信运营单位都有依法保障防汛抗旱信息畅通的责任。

5.1.2 防汛抗旱指挥机构应按照以公用通信网为主的原则,合理利用专用通信网络,防汛抗旱工程管理单位必须配备通讯设施,确保信息畅通。

5.1.3 防汛抗旱指挥机构应协调通信主管部门,按照防汛抗旱实际需要,将有关要求纳入通信保障应急预案。出现突发事件后,通信主管部门应根据通信保障应急预案,调度应急通信队伍、装备,为防汛抗旱通信和现场指挥提供通信保障,迅速调集力量抢修损坏的通信设施,努力保证防汛抗旱通信畅通。

5.1.4 在紧急情况下,应充分利用广播、电视和新媒体以及手机短信等手段及时发布防汛抗旱防台风预警预报信息,通知群众快速撤离,确保人民生命安全。公共广播、电视、有关政府网站等媒体以及基础电信企业应按主管部门要求发布防汛抗旱防台风预警预报等信息。

5.2 应急支援与装备保障

5.2.1 现场救援和工程抢险保障

(1)对重点险工险段或易出险的水利工程设施,水利部门应提前编制工程应急抢险预案,以备紧急情况下因险施策;当出现新的险情后,水利部门应派工程技术人员赶赴现场,研究优化除险方案,并由防汛抗旱行政首长负责组织实施。

(2)防汛抗旱指挥机构和防洪工程管理单位以及受洪水威胁的其他单位储备的常规抢险机械、抗旱设备、物资和救生器材,应能满足抢险急需。

5.2.2 应急队伍保障

(1)防汛队伍。

a. 任何单位和个人都有依法参加防汛抗洪的义务。

b. 防汛抢险队伍分为专业抢险队伍和非专业抢险队伍。国家综合性消防救援队伍、解放军和武警部队抗洪抢险应急专业力量和年度重点准备任务部队、民兵应急专业救援队伍、部门和地方以及中央企业组建的专业抢险队伍作为常备力量或突击力量,主要完成急、难、险、重的抢险任务;非专业抢险队伍主要为抢险提供劳动力,完成对抢险技术设备要求不高的抢险任务。

c. 调动防汛抢险队伍程序:一是本级防汛抗旱指挥机构管理的防汛抢险队伍,由本级防汛抗旱指挥机构负责调动。二是上级防汛抗旱指挥机构管理的防汛抢险队伍,由本级防汛抗旱指挥机构向上级防汛抗旱指挥机构提出调动申请,由上级防汛抗旱指挥机构批准。三是同级其他区域防汛抗旱指挥机构管理的防汛抢险队伍,由本级防汛抗旱指挥机构向上级防汛抗旱指挥机构提出调动申请,上级防汛抗旱指挥机构协商调动。国家综合性消防救援队伍调动按应急部有关规定执行。

(2)抗旱队伍。

a. 在抗旱期间,地方各级人民政府和防汛抗旱指挥机构应组织动员社会公众力量投入抗旱救灾工作。

b. 抗旱服务组织是农业社会化服务体系的重要组成部分,在干旱时期应直接为受旱地区农民提供流动灌溉、生活用水,维修保养抗旱机具,租赁、销售抗旱物资,提供抗旱信息和技术咨询等方面的服务。

c. 必要时,可申请动用国家综合性消防救援队伍等力量进行抗旱救灾。

5.2.3 供电保障

电力管理部门主要负责抗洪抢险、抢排渍涝、抗旱救灾、生命线工程运行等方面的供电保障和应急救援现场的临时供电。

5.2.4 交通运输保障

交通运输部门主要负责优先保证防汛抢险人员、防汛抗旱救灾物资运输;蓄滞洪区分洪时,负责群众安全转移所需车辆、船舶的调配;负责分泄大洪水时河道航行安全;负责大洪水时用于抢险、救灾车辆、船舶的及时调配;负责防御台风海上搜救有关工作。

5.2.5 医学救援保障

卫生健康部门主要负责水旱灾区疾病防治的业务技术指导;组织卫生应急队伍或专家赴灾区,开展伤病人员救治,指导灾区开展卫生防疫和应急心理干预等工作。

5.2.6 治安保障

公安机关依法做好水旱灾区治安管理、交通秩序维护工作,依法查处扰乱抗灾救灾秩序、危害工程设施安全等违法犯罪行为;组织实施防汛抢险、分洪爆破时的警戒守护、交通管制以及受灾群众集中安置点等重点部位的安全保卫工作。

5.2.7 物资保障

财政、应急管理、粮食和储备部门应按国家有关规定依照各自职责,加强衔接配合,做好防汛抗旱物资规划计划、资金保障、储备管理、调拨使用等工作,优化收储轮换及日常管理,提高物资使用效率。

(1) 物资储备。

a. 国家粮食和储备局负责中央防汛抗旱物资的收储、轮换和日常管理,根据国家防总办公室的动用指令承担调出和运送任务。重点防洪工程管理单位以及受洪水威胁的其他单位应按规范储备防汛抢险物资。各级防汛抗旱指挥机构要做好应急抢险物资储备和保障有关工作,了解掌握新材料、新设备、新技术、新工艺的更新换代情况,及时调整储备物资品种,提高科技含量。

b. 中央防汛抗旱物资主要用于解决遭受特大洪水和特大干旱灾害地区防汛抢险和抗旱应急物资不足,保障大江大河(湖)及其重要支流、重要防洪设施抗洪抢险、防汛救灾以及严重干旱地区抗旱减灾需要。

c. 洪涝灾害频繁地区可通过政府购买服务方式解决空中、水上应急抢险救援大型设备(装备)需求,承接主体应当具有国家相关专业资质。

d. 地方各级防汛抗旱指挥机构根据规范储备的防汛抢险物资品种和数量,由各级防汛抗旱指挥机构结合本地抗洪抢险具体情况确定。

e. 抗旱物资储备。干旱频繁发生地区县级以上地方人民政府应当储备一定数量的抗旱物资,由本级防汛抗旱指挥机构负责调用。

f. 抗旱水源储备。严重缺水城市应当建立应急供水机制,建设应急供水备用水源。

(2) 物资调拨。

a. 中央防汛抗旱物资调拨在坚持就近调拨和保证抢险需求的同时,应优先调用周边仓库接近储备年限的物资,尽量避免或减少物资报废。当有多处申请调用中央防汛抗旱物资时,应优先保证重点地区的防汛抗旱抢险应急物资需求。

b. 中央防汛抗旱物资调拨程序:中央防汛抗旱物资的调用,由流域防总或省级防汛抗旱指挥机构向国家防总提出申请,经批准后,由国家防总办公室向国家粮食和储备局下达调令。

c. 当储备物资消耗过多,不能满足抗洪抢险和抗旱需要时,应及时启动防汛抗旱物资生产流程和生产能力储备,紧急调运、生产所需物资,必要时可向社会公开征集。

5.2.8 资金保障

中央财政安排资金补助地方政府、新疆生产建设兵团以及流域管理机构防汛抗旱工作。省、自治区、直辖市人民政府应当在本级财政预算中安排资金,用于本行政区域内的防汛抗旱工作。

5.2.9 社会动员保障

(1) 防汛抗旱是社会公益性事业,任何单位和个人都有保护防汛抗旱工程设施和防汛抗旱的责任。

(2) 汛期或旱期,各级防汛抗旱指挥机构应根据水旱灾害的发展,做好动员工作,组织社会力量投入防汛抗旱。

（3）各级防汛抗旱指挥机构的成员单位，在严重水旱灾害期间，应按照分工，特事特办，急事急办，解决防汛抗旱实际问题，同时充分调动本系统力量，全力支持抗灾救灾和灾后重建工作。

（4）各级人民政府应加强对防汛抗旱工作的统一领导，组织有关部门和单位，动员全社会力量，做好防汛抗旱工作。在防汛抗旱关键时刻，各级防汛抗旱行政首长应靠前指挥，组织广大干部群众奋力抗灾减灾。

（5）国家制定政策措施，鼓励社会专业队伍参与抗洪抢险救援和抗旱救灾工作。

5.3 技术保障

5.3.1 信息技术支撑

（1）加强防汛抗旱信息化建设。国家防总办公室在充分利用各成员单位既有成果的基础上，组织加强信息化建设，促进互联互通，建立信息共享机制。

（2）完善协同配合和衔接机制。应急部会同自然资源部、住房城乡建设部、水利部、中国气象局等有关部门建立统一的应急管理信息平台。自然资源部、住房城乡建设部、水利部、应急部、中国气象局等部门建立定期会商和信息共享机制，共同分析研判汛情旱情和险情灾情，实时共享相关监测预报预警和重要调度信息。

5.3.2 专家支撑

各级防汛抗旱指挥机构应建立专家库，当发生水旱灾害时，由防汛抗旱指挥机构统一调度，派出专家组指导防汛抗旱工作。水利部门承担防汛抗旱抢险技术支撑工作。

5.4 宣传

（1）各级防汛抗旱指挥机构要重视宣传舆论引导工作。防汛抗旱指挥机构办公室要把防汛抗旱宣传工作纳入议事日程，建立宣传工作机制，指定专人负责，加强与有关宣传机构的协作配合。

（2）各级防汛抗旱指挥机构要及时准确向社会通报防汛抗旱工作情况及水旱灾害信息。汛情、旱情形势严峻时期要加强防汛抗旱宣传工作力度，建立舆情监测机制，加强舆情引导和正面宣传，及时澄清虚假信息，为防汛抗旱工作营造良好氛围。

（3）发生重特大水旱（台风）灾害时，防汛抗旱指挥机构要按有关规定及时向社会和媒体通报情况，并根据事态发展及时召开新闻发布会，发布有关情况；对防汛形势、抢险救援、人员伤亡、经济损失、灾区秩序、群众生活等社会普遍关注的热点问题，要主动回应社会关切。对防汛救灾专业知识，要组织专家科学解读，有针对性解疑释惑。

5.5 培训和演练

5.5.1 培训

（1）按照分级负责的原则，各级防汛抗旱指挥机构组织实施防汛抗旱知识与技能培训。省级防汛抗旱指挥机构负责市、县级防汛抗旱指挥机构负责人及其办公室工作人员、防汛抢险专业队伍负责人和防汛抢险技术骨干的培训;市、县级防汛抗旱指挥机构负责乡镇(街道)、村(社区)防汛抗旱负责人、防汛抢险技术人员的培训。

(2)培训工作应做到合理规范课程、严格考核、分类指导,保证培训工作质量。

(3)培训工作应结合实际,采取多种组织形式,定期与不定期相结合,每年汛前至少组织一次培训。

5.5.2 演练

(1)各级防汛抗旱指挥机构应定期举行不同类型的应急演练,以检验、改善和强化应急准备和应急响应能力。

(2)专业抢险队伍必须针对当地易发生的各类险情有针对性地每年进行抗洪抢险演练。

(3)多个部门联合进行的专业演练,一般2~3年举行一次,由省级防汛抗旱指挥机构负责组织。

6 善后工作

发生水旱灾害地区的地方人民政府应组织有关部门做好灾区生活供给、卫生防疫、救灾物资供应、治安管理、学校复课、水毁修复、恢复生产和重建家园等善后工作。

6.1 救灾

6.1.1 发生重大灾情时,灾区人民政府负责灾害救助的组织、协调和指挥工作。

6.1.2 应急管理部门负责受灾群众基本生活救助,会同有关部门及时调拨救灾款物,组织安置受灾群众,保障受灾群众基本生活,做好因灾倒损民房的恢复重建,组织开展救灾捐赠,保证受灾群众有饭吃、有衣穿、有干净水喝、有临时安全住处、有医疗服务。

6.1.3 卫生健康部门负责调配卫生应急力量,开展灾区伤病人员医疗救治,指导对污染源进行消毒处理,指导落实灾后各项卫生防疫措施,严防灾区传染病疫情发生。

6.1.4 当地人民政府应组织对可能造成环境污染的污染物进行清除。

6.2 防汛抗旱物资补充

针对当年防汛抢险及抗旱物资消耗情况,按照分级管理的原则,及时补充到位。

6.3 水毁工程修复

6.3.1 对影响当年防洪安全和城乡供水安全的水毁工程,应尽快修复。防洪工程应力争在下次洪水到来之前,做到恢复主体功能;抗旱水源工程应尽快恢复功能。

6.3.2 遭到毁坏的交通、电力、通信、水文以及防汛专用通信设施,应尽快组织修复,恢复功能。

6.4 蓄滞洪区运用补偿

国家蓄滞洪区分洪运用后,按照《蓄滞洪区运用补偿暂行办法》进行补偿。其他蓄滞洪区由地方人民政府参照《蓄滞洪区运用补偿暂行办法》补偿。

6.5 灾后重建

各有关部门应尽快组织灾后重建工作。灾害重建原则上按原标准恢复,在条件允许情况下,可提高标准重建。

6.6 工作评价与灾害评估

每年各级防汛抗旱指挥机构应针对防汛抗旱工作各方面和环节组织应急管理等有关部门进行定性和定量总结、分析,总结经验,查找问题,改进工作。总结情况要及时报上一级防汛抗旱指挥机构。

应急部按照有关规定组织开展重特大水旱灾害调查评估工作。

7 附 则

7.1 名词术语定义

7.1.1 洪水风险图:是融合地理、社会经济、洪水特征信息,通过资料调查、洪水计算和成果整理,以地图形式直观反映某一地区发生洪水后可能淹没的范围和水深,用以分析和预评估不同量级洪水可能造成的风险和危害的工具。

7.1.2 干旱风险图:是融合地理、社会经济、水资源特征信息,通过资料调查、水资源计算和成果整理,以地图形式直观反映某一地区发生干旱后可能影响的范围,用以分析和预评估不同干旱等级造成的风险和危害的工具。

7.1.3 台风风暴潮风险图:是融合地理、社会经济、台风风暴潮特征信息,通过资料调查、台风风暴潮计算和成果整理,以地图形式直观反映某一地区发生台风风暴潮后可能影响的范围,用以分析和预评估不同级别台风风暴潮造成的风险和危害的工具。

7.1.4 防御洪水方案:是对有防汛抗洪任务的县级以上地方人民政府根据流域综合规划、防洪工程实际状况和国家规定的防洪标准,制定的防御江河洪水(包括特大洪水)、山洪灾害(指由降雨引发的山洪、泥石流灾害)、台风风暴潮灾害等方案的统称。长江、黄河、淮河、海河等重要江河湖泊和重要水工程的防御洪水方案,由水利部组织编制,按程序报国务院批准;跨省、自治区、直辖市的其他江河的防御洪水方案,由有关流域管理机构会同有关省、自治区、直辖市人民政府制定,报国务院或者国务院授权的有关部门批准。防御洪水方案经批准后,有关地方人民政府必须执行。各级防汛抗旱指挥机构和承担防汛抗洪任务的部门和单位,必须根据防御洪水方案做好防汛抗洪准备工作。

7.1.5 抗旱预案:是在现有工程设施条件和抗旱能力下,针对不同等级、程度的干旱,而预先制定的对策和措施,是各级防汛抗旱指挥机构实施指挥决策的依据。

7.1.6 抗旱服务组织:是由水利部门组建的事业性服务实体,以抗旱减灾为宗旨,围绕群众饮水安全、粮食用水安全、经济发展用水安全和生态环境用水安全开展抗旱服务工作。其业务工作受同级水利部门领导和上一级抗旱服务组织的指导。国家支持和鼓励社会力量兴办各种形式的抗旱社会化服务组织。

7.1.7 生命线工程:根据《破坏性地震应急条例》,生命线工程是指对社会生活、生产有重大影响的交通、通信、供水、排水、供电、供气、输油等工程系统。

7.1.8 洪水等级

根据《水文情报预报规范》(GB/T 22482—2008):

小洪水:洪水要素重现期小于5年的洪水。

中洪水:洪水要素重现期为5年~20年的洪水。

大洪水:洪水要素重现期为20年~50年的洪水。

特大洪水:洪水要素重现期大于50年的洪水。

7.1.9 热带气旋等级

根据《热带气旋等级》(GB/T 19201—2006):

热带低压:热带气旋底层中心附近最大平均风速达到10.8m/s~17.1m/s(风力6~7级)。

热带风暴:热带气旋底层中心附近最大平均风速达到17.2m/s~24.4m/s(风力8~9级)。

强热带风暴:热带气旋底层中心附近最大平均风速达到24.5m/s~32.6m/s(风力10~11级)。

台风:热带气旋底层中心附近最大平均风速达到32.7m/s~41.4m/s(风力12~13级)。

强台风:热带气旋底层中心附近最大平均风速达到41.5m/s~50.9m/s(风力14~15级)。

超强台风:热带气旋底层中心附近最大平均风速达到或大于51.0m/s(风力16级或以上)。

7.1.10 堰塞湖风险等级

堰塞体危险性判别、堰塞湖淹没和溃决损失严重性、堰塞湖风险等级划分参照《堰塞湖风险等级划分与应急处置技术规范》(SL/T 450—2021)。

7.1.11 干旱等级

区域农业旱情等级、区域牧业旱情等级、区域农牧业旱情等级、区域因旱饮水困难等级、城市旱情等级划分参照《区域旱情等级》(GB/T 32135—2015)。

7.1.12 关于城市规模的规定参照《国务院关于调整城市规模划分标准的通知》(国发〔2014〕51号)。

7.1.13　紧急防汛期:根据《中华人民共和国防洪法》规定,当江河、湖泊的水情接近保证水位或者安全流量,水库水位接近设计洪水位,或者防洪工程设施发生重大险情时,有关县级以上人民政府防汛指挥机构可以宣布进入紧急防汛期。在紧急防汛期,国家防汛指挥机构或者其授权的流域、省、自治区、直辖市防汛指挥机构有权对壅水、阻水严重的桥梁、引道、码头和其他跨河工程设施作出紧急处置。防汛指挥机构根据防汛抗洪的需要,有权在其管辖范围内调用物资、设备、交通运输工具和人力,决定采取以土占地、砍伐林木、清除阻水障碍物和其他必要的紧急措施;必要时,公安、交通等有关部门按照防汛指挥机构的决定,依法实施陆地和水面交通管制。

本预案有关数量的表述中,除有特殊说明外,"以上"含本数,"以下"不含本数。

7.2　预案管理与更新

本预案按照国务院办公厅印发的《突发事件应急预案管理办法》相关规定进行管理与更新。

7.3　国际沟通与协作

按照国家外事纪律的有关规定,积极开展防汛抗旱减灾国际交流,借鉴发达国家防汛抗旱减灾工作的经验,进一步做好我国水旱灾害突发事件防范与处置工作。

7.4　奖励与责任追究

对防汛抢险和抗旱工作作出突出贡献的劳动模范、先进集体和个人,由人力资源社会保障部、国家防总联合表彰;对防汛抢险和抗旱工作中英勇献身的人员,按有关规定追认为烈士;对防汛抗旱工作中玩忽职守造成损失的,依据《中华人民共和国防洪法》、《中华人民共和国公务员法》、《中华人民共和国防汛条例》追究当事人的责任,并予以处罚,构成犯罪的,依法追究其刑事责任。

7.5　预案解释部门

本预案由国家防总办公室负责解释。

7.6　预案实施时间

本预案自印发之日起实施。

2. 气象灾害防治

中华人民共和国气象法(节录)

1. 1999年10月31日第九届全国人民代表大会常务委员会第十二次会议通过
2. 根据2009年8月27日第十一届全国人民代表大会常务委员会第十次会议《关于修改部分法律的决定》第一次修正
3. 根据2014年8月31日第十二届全国人民代表大会常务委员会第十次会议《关于修改〈中华人民共和国保险法〉等五部法律的决定》第二次修正
4. 根据2016年11月7日第十二届全国人民代表大会常务委员会第二十四次会议《关于修改〈中华人民共和国对外贸易法〉等十二部法律的决定》第三次修正

第三章　气　象　探　测

第十五条　【各级气象台站的气象探测资料汇交】各级气象主管机构所属的气象台站,应当按照国务院气象主管机构的规定,进行气象探测并向有关气象主管机构汇交气象探测资料。未经上级气象主管机构批准,不得中止气象探测。

国务院气象主管机构及有关地方气象主管机构应当按照国家规定适时发布基本气象探测资料。

第十六条　【国务院及省级气象台站的气象探测资料汇交】国务院其他有关部门和省、自治区、直辖市人民政府其他有关部门所属的气象台站及其他从事气象探测的组织和个人,应当按照国家有关规定向国务院气象主管机构或省、自治区、直辖市气象主管机构汇交所获得的气象探测资料。

各级气象主管机构应当按照气象资料共享、共用的原则,根据国家有关规定,与其他从事气象工作的机构交换有关气象信息资料。

第十七条　【航空器、远洋船舶的气象探测与报告】在中华人民共和国内水、领海和中华人民共和国管辖的其他海域的海上钻井平台和具有中华人民共和国国籍的在国际航线上飞行的航空器、远洋航行的船舶,应当按照国家有关规定进行气象探测并报告气象探测信息。

第十八条　【资料的保密】基本气象探测资料以外的气象探测资料需要保密的,其密级的确定、变更和解密以及使用,依照《中华人民共和国保守国家秘密法》的规定执行。

第十九条　【气象探测环境的保护】国家依法保护气象探测环境,任何组织和个人都有保护气象探测环境的义务。

第二十条　【禁止危害气象探测环境的行为】禁止下列危害气象探测环境的行为：

（一）在气象探测环境保护范围内设置障碍物、进行爆破和采石；

（二）在气象探测环境保护范围内设置影响气象探测设施工作效能的高频电磁辐射装置；

（三）在气象探测环境保护范围内从事其他影响气象探测的行为。

气象探测环境保护范围的划定标准由国务院气象主管机构规定。各级人民政府应当按照法定标准划定气象探测环境的保护范围，并纳入城市规划或者村庄和集镇规划。

第二十一条　【工程危害气象探测环境的避免与控制】新建、扩建、改建建设工程，应当避免危害气象探测环境；确实无法避免的，建设单位应当事先征得省、自治区、直辖市气象主管机构的同意，并采取相应的措施后，方可建设。

第四章　气象预报与灾害性天气警报

第二十二条　【公众气象发布】国家对公众气象预报和灾害性天气警报实行统一发布制度。

各级气象主管机构所属的气象台站应当按照职责向社会发布公众气象预报和灾害性天气警报，并根据天气变化情况及时补充或者订正。其他任何组织或者个人不得向社会发布公众气象预报和灾害性天气警报。

国务院其他有关部门和省、自治区、直辖市人民政府其他有关部门所属的气象台站，可以发布供本系统使用的专项气象预报。

各级气象主管机构及其所属的气象台站应当提高公众气象预报和灾害性天气警报的准确性、及时性和服务水平。

第二十三条　【专业气象预报发布】各级气象主管机构所属的气象台站应当根据需要，发布农业气象预报、城市环境气象预报、火险气象等级预报等专业气象预报，并配合军事气象部门进行国防建设所需的气象服务工作。

第二十四条　【广播、电视、报纸的气象专报】各级广播、电视台站和省级人民政府指定的报纸，应当安排专门的时间或者版面，每天播发或者刊登公众气象预报或者灾害性天气警报。

各级气象主管机构所属的气象台站应当保证其制作的气象预报节目的质量。

广播、电视播出单位改变气象预报节目播发时间安排的，应当事先征得有关气象台站的同意；对国计民生可能产生重大影响的灾害性天气警报和补充、订正的气象预报，应当及时增播或者插播。

第二十五条　【媒体气象播报的信息使用】广播、电视、报纸、电信等媒体向社会传播气象预报和灾害性天气警报，必须使用气象主管机构所属的气象台站提供的适时气象信息，并标明发布时间和气象台站的名称。通过传播气象信息获得的收益,应当提取一部分支持气象事业的发展。

第二十六条 【气象情报、预报和警报的通信畅通保障】信息产业部门应当与气象主管机构密切配合,确保气象通信畅通,准确、及时地传递气象情报、气象预报和灾害性天气警报。

气象无线电专用频道和信道受国家保护,任何组织或者个人不得挤占和干扰。

第五章 气象灾害防御

第二十七条 【气象灾害防御的政府及相关组织、个人责任】县级以上人民政府应当加强气象灾害监测、预警系统建设,组织有关部门编制气象灾害防御规划,并采取有效措施,提高防御气象灾害的能力。有关组织和个人应当服从人民政府的指挥和安排,做好气象灾害防御工作。

第二十八条 【跨地区、部门的气象联合监测、预报】各级气象主管机构应当组织对重大灾害性天气的跨地区、跨部门的联合监测、预报工作,及时提出气象灾害防御措施,并对重大气象灾害作出评估,为本级人民政府组织防御气象灾害提供决策依据。

各级气象主管机构所属的气象台站应当加强对可能影响当地的灾害性天气的监测和预报,并及时报告有关气象主管机构。其他有关部门所属的气象台站和与灾害性天气监测、预报有关的单位应当及时向气象主管机构提供监测、预报气象灾害所需要的气象探测信息和有关的水情、风暴潮等监测信息。

第二十九条 【灾害防御方案的制定】县级以上地方人民政府应当根据防御气象灾害的需要,制定气象灾害防御方案,并根据气象主管机构提供的气象信息,组织实施气象灾害防御方案,避免或者减轻气象灾害。

第三十条 【人工影响天气工作的开展】县级以上人民政府应当加强对人工影响天气工作的领导,并根据实际情况,有组织、有计划地开展人工影响天气工作。

国务院气象主管机构应当加强对全国人工影响天气工作的管理和指导。地方各级气象主管机构应当制定人工影响天气作业方案,并在本级人民政府的领导和协调下,管理、指导和组织实施人工影响天气作业。有关部门应当按照职责分工,配合气象主管机构做好人工影响天气的有关工作。

实施人工影响天气作业的组织必须具备省、自治区、直辖市气象主管机构规定的条件,并使用符合国务院气象主管机构要求的技术标准的作业设备,遵守作业规范。

第三十一条 【雷电灾害防御】各级气象主管机构应当加强对雷电灾害防御工作的组织管理,并会同有关部门指导对可能遭受雷击的建筑物、构筑物和其他设施安装的雷电灾害防护装置的检测工作。

安装的雷电灾害防护装置应当符合国务院气象主管机构规定的使用要求。

气象灾害防御条例

1. 2010 年 1 月 27 日国务院令第 570 号公布
2. 根据 2017 年 10 月 7 日国务院令第 687 号《关于修改部分行政法规的决定》修订

第一章 总 则

第一条 为了加强气象灾害的防御,避免、减轻气象灾害造成的损失,保障人民生命财产安全,根据《中华人民共和国气象法》,制定本条例。

第二条 在中华人民共和国领域和中华人民共和国管辖的其他海域内从事气象灾害防御活动的,应当遵守本条例。

本条例所称气象灾害,是指台风、暴雨(雪)、寒潮、大风(沙尘暴)、低温、高温、干旱、雷电、冰雹、霜冻和大雾等所造成的灾害。

水旱灾害、地质灾害、海洋灾害、森林草原火灾等因气象因素引发的衍生、次生灾害的防御工作,适用有关法律、行政法规的规定。

第三条 气象灾害防御工作实行以人为本、科学防御、部门联动、社会参与的原则。

第四条 县级以上人民政府应当加强对气象灾害防御工作的组织、领导和协调,将气象灾害的防御纳入本级国民经济和社会发展规划,所需经费纳入本级财政预算。

第五条 国务院气象主管机构和国务院有关部门应当按照职责分工,共同做好全国气象灾害防御工作。

地方各级气象主管机构和县级以上地方人民政府有关部门应当按照职责分工,共同做好本行政区域的气象灾害防御工作。

第六条 气象灾害防御工作涉及两个以上行政区域的,有关地方人民政府、有关部门应当建立联防制度,加强信息沟通和监督检查。

第七条 地方各级人民政府、有关部门应当采取多种形式,向社会宣传普及气象灾害防御知识,提高公众的防灾减灾意识和能力。

学校应当把气象灾害防御知识纳入有关课程和课外教育内容,培养和提高学生的气象灾害防范意识和自救互救能力。教育、气象等部门应当对学校开展的气象灾害防御教育进行指导和监督。

第八条 国家鼓励开展气象灾害防御的科学技术研究,支持气象灾害防御先进技术的推广和应用,加强国际合作与交流,提高气象灾害防御的科技水平。

第九条 公民、法人和其他组织有义务参与气象灾害防御工作,在气象灾害发生后开展自救互救。

对在气象灾害防御工作中做出突出贡献的组织和个人,按照国家有关规定给予表彰和奖励。

第二章 预 防

第十条 县级以上地方人民政府应当组织气象等有关部门对本行政区域内发生的气象灾害的种类、次数、强度和造成的损失等情况开展气象灾害普查,建立气象灾害数据库,按照气象灾害的种类进行气象灾害风险评估,并根据气象灾害分布情况和气象灾害风险评估结果,划定气象灾害风险区域。

第十一条 国务院气象主管机构应当会同国务院有关部门,根据气象灾害风险评估结果和气象灾害风险区域,编制国家气象灾害防御规划,报国务院批准后组织实施。

县级以上地方人民政府应当组织有关部门,根据上一级人民政府的气象灾害防御规划,结合本地气象灾害特点,编制本行政区域的气象灾害防御规划。

第十二条 气象灾害防御规划应当包括气象灾害发生发展规律和现状、防御原则和目标、易发区和易发时段、防御设施建设和管理以及防御措施等内容。

第十三条 国务院有关部门和县级以上地方人民政府应当按照气象灾害防御规划,加强气象灾害防御设施建设,做好气象灾害防御工作。

第十四条 国务院有关部门制定电力、通信等基础设施的工程建设标准,应当考虑气象灾害的影响。

第十五条 国务院气象主管机构应当会同国务院有关部门,根据气象灾害防御需要,编制国家气象灾害应急预案,报国务院批准。

县级以上地方人民政府、有关部门应当根据气象灾害防御规划,结合本地气象灾害的特点和可能造成的危害,组织制定本行政区域的气象灾害应急预案,报上一级人民政府、有关部门备案。

第十六条 气象灾害应急预案应当包括应急预案启动标准、应急组织指挥体系与职责、预防与预警机制、应急处置措施和保障措施等内容。

第十七条 地方各级人民政府应当根据本地气象灾害特点,组织开展气象灾害应急演练,提高应急救援能力。居民委员会、村民委员会、企业事业单位应当协助本地人民政府做好气象灾害防御知识的宣传和气象灾害应急演练工作。

第十八条 大风(沙尘暴)、龙卷风多发区域的地方各级人民政府、有关部门应当加强防护林和紧急避难场所等建设,并定期组织开展建(构)筑物防风避险的监督检查。

台风多发区域的地方各级人民政府、有关部门应当加强海塘、堤防、避风港、防护林、避风锚地、紧急避难场所等建设,并根据台风情况做好人员转移等准备工作。

第十九条 地方各级人民政府、有关部门和单位应当根据本地降雨情况,定期组织开展各种排水设施检查,及时疏通河道和排水管网,加固病险水库,加强对地质灾害易发区和堤防等重要险段的巡查。

第二十条 地方各级人民政府、有关部门和单位应当根据本地降雪、冰冻发生情况,加强电力、通信线路的巡查,做好交通疏导、积雪(冰)清除、线路维护等准备工作。

有关单位和个人应当根据本地降雪情况,做好危旧房屋加固、粮草储备、牲畜转移等准备工作。

第二十一条 地方各级人民政府、有关部门和单位应当在高温来临前做好供电、供水和防暑医药供应的准备工作,并合理调整工作时间。

第二十二条 大雾、霾多发区域的地方各级人民政府、有关部门和单位应当加强对机场、港口、高速公路、航道、渔场等重要场所和交通要道的大雾、霾的监测设施建设,做好交通疏导、调度和防护等准备工作。

第二十三条 各类建(构)筑物、场所和设施安装雷电防护装置应当符合国家有关防雷标准的规定。新建、改建、扩建建(构)筑物、场所和设施的雷电防护装置应当与主体工程同时设计、同时施工、同时投入使用。

新建、改建、扩建建设工程雷电防护装置的设计、施工,可以由取得相应建设、公路、水路、铁路、民航、水利、电力、核电、通信等专业工程设计、施工资质的单位承担。

油库、气库、弹药库、化学品仓库和烟花爆竹、石化等易燃易爆建设工程和场所,雷电易发区内的矿区、旅游景点或者投入使用的建(构)筑物、设施等需要单独安装雷电防护装置的场所,以及雷电风险高且没有防雷标准规范、需要进行特殊论证的大型项目,其雷电防护装置的设计审核和竣工验收由县级以上地方气象主管机构负责。未经设计审核或者设计审核不合格的,不得施工;未经竣工验收或者竣工验收不合格的,不得交付使用。

房屋建筑、市政基础设施、公路、水路、铁路、民航、水利、电力、核电、通信等建设工程的主管部门,负责相应领域内建设工程的防雷管理。

第二十四条 从事雷电防护装置检测的单位应当具备下列条件,取得国务院气象主管机构或者省、自治区、直辖市气象主管机构颁发的资质证:

(一)有法人资格;

(二)有固定的办公场所和必要的设备、设施;

(三)有相应的专业技术人员;

(四)有完备的技术和质量管理制度;

(五)国务院气象主管机构规定的其他条件。

从事电力、通信雷电防护装置检测的单位的资质证由国务院气象主管机构和国务院电力或者国务院通信主管部门共同颁发。

第二十五条 地方各级人民政府、有关部门应当根据本地气象灾害发生情况,加强农村地区气象灾害预防、监测、信息传播等基础设施建设,采取综合措施,做好农村气象灾害防御工作。

第二十六条 各级气象主管机构应当在本级人民政府的领导和协调下,根据实际情况组织开展人工影响天气工作,减轻气象灾害的影响。

第二十七条 县级以上人民政府有关部门在国家重大建设工程、重大区域性经济开发项目和大型太阳能、风能等气候资源开发利用项目以及城乡规划编制中,应当统筹考虑气候可行性和气象灾害的风险性,避免、减轻气象灾害的影响。

第三章 监测、预报和预警

第二十八条 县级以上地方人民政府应当根据气象灾害防御的需要,建设应急移动气象灾害监测设施,健全应急监测队伍,完善气象灾害监测体系。

县级以上人民政府应当整合完善气象灾害监测信息网络,实现信息资源共享。

第二十九条 各级气象主管机构及其所属的气象台站应当完善灾害性天气的预报系统,提高灾害性天气预报、警报的准确率和时效性。

各级气象主管机构所属的气象台站、其他有关部门所属的气象台站和与灾害性天气监测、预报有关的单位应当根据气象灾害防御的需要,按照职责开展灾害性天气的监测工作,并及时向气象主管机构和有关灾害防御、救助部门提供雨情、水情、风情、旱情等监测信息。

各级气象主管机构应当根据气象灾害防御的需要组织开展跨地区、跨部门的气象灾害联合监测,并将人口密集区、农业主产区、地质灾害易发区域、重要江河流域、森林、草原、渔场作为气象灾害监测的重点区域。

第三十条 各级气象主管机构所属的气象台站应当按照职责向社会统一发布灾害性天气警报和气象灾害预警信号,并及时向有关灾害防御、救助部门通报;其他组织和个人不得向社会发布灾害性天气警报和气象灾害预警信号。

气象灾害预警信号的种类和级别,由国务院气象主管机构规定。

第三十一条 广播、电视、报纸、电信等媒体应当及时向社会播发或者刊登当地气象主管机构所属的气象台站提供的适时灾害性天气警报、气象灾害预警信号,并根据当地气象台站的要求及时增播、插播或者刊登。

第三十二条 县级以上地方人民政府应当建立和完善气象灾害预警信息发布系统,并根据气象灾害防御的需要,在交通枢纽、公共活动场所等人口密集区域和气象灾害易发区域建立灾害性天气警报、气象灾害预警信号接收和播发设施,并保证设施的正常运转。

乡(镇)人民政府、街道办事处应当确定人员,协助气象主管机构、民政部门开展气象灾害防御知识宣传、应急联络、信息传递、灾害报告和灾情调查等工作。

第三十三条 各级气象主管机构应当做好太阳风暴、地球空间暴等空间天气灾害的监测、预报和预警工作。

第四章 应急处置

第三十四条 各级气象主管机构所属的气象台站应当及时向本级人民政府和有关部门报告灾害性天气预报、警报情况和气象灾害预警信息。

县级以上地方人民政府、有关部门应当根据灾害性天气警报、气象灾害预警信号和气象灾害应急预案启动标准,及时作出启动相应应急预案的决定,向社会公布,并报告上一级人民政府;必要时,可以越级上报,并向当地驻军和可能受到危害的毗邻地区的人民政府通报。

发生跨省、自治区、直辖市大范围的气象灾害,并造成较大危害时,由国务院决定启动国家气象灾害应急预案。

第三十五条 县级以上地方人民政府应当根据灾害性天气影响范围、强度,将可能造成人员伤亡或者重大财产损失的区域临时确定为气象灾害危险区,并及时予以公告。

第三十六条 县级以上地方人民政府、有关部门应当根据气象灾害发生情况,依照《中华人民共和国突发事件应对法》的规定及时采取应急处置措施;情况紧急时,及时动员、组织受到灾害威胁的人员转移、疏散,开展自救互救。

对当地人民政府、有关部门采取的气象灾害应急处置措施,任何单位和个人应当配合实施,不得妨碍气象灾害救助活动。

第三十七条 气象灾害应急预案启动后,各级气象主管机构应当组织所属的气象台站加强对气象灾害的监测和评估,启用应急移动气象灾害监测设施,开展现场气象服务,及时向本级人民政府、有关部门报告灾害性天气实况、变化趋势和评估结果,为本级人民政府组织防御气象灾害提供决策依据。

第三十八条 县级以上人民政府有关部门应当按照各自职责,做好相应的应急工作。

民政部门应当设置避难场所和救济物资供应点,开展受灾群众救助工作,并按照规定职责核查灾情、发布灾情信息。

卫生主管部门应当组织医疗救治、卫生防疫等卫生应急工作。

交通运输、铁路等部门应当优先运送救灾物资、设备、药物、食品,及时抢修被毁的道路交通设施。

住房城乡建设部门应当保障供水、供气、供热等市政公用设施的安全运行。

电力、通信主管部门应当组织做好电力、通信应急保障工作。

国土资源部门应当组织开展地质灾害监测、预防工作。

农业主管部门应当组织开展农业抗灾救灾和农业生产技术指导工作。

水利主管部门应当统筹协调主要河流、水库的水量调度,组织开展防汛抗旱工作。

公安部门应当负责灾区的社会治安和道路交通秩序维护工作,协助组织灾区群众进行紧急转移。

第三十九条 气象、水利、国土资源、农业、林业、海洋等部门应当根据气象灾害发生的情况,加强对气象因素引发的衍生、次生灾害的联合监测,并根据相应的应急预案,做好各项应急处置工作。

第四十条 广播、电视、报纸、电信等媒体应当及时、准确地向社会传播气象灾害的发生、发展和应急处置情况。

第四十一条 县级以上人民政府及其有关部门应当根据气象主管机构提供的灾害性天气发生、发展趋势信息以及灾情发展情况,按照有关规定适时调整气象灾害级别或者作出解除气象灾害应急措施的决定。

第四十二条 气象灾害应急处置工作结束后,地方各级人民政府应当组织有关部门对气象灾害造成的损失进行调查,制定恢复重建计划,并向上一级人民政府报告。

第五章 法律责任

第四十三条 违反本条例规定,地方各级人民政府、各级气象主管机构和其他有关部门及其工作人员,有下列行为之一的,由其上级机关或者监察机关责令改正;情节严重的,对直接负责的主管人员和其他直接责任人员依法给予处分;构成犯罪的,依法追究刑事责任:

(一)未按照规定编制气象灾害防御规划或者气象灾害应急预案的;

(二)未按照规定采取气象灾害预防措施的;

(三)向不符合条件的单位颁发雷电防护装置检测资质证的;

(四)隐瞒、谎报或者由于玩忽职守导致重大漏报、错报灾害性天气警报、气象灾害预警信号的;

(五)未及时采取气象灾害应急措施的;

(六)不依法履行职责的其他行为。

第四十四条 违反本条例规定,有下列行为之一的,由县级以上地方人民政府或者有关部门责令改正;构成违反治安管理行为的,由公安机关依法给予处罚;构成犯罪的,依法追究刑事责任:

(一)未按照规定采取气象灾害预防措施的;

(二)不服从所在地人民政府及其有关部门发布的气象灾害应急处置决定、命令,或者不配合实施其依法采取的气象灾害应急措施的。

第四十五条 违反本条例规定,有下列行为之一的,由县级以上气象主管机构或者其他有关部门按照权限责令停止违法行为,处5万元以上10万元以下的罚款;有违法所得的,没收违法所得;给他人造成损失的,依法承担赔偿责任:

(一)无资质或者超越资质许可范围从事雷电防护装置检测的;

(二)在雷电防护装置设计、施工、检测中弄虚作假的;

(三)违反本条例第二十三条第三款的规定,雷电防护装置未经设计审核或者设计审核不合格施工的,未经竣工验收或者竣工验收不合格交付使用的。

第四十六条 违反本条例规定,有下列行为之一的,由县级以上气象主管机构责令改正,给予警告,可以处5万元以下的罚款;构成违反治安管理行为的,由公安机

关依法给予处罚:
(一)擅自向社会发布灾害性天气警报、气象灾害预警信号的;
(二)广播、电视、报纸、电信等媒体未按照要求播发、刊登灾害性天气警报和气象灾害预警信号的;
(三)传播虚假的或者通过非法渠道获取的灾害性天气信息和气象灾害灾情的。

第六章 附 则

第四十七条 中国人民解放军的气象灾害防御活动,按照中央军事委员会的规定执行。

第四十八条 本条例自2010年4月1日起施行。

国家气象灾害应急预案

1. 2009年12月11日国务院办公厅印发
2. 国办函〔2009〕120号

1 总 则

1.1 编制目的

建立健全气象灾害应急响应机制,提高气象灾害防范、处置能力,最大限度地减轻或者避免气象灾害造成人员伤亡、财产损失,为经济和社会发展提供保障。

1.2 编制依据

依据《中华人民共和国突发事件应对法》、《中华人民共和国气象法》、《中华人民共和国防沙治沙法》、《中华人民共和国防洪法》、《人工影响天气管理条例》、《中华人民共和国防汛条例》、《中华人民共和国抗旱条例》、《森林防火条例》、《草原防火条例》、《国家突发公共事件总体应急预案》等法律法规和规范性文件,制定本预案。

1.3 适用范围

本预案适用于我国范围内台风、暴雨(雪)、寒潮、大风(沙尘暴)、低温、高温、干旱、雷电、冰雹、霜冻、冰冻、大雾、霾等气象灾害事件的防范和应对。

因气象因素引发水旱灾害、地质灾害、海洋灾害、森林、草原火灾等其他灾害的处置,适用有关应急预案的规定。

1.4 工作原则

以人为本、减少危害。把保障人民群众的生命财产安全作为首要任务和应急处置工作的出发点,全面加强应对气象灾害的体系建设,最大程度减少灾害损失。

预防为主、科学高效。实行工程性和非工程性措施相结合,提高气象灾害监测预警能力和防御标准。充分利用现代科技手段,做好各项应急准备,提高应急处置能力。

依法规范、协调有序。依照法律法规和相关职责,做好气象灾害的防范应对工作。加强各地区、各部门的信息沟通,做到资源共享,并建立协调配合机制,使气象灾害应对工作更加规范有序、运转协调。

分级管理、属地为主。根据灾害造成或可能造成的危害和影响,对气象灾害实施分级管理。灾害发生地人民政府负责本地区气象灾害的应急处置工作。

2 组织体系

2.1 国家应急指挥机制

发生跨省级行政区域大范围的气象灾害,并造成较大危害时,由国务院决定启动相应的国家应急指挥机制,统一领导和指挥气象灾害及其次生、衍生灾害的应急处置工作:

——台风、暴雨、干旱引发江河洪水、山洪灾害、渍涝灾害、台风暴潮、干旱灾害等水旱灾害,由国家防汛抗旱总指挥部负责指挥应对工作。

——暴雪、冰冻、低温、寒潮,严重影响交通、电力、能源等正常运行,由国家发展改革委启动煤电油气运保障工作部际协调机制;严重影响通信、重要工业品保障、农牧业生产、城市运行等方面,由相关职能部门负责协调处置工作。

——海上大风灾害的防范和救助工作由交通运输部、农业部和国家海洋局按照职能分工负责。

——气象灾害受灾群众生活救助工作,由国家减灾委组织实施。

2.2 地方应急指挥机制

对上述各种灾害,地方各级人民政府要先期启动相应的应急指挥机制或建立应急指挥机制,启动相应级别的应急响应,组织做好应对工作。国务院有关部门进行指导。

高温、沙尘暴、雷电、大风、霜冻、大雾、霾等灾害由地方人民政府启动相应的应急指挥机制或建立应急指挥机制负责处置工作,国务院有关部门进行指导。

3 监测预警

3.1 监测预报

3.1.1 监测预报体系建设

各有关部门要按照职责分工加快新一代天气雷达系统、气象卫星工程、水文监测预报等建设,优化加密观测网站,完善国家与地方监测网络,提高对气象灾害及其次生、衍生灾害的综合监测能力。建立和完善气象灾害预测预报体系,加强对灾害性天气事件的会商分析,做好灾害性、关键性、转折性重大天气预报和趋势预测。

3.1.2 信息共享

气象部门及时发布气象灾害监测预报信息,并与公安、民政、环保、国土资源、交通运输、铁道、水利、农业、卫生、安全监管、林业、电力监管、海洋等相关部门建立相应的气象及气象次生、衍生灾害监测预报预警联动机制,实现相关灾情、险情等信息的实时共享。

3.1.3 灾害普查

气象部门建立以社区、村镇为基础的气象灾害调查收集网络,组织气象灾害普查、风险评估和风险区划工作,编制气象灾害防御规划。

3.2 预警信息发布

3.2.1 发布制度

气象灾害预警信息发布遵循"归口管理、统一发布、快速传播"原则。气象灾害预警信息由气象部门负责制作并按预警级别分级发布,其他任何组织、个人不得制作和向社会发布气象灾害预警信息。

3.2.2 发布内容

气象部门根据对各类气象灾害的发展态势,综合预评估分析确定预警级别。预警级别分为Ⅰ级(特别重大)、Ⅱ级(重大)、Ⅲ级(较大)、Ⅳ级(一般),分别用红、橙、黄、蓝四种颜色标示,Ⅰ级为最高级别,具体分级标准见附则。

气象灾害预警信息内容包括气象灾害的类别、预警级别、起始时间、可能影响范围、警示事项、应采取的措施和发布机关等。

3.2.3 发布途径

建立和完善公共媒体、国家应急广播系统、卫星专用广播系统、无线电数据系统、专用海洋气象广播短波电台、移动通信群发系统、无线电数据系统、中国气象频道等多种手段互补的气象灾害预警信息发布系统,发布气象灾害预警信息。同时,通过国家应急广播和广播、电视、报刊、互联网、手机短信、电子显示屏、有线广播等相关媒体以及一切可能的传播手段及时向社会公众发布气象灾害预警信息。涉及可能引发次生、衍生灾害的预警信息通过有关信息共享平台向相关部门发布。

地方各级人民政府要在学校、机场、港口、车站、旅游景点等人员密集公共场所,高速公路、国道、省道等重要道路和易受气象灾害影响的桥梁、涵洞、弯道、坡路等重点路段,以及农牧区、山区等建立起畅通、有效的预警信息发布与传播渠道,扩大预警信息覆盖面。对老、幼、病、残、孕等特殊人群以及学校等特殊场所和警报盲区应当采取有针对性的公告方式。

气象部门组织实施人工影响天气作业前,要及时通知相关地方和部门,并根据具体情况提前公告。

3.3 预警准备

各地区、各部门要认真研究气象灾害预报预警信息,密切关注天气变化及灾害发展趋势,有关责任人员应立即上岗到位,组织力量深入分析、评估可能造成的影响和危害,尤其是对本地区、本部门风险隐患的影响情况,有针对性地提出预防和控制措施,落实抢险队伍和物资,做好启动应急响应的各项准备工作。

3.4 预警知识宣传教育

地方各级人民政府和相关部门应做好预警信息的宣传教育工作,普及防灾减灾知识,增强社会公众的防灾减灾意识,提高自救、互救能力。

4 应 急 处 置

4.1 信息报告

有关部门按职责收集和提供气象灾害发生、发展、损失以及防御等情况,及时向当地人民政府或相应的应急指挥机构报告。各地区、各部门要按照有关规定逐级向上报告,特别重大、重大突发事件信息,要向国务院报告。

4.2 响应启动

按气象灾害程度和范围,及其引发的次生、衍生灾害类别,有关部门按照其职责和预案启动响应。

当同时发生两种以上气象灾害且分别发布不同预警级别时,按照最高预警级别灾种启动应急响应。当同时发生两种以上气象灾害且均没有达到预警标准,但可能或已经造成损失和影响时,根据不同程度的损失和影响在综合评估基础上启动相应级别应急响应。

4.3 分部门响应

当气象灾害造成群体性人员伤亡或可能导致突发公共卫生事件时,卫生部门启动《国家突发公共事件医疗卫生救援应急预案》和《全国自然灾害卫生应急预案》。当气象灾害造成地质灾害时,国土资源部门启动《国家突发地质灾害应急预案》。当气象灾害造成重大环境事件时,环境保护部门启动《国家突发环境事件应急预案》。当气象灾害造成海上船舶险情及船舶溢油污染时,交通运输部门启动《国家海上搜救应急预案》和"中国海上船舶溢油应急计划"。当气象灾害引发水旱灾害时,防汛抗旱部门启动《国家防汛抗旱应急预案》。当气象灾害引发城市洪涝时,水利、住房城乡建设部门启动相关应急预案。当气象灾害造成涉及农业生产事件时,农业部门启动《农业重大自然灾害突发事件应急预案》或《渔业船舶水上安全突发事件应急预案》。当气象灾害引发森林草原火灾时,林业、农业部门启动《国家处置重、特大森林火灾应急预案》和《草原火灾应急预案》。当发生沙尘暴灾害时,林业部门启动《重大沙尘暴灾害应急预案》。当气象灾害引发海洋灾害时,海洋部门启动《风暴潮、海浪、海啸和海冰灾害应急预案》。当气象灾害引发生产安全事故时,安全监管部门启动相关生产安全事故应急预案。当气象灾害造成煤电油气运保障工作出现重大突发问题时,国家发展改革委启动煤电油气运保障工作部际协调机制。当气象灾害造成重要工业品保障出现重大突发问题时,工业和信息化部启动相关应急预案。当气象灾害造成严重损失,需进行紧急生活救助时,民政部门启动《国家自然灾害救助应急预案》。

发展改革、公安、民政、工业和信息化、财政、交通运输、铁道、水利、商务、电力监管等有关部门按照相关预案,做好气象灾害应急防御和保障工作。新闻宣传、外交、教育、科技、住房城乡建设、广电、旅游、法制、保险监管等部门做好相关行业领域协调、配合工作。解放军、武警部队、公安消防部队以及民兵预备役、地方群众抢险队伍等,要协助地方人民政府做好抢险救援工作。

气象部门进入应急响应状态,加强天气监测、组织专题会商,根据灾害性天气发生发展情况随时更新预报预警并及时通报相关部门和单位,依据各地区、各部门的需求,提供专门气象应急保障服务。

国务院应急办要认真履行职责,切实做好值守应急、信息汇总、分析研判、综合协调等各项工作,发挥运转枢纽作用。

4.4 分灾种响应

当启动应急响应后,各有关部门和单位要加强值班,密切监视灾情,针对不同气象灾害种类及其影响程度,采取应急响应措施和行动。新闻媒体按要求随时播报气象灾害预警信息及应急处置相关措施。

4.4.1 台风、大风

气象部门加强监测预报,及时发布台风、大风预警信号及相关防御指引,适时加大预报时段密度。

海洋部门密切关注管辖海域风暴潮和海浪发生发展动态,及时发布预警信息。

防汛部门根据风灾风险评估结果和预报的风力情况,与地方人民政府共同做好危险地带和防风能力不足的危房内居民的转移,安排其到安全避风场所避风。

民政部门负责受灾群众的紧急转移安置并提供基本生活救助。

住房城乡建设部门采取措施,巡查、加固城市公共服务设施,督促有关单位加固门窗、围板、棚架、临时建筑物等,必要时可强行拆除存在安全隐患的露天广告牌等设施。

交通运输、农业部门督促指导港口、码头加固有关设施,督促所有船舶到安全场所避风,防止船只走锚造成碰撞和搁浅;督促运营单位暂停运营、妥善安置滞留旅客。

教育部门根据防御指引、提示,通知幼儿园、托儿所、中小学和中等职业学校做好停课准备;避免在突发大风时段上学放学。

住房城乡建设、交通运输等部门通知高空、水上等户外作业单位做好防风准备,必要时采取停止作业措施,安排人员到安全避风场所避风。

民航部门做好航空器转场,重要设施设备防护、加固,做好运行计划调整和旅客安抚安置工作。

电力部门加强电力设施检查和电网运营监控,及时排除危险、排查故障。

农业部门根据不同风力情况发出预警通知,指导农业生产单位、农户和畜牧水产养殖户采取防风措施,减轻灾害损失;农业、林业部门密切关注大风等高火险天气形势,会同气象部门做好森林草原火险预报预警,指导开展火灾扑救工作。

各单位加强本责任区内检查,尽量避免或停止露天集体活动;居民委员会、村镇、小区、物业等部门及时通知居民妥善安置易受大风影响的室外物品。

相关应急处置部门和抢险单位随时准备启动抢险应急方案。

灾害发生后,民政、防汛、气象等部门按照有关规定进行灾情调查、收集、分析和评估工作。

4.4.2 暴雨

气象部门加强监测预报,及时发布暴雨预警信号及相关防御指引,适时加大预报时段密度。

防汛部门进入相应应急响应状态,组织开展洪水调度、堤防水库工程巡护查险、防汛抢险及灾害救助工作;会同地方人民政府组织转移危险地带以及居住在危房内的居民到安全场所避险。

民政部门负责受灾群众的紧急转移安置并提供基本生活救助。

教育部门根据防御指引、提示,通知幼儿园、托儿所、中小学和中等职业学校做好停课准备。

电力部门加强电力设施检查和电网运营监控,及时排除危险、排查故障。

公安、交通运输部门对积水地区实行交通引导或管制。

民航部门做好重要设施设备防洪防溃工作。

农业部门针对农业生产做好监测预警、落实防御措施,组织抗灾救灾和灾后恢复生产。

施工单位必要时暂停在空旷地方的户外作业。

相关应急处置部门和抢险单位随时准备启动抢险应急方案。

灾害发生后,民政、防汛、气象等部门按照有关规定进行灾情调查、收集、分析和评估工作。

4.4.3 暴雪、低温、冰冻

气象部门加强监测预报,及时发布低温、雪灾、道路结冰等预警信号及相关防御指引,适时加大预报时段密度。

海洋部门密切关注渤海、黄海的海冰发生发展动态,及时发布海冰灾害预警信息。

公安部门加强交通秩序维护,注意指挥、疏导行驶车辆;必要时,关闭易发生交通事故的结冰路段。

电力部门注意电力调配及相关措施落实,加强电力设备巡查、养护,及时排查电力故障;做好电力设施设备覆冰应急处置工作。

交通运输部门提醒做好车辆防冻措施,提醒高速公路、高架道路车辆减速;会同有关部门根据积雪情况,及时组织力量或采取措施做好道路清扫和积雪融化工作。

民航部门做好机场除冰扫雪,航空器除冰,保障运行安全,做好运行计划调整和旅客安抚、安置工作,必要时关闭机场。

住房城乡建设、水利等部门做好供水系统等防冻措施。

卫生部门采取措施保障医疗卫生服务正常开展,并组织做好伤员医疗救治和卫生防病工作。

住房城乡建设部门加强危房检查,会同有关部门及时动员或组织撤离可能因雪压倒塌的房屋内的人员。

民政部门负责受灾群众的紧急转移安置,并为受灾群众和公路、铁路等滞留人员提供基本生活救助。

农业部门组织对农作物、畜牧业、水产养殖采取必要的防护措施。

相关应急处置部门和抢险单位随时准备启动抢险应急方案。

灾害发生后,民政、气象等部门按照有关规定进行灾情调查、收集、分析和评估工作。

4.4.4 寒潮

气象部门加强监测预报,及时发布寒潮预警信号及相关防御指引,适时加大预报时段密度;了解寒潮影响,进行综合分析和评估工作。

海洋部门密切关注管辖海域风暴潮、海浪和海冰发生发展动态,及时发布预警信息。

民政部门采取防寒救助措施,开放避寒场所;实施应急防寒保障,特别对贫困户、流浪人员等应采取紧急防寒防冻应对措施。

住房城乡建设、林业等部门对树木、花卉等采取防寒措施。

农业、林业部门指导果农、菜农和畜牧水产养殖户采取一定的防寒和防风措施,做好牲畜、家禽和水生动物的防寒保暖工作。

卫生部门采取措施,加强低温寒潮相关疾病防御知识宣传教育,并组织做好医疗救治工作。

交通运输部门采取措施,提醒海上作业的船舶和人员做好防御工作,加强海上船舶航行安全监管。

相关应急处置部门和抢险单位随时准备启动抢险应急方案。

4.4.5 沙尘暴

气象部门加强监测预报,及时发布沙尘暴预警信号及相关防御指引,适时加大预报时段密度;了解沙尘影响,进行综合分析和评估工作。

农业部门指导农牧业生产自救,采取应急措施帮助受沙尘影响的灾区恢复农牧业生产。

环境保护部门加强对沙尘暴发生时大气环境质量状况监测,为灾害应急提供服务。

交通运输、民航、铁道部门采取应急措施,保证沙尘暴天气状况下的运输安全。

民政部门采取应急措施,做好救灾人员和物资准备。

相关应急处置部门和抢险单位随时准备启动抢险应急方案。

4.4.6 高温

气象部门加强监测预报,及时发布高温预警信号及相关防御指引,适时加大预报时段密度;了解高温影响,进行综合分析和评估工作。

电力部门注意高温期间的电力调配及相关措施落实,保证居民和重要电力用户用电,根据高温期间电力安全生产情况和电力供需情况,制订拉闸限电方案,必要时依据方案执行拉闸限电措施;加强电力设备巡查、养护,及时排查电力故障。

住房城乡建设、水利等部门做好用水安排,协调上游水源,保证群众生活生产用水。

建筑、户外施工单位做好户外和高温作业人员的防暑工作,必要时调整作息时间,或采取停止作业措施。

公安部门做好交通安全管理,提醒车辆减速,防止因高温产生爆胎等事故。

卫生部门采取积极应对措施,应对可能出现的高温中暑事件。

农业、林业部门指导紧急预防高温对农、林、畜牧、水产养殖业的影响。

相关应急处置部门和抢险单位随时准备启动抢险应急方案。

4.4.7 干旱

气象部门加强监测预报,及时发布干旱预警信号及相关防御指引,适时加大预报时段密度;了解干旱影响,进行综合分析;适时组织人工影响天气作业,减轻干旱影响。

农业、林业部门指导农牧户、林业生产单位采取管理和技术措施,减轻干旱影响;加强监控,做好森林草原火灾预防和扑救准备工作。

水利部门加强旱情、墒情监测分析,合理调度水源,组织实施抗旱减灾等方面的工作。

卫生部门采取措施,防范和应对旱灾导致的食品和饮用水卫生安全问题所引发的突发公共卫生事件。

民政部门采取应急措施,做好救灾人员和物资准备,并负责因旱缺水缺粮群众的基本生活救助。

相关应急处置部门和抢险单位随时准备启动抢险应急方案。

4.4.8 雷电、冰雹

气象部门加强监测预报,及时发布雷雨大风、冰雹预警信号及相关防御指引,适时加大预报时段密度;灾害发生后,有关防雷技术人员及时赶赴现场,做好雷击灾情的应急处置、分析评估工作,并为其他部门处置雷电灾害提供技术指导。

住房城乡建设部门提醒、督促施工单位必要时暂停户外作业。

电力部门加强电力设施检查和电网运营监控,及时排除危险、排查故障。

民航部门做好雷电防护,保障运行安全,做好运行计划调整和旅客安抚安置工作。

农业部门针对农业生产做好监测预警、落实防御措施,组织抗灾救灾和灾后恢复生产。

各单位加强本责任范围内检查,停止集体露天活动;居民委员会、村镇、小区、物业等部门提醒居民尽量减少户外活动和采取适当防护措施,减少使用电器。

相关应急处置部门和抢险单位随时准备启动抢险应急方案。

4.4.9 大雾、霾

气象部门加强监测预报,及时发布大雾和霾预警信号及相关防御指引,适时加大预报时段密度;了解大雾、霾的影响,进行综合分析和评估工作。

电力部门加强电网运营监控,采取措施尽量避免发生设备污闪故障,及时消除和减轻因设备污闪造成的影响。

公安部门加强对车辆的指挥和疏导,维持道路交通秩序。

交通运输部门及时发布雾航安全通知,加强海上船舶航行安全监管。

民航部门做好运行安全保障、运行计划调整和旅客安抚安置工作。

相关应急处置部门和抢险单位随时准备启动抢险应急方案。

4.5 现场处置

气象灾害现场应急处置由灾害发生地人民政府或相应应急指挥机构统一组织,各部门依职责参与应急处置工作。包括组织营救、伤员救治、疏散撤离和妥善安置受到威胁的人员,及时上报灾情和人员伤亡情况,分配救援任务,协调各级各类救援队伍的行动,查明并及时组织力量消除次生、衍生灾害,组织公共设施的抢修和援助物资的接收与分配。

4.6 社会力量动员与参与

气象灾害事发地的各级人民政府或应急指挥机构可根据气象灾害事件的性质、危害程度和范围,广泛调动社会力量积极参与气象灾害突发事件的处置,紧急情况下可依法征用、调用车辆、物资、人员等。

气象灾害事件发生后,灾区的各级人民政府或相应应急指挥机构组织各方面力量抢救人员,组织基层单位和人员开展自救和互救;邻近的省(区、市)、市(地、州、盟)人民政府根据灾情组织和动员社会力量,对灾区提供救助。

鼓励自然人、法人或者其他组织(包括国际组织)按照《中华人民共和国公益事业捐赠法》等有关法律法规的规定进行捐赠和援助。审计监察部门对捐赠资金与物资的使用情况进行审计和监督。

4.7 信息公布

气象灾害的信息公布应当及时、准确、客观、全面,灾情公布由有关部门按规定办理。

信息公布形式主要包括权威发布、提供新闻稿、组织报道、接受记者采访、举行新闻发布会等。

信息公布内容主要包括气象灾害种类及其次生、衍生灾害的监测和预警,因灾伤亡人员、经济损失、救援情况等。

4.8 应急终止或解除

气象灾害得到有效处置后,经评估,短期内灾害影响不再扩大或已减轻,气象部门发布灾害预警降低或解除信息,启动应急响应的机构或部门降低应急响应级别或终止响应。国家应急指挥机制终止响应须经国务院同意。

5 恢复与重建

5.1 制订规划和组织实施

受灾地区县级以上人民政府组织有关部门制订恢复重建计划,尽快组织修复被破坏的学校、医院等公益设施及交通运输、水利、电力、通信、供排水、供气、输油、广播电视等基础设施,使受灾地区早日恢复正常的生产生活秩序。

发生特别重大灾害,超出事发地人民政府恢复重建能力的,为支持和帮助受灾地区积极开展生产自救、重建家园,国家制订恢复重建规划,出台相关扶持优惠政策,中央财政给予支持;同时,依据支援方经济能力和受援方灾害程度,建立地区之间对口支援机制,为受灾地区提供人力、物力、财力、智力等各种形式的支援。积极鼓励和引导社会各方面力量参与灾后恢复重建工作。

5.2 调查评估

灾害发生地人民政府或应急指挥机构应当组织有关部门对气象灾害造成的损失及气象灾害的起因、性质、影响等问题进行调查、评估与总结,分析气象灾害应对处置工作经验教训,提出改进措施。灾情核定由各级民政部门会同有关部门开展。灾害结束后,灾害发生地人民政府或应急指挥机构应将调查评估结果与应急工作情况报送上级人民政府。特别重大灾害的调查评估结果与应急工作情况应逐级报至国务院。

5.3 征用补偿

气象灾害应急工作结束后,县级以上人民政府应及时归还因救灾需要临时征用的房屋、运输工具、通信设备等;造成损坏或无法归还的,应按有关规定采取适当方式给予补偿或做其他处理。

5.4 灾害保险

鼓励公民积极参加气象灾害事故保险。保险机构应当根据灾情,主动办理受灾人员和财产的保险理赔事项。保险监管机构依法做好灾区有关保险理赔和给付的监管。

6 应急保障

以公用通信网为主体,建立跨部门、跨地区气象灾害应急通信保障系统。灾区通信管理部门应及时采取措施恢复遭破坏的通信线路和设施,确保灾区通信畅通。

交通运输、铁路、民航部门应当完善抢险救灾、灾区群众安全转移所需车辆、火车、船舶、飞机的调配方案,确保抢险救灾物资的运输畅通。

工业和信息化部门应会同相关部门做好抢险救灾需要的救援装备、医药和防护用品等重要工业品保障方案。

民政部门加强生活类救灾物资储备,完善应急采购、调运机制。

公安部门保障道路交通安全畅通,做好灾区治安管理和救助、服务群众等工作。

农业部门做好救灾备荒种子储备、调运工作,会同相关部门做好农业救灾物资、生产资料的储备、调剂和调运工作。地方各级人民政府及其防灾减灾部门应按规范储备重大气象灾害抢险物资,并做好生产流程和生产能力储备的有关工作。

中央财政对达到《国家自然灾害救助应急预案》规定的应急响应等级的灾害,根据灾情及中央自然灾害救助标准,给予相应支持。

7 预案管理

本预案由国务院办公厅制定与解释。

预案实施后,随着应急救援相关法律法规的制定、修改和完善,部门职责或应急工作发生变化,或者应急过程中发现存在问题和出现新情况,国务院应急办应适时组织有关部门和专家进行评估,及时修订完善本预案。

县级以上地方人民政府及其有关部门要根据本预案,制订本地区、本部门气象灾害应急预案。

本预案自印发之日起实施。

8 附 则

8.1 气象灾害预警标准

8.1.1 Ⅰ级预警

(1)台风:预计未来48小时将有强台风、超强台风登陆或影响我国沿海。

(2)暴雨:过去48小时2个及以上省(区、市)大部地区出现特大暴雨天气,预计未来24小时上述地区仍将出现大暴雨天气。

(3)暴雪:过去24小时2个及以上省(区、市)大部地区出现暴雪天气,预计未来24小时上述地区仍将出现暴雪天气。

(4)干旱:5个以上省(区、市)大部地区达到气象干旱重旱等级,且至少2个省(区、市)部分地区或两个大城市出现气象干旱特旱等级,预计干旱天气或干旱范围进一步发展。

(5)各种灾害性天气已对群众生产生活造成特别重大损失和影响,超出本省(区、市)处置能力,需要由国务院组织处置的,以及上述灾害已经启动Ⅱ级响应但仍可能持续发展或影响其他地区的。

8.1.2 Ⅱ级预警

(1)台风:预计未来48小时将有台风登陆或影响我国沿海。

(2)暴雨:过去48小时2个及以上省(区、市)大部地区出现大暴雨天气,预计未来24小时上述地区仍将出现暴雨天气;或者预计未来24小时2个及以上省(区、市)大部地区将出现特大暴雨天气。

(3)暴雪:过去24小时2个及以上省(区、市)大部地区出现暴雪天气,预计未来24小时上述地区仍将出现大雪天气;或者预计未来24小时2个及以上省(区、市)大部地区将出现15毫米以上暴雪天气。

(4)干旱:3~5个省(区、市)大部地区达到气象干旱重旱等级,且至少1个省(区、市)部分地区或1个大城市出现气象干旱特旱等级,预计干旱天气或干旱范围进一步发展。

(5)冰冻:过去48小时3个及以上省(区、市)大部地区出现冰冻天气,预计未来24小时上述地区仍将出现冰冻天气。

(6)寒潮:预计未来48小时2个及以上省(区、市)气温大幅下降并伴有6级及以上大风,最低气温降至2摄氏度以下。

(7)海上大风:预计未来48小时我国海区将出现平均风力达11级及以上大风天气。

(8)高温:过去48小时2个及以上省(区、市)出现最高气温达37摄氏度,且有成片40摄氏度及以上高温天气,预计未来48小时上述地区仍将出现37摄氏度及以上高温天气。

(9)灾害性天气已对群众生产生活造成重大损失和影响,以及上述灾害已经启动Ⅲ级响应但仍可能持续发展或影响其他地区的。

8.1.3 Ⅲ级预警

(1)台风:预计未来48小时将有强热带风暴登陆或影响我国沿海。

(2)暴雨:过去24小时2个及以上省(区、市)大部地区出现暴雨天气,预计未来24小时上述地区仍将出现暴雨天气;或者预计未来24小时2个及以上省(区、市)大部地区将出现大暴雨天气,且南方有成片或北方有分散的特大暴雨。

(3)暴雪:过去24小时2个及以上省(区、市)大部地区出现大雪天气,预计未来24小时上述地区仍将出现大雪天气;或者预计未来24小时2个及以上省(区、市)大部地区将出现暴雪天气。

(4)干旱:2个省(区、市)大部地区达到气象干旱重旱等级,预计干旱天气或干旱范围进一步发展。

(5)寒潮:预计未来48小时2个及以上省(区、市)气温明显下降并伴有5级及以上大风,最低气温降至4摄氏度以下。

(6)海上大风:预计未来48小时我国海区将出现平均风力达9~10级大风天气。

(7)冰冻:预计未来48小时3个及以上省(区、市)大部地区将出现冰冻天气。

(8)低温:过去72小时2个及以上省(区、市)出现较常年同期异常偏低的持续低温天气,预计未来48小时上述地区气温持续偏低。

(9)高温:过去48小时2个及以上省(区、市)最高气温达37摄氏度,预计未来

48小时上述地区仍将出现37摄氏度及以上高温天气。

(10)沙尘暴:预计未来24小时2个及以上省(区、市)将出现强沙尘暴天气。

(11)大雾:预计未来24小时3个及以上省(区、市)大部地区将出现浓雾天气。

(12)各种灾害性天气已对群众生产生活造成较大损失和影响,以及上述灾害已经启动Ⅳ级响应但仍可能持续发展或影响其他地区的。

8.1.4 Ⅳ级预警

(1)台风:预计未来48小时将有热带风暴登陆或影响我国沿海。

(2)暴雨:预计未来24小时2个及以上省(区、市)大部地区将出现暴雨天气,且南方有成片或北方有分散的大暴雨。

(3)暴雪:预计未来24小时2个及以上省(区、市)大部地区将出现大雪天气,且有成片暴雪。

(4)寒潮:预计未来48小时2个及以上省(区、市)将出现较明显大风降温天气。

(5)低温:过去24小时2个及以上省(区、市)出现较常年同期异常偏低的持续低温天气,预计未来48小时上述地区气温持续偏低。

(6)高温:预计未来48小时4个及以上省(区、市)将出现35摄氏度及以上,且有成片37摄氏度及以上高温天气。

(7)沙尘暴:预计未来24小时2个及以上省(区、市)将出现沙尘暴天气。

(8)大雾:预计未来24小时3个及以上省(区、市)大部地区将出现大雾天气。

(9)霾:预计未来24小时3个及以上省(区、市)大部地区将出现霾天气。

(10)霜冻:预计未来24小时2个及以上省(区、市)将出现霜冻天气。

(11)各种灾害性天气已对群众生产生活造成一定损失和影响。

各类气象灾害预警分级统计表

灾种 分级	台风	暴雨	暴雪	寒潮	海上大风	沙尘暴	低温	高温	干旱	霜冻	冰冻	大雾	霾
Ⅰ级	√	√	√	√									
Ⅱ级	√	√	√	√	√		√	√			√		
Ⅲ级	√	√	√	√	√	√					√		
Ⅳ级	√	√	√	√		√				√		√	√

由于我国地域辽阔,各种灾害在不同地区和不同行业造成影响程度差异较大,各地区、各有关部门要根据实际情况,结合以上标准在充分评估基础上,适时启动相应级别的灾害预警。

8.1.5　多种灾害预警

当同时发生两种以上气象灾害且分别达到不同预警级别时,按照各自预警级别分别预警。当同时发生两种以上气象灾害,且均没有达到预警标准,但可能或已经造成一定影响时,视情进行预警。

8.2　名词术语

台风是指生成于西北太平洋和南海海域的热带气旋系统,其带来的大风、暴雨等灾害性天气常引发洪涝、风暴潮、滑坡、泥石流等灾害。

暴雨一般指 24 小时内累积降水量达 50 毫米或以上,或 12 小时内累积降水量达 30 毫米或以上的降水,会引发洪涝、滑坡、泥石流等灾害。

暴雪一般指 24 小时内累积降水量达 10 毫米或以上,或 12 小时内累积降水量达 6 毫米或以上的固态降水,会对农牧业、交通、电力、通信设施等造成危害。

寒潮是指强冷空气的突发性侵袭活动,其带来的大风、降温等天气现象,会对农牧业、交通、人体健康、能源供应等造成危害。

大风是指平均风力大于 6 级、阵风风力大于 7 级的风,会对农业、交通、水上作业、建筑设施、施工作业等造成危害。

沙尘暴是指地面尘沙吹起造成水平能见度显著降低的天气现象,会对农牧业、交通、环境、人体健康等造成危害。

低温是指气温较常年异常偏低的天气现象,会对农牧业、能源供应、人体健康等造成危害。

高温是指日最高气温在 35 摄氏度以上的天气现象,会对农牧业、电力、人体健康等造成危害。

干旱是指长期无雨或少雨导致土壤和空气干燥的天气现象,会对农牧业、林业、水利以及人畜饮水等造成危害。

雷电是指发展旺盛的积雨云中伴有闪电和雷鸣的放电现象,会对人身安全、建筑、电力和通信设施等造成危害。

冰雹是指由冰晶组成的固态降水,会对农业、人身安全、室外设施等造成危害。

霜冻是指地面温度降到零摄氏度或以下导致植物损伤的灾害。

冰冻是指雨、雪、雾在物体上冻结成冰的天气现象,会对农牧业、林业、交通和电力、通信设施等造成危害。

大雾是指空气中悬浮的微小水滴或冰晶使能见度显著降低的天气现象,会对交通、电力、人体健康等造成危害。

霾是指空气中悬浮的微小尘粒、烟粒或盐粒使能见度显著降低的天气现象,会对交通、环境、人体健康等造成危害。

气象灾害预警信号发布与传播办法

2007年6月12日中国气象局令第16号公布施行

第一条 为了规范气象灾害预警信号发布与传播，防御和减轻气象灾害，保护国家和人民生命财产安全，依据《中华人民共和国气象法》、《国家突发公共事件总体应急预案》，制定本办法。

第二条 在中华人民共和国领域和中华人民共和国管辖的其他海域发布与传播气象灾害预警信号，必须遵守本办法。

本办法所称气象灾害预警信号（以下简称预警信号），是指各级气象主管机构所属的气象台站向社会公众发布的预警信息。

预警信号由名称、图标、标准和防御指南组成，分为台风、暴雨、暴雪、寒潮、大风、沙尘暴、高温、干旱、雷电、冰雹、霜冻、大雾、霾、道路结冰等。

第三条 预警信号的级别依据气象灾害可能造成的危害程度、紧急程度和发展态势一般划分为四级：Ⅳ级（一般）、Ⅲ级（较重）、Ⅱ级（严重）、Ⅰ级（特别严重），依次用蓝色、黄色、橙色和红色表示，同时以中英文标识。

本办法根据不同种类气象灾害的特征、预警能力等，确定不同种类气象灾害的预警信号级别。

第四条 国务院气象主管机构负责全国预警信号发布、解除与传播的管理工作。

地方各级气象主管机构负责本行政区域内预警信号发布、解除与传播的管理工作。

其他有关部门按照职责配合气象主管机构做好预警信号发布与传播的有关工作。

第五条 地方各级人民政府应当加强预警信号基础设施建设，建立畅通、有效的预警信息发布与传播渠道，扩大预警信息覆盖面，并组织有关部门建立气象灾害应急机制和系统。

学校、机场、港口、车站、高速公路、旅游景点等人口密集公共场所的管理单位应当设置或者利用电子显示装置及其他设施传播预警信号。

第六条 国家依法保护预警信号专用传播设施，任何组织或者个人不得侵占、损毁或者擅自移动。

第七条 预警信号实行统一发布制度。

各级气象主管机构所属的气象台站按照发布权限、业务流程发布预警信号，并指明气象灾害预警的区域。发布权限和业务流程由国务院气象主管机构另行

二、灾害防治 111

制定。

其他任何组织或者个人不得向社会发布预警信号。

第八条　各级气象主管机构所属的气象台站应当及时发布预警信号,并根据天气变化情况,及时更新或者解除预警信号,同时通报本级人民政府及有关部门、防灾减灾机构。

当同时出现或者预报可能出现多种气象灾害时,可以按照相对应的标准同时发布多种预警信号。

第九条　各级气象主管机构所属的气象台站应当充分利用广播、电视、固定网、移动网、因特网、电子显示装置等手段及时向社会发布预警信号。在少数民族聚居区发布预警信号时除使用汉语言文字外,还应当使用当地通用的少数民族语言文字。

第十条　广播、电视等媒体和固定网、移动网、因特网等通信网络应当配合气象主管机构及时传播预警信号,使用气象主管机构所属的气象台站直接提供的实时预警信号,并标明发布预警信号的气象台站的名称和发布时间,不得更改和删减预警信号的内容,不得拒绝传播气象灾害预警信号,不得传播虚假、过时的气象灾害预警信号。

第十一条　地方各级人民政府及其有关部门在接到气象主管机构所属的气象台站提供的预警信号后,应当及时公告,向公众广泛传播,并按照职责采取有效措施做好气象灾害防御工作,避免或者减轻气象灾害。

第十二条　气象主管机构应当组织气象灾害预警信号的教育宣传工作,编印预警信号宣传材料,普及气象防灾减灾知识,增强社会公众的防灾减灾意识,提高公众自救、互救能力。

第十三条　违反本办法规定,侵占、损毁或者擅自移动预警信号专用传播设施的,由有关气象主管机构依照《中华人民共和国气象法》第三十五条的规定追究法律责任。

第十四条　违反本办法规定,有下列行为之一的,由有关气象主管机构依照《中华人民共和国气象法》第三十八条的规定追究法律责任:

（一）非法向社会发布与传播预警信号的;

（二）广播、电视等媒体和固定网、移动网、因特网等通信网络不使用气象主管机构所属的气象台站提供的实时预警信号的。

第十五条　气象工作人员玩忽职守,导致预警信号的发布出现重大失误的,对直接责任人员和主要负责人给予行政处分;构成犯罪的,依法追究刑事责任。

第十六条　地方各级气象主管机构所属的气象台站发布预警信号,适用本办法所附《气象灾害预警信号及防御指南》中的各类预警信号标准。

省、自治区、直辖市制定地方性法规、地方政府规章或者规范性文件时,可以根据本行政区域内气象灾害的特点,选用或者增设本办法规定的预警信号种类,设置不同信号标准,并经国务院气象主管机构审查同意。

第十七条　国务院气象主管机构所属的气象台站发布的预警信号标准由国务院气

象主管机构另行制定。

第十八条 本办法自发布之日起施行。

3. 地质灾害防治

中华人民共和国防震减灾法

1. 1997年12月29日第八届全国人民代表大会常务委员会第二十九次会议通过
2. 2008年12月27日第十一届全国人民代表大会常务委员会第六次会议修订
3. 自2009年5月1日起施行

目　　录

第一章　总　　则
第二章　防震减灾规划
第三章　地震监测预报
第四章　地震灾害预防
第五章　地震应急救援
第六章　地震灾后过渡性安置和恢复重建
第七章　监督管理
第八章　法律责任
第九章　附　　则

第一章　总　　则

第一条　【立法目的】为了防御和减轻地震灾害,保护人民生命和财产安全,促进经济社会的可持续发展,制定本法。

第二条　【适用范围】在中华人民共和国领域和中华人民共和国管辖的其他海域从事地震监测预报、地震灾害预防、地震应急救援、地震灾后过渡性安置和恢复重建等防震减灾活动,适用本法。

第三条　【方针】防震减灾工作,实行预防为主、防御与救助相结合的方针。

第四条　【领导机构】县级以上人民政府应当加强对防震减灾工作的领导,将防震减灾工作纳入本级国民经济和社会发展规划,所需经费列入财政预算。

第五条　【各部门分工、配合】在国务院的领导下,国务院地震工作主管部门和国务院经济综合宏观调控、建设、民政、卫生、公安以及其他有关部门,按照职责分工,各负其责,密切配合,共同做好防震减灾工作。

县级以上地方人民政府负责管理地震工作的部门或者机构和其他有关部门在本级人民政府领导下,按照职责分工,各负其责,密切配合,共同做好本行政区域的防震减灾工作。

第六条 【国务院和地方人民政府的职责】国务院抗震救灾指挥机构负责统一领导、指挥和协调全国抗震救灾工作。县级以上地方人民政府抗震救灾指挥机构负责统一领导、指挥和协调本行政区域的抗震救灾工作。

国务院地震工作主管部门和县级以上地方人民政府负责管理地震工作的部门或者机构,承担本级人民政府抗震救灾指挥机构的日常工作。

第七条 【宣传教育】各级人民政府应当组织开展防震减灾知识的宣传教育,增强公民的防震减灾意识,提高全社会的防震减灾能力。

第八条 【人人参加防震减灾活动】任何单位和个人都有依法参加防震减灾活动的义务。

国家鼓励、引导社会组织和个人开展地震群测群防活动,对地震进行监测和预防。

国家鼓励、引导志愿者参加防震减灾活动。

第九条 【解放军、武警、民兵执行抗震救灾任务】中国人民解放军、中国人民武装警察部队和民兵组织,依照本法以及其他有关法律、行政法规、军事法规的规定和国务院、中央军事委员会的命令,执行抗震救灾任务,保护人民生命和财产安全。

第十条 【遵守防震减灾标准】从事防震减灾活动,应当遵守国家有关防震减灾标准。

第十一条 【科学研究】国家鼓励、支持防震减灾的科学技术研究,逐步提高防震减灾科学技术研究经费投入,推广先进的科学研究成果,加强国际合作与交流,提高防震减灾工作水平。

对在防震减灾工作中做出突出贡献的单位和个人,按照国家有关规定给予表彰和奖励。

第二章 防震减灾规划

第十二条 【规划编制】国务院地震工作主管部门会同国务院有关部门组织编制国家防震减灾规划,报国务院批准后组织实施。

县级以上地方人民政府负责管理地震工作的部门或者机构会同同级有关部门,根据上一级防震减灾规划和本行政区域的实际情况,组织编制本行政区域的防震减灾规划,报本级人民政府批准后组织实施,并报上一级人民政府负责管理地震工作的部门或者机构备案。

第十三条 【编制规划的原则】编制防震减灾规划,应当遵循统筹安排、突出重点、合理布局、全面预防的原则,以震情和震害预测结果为依据,并充分考虑人民生命和财产安全及经济社会发展、资源环境保护等需要。

县级以上地方人民政府有关部门应当根据编制防震减灾规划的需要,及时提供有关资料。

第十四条　【规划内容】防震减灾规划的内容应当包括:震情形势和防震减灾总体目标,地震监测台网建设布局,地震灾害预防措施,地震应急救援措施,以及防震减灾技术、信息、资金、物资等保障措施。

编制防震减灾规划,应当对地震重点监视防御区的地震监测台网建设、震情跟踪、地震灾害预防措施、地震应急准备、防震减灾知识宣传教育等作出具体安排。

第十五条　【征求意见】防震减灾规划报送审批前,组织编制机关应当征求有关部门、单位、专家和公众的意见。

防震减灾规划报送审批文件中应当附具意见采纳情况及理由。

第十六条　【规划的公布、修改】防震减灾规划一经批准公布,应当严格执行;因震情形势变化和经济社会发展的需要确需修改的,应当按照原审批程序报送审批。

第三章　地震监测预报

第十七条　【建立监测系统】国家加强地震监测预报工作,建立多学科地震监测系统,逐步提高地震监测预报水平。

第十八条　【监测台网统一规划】国家对地震监测台网实行统一规划,分级、分类管理。

国务院地震工作主管部门和县级以上地方人民政府负责管理地震工作的部门或者机构,按照国务院有关规定,制定地震监测台网规划。

全国地震监测台网由国家级地震监测台网、省级地震监测台网和市、县级地震监测台网组成,其建设资金和运行经费列入财政预算。

第十九条　【专用地震监测台网、强震动监测设施】水库、油田、核电站等重大建设工程的建设单位,应当按照国务院有关规定,建设专用地震监测台网或者强震动监测设施,其建设资金和运行经费由建设单位承担。

第二十条　【台网建设达标、保证质量】地震监测台网的建设,应当遵守法律、法规和国家有关标准,保证建设质量。

第二十一条　【台网运行不得擅自中止或终止】地震监测台网不得擅自中止或者终止运行。

检测、传递、分析、处理、存贮、报送地震监测信息的单位,应当保证地震监测信息的质量和安全。

县级以上地方人民政府应当组织相关单位为地震监测台网的运行提供通信、交通、电力等保障条件。

第二十二条　【加强海域地震、火山活动监测预测】沿海县级以上地方人民政府负责管理地震工作的部门或者机构,应当加强海域地震活动监测预测工作。海域地震发生后,县级以上地方人民政府负责管理地震工作的部门或者机构,应当及时向海洋主管部门和当地海事管理机构等通报情况。

火山所在地的县级以上地方人民政府负责管理地震工作的部门或者机构,应当利用地震监测设施和技术手段,加强火山活动监测预测工作。

第二十三条 【监测设施、观测环境的保护】国家依法保护地震监测设施和地震观测环境。

任何单位和个人不得侵占、毁损、拆除或者擅自移动地震监测设施。地震监测设施遭到破坏的,县级以上地方人民政府负责管理地震工作的部门或者机构应当采取紧急措施组织修复,确保地震监测设施正常运行。

任何单位和个人不得危害地震观测环境。国务院地震工作主管部门和县级以上地方人民政府负责管理地震工作的部门或者机构会同同级有关部门,按照国务院有关规定划定地震观测环境保护范围,并纳入土地利用总体规划和城乡规划。

第二十四条 【建设工程避免危害地震监测设施和观测环境】新建、扩建、改建建设工程,应当避免对地震监测设施和地震观测环境造成危害。建设国家重点工程,确实无法避免对地震监测设施和地震观测环境造成危害的,建设单位应当按照县级以上地方人民政府负责管理地震工作的部门或者机构的要求,增建抗干扰设施;不能增建抗干扰设施的,应当新建地震监测设施。

对地震观测环境保护范围内的建设工程项目,城乡规划主管部门在依法核发选址意见书时,应当征求负责管理地震工作的部门或者机构的意见;不需要核发选址意见书的,城乡规划主管部门在依法核发建设用地规划许可证或者乡村建设规划许可证时,应当征求负责管理地震工作的部门或者机构的意见。

第二十五条 【地震监测信息共享】国务院地震工作主管部门建立健全地震监测信息共享平台,为社会提供服务。

县级以上地方人民政府负责管理地震工作的部门或者机构,应当将地震监测信息及时报送上一级人民政府负责管理地震工作的部门或者机构。

专用地震监测台网和强震动监测设施的管理单位,应当将地震监测信息及时报送所在地省、自治区、直辖市人民政府负责管理地震工作的部门或者机构。

第二十六条 【地震预测】国务院地震工作主管部门和县级以上地方人民政府负责管理地震工作的部门或者机构,根据地震监测信息研究结果,对可能发生地震的地点、时间和震级作出预测。

其他单位和个人通过研究提出的地震预测意见,应当向所在地或者所预测地的县级以上地方人民政府负责管理地震工作的部门或者机构书面报告,或者直接向国务院地震工作主管部门书面报告。收到书面报告的部门或者机构应当进行登记并出具接收凭证。

第二十七条 【异常现象观测】观测到可能与地震有关的异常现象的单位和个人，可以向所在地县级以上地方人民政府负责管理地震工作的部门或者机构报告，也可以直接向国务院地震工作主管部门报告。

国务院地震工作主管部门和县级以上地方人民政府负责管理地震工作的部门或者机构接到报告后，应当进行登记并及时组织调查核实。

第二十八条 【震情会商会】国务院地震工作主管部门和省、自治区、直辖市人民政府负责管理地震工作的部门或者机构，应当组织召开震情会商会，必要时邀请有关部门、专家和其他有关人员参加，对地震预测意见和可能与地震有关的异常现象进行综合分析研究，形成震情会商意见，报本级人民政府；经震情会商形成地震预报意见的，在报本级人民政府前，应当进行评审，作出评审结果，并提出对策建议。

第二十九条 【地震预报意见统一发布】国家对地震预报意见实行统一发布制度。

全国范围内的地震长期和中期预报意见，由国务院发布。省、自治区、直辖市行政区域内的地震预报意见，由省、自治区、直辖市人民政府按照国务院规定的程序发布。

除发表本人或者本单位对长期、中期地震活动趋势的研究成果及进行相关学术交流外，任何单位和个人不得向社会散布地震预测意见。任何单位和个人不得向社会散布地震预报意见及其评审结果。

第三十条 【地震重点监视防御区】国务院地震工作主管部门根据地震活动趋势和震害预测结果，提出确定地震重点监视防御区的意见，报国务院批准。

国务院地震工作主管部门应当加强地震重点监视防御区的震情跟踪，对地震活动趋势进行分析评估，提出年度防震减灾工作意见，报国务院批准后实施。

地震重点监视防御区的县级以上地方人民政府应当根据年度防震减灾工作意见和当地的地震活动趋势，组织有关部门加强防震减灾工作。

地震重点监视防御区的县级以上地方人民政府负责管理地震工作的部门或者机构，应当增加地震监测台网密度，组织做好震情跟踪、流动观测和可能与地震有关的异常现象观测以及群测群防工作，并及时将有关情况报上一级人民政府负责管理地震工作的部门或者机构。

第三十一条 【地震强度速报系统】国家支持全国地震烈度速报系统的建设。

地震灾害发生后，国务院地震工作主管部门应当通过全国地震烈度速报系统快速判断致灾程度，为指挥抗震救灾工作提供依据。

第三十二条 【流动观测点】国务院地震工作主管部门和县级以上地方人民政府负责管理地震工作的部门或者机构，应当对发生地震灾害的区域加强地震监测，在地震现场设立流动观测点，根据震情的发展变化，及时对地震活动趋势作出分析、判定，为余震防范工作提供依据。

国务院地震工作主管部门和县级以上地方人民政府负责管理地震工作的部

门或者机构、地震监测台网的管理单位,应当及时收集、保存有关地震的资料和信息,并建立完整的档案。

第三十三条 【外国人在中国境内从事地震监测活动须经批准】外国的组织或者个人在中华人民共和国领域和中华人民共和国管辖的其他海域从事地震监测活动,必须经国务院地震工作主管部门会同有关部门批准,并采取与中华人民共和国有关部门或者单位合作的形式进行。

第四章 地震灾害预防

第三十四条 【地震烈度区划图、地震动参数区划图的制定】国务院地震工作主管部门负责制定全国地震烈度区划图或者地震动参数区划图。

国务院地震工作主管部门和省、自治区、直辖市人民政府负责管理地震工作的部门或者机构,负责审定建设工程的地震安全性评价报告,确定抗震设防要求。

第三十五条 【建设工程应当达到抗震设防要求】新建、扩建、改建建设工程,应当达到抗震设防要求。

重大建设工程和可能发生严重次生灾害的建设工程,应当按照国务院有关规定进行地震安全性评价,并按照经审定的地震安全性评价报告所确定的抗震设防要求进行抗震设防。建设工程的地震安全性评价单位应当按照国家有关标准进行地震安全性评价,并对地震安全性评价报告的质量负责。

前款规定以外的建设工程,应当按照地震烈度区划图或者地震动参数区划图所确定的抗震设防要求进行抗震设防;对学校、医院等人员密集场所的建设工程,应当按照高于当地房屋建筑的抗震设防要求进行设计和施工,采取有效措施,增强抗震设防能力。

第三十六条 【建设工程的强制性标准与抗震设防要求相衔接】有关建设工程的强制性标准,应当与抗震设防要求相衔接。

第三十七条 【地震小区划图】国家鼓励城市人民政府组织制定地震小区划图。地震小区划图由国务院地震工作主管部门负责审定。

第三十八条 【建设工程的抗震设计、施工】建设单位对建设工程的抗震设计、施工的全过程负责。

设计单位应当按照抗震设防要求和工程建设强制性标准进行抗震设计,并对抗震设计的质量以及出具的施工图设计文件的准确性负责。

施工单位应当按照施工图设计文件和工程建设强制性标准进行施工,并对施工质量负责。

建设单位、施工单位应当选用符合施工图设计文件和国家有关标准规定的材料、构配件和设备。

工程监理单位应当按照施工图设计文件和工程建设强制性标准实施监理,并对施工质量承担监理责任。

第三十九条 【应当进行抗震性能鉴定的建设工程】已经建成的下列建设工程,未采取抗震设防措施或者抗震设防措施未达到抗震设防要求的,应当按照国家有关规定进行抗震性能鉴定,并采取必要的抗震加固措施:

(一)重大建设工程;

(二)可能发生严重次生灾害的建设工程;

(三)具有重大历史、科学、艺术价值或者重要纪念意义的建设工程;

(四)学校、医院等人员密集场所的建设工程;

(五)地震重点监视防御区内的建设工程。

第四十条 【提高村民住宅和乡村公共设施的抗震设防水平】县级以上地方人民政府应当加强对农村村民住宅和乡村公共设施抗震设防的管理,组织开展农村实用抗震技术的研究和开发,推广达到抗震设防要求、经济适用、具有当地特色的建筑设计和施工技术,培训相关技术人员,建设示范工程,逐步提高农村村民住宅和乡村公共设施的抗震设防水平。

国家对需要抗震设防的农村村民住宅和乡村公共设施给予必要支持。

第四十一条 【应急疏散通道和应急避难场所的确定】城乡规划应当根据地震应急避难的需要,合理确定应急疏散通道和应急避难场所,统筹安排地震应急避难所必需的交通、供水、供电、排污等基础设施建设。

第四十二条 【抗震救灾资金、物资的安排】地震重点监视防御区的县级以上地方人民政府应当根据实际需要,在本级财政预算和物资储备中安排抗震救灾资金、物资。

第四十三条 【使用符合抗震设防要求的新技术、新工艺、新材料】国家鼓励、支持研究开发和推广使用符合抗震设防要求、经济实用的新技术、新工艺、新材料。

第四十四条 【地震应急知识的宣传普及和应急救援演练】县级人民政府及其有关部门和乡、镇人民政府、城市街道办事处等基层组织,应当组织开展地震应急知识的宣传普及活动和必要的地震应急救援演练,提高公民在地震灾害中自救互救的能力。

机关、团体、企业、事业等单位,应当按照所在地人民政府的要求,结合各自实际情况,加强对本单位人员的地震应急知识宣传教育,开展地震应急救援演练。

学校应当进行地震应急知识教育,组织开展必要的地震应急救援演练,培养学生的安全意识和自救互救能力。

新闻媒体应当开展地震灾害预防和应急、自救互救知识的公益宣传。

国务院地震工作主管部门和县级以上地方人民政府负责管理地震工作的部门或者机构,应当指导、协助、督促有关单位做好防震减灾知识的宣传教育和地震应急救援演练等工作。

第四十五条 【地震灾害保险】国家发展有财政支持的地震灾害保险事业,鼓励单位和个人参加地震灾害保险。

第五章　地震应急救援

第四十六条　【制定地震应急预案】国务院地震工作主管部门会同国务院有关部门制定国家地震应急预案,报国务院批准。国务院有关部门根据国家地震应急预案,制定本部门的地震应急预案,报国务院地震工作主管部门备案。

县级以上地方人民政府及其有关部门和乡、镇人民政府,应当根据有关法律、法规、规章、上级人民政府及其有关部门的地震应急预案和本行政区域的实际情况,制定本行政区域的地震应急预案和本部门的地震应急预案。省、自治区、直辖市和较大的市的地震应急预案,应当报国务院地震工作主管部门备案。

交通、铁路、水利、电力、通信等基础设施和学校、医院等人员密集场所的经营管理单位,以及可能发生次生灾害的核电、矿山、危险物品等生产经营单位,应当制定地震应急预案,并报所在地的县级人民政府负责管理地震工作的部门或者机构备案。

第四十七条　【地震应急预案的内容】地震应急预案的内容应当包括:组织指挥体系及其职责,预防和预警机制,处置程序,应急响应和应急保障措施等。

地震应急预案应当根据实际情况适时修订。

第四十八条　【宣布进入临震应急期】地震预报意见发布后,有关省、自治区、直辖市人民政府根据预报的震情可以宣布有关区域进入临震应急期;有关地方人民政府应当按照地震应急预案,组织有关部门做好应急防范和抗震救灾准备工作。

第四十九条　【地震灾害的级别】按照社会危害程度、影响范围等因素,地震灾害分为一般、较大、重大和特别重大四级。具体分级标准按照国务院规定执行。

一般或者较大地震灾害发生后,地震发生地的市、县人民政府负责组织有关部门启动地震应急预案;重大地震灾害发生后,地震发生地的省、自治区、直辖市人民政府负责组织有关部门启动地震应急预案;特别重大地震灾害发生后,国务院负责组织有关部门启动地震应急预案。

第五十条　【地震灾害发生后,应当采取的紧急措施】地震灾害发生后,抗震救灾指挥机构应当立即组织有关部门和单位迅速查清受灾情况,提出地震应急救援力量的配置方案,并采取以下紧急措施:

(一)迅速组织抢救被压埋人员,并组织有关单位和人员开展自救互救;

(二)迅速组织实施紧急医疗救护,协调伤员转移和接收与救治;

(三)迅速组织抢修毁损的交通、铁路、水利、电力、通信等基础设施;

(四)启用应急避难场所或者设置临时避难场所,设置救济物资供应点,提供救济物品、简易住所和临时住所,及时转移和安置受灾群众,确保饮用水消毒和水质安全,积极开展卫生防疫,妥善安排受灾群众生活;

(五)迅速控制危险源,封锁危险场所,做好次生灾害的排查与监测预警工作,防范地震可能引发的火灾、水灾、爆炸、山体滑坡和崩塌、泥石流、地面塌陷,或者剧毒、强腐蚀性、放射性物质大量泄漏等次生灾害以及传染病疫情的发生;

（六）依法采取维持社会秩序、维护社会治安的必要措施。

第五十一条　【在地震灾区成立现场指挥机构】特别重大地震灾害发生后，国务院抗震救灾指挥机构在地震灾区成立现场指挥机构，并根据需要设立相应的工作组，统一组织领导、指挥和协调抗震救灾工作。

各级人民政府及有关部门和单位、中国人民解放军、中国人民武装警察部队和民兵组织，应当按照统一部署，分工负责，密切配合，共同做好地震应急救援工作。

第五十二条　【地震震情和灾情及时报告】地震灾区的县级以上地方人民政府应当及时将地震震情和灾情等信息向上一级人民政府报告，必要时可以越级上报，不得迟报、谎报、瞒报。

地震震情、灾情和抗震救灾等信息按照国务院有关规定实行归口管理，统一、准确、及时发布。

第五十三条　【地震应急救援新技术和装备的研究开发】国家鼓励、扶持地震应急救援新技术和装备的研究开发，调运和储备必要的应急救援设施、装备，提高应急救援水平。

第五十四条　【地震灾害紧急救援队伍】国务院建立国家地震灾害紧急救援队伍。

省、自治区、直辖市人民政府和地震重点监视防御区的市、县人民政府可以根据实际需要，充分利用消防等现有队伍，按照一队多用、专职与兼职相结合的原则，建立地震灾害紧急救援队伍。

地震灾害紧急救援队伍应当配备相应的装备、器材，开展培训和演练，提高地震灾害紧急救援能力。

地震灾害紧急救援队伍在实施救援时，应当首先对倒塌建筑物、构筑物压埋人员进行紧急救援。

第五十五条　【快速、高效地开展地震灾害救援】县级以上人民政府有关部门应当按照职责分工，协调配合，采取有效措施，保障地震灾害紧急救援队伍和医疗救治队伍快速、高效地开展地震灾害紧急救援活动。

第五十六条　【地震灾害救援志愿者队伍】县级以上地方人民政府及其有关部门可以建立地震灾害救援志愿者队伍，并组织开展地震应急救援知识培训和演练，使志愿者掌握必要的地震应急救援技能，增强地震灾害应急救援能力。

第五十七条　【外国救援队、医疗队的救援活动】国务院地震工作主管部门会同有关部门和单位，组织协调外国救援队和医疗队在中华人民共和国开展地震灾害紧急救援活动。

国务院抗震救灾指挥机构负责外国救援队和医疗队的统筹调度，并根据其专业特长，科学、合理地安排紧急救援任务。

地震灾区的地方各级人民政府，应当对外国救援队和医疗队开展紧急救援活动予以支持和配合。

第六章　地震灾后过渡性安置和恢复重建

第五十八条　【地震灾害损失调查评估】国务院或者地震灾区的省、自治区、直辖市人民政府应当及时组织对地震灾害损失进行调查评估，为地震应急救援、灾后过渡性安置和恢复重建提供依据。

地震灾害损失调查评估的具体工作，由国务院地震工作主管部门或者地震灾区的省、自治区、直辖市人民政府负责管理地震工作的部门或者机构和财政、建设、民政等有关部门按照国务院的规定承担。

第五十九条　【过渡性安置】地震灾区受灾群众需要过渡性安置的，应当根据地震灾区的实际情况，在确保安全的前提下，采取灵活多样的方式进行安置。

第六十条　【过渡性安置点的设置】过渡性安置点应当设置在交通条件便利、方便受灾群众恢复生产和生活的区域，并避开地震活动断层和可能发生严重次生灾害的区域。

过渡性安置点的规模应当适度，并采取相应的防灾、防疫措施，配套建设必要的基础设施和公共服务设施，确保受灾群众的安全和基本生活需要。

第六十一条　【过渡性安置应当保护农用地，避免破坏水源等】实施过渡性安置应当尽量保护农用地，并避免对自然保护区、饮用水水源保护区以及生态脆弱区域造成破坏。

过渡性安置用地按照临时用地安排，可以先行使用，事后依法办理有关用地手续；到期未转为永久性用地的，应当复垦后交还原土地使用者。

第六十二条　【对次生灾害、饮用水水质、食品卫生、疫情等进行监测，开展流行病学调查】过渡性安置点所在地的县级人民政府，应当组织有关部门加强对次生灾害、饮用水水质、食品卫生、疫情等的监测，开展流行病学调查，整治环境卫生，避免对土壤、水环境等造成污染。

过渡性安置点所在地的公安机关，应当加强治安管理，依法打击各种违法犯罪行为，维护正常的社会秩序。

第六十三条　【修复农业生产设施，优先恢复水、电、气企业的生产】地震灾区的县级以上地方人民政府及其有关部门和乡、镇人民政府，应当及时组织修复毁损的农业生产设施，提供农业生产技术指导，尽快恢复农业生产；优先恢复供电、供水、供气等企业的生产，并对大型骨干企业恢复生产提供支持，为全面恢复农业、工业、服务业生产经营提供条件。

第六十四条　【地震灾后恢复重建工作的领导】各级人民政府应当加强对地震灾后恢复重建工作的领导、组织和协调。

县级以上人民政府有关部门应当在本级人民政府领导下，按照职责分工，密切配合，采取有效措施，共同做好地震灾后恢复重建工作。

第六十五条　【开展地震对相关建设工程破坏机理的调查评估】国务院有关部门应当组织有关专家开展地震活动对相关建设工程破坏机理的调查评估，为修订完善有关建设工程的强制性标准、采取抗震设防措施提供科学依据。

第六十六条 【灾后恢复重建规划的编制】特别重大地震灾害发生后,国务院经济综合宏观调控部门会同国务院有关部门与地震灾区的省、自治区、直辖市人民政府共同组织编制地震灾后恢复重建规划,报国务院批准后组织实施;重大、较大、一般地震灾害发生后,由地震灾区的省、自治区、直辖市人民政府根据实际需要组织编制地震灾后恢复重建规划。

地震灾害损失调查评估获得的地质、勘察、测绘、土地、气象、水文、环境等基础资料和经国务院地震工作主管部门复核的地震动参数区划图,应当作为编制地震灾后恢复重建规划的依据。

编制地震灾后恢复重建规划,应当征求有关部门、单位、专家和公众特别是地震灾区受灾群众的意见;重大事项应当组织有关专家进行专题论证。

第六十七条 【灾后恢复重建规划应当重点安排的项目】地震灾后恢复重建规划应当根据地质条件和地震活动断层分布以及资源环境承载能力,重点对城镇和乡村的布局、基础设施和公共服务设施的建设、防灾减灾和生态环境以及自然资源和历史文化遗产保护等作出安排。

地震灾区内需要异地新建的城镇和乡村的选址以及地震灾后重建工程的选址,应当符合地震灾后恢复重建规划和抗震设防、防灾减灾要求,避开地震活动断层或者生态脆弱和可能发生洪水、山体滑坡和崩塌、泥石流、地面塌陷等灾害的区域以及传染病自然疫源地。

第六十八条 【灾后恢复重建规划应当有计划、分步骤实施】地震灾区的地方各级人民政府应当根据地震灾后恢复重建规划和当地经济社会发展水平,有计划、分步骤地组织实施地震灾后恢复重建。

第六十九条 【清理保护方案的制定】地震灾区的县级以上地方人民政府应当组织有关部门和专家,根据地震灾害损失调查评估结果,制定清理保护方案,明确典型地震遗址、遗迹和文物保护单位以及具有历史价值与民族特色的建筑物、构筑物的保护范围和措施。

对地震灾害现场的清理,按照清理保护方案分区、分类进行,并依照法律、行政法规和国家有关规定,妥善清理、转运和处置有关放射性物质、危险废物和有毒化学品,开展防疫工作,防止传染病和重大动物疫情的发生。

第七十条 【统筹安排基础设施、市政公用设施、公共服务设施的建设】地震灾后恢复重建,应当统筹安排交通、铁路、水利、电力、通信、供水、供电等基础设施和市政公用设施,学校、医院、文化、商贸服务、防灾减灾、环境保护等公共服务设施,以及住房和无障碍设施的建设,合理确定建设规模和时序。

乡村的地震灾后恢复重建,应当尊重村民意愿,发挥村民自治组织的作用,以群众自建为主,政府补助、社会帮扶、对口支援,因地制宜,节约和集约利用土地,保护耕地。

少数民族聚居的地方的地震灾后恢复重建,应当尊重当地群众的意愿。

第七十一条 【档案抢救】地震灾区的县级以上地方人民政府应当组织有关部门和单位,抢救、保护与收集整理有关档案、资料,对因地震灾害遗失、毁损的档案、资料,及时补充和恢复。

第七十二条 【地震灾后恢复重建工作的基本原则】地震灾后恢复重建应当坚持政府主导、社会参与和市场运作相结合的原则。

地震灾区的地方各级人民政府应当组织受灾群众和企业开展生产自救,自力更生、艰苦奋斗、勤俭节约,尽快恢复生产。

国家对地震灾后恢复重建给予财政支持、税收优惠和金融扶持,并提供物资、技术和人力等支持。

第七十三条 【做好救助、救治等工作,做好受灾群众就业工作】地震灾区的地方各级人民政府应当组织做好救助、救治、康复、补偿、抚慰、抚恤、安置、心理援助、法律服务、公共文化服务等工作。

各级人民政府及有关部门应当做好受灾群众的就业工作,鼓励企业、事业单位优先吸纳符合条件的受灾群众就业。

第七十四条 【依法及时办理行政审批手续】对地震灾后恢复重建中需要办理行政审批手续的事项,有审批权的人民政府及有关部门应当按照方便群众、简化手续、提高效率的原则,依法及时予以办理。

第七章 监督管理

第七十五条 【县级以上人民政府对有关地震各项工作的监督检查】县级以上人民政府依法加强对防震减灾规划和地震应急预案的编制与实施、地震应急避难场所的设置与管理、地震灾害紧急救援队伍的培训、防震减灾知识宣传教育和地震应急救援演练等工作的监督检查。

县级以上人民政府有关部门应当加强对地震应急救援、地震灾后过渡性安置和恢复重建的物资的质量安全的监督检查。

第七十六条 【有关部门对工程建设强制性标准、抗震设防要求的执行、地震安全性评估工作的监督检查】县级以上人民政府建设、交通、铁路、水利、电力、地震等有关部门应当按照职责分工,加强对工程建设强制性标准、抗震设防要求执行情况和地震安全性评价工作的监督检查。

第七十七条 【禁止侵占地震救灾资金、物资】禁止侵占、截留、挪用地震应急救援、地震灾后过渡性安置和恢复重建的资金、物资。

县级以上人民政府有关部门对地震应急救援、地震灾后过渡性安置和恢复重建的资金、物资以及社会捐赠款物的使用情况,依法加强管理和监督,予以公布,并对资金、物资的筹集、分配、拨付、使用情况登记造册,建立健全档案。

第七十八条 【定期公布有关地震的资金、物资、捐赠的发放、使用情况】地震灾区的地方人民政府应当定期公布地震应急救援、地震灾后过渡性安置和恢复重建的资金、物资以及社会捐赠款物的来源、数量、发放和使用情况,接受社会监督。

第七十九条 【审计监督】审计机关应当加强对地震应急救援、地震灾后过渡性安置和恢复重建的资金、物资的筹集、分配、拨付、使用的审计,并及时公布审计结果。

第八十条 【行政监察】监察机关应当加强对参与防震减灾工作的国家行政机关和法律、法规授权的具有管理公共事务职能的组织及其工作人员的监察。

第八十一条 【举报】任何单位和个人对防震减灾活动中的违法行为,有权进行举报。

接到举报的人民政府或者有关部门应当进行调查,依法处理,并为举报人保密。

第八章 法律责任

第八十二条 【主管人员、直接责任人员未依法履行职责的】国务院地震工作主管部门、县级以上地方人民政府负责管理地震工作的部门或者机构,以及其他依照本法规定行使监督管理权的部门,不依法作出行政许可或者办理批准文件的,发现违法行为或者接到对违法行为的举报后不予查处的,或者有其他未依照本法规定履行职责的行为的,对直接负责的主管人员和其他直接责任人员,依法给予处分。

第八十三条 【未按标准建设地震监测台网的】未按照法律、法规和国家有关标准进行地震监测台网建设的,由国务院地震工作主管部门或者县级以上地方人民政府负责管理地震工作的部门或者机构责令改正,采取相应的补救措施;对直接负责的主管人员和其他直接责任人员,依法给予处分。

第八十四条 【责令停止违法、恢复原状、赔偿损失的行为】违反本法规定,有下列行为之一的,由国务院地震工作主管部门或者县级以上地方人民政府负责管理地震工作的部门或者机构责令停止违法行为,恢复原状或者采取其他补救措施;造成损失的,依法承担赔偿责任:

(一)侵占、毁损、拆除或者擅自移动地震监测设施的;
(二)危害地震观测环境的;
(三)破坏典型地震遗址、遗迹的。

单位有前款所列违法行为,情节严重的,处二万元以上二十万元以下的罚款;个人有前款所列违法行为,情节严重的,处二千元以下的罚款。构成违反治安管理行为的,由公安机关依法给予处罚。

第八十五条 【未按要求增建抗干扰设施、新建地震监测设施的】违反本法规定,未按照要求增建抗干扰设施或者新建地震监测设施的,由国务院地震工作主管部门或者县级以上地方人民政府负责管理地震工作的部门或者机构责令限期改正;逾期不改正的,处二万元以上二十万元以下的罚款;造成损失的,依法承担赔偿责任。

第八十六条 【外国人未经批准与中国境内从事地震监测活动的】违反本法规定,外国的组织或者个人未经批准,在中华人民共和国领域和中华人民共和国管辖的其他海域从事地震监测活动的,由国务院地震工作主管部门责令停止违法行为,没收监测成果和监测设施,并处一万元以上十万元以下的罚款;情节严重的,并处十万元以上五十万元以下的罚款。

外国人有前款规定行为的,除依照前款规定处罚外,还应当依照外国人入境出境管理法律的规定缩短其在中华人民共和国停留的期限或者取消其在中华人民共和国居留的资格;情节严重的,限期出境或者驱逐出境。

第八十七条 【未进行地震安全性评价,未按要求进行抗震设防的】未依法进行地震安全性评价,或者未按照地震安全性评价报告所确定的抗震设防要求进行抗震设防的,由国务院地震工作主管部门或者县级以上地方人民政府负责管理地震工作的部门或者机构责令限期改正;逾期不改正的,处三万元以上三十万元以下的罚款。

第八十八条 【违法散布地震预测意见、地震预报意见,扰乱社会秩序的】违反本法规定,向社会散布地震预测意见、地震预报意见及其评审结果,或者在地震灾后过渡性安置、地震灾后恢复重建中扰乱社会秩序,构成违反治安管理行为的,由公安机关依法给予处罚。

第八十九条 【迟报、谎报、瞒报震情、灾情的】地震灾区的县级以上地方人民政府迟报、谎报、瞒报地震震情、灾情等信息的,由上级人民政府责令改正;对直接负责的主管人员和其他直接责任人员,依法给予处分。

第九十条 【侵占地震救灾资金、物资的】侵占、截留、挪用地震应急救援、地震灾后过渡性安置或者地震灾后恢复重建的资金、物资的,由财政部门、审计机关在各自职责范围内,责令改正,追回被侵占、截留、挪用的资金、物资;有违法所得的,没收违法所得;对单位给予警告或者通报批评;对直接负责的主管人员和其他直接责任人员,依法给予处分。

第九十一条 【构成犯罪】违反本法规定,构成犯罪的,依法追究刑事责任。

第九章 附 则

第九十二条 【用语含义】本法下列用语的含义:

(一)地震监测设施,是指用于地震信息检测、传输和处理的设备、仪器和装置以及配套的监测场地。

(二)地震观测环境,是指按照国家有关标准划定的保障地震监测设施不受干扰、能够正常发挥工作效能的空间范围。

(三)重大建设工程,是指对社会有重大价值或者有重大影响的工程。

（四）可能发生严重次生灾害的建设工程，是指受地震破坏后可能引发水灾、火灾、爆炸，或者剧毒、强腐蚀性、放射性物质大量泄漏，以及其他严重次生灾害的建设工程，包括水库大坝和贮油、贮气设施，贮存易燃易爆或者剧毒、强腐蚀性、放射性物质的设施，以及其他可能发生严重次生灾害的建设工程。

（五）地震烈度区划图，是指以地震烈度（以等级表示的地震影响强弱程度）为指标，将全国划分为不同抗震设防要求区域的图件。

（六）地震动参数区划图，是指以地震动参数（以加速度表示地震作用强弱程度）为指标，将全国划分为不同抗震设防要求区域的图件。

（七）地震小区划图，是指根据某一区域的具体场地条件，对该区域的抗震设防要求进行详细划分的图件。

第九十三条　【施行日期】本法自 2009 年 5 月 1 日起施行。

破坏性地震应急条例

1. 1995 年 2 月 11 日国务院令第 172 号发布
2. 根据 2011 年 1 月 8 日国务院令第 588 号《关于废止和修改部分行政法规的决定》修订

第一章　总　　则

第一条　为了加强对破坏性地震应急活动的管理，减轻地震灾害损失，保障国家财产和公民人身、财产安全，维护社会秩序，制定本条例。

第二条　在中华人民共和国境内从事破坏性地震应急活动，必须遵守本条例。

第三条　地震应急工作实行政府领导、统一管理和分级、分部门负责的原则。

第四条　各级人民政府应当加强地震应急的宣传、教育工作，提高社会防震减灾意识。

第五条　任何组织和个人都有参加地震应急活动的义务。

中国人民解放军和中国人民武装警察部队是地震应急工作的重要力量。

第二章　应急机构

第六条　国务院防震减灾工作主管部门指导和监督全国地震应急工作。国务院有关部门按照各自的职责，具体负责本部门的地震应急工作。

第七条　造成特大损失的严重破坏性地震发生后，国务院设立抗震救灾指挥部，国务院防震减灾工作主管部门为其办事机构；国务院有关部门设立本部门的地震应急机构。

第八条　县级以上地方人民政府防震减灾工作主管部门指导和监督本行政区域内

的地震应急工作。

　　破坏性地震发生后,有关县级以上地方人民政府应当设立抗震救灾指挥部,对本行政区域内的地震应急工作实行集中领导,其办事机构设在本级人民政府防震减灾工作主管部门或者本级人民政府指定的其他部门;国务院另有规定的,从其规定。

第三章　应　急　预　案

第九条　国家的破坏性地震应急预案,由国务院防震减灾工作主管部门会同国务院有关部门制定,报国务院批准。

第十条　国务院有关部门应当根据国家的破坏性地震应急预案,制定本部门的破坏性地震应急预案,并报国务院防震减灾工作主管部门备案。

第十一条　根据地震灾害预测,可能发生破坏性地震地区的县级以上地方人民政府防震减灾工作主管部门应当会同同级有关部门以及有关单位,参照国家的破坏性地震应急预案,制定本行政区域内的破坏性地震应急预案,报本级人民政府批准;省、自治区和人口在100万以上的城市的破坏性地震应急预案,还应当报国务院防震减灾工作主管部门备案。

第十二条　部门和地方制定破坏性地震应急预案,应当从本部门或者本地区的实际情况出发,做到切实可行。

第十三条　破坏性地震应急预案应当包括下列主要内容:

　　(一)应急机构的组成和职责;

　　(二)应急通信保障;

　　(三)抢险救援的人员、资金、物资准备;

　　(四)灾害评估准备;

　　(五)应急行动方案。

第十四条　制定破坏性地震应急预案的部门和地方,应当根据震情的变化以及实施中发现的问题,及时对其制定的破坏性地震应急预案进行修订、补充;涉及重大事项调整的,应当报经原批准机关同意。

第四章　临　震　应　急

第十五条　地震临震预报,由省、自治区、直辖市人民政府依照国务院有关发布地震预报的规定统一发布,其他任何组织或者个人不得发布地震预报。

　　任何组织或者个人都不得传播有关地震的谣言。发生地震谣传时,防震减灾工作主管部门应当协助人民政府迅速予以平息和澄清。

第十六条　破坏性地震临震预报发布后,有关省、自治区、直辖市人民政府可以宣布预报区进入临震应急期,并指明临震应急期的起止时间。

　　临震应急期一般为10日;必要时,可以延长10日。

第十七条　在临震应急期,有关地方人民政府应当根据震情,统一部署破坏性地震应急预案的实施工作,并对临震应急活动中发生的争议采取紧急处理措施。

第十八条 在临震应急期,各级防震减灾工作主管部门应当协助本级人民政府对实施破坏性地震应急预案工作进行检查。

第十九条 在临震应急期,有关地方人民政府应当根据实际情况,向预报区的居民以及其他人员提出避震撤离的劝告;情况紧急时,应当有组织地进行避震疏散。

第二十条 在临震应急期,有关地方人民政府有权在本行政区域内紧急调用物资、设备、人员和占用场地,任何组织或者个人都不得阻拦;调用物资、设备或者占用场地的,事后应当及时归还或者给予补偿。

第二十一条 在临震应急期,有关部门应当对生命线工程和次生灾害源采取紧急防护措施。

第五章 震后应急

第二十二条 破坏性地震发生后,有关的省、自治区、直辖市人民政府应当宣布灾区进入震后应急期,并指明震后应急期的起止时间。

震后应急期一般为 10 日;必要时,可以延长 20 日。

第二十三条 破坏性地震发生后,抗震救灾指挥部应当及时组织实施破坏性地震应急预案,及时将震情、灾情及其发展趋势等信息报告上一级人民政府。

第二十四条 防震减灾工作主管部门应当加强现场地震监测预报工作,并及时会同有关部门评估地震灾害损失;灾情调查结果,应当及时报告本级人民政府抗震救灾指挥部和上一级防震减灾工作主管部门。

第二十五条 交通、铁路、民航等部门应当尽快恢复被损毁的道路、铁路、水港、空港和有关设施,并优先保证抢险救援人员、物资的运输和灾民的疏散。其他部门有交通运输工具的,应当无条件服从抗震救灾指挥部的征用或者调用。

第二十六条 通信部门应当尽快恢复被破坏的通信设施,保证抗震救灾通信畅通。其他部门有通信设施的,应当优先为破坏性地震应急工作服务。

第二十七条 供水、供电部门应当尽快恢复被破坏的供水、供电设施,保证灾区用水、用电。

第二十八条 卫生部门应当立即组织急救队伍,利用各种医疗设施或者建立临时治疗点,抢救伤员,及时检查、监测灾区的饮用水源、食品等,采取有效措施防止和控制传染病的暴发流行,并向受灾人员提供精神、心理卫生方面的帮助。医药部门应当及时提供救灾所需药品。其他部门应当配合卫生、医药部门,做好卫生防疫以及伤亡人员的抢救、处理工作。

第二十九条 民政部门应当迅速设置避难场所和救济物资供应点,提供救济物品等,保障灾民的基本生活,做好灾民的转移和安置工作。其他部门应当支持、配合民政部门妥善安置灾民。

第三十条 公安部门应当加强灾区的治安管理和安全保卫工作,预防和制止各种破坏活动,维护社会治安,保证抢险救灾工作顺利进行,尽快恢复社会秩序。

第三十一条 石油、化工、水利、电力、建设等部门和单位以及危险品生产、储运等单位,应当按照各自的职责,对可能发生或者已经发生次生灾害的地点和设施采取紧急处置措施,并加强监视、控制,防止灾害扩展。

公安消防机构应当严密监视灾区火灾的发生;出现火灾时,应当组织力量抢救人员和物资,并采取有效防范措施,防止火势扩大、蔓延。

第三十二条 广播电台、电视台等新闻单位应当根据抗震救灾指挥部提供的情况,按照规定及时向公众发布震情、灾情等有关信息,并做好宣传、报道工作。

第三十三条 抗震救灾指挥部可以请求非灾区的人民政府接受并妥善安置灾民和提供其他救援。

第三十四条 破坏性地震发生后,国内非灾区提供的紧急救援,由抗震救灾指挥部负责接受和安排;国际社会提供的紧急救援,由国务院民政部门负责接受和安排;国外红十字会和国际社会通过中国红十字会提供的紧急救援,由中国红十字会负责接受和安排。

第三十五条 因严重破坏性地震应急的需要,可以在灾区实行特别管制措施。省、自治区、直辖市行政区域内的特别管制措施,由省、自治区、直辖市人民政府决定;跨省、自治区、直辖市的特别管制措施,由有关省、自治区、直辖市人民政府共同决定或者由国务院决定;中断干线交通或者封锁国境的特别管制措施,由国务院决定。

特别管制措施的解除,由原决定机关宣布。

第六章 奖励和处罚

第三十六条 在破坏性地震应急活动中有下列事迹之一的,由其所在单位、上级机关或者防震减灾工作主管部门给予表彰或者奖励:

(一)出色完成破坏性地震应急任务的;
(二)保护国家、集体和公民的财产或者抢救人员有功的;
(三)及时排除险情,防止灾害扩大,成绩显著的;
(四)对地震应急工作提出重大建议,实施效果显著的;
(五)因震情、灾情测报准确和信息传递及时而减轻灾害损失的;
(六)及时供应用于应急救灾的物资和工具或者节约经费开支,成绩显著的;
(七)有其他特殊贡献的。

第三十七条 有下列行为之一的,对负有直接责任的主管人员和其他直接责任人员依法给予行政处分;属于违反治安管理行为的,依照治安管理处罚法的规定给予处罚;构成犯罪的,依法追究刑事责任:

(一)不按照本条例规定制定破坏性地震应急预案的;
(二)不按照破坏性地震应急预案的规定和抗震救灾指挥部的要求实施破坏性地震应急预案的;

(三)违抗抗震救灾指挥部命令,拒不承担地震应急任务的;

(四)阻挠抗震救灾指挥部紧急调用物资、人员或者占用场地的;

(五)贪污、挪用、盗窃地震应急工作经费或者物资的;

(六)有特定责任的国家工作人员在临震应急期或者震后应急期不坚守岗位,不及时掌握震情、灾情,临阵脱逃或者玩忽职守的;

(七)在临震应急期或者震后应急期哄抢国家、集体或者公民的财产的;

(八)阻碍抗震救灾人员执行职务或者进行破坏活动的;

(九)不按照规定和实际情况报告灾情的;

(十)散布谣言,扰乱社会秩序,影响破坏性地震应急工作的;

(十一)有对破坏性地震应急工作造成危害的其他行为的。

第七章 附 则

第三十八条 本条例下列用语的含义:

(一)"地震应急",是指为了减轻地震灾害而采取的不同于正常工作程序的紧急防灾和抢险行动。

(二)"破坏性地震",是指造成一定数量的人员伤亡和经济损失的地震事件;

(三)"严重破坏性地震",是指造成严重的人员伤亡和经济损失,使灾区丧失或者部分丧失自我恢复能力,需要国家采取对抗行动的地震事件;

(四)"生命线工程",是指对社会生活、生产有重大影响的交通、通信、供水、排水、供电、供气、输油等工程系统;

(五)"次生灾害源",是指因地震而可能引发水灾、火灾、爆炸等灾害的易燃易爆物品、有毒物质贮存设施、水坝、堤岸等。

第三十九条 本条例自1995年4月1日起施行。

地震监测管理条例

1. 2004年6月17日国务院令第409号公布
2. 根据2011年1月8日国务院令第588号《关于废止和修改部分行政法规的决定》第一次修订
3. 根据2024年12月6日国务院令第797号《关于修改和废止部分行政法规的决定》第二次修订

第一章 总 则

第一条 为了加强对地震监测活动的管理,提高地震监测能力,根据《中华人民共和国防震减灾法》的有关规定,制定本条例。

第二条　本条例适用于地震监测台网的规划、建设和管理以及地震监测设施和地震观测环境的保护。

第三条　地震监测工作是服务于经济建设、国防建设和社会发展的公益事业。

县级以上人民政府应当将地震监测工作纳入本级国民经济和社会发展规划。

第四条　国家对地震监测台网实行统一规划，分级、分类管理。

第五条　国务院地震工作主管部门负责全国地震监测的监督管理工作。

县级以上地方人民政府负责管理地震工作的部门或者机构，负责本行政区域内地震监测的监督管理工作。

第六条　国家鼓励、支持地震监测的科学研究，推广应用先进的地震监测技术，开展地震监测的国际合作与交流。

有关地方人民政府应当支持少数民族地区、边远贫困地区和海岛的地震监测台网的建设和运行。

第七条　外国的组织或者个人在中华人民共和国领域和中华人民共和国管辖的其他海域从事地震监测活动，必须与中华人民共和国有关部门或者单位合作进行，并经国务院地震工作主管部门批准。

从事前款规定的活动，必须遵守中华人民共和国的有关法律、法规的规定，并不得涉及国家秘密和危害国家安全。

第二章　地震监测台网的规划和建设

第八条　全国地震监测台网，由国家地震监测台网、省级地震监测台网和市、县地震监测台网组成。

专用地震监测台网和有关单位、个人建设的社会地震监测台站（点）是全国地震监测台网的补充。

第九条　编制地震监测台网规划，应当坚持布局合理、资源共享的原则，并与土地利用总体规划和城乡规划相协调。

第十条　全国地震监测台网总体规划和国家地震监测台网规划，由国务院地震工作主管部门根据全国地震监测预报方案商国务院有关部门制定，并负责组织实施。

省级地震监测台网规划，由省、自治区、直辖市人民政府负责管理地震工作的部门或者机构，根据全国地震监测台网总体规划和本行政区域地震监测预报方案制定，报本级人民政府批准后实施。

市、县地震监测台网规划，由市、县人民政府负责管理地震工作的部门或者机构，根据省级地震监测台网规划制定，报本级人民政府批准后实施。

第十一条　省级地震监测台网规划和市、县地震监测台网规划需要变更的，应当报原批准机关批准。

第十二条　全国地震监测台网和专用地震监测台网的建设，应当遵守法律、法规和国家有关标准,符合国家规定的固定资产投资项目建设程序,保证台网建设质量。

全国地震监测台网的建设,应当依法实行招投标。

第十三条 建设全国地震监测台网和专用地震监测台网,应当按照国务院地震工作主管部门的规定,采用符合国家标准、行业标准或者有关地震监测的技术要求的设备和软件。

第十四条 下列建设工程应当建设专用地震监测台网:

(一)坝高100米以上、库容5亿立方米以上,且可能诱发5级以上地震的水库;

(二)受地震破坏后可能引发严重次生灾害的油田、矿山、石油化工等重大建设工程。

第十五条 核电站、水库大坝、特大桥梁、发射塔等重大建设工程应当按照国家有关规定,设置强震动监测设施。

第十六条 建设单位应当将专用地震监测台网、强震动监测设施的建设情况,报所在地省、自治区、直辖市人民政府负责管理地震工作的部门或者机构备案。

第十七条 国家鼓励利用废弃的油井、矿井和人防工程进行地震监测。

利用废弃的油井、矿井和人防工程进行地震监测的,应当采取相应的安全保障措施。

第十八条 全国地震监测台网的建设资金和运行经费,按照事权和财权相统一的原则,由中央和地方财政承担。

专用地震监测台网、强震动监测设施的建设资金和运行经费,由建设单位承担。

第三章 地震监测台网的管理

第十九条 全国地震监测台网正式运行后,不得擅自中止或者终止;确需中止或者终止的,国家地震监测台网和省级地震监测台网必须经国务院地震工作主管部门批准,市、县地震监测台网必须经省、自治区、直辖市人民政府负责管理地震工作的部门或者机构批准,并报国务院地震工作主管部门备案。

专用地震监测台网中止或者终止运行的,应当报所在地省、自治区、直辖市人民政府负责管理地震工作的部门或者机构备案。

第二十条 国务院地震工作主管部门和县级以上地方人民政府负责管理地震工作的部门或者机构,应当对专用地震监测台网和社会地震监测台站(点)的运行予以指导。

第二十一条 县级以上地方人民政府应当为全国地震监测台网的运行提供必要的通信、交通、水、电等条件保障。

全国地震监测台网、专用地震监测台网的运行受到影响时,当地人民政府应当组织有关部门采取紧急措施,尽快恢复地震监测台网的正常运行。

第二十二条 检测、传递、分析、处理、存贮、报送地震监测信息的单位,应当保证地震监测信息的安全和质量。

第二十三条 专用地震监测台网和强震动监测设施的管理单位,应当将地震监测信息及时报送所在地省、自治区、直辖市人民政府负责管理地震工作的部门或者机构。

第二十四条 国务院地震工作主管部门和县级以上地方人民政府负责管理地震工作的部门或者机构,应当加强对从事地震监测工作人员的业务培训,提高其专业技术水平。

第四章 地震监测设施和地震观测环境的保护

第二十五条 国家依法保护地震监测设施和地震观测环境。

地震监测设施所在地的市、县人民政府应当加强对地震监测设施和地震观测环境的保护工作。

任何单位和个人都有依法保护地震监测设施和地震观测环境的义务,对危害、破坏地震监测设施和地震观测环境的行为有权举报。

第二十六条 禁止占用、拆除、损坏下列地震监测设施:

(一)地震监测仪器、设备和装置;

(二)供地震监测使用的山洞、观测井(泉);

(三)地震监测台网中心、中继站、遥测点的用房;

(四)地震监测标志;

(五)地震监测专用无线通信频段、信道和通信设施;

(六)用于地震监测的供电、供水设施。

第二十七条 地震观测环境应当按照地震监测设施周围不能有影响其工作效能的干扰源的要求划定保护范围。具体保护范围,由县级以上人民政府负责管理地震工作的部门或者机构会同其他有关部门,按照国家有关标准规定的最小距离划定。

国家有关标准对地震监测设施保护的最小距离尚未作出规定的,由县级以上人民政府负责管理地震工作的部门或者机构会同其他有关部门,按照国家有关标准规定的测试方法、计算公式等,通过现场实测确定。

第二十八条 除依法从事本条例第三十二条、第三十三条规定的建设活动外,禁止在已划定的地震观测环境保护范围内从事下列活动:

(一)爆破、采矿、采石、钻井、抽水、注水;

(二)在测震观测环境保护范围内设置无线信号发射装置、进行振动作业和往复机械运动;

(三)在电磁观测环境保护范围内铺设金属管线、电力电缆线路、堆放磁性物品和设置高频电磁辐射装置；

（四）在地形变观测环境保护范围内进行振动作业；

（五）在地下流体观测环境保护范围内堆积和填埋垃圾、进行污水处理；

（六）在观测线和观测标志周围设置障碍物或者擅自移动地震观测标志。

第二十九条 县级以上地方人民政府负责管理地震工作的部门或者机构,应当会同有关部门在地震监测设施附近设立保护标志,标明地震监测设施和地震观测环境保护的要求。

第三十条 县级以上地方人民政府负责管理地震工作的部门或者机构,应当将本行政区域内的地震监测设施的分布地点及其保护范围,报告当地人民政府,并通报同级公安机关和国土资源、城乡规划、测绘等部门。

第三十一条 土地利用总体规划和城乡规划应当考虑保护地震监测设施和地震观测环境的需要。

第三十二条 新建、扩建、改建建设工程,应当遵循国家有关测震、电磁、形变、流体等地震观测环境保护的标准,避免对地震监测设施和地震观测环境造成危害。对在地震观测环境保护范围内的建设工程项目,县级以上地方人民政府城乡规划主管部门在核发选址意见书时,应当事先征求同级人民政府负责管理地震工作的部门或者机构的意见;负责管理地震工作的部门或者机构应当在 10 日内反馈意见。

第三十三条 建设国家重点工程,确实无法避免对地震监测设施和地震观测环境造成破坏的,建设单位应当按照县级以上地方人民政府负责管理地震工作的部门或者机构的要求,增建抗干扰设施或者新建地震监测设施后,方可进行建设。

需要新建地震监测设施的,县级以上地方人民政府负责管理地震工作的部门或者机构,可以要求新建地震监测设施正常运行 1 年以后,再拆除原地震监测设施。

本条第一款、第二款规定的措施所需费用,由建设单位承担。

第五章 法律责任

第三十四条 违反本条例的规定,国务院地震工作主管部门和县级以上地方人民政府负责管理地震工作的部门或者机构的工作人员,不履行监督管理职责,发现违法行为不予查处或者有其他滥用职权、玩忽职守、徇私舞弊行为,构成犯罪的,依照刑法有关规定追究刑事责任;尚不构成犯罪的,对主管人员和其他直接责任人员依法给予行政处分。

第三十五条 违反本条例的规定,有下列行为之一的,由国务院地震工作主管部门或者县级以上地方人民政府负责管理地震工作的部门或者机构责令改正,并要求采取相应的补救措施,对主管人员和其他直接责任人员,依法给予行政处分：

（一）未按照有关法律、法规和国家有关标准进行地震监测台网建设的；

（二）未按照国务院地震工作主管部门的规定采用地震监测设备和软件的；

（三）擅自中止或者终止地震监测台网运行的。

第三十六条 有本条例第二十六条、第二十八条所列行为之一的，由国务院地震工作主管部门或者县级以上地方人民政府负责管理地震工作的部门或者机构责令停止违法行为，恢复原状或者采取其他补救措施。

单位有前款所列违法行为，情节严重的，处2万元以上20万元以下的罚款；个人有前款所列违法行为，情节严重的，处2000元以下的罚款。构成犯罪的，依法追究刑事责任；造成损失的，依法承担赔偿责任。

第三十七条 违反本条例的规定，建设单位从事建设活动时，未按照要求增建抗干扰设施或者新建地震监测设施，对地震监测设施或者地震观测环境造成破坏的，由国务院地震工作主管部门或者县级以上地方人民政府负责管理地震工作的部门或者机构责令改正，限期恢复原状或者采取相应的补救措施；情节严重的，依照《中华人民共和国防震减灾法》第八十五条的规定处以罚款；构成犯罪的，依法追究刑事责任；造成损失的，依法承担赔偿责任。

第三十八条 违反本条例的规定，外国的组织或者个人未经批准，擅自在中华人民共和国领域和中华人民共和国管辖的其他海域进行地震监测活动的，由国务院地震工作主管部门责令停止违法行为，没收监测成果和监测设施，并处1万元以上10万元以下的罚款；情节严重的，处10万元以上50万元以下的罚款。

第六章 附 则

第三十九条 火山监测的管理，参照本条例执行。

第四十条 本条例自2004年9月1日起施行。1994年1月10日国务院发布的《地震监测设施和地震观测环境保护条例》同时废止。

地震安全性评价管理条例

1. 2001年11月15日国务院令第323号公布
2. 根据2017年3月1日国务院令第676号《关于修改和废止部分行政法规的决定》第一次修订
3. 根据2019年3月2日国务院令第709号《关于修改部分行政法规的决定》第二次修订

第一章 总 则

第一条 为了加强对地震安全性评价的管理，防御与减轻地震灾害，保护人民生命和财产安全，根据《中华人民共和国防震减灾法》的有关规定，制定本条例。

第二条 在中华人民共和国境内从事地震安全性评价活动，必须遵守本条例。

第三条 新建、扩建、改建建设工程,依照《中华人民共和国防震减灾法》和本条例的规定,需要进行地震安全性评价的,必须严格执行国家地震安全性评价的技术规范,确保地震安全性评价的质量。

第四条 国务院地震工作主管部门负责全国的地震安全性评价的监督管理工作。

县级以上地方人民政府负责管理地震工作的部门或者机构负责本行政区域内的地震安全性评价的监督管理工作。

第五条 国家鼓励、扶持有关地震安全性评价的科技研究,推广应用先进的科技成果,提高地震安全性评价的科技水平。

第二章 地震安全性评价单位

第六条 从事地震安全性评价的单位应当具备下列条件:

(一)有与从事地震安全性评价相适应的地震学、地震地质学、工程地震学方面的专业技术人员;

(二)有从事地震安全性评价的技术条件。

第七条 禁止地震安全性评价单位以其他地震安全性评价单位的名义承揽地震安全性评价业务。禁止地震安全性评价单位允许其他单位以本单位的名义承揽地震安全性评价业务。

第三章 地震安全性评价的范围和要求

第八条 下列建设工程必须进行地震安全性评价:

(一)国家重大建设工程;

(二)受地震破坏后可能引发水灾、火灾、爆炸、剧毒或者强腐蚀性物质大量泄露或者其他严重次生灾害的建设工程,包括水库大坝、堤防和贮油、贮气、贮存易燃易爆、剧毒或者强腐蚀性物质的设施以及其他可能发生严重次生灾害的建设工程;

(三)受地震破坏后可能引发放射性污染的核电站和核设施建设工程;

(四)省、自治区、直辖市认为对本行政区域有重大价值或者有重大影响的其他建设工程。

第九条 地震安全性评价单位对建设工程进行地震安全性评价后,应当编制该建设工程的地震安全性评价报告。

地震安全性评价报告应当包括下列内容:

(一)工程概况和地震安全性评价的技术要求;

(二)地震活动环境评价;

(三)地震地质构造评价;

(四)设防烈度或者设计地震动参数;

(五)地震地质灾害评价;

(六)其他有关技术资料。

第四章 地震安全性评价报告的审定

第十条 国务院地震工作主管部门负责下列地震安全性评价报告的审定：

（一）国家重大建设工程；

（二）跨省、自治区、直辖市行政区域的建设工程；

（三）核电站和核设施建设工程。

省、自治区、直辖市人民政府负责管理地震工作的部门或者机构负责除前款规定以外的建设工程地震安全性评价报告的审定。

第十一条 国务院地震工作主管部门和省、自治区、直辖市人民政府负责管理地震工作的部门或者机构，应当自收到地震安全性评价报告之日起15日内进行审定，确定建设工程的抗震设防要求。

第十二条 国务院地震工作主管部门或者省、自治区、直辖市人民政府负责管理地震工作的部门或者机构，在确定建设工程抗震设防要求后，应当以书面形式通知建设单位，并告知建设工程所在地的市、县人民政府负责管理地震工作的部门或者机构。

省、自治区、直辖市人民政府负责管理地震工作的部门或者机构应当将其确定的建设工程抗震设防要求报国务院地震工作主管部门备案。

第五章 监督管理

第十三条 县级以上人民政府负责项目审批的部门，应当将抗震设防要求纳入建设工程可行性研究报告的审查内容。对可行性研究报告中未包含抗震设防要求的项目，不予批准。

第十四条 国务院建设行政主管部门和国务院铁路、交通、民用航空、水利和其他有关专业主管部门制定的抗震设计规范，应当明确规定按照抗震设防要求进行抗震设计的方法和措施。

第十五条 建设工程设计单位应当按照抗震设防要求和抗震设计规范，进行抗震设计。

第十六条 国务院地震工作主管部门和县级以上地方人民政府负责管理地震工作的部门或者机构，应当会同有关专业主管部门，加强对地震安全性评价工作的监督检查。

第六章 罚 则

第十七条 违反本条例的规定，地震安全性评价单位有下列行为之一的，由国务院地震工作主管部门或者县级以上地方人民政府负责管理地震工作的部门或者机构依据职权，责令改正，没收违法所得，并处1万元以上5万元以下的罚款：

（一）以其他地震安全性评价单位的名义承揽地震安全性评价业务的；

（二）允许其他单位以本单位名义承揽地震安全性评价业务的。

第十八条 违反本条例的规定，国务院地震工作主管部门或者省、自治区、直辖市人民政府负责管理地震工作的部门或者机构不履行审定地震安全性评价报告职责，国务院地震工作主管部门或者县级以上地方人民政府负责管理地震工作的部门或者机构不履行监督管理职责，或者发现违法行为不予查处，致使公共财产、国家和人民利益遭受重大损失的，依法追究有关责任人的刑事责任；没有造成严重后果，尚不构成犯罪的，对部门或者机构负有责任的主管人员和其他直接责任人员给予降级或者撤职的处分。

第七章 附 则

第十九条 本条例自 2002 年 1 月 1 日起施行。

国家地震应急预案

2012 年 8 月 28 日修订

1 总 则

1.1 编制目的

依法科学统一、有力有序有效地实施地震应急，最大程度减少人员伤亡和经济损失，维护社会正常秩序。

1.2 编制依据

《中华人民共和国突发事件应对法》《中华人民共和国防震减灾法》等法律法规和国家突发事件总体应急预案等。

1.3 适用范围

本预案适用于我国发生地震及火山灾害和国外发生造成重大影响地震及火山灾害的应对工作。

1.4 工作原则

抗震救灾工作坚持统一领导、军地联动、分级负责、属地为主、资源共享、快速反应的工作原则。地震灾害发生后，地方人民政府和有关部门立即自动按照职责分工和相关预案开展前期处置工作。省级人民政府是应对本行政区域特别重大、重大地震灾害的主体。视省级人民政府地震应急的需求，国家地震应急给予必要的协调和支持。

2 组织体系

2.1 国家抗震救灾指挥机构

国务院抗震救灾指挥部负责统一领导、指挥和协调全国抗震救灾工作。地震局承担国务院抗震救灾指挥部日常工作。

必要时，成立国务院抗震救灾总指挥部，负责统一领导、指挥和协调全国抗震救灾工作；在地震灾区成立现场指挥机构，在国务院抗震救灾指挥机构的领导下开展工作。

2.2 地方抗震救灾指挥机构

县级以上地方人民政府抗震救灾指挥部负责统一领导、指挥和协调本行政区域的抗震救灾工作。地方有关部门和单位、当地解放军、武警部队和民兵组织等,按照职责分工,各负其责,密切配合,共同做好抗震救灾工作。

3 响应机制

3.1 地震灾害分级

地震灾害分为特别重大、重大、较大、一般四级。

(1)特别重大地震灾害是指造成300人以上死亡(含失踪),或者直接经济损失占地震发生地省(区、市)上年国内生产总值1%以上的地震灾害。

当人口较密集地区发生7.0级以上地震,人口密集地区发生6.0级以上地震,初判为特别重大地震灾害。

(2)重大地震灾害是指造成50人以上、300人以下死亡(含失踪)或者造成严重经济损失的地震灾害。

当人口较密集地区发生6.0级以上、7.0级以下地震,人口密集地区发生5.0级以上、6.0级以下地震,初判为重大地震灾害。

(3)较大地震灾害是指造成10人以上、50人以下死亡(含失踪)或者造成较重经济损失的地震灾害。

当人口较密集地区发生5.0级以上、6.0级以下地震,人口密集地区发生4.0级以上、5.0级以下地震,初判为较大地震灾害。

(4)一般地震灾害是指造成10人以下死亡(含失踪)或者造成一定经济损失的地震灾害。

当人口较密集地区发生4.0级以上、5.0级以下地震,初判为一般地震灾害。

3.2 分级响应

根据地震灾害分级情况,将地震灾害应急响应分为Ⅰ级、Ⅱ级、Ⅲ级和Ⅳ级。

应对特别重大地震灾害,启动Ⅰ级响应。由灾区所在省级抗震救灾指挥部领导灾区地震应急工作;国务院抗震救灾指挥机构负责统一领导、指挥和协调全国抗震救灾工作。

应对重大地震灾害,启动Ⅱ级响应。由灾区所在省级抗震救灾指挥部领导灾区地震应急工作;国务院抗震救灾指挥部根据情况,组织协调有关部门和单位开展国家地震应急工作。

应对较大地震灾害,启动Ⅲ级响应。在灾区所在省级抗震救灾指挥部的支持下,由灾区所在市级抗震救灾指挥部领导灾区地震应急工作。中国地震局等国家有关部门和单位根据灾区需求,协助做好抗震救灾工作。

应对一般地震灾害,启动Ⅳ级响应。在灾区所在省、市级抗震救灾指挥部的支持下,由灾区所在县级抗震救灾指挥部领导灾区地震应急工作。中国地震局等国家有关部门和单位根据灾区需求,协助做好抗震救灾工作。

地震发生在边疆地区、少数民族聚居地区和其他特殊地区,可根据需要适当提高响应级别。地震应急响应启动后,可视灾情及其发展情况对响应级别及时进行相应调整,避免响应不足或响应过度。

4 监测报告

4.1 地震监测预报

中国地震局负责收集和管理全国各类地震观测数据,提出地震重点监视防御区和年度防震减灾工作意见。各级地震工作主管部门和机构加强震情跟踪监测、预测预报和群测群防工作,及时对地震预测意见和可能与地震有关的异常现象进行综合分析研判。省级人民政府根据预报的震情决策发布临震预报,组织预报区加强应急防范措施。

4.2 震情速报

地震发生后,中国地震局快速完成地震发生时间、地点、震级、震源深度等速报参数的测定,报国务院,同时通报有关部门,并及时续报有关情况。

4.3 灾情报告

地震灾害发生后,灾区所在县级以上地方人民政府及时将震情、灾情等信息报上级人民政府,必要时可越级上报。发生特别重大、重大地震灾害,民政部、中国地震局等部门迅速组织开展现场灾情收集、分析研判工作,报国务院,并及时续报有关情况。公安、安全生产监管、交通、铁道、水利、建设、教育、卫生等有关部门及时将收集了解的情况报国务院。

5 应急响应

各有关地方和部门根据灾情和抗灾救灾需要,采取以下措施。

5.1 搜救人员

立即组织基层应急队伍和广大群众开展自救互救,同时组织协调当地解放军、武警部队、地震、消防、建筑和市政等各方面救援力量,调配大型吊车、起重机、千斤顶、生命探测仪等救援装备,抢救被掩埋人员。现场救援队伍之间加强衔接和配合,合理划分责任区边界,遇有危险时及时传递警报,做好自身安全防护。

5.2 开展医疗救治和卫生防疫

迅速组织协调应急医疗队伍赶赴现场,抢救受伤群众,必要时建立战地医院或医疗点,实施现场救治。加强救护车、医疗器械、药品和血浆的组织调度,特别是加大对重灾区及偏远地区医疗器械、药品供应,确保被救人员得到及时医治,最大程度减少伤员致死、致残。统筹周边地区的医疗资源,根据需要分流重伤员,实施异地救治。开展灾后心理援助。

加强灾区卫生防疫工作。及时对灾区水源进行监测消毒,加强食品和饮用水卫生监督；妥善处置遇难者遗体，做好死亡动物、医疗废弃物、生活垃圾、粪便等消毒和无害化处理；加强鼠疫、狂犬病的监测、防控和处理，及时接种疫苗；实行重大传染病和突发卫生事件每日报告制度。

5.3 安置受灾群众

开放应急避难场所，组织筹集和调运食品、饮用水、衣被、帐篷、移动厕所等各类救灾物资，解决受灾群众吃饭、饮水、穿衣、住处等问题；在受灾村镇、街道设置生活用品发放点，确保生活用品的有序发放；根据需要组织生产、调运、安装活动板房和简易房；在受灾群众集中安置点配备必要的消防设备器材，严防火灾发生。救灾物资优先保证学校、医院、福利院的需要；优先安置孤儿、孤老及残疾人员，确保其基本生活。鼓励采取投亲靠友等方式，广泛动员社会力量安置受灾群众。

做好遇难人员的善后工作，抚慰遇难者家属；积极创造条件，组织灾区学校复课。

5.4 抢修基础设施

抢通修复因灾损毁的机场、铁路、公路、桥梁、隧道等交通设施，协调运力，优先保证应急抢险救援人员、救灾物资和伤病人员的运输需要。抢修供电、供水、供气、通信、广播电视等基础设施，保障灾区群众基本生活需要和应急工作需要。

5.5 加强现场监测

地震局组织布设或恢复地震现场测震和前兆台站，实时跟踪地震序列活动，密切监视震情发展，对震区及全国震情形势进行研判。气象局加强气象监测，密切关注灾区重大气象变化。灾区所在地抗震救灾指挥部安排专业力量加强空气、水源、土壤污染监测，减轻或消除污染危害。

5.6 防御次生灾害

加强次生灾害监测预警，防范因强余震和降雨形成的滑坡、泥石流、滚石等造成新的人员伤亡和交通堵塞；组织专家对水库、水电站、堤坝、堰塞湖等开展险情排查、评估和除险加固，必要时组织下游危险地区人员转移。

加强危险化学品生产储存设备、输油气管道、输配电线路的受损情况排查，及时采取安全防范措施；对核电站等核工业生产科研重点设施，做好事故防范处置工作。

5.7 维护社会治安

严厉打击盗窃、抢劫、哄抢救灾物资、借机传播谣言制造社会恐慌等违法犯罪行为；在受灾群众安置点、救灾物资存放点等重点地区，增设临时警务站，加强治安巡逻，增强灾区群众的安全感；加强对党政机关、要害部门、金融单位、储备仓库、监狱等重要场所的警戒，做好涉灾矛盾纠纷化解和法律服务工作，维护社会稳定。

5.8 开展社会动员

灾区所在地抗震救灾指挥部明确专门的组织机构或人员，加强志愿服务管理；及时开通志愿服务联系电话，统一接收志愿者组织报名，做好志愿者派遣和相关服务工作；根据灾区需求、交通运输等情况，向社会公布志愿服务需求指南，引导志愿者安全有序参与。

视情开展为灾区人民捐款捐物活动,加强救灾捐赠的组织发动和款物接收、统计、分配、使用、公示反馈等各环节工作。

必要时,组织非灾区人民政府,通过提供人力、物力、财力、智力等形式,对灾区群众生活安置、伤员救治、卫生防疫、基础设施抢修和生产恢复等开展对口支援。

5.9 加强涉外事务管理

及时向相关国家和地区驻华机构通报相关情况;协调安排国外救援队入境救援行动,按规定办理外事手续,分配救援任务,做好相关保障;加强境外救援物资的接受和管理,按规定做好检验检疫、登记管理等工作;适时组织安排境外新闻媒体进行采访。

5.10 发布信息

各级抗震救灾指挥机构按照分级响应原则,分别负责相应级别地震灾害信息发布工作,回应社会关切。信息发布要统一、及时、准确、客观。

5.11 开展灾害调查与评估

地震局开展地震烈度、发震构造、地震宏观异常现象、工程结构震害特征、地震社会影响和各种地震地质灾害调查等。民政、地震、国土资源、建设、环境保护等有关部门,深入调查灾区范围、受灾人口、成灾人口、人员伤亡数量、建构筑物和基础设施破坏程度、环境影响程度等,组织专家开展灾害损失评估。

5.12 应急结束

在抢险救灾工作基本结束、紧急转移和安置工作基本完成、地震次生灾害的后果基本消除,以及交通、电力、通信和供水等基本抢修抢通、灾区生活秩序基本恢复后,由启动应急响应的原机关决定终止应急响应。

6 指挥与协调

6.1 特别重大地震灾害

6.1.1 先期保障

特别重大地震灾害发生后,根据中国地震局的信息通报,有关部门立即组织做好灾情航空侦察和机场、通信等先期保障工作。

(1)测绘地信局、民航局、总参谋部等迅速组织协调出动飞行器开展灾情航空侦察。

(2)总参谋部、民航局采取必要措施保障相关机场的有序运转,组织修复灾区机场或开辟临时机场,并实行必要的飞行管制措施,保障抗震救灾工作需要。

(3)工业和信息化部按照国家通信保障应急预案及时采取应对措施,抢修受损通信设施,协调应急通信资源,优先保障抗震救灾指挥通信联络和信息传递畅通。自有通信系统的部门尽快恢复本部门受到损坏的通信设施,协助保障应急救援指挥通信畅通。

6.1.2 地方政府应急处置

省级抗震救灾指挥部立即组织各类专业抢险救灾队伍开展人员搜救、医疗救护、受灾群众安置等,组织抢修重大关键基础设施,保护重要目标;国务院启动Ⅰ级响应后,按照国务院抗震救灾指挥机构的统一部署,领导和组织实施本行政区域抗震救灾工作。

灾区所在市(地)、县级抗震救灾指挥部立即发动基层干部群众开展自救互救,组织基层抢险救灾队伍开展人员搜救和医疗救护,开放应急避难场所,及时转移和安置受灾群众,防范次生灾害,维护社会治安,同时提出需要支援的应急措施建议;按照上级抗震救灾指挥机构的安排部署,领导和组织实施本行政区域抗震救灾工作。

6.1.3 国家应急处置

中国地震局或灾区所在省级人民政府向国务院提出实施国家地震应急Ⅰ级响应和需采取应急措施的建议,国务院决定启动Ⅰ级响应,由国务院抗震救灾指挥机构负责统一领导、指挥和协调全国抗震救灾工作。必要时,国务院直接决定启动Ⅰ级响应。

国务院抗震救灾指挥机构根据需要设立抢险救援、群众生活保障、医疗救治和卫生防疫、基础设施保障和生产恢复、地震监测和次生灾害防范处置、社会治安、救灾捐赠与涉外事务、涉港澳台事务、国外救援队伍协调事务、地震灾害调查及灾情损失评估、信息发布及宣传报道等工作组,国务院办公厅履行信息汇总和综合协调职责,发挥运转枢纽作用。国务院抗震救灾指挥机构组织有关地区和部门开展以下工作:

(1)派遣公安消防部队、地震灾害紧急救援队、矿山和危险化学品救护队、医疗卫生救援队伍等各类专业抢险救援队伍,协调解放军和武警部队派遣专业队伍,赶赴灾区抢救被压埋幸存者和被困群众。

(2)组织跨地区调运救灾帐篷、生活必需品等救灾物资和装备,支援灾区保障受灾群众的吃、穿、住等基本生活需要。

(3)支援灾区开展伤病员和受灾群众医疗救治、卫生防疫、心理援助工作,根据需要组织实施跨地区大范围转移救治伤员,恢复灾区医疗卫生服务能力和秩序。

(4)组织抢修通信、电力、交通等基础设施,保障抢险救援通信、电力以及救灾人员和物资交通运输的畅通。

(5)指导开展重大危险源、重要目标物、重大关键基础设施隐患排查与监测预警,防范次生衍生灾害。对于已经受到破坏的,组织快速抢险救援。

(6)派出地震现场监测与分析预报工作队伍,布设或恢复地震现场测震和前兆台站,密切监视震情发展,指导做好余震防范工作。

(7)协调加强重要目标警戒和治安管理,预防和打击各种违法犯罪活动,指导做好涉灾矛盾纠纷化解和法律服务工作,维护社会稳定。

(8)组织有关部门和单位、非灾区省级人民政府以及企事业单位、志愿者等社会力量对灾区进行紧急支援。

(9)视情实施限制前往或途经灾区旅游、跨省(区、市)和干线交通管制等特别管制措施。

(10)组织统一发布灾情和抗震救灾信息,指导做好抗震救灾宣传报道工作,正确引导国内外舆论。

(11)其他重要事项。

必要时,国务院抗震救灾指挥机构在地震灾区成立现场指挥机构,负责开展以下工作:

(1)了解灾区抗震救灾工作进展和灾区需求情况,督促落实国务院抗震救灾指挥机构工作部署。

(2)根据灾区省级人民政府请求,协调有关部门和地方调集应急物资、装备。

(3)协调指导国家有关专业抢险救援队伍以及各方面支援力量参与抗震救灾行动。

(4)协调公安、交通运输、铁路、民航等部门和地方提供交通运输保障。

(5)协调安排灾区伤病群众转移治疗。

(6)协调相关部门支持协助地方人民政府处置重大次生衍生灾害。

(7)国务院抗震救灾指挥机构部署的其他任务。

6.2 重大地震灾害

6.2.1 地方政府应急处置

省级抗震救灾指挥部制订抢险救援力量及救灾物资装备配置方案,协调驻地解放军、武警部队,组织各类专业抢险救灾队伍开展人员搜救、医疗救护、灾民安置、次生灾害防范和应急恢复等工作。需要国务院支持的事项,由省级人民政府向国务院提出建议。

灾区所在市(地)、县级抗震救灾指挥部迅速组织开展自救互救、抢险救灾等先期处置工作,同时提出需要支援的应急措施建议;按照上级抗震救灾指挥机构的安排部署,领导和组织实施本行政区域抗震救灾工作。

6.2.2 国家应急处置

中国地震局向国务院抗震救灾指挥部上报相关信息,提出应对措施建议,同时通报有关部门。国务院抗震救灾指挥部根据应对工作需要,或者灾区所在省级人民政府请求或国务院有关部门建议,采取以下一项或多项应急措施:

(1)派遣公安消防部队、地震灾害紧急救援队、矿山和危险化学品救援队、医疗卫生救援队伍等专业抢险救援队伍,赶赴灾区抢救被压埋幸存者和被困群众,转移救治伤病员,开展卫生防疫等。必要时,协调解放军、武警部队派遣专业队伍参与应急救援。

(2)组织调运救灾帐篷、生活必需品等抗震救灾物资。

（3）指导、协助抢修通信、广播电视、电力、交通等基础设施。

（4）根据需要派出地震监测和次生灾害防范、群众生活、医疗救治和卫生防疫、基础设施恢复等工作组，赴灾区协助、指导开展抗震救灾工作。

（5）协调非灾区省级人民政府对灾区进行紧急支援。

（6）需要国务院抗震救灾指挥部协调解决的其他事项。

6.3　较大、一般地震灾害

市（地）、县级抗震救灾指挥部组织各类专业抢险救灾队伍开展人员搜救、医疗救护、灾民安置、次生灾害防范和应急恢复等工作。省级抗震救灾指挥部根据应对工作实际需要或下级抗震救灾指挥部请求，协调派遣专业技术力量和救援队伍，组织调运抗震救灾物资装备，指导市（地）、县开展抗震救灾各项工作；必要时，请求国家有关部门予以支持。

根据灾区需求，中国地震局等国家有关部门和单位协助地方做好地震监测、趋势判定、房屋安全性鉴定和灾害损失调查评估，以及支援物资调运、灾民安置和社会稳定等工作。必要时，派遣公安消防部队、地震灾害紧急救援队和医疗卫生救援队伍赴灾区开展紧急救援行动。

7　恢复重建

7.1　恢复重建规划

特别重大地震灾害发生后，按照国务院决策部署，国务院有关部门和灾区省级人民政府组织编制灾后恢复重建规划；重大、较大、一般地震灾害发生后，灾区省级人民政府根据实际工作需要组织编制地震灾后恢复重建规划。

7.2　恢复重建实施

灾区地方各级人民政府应当根据灾后恢复重建规划和当地经济社会发展水平，有计划、分步骤地组织实施本行政区域灾后恢复重建。上级人民政府有关部门对灾区恢复重建规划的实施给予支持和指导。

8　保障措施

8.1　队伍保障

国务院有关部门、解放军、武警部队、县级以上地方人民政府加强地震灾害紧急救援、公安消防、陆地搜寻与救护、矿山和危险化学品救护、医疗卫生救援等专业抢险救灾队伍建设，配备必要的物资装备，经常性开展协同演练，提高共同应对地震灾害的能力。

城市供水、供电、供气等生命线工程设施产权单位、管理或者生产经营单位加强抢险抢修队伍建设。

乡（镇）人民政府、街道办事处组织动员社会各方面力量，建立基层地震抢险救灾队伍，加强日常管理和培训。各地区、各有关部门发挥共青团和红十字会作用，依托社会团体、企事业单位及社区建立地震应急救援志愿者队伍，形成广泛参与地震应急救援的社会动员机制。

各级地震工作主管部门加强地震应急专家队伍建设,为应急指挥辅助决策、地震监测和趋势判断、地震灾害紧急救援、灾害损失评估、地震烈度考察、房屋安全鉴定等提供人才保障。各有关研究机构加强地震监测、地震预测、地震区划、应急处置技术、搜索与营救、建筑物抗震技术等方面的研究,提供技术支撑。

8.2 指挥平台保障

各级地震工作主管部门综合利用自动监测、通信、计算机、遥感等技术,建立健全地震应急指挥技术系统,形成上下贯通、反应灵敏、功能完善、统一高效的地震应急指挥平台,实现震情灾情快速响应、应急指挥决策、灾害损失快速评估与动态跟踪、地震趋势判断的快速反馈,保障各级人民政府在抗震救灾中进行合理调度、科学决策和准确指挥。

8.3 物资与资金保障

国务院有关部门建立健全应急物资储备网络和生产、调拨及紧急配送体系,保障地震灾害应急工作所需生活救助物资、地震救援和工程抢险装备、医疗器械和药品等的生产供应。县级以上地方人民政府及其有关部门根据有关法律法规,做好应急物资储备工作,并通过与有关生产经营企业签订协议等方式,保障应急物资、生活必需品和应急处置装备的生产、供给。

县级以上人民政府保障抗震救灾工作所需经费。中央财政对达到国家级灾害应急响应、受地震灾害影响较大和财政困难的地区给予适当支持。

8.4 避难场所保障

县级以上地方人民政府及其有关部门,利用广场、绿地、公园、学校、体育场馆等公共设施,因地制宜设立地震应急避难场所,统筹安排所必需的交通、通信、供水、供电、排污、环保、物资储备等设备设施。

学校、医院、影剧院、商场、酒店、体育场馆等人员密集场所设置地震应急疏散通道,配备必要的救生避险设施,保证通道、出口的畅通。有关单位定期检测、维护报警装置和应急救援设施,使其处于良好状态,确保正常使用。

8.5 基础设施保障

工业和信息化部门建立健全应急通信工作体系,建立有线和无线相结合、基础通信网络与机动通信系统相配套的应急通信保障系统,确保地震应急救援工作的通信畅通。在基础通信网络等基础设施遭到严重损毁且短时间难以修复的极端情况下,立即启动应急卫星、短波等无线通信系统和终端设备,确保至少有一种以上临时通信手段有效、畅通。

广电部门完善广播电视传输覆盖网,建立完善国家应急广播体系,确保群众能及时准确地获取政府发布的权威信息。

发展改革和电力监管部门指导、协调、监督电力运营企业加强电力基础设施、电力调度系统建设,保障地震现场应急装备的临时供电需求和灾区电力供应。

公安、交通运输、铁道、民航等主管部门建立健全公路、铁路、航空、水运紧急运输保障体系,加强统一指挥调度,采取必要的交通管制措施,建立应急救援"绿色通道"机制。

8.6 宣传、培训与演练

宣传、教育、文化、广播电视、新闻出版、地震等主管部门密切配合,开展防震减灾科学、法律知识普及和宣传教育,动员社会公众积极参与防震减灾活动,提高全社会防震避险和自救互救能力。学校把防震减灾知识教育纳入教学内容,加强防震减灾专业人才培养,教育、地震等主管部门加强指导和监督。

地方各级人民政府建立健全地震应急管理培训制度,结合本地区实际,组织应急管理人员、救援人员、志愿者等进行地震应急知识和技能培训。

各级人民政府及其有关部门要制定演练计划并定期组织开展地震应急演练。机关、学校、医院、企事业单位和居委会、村委会、基层组织等,要结合实际开展地震应急演练。

9 对港澳台地震灾害应急

9.1 对港澳地震灾害应急

香港、澳门发生地震灾害后,中国地震局向国务院报告震情,向国务院港澳办等部门通报情况,并组织对地震趋势进行分析判断。国务院根据情况向香港、澳门特别行政区发出慰问电;根据特别行政区的请求,调派地震灾害紧急救援队伍、医疗卫生救援队伍协助救援,组织有关部门和地区进行支援。

9.2 对台湾地震灾害应急

台湾发生地震灾害后,国务院台办向台湾有关方面了解情况和对祖国大陆的需求。根据情况,祖国大陆对台湾地震灾区人民表示慰问。国务院根据台湾有关方面的需求,协调调派地震灾害紧急救援队伍、医疗卫生救援队伍协助救援,援助救灾款物,为有关国家和地区对台湾地震灾区的人道主义援助提供便利。

10 其他地震及火山事件应急

10.1 强有感地震事件应急

当大中城市和大型水库、核电站等重要设施场地及其附近地区发生强有感地震事件并可能产生较大社会影响,中国地震局加强震情趋势研判,提出意见报告国务院,同时通报国务院有关部门。省(区、市)人民政府督导有关地方人民政府做好新闻及信息发布与宣传工作,保持社会稳定。

10.2 海域地震事件应急

海域地震事件发生后,有关地方人民政府地震工作主管部门及时向本级人民政府和当地海上搜救机构、海洋主管部门、海事管理部门等通报情况。国家海洋局接到海域地震信息后,立即开展分析,预测海域地震对我国沿海可能造成海啸灾害的影响程度,并及时发布相关的海啸灾害预警信息。当海域地震造成或可能造成船舶遇险、原油泄漏等突发事件时,交通运输部、国家海洋局等有关部门和单位根据有关预案实施海上应急救援。当海域地震造成海底通信电缆中断时,工业和信息化部等部门根据有关预案实施抢修。当海域地震波及陆地造成灾害事件时,参照地震灾害应急响应相应级别实施应急。

10.3 火山灾害事件应急

当火山喷发或出现多种强烈临喷异常现象,中国地震局和有关省(区、市)人民政府要及时将有关情况报国务院。中国地震局派出火山现场应急工作队伍赶赴灾区,对火山喷发或临喷异常现象进行实时监测,判定火山灾害类型和影响范围,划定隔离带,视情向灾区人民政府提出转移居民的建议。必要时,国务院研究、部署火山灾害应急工作,国务院有关部门进行支援。灾区人民政府组织火山灾害预防和救援工作,必要时组织转移居民。

10.4 对国外地震及火山灾害事件应急

国外发生造成重大影响的地震及火山灾害事件,外交部、商务部、中国地震局等部门及时将了解到的受灾国的灾情等情况报国务院,按照有关规定实施国际救援和援助行动。根据情况,发布信息,引导我国出境游客避免赴相关地区旅游,组织有关部门和地区协助安置或撤离我境外人员。当毗邻国家发生地震及火山灾害事件造成我国境内灾害时,按照我国相关应急预案处置。

11 附　　则

11.1 奖励与责任

对在抗震救灾工作中作出突出贡献的先进集体和个人,按照国家有关规定给予表彰和奖励;对在抗震救灾工作中玩忽职守造成损失的,严重虚报、瞒报灾情的,依据国家有关法律法规追究当事人的责任,构成犯罪的,依法追究其刑事责任。

11.2 预案管理与更新

中国地震局会同有关部门制订本预案,报国务院批准后实施。预案实施后,中国地震局会同有关部门组织预案宣传、培训和演练,并根据实际情况,适时组织修订完善本预案。

地方各级人民政府制订本行政区域地震应急预案,报上级人民政府地震工作主管部门备案。各级人民政府有关部门结合本部门职能制订地震应急预案或包括抗震救灾内容的应急预案,报同级地震工作主管部门备案。交通、铁路、水利、电力、通信、广播电视等基础设施的经营管理单位和学校、医院,以及可能发生次生灾害的核电、矿山、危险物品等生产经营单位制订地震应急预案或包括抗震救灾内容的应急预案,报所在地县级地震工作主管部门备案。

11.3 以上、以下的含义

本预案所称以上包括本数,以下不包括本数。

11.4　预案解释

本预案由国务院办公厅负责解释。

11.5　预案实施时间

本预案自印发之日起实施。

地质灾害防治条例

1. 2003 年 11 月 24 日国务院令第 394 号公布
2. 自 2004 年 3 月 1 日起施行

第一章　总　　则

第一条　为了防治地质灾害,避免和减轻地质灾害造成的损失,维护人民生命和财产安全,促进经济和社会的可持续发展,制定本条例。

第二条　本条例所称地质灾害,包括自然因素或者人为活动引发的危害人民生命和财产安全的山体崩塌、滑坡、泥石流、地面塌陷、地裂缝、地面沉降等与地质作用有关的灾害。

第三条　地质灾害防治工作,应当坚持预防为主、避让与治理相结合和全面规划、突出重点的原则。

第四条　地质灾害按照人员伤亡、经济损失的大小,分为四个等级:

(一)特大型:因灾死亡 30 人以上或者直接经济损失 1000 万元以上的;

(二)大型:因灾死亡 10 人以上 30 人以下或者直接经济损失 500 万元以上 1000 万元以下的;

(三)中型:因灾死亡 3 人以上 10 人以下或者直接经济损失 100 万元以上 500 万元以下的;

(四)小型:因灾死亡 3 人以下或者直接经济损失 100 万元以下的。

第五条　地质灾害防治工作,应当纳入国民经济和社会发展计划。

因自然因素造成的地质灾害的防治经费,在划分中央和地方事权和财权的基础上,分别列入中央和地方有关人民政府的财政预算。具体办法由国务院财政部门会同国务院国土资源主管部门制定。

因工程建设等人为活动引发的地质灾害的治理费用,按照谁引发、谁治理的原则由责任单位承担。

第六条　县级以上人民政府应当加强对地质灾害防治工作的领导,组织有关部门采取措施,做好地质灾害防治工作。

县级以上人民政府应当组织有关部门开展地质灾害防治知识的宣传教育,增强公众的地质灾害防治意识和自救、互救能力。

第七条 国务院国土资源主管部门负责全国地质灾害防治的组织、协调、指导和监督工作。国务院其他有关部门按照各自的职责负责有关的地质灾害防治工作。

县级以上地方人民政府国土资源主管部门负责本行政区域内地质灾害防治的组织、协调、指导和监督工作。县级以上地方人民政府其他有关部门按照各自的职责负责有关的地质灾害防治工作。

第八条 国家鼓励和支持地质灾害防治科学技术研究,推广先进的地质灾害防治技术,普及地质灾害防治的科学知识。

第九条 任何单位和个人对地质灾害防治工作中的违法行为都有权检举和控告。

在地质灾害防治工作中做出突出贡献的单位和个人,由人民政府给予奖励。

第二章 地质灾害防治规划

第十条 国家实行地质灾害调查制度。

国务院国土资源主管部门会同国务院建设、水利、铁路、交通等部门结合地质环境状况组织开展全国的地质灾害调查。

县级以上地方人民政府国土资源主管部门会同同级建设、水利、交通等部门结合地质环境状况组织开展本行政区域的地质灾害调查。

第十一条 国务院国土资源主管部门会同国务院建设、水利、铁路、交通等部门,依据全国地质灾害调查结果,编制全国地质灾害防治规划,经专家论证后报国务院批准公布。

县级以上地方人民政府国土资源主管部门会同同级建设、水利、交通等部门,依据本行政区域的地质灾害调查结果和上一级地质灾害防治规划,编制本行政区域的地质灾害防治规划,经专家论证后报本级人民政府批准公布,并报上一级人民政府国土资源主管部门备案。

修改地质灾害防治规划,应当报经原批准机关批准。

第十二条 地质灾害防治规划包括以下内容:

(一)地质灾害现状和发展趋势预测;
(二)地质灾害的防治原则和目标;
(三)地质灾害易发区、重点防治区;
(四)地质灾害防治项目;
(五)地质灾害防治措施等。

县级以上人民政府应当将城镇、人口集中居住区、风景名胜区、大中型工矿企业所在地和交通干线、重点水利电力工程等基础设施作为地质灾害重点防治区中的防护重点。

第十三条 编制和实施土地利用总体规划、矿产资源规划以及水利、铁路、交通、能源等重大建设工程项目规划,应当充分考虑地质灾害防治要求,避免和减轻地质灾害造成的损失。

编制城市总体规划、村庄和集镇规划,应当将地质灾害防治规划作为其组成部分。

第三章　地质灾害预防

第十四条　国家建立地质灾害监测网络和预警信息系统。

县级以上人民政府国土资源主管部门应当会同建设、水利、交通等部门加强对地质灾害险情的动态监测。

因工程建设可能引发地质灾害的,建设单位应当加强地质灾害监测。

第十五条　地质灾害易发区的县、乡、村应当加强地质灾害的群测群防工作。在地质灾害重点防范期内,乡镇人民政府、基层群众自治组织应当加强地质灾害险情的巡回检查,发现险情及时处理和报告。

国家鼓励单位和个人提供地质灾害前兆信息。

第十六条　国家保护地质灾害监测设施。任何单位和个人不得侵占、损毁、损坏地质灾害监测设施。

第十七条　国家实行地质灾害预报制度。预报内容主要包括地质灾害可能发生的时间、地点、成灾范围和影响程度等。

地质灾害预报由县级以上人民政府国土资源主管部门会同气象主管机构发布。

任何单位和个人不得擅自向社会发布地质灾害预报。

第十八条　县级以上地方人民政府国土资源主管部门会同同级建设、水利、交通等部门依据地质灾害防治规划,拟订年度地质灾害防治方案,报本级人民政府批准后公布。

年度地质灾害防治方案包括下列内容:

（一）主要灾害点的分布;

（二）地质灾害的威胁对象、范围;

（三）重点防范期;

（四）地质灾害防治措施;

（五）地质灾害的监测、预防责任人。

第十九条　对出现地质灾害前兆、可能造成人员伤亡或者重大财产损失的区域和地段,县级人民政府应当及时划定为地质灾害危险区,予以公告,并在地质灾害危险区的边界设置明显警示标志。

在地质灾害危险区内,禁止爆破、削坡、进行工程建设以及从事其他可能引发地质灾害的活动。

县级以上人民政府应当组织有关部门及时采取工程治理或者搬迁避让措施,

保证地质灾害危险区内居民的生命和财产安全。

第二十条 地质灾害险情已经消除或者得到有效控制的,县级人民政府应当及时撤销原划定的地质灾害危险区,并予以公告。

第二十一条 在地质灾害易发区内进行工程建设应当在可行性研究阶段进行地质灾害危险性评估,并将评估结果作为可行性研究报告的组成部分;可行性研究报告未包含地质灾害危险性评估结果的,不得批准其可行性研究报告。

编制地质灾害易发区内的城市总体规划、村庄和集镇规划时,应当对规划区进行地质灾害危险性评估。

第二十二条 国家对从事地质灾害危险性评估的单位实行资质管理制度。地质灾害危险性评估单位应当具备下列条件,经省级以上人民政府国土资源主管部门资质审查合格,取得国土资源主管部门颁发的相应等级的资质证书后,方可在资质等级许可的范围内从事地质灾害危险性评估业务:

(一)有独立的法人资格;

(二)有一定数量的工程地质、环境地质和岩土工程等相应专业的技术人员;

(三)有相应的技术装备。

地质灾害危险性评估单位进行评估时,应当对建设工程遭受地质灾害危害的可能性和该工程建设中、建成后引发地质灾害的可能性做出评价,提出具体的预防治理措施,并对评估结果负责。

第二十三条 禁止地质灾害危险性评估单位超越其资质等级许可的范围或者以其他地质灾害危险性评估单位的名义承揽地质灾害危险性评估业务。

禁止地质灾害危险性评估单位允许其他单位以本单位的名义承揽地质灾害危险性评估业务。

禁止任何单位和个人伪造、变造、买卖地质灾害危险性评估资质证书。

第二十四条 对经评估认为可能引发地质灾害或者可能遭受地质灾害危害的建设工程,应当配套建设地质灾害治理工程。地质灾害治理工程的设计、施工和验收应当与主体工程的设计、施工、验收同时进行。

配套的地质灾害治理工程未经验收或者经验收不合格的,主体工程不得投入生产或者使用。

第四章 地质灾害应急

第二十五条 国务院国土资源主管部门会同国务院建设、水利、铁路、交通等部门拟订全国突发性地质灾害应急预案,报国务院批准后公布。

县级以上地方人民政府国土资源主管部门会同同级建设、水利、交通等部门拟订本行政区域的突发性地质灾害应急预案,报本级人民政府批准后公布。

第二十六条 突发性地质灾害应急预案包括下列内容:

(一)应急机构和有关部门的职责分工;

二、灾害防治　153

　　（二）抢险救援人员的组织和应急、救助装备、资金、物资的准备；
　　（三）地质灾害的等级与影响分析准备；
　　（四）地质灾害调查、报告和处理程序；
　　（五）发生地质灾害时的预警信号、应急通信保障；
　　（六）人员财产撤离、转移路线、医疗救治、疾病控制等应急行动方案。

第二十七条　发生特大型或者大型地质灾害时，有关省、自治区、直辖市人民政府应当成立地质灾害抢险救灾指挥机构。必要时，国务院可以成立地质灾害抢险救灾指挥机构。

　　发生其他地质灾害或者出现地质灾害险情时，有关市、县人民政府可以根据地质灾害抢险救灾工作的需要，成立地质灾害抢险救灾指挥机构。

　　地质灾害抢险救灾指挥机构由政府领导负责、有关部门组成，在本级人民政府的领导下，统一指挥和组织地质灾害的抢险救灾工作。

第二十八条　发现地质灾害险情或者灾情的单位和个人，应当立即向当地人民政府或者国土资源主管部门报告。其他部门或者基层群众自治组织接到报告的，应当立即转报当地人民政府。

　　当地人民政府或者县级人民政府国土资源主管部门接到报告后，应当立即派人赶赴现场，进行现场调查，采取有效措施，防止灾害发生或者灾情扩大，并按照国务院国土资源主管部门关于地质灾害灾情分级报告的规定，向上级人民政府和国土资源主管部门报告。

第二十九条　接到地质灾害险情报告的当地人民政府、基层群众自治组织应当根据实际情况，及时动员受到地质灾害威胁的居民以及其他人员转移到安全地带；情况紧急时，可以强行组织避灾疏散。

第三十条　地质灾害发生后，县级以上人民政府应当启动并组织实施相应的突发性地质灾害应急预案。有关地方人民政府应当及时将灾情及其发展趋势等信息报告上级人民政府。

　　禁止隐瞒、谎报或者授意他人隐瞒、谎报地质灾害灾情。

第三十一条　县级以上人民政府有关部门应当按照突发性地质灾害应急预案的分工，做好相应的应急工作。

　　国土资源主管部门应当会同同级建设、水利、交通等部门尽快查明地质灾害发生原因、影响范围等情况，提出应急治理措施，减轻和控制地质灾害灾情。

　　民政、卫生、食品药品监督管理、商务、公安部门，应当及时设置避难场所和救济物资供应点，妥善安排灾民生活，做好医疗救护、卫生防疫、药品供应、社会治安工作；气象主管机构应当做好气象服务保障工作；通信、航空、铁路、交通部门应当保证地质灾害应急的通信畅通和救灾物资、设备、药物、食品的运送。

第三十二条　根据地质灾害应急处理的需要，县级以上人民政府应当紧急调集人员，调用物资、交通工具和相关的设施、设备；必要时，可以根据需要在抢险救灾区因救灾需要,临时调用单位和个人的物资、设施、设备或者占用其房屋、土地的,事后应当及时归还;无法归还或者造成损失的,应当给予相应的补偿。

第三十三条 县级以上地方人民政府应当根据地质灾害灾情和地质灾害防治需要,统筹规划、安排受灾地区的重建工作。

第五章 地质灾害治理

第三十四条 因自然因素造成的特大型地质灾害,确需治理的,由国务院国土资源主管部门会同灾害发生地的省、自治区、直辖市人民政府组织治理。

因自然因素造成的其他地质灾害,确需治理的,在县级以上地方人民政府的领导下,由本级人民政府国土资源主管部门组织治理。

因自然因素造成的跨行政区域的地质灾害,确需治理的,由所跨行政区域的地方人民政府国土资源主管部门共同组织治理。

第三十五条 因工程建设等人为活动引发的地质灾害,由责任单位承担治理责任。

责任单位由地质灾害发生地的县级以上人民政府国土资源主管部门负责组织专家对地质灾害的成因进行分析论证后认定。

对地质灾害的治理责任认定结果有异议的,可以依法申请行政复议或者提起行政诉讼。

第三十六条 地质灾害治理工程的确定,应当与地质灾害形成的原因、规模以及对人民生命和财产安全的危害程度相适应。

承担专项地质灾害治理工程勘查、设计、施工和监理的单位,应当具备下列条件,经省级以上人民政府国土资源主管部门资质审查合格,取得国土资源主管部门颁发的相应等级的资质证书后,方可在资质等级许可的范围内从事地质灾害治理工程的勘查、设计、施工和监理活动,并承担相应的责任:

(一)有独立的法人资格;
(二)有一定数量的水文地质、环境地质、工程地质等相应专业的技术人员;
(三)有相应的技术装备;
(四)有完善的工程质量管理制度。

地质灾害治理工程的勘查、设计、施工和监理应当符合国家有关标准和技术规范。

第三十七条 禁止地质灾害治理工程勘查、设计、施工和监理单位超越其资质等级许可的范围或者以其他地质灾害治理工程勘查、设计、施工和监理单位的名义承揽地质灾害治理工程勘查、设计、施工和监理业务。

禁止地质灾害治理工程勘查、设计、施工和监理单位允许其他单位以本单位的名义承揽地质灾害治理工程勘查、设计、施工和监理业务。

禁止任何单位和个人伪造、变造、买卖地质灾害治理工程勘查、设计、施工和监理资质证书。

第三十八条 政府投资的地质灾害治理工程竣工后,由县级以上人民政府国土资源主管部门组织竣工验收。其他地质灾害治理工程竣工后,由责任单位组织竣工验收;竣工验收时,应当有国土资源主管部门参加。

第三十九条 政府投资的地质灾害治理工程经竣工验收合格后,由县级以上人民政府国土资源主管部门指定的单位负责管理和维护;其他地质灾害治理工程经竣工验收合格后,由负责治理的责任单位负责管理和维护。

任何单位和个人不得侵占、损毁、损坏地质灾害治理工程设施。

第六章 法律责任

第四十条 违反本条例规定,有关县级以上地方人民政府、国土资源主管部门和其他有关部门有下列行为之一的,对直接负责的主管人员和其他直接责任人员,依法给予降级或者撤职的行政处分;造成地质灾害导致人员伤亡和重大财产损失的,依法给予开除的行政处分;构成犯罪的,依法追究刑事责任:

(一)未按照规定编制突发性地质灾害应急预案,或者未按照突发性地质灾害应急预案的要求采取有关措施、履行有关义务的;

(二)在编制地质灾害易发区内的城市总体规划、村庄和集镇规划时,未按照规定对规划区进行地质灾害危险性评估的;

(三)批准未包含地质灾害危险性评估结果的可行性研究报告的;

(四)隐瞒、谎报或者授意他人隐瞒、谎报地质灾害灾情,或者擅自发布地质灾害预报的;

(五)给不符合条件的单位颁发地质灾害危险性评估资质证书或者地质灾害治理工程勘查、设计、施工、监理资质证书的;

(六)在地质灾害防治工作中有其他渎职行为的。

第四十一条 违反本条例规定,建设单位有下列行为之一的,由县级以上地方人民政府国土资源主管部门责令限期改正;逾期不改正的,责令停止生产、施工或者使用,处10万元以上50万元以下的罚款;构成犯罪的,依法追究刑事责任:

(一)未按照规定对地质灾害易发区内的建设工程进行地质灾害危险性评估的;

(二)配套的地质灾害治理工程未经验收或者经验收不合格,主体工程即投入生产或者使用的。

第四十二条 违反本条例规定,对工程建设等人为活动引发的地质灾害不予治理的,由县级以上人民政府国土资源主管部门责令限期治理;逾期不治理或者治理不符合要求的,由责令限期治理的国土资源主管部门组织治理,所需费用由责任单位承担,处10万元以上50万元以下的罚款;给他人造成损失的,依法承担赔偿责任。

第四十三条 违反本条例规定,在地质灾害危险区内爆破、削坡、进行工程建设以及从事其他可能引发地质灾害活动的,由县级以上地方人民政府国土资源主管部门责令停止违法行为,对单位处5万元以上20万元以下的罚款,对个人处1万元以上5万元以下的罚款;构成犯罪的,依法追究刑事责任;给他人造成损失的,依法承担赔偿责任。

第四十四条 违反本条例规定,有下列行为之一的,由县级以上人民政府国土资源主管部门或者其他部门依据职责责令停止违法行为,对地质灾害危险性评估单位、地质灾害治理工程勘查、设计或者监理单位处合同约定的评估费、勘查费、设计费或者监理酬金1倍以上2倍以下的罚款,对地质灾害治理工程施工单位处工程价款2%以上4%以下的罚款,并可以责令停业整顿,降低资质等级;有违法所得的,没收违法所得;情节严重的,吊销其资质证书;构成犯罪的,依法追究刑事责任;给他人造成损失的,依法承担赔偿责任:

(一)在地质灾害危险性评估中弄虚作假或者故意隐瞒地质灾害真实情况的;

(二)在地质灾害治理工程勘查、设计、施工以及监理活动中弄虚作假、降低工程质量的;

(三)无资质证书或者超越其资质等级许可的范围承揽地质灾害危险性评估、地质灾害治理工程勘查、设计、施工及监理业务的;

(四)以其他单位的名义或者允许其他单位以本单位的名义承揽地质灾害危险性评估、地质灾害治理工程勘查、设计、施工和监理业务的。

第四十五条 违反本条例规定,伪造、变造、买卖地质灾害危险性评估资质证书、地质灾害治理工程勘查、设计、施工和监理资质证书的,由省级以上人民政府国土资源主管部门收缴或者吊销其资质证书,没收违法所得,并处5万元以上10万元以下的罚款;构成犯罪的,依法追究刑事责任。

第四十六条 违反本条例规定,侵占、损毁、损坏地质灾害监测设施或者地质灾害治理工程设施的,由县级以上地方人民政府国土资源主管部门责令停止违法行为,限期恢复原状或者采取补救措施,可以处5万元以下的罚款;构成犯罪的,依法追究刑事责任。

第七章 附　　则

第四十七条 在地质灾害防治工作中形成的地质资料,应当按照《地质资料管理条例》的规定汇交。

第四十八条 地震灾害的防御和减轻依照防震减灾的法律、行政法规的规定执行。

防洪法律、行政法规对洪水引发的崩塌、滑坡、泥石流的防治有规定的,从其规定。

第四十九条 本条例自2004年3月1日起施行。

国务院关于加强地质灾害防治工作的决定

1. 2011年6月13日发布
2. 国发〔2011〕20号

各省、自治区、直辖市人民政府，国务院各部委、各直属机构：

我国是世界上地质灾害最严重、受威胁人口最多的国家之一，地质条件复杂，构造活动频繁，崩塌、滑坡、泥石流、地面塌陷、地面沉降、地裂缝等灾害隐患多、分布广，且隐蔽性、突发性和破坏性强，防范难度大。特别是近年来受极端天气、地震、工程建设等因素影响，地质灾害多发频发，给人民群众生命财产造成严重损失。为进一步加强地质灾害防治工作，特作如下决定。

一、指导思想、基本原则和工作目标

（一）指导思想。全面贯彻党的十七大和十七届三中、四中、五中全会精神，以邓小平理论和"三个代表"重要思想为指导，全面贯彻落实科学发展观，将"以人为本"的理念贯穿于地质灾害防治工作各个环节，以保护人民群众生命财产安全为根本，以建立健全地质灾害调查评价体系、监测预警体系、防治体系、应急体系为核心，强化全社会地质灾害防范意识和能力，科学规划，突出重点，整体推进，全面提高我国地质灾害防治水平。

（二）基本原则。坚持属地管理、分级负责，明确地方政府的地质灾害防治主体责任，做到政府组织领导、部门分工协作、全社会共同参与；坚持预防为主、防治结合，科学运用监测预警、搬迁避让和工程治理等多种手段，有效规避灾害风险；坚持专群结合、群测群防，充分发挥专业监测机构作用，紧紧依靠广大基层群众全面做好地质灾害防治工作；坚持谁引发、谁治理，对工程建设引发的地质灾害隐患明确防灾责任单位，切实落实防范治理责任；坚持统筹规划、综合治理，在加强地质灾害防治的同时，协调推进山洪等其他灾害防治及生态环境治理工作。

（三）工作目标。"十二五"期间，完成地质灾害重点防治区灾害调查任务，全面查清地质灾害隐患的基本情况；基本完成三峡库区、汶川和玉树地震灾区、地质灾害高易发区重大地质灾害隐患点的工程治理或搬迁避让；对其他隐患点，积极开展专群结合的监测预警，灾情、险情得到及时监控和有效处置。到2020年，全面建成地质灾害调查评价体系、监测预警体系、防治体系和应急体系，基本消除特大型地质灾害隐患点的威胁，使灾害造成的人员伤亡和财产损失明显减少。

二、全面开展隐患调查和动态巡查

（四）加强调查评价。以县为单元在全国范围全面开展山洪、地质灾害调查评价工作，重点提高汶川、玉树地震灾区以及三峡库区、西南山区、西北黄土区、东南沿海等地区的调查工作程度,加大对人口密集区、重要军民设施周边地质灾害危险性的评价力度。调查评价结果要及时提交当地县级以上人民政府,作为灾害防治工作的基础依据。

(五)强化重点勘查。对可能威胁城镇、学校、医院、集市和村庄、部队营区等人口密集区域及饮用水源地,隐蔽性强、地质条件复杂的重大隐患点,要组织力量进行详细勘查,查明灾害成因、危害程度,掌握其发展变化规律,并逐点制定落实监测防治措施。

(六)开展动态巡查。地质灾害易发区县级人民政府要建立健全隐患排查制度,组织对本地区地质灾害隐患点开展经常性巡回检查,对重点防治区域每年开展汛前排查、汛中检查和汛后核查,及时消除灾害隐患,并将排查结果及防灾责任单位及时向社会公布。省、市两级人民政府和相关部门要加强对县级人民政府隐患排查工作的督促指导,对基层难以确定的隐患,要及时组织专业部门进行现场核查确认。

三、加强监测预报预警

(七)完善监测预报网络。各地区要加快构建国土、气象、水利等部门联合的监测预警信息共享平台,建立预报会商和预警联动机制。对城镇、乡村、学校、医院及其他企事业单位等人口密集区上游易发生滑坡、山洪、泥石流的高山峡谷地带,要加密部署气象、水文、地质灾害等专业监测设备,加强监测预报,确保及时发现险情、及时发出预警。

(八)加强预警信息发布手段建设。进一步完善国家突发公共事件预警信息发布系统,建立国家应急广播体系,充分利用广播、电视、互联网、手机短信、电话、宣传车和电子显示屏等各种媒体和手段,及时发布地质灾害预警信息。重点加强农村山区等偏远地区紧急预警信息发布手段建设,并因地制宜地利用有线广播、高音喇叭、鸣锣吹哨、逐户通知等方式,将灾害预警信息及时传递给受威胁群众。

(九)提高群测群防水平。地质灾害易发区的县、乡两级人民政府要加强群测群防的组织领导,健全以村干部和骨干群众为主体的群测群防队伍。引导、鼓励基层社区、村组成立地质灾害联防联控互助组织。对群测群防员给予适当经费补贴,并配备简便实用的监测预警设备。组织相关部门和专业技术人员加强对群测群防员等的防灾知识技能培训,不断增强其识灾报灾、监测预警和临灾避险应急能力。

四、有效规避灾害风险

(十)严格地质灾害危险性评估。在地质灾害易发区内进行工程建设,要严格按规定开展地质灾害危险性评估,严防人为活动诱发地质灾害。强化资源开发中的生态保护与监管,开展易灾地区生态环境监测评估。各地区、各有关部门编制城市总体规划、村庄和集镇规划、基础设施专项规划时,要加强对规划区地质灾害危险性评估,合理确定项目选址、布局,切实避开危险区域。

（十一）快速有序组织临灾避险。对出现灾害前兆、可能造成人员伤亡和重大财产损失的区域和地段，县级人民政府要及时划定地质灾害危险区，向社会公告并设立明显的警示标志；要组织制定防灾避险方案，明确防灾责任人、预警信号、疏散路线及临时安置场所等。遇台风、强降雨等恶劣天气及地震灾害发生时，要组织力量严密监测隐患发展变化，紧急情况下，当地人民政府、基层群测群防组织要迅速启动防灾避险方案，及时有序组织群众安全转移，并在原址设立警示标志，避免人员进入造成伤亡。在安排临时转移群众返回原址居住前，要对灾害隐患进行安全评估，落实监测预警等防范措施。

（十二）加快实施搬迁避让。地方各级人民政府要把地质灾害防治与扶贫开发、生态移民、新农村建设、小城镇建设、土地整治等有机结合起来，统筹安排资金，有计划、有步骤地加快地质灾害危险区内群众搬迁避让，优先搬迁危害程度高、治理难度大的地质灾害隐患点周边群众。要加强对搬迁安置点的选址评估，确保新址不受地质灾害威胁，并为搬迁群众提供长远生产、生活条件。

五、综合采取防治措施

（十三）科学开展工程治理。对一时难以实施搬迁避让的地质灾害隐患点，各地区要加快开展工程治理，充分发挥专家和专业队伍作用，科学设计，精心施工，保证工程质量，提高资金使用效率。各级国土资源、发展改革、财政等相关部门，要加强对工程治理项目的支持和指导监督。

（十四）加快地震灾区、三峡库区地质灾害防治。针对汶川、玉树等地震对灾区地质环境造成的严重破坏，在全面开展地震影响区地质灾害详细调查评价的基础上，抓紧编制实施地质灾害防治专项规划，对重大隐患点进行严密监测，及时采取搬迁避让、工程治理等防治措施，防止造成重大人员伤亡和财产损失。组织实施好三峡库区地质灾害防治工作，妥善解决二、三期地质灾害防治遗留问题，重点加强对水位涨落引发的滑坡、崩塌监测预警和应急处置。

（十五）加强重要设施周边地质灾害防治。对交通干线、水利枢纽、输供电输油（气）设施等重要设施及军事设施周边重大地质灾害隐患，有关部门和企业要及时采取防治措施，确保安全。经评估论证需采取地质灾害防治措施的工程项目，建设单位必须在主体工程建设的同时，实施地质灾害防护工程。各施工企业要加强对工地周边地质灾害隐患的监测预警，制定防灾预案，切实保证在建工程和施工人员安全。

（十六）积极开展综合治理。各地区要组织国土资源、发展改革、财政、环境保护、水利、农业、安全监管、林业、气象等相关部门，统筹各方资源抓好地质灾害防治、矿山地质环境治理恢复、水土保持、山洪灾害防治、中小河流治理和病险水库除险加固、尾矿库隐患治理、易灾地区生态环境治理等各项工作，切实提高地质灾害综合治理水平。要编制实施相关规划，合理安排非工程措施和工程措施，适当提高山区城镇、乡村的地质灾害设防标准。

（十七）建立健全地面沉降、塌陷及地裂缝防控机制。建立相关部门、地方政府地面沉降防控共同责任制,完善重点地区地面沉降监测网络,实行地面沉降与地下水开采联防联控,重点加强对长江三角洲、华北地区和汾渭地区地下水开采管理,合理实施地下水禁采、限采措施和人工回灌等工程,建立地面沉降防治示范区,遏制地面沉降、地裂缝进一步加剧。在深入调查的基础上,划定地面塌陷易发区、危险区,强化防护措施。制定地下工程活动和地下空间管理办法,严格审批程序,防止矿产开采、地下水抽采和其他地下工程建设以及地下空间使用不当等引发地面沉降、塌陷及地裂缝等灾害。

六、加强应急救援工作

（十八）提高地质灾害应急能力。地方各级人民政府要结合地质灾害防治工作实际,加强应急救援体系建设,加快组建专群结合的应急救援队伍,配备必要的交通、通信和专业设备,形成高效的应急工作机制。进一步修订完善突发地质灾害应急预案,制定严密、科学的应急工作流程。建设完善应急避难场所,加强必要的生活物资和医疗用品储备,定期组织应急预案演练,提高有关各方协调联动和应急处置能力。

（十九）强化基层地质灾害防范。地质灾害易发区要充分发挥基层群众熟悉情况的优势,大力支持和推进乡、村地质灾害监测、巡查、预警、转移避险等应急能力建设。在地质灾害重点防范期内,乡镇人民政府、基层群众自治组织要加强对地质灾害隐患的巡回检查,对威胁学校、医院、村庄、集市、企事业单位等人员密集场所的重大隐患点,要安排专人盯守巡查,并于每年汛期前至少组织一次应急避险演练。

（二十）做好突发地质灾害的抢险救援。地方各级人民政府要切实做好突发地质灾害的抢险救援工作,加强综合协调,快速高效做好人员搜救、灾情调查、险情分析、次生灾害防范等应急处置工作。要妥善安排受灾群众生活、医疗和心理救助,全力维护灾区社会稳定。

七、健全保障机制

（二十一）完善和落实法规标准。全面落实《地质灾害防治条例》,地质灾害易发区要抓紧制定完善地方性配套法规规章,健全地质灾害防治法制体系。抓紧修订地质灾害调查评价、危险性评估与风险区划、监测预警和应急处置的规范标准,完善地质灾害治理工程勘查、设计、施工、监理、危险性评估等技术要求和规程。

（二十二）加强地质灾害防治队伍建设。地质灾害易发区省、市、县级人民政府要建立健全与本地区地质灾害防治需要相适应的专业监测、应急管理和技术保障队伍,加大资源整合和经费保障力度,确保各项工作正常开展。支持高等院校、科研院所加大地质灾害防治专业技术人才培养力度,对长期在基层一线从事地质灾害调查、监测等防治工作的专业技术人员,在职务、职称等方面给予政策倾斜。

（二十三）加大资金投入和管理。国家设立的特大型地质灾害防治专项资金,用于开展全国地质灾害调查评价,实施重大隐患点的监测预警、勘查、搬迁避让、工程治理和应急处置,支持群测群防体系建设、科普宣教和培训工作。地方各级人民政府要将地质灾害防治费用和群测群防员补助资金纳入财政保障范围,根据本地实际,增加安排用于地质灾害防治工作的财政投入。同时,要严格资金管理,确保地质灾害防治资金专款专用。各地区要探索制定优惠政策,鼓励、吸引社会资金投入地质灾害防治工作。

(二十四)积极推进科技创新。国家和地方相关科技计划(基金、专项)等要加大对地质灾害防治领域科学研究和技术创新的支持力度,加强对复杂山体成灾机理、灾害风险分析、灾害监测与治理技术、地震对地质灾害影响评价等方面的研究。积极采用地理信息、全球定位、卫星通信、遥感遥测等先进技术手段,探索运用物联网等前沿技术,提升地质灾害调查评价、监测预警的精度和效率。鼓励地质灾害预警和应急指挥、救援关键技术装备的研制,推广应用生命探测、大型挖掘起重破障、物探钻探及大功率水泵等先进适用装备,提高抢险救援和应急处置能力。加强国际交流与合作,学习借鉴国外先进的地质灾害防治理论和技术方法。

(二十五)深入开展科普宣传和培训教育。各地区、各有关部门要广泛开展地质灾害识灾防灾、灾情报告、避险自救等知识的宣传普及,增强全社会预防地质灾害的意识和自我保护能力。地质灾害易发区要定期组织机关干部、基层组织负责人和骨干群众参加地质灾害防治知识培训,加强对中小学学生地质灾害防治知识的教育和技能演练;市、县、乡级政府负责人要全面掌握本地区地质灾害情况,切实增强灾害防治及抢险救援指挥能力。

八、加强组织领导和协调

(二十六)切实加强组织领导。地方各级人民政府要把地质灾害防治工作列入重要议事日程,纳入政府绩效考核,考核结果作为领导班子和领导干部综合考核评价的重要内容。要加强对地质灾害防治工作的领导,地方政府主要负责人对本地区地质灾害防治工作负总责,建立完善逐级负责制,确保防治责任和措施层层落到实处。地质灾害易发区要把地质灾害防治作为市、县、乡级政府分管领导及主管部门负责人任职等谈话的重要内容,督促检查防灾责任落实情况。对在地质灾害防范和处置中玩忽职守,致使工作不到位,造成重大人员伤亡和财产损失的,要依法依规严肃追究行政领导和相关责任人的责任。

(二十七)加强沟通协调。各有关部门要各负其责,密切配合,加强与人民解放军、武警部队的沟通联络和信息共享,共同做好地质灾害防治工作。国土资源部门要加强对地质灾害防治工作的组织协调和指导监督;发展改革、教育、工业和信息化、民政、住房城乡建设、交通运输、铁道、水利、卫生、安全监管、电力监管、旅游等部门要按照职责分工,做好相关领域地质灾害防治工作的组织实施。

(二十八)构建全社会共同参与的地质灾害防治工作格局。广泛发动社会各方面力量积极参与地质灾害防治工作,紧紧依靠人民解放军、武警部队、民兵预备役、公安消防队伍等抢险救援骨干力量，切实发挥工会、共青团、妇联等人民团体在动员群众、宣传教育等方面的作用，鼓励公民、法人和其他社会组织共同关心、支持地质灾害防治事业。对在地质灾害防治工作中成绩显著的单位和个人，各级人民政府要给予表扬奖励。

矿山地质环境保护规定

1. 2009 年 3 月 2 日国土资源部令第 44 号公布
2. 根据 2015 年 5 月 11 日国土资源部令第 62 号《关于修改〈地质灾害危险性评估单位资质管理办法〉等 5 部规章的决定》第一次修正
3. 根据 2016 年 1 月 8 日国土资源部令第 64 号《关于修改和废止部分规章的决定》第二次修正
4. 根据 2019 年 7 月 24 日自然资源部令第 5 号《关于第一批废止修改的部门规章的决定》第三次修正

第一章　总　　则

第一条　为保护矿山地质环境，减少矿产资源勘查开采活动造成的矿山地质环境破坏，保护人民生命和财产安全，促进矿产资源的合理开发利用和经济社会、资源环境的协调发展，根据《中华人民共和国矿产资源法》《地质灾害防治条例》《土地复垦条例》，制定本规定。

第二条　因矿产资源勘查开采等活动造成矿区地面塌陷、地裂缝、崩塌、滑坡，含水层破坏，地形地貌景观破坏等的预防和治理恢复，适用本规定。

　　开采矿产资源涉及土地复垦的，依照国家有关土地复垦的法律法规执行。

第三条　矿山地质环境保护，坚持预防为主、防治结合，谁开发谁保护、谁破坏谁治理、谁投资谁受益的原则。

第四条　自然资源部负责全国矿山地质环境的保护工作。

　　县级以上地方自然资源主管部门负责本行政区的矿山地质环境保护工作。

第五条　国家鼓励开展矿山地质环境保护科学技术研究，普及相关科学技术知识，推广先进技术和方法，制定有关技术标准，提高矿山地质环境保护的科学技术水平。

第六条　国家鼓励企业、社会团体或者个人投资，对已关闭或者废弃矿山的地质环境进行治理恢复。

第七条　任何单位和个人对破坏矿山地质环境的违法行为都有权进行检举和控告。

第二章　规　　划

第八条　自然资源部负责全国矿山地质环境的调查评价工作。

省、自治区、直辖市自然资源主管部门负责本行政区域内的矿山地质环境调查评价工作。

市、县自然资源主管部门根据本地区的实际情况，开展本行政区域的矿山地质环境调查评价工作。

第九条　自然资源部依据全国矿山地质环境调查评价结果，编制全国矿山地质环境保护规划。

省、自治区、直辖市自然资源主管部门依据全国矿山地质环境保护规划，结合本行政区域的矿山地质环境调查评价结果，编制省、自治区、直辖市的矿山地质环境保护规划，报省、自治区、直辖市人民政府批准实施。

市、县级矿山地质环境保护规划的编制和审批，由省、自治区、直辖市自然资源主管部门规定。

第十条　矿山地质环境保护规划应当包括下列内容：

（一）矿山地质环境现状和发展趋势；

（二）矿山地质环境保护的指导思想、原则和目标；

（三）矿山地质环境保护的主要任务；

（四）矿山地质环境保护的重点工程；

（五）规划实施保障措施。

第十一条　矿山地质环境保护规划应当符合矿产资源规划，并与土地利用总体规划、地质灾害防治规划等相协调。

第三章　治理恢复

第十二条　采矿权申请人申请办理采矿许可证时，应当编制矿山地质环境保护与土地复垦方案，报有批准权的自然资源主管部门批准。

矿山地质环境保护与土地复垦方案应当包括下列内容：

（一）矿山基本情况；

（二）矿区基础信息；

（三）矿山地质环境影响和土地损毁评估；

（四）矿山地质环境治理与土地复垦可行性分析；

（五）矿山地质环境治理与土地复垦工程；

（六）矿山地质环境治理与土地复垦工作部署；

（七）经费估算与进度安排；

（八）保障措施与效益分析。

第十三条　采矿权申请人未编制矿山地质环境保护与土地复垦方案，或者编制的矿山地质环境保护与土地复垦方案不符合要求的，有批准权的自然资源主管部门应当告知申请人补正；逾期不补正的，不予受理其采矿权申请。

第十四条　采矿权人扩大开采规模、变更矿区范围或者开采方式的，应当重新编制矿山地质环境保护与土地复垦方案,并报原批准机关批准。

第十五条　采矿权人应当严格执行经批准的矿山地质环境保护与土地复垦方案。

矿山地质环境保护与治理恢复工程的设计和施工,应当与矿产资源开采活动同步进行。

第十六条　开采矿产资源造成矿山地质环境破坏的,由采矿权人负责治理恢复,治理恢复费用列入生产成本。

矿山地质环境治理恢复责任人灭失的,由矿山所在地的市、县自然资源主管部门,使用经市、县人民政府批准设立的政府专项资金进行治理恢复。

自然资源部,省、自治区、直辖市自然资源主管部门依据矿山地质环境保护规划,按照矿山地质环境治理工程项目管理制度的要求,对市、县自然资源主管部门给予资金补助。

第十七条　采矿权人应当依照国家有关规定,计提矿山地质环境治理恢复基金。基金由企业自主使用,根据其矿山地质环境保护与土地复垦方案确定的经费预算、工程实施计划、进度安排等,统筹用于开展矿山地质环境治理恢复和土地复垦。

第十八条　采矿权人应当按照矿山地质环境保护与土地复垦方案的要求履行矿山地质环境保护与土地复垦义务。

采矿权人未履行矿山地质环境保护与土地复垦义务,或者未达到矿山地质环境保护与土地复垦方案要求,有关自然资源主管部门应当责令采矿权人限期履行矿山地质环境保护与土地复垦义务。

第十九条　矿山关闭前,采矿权人应当完成矿山地质环境保护与土地复垦义务。采矿权人在申请办理闭坑手续时,应当经自然资源主管部门验收合格,并提交验收合格文件。

第二十条　采矿权转让的,矿山地质环境保护与土地复垦的义务同时转让。采矿权受让人应当依照本规定,履行矿山地质环境保护与土地复垦的义务。

第二十一条　以槽探、坑探方式勘查矿产资源,探矿权人在矿产资源勘查活动结束后未申请采矿权的,应当采取相应的治理恢复措施,对其勘查矿产资源遗留的钻孔、探井、探槽、巷道进行回填、封闭,对形成的危岩、危坡等进行治理恢复,消除安全隐患。

第四章　监督管理

第二十二条　县级以上自然资源主管部门对采矿权人履行矿山地质环境保护与土地复垦义务的情况进行监督检查。

相关责任人应当配合县级以上自然资源主管部门的监督检查,并提供必要的资料,如实反映情况。

第二十三条　县级以上自然资源主管部门应当建立本行政区域内的矿山地质环境监测工作体系,健全监测网络,对矿山地质环境进行动态监测,指导、监督采矿权人开展矿山地质环境监测。

采矿权人应当定期向矿山所在地的县级自然资源主管部门报告矿山地质环境情况,如实提交监测资料。

县级自然资源主管部门应当定期将汇总的矿山地质环境监测资料报上一级自然资源主管部门。

第二十四条 县级以上自然资源主管部门在履行矿山地质环境保护的监督检查职责时,有权对矿山地质环境与土地复垦方案确立的治理恢复措施落实情况和矿山地质环境监测情况进行现场检查,对违反本规定的行为有权制止并依法查处。

第二十五条 开采矿产资源等活动造成矿山地质环境突发事件的,有关责任人应当采取应急措施,并立即向当地人民政府报告。

第五章 法律责任

第二十六条 违反本规定,应当编制矿山地质环境保护与土地复垦方案而未编制的,或者扩大开采规模、变更矿区范围或者开采方式,未重新编制矿山地质环境保护与土地复垦方案并经原审批机关批准的,责令限期改正,并列入矿业权人异常名录或严重违法名单;逾期不改正的,处3万元以下的罚款,不受理其申请新的采矿许可证或者申请采矿许可证延续、变更、注销。

第二十七条 违反本规定,未按照批准的矿山地质环境保护与土地复垦方案治理的,或者在矿山被批准关闭、闭坑前未完成治理恢复的,责令限期改正,并列入矿业权人异常名录或严重违法名单;逾期拒不改正的或整改不到位的,处3万元以下的罚款,不受理其申请新的采矿权许可证或者申请采矿权许可证延续、变更、注销。

第二十八条 违反本规定,未按规定计提矿山地质环境治理恢复基金的,由县级以上自然资源主管部门责令限期计提;逾期不计提的,处3万元以下的罚款。颁发采矿许可证的自然资源主管部门不得通过其采矿活动年度报告,不受理其采矿权延续变更申请。

第二十九条 违反本规定第二十一条规定,探矿权人未采取治理恢复措施的,由县级以上自然资源主管部门责令限期改正;逾期拒不改正的,处3万元以下的罚款,5年内不受理其新的探矿权、采矿权申请。

第三十条 违反本规定,扰乱、阻碍矿山地质环境保护与治理恢复工作,侵占、损坏、损毁矿山地质环境监测设施或者矿山地质环境保护与治理恢复设施的,由县级以上自然资源主管部门责令停止违法行为,限期恢复原状或者采取补救措施,并处3万元以下的罚款;构成犯罪的,依法追究刑事责任。

第三十一条 县级以上自然资源主管部门工作人员违反本规定,在矿山地质环境保护与治理恢复监督管理中玩忽职守、滥用职权、徇私舞弊的,对相关责任人依法给予处分;构成犯罪的,依法追究刑事责任。

第六章 附 则

第三十二条 本规定实施前已建和在建矿山,采矿权人应当依照本规定编制矿山地质环境保护与土地复垦方案,报原采矿许可证审批机关批准。

第三十三条 本规定自 2009 年 5 月 1 日起施行。

国家突发地质灾害应急预案

2006 年 1 月 13 日国务院发布

1 总 则

1.1 编制目的

高效有序地做好突发地质灾害应急防治工作,避免或最大程度地减轻灾害造成的损失,维护人民生命、财产安全和社会稳定。

1.2 编制依据

依据《地质灾害防治条例》、《国家突发公共事件总体应急预案》、《国务院办公厅转发国土资源部建设部关于加强地质灾害防治工作意见的通知》,制定本预案。

1.3 适用范围

本预案适用于处置自然因素或者人为活动引发的危害人民生命和财产安全的山体崩塌、滑坡、泥石流、地面塌陷等与地质作用有关的地质灾害。

1.4 工作原则

预防为主,以人为本。建立健全群测群防机制,最大程度地减少突发地质灾害造成的损失,把保障人民群众的生命财产安全作为应急工作的出发点和落脚点。

统一领导,分工负责。在各级党委、政府统一领导下,有关部门各司其职,密切配合,共同做好突发地质灾害应急防治工作。

分级管理,属地为主。建立健全按灾害级别分级管理、条块结合、以地方人民政府为主的管理体制。

2 组织体系和职责

国务院国土资源行政主管部门负责全国地质灾害应急防治工作的组织、协调、指导和监督。

出现超出事发地省级人民政府处置能力,需要由国务院负责处置的特大型地质灾害时,根据国务院国土资源行政主管部门的建议,国务院可以成立临时性的地质灾害应急防治总指挥部,负责特大型地质灾害应急防治工作的指挥和部署。

省级人民政府可以参照国务院地质灾害应急防治总指挥部的组成和职责,结合本地实际情况成立相应的地质灾害应急防治指挥部。

发生地质灾害或者出现地质灾害险情时,相关市、县人民政府可以根据地质灾害抢险救灾的需要,成立地质灾害抢险救灾指挥机构。

3 预防和预警机制
3.1 预防预报预警信息
3.1.1 监测预报预警体系建设

各级人民政府要加快建立以预防为主的地质灾害监测、预报、预警体系建设,开展地质灾害调查,编制地质灾害防治规划,建设地质灾害群测群防网络和专业监测网络,形成覆盖全国的地质灾害监测网络。国务院国土资源、水利、气象、地震部门要密切合作,逐步建成与全国防汛监测网络、气象监测网络、地震监测网络互联,连接国务院有关部门、省(区、市)、市(地、州)、县(市)的地质灾害信息系统,及时传送地质灾害险情灾情、汛情和气象信息。

3.1.2 信息收集与分析

负责地质灾害监测的单位,要广泛收集整理与突发地质灾害预防预警有关的数据资料和相关信息,进行地质灾害中、短期趋势预测,建立地质灾害监测、预报、预警等资料数据库,实现各部门间的共享。

3.2 预防预警行动
3.2.1 编制年度地质灾害防治方案

县级以上地方人民政府国土资源主管部门会同本级地质灾害应急防治指挥部成员单位,依据地质灾害防治规划,每年年初拟订本年度的地质灾害防治方案。年度地质灾害防治方案要标明辖区内主要灾害点的分布,说明主要灾害点的威胁对象和范围,明确重点防范期,制订具体有效的地质灾害防治措施,确定地质灾害的监测、预防责任人。

3.2.2 地质灾害险情巡查

地方各级人民政府国土资源主管部门要充分发挥地质灾害群测群防和专业监测网络的作用,进行定期和不定期的检查,加强对地质灾害重点地区的监测和防范,发现险情时,要及时向当地人民政府和上一级国土资源主管部门报告。当地县级人民政府要及时划定灾害危险区,设置危险区警示标志,确定预警信号和撤离路线。根据险情变化及时提出应急对策,组织群众转移避让或采取排险防治措施,情况危急时,应强制组织避灾疏散。

3.2.3 "防灾明白卡"发放

为提高群众的防灾意识和能力,地方各级人民政府要根据当地已查出的地质灾害危险点、隐患点,将群测群防工作落实到具体单位,落实到乡(镇)长和村委会主任以及受灾害隐患点威胁的村民,要将涉及地质灾害防治内容的"明白卡"发到村民手中。

3.2.4 建立地质灾害预报预警制度

地方各级人民政府国土资源主管部门和气象主管机构要加强合作,联合开展地质灾害气象预报预警工作,并将预报预警结果及时报告本级人民政府,同时通过媒体向社会发布。当发出某个区域有可能发生地质灾害的预警预报后,当地人民政府要依照群测群防责任制的规定,立即将有关信息通知到地质灾害危险点的防灾责任人、监测人和该区域内的群众;各单位和当地群众要对照"防灾明白卡"的要求,做好防灾的各项准备工作。

3.3 地质灾害速报制度

3.3.1 速报时限要求

县级人民政府国土资源主管部门接到当地出现特大型、大型地质灾害报告后,应在 4 小时内速报县级人民政府和市级人民政府国土资源主管部门,同时可直接速报省级人民政府国土资源主管部门和国务院国土资源主管部门。国土资源部接到特大型、大型地质灾害险情和灾情报告后,应立即向国务院报告。

县级人民政府国土资源主管部门接到当地出现中、小型地质灾害报告后,应在 12 小时内速报县级人民政府和市级人民政府国土资源主管部门,同时可直接速报省级人民政府国土资源主管部门。

3.3.2 速报的内容

灾害速报的内容主要包括地质灾害险情或灾情出现的地点和时间、地质灾害类型、灾害体的规模、可能的引发因素和发展趋势等。对已发生的地质灾害,速报内容还要包括伤亡和失踪的人数以及造成的直接经济损失。

4 地质灾害险情和灾情分级

地质灾害按危害程度和规模大小分为特大型、大型、中型、小型地质灾害险情和地质灾害灾情四级:

(1)特大型地质灾害险情和灾情(Ⅰ级)。

受灾害威胁,需搬迁转移人数在 1000 人以上或潜在可能造成的经济损失 1 亿元以上的地质灾害险情为特大型地质灾害险情。

因灾死亡 30 人以上或因灾造成直接经济损失 1000 万元以上的地质灾害灾情为特大型地质灾害灾情。

(2)大型地质灾害险情和灾情(Ⅱ级)。

受灾害威胁,需搬迁转移人数在 500 人以上、1000 人以下,或潜在经济损失 5000 万元以上、1 亿元以下的地质灾害险情为大型地质灾害险情。

因灾死亡 10 人以上、30 人以下,或因灾造成直接经济损失 500 万元以上、1000 万元以下的地质灾害灾情为大型地质灾害灾情。

(3)中型地质灾害险情和灾情(Ⅲ级)。

受灾害威胁,需搬迁转移人数在 100 人以上、500 人以下,或潜在经济损失 500

万元以上、5000万元以下的地质灾害险情为中型地质灾害险情。

因灾死亡3人以上、10人以下,或因灾造成直接经济损失100万元以上、500万元以下的地质灾害灾情为中型地质灾害灾情。

(4)小型地质灾害险情和灾情(Ⅳ级)。

受灾害威胁,需搬迁转移人数在100人以下,或潜在经济损失500万元以下的地质灾害险情为小型地质灾害险情。

因灾死亡3人以下,或因灾造成直接经济损失100万元以下的地质灾害灾情为小型地质灾害灾情。

5 应急响应

地质灾害应急工作遵循分级响应程序,根据地质灾害的等级确定相应级别的应急机构。

5.1 特大型地质灾害险情和灾情应急响应(Ⅰ级)

出现特大型地质灾害险情和特大型地质灾害灾情的县(市)、市(地、州)、省(区、市)人民政府立即启动相关的应急防治预案和应急指挥系统,部署本行政区域内的地质灾害应急防治与救灾工作。

地质灾害发生地的县级人民政府应当依照群测群防责任制的规定,立即将有关信息通知到地质灾害危险点的防灾责任人、监测人和该区域内的群众,对是否转移群众和采取的应急措施做出决策;及时划定地质灾害危险区,设立明显的危险区警示标志,确定预警信号和撤离路线,组织群众转移避让或采取排险防治措施,根据险情和灾情具体情况提出应急对策,情况危急时应强制组织受威胁群众避灾疏散。特大型地质灾害险情和灾情的应急防治工作,在本省(区、市)人民政府的领导下,由本省(区、市)地质灾害应急防治指挥部具体指挥、协调、组织财政、建设、交通、水利、民政、气象等有关部门的专家和人员,及时赶赴现场,加强监测,采取应急措施,防止灾害进一步扩大,避免抢险救灾可能造成的二次人员伤亡。

国土资源部组织协调有关部门赴灾区现场指导应急防治工作,派出专家组调查地质灾害成因,分析其发展趋势,指导地方制订应急防治措施。

5.2 大型地质灾害险情和灾情应急响应(Ⅱ级)

出现大型地质灾害险情和大型地质灾害灾情的县(市)、市(地、州)、省(区、市)人民政府立即启动相关的应急预案和应急指挥系统。

地质灾害发生地的县级人民政府应当依照群测群防责任制的规定,立即将有关信息通知到地质灾害危险点的防灾责任人、监测人和该区域内的群众,对是否转移群众和采取的应急措施做出决策;及时划定地质灾害危险区,设立明显的危险区警示标志,确定预警信号和撤离路线,组织群众转移避让或采取排险防治措施,根据险情和灾情具体情况提出应急对策,情况危急时应强制组织受威胁群众避灾疏散。

大型地质灾害险情和大型地质灾害灾情的应急工作,在本省(区、市)人民政府的领导下,由本省(区、市)地质灾害应急防治指挥部具体指挥、协调、组织财政、建设、交通、水利、民政、气象等有关部门的专家和人员,及时赶赴现场,加强监测,采取应急措施,防止灾害进一步扩大,避免抢险救灾可能造成的二次人员伤亡。

必要时,国土资源部派出工作组协助地方政府做好地质灾害的应急防治工作。

5.3 中型地质灾害险情和灾情应急响应(Ⅲ级)

出现中型地质灾害险情和中型地质灾害灾情的县(市)、市(地、州)人民政府立即启动相关的应急预案和应急指挥系统。

地质灾害发生地的县级人民政府应当依照群测群防责任制的规定,立即将有关信息通知到地质灾害危险点的防灾责任人、监测人和该区域内的群众,对是否转移群众和采取的应急措施做出决策;及时划定地质灾害危险区,设立明显的危险区警示标志,确定预警信号和撤离路线,组织群众转移避让或采取排险防治措施,根据险情和灾情具体情况提出应急对策,情况危急时应强制组织受威胁群众避灾疏散。

中型地质灾害险情和中型地质灾害灾情的应急工作,在本市(地、州)人民政府的领导下,由本市(地、州)地质灾害应急防治指挥部具体指挥、协调、组织建设、交通、水利、民政、气象等有关部门的专家和人员,及时赶赴现场,加强监测,采取应急措施,防止灾害进一步扩大,避免抢险救灾可能造成的二次人员伤亡。

必要时,灾害出现地的省(区、市)人民政府派出工作组赶赴灾害现场,协助市(地、州)人民政府做好地质灾害应急工作。

5.4 小型地质灾害险情和灾情应急响应(Ⅳ级)

出现小型地质灾害险情和小型地质灾害灾情的县(市)人民政府立即启动相关的应急预案和应急指挥系统,依照群测群防责任制的规定,立即将有关信息通知到地质灾害危险点的防灾责任人、监测人和该区域内的群众,对是否转移群众和采取的应急措施作出决策;及时划定地质灾害危险区,设立明显的危险区警示标志,确定预警信号和撤离路线,组织群众转移避让或采取排险防治措施,根据险情和灾情具体情况提出应急对策,情况危急时应强制组织受威胁群众避灾疏散。

小型地质灾害险情和小型地质灾害灾情的应急工作,在本县(市)人民政府的领导下,由本县(市)地质灾害应急指挥部具体指挥、协调、组织建设、交通、水利、民政、气象等有关部门的专家和人员,及时赶赴现场,加强监测,采取应急措施,防止灾害进一步扩大,避免抢险救灾可能造成的二次人员伤亡。

必要时,灾害出现地的市(地、州)人民政府派出工作组赶赴灾害现场,协助县(市)人民政府做好地质灾害应急工作。

5.5 应急响应结束

经专家组鉴定地质灾害险情或灾情已消除,或者得到有效控制后,当地县级人民政府撤消划定的地质灾害危险区,应急响应结束。

6 应急保障

6.1 应急队伍、资金、物资、装备保障

加强地质灾害专业应急防治与救灾队伍建设,确保灾害发生后应急防治与救灾力量及时到位。专业应急防治与救灾队伍、武警部队、乡镇(村庄、社区)应急救援志愿者组织等,平时要有针对性地开展应急防治与救灾演练,提高应急防治与救灾能力。

地质灾害应急防治与救灾费用按《财政应急保障预案》规定执行。

地方各级人民政府要储备用于灾民安置、医疗卫生、生活必需等必要的抢险救灾专用物资。保证抢险救灾物资的供应。

6.2 通信与信息传递

加强地质灾害监测、预报、预警信息系统建设,充分利用现代通信手段,把有线电话、卫星电话、移动手机、无线电台及互联网等有机结合起来,建立覆盖全国的地质灾害应急防治信息网,并实现各部门间的信息共享。

6.3 应急技术保障

6.3.1 地质灾害应急防治专家组

国土资源部和省(区、市)国土资源行政主管部门分别成立地质灾害应急防治专家组,为地质灾害应急防治和应急工作提供技术咨询服务。

6.3.2 地质灾害应急防治科学研究

国土资源部及有关单位要开展地质灾害应急防治与救灾方法、技术的研究,开展应急调查、应急评估、地质灾害趋势预测、地质灾害气象预报预警技术的研究和开发,各级政府要加大对地质灾害预报预警科学研究技术开发的工作力度和投资,同时开展有针对性的应急防治与救灾演习和培训工作。

6.4 宣传与培训

加强公众防灾、减灾知识的宣传和培训,对广大干部和群众进行多层次多方位的地质灾害防治知识教育,增强公众的防灾意识和自救互救能力。

6.5 信息发布

地质灾害灾情和险情的发布按《国家突发公共事件新闻发布应急预案》执行。

6.6 监督检查

国土资源部会同有关部门对上述各项地质灾害应急防治保障工作进行有效的督导和检查,及时总结地质灾害应急防治实践的经验和教训。

地方各级人民政府应组织各部门、各单位负责落实相关责任。

7 预案管理与更新

7.1 预案管理

可能发生地质灾害地区的县级以上地方人民政府负责管理地质灾害防治工作的部门或者机构,应当会同有关部门参照国家突发地质灾害应急预案,制定本行政

区域内的突发地质灾害应急预案,报本级人民政府批准后实施。各省(区、市)的应急预案应当报国务院国土资源主管部门备案。

7.2 预案更新

本预案由国土资源部负责每年评审一次,并根据评审结果进行修订或更新后报国务院批准。

突发地质灾害应急预案的更新期限最长为5年。

8 责任与奖惩

8.1 奖励

对在地质灾害应急工作中贡献突出需表彰奖励的单位和个人,按照《地质灾害防治条例》相关规定执行。

8.2 责任追究

对引发地质灾害的单位和个人的责任追究,按照《地质灾害防治条例》相关规定处理;对地质灾害应急防治中失职、渎职的有关人员按国家有关法律、法规追究责任。

9 附 则

9.1 名词术语的定义与说明

地质灾害易发区:指具备地质灾害发生的地质构造、地形地貌和气候条件,容易发生地质灾害的区域。

地质灾害危险区:指已经出现地质灾害迹象,明显可能发生地质灾害且将可能造成人员伤亡和经济损失的区域或者地段。

次生灾害:指由地质灾害造成的工程结构、设施和自然环境破坏而引发的灾害,如水灾、爆炸及剧毒和强腐蚀性物质泄漏等。

生命线设施:指供水、供电、粮油、排水、燃料、热力系统及通信、交通等城市公用设施。

直接经济损失:指地质灾害及次生灾害造成的物质破坏,包括建筑物和其他工程结构、设施、设备、物品、财物等破坏而引起的经济损失,以重新修复所需费用计算。不包括非实物财产,如货币、有价证券等损失。

本预案有关数量的表述中,"以上"含本数,"以下"不含本数。

9.2 预案的实施

本预案自印发之日起实施。

4. 火 灾 防 治

中华人民共和国消防法

1. 1998年4月29日第九届全国人民代表大会常务委员会第二次会议通过
2. 2008年10月28日第十一届全国人民代表大会常务委员会第五次会议修订
3. 根据2019年4月23日第十三届全国人民代表大会常务委员会第十次会议《关于修改〈中华人民共和国建筑法〉等八部法律的决定》第一次修正
4. 根据2021年4月29日第十三届全国人民代表大会常务委员会第二十八次会议《关于修改〈中华人民共和国道路交通安全法〉等八部法律的决定》第二次修正

目　录

第一章　总　则
第二章　火灾预防
第三章　消防组织
第四章　灭火救援
第五章　监督检查
第六章　法律责任
第七章　附　则

第一章　总　则

第一条　【立法目的】为了预防火灾和减少火灾危害,加强应急救援工作,保护人身、财产安全,维护公共安全,制定本法。

第二条　【消防工作的方针、原则、制度】消防工作贯彻预防为主、防消结合的方针,按照政府统一领导、部门依法监管、单位全面负责、公民积极参与的原则,实行消防安全责任制,建立健全社会化的消防工作网络。

第三条　【各级人民政府的消防工作职责】国务院领导全国的消防工作。地方各级人民政府负责本行政区域内的消防工作。

各级人民政府应当将消防工作纳入国民经济和社会发展计划,保障消防工作与经济社会发展相适应。

第四条　【消防工作监督管理体制】国务院应急管理部门对全国的消防工作实施监督管理。县级以上地方人民政府应急管理部门对本行政区域内的消防工作实施监督管理,并由本级人民政府消防救援机构负责实施。军事设施的消防工作,由其主管单位监督管理,消防救援机构协助;矿井地下部分、核电厂、海上石油天然气设施的消防工作,由其主管单位监督管理。

县级以上人民政府其他有关部门在各自的职责范围内,依照本法和其他相关法律、法规的规定做好消防工作。

法律、行政法规对森林、草原的消防工作另有规定的,从其规定。

第五条　【单位、个人的消防义务】任何单位和个人都有维护消防安全、保护消防设施、预防火灾、报告火警的义务。任何单位和成年人都有参加有组织的灭火工作的义务。

第六条　【消防宣传教育义务】各级人民政府应当组织开展经常性的消防宣传教育,提高公民的消防安全意识。

机关、团体、企业、事业等单位,应当加强对本单位人员的消防宣传教育。

应急管理部门及消防救援机构应当加强消防法律、法规的宣传,并督促、指导、协助有关单位做好消防宣传教育工作。

教育、人力资源行政主管部门和学校、有关职业培训机构应当将消防知识纳入教育、教学、培训的内容。

新闻、广播、电视等有关单位,应当有针对性地面向社会进行消防宣传教育。

工会、共产主义青年团、妇女联合会等团体应当结合各自工作对象的特点,组织开展消防宣传教育。

村民委员会、居民委员会应当协助人民政府以及公安机关、应急管理等部门,加强消防宣传教育。

第七条　【鼓励支持消防事业,表彰奖励有突出贡献的单位、个人】国家鼓励、支持消防科学研究和技术创新,推广使用先进的消防和应急救援技术、设备;鼓励、支持社会力量开展消防公益活动。

对在消防工作中有突出贡献的单位和个人,应当按照国家有关规定给予表彰和奖励。

第二章　火 灾 预 防

第八条　【消防规划】地方各级人民政府应当将包括消防安全布局、消防站、消防供水、消防通信、消防车通道、消防装备等内容的消防规划纳入城乡规划,并负责组织实施。

城乡消防安全布局不符合消防安全要求的,应当调整、完善;公共消防设施、消防装备不足或者不适应实际需要的,应当增建、改建、配置或者进行技术改造。

第九条　【消防设计、施工要求】建设工程的消防设计、施工必须符合国家工程建设消防技术标准。建设、设计、施工、工程监理等单位依法对建设工程的消防设计、施工质量负责。

第十条 【消防设计审查验收】对按照国家工程建设消防技术标准需要进行消防设计的建设工程,实行建设工程消防设计审查验收制度。

第十一条 【消防设计文件报送审查】国务院住房和城乡建设主管部门规定的特殊建设工程,建设单位应当将消防设计文件报送住房和城乡建设主管部门审查,住房和城乡建设主管部门依法对审查的结果负责。

前款规定以外的其他建设工程,建设单位申请领取施工许可证或者申请批准开工报告时应当提供满足施工需要的消防设计图纸及技术资料。

第十二条 【消防设计未经审查或者审查不合格的法律后果】特殊建设工程未经消防设计审查或者审查不合格的,建设单位、施工单位不得施工;其他建设工程,建设单位未提供满足施工需要的消防设计图纸及技术资料的,有关部门不得发放施工许可证或者批准开工报告。

第十三条 【消防验收、备案和抽查】国务院住房和城乡建设主管部门规定应当申请消防验收的建设工程竣工,建设单位应当向住房和城乡建设主管部门申请消防验收。

前款规定以外的其他建设工程,建设单位在验收后应当报住房和城乡建设主管部门备案,住房和城乡建设主管部门应当进行抽查。

依法应当进行消防验收的建设工程,未经消防验收或者消防验收不合格的,禁止投入使用;其他建设工程经依法抽查不合格的,应当停止使用。

第十四条 【消防设计审查、消防验收、备案和抽查的具体办法】建设工程消防设计审查、消防验收、备案和抽查的具体办法,由国务院住房和城乡建设主管部门规定。

第十五条 【公众聚集场所的消防安全检查】公众聚集场所投入使用、营业前消防安全检查实行告知承诺管理。公众聚集场所在投入使用、营业前,建设单位或者使用单位应当向场所所在地的县级以上地方人民政府消防救援机构申请消防安全检查,作出场所符合消防技术标准和管理规定的承诺,提交规定的材料,并对其承诺和材料的真实性负责。

消防救援机构对申请人提交的材料进行审查;申请材料齐全、符合法定形式的,应当予以许可。消防救援机构应当根据消防技术标准和管理规定,及时对作出承诺的公众聚集场所进行核查。

申请人选择不采用告知承诺方式办理的,消防救援机构应当自受理申请之日起十个工作日内,根据消防技术标准和管理规定,对该场所进行检查。经检查符合消防安全要求的,应当予以许可。

公众聚集场所未经消防救援机构许可的,不得投入使用、营业。消防安全检查的具体办法,由国务院应急管理部门制定。

第十六条 【单位的消防安全职责】机关、团体、企业、事业等单位应当履行下列消防安全职责:

（一）落实消防安全责任制，制定本单位的消防安全制度、消防安全操作规程，制定灭火和应急疏散预案；

（二）按照国家标准、行业标准配置消防设施、器材，设置消防安全标志，并定期组织检验、维修，确保完好有效；

（三）对建筑消防设施每年至少进行一次全面检测，确保完好有效，检测记录应当完整准确，存档备查；

（四）保障疏散通道、安全出口、消防车通道畅通，保证防火防烟分区、防火间距符合消防技术标准；

（五）组织防火检查，及时消除火灾隐患；

（六）组织进行有针对性的消防演练；

（七）法律、法规规定的其他消防安全职责。

单位的主要负责人是本单位的消防安全责任人。

第十七条　【消防安全重点单位的消防安全职责】县级以上地方人民政府消防救援机构应当将发生火灾可能性较大以及发生火灾可能造成重大的人身伤亡或者财产损失的单位，确定为本行政区域内的消防安全重点单位，并由应急管理部门报本级人民政府备案。

消防安全重点单位除应当履行本法第十六条规定的职责外，还应当履行下列消防安全职责：

（一）确定消防安全管理人，组织实施本单位的消防安全管理工作；

（二）建立消防档案，确定消防安全重点部位，设置防火标志，实行严格管理；

（三）实行每日防火巡查，并建立巡查记录；

（四）对职工进行岗前消防安全培训，定期组织消防安全培训和消防演练。

第十八条　【共用建筑物的消防安全责任】同一建筑物由两个以上单位管理或者使用的，应当明确各方的消防安全责任，并确定责任人对共用的疏散通道、安全出口、建筑消防设施和消防车通道进行统一管理。

住宅区的物业服务企业应当对管理区域内的共用消防设施进行维护管理，提供消防安全防范服务。

第十九条　【易燃易爆危险品生产经营场所的设置要求】生产、储存、经营易燃易爆危险品的场所不得与居住场所设置在同一建筑物内，并应当与居住场所保持安全距离。

生产、储存、经营其他物品的场所与居住场所设置在同一建筑物内的，应当符合国家工程建设消防技术标准。

第二十条　【大型群众性活动的消防安全】举办大型群众性活动，承办人应当依法向公安机关申请安全许可，制定灭火和应急疏散预案并组织演练，明确消防安全责任分工，确定消防安全管理人员，保持消防设施和消防器材配置齐全、完好有效，保证疏散通道、安全出口、疏散指示标志、应急照明和消防车通道符合消防技术标准和管理规定。

第二十一条 【特殊场所和特种作业防火要求】禁止在具有火灾、爆炸危险的场所吸烟、使用明火。因施工等特殊情况需要使用明火作业的，应当按照规定事先办理审批手续，采取相应的消防安全措施；作业人员应当遵守消防安全规定。

进行电焊、气焊等具有火灾危险作业的人员和自动消防系统的操作人员，必须持证上岗，并遵守消防安全操作规程。

第二十二条 【危险物品生产经营单位设置的消防安全要求】生产、储存、装卸易燃易爆危险品的工厂、仓库和专用车站、码头的设置，应当符合消防技术标准。易燃易爆气体和液体的充装站、供应站、调压站，应当设置在符合消防安全要求的位置，并符合防火防爆要求。

已经设置的生产、储存、装卸易燃易爆危险品的工厂、仓库和专用车站、码头，易燃易爆气体和液体的充装站、供应站、调压站，不再符合前款规定的，地方人民政府应当组织、协调有关部门、单位限期解决，消除安全隐患。

第二十三条 【易燃易爆危险品和可燃物资仓库管理】生产、储存、运输、销售、使用、销毁易燃易爆危险品，必须执行消防技术标准和管理规定。

进入生产、储存易燃易爆危险品的场所，必须执行消防安全规定。禁止非法携带易燃易爆危险品进入公共场所或者乘坐公共交通工具。

储存可燃物资仓库的管理，必须执行消防技术标准和管理规定。

第二十四条 【消防产品标准、强制性产品认证和技术鉴定制度】消防产品必须符合国家标准；没有国家标准的，必须符合行业标准。禁止生产、销售或者使用不合格的消防产品以及国家明令淘汰的消防产品。

依法实行强制性产品认证的消防产品，由具有法定资质的认证机构按照国家标准、行业标准的强制性要求认证合格后，方可生产、销售、使用。实行强制性产品认证的消防产品目录，由国务院产品质量监督部门会同国务院应急管理部门制定并公布。

新研制的尚未制定国家标准、行业标准的消防产品，应当按照国务院产品质量监督部门会同国务院应急管理部门规定的办法，经技术鉴定符合消防安全要求的，方可生产、销售、使用。

依照本条规定经强制性产品认证合格或者技术鉴定合格的消防产品，国务院应急管理部门应当予以公布。

第二十五条 【对消防产品质量的监督检查】产品质量监督部门、工商行政管理部门、消防救援机构应当按照各自职责加强对消防产品质量的监督检查。

第二十六条 【建筑构件、建筑材料和室内装修、装饰材料的防火要求】建筑构件、建筑材料和室内装修、装饰材料的防火性能必须符合国家标准；没有国家标准的，必须符合行业标准。

人员密集场所室内装修、装饰，应当按照消防技术标准的要求，使用不燃、难燃材料。

第二十七条 【电器产品、燃气用具产品标准及其安装、使用的消防安全要求】电器产品、燃气用具的产品标准,应当符合消防安全的要求。

电器产品、燃气用具的安装、使用及其线路、管路的设计、敷设、维护保养、检测,必须符合消防技术标准和管理规定。

第二十八条 【保护消防设施、器材,保障消防通道畅通】任何单位、个人不得损坏、挪用或者擅自拆除、停用消防设施、器材,不得埋压、圈占、遮挡消火栓或者占用防火间距,不得占用、堵塞、封闭疏散通道、安全出口、消防车通道。人员密集场所的门窗不得设置影响逃生和灭火救援的障碍物。

第二十九条 【公共消防设施的维护】负责公共消防设施维护管理的单位,应当保持消防供水、消防通信、消防车通道等公共消防设施的完好有效。在修建道路以及停电、停水、截断通信线路时可能影响消防队灭火救援的,有关单位必须事先通知当地消防救援机构。

第三十条 【加强农村消防工作】地方各级人民政府应当加强对农村消防工作的领导,采取措施加强公共消防设施建设,组织建立和督促落实消防安全责任制。

第三十一条 【重要防火时期的消防工作】在农业收获季节、森林和草原防火期间、重大节假日期间以及火灾多发季节,地方各级人民政府应当组织开展有针对性的消防宣传教育,采取防火措施,进行消防安全检查。

第三十二条 【基层组织的群众性消防工作】乡镇人民政府、城市街道办事处应当指导、支持和帮助村民委员会、居民委员会开展群众性的消防工作。村民委员会、居民委员会应当确定消防安全管理人,组织制定防火安全公约,进行防火安全检查。

第三十三条 【火灾公众责任保险】国家鼓励、引导公众聚集场所和生产、储存、运输、销售易燃易爆危险品的企业投保火灾公众责任保险;鼓励保险公司承保火灾公众责任保险。

第三十四条 【对消防安全技术服务的规范】消防设施维护保养检测、消防安全评估等消防技术服务机构应当符合从业条件,执业人员应当依法获得相应的资格;依照法律、行政法规、国家标准、行业标准和执业准则,接受委托提供消防技术服务,并对服务质量负责。

第三章 消防组织

第三十五条 【消防组织建设】各级人民政府应当加强消防组织建设,根据经济社会发展的需要,建立多种形式的消防组织,加强消防技术人才培养,增强火灾预防、扑救和应急救援的能力。

第三十六条 【政府建立消防队】县级以上地方人民政府应当按照国家规定建立国家综合性消防救援队、专职消防队,并按照国家标准配备消防装备,承担火灾扑救工作。

乡镇人民政府应当根据当地经济发展和消防工作的需要,建立专职消防队、志愿消防队,承担火灾扑救工作。

第三十七条　【应急救援职责】国家综合性消防救援队、专职消防队按照国家规定承担重大灾害事故和其他以抢救人员生命为主的应急救援工作。

第三十八条　【消防队的能力建设】国家综合性消防救援队、专职消防队应当充分发挥火灾扑救和应急救援专业力量的骨干作用;按照国家规定,组织实施专业技能训练,配备并维护保养装备器材,提高火灾扑救和应急救援的能力。

第三十九条　【建立专职消防队】下列单位应当建立单位专职消防队,承担本单位的火灾扑救工作:

(一)大型核设施单位、大型发电厂、民用机场、主要港口;

(二)生产、储存易燃易爆危险品的大型企业;

(三)储备可燃的重要物资的大型仓库、基地;

(四)第一项、第二项、第三项规定以外的火灾危险性较大、距离国家综合性消防救援队较远的其他大型企业;

(五)距离国家综合性消防救援队较远、被列为全国重点文物保护单位的古建筑群的管理单位。

第四十条　【专职消防队的验收及队员福利待遇】专职消防队的建立,应当符合国家有关规定,并报当地消防救援机构验收。

专职消防队的队员依法享受社会保险和福利待遇。

第四十一条　【群众性消防组织】机关、团体、企业、事业等单位以及村民委员会、居民委员会根据需要,建立志愿消防队等多种形式的消防组织,开展群众性自防自救工作。

第四十二条　【消防救援机构与专职消防队、志愿消防队等消防组织的关系】消防救援机构应当对专职消防队、志愿消防队等消防组织进行业务指导;根据扑救火灾的需要,可以调动指挥专职消防队参加火灾扑救工作。

第四章　灭火救援

第四十三条　【火灾应急预案、应急反应和处置机制】县级以上地方人民政府应当组织有关部门针对本行政区域内的火灾特点制定应急预案,建立应急反应和处置机制,为火灾扑救和应急救援工作提供人员、装备等保障。

第四十四条　【火灾报警;现场疏散、扑救;消防队接警出动】任何人发现火灾都应当立即报警。任何单位、个人都应当无偿为报警提供便利,不得阻拦报警。严禁谎报火警。

人员密集场所发生火灾,该场所的现场工作人员应当立即组织、引导在场人员疏散。

任何单位发生火灾,必须立即组织力量扑救。邻近单位应当给予支援。

消防队接到火警,必须立即赶赴火灾现场,救助遇险人员,排除险情,扑灭火灾。

第四十五条 【组织火灾现场扑救及火灾现场总指挥的权限】消防救援机构统一组织和指挥火灾现场扑救,应当优先保障遇险人员的生命安全。

火灾现场总指挥根据扑救火灾的需要,有权决定下列事项:

(一)使用各种水源;

(二)截断电力、可燃气体和可燃液体的输送,限制用火用电;

(三)划定警戒区,实行局部交通管制;

(四)利用临近建筑物和有关设施;

(五)为了抢救人员和重要物资,防止火势蔓延,拆除或者破损毗邻火灾现场的建筑物、构筑物或者设施等;

(六)调动供水、供电、供气、通信、医疗救护、交通运输、环境保护等有关单位协助灭火救援。

根据扑救火灾的紧急需要,有关地方人民政府应当组织人员、调集所需物资支援灭火。

第四十六条 【重大灾害事故应急救援实行统一领导】国家综合性消防救援队、专职消防队参加火灾以外的其他重大灾害事故的应急救援工作,由县级以上人民政府统一领导。

第四十七条 【消防交通优先】消防车、消防艇前往执行火灾扑救或者应急救援任务,在确保安全的前提下,不受行驶速度、行驶路线、行驶方向和指挥信号的限制,其他车辆、船舶以及行人应当让行,不得穿插超越;收费公路、桥梁免收车辆通行费。交通管理指挥人员应当保证消防车、消防艇迅速通行。

赶赴火灾现场或者应急救援现场的消防人员和调集的消防装备、物资,需要铁路、水路或者航空运输的,有关单位应当优先运输。

第四十八条 【消防设施、器材严禁挪作他用】消防车、消防艇以及消防器材、装备和设施,不得用于与消防和应急救援工作无关的事项。

第四十九条 【扑救火灾、应急救援免收费用】国家综合性消防救援队、专职消防队扑救火灾、应急救援,不得收取任何费用。

单位专职消防队、志愿消防队参加扑救外单位火灾所损耗的燃料、灭火剂和器材、装备等,由火灾发生地的人民政府给予补偿。

第五十条 【医疗、抚恤】对因参加扑救火灾或者应急救援受伤、致残或者死亡的人员,按照国家有关规定给予医疗、抚恤。

第五十一条 【火灾事故调查】消防救援机构有权根据需要封闭火灾现场,负责调查火灾原因,统计火灾损失。

火灾扑灭后,发生火灾的单位和相关人员应当按照消防救援机构的要求保护现场,接受事故调查,如实提供与火灾有关的情况。

消防救援机构根据火灾现场勘验、调查情况和有关的检验、鉴定意见,及时制作火灾事故认定书,作为处理火灾事故的证据。

第五章 监 督 检 查

第五十二条 【人民政府的监督检查】地方各级人民政府应当落实消防工作责任制,对本级人民政府有关部门履行消防安全职责的情况进行监督检查。

县级以上地方人民政府有关部门应当根据本系统的特点,有针对性地开展消防安全检查,及时督促整改火灾隐患。

第五十三条 【消防救援机构的监督检查】消防救援机构应当对机关、团体、企业、事业等单位遵守消防法律、法规的情况依法进行监督检查。公安派出所可以负责日常消防监督检查、开展消防宣传教育,具体办法由国务院公安部门规定。

消防救援机构、公安派出所的工作人员进行消防监督检查,应当出示证件。

第五十四条 【消除火灾隐患】消防救援机构在消防监督检查中发现火灾隐患的,应当通知有关单位或者个人立即采取措施消除隐患;不及时消除隐患可能严重威胁公共安全的,消防救援机构应当依照规定对危险部位或者场所采取临时查封措施。

第五十五条 【重大火灾隐患的发现及处理】消防救援机构在消防监督检查中发现城乡消防安全布局、公共消防设施不符合消防安全要求,或者发现本地区存在影响公共安全的重大火灾隐患的,应当由应急管理部门书面报告本级人民政府。

接到报告的人民政府应当及时核实情况,组织或者责成有关部门、单位采取措施,予以整改。

第五十六条 【相关部门及其工作人员应当遵循的执法原则】住房和城乡建设主管部门、消防救援机构及其工作人员应当按照法定的职权和程序进行消防设计审查、消防验收、备案抽查和消防安全检查,做到公正、严格、文明、高效。

住房和城乡建设主管部门、消防救援机构及其工作人员进行消防设计审查、消防验收、备案抽查和消防安全检查等,不得收取费用,不得利用职务谋取利益;不得利用职务为用户、建设单位指定或者变相指定消防产品的品牌、销售单位或者消防技术服务机构、消防设施施工单位。

第五十七条 【社会和公民监督】住房和城乡建设主管部门、消防救援机构及其工作人员执行职务,应当自觉接受社会和公民的监督。

任何单位和个人都有权对住房和城乡建设主管部门、消防救援机构及其工作人员在执法中的违法行为进行检举、控告。收到检举、控告的机关,应当按照职责及时查处。

第六章 法 律 责 任

第五十八条 【对不符合消防设计审查、消防验收、消防安全检查要求等行为的处罚】违反本法规定,有下列行为之一的,由住房和城乡建设主管部门、消防救援机构按照各自职权责令停止施工、停止使用或者停产停业,并处三万元以上三十万元以下罚款:

（一）依法应当进行消防设计审查的建设工程,未经依法审查或者审查不合格,擅自施工的;

（二）依法应当进行消防验收的建设工程,未经消防验收或者消防验收不合格,擅自投入使用的;

（三）本法第十三条规定的其他建设工程验收后经依法抽查不合格,不停止使用的;

（四）公众聚集场所未经消防救援机构许可,擅自投入使用、营业的,或者经核查发现场所使用、营业情况与承诺内容不符的。

核查发现公众聚集场所使用、营业情况与承诺内容不符,经责令限期改正,逾期不整改或者整改后仍达不到要求的,依法撤销相应许可。

建设单位未依照本法规定在验收后报住房和城乡建设主管部门备案的,由住房和城乡建设主管部门责令改正,处五千元以下罚款。

第五十九条 【对不按消防技术标准设计、施工的行为的处罚】 违反本法规定,有下列行为之一的,由住房和城乡建设主管部门责令改正或者停止施工,并处一万元以上十万元以下罚款:

（一）建设单位要求建筑设计单位或者建筑施工企业降低消防技术标准设计、施工的;

（二）建筑设计单位不按照消防技术标准强制性要求进行消防设计的;

（三）建筑施工企业不按照消防设计文件和消防技术标准施工,降低消防施工质量的;

（四）工程监理单位与建设单位或者建筑施工企业串通,弄虚作假,降低消防施工质量的。

第六十条 【对违背消防安全职责行为的处罚】 单位违反本法规定,有下列行为之一的,责令改正,处五千元以上五万元以下罚款:

（一）消防设施、器材或者消防安全标志的配置、设置不符合国家标准、行业标准,或者未保持完好有效的;

（二）损坏、挪用或者擅自拆除、停用消防设施、器材的;

（三）占用、堵塞、封闭疏散通道、安全出口或者有其他妨碍安全疏散行为的;

（四）埋压、圈占、遮挡消火栓或者占用防火间距的;

（五）占用、堵塞、封闭消防车通道,妨碍消防车通行的;

（六）人员密集场所在门窗上设置影响逃生和灭火救援的障碍物的;

（七）对火灾隐患经消防救援机构通知后不及时采取措施消除的。

个人有前款第二项、第三项、第四项、第五项行为之一的,处警告或者五百元以下罚款。

有本条第一款第三项、第四项、第五项、第六项行为,经责令改正拒不改正的,强制执行,所需费用由违法行为人承担。

第六十一条 【对易燃易爆危险品生产经营场所设置不符合规定的处罚】生产、储存、经营易燃易爆危险品的场所与居住场所设置在同一建筑物内,或者未与居住场所保持安全距离的,责令停产停业,并处五千元以上五万元以下罚款。

生产、储存、经营其他物品的场所与居住场所设置在同一建筑物内,不符合消防技术标准的,依照前款规定处罚。

第六十二条 【对涉及消防的违反治安管理行为的处罚】有下列行为之一的,依照《中华人民共和国治安管理处罚法》的规定处罚:

(一)违反有关消防技术标准和管理规定生产、储存、运输、销售、使用、销毁易燃易爆危险品的;

(二)非法携带易燃易爆危险品进入公共场所或者乘坐公共交通工具的;

(三)谎报火警的;

(四)阻碍消防车、消防艇执行任务的;

(五)阻碍消防救援机构的工作人员依法执行职务的。

第六十三条 【对违反危险场所消防管理规定行为的处罚】违反本法规定,有下列行为之一的,处警告或者五百元以下罚款;情节严重的,处五日以下拘留:

(一)违反消防安全规定进入生产、储存易燃易爆危险品场所的;

(二)违反规定使用明火作业或者在具有火灾、爆炸危险的场所吸烟、使用明火的。

第六十四条 【对过失引起火灾、阻拦报火警等行为的处罚】违反本法规定,有下列行为之一,尚不构成犯罪的,处十日以上十五日以下拘留,可以并处五百元以下罚款;情节较轻的,处警告或者五百元以下罚款:

(一)指使或者强令他人违反消防安全规定,冒险作业的;

(二)过失引起火灾的;

(三)在火灾发生后阻拦报警,或者负有报告职责的人员不及时报警的;

(四)扰乱火灾现场秩序,或者拒不执行火灾现场指挥员指挥,影响灭火救援的;

(五)故意破坏或者伪造火灾现场的;

(六)擅自拆封或者使用被消防救援机构查封的场所、部位的。

第六十五条 【对生产、销售、使用不合格或国家明令淘汰的消防产品行为的处理】违反本法规定,生产、销售不合格的消防产品或者国家明令淘汰的消防产品的,由产品质量监督部门或者工商行政管理部门依照《中华人民共和国产品质量法》的规定从重处罚。

人员密集场所使用不合格的消防产品或者国家明令淘汰的消防产品的,责令限期改正;逾期不改正的,处五千元以上五万元以下罚款,并对其直接负责的主管人员和其他直接责任人员处五百元以上二千元以下罚款;情节严重的,责令停产停业。

消防救援机构对于本条第二款规定的情形,除依法对使用者予以处罚外,应当将发现不合格的消防产品和国家明令淘汰的消防产品的情况通报产品质量监督部门、工商行政管理部门。产品质量监督部门、工商行政管理部门应当对生产者、销售者依法及时查处。

第六十六条 【对电器产品、燃气用具的安装、使用等不符合消防技术标准和管理规定的处罚】电器产品、燃气用具的安装、使用及其线路、管路的设计、敷设、维护保养、检测不符合消防技术标准和管理规定的,责令限期改正;逾期不改正的,责令停止使用,可以并处一千元以上五千元以下罚款。

第六十七条 【单位未履行消防安全职责的法律责任】机关、团体、企业、事业等单位违反本法第十六条、第十七条、第十八条、第二十一条第二款规定的,责令限期改正;逾期不改正的,对其直接负责的主管人员和其他直接责任人员依法给予处分或者给予警告处罚。

第六十八条 【人员密集场所现场工作人员不履行职责的法律责任】人员密集场所发生火灾,该场所的现场工作人员不履行组织、引导在场人员疏散的义务,情节严重,尚不构成犯罪的,处五日以上十日以下拘留。

第六十九条 【消防技术服务机构失职的法律责任】消防设施维护保养检测、消防安全评估等消防技术服务机构,不具备从业条件从事消防技术服务活动或者出具虚假文件的,由消防救援机构责令改正,处五万元以上十万元以下罚款,并对直接负责的主管人员和其他直接责任人员处一万元以上五万元以下罚款;不按照国家标准、行业标准开展消防技术服务活动的,责令改正,处五万元以下罚款,并对直接负责的主管人员和其他直接责任人员处一万元以下罚款;有违法所得的,并处没收违法所得;给他人造成损失的,依法承担赔偿责任;情节严重的,依法责令停止执业或者吊销相应资格;造成重大损失的,由相关部门吊销营业执照,并对有关责任人员采取终身市场禁入措施。

前款规定的机构出具失实文件,给他人造成损失的,依法承担赔偿责任;造成重大损失的,由消防救援机构依法责令停止执业或者吊销相应资格,由相关部门吊销营业执照,并对有关责任人员采取终身市场禁入措施。

第七十条 【对违反消防行为的处罚程序】本法规定的行政处罚,除应当由公安机关依照《中华人民共和国治安管理处罚法》的有关规定决定的外,由住房和城乡建设主管部门、消防救援机构按照各自职权决定。

被责令停止施工、停止使用、停产停业的,应当在整改后向作出决定的部门或者机构报告,经检查合格,方可恢复施工、使用、生产、经营。

当事人逾期不执行停产停业、停止使用、停止施工决定的，由作出决定的部门或者机构强制执行。

责令停产停业，对经济和社会生活影响较大的，由住房和城乡建设主管部门或者应急管理部门报请本级人民政府依法决定。

第七十一条　【有关主管部门的工作人员滥用职权、玩忽职守、徇私舞弊的法律责任】住房和城乡建设主管部门、消防救援机构的工作人员滥用职权、玩忽职守、徇私舞弊，有下列行为之一，尚不构成犯罪的，依法给予处分：

（一）对不符合消防安全要求的消防设计文件、建设工程、场所准予审查合格、消防验收合格、消防安全检查合格的；

（二）无故拖延消防设计审查、消防验收、消防安全检查，不在法定期限内履行职责的；

（三）发现火灾隐患不及时通知有关单位或者个人整改的；

（四）利用职务为用户、建设单位指定或者变相指定消防产品的品牌、销售单位或者消防技术服务机构、消防设施施工单位的；

（五）将消防车、消防艇以及消防器材、装备和设施用于与消防和应急救援无关的事项的；

（六）其他滥用职权、玩忽职守、徇私舞弊的行为。

产品质量监督、工商行政管理等其他有关行政主管部门的工作人员在消防工作中滥用职权、玩忽职守、徇私舞弊，尚不构成犯罪的，依法给予处分。

第七十二条　【刑事责任】违反本法规定，构成犯罪的，依法追究刑事责任。

第七章　附　　则

第七十三条　【用语含义】本法下列用语的含义：

（一）消防设施，是指火灾自动报警系统、自动灭火系统、消火栓系统、防烟排烟系统以及应急广播和应急照明、安全疏散设施等。

（二）消防产品，是指专门用于火灾预防、灭火救援和火灾防护、避难、逃生的产品。

（三）公众聚集场所，是指宾馆、饭店、商场、集贸市场、客运车站候车室、客运码头候船厅、民用机场航站楼、体育场馆、会堂以及公共娱乐场所等。

（四）人员密集场所，是指公众聚集场所，医院的门诊楼、病房楼，学校的教学楼、图书馆、食堂和集体宿舍，养老院、福利院，托儿所、幼儿园，公共图书馆的阅览室，公共展览馆、博物馆的展示厅，劳动密集型企业的生产加工车间和员工集体宿舍，旅游、宗教活动场所等。

第七十四条　【施行日期】本法自 2009 年 5 月 1 日起施行。

消防安全责任制实施办法

1. 2017年10月29日国务院办公厅印发
2. 国办发〔2017〕87号

第一章 总 则

第一条 为深入贯彻《中华人民共和国消防法》、《中华人民共和国安全生产法》和党中央、国务院关于安全生产及消防安全的重要决策部署，按照政府统一领导、部门依法监管、单位全面负责、公民积极参与的原则，坚持党政同责、一岗双责、齐抓共管、失职追责，进一步健全消防安全责任制，提高公共消防安全水平，预防火灾和减少火灾危害，保障人民群众生命财产安全，制定本办法。

第二条 地方各级人民政府负责本行政区域内的消防工作，政府主要负责人为第一责任人，分管负责人为主要责任人，班子其他成员对分管范围内的消防工作负领导责任。

第三条 国务院公安部门对全国的消防工作实施监督管理。县级以上地方人民政府公安机关对本行政区域内的消防工作实施监督管理。县级以上人民政府其他有关部门按照管行业必须管安全、管业务必须管安全、管生产经营必须管安全的要求，在各自职责范围内依法依规做好本行业、本系统的消防安全工作。

第四条 坚持安全自查、隐患自除、责任自负。机关、团体、企业、事业等单位是消防安全的责任主体，法定代表人、主要负责人或实际控制人是本单位、本场所消防安全责任人，对本单位、本场所消防安全全面负责。

消防安全重点单位应当确定消防安全管理人，组织实施本单位的消防安全管理工作。

第五条 坚持权责一致、依法履职、失职追责。对不履行或不按规定履行消防安全职责的单位和个人，依法依规追究责任。

第二章 地方各级人民政府消防工作职责

第六条 县级以上地方各级人民政府应当落实消防工作责任制，履行下列职责：

（一）贯彻执行国家法律法规和方针政策，以及上级党委、政府关于消防工作的部署要求，全面负责本地区消防工作，每年召开消防工作会议，研究部署本地区消防工作重大事项。每年向上级人民政府专题报告本地区消防工作情况。健全由政府主要负责人或分管负责人牵头的消防工作协调机制，推动落实消防工作责任。

（二）将消防工作纳入经济社会发展总体规划，将包括消防安全布局、消防站、消防供水、消防通信、消防车通道、消防装备等内容的消防规划纳入城乡规划，并负责组织实施,确保消防工作与经济社会发展相适应。

(三)督促所属部门和下级人民政府落实消防安全责任制,在农业收获季节、森林和草原防火期间、重大节假日和重要活动期间以及火灾多发季节,组织开展消防安全检查。推动消防科学研究和技术创新,推广使用先进消防和应急救援技术、设备。组织开展经常性的消防宣传工作。大力发展消防公益事业。采取政府购买公共服务等方式,推进消防教育培训、技术服务和物防、技防等工作。

(四)建立常态化火灾隐患排查整治机制,组织实施重大火灾隐患和区域性火灾隐患整治工作。实行重大火灾隐患挂牌督办制度。对报请挂牌督办的重大火灾隐患和停产停业整改报告,在7个工作日内作出同意或不同意的决定,并组织有关部门督促隐患单位采取措施予以整改。

(五)依法建立公安消防队和政府专职消防队。明确政府专职消防队公益属性,采取招聘、购买服务等方式招录政府专职消防队员,建设营房,配齐装备;按规定落实其工资、保险和相关福利待遇。

(六)组织领导火灾扑救和应急救援工作。组织制定灭火救援应急预案,定期组织开展演练;建立灭火救援社会联动和应急反应处置机制,落实人员、装备、经费和灭火药剂等保障,根据需要调集灭火救援所需工程机械和特殊装备。

(七)法律、法规、规章规定的其他消防工作职责。

第七条 省、自治区、直辖市人民政府除履行第六条规定的职责外,还应当履行下列职责:

(一)定期召开政府常务会议、办公会议,研究部署消防工作。

(二)针对本地区消防安全特点和实际情况,及时提请同级人大及其常委会制定、修订地方性法规,组织制定、修订政府规章、规范性文件。

(三)将消防安全的总体要求纳入城市总体规划,并严格审核。

(四)加大消防投入,保障消防事业发展所需经费。

第八条 市、县级人民政府除履行第六条规定的职责外,还应当履行下列职责:

(一)定期召开政府常务会议、办公会议,研究部署消防工作。

(二)科学编制和严格落实城乡消防规划,预留消防队站、训练设施等建设用地。加强消防水源建设,按照规定建设市政消防供水设施,制定市政消防水源管理办法,明确建设、管理维护部门和单位。

(三)在本级政府预算中安排必要的资金,保障消防站、消防供水、消防通信等公共消防设施和消防装备建设,促进消防事业发展。

(四)将消防公共服务事项纳入政府民生工程或为民办实事工程;在社会福利机构、幼儿园、托儿所、居民家庭、小旅馆、群租房以及住宿与生产、储存、经营合用的场所推广安装简易喷淋装置、独立式感烟火灾探测报警器。

(五)定期分析评估本地区消防安全形势,组织开展火灾隐患排查整治工作;对重大火灾隐患,应当组织有关部门制定整改措施,督促限期消除。

（六）加强消防宣传教育培训，有计划地建设公益性消防科普教育基地，开展消防科普教育活动。

（七）按照立法权限，针对本地区消防安全特点和实际情况，及时提请同级人大及其常委会制定、修订地方性法规，组织制定、修订地方政府规章、规范性文件。

第九条 乡镇人民政府消防工作职责：

（一）建立消防安全组织，明确专人负责消防工作，制定消防安全制度，落实消防安全措施。

（二）安排必要的资金，用于公共消防设施建设和业务经费支出。

（三）将消防安全内容纳入镇总体规划、乡规划，并严格组织实施。

（四）根据当地经济发展和消防工作的需要建立专职消防队、志愿消防队，承担火灾扑救、应急救援等职能，并开展消防宣传、防火巡查、隐患查改。

（五）因地制宜落实消防安全"网格化"管理的措施和要求，加强消防宣传和应急疏散演练。

（六）部署消防安全整治，组织开展消防安全检查，督促整改火灾隐患。

（七）指导村（居）民委员会开展群众性的消防工作，确定消防安全管理人，制定防火安全公约，根据需要建立志愿消防队或微型消防站，开展防火安全检查、消防宣传教育和应急疏散演练，提高城乡消防安全水平。

街道办事处应当履行前款第（一）、（四）、（五）、（六）、（七）项职责，并保障消防工作经费。

第十条 开发区管理机构、工业园区管理机构等地方人民政府的派出机关，负责管理区域内的消防工作，按照本办法履行同级别人民政府的消防工作职责。

第十一条 地方各级人民政府主要负责人应当组织实施消防法律法规、方针政策和上级部署要求，定期研究部署消防工作，协调解决本行政区域内的重大消防安全问题。

地方各级人民政府分管消防安全的负责人应当协助主要负责人，综合协调本行政区域内的消防工作，督促检查各有关部门、下级政府落实消防工作的情况。班子其他成员要定期研究部署分管领域的消防工作，组织工作督查，推动分管领域火灾隐患排查整治。

第三章　县级以上人民政府工作部门消防安全职责

第十二条 县级以上人民政府工作部门应当按照谁主管、谁负责的原则，在各自职责范围内履行下列职责：

（一）根据本行业、本系统业务工作特点，在行业安全生产法规政策、规划计划和应急预案中纳入消防安全内容，提高消防安全管理水平。

（二）依法督促本行业、本系统相关单位落实消防安全责任制，建立消防安全管理制度，确定专（兼）职消防安全管理人员，落实消防工作经费；开展针对性消防安全检查治理，消除火灾隐患；加强消防宣传教育培训，每年组织应急演练，提高行业从业人员消防安全意识。

（三）法律、法规和规章规定的其他消防安全职责。

第十三条 具有行政审批职能的部门，对审批事项中涉及消防安全的法定条件要依法严格审批，凡不符合法定条件的，不得核发相关许可证照或批准开办。对已经依法取得批准的单位，不再具备消防安全条件的应当依法予以处理。

（一）公安机关负责对消防工作实施监督管理，指导、督促机关、团体、企业、事业等单位履行消防工作职责。依法实施建设工程消防设计审核、消防验收，开展消防监督检查，组织针对性消防安全专项治理，实施消防行政处罚。组织和指挥火灾现场扑救，承担或参加重大灾害事故和其他以抢救人员生命为主的应急救援工作。依法组织或参与火灾事故调查处理工作，办理失火罪和消防责任事故罪案件。组织开展消防宣传教育培训和应急疏散演练。

（二）教育部门负责学校、幼儿园管理中的行业消防安全。指导学校消防安全教育宣传工作，将消防安全教育纳入学校安全教育活动统筹安排。

（三）民政部门负责社会福利、特困人员供养、救助管理、未成年人保护、婚姻、殡葬、救灾物资储备、烈士纪念、军休军供、优抚医院、光荣院、养老机构等民政服务机构审批或管理中的行业消防安全。

（四）人力资源社会保障部门负责职业培训机构、技工院校审批或管理中的行业消防安全。做好政府专职消防队员、企业专职消防队员依法参加工伤保险工作。将消防法律法规和消防知识纳入公务员培训、职业培训内容。

（五）城乡规划管理部门依据城乡规划配合制定消防设施布局专项规划，依据规划预留消防站规划用地，并负责监督实施。

（六）住房城乡建设部门负责依法督促建设工程责任单位加强对房屋建筑和市政基础设施工程建设的安全管理，在组织制定工程建设规范以及推广新技术、新材料、新工艺时，应充分考虑消防安全因素，满足有关消防安全性能及要求。

（七）交通运输部门负责在客运车站、港口、码头及交通工具管理中依法督促有关单位落实消防安全主体责任和有关消防工作制度。

（八）文化部门负责文化娱乐场所审批或管理中的行业消防安全工作，指导、监督公共图书馆、文化馆(站)、剧院等文化单位履行消防安全职责。

（九）卫生计生部门负责医疗卫生机构、计划生育技术服务机构审批或管理中的行业消防安全。

（十）工商行政管理部门负责依法对流通领域消防产品质量实施监督管理，查处流通领域消防产品质量违法行为。

（十一）质量技术监督部门负责依法督促特种设备生产单位加强特种设备生产过程中的消防安全管理，在组织制定特种设备产品及使用标准时，应充分考虑消防安全因素，满足有关消防安全性能及要求，积极推广消防新技术在特种设备产品中的应用。按照职责分工对消防产品质量实施监督管理,依法查处消防产品质量违法行为。做好消防安全相关标准制修订工作,负责消防相关产品质量认证监督管理工作。

(十二)新闻出版广电部门负责指导新闻出版广播影视机构消防安全管理,协助监督管理印刷业、网络视听节目服务机构消防安全。督促新闻媒体发布针对性消防安全提示,面向社会开展消防宣传教育。

(十三)安全生产监督管理部门要严格依法实施有关行政审批,凡不符合法定条件的,不得核发有关安全生产许可。

第十四条 具有行政管理或公共服务职能的部门,应当结合本部门职责为消防工作提供支持和保障。

(一)发展改革部门应当将消防工作纳入国民经济和社会发展中长期规划。地方发展改革部门应当将公共消防设施建设列入地方固定资产投资计划。

(二)科技部门负责将消防科技进步纳入科技发展规划和中央财政科技计划(专项、基金等)并组织实施。组织指导消防安全重大科技攻关、基础研究和应用研究,会同有关部门推动消防科研成果转化应用。将消防知识纳入科普教育内容。

(三)工业和信息化部门负责指导督促通信业、通信设施建设以及民用爆炸物品生产、销售的消防安全管理。依据职责负责危险化学品生产、储存的行业规划和布局。将消防产业纳入应急产业同规划、同部署、同发展。

(四)司法行政部门负责指导监督监狱系统、司法行政系统强制隔离戒毒场所的消防安全管理。将消防法律法规纳入普法教育内容。

(五)财政部门负责按规定对消防资金进行预算管理。

(六)商务部门负责指导、督促商贸行业的消防安全管理工作。

(七)房地产管理部门负责指导、督促物业服务企业按照合同约定做好住宅小区共用消防设施的维护管理工作,并指导业主依照有关规定使用住宅专项维修资金对住宅小区共用消防设施进行维修、更新、改造。

(八)电力管理部门依法对电力企业和用户执行电力法律、行政法规的情况进行监督检查,督促企业严格遵守国家消防技术标准,落实企业主体责任。推广采用先进的火灾防范技术设施,引导用户规范用电。

(九)燃气管理部门负责加强城镇燃气安全监督管理工作,督促燃气经营者指导用户安全用气并对燃气设施定期进行安全检查、排除隐患,会同有关部门制定燃气安全事故应急预案,依法查处燃气经营者和燃气用户等各方主体的燃气违法行为。

(十)人防部门负责对人民防空工程的维护管理进行监督检查。

(十一)文物部门负责文物保护单位、世界文化遗产和博物馆的行业消防安全管理。

（十二）体育、宗教事务、粮食等部门负责加强体育类场馆、宗教活动场所、储备粮储存环节等消防安全管理，指导开展消防安全标准化管理。

（十三）银行、证券、保险等金融监管机构负责督促银行业金融机构、证券业机构、保险机构及服务网点、派出机构落实消防安全管理。保险监管机构负责指导保险公司开展火灾公众责任保险业务，鼓励保险机构发挥火灾风险评估管控和火灾事故预防功能。

（十四）农业、水利、交通运输等部门应当将消防水源、消防车通道等公共消防设施纳入相关基础设施建设工程。

（十五）互联网信息、通信管理等部门应当指导网站、移动互联网媒体等开展公益性消防安全宣传。

（十六）气象、水利、地震部门应当及时将重大灾害事故预警信息通报公安消防部门。

（十七）负责公共消防设施维护管理的单位应当保持消防供水、消防通信、消防车通道等公共消防设施的完好有效。

第四章　单位消防安全职责

第十五条　机关、团体、企业、事业等单位应当落实消防安全主体责任，履行下列职责：

（一）明确各级、各岗位消防安全责任人及其职责，制定本单位的消防安全制度、消防安全操作规程、灭火和应急疏散预案。定期组织开展灭火和应急疏散演练，进行消防工作检查考核，保证各项规章制度落实。

（二）保证防火检查巡查、消防设施器材维护保养、建筑消防设施检测、火灾隐患整改、专职或志愿消防队和微型消防站建设等消防工作所需资金的投入。生产经营单位安全费用应当保证适当比例用于消防工作。

（三）按照相关标准配备消防设施、器材，设置消防安全标志，定期检验维修，对建筑消防设施每年至少进行一次全面检测，确保完好有效。设有消防控制室的，实行24小时值班制度，每班不少于2人，并持证上岗。

（四）保障疏散通道、安全出口、消防车通道畅通，保证防火防烟分区、防火间距符合消防技术标准。人员密集场所的门窗不得设置影响逃生和灭火救援的障碍物。保证建筑构件、建筑材料和室内装修装饰材料等符合消防技术标准。

（五）定期开展防火检查、巡查，及时消除火灾隐患。

（六）根据需要建立专职或志愿消防队、微型消防站，加强队伍建设，定期组织训练演练，加强消防装备配备和灭火药剂储备，建立与公安消防队联勤联动机制，提高扑救初起火灾能力。

（七）消防法律、法规、规章以及政策文件规定的其他职责。

第十六条　消防安全重点单位除履行第十五条规定的职责外，还应当履行下列职责：

（一）明确承担消防安全管理工作的机构和消防安全管理人并报知当地公安消防部门，组织实施本单位消防安全管理。消防安全管理人应当经过消防培训。

（二）建立消防档案，确定消防安全重点部位，设置防火标志，实行严格管理。

（三）安装、使用电器产品、燃气用具和敷设电气线路、管线必须符合相关标准和用电、用气安全管理规定，并定期维护保养、检测。

（四）组织员工进行岗前消防安全培训，定期组织消防安全培训和疏散演练。

（五）根据需要建立微型消防站，积极参与消防安全区域联防联控，提高自防自救能力。

（六）积极应用消防远程监控、电气火灾监测、物联网技术等技防物防措施。

第十七条 对容易造成群死群伤火灾的人员密集场所、易燃易爆单位和高层、地下公共建筑等火灾高危单位，除履行第十五条、第十六条规定的职责外，还应当履行下列职责：

（一）定期召开消防安全工作例会，研究本单位消防工作，处理涉及消防经费投入、消防设施设备购置、火灾隐患整改等重大问题。

（二）鼓励消防安全管理人取得注册消防工程师执业资格，消防安全责任人和特有工种人员须经消防安全培训；自动消防设施操作人员应取得建（构）筑物消防员资格证书。

（三）专职消防队或微型消防站应当根据本单位火灾危险特性配备相应的消防装备器材，储备足够的灭火救援药剂和物资，定期组织消防业务学习和灭火技能训练。

（四）按照国家标准配备应急逃生设施设备和疏散引导器材。

（五）建立消防安全评估制度，由具有资质的机构定期开展评估，评估结果向社会公开。

（六）参加火灾公众责任保险。

第十八条 同一建筑物由两个以上单位管理或使用的，应当明确各方的消防安全责任，并确定责任人对共用的疏散通道、安全出口、建筑消防设施和消防车通道进行统一管理。

物业服务企业应当按照合同约定提供消防安全防范服务，对管理区域内的共用消防设施和疏散通道、安全出口、消防车通道进行维护管理，及时劝阻和制止占用、堵塞、封闭疏散通道、安全出口、消防车通道等行为，劝阻和制止无效的，立即向公安机关等主管部门报告。定期开展防火检查巡查和消防宣传教育。

第十九条 石化、轻工等行业组织应当加强行业消防安全自律管理，推动本行业消防工作，引导行业单位落实消防安全主体责任。

第二十条 消防设施检测、维护保养和消防安全评估、咨询、监测等消防技术服务机构和执业人员应当依法获得相应的资质、资格，依法依规提供消防安全技术服务，并对服务质量负责。

第二十一条 建设工程的建设、设计、施工和监理等单位应当遵守消防法律、法规、规章和工程建设消防技术标准，在工程设计使用年限内对工程的消防设计、施工质量承担终身责任。

第五章 责 任 落 实

第二十二条 国务院每年组织对省级人民政府消防工作完成情况进行考核，考核结果交由中央干部主管部门，作为对各省级人民政府主要负责人和领导班子综合考核评价的重要依据。

第二十三条 地方各级人民政府应当建立健全消防工作考核评价体系，明确消防工作目标责任，纳入日常检查、政务督查的重要内容，组织年度消防工作考核，确保消防安全责任落实。加强消防工作考核结果运用，建立与主要负责人、分管负责人和直接责任人履职评定、奖励惩处相挂钩的制度。

第二十四条 地方各级消防安全委员会、消防安全联席会议等消防工作协调机制应当定期召开成员单位会议，分析研判消防安全形势，协调指导消防工作开展，督促解决消防工作重大问题。

第二十五条 各有关部门应当建立单位消防安全信用记录，纳入全国信用信息共享平台，作为信用评价、项目核准、用地审批、金融扶持、财政奖补等方面的参考依据。

第二十六条 公安机关及其工作人员履行法定消防工作职责时，应当做到公正、严格、文明、高效。

公安机关及其工作人员进行消防设计审核、消防验收和消防安全检查等，不得收取费用，不得谋取利益，不得利用职务指定或者变相指定消防产品的品牌、销售单位或者消防技术服务机构、消防设施施工单位。

国务院公安部门要加强对各地公安机关及其工作人员进行消防设计审核、消防验收和消防安全检查等行为的监督管理。

第二十七条 地方各级人民政府和有关部门不依法履行职责，在涉及消防安全行政审批、公共消防设施建设、重大火灾隐患整改、消防力量发展等方面工作不力、失职渎职的，依法依规追究有关人员的责任，涉嫌犯罪的，移送司法机关处理。

第二十八条 因消防安全责任不落实发生一般及以上火灾事故的，依法依规追究单位直接责任人、法定代表人、主要负责人或实际控制人的责任，对履行职责不力、失职渎职的政府及有关部门负责人和工作人员实行问责，涉嫌犯罪的，移送司法机关处理。

发生造成人员死亡或产生社会影响的一般火灾事故的，由事故发生地县级人民政府负责组织调查处理；发生较大火灾事故的，由事故发生地设区的市级人民政府负责组织调查处理；发生重大火灾事故的，由事故发生地省级人民政府负责组织调查处理;发生特别重大火灾事故的,由国务院或国务院授权有关部门负责组织调查处理。

第六章 附 则

第二十九条 具有固定生产经营场所的个体工商户,参照本办法履行单位消防安全职责。

第三十条 微型消防站是单位、社区组建的有人员、有装备,具备扑救初起火灾能力的志愿消防队。具体标准由公安消防部门确定。

第三十一条 本办法自印发之日起施行。地方各级人民政府、国务院有关部门等可结合实际制定具体实施办法。

高层民用建筑消防安全管理规定

1. 2021年6月21日应急管理部令第5号公布
2. 自2021年8月1日起施行

第一章 总 则

第一条 为了加强高层民用建筑消防安全管理,预防火灾和减少火灾危害,根据《中华人民共和国消防法》等法律、行政法规和国务院有关规定,制定本规定。

第二条 本规定适用于已经建成且依法投入使用的高层民用建筑(包括高层住宅建筑和高层公共建筑)的消防安全管理。

第三条 高层民用建筑消防安全管理贯彻预防为主、防消结合的方针,实行消防安全责任制。

建筑高度超过100米的高层民用建筑应当实行更加严格的消防安全管理。

第二章 消防安全职责

第四条 高层民用建筑的业主、使用人是高层民用建筑消防安全责任主体,对高层民用建筑的消防安全负责。高层民用建筑的业主、使用人是单位的,其法定代表人或者主要负责人是本单位的消防安全责任人。

高层民用建筑的业主、使用人可以委托物业服务企业或者消防技术服务机构等专业服务单位(以下统称消防服务单位)提供消防安全服务,并应当在服务合同中约定消防安全服务的具体内容。

第五条 同一高层民用建筑有两个及以上业主、使用人的,各业主、使用人对其专有部分的消防安全负责,对共有部分的消防安全共同负责。

同一高层民用建筑有两个及以上业主、使用人的,应当共同委托物业服务企业,或者明确一个业主、使用人作为统一管理人,对共有部分的消防安全实行统一管理,协调、指导业主、使用人共同做好整栋建筑的消防安全工作,并通过书面形式约定各方消防安全责任。

第六条 高层民用建筑以承包、租赁或者委托经营、管理等形式交由承包人、承租人、经营管理人使用的,当事人在订立承包、租赁、委托管理等合同时,应当明确各方消防安全责任。委托方、出租方依照法律规定,可以对承包方、承租方、受托方的消防安全工作统一协调、管理。

实行承包、租赁或者委托经营、管理时,业主应当提供符合消防安全要求的建筑物,督促使用人加强消防安全管理。

第七条 高层公共建筑的业主单位、使用单位应当履行下列消防安全职责:
（一）遵守消防法律法规,建立和落实消防安全管理制度;
（二）明确消防安全管理机构或者消防安全管理人员;
（三）组织开展防火巡查、检查,及时消除火灾隐患;
（四）确保疏散通道、安全出口、消防车通道畅通;
（五）对建筑消防设施、器材定期进行检测、维修,确保完好有效;
（六）组织消防宣传教育培训,制定灭火和应急疏散预案,定期组织消防演练;
（七）按照规定建立专职消防队、志愿消防队（微型消防站）等消防组织;
（八）法律、法规规定的其他消防安全职责。

委托物业服务企业,或者明确统一管理人实施消防安全管理的,物业服务企业或者统一管理人应当按照约定履行前款规定的消防安全职责,业主单位、使用单位应当督促并配合物业服务企业或者统一管理人做好消防安全工作。

第八条 高层公共建筑的业主、使用人、物业服务企业或者统一管理人应当明确专人担任消防安全管理人,负责整栋建筑的消防安全管理工作,并在建筑显著位置公示其姓名、联系方式和消防安全管理职责。

高层公共建筑的消防安全管理人应当履行下列消防安全管理职责:
（一）拟订年度消防工作计划,组织实施日常消防安全管理工作;
（二）组织开展防火检查、巡查和火灾隐患整改工作;
（三）组织实施对建筑共用消防设施设备的维护保养;
（四）管理专职消防队、志愿消防队（微型消防站）等消防组织;
（五）组织开展消防安全的宣传教育和培训;
（六）组织编制灭火和应急疏散综合预案并开展演练。

高层公共建筑的消防安全管理人应当具备与其职责相适应的消防安全知识和管理能力。对建筑高度超过100米的高层公共建筑,鼓励有关单位聘用相应级别的注册消防工程师或者相关工程类中级及以上专业技术职务的人员担任消防安全管理人。

第九条 高层住宅建筑的业主、使用人应当履行下列消防安全义务:

（一）遵守住宅小区防火安全公约和管理规约约定的消防安全事项；

（二）按照不动产权属证书载明的用途使用建筑；

（三）配合消防服务单位做好消防安全工作；

（四）按照法律规定承担消防服务费用以及建筑消防设施维修、更新和改造的相关费用；

（五）维护消防安全，保护消防设施，预防火灾，报告火警，成年人参加有组织的灭火工作；

（六）法律、法规规定的其他消防安全义务。

第十条 接受委托的高层住宅建筑的物业服务企业应当依法履行下列消防安全职责：

（一）落实消防安全责任，制定消防安全制度，拟订年度消防安全工作计划和组织保障方案；

（二）明确具体部门或者人员负责消防安全管理工作；

（三）对管理区域内的共用消防设施、器材和消防标志定期进行检测、维护保养，确保完好有效；

（四）组织开展防火巡查、检查，及时消除火灾隐患；

（五）保障疏散通道、安全出口、消防车通道畅通，对占用、堵塞、封闭疏散通道、安全出口、消防车通道等违规行为予以制止；制止无效的，及时报告消防救援机构等有关行政管理部门依法处理；

（六）督促业主、使用人履行消防安全义务；

（七）定期向所在住宅小区业主委员会和业主、使用人通报消防安全情况，提示消防安全风险；

（八）组织开展经常性的消防宣传教育；

（九）制定灭火和应急疏散预案，并定期组织演练；

（十）法律、法规规定和合同约定的其他消防安全职责。

第十一条 消防救援机构和其他负责消防监督检查的机构依法对高层民用建筑进行消防监督检查，督促业主、使用人、受委托的消防服务单位等落实消防安全责任；对监督检查中发现的火灾隐患，通知有关单位或者个人立即采取措施消除隐患。

消防救援机构应当加强高层民用建筑消防安全法律、法规的宣传，督促、指导有关单位做好高层民用建筑消防安全宣传教育工作。

第十二条 村民委员会、居民委员会应当依法组织制定防火安全公约，对高层民用建筑进行防火安全检查，协助人民政府和有关部门加强消防宣传教育；对老年人、未成年人、残疾人等开展有针对性的消防宣传教育，加强消防安全帮扶。

第十三条 供水、供电、供气、供热、通信、有线电视等专业运营单位依法对高层民用建筑内由其管理的设施设备消防安全负责，并定期进行检查和维护。

第三章　消防安全管理

第十四条　高层民用建筑施工期间，建设单位应当与施工单位明确施工现场的消防安全责任。施工期间应当严格落实现场防范措施，配置消防器材，指定专人监护，采取防火分隔措施，不得影响其他区域的人员安全疏散和建筑消防设施的正常使用。

高层民用建筑的业主、使用人不得擅自变更建筑使用功能、改变防火防烟分区，不得违反消防技术标准使用易燃、可燃装修装饰材料。

第十五条　高层民用建筑的业主、使用人或者物业服务企业、统一管理人应当对动用明火作业实行严格的消防安全管理，不得在具有火灾、爆炸危险的场所使用明火；因施工等特殊情况需要进行电焊、气焊等明火作业的，应当按照规定办理动火审批手续，落实现场监护人，配备消防器材，并在建筑主入口和作业现场显著位置公告。作业人员应当依法持证上岗，严格遵守消防安全规定，清除周围及下方的易燃、可燃物，采取防火隔离措施。作业完毕后，应当进行全面检查，消除遗留火种。

高层公共建筑内的商场、公共娱乐场所不得在营业期间动火施工。

高层公共建筑内应当确定禁火禁烟区域，并设置明显标志。

第十六条　高层民用建筑内电器设备的安装使用及其线路敷设、维护保养和检测应当符合消防技术标准及管理规定。

高层民用建筑业主、使用人或者消防服务单位，应当安排专业机构或者电工定期对管理区域内由其管理的电器设备及线路进行检查；对不符合安全要求的，应当及时维修、更换。

第十七条　高层民用建筑内燃气用具的安装使用及其管路敷设、维护保养和检测应当符合消防技术标准及管理规定。禁止违反燃气安全使用规定，擅自安装、改装、拆除燃气设备和用具。

高层民用建筑使用燃气应当采用管道供气方式。禁止在高层民用建筑地下部分使用液化石油气。

第十八条　禁止在高层民用建筑内违反国家规定生产、储存、经营甲、乙类火灾危险性物品。

第十九条　设有建筑外墙外保温系统的高层民用建筑，其管理单位应当在主入口及周边相关显著位置，设置提示性和警示性标识，标示外墙外保温材料的燃烧性能、防火要求。对高层民用建筑外墙外保温系统破损、开裂和脱落的，应当及时修复。高层民用建筑在进行外墙外保温系统施工时，建设单位应当采取必要的防火隔离以及限制住人和使用的措施，确保建筑内人员安全。

禁止使用易燃、可燃材料作为高层民用建筑外墙外保温材料。禁止在其建筑内及周边禁放区域燃放烟花爆竹；禁止在其外墙周围堆放可燃物。对于使用难燃外墙外保温材料或者采用与基层墙体、装饰层之间有空腔的建筑外墙外保温系统的高层民用建筑,禁止在其外墙动火用电。

第二十条 高层民用建筑的电缆井、管道井等竖向管井和电缆桥架应当在每层楼板处进行防火封堵,管井检查门应当采用防火门。

禁止占用电缆井、管道井,或者在电缆井、管道井等竖向管井堆放杂物。

第二十一条 高层民用建筑的户外广告牌、外装饰不得采用易燃、可燃材料,不得妨碍防烟排烟、逃生和灭火救援,不得改变或者破坏建筑立面防火结构。

禁止在高层民用建筑外窗设置影响逃生和灭火救援的障碍物。

建筑高度超过 50 米的高层民用建筑外墙上设置的装饰、广告牌应当采用不燃材料并易于破拆。

第二十二条 禁止在消防车通道、消防车登高操作场地设置构筑物、停车泊位、固定隔离桩等障碍物。

禁止在消防车通道上方、登高操作面设置妨碍消防车作业的架空管线、广告牌、装饰物等障碍物。

第二十三条 高层公共建筑内餐饮场所的经营单位应当及时对厨房灶具和排油烟罩设施进行清洗,排油烟管道每季度至少进行一次检查、清洗。

高层住宅建筑的公共排油烟管道应当定期检查,并采取防火措施。

第二十四条 除为满足高层民用建筑的使用功能所设置的自用物品暂存库房、档案室和资料室等附属库房外,禁止在高层民用建筑内设置其他库房。

高层民用建筑的附属库房应当采取相应的防火分隔措施,严格遵守有关消防安全管理规定。

第二十五条 高层民用建筑内的锅炉房、变配电室、空调机房、自备发电机房、储油间、消防水泵房、消防水箱间、防排烟风机房等设备用房应当按照消防技术标准设置,确定为消防安全重点部位,设置明显的防火标志,实行严格管理,并不得占用和堆放杂物。

第二十六条 高层民用建筑消防控制室应当由其管理单位实行 24 小时值班制度,每班不应少于 2 名值班人员。

消防控制室值班操作人员应当依法取得相应等级的消防行业特有工种职业资格证书,熟练掌握火警处置程序和要求,按照有关规定检查自动消防设施、联动控制设备运行情况,确保其处于正常工作状态。

消防控制室内应当保存高层民用建筑总平面布局图、平面布置图和消防设施系统图及控制逻辑关系说明、建筑消防设施维修保养记录和检测报告等资料。

第二十七条 高层公共建筑内有关单位、高层住宅建筑所在社区居民委员会或者物业服务企业按照规定建立的专职消防队、志愿消防队(微型消防站)等消防组织,应当配备必要的人员、场所和器材、装备,定期进行消防技能培训和演练,开展防火巡查、消防宣传,及时处置、扑救初起火灾。

第二十八条 高层民用建筑的疏散通道、安全出口应当保持畅通,禁止堆放物品、锁闭出口、设置障碍物。平时需要控制人员出入或者设有门禁系统的疏散门,应当保证发生火灾时易于开启,并在现场显著位置设置醒目的提示和使用标识。

高层民用建筑的常闭式防火门应当保持常闭,闭门器、顺序器等部件应当完好有效;常开式防火门应当保证发生火灾时自动关闭并反馈信号。

禁止圈占、遮挡消火栓,禁止在消火栓箱内堆放杂物,禁止在防火卷帘下堆放物品。

第二十九条 高层民用建筑内应当在显著位置设置标识,指示避难层(间)的位置。

禁止占用高层民用建筑避难层(间)和避难走道或者堆放杂物,禁止锁闭避难层(间)和避难走道出入口。

第三十条 高层公共建筑的业主、使用人应当按照国家标准、行业标准配备灭火器材以及自救呼吸器、逃生缓降器、逃生绳等逃生疏散设施器材。

高层住宅建筑应当在公共区域的显著位置摆放灭火器材,有条件的配置自救呼吸器、逃生绳、救援哨、疏散用手电筒等逃生疏散设施器材。

鼓励高层住宅建筑的居民家庭制定火灾疏散逃生计划,并配置必要的灭火和逃生疏散器材。

第三十一条 高层民用建筑的消防车通道、消防车登高操作场地、灭火救援窗、灭火救援破拆口、消防车取水口、室外消火栓、消防水泵接合器、常闭式防火门等应当设置明显的提示性、警示性标识。消防车通道、消防车登高操作场地、防火卷帘下方还应当在地面标识出禁止占用的区域范围。消火栓箱、灭火器箱上应当张贴使用方法的标识。

高层民用建筑的消防设施配电柜电源开关、消防设备用房内管道阀门等应当标识开、关状态;对需要保持常开或者常闭状态的阀门,应当采取铅封等限位措施。

第三十二条 不具备自主维护保养检测能力的高层民用建筑业主、使用人或者物业服务企业应当聘请具备从业条件的消防技术服务机构或者消防设施施工安装企业对建筑消防设施进行维护保养和检测;存在故障、缺损的,应当立即组织维修、更换,确保完好有效。

因维修等需要停用建筑消防设施的,高层民用建筑的管理单位应当严格履行内部审批手续,制定应急方案,落实防范措施,并在建筑入口处等显著位置公告。

第三十三条 高层公共建筑消防设施的维修、更新、改造的费用,由业主、使用人按照有关法律规定承担,共有部分按照专有部分建筑面积所占比例承担。

高层住宅建筑的消防设施日常运行、维护和维修、更新、改造费用,由业主依照法律规定承担;委托消防服务单位的,消防设施的日常运行、维护和检测费用应当纳入物业服务或者消防技术服务专项费用。共用消防设施的维修、更新、改造费用,可以依法从住宅专项维修资金列支。

第三十四条 高层民用建筑应当进行每日防火巡查,并填写巡查记录。其中,高层公共建筑内公众聚集场所在营业期间应当至少每 2 小时进行一次防火巡查,医院、养老院、寄宿制学校、幼儿园应当进行白天和夜间防火巡查,高层住宅建筑和高层公共建筑内的其他场所可以结合实际确定防火巡查的频次。

防火巡查应当包括下列内容:
(一)用火、用电、用气有无违章情况;
(二)安全出口、疏散通道、消防车通道畅通情况;
(三)消防设施、器材完好情况,常闭式防火门关闭情况;
(四)消防安全重点部位人员在岗在位等情况。

第三十五条 高层住宅建筑应当每月至少开展一次防火检查,高层公共建筑应当每半个月至少开展一次防火检查,并填写检查记录。

防火检查应当包括下列内容:
(一)安全出口和疏散设施情况;
(二)消防车通道、消防车登高操作场地和消防水源情况;
(三)灭火器材配置及有效情况;
(四)用火、用电、用气和危险品管理制度落实情况;
(五)消防控制室值班和消防设施运行情况;
(六)人员教育培训情况;
(七)重点部位管理情况;
(八)火灾隐患整改以及防范措施的落实等情况。

第三十六条 对防火巡查、检查发现的火灾隐患,高层民用建筑的业主、使用人、受委托的消防服务单位,应当立即采取措施予以整改。

对不能当场改正的火灾隐患,应当明确整改责任、期限,落实整改措施,整改期间应当采取临时防范措施,确保消防安全;必要时,应当暂时停止使用危险部位。

第三十七条 禁止在高层民用建筑公共门厅、疏散走道、楼梯间、安全出口停放电动自行车或者为电动自行车充电。

鼓励在高层住宅小区内设置电动自行车集中存放和充电的场所。电动自行车存放、充电场所应当独立设置,并与高层民用建筑保持安全距离;确需设置在高层民用建筑内的,应当与该建筑的其他部分进行防火分隔。

电动自行车存放、充电场所应当配备必要的消防器材,充电设施应当具备充满自动断电功能。

第三十八条 鼓励高层民用建筑推广应用物联网和智能化技术手段对电气、燃气消防安全和消防设施运行等进行监控和预警。

未设置自动消防设施的高层住宅建筑,鼓励因地制宜安装火灾报警和喷水灭火系统、火灾应急广播以及可燃气体探测、无线手动火灾报警、无线声光火灾警报等消防设施。

第三十九条　高层民用建筑的业主、使用人或者消防服务单位、统一管理人应当每年至少组织开展一次整栋建筑的消防安全评估。消防安全评估报告应当包括存在的消防安全问题、火灾隐患以及改进措施等内容。

第四十条　鼓励、引导高层公共建筑的业主、使用人投保火灾公众责任保险。

第四章　消防宣传教育和灭火疏散预案

第四十一条　高层公共建筑内的单位应当每半年至少对员工开展一次消防安全教育培训。

高层公共建筑内的单位应当对本单位员工进行上岗前消防安全培训，并对消防安全管理人员、消防控制室值班人员和操作人员、电工、保安员等重点岗位人员组织专门培训。

高层住宅建筑的物业服务企业应当每年至少对居住人员进行一次消防安全教育培训，进行一次疏散演练。

第四十二条　高层民用建筑应当在每层的显著位置张贴安全疏散示意图，公共区域电子显示屏应当播放消防安全提示和消防安全知识。

高层公共建筑除遵守本条第一款规定外，还应当在首层显著位置提示公众注意火灾危险，以及安全出口、疏散通道和灭火器材的位置。

高层住宅小区除遵守本条第一款规定外，还应当在显著位置设置消防安全宣传栏，在高层住宅建筑单元入口处提示安全用火、用电、用气，以及电动自行车存放、充电等消防安全常识。

第四十三条　高层民用建筑应当结合场所特点，分级分类编制灭火和应急疏散预案。

规模较大或者功能业态复杂，且有两个及以上业主、使用人或者多个职能部门的高层公共建筑，有关单位应当编制灭火和应急疏散总预案，各单位或者职能部门应当根据场所、功能分区、岗位实际编制专项灭火和应急疏散预案或者现场处置方案（以下统称分预案）。

灭火和应急疏散预案应当明确应急组织机构，确定承担通信联络、灭火、疏散和救护任务的人员及其职责，明确报警、联络、灭火、疏散等处置程序和措施。

第四十四条　高层民用建筑的业主、使用人、受委托的消防服务单位应当结合实际，按照灭火和应急疏散总预案和分预案分别组织实施消防演练。

高层民用建筑应当每年至少进行一次全要素综合演练，建筑高度超过100米的高层公共建筑应当每半年至少进行一次全要素综合演练。编制分预案的，有关单位和职能部门应当每季度至少进行一次综合演练或者专项灭火、疏散演练。

演练前，有关单位应当告知演练范围内的人员并进行公告；演练时，应当设置明显标识；演练结束后，应当进行总结评估，并及时对预案进行修订和完善。

第四十五条　高层公共建筑内的人员密集场所应当按照楼层、区域确定疏散引导员,负责在火灾发生时组织、引导在场人员安全疏散。

第四十六条 火灾发生时,发现火灾的人员应当立即拨打119电话报警。

火灾发生后,高层民用建筑的业主、使用人、消防服务单位应当迅速启动灭火和应急疏散预案,组织人员疏散,扑救初起火灾。

火灾扑灭后,高层民用建筑的业主、使用人、消防服务单位应当组织保护火灾现场,协助火灾调查。

第五章 法律责任

第四十七条 违反本规定,有下列行为之一的,由消防救援机构责令改正,对经营性单位和个人处2000元以上10000元以下罚款,对非经营性单位和个人处500元以上1000元以下罚款:

(一)在高层民用建筑内进行电焊、气焊等明火作业,未履行动火审批手续、进行公告,或者未落实消防现场监护措施的;

(二)高层民用建筑设置的户外广告牌、外装饰妨碍防烟排烟、逃生和灭火救援,或者改变、破坏建筑立面防火结构的;

(三)未设置外墙外保温材料提示性和警示性标识,或者未及时修复破损、开裂和脱落的外墙外保温系统的;

(四)未按照规定落实消防控制室值班制度,或者安排不具备相应条件的人员值班的;

(五)未按照规定建立专职消防队、志愿消防队等消防组织的;

(六)因维修等需要停用建筑消防设施未进行公告、未制定应急预案或者未落实防范措施的;

(七)在高层民用建筑的公共门厅、疏散走道、楼梯间、安全出口停放电动自行车或者为电动自行车充电,拒不改正的。

第四十八条 违反本规定的其他消防安全违法行为,依照《中华人民共和国消防法》第六十条、第六十一条、第六十四条、第六十五条、第六十六条、第六十七条、第六十八条、第六十九条和有关法律法规予以处罚;构成犯罪的,依法追究刑事责任。

第四十九条 消防救援机构及其工作人员在高层民用建筑消防监督检查中,滥用职权、玩忽职守、徇私舞弊的,对直接负责的主管人员和其他直接责任人员依法给予处分;构成犯罪的,依法追究刑事责任。

第六章 附 则

第五十条 本规定下列用语的含义:

(一)高层住宅建筑,是指建筑高度大于27米的住宅建筑。

(二)高层公共建筑,是指建筑高度大于24米的非单层公共建筑,包括宿舍建筑、公寓建筑、办公建筑、科研建筑、文化建筑、商业建筑、体育建筑、医疗建筑、交通建筑、旅游建筑、通信建筑等。

(三)业主,是指高层民用建筑的所有权人,包括单位和个人。

(四)使用人,是指高层民用建筑的承租人和其他实际使用人,包括单位和个人。

第五十一条 本规定自 2021 年 8 月 1 日起施行。

中华人民共和国森林法

1. 1984 年 9 月 20 日第六届全国人民代表大会常务委员会第七次会议通过
2. 根据 1998 年 4 月 29 日第九届全国人民代表大会常务委员会第二次会议《关于修改〈中华人民共和国森林法〉的决定》第一次修正
3. 根据 2009 年 8 月 27 日第十一届全国人民代表大会常务委员会第十次会议《关于修改部分法律的决定》第二次修正
4. 2019 年 12 月 28 日第十三届全国人民代表大会常务委员会第十五次会议修订
5. 自 2020 年 7 月 1 日起施行

目　　录

第一章　总　　则
第二章　森林权属
第三章　发展规划
第四章　森林保护
第五章　造林绿化
第六章　经营管理
第七章　监督检查
第八章　法律责任
第九章　附　　则

第一章　总　　则

第一条　【立法目的】为了践行绿水青山就是金山银山理念,保护、培育和合理利用森林资源,加快国土绿化,保障森林生态安全,建设生态文明,实现人与自然和谐共生,制定本法。

第二条　【适用范围】在中华人民共和国领域内从事森林、林木的保护、培育、利用和森林、林木、林地的经营管理活动,适用本法。

第三条　【基本原则】保护、培育、利用森林资源应当尊重自然、顺应自然,坚持生态优先、保护优先、保育结合、可持续发展的原则。

第四条　【责任制、考核评价制度及林长制】国家实行森林资源保护发展目标责任制和考核评价制度。上级人民政府对下级人民政府完成森林资源保护发展目标和森林防火、重大林业有害生物防治工作的情况进行考核,并公开考核结果。

地方人民政府可以根据本行政区域森林资源保护发展的需要,建立林长制。

第五条　【支持与保障】国家采取财政、税收、金融等方面的措施,支持森林资源保护发展。各级人民政府应当保障森林生态保护修复的投入,促进林业发展。

第六条　【总体目标】国家以培育稳定、健康、优质、高效的森林生态系统为目标,对公益林和商品林实行分类经营管理,突出主导功能,发挥多种功能,实现森林资源永续利用。

第七条　【生态效益补偿制度】国家建立森林生态效益补偿制度,加大公益林保护支持力度,完善重点生态功能区转移支付政策,指导受益地区和森林生态保护地区人民政府通过协商等方式进行生态效益补偿。

第八条　【民族自治地方的优惠政策】国务院和省、自治区、直辖市人民政府可以依照国家对民族自治地方自治权的规定,对民族自治地方的森林保护和林业发展实行更加优惠的政策。

第九条　【主管部门】国务院林业主管部门主管全国林业工作。县级以上地方人民政府林业主管部门,主管本行政区域的林业工作。

乡镇人民政府可以确定相关机构或者设置专职、兼职人员承担林业相关工作。

第十条　【公民义务】植树造林、保护森林,是公民应尽的义务。各级人民政府应当组织开展全民义务植树活动。

每年三月十二日为植树节。

第十一条　【推广技术】国家采取措施,鼓励和支持林业科学研究,推广先进适用的林业技术,提高林业科学技术水平。

第十二条　【宣传与教育】各级人民政府应当加强森林资源保护的宣传教育和知识普及工作,鼓励和支持基层群众性自治组织、新闻媒体、林业企业事业单位、志愿者等开展森林资源保护宣传活动。

教育行政部门、学校应当对学生进行森林资源保护教育。

第十三条　【表彰奖励】对在造林绿化、森林保护、森林经营管理以及林业科学研究等方面成绩显著的组织或者个人,按照国家有关规定给予表彰、奖励。

第二章　森林权属

第十四条　【所有权】森林资源属于国家所有,由法律规定属于集体所有的除外。

国家所有的森林资源的所有权由国务院代表国家行使。国务院可以授权国务院自然资源主管部门统一履行国有森林资源所有者职责。

第十五条　【权益与保护】林地和林地上的森林、林木的所有权、使用权,由不动产登记机构统一登记造册,核发证书。国务院确定的国家重点林区(以下简称重点林区)的森林、林木和林地,由国务院自然资源主管部门负责登记。

森林、林木、林地的所有者和使用者的合法权益受法律保护,任何组织和个人不得侵犯。

森林、林木、林地的所有者和使用者应当依法保护和合理利用森林、林木、林地,不得非法改变林地用途和毁坏森林、林木、林地。

第十六条 【履行的义务】国家所有的林地和林地上的森林、林木可以依法确定给林业经营者使用。林业经营者依法取得的国有林地和林地上的森林、林木的使用权,经批准可以转让、出租、作价出资等。具体办法由国务院制定。

林业经营者应当履行保护、培育森林资源的义务,保证国有森林资源稳定增长,提高森林生态功能。

第十七条 【承包经营】集体所有和国家所有依法由农民集体使用的林地(以下简称集体林地)实行承包经营的,承包方享有林地承包经营权和承包林地上的林木所有权,合同另有约定的从其约定。承包方可以依法采取出租(转包)、入股、转让等方式流转林地经营权、林木所有权和使用权。

第十八条 【统一经营】未实行承包经营的集体林地以及林地上的林木,由农村集体经济组织统一经营。经本集体经济组织成员的村民会议三分之二以上成员或者三分之二以上村民代表同意并公示,可以通过招标、拍卖、公开协商等方式依法流转林地经营权、林木所有权和使用权。

第十九条 【书面合同】集体林地经营权流转应当签订书面合同。林地经营权流转合同一般包括流转双方的权利义务、流转期限、流转价款及支付方式、流转期限届满林地上的林木和固定生产设施的处置、违约责任等内容。

受让方违反法律规定或者合同约定造成森林、林木、林地严重毁坏的,发包方或者承包方有权收回林地经营权。

第二十条 【管护与收益】国有企业事业单位、机关、团体、部队营造的林木,由营造单位管护并按照国家规定支配林木收益。

农村居民在房前屋后、自留地、自留山种植的林木,归个人所有。城镇居民在自有房屋的庭院内种植的林木,归个人所有。

集体或者个人承包国家所有和集体所有的宜林荒山荒地荒滩营造的林木,归承包的集体或者个人所有;合同另有约定的从其约定。

其他组织或者个人营造的林木,依法由营造者所有并享有林木收益;合同另有约定的从其约定。

第二十一条 【征收征用】为了生态保护、基础设施建设等公共利益的需要,确需征收、征用林地、林木的,应当依照《中华人民共和国土地管理法》等法律、行政法规的规定办理审批手续,并给予公平、合理的补偿。

第二十二条 【争议处理】单位之间发生的林木、林地所有权和使用权争议,由县级以上人民政府依法处理。

个人之间、个人与单位之间发生的林木所有权和林地使用权争议,由乡镇人民政府或者县级以上人民政府依法处理。

当事人对有关人民政府的处理决定不服的,可以自接到处理决定通知之日起三十日内,向人民法院起诉。

在林木、林地权属争议解决前,除因森林防火、林业有害生物防治、国家重大基础设施建设等需要外,当事人任何一方不得砍伐有争议的林木或者改变林地现状。

第三章 发展规划

第二十三条 【政府规划】县级以上人民政府应当将森林资源保护和林业发展纳入国民经济和社会发展规划。

第二十四条 【发展要求】县级以上人民政府应当落实国土空间开发保护要求,合理规划森林资源保护利用结构和布局,制定森林资源保护发展目标,提高森林覆盖率、森林蓄积量,提升森林生态系统质量和稳定性。

第二十五条 【编制规划】县级以上人民政府林业主管部门应当根据森林资源保护发展目标,编制林业发展规划。下级林业发展规划依据上级林业发展规划编制。

第二十六条 【专项规划】县级以上人民政府林业主管部门可以结合本地实际,编制林地保护利用、造林绿化、森林经营、天然林保护等相关专项规划。

第二十七条 【调查监测制度】国家建立森林资源调查监测制度,对全国森林资源现状及变化情况进行调查、监测和评价,并定期公布。

第四章 森林保护

第二十八条 【森林资源保护】国家加强森林资源保护,发挥森林蓄水保土、调节气候、改善环境、维护生物多样性和提供林产品等多种功能。

第二十九条 【资金专用】中央和地方财政分别安排资金,用于公益林的营造、抚育、保护、管理和非国有公益林权利人的经济补偿等,实行专款专用。具体办法由国务院财政部门会同林业主管部门制定。

第三十条 【重点林区的保护】国家支持重点林区的转型发展和森林资源保护修复,改善生产生活条件,促进所在地区经济社会发展。重点林区按照规定享受国家重点生态功能区转移支付等政策。

第三十一条 【特殊森林的保护】国家在不同自然地带的典型森林生态地区、珍贵动物和植物生长繁殖的林区、天然热带雨林区和具有特殊保护价值的其他天然林区,建立以国家公园为主体的自然保护地体系,加强保护管理。

国家支持生态脆弱地区森林资源的保护修复。

县级以上人民政府应当采取措施对具有特殊价值的野生植物资源予以保护。

第三十二条 【天然林的保护】国家实行天然林全面保护制度,严格限制天然林采伐,加强天然林管护能力建设,保护和修复天然林资源,逐步提高天然林生态功能。具体办法由国务院规定。

第三十三条 【护林组织】地方各级人民政府应当组织有关部门建立护林组织,负责护林工作;根据实际需要建设护林设施,加强森林资源保护;督促相关组织订立护林公约、组织群众护林、划定护林责任区、配备专职或者兼职护林员。

县级或者乡镇人民政府可以聘用护林员,其主要职责是巡护森林,发现火情、林业有害生物以及破坏森林资源的行为,应当及时处理并向当地林业等有关部门报告。

第三十四条 【扑防火灾】地方各级人民政府负责本行政区域的森林防火工作,发挥群防作用;县级以上人民政府组织领导应急管理、林业、公安等部门按照职责分工密切配合做好森林火灾的科学预防、扑救和处置工作:

(一)组织开展森林防火宣传活动,普及森林防火知识;
(二)划定森林防火区,规定森林防火期;
(三)设置防火设施,配备防灭火装备和物资;
(四)建立森林火灾监测预警体系,及时消除隐患;
(五)制定森林火灾应急预案,发生森林火灾,立即组织扑救;
(六)保障预防和扑救森林火灾所需费用。

国家综合性消防救援队伍承担国家规定的森林火灾扑救任务和预防相关工作。

第三十五条 【病虫害保护】县级以上人民政府林业主管部门负责本行政区域的林业有害生物的监测、检疫和防治。

省级以上人民政府林业主管部门负责确定林业植物及其产品的检疫性有害生物,划定疫区和保护区。

重大林业有害生物灾害防治实行地方人民政府负责制。发生暴发性、危险性等重大林业有害生物灾害时,当地人民政府应当及时组织除治。

林业经营者在政府支持引导下,对其经营管理范围内的林业有害生物进行防治。

第三十六条 【林地控制】国家保护林地,严格控制林地转为非林地,实行占用林地总量控制,确保林地保有量不减少。各类建设项目占用林地不得超过本行政区域的占用林地总量控制指标。

第三十七条 【林地占用】矿藏勘查、开采以及其他各类工程建设,应当不占或者少占林地;确需占用林地的,应当经县级以上人民政府林业主管部门审核同意,依法办理建设用地审批手续。

占用林地的单位应当缴纳森林植被恢复费。森林植被恢复费征收使用管理办法由国务院财政部门会同林业主管部门制定。

县级以上人民政府林业主管部门应当按照规定安排植树造林,恢复森林植被,植树造林面积不得少于因占用林地而减少的森林植被面积。上级林业主管部门应当定期督促下级林业主管部门组织植树造林、恢复森林植被,并进行检查。

第三十八条 【临时使用】需要临时使用林地的,应当经县级以上人民政府林业主管部门批准;临时使用林地的期限一般不超过二年,并不得在临时使用的林地上修建永久性建筑物。

临时使用林地期满后一年内,用地单位或者个人应当恢复植被和林业生产条件。

第三十九条 【禁止行为】禁止毁林开垦、采石、采砂、采土以及其他毁坏林木和林地的行为。

禁止向林地排放重金属或者其他有毒有害物质含量超标的污水、污泥,以及可能造成林地污染的清淤底泥、尾矿、矿渣等。

禁止在幼林地砍柴、毁苗、放牧。

禁止擅自移动或者损坏森林保护标志。

第四十条 【珍贵树木保护】国家保护古树名木和珍贵树木。禁止破坏古树名木和珍贵树木及其生存的自然环境。

第四十一条 【设施建设】各级人民政府应当加强林业基础设施建设,应用先进适用的科技手段,提高森林防火、林业有害生物防治等森林管护能力。

各有关单位应当加强森林管护。国有林业企业事业单位应当加大投入,加强森林防火、林业有害生物防治,预防和制止破坏森林资源的行为。

第五章 造 林 绿 化

第四十二条 【统筹绿化】国家统筹城乡造林绿化,开展大规模国土绿化行动,绿化美化城乡,推动森林城市建设,促进乡村振兴,建设美丽家园。

第四十三条 【组织绿化】各级人民政府应当组织各行各业和城乡居民造林绿化。

宜林荒山荒地荒滩,属于国家所有的,由县级以上人民政府林业主管部门和其他有关主管部门组织开展造林绿化;属于集体所有的,由集体经济组织组织开展造林绿化。

城市规划区内、铁路公路两侧、江河两侧、湖泊水库周围,由各有关主管部门按照有关规定因地制宜组织开展造林绿化;工矿区、工业园区、机关、学校用地,部队营区以及农场、牧场、渔场经营地区,由各该单位负责造林绿化。组织开展城市造林绿化的具体办法由国务院制定。

国家所有和集体所有的宜林荒山荒地荒滩可以由单位或者个人承包造林绿化。

第四十四条 【鼓励参与】国家鼓励公民通过植树造林、抚育管护、认建认养等方式参与造林绿化。

第四十五条 【科学绿化】各级人民政府组织造林绿化,应当科学规划、因地制宜,优化林种、树种结构,鼓励使用乡土树种和林木良种、营造混交林,提高造林绿化质量。

国家投资或者以国家投资为主的造林绿化项目,应当按照国家规定使用林木良种。

第四十六条 【科学恢复】各级人民政府应当采取以自然恢复为主、自然恢复和人工修复相结合的措施,科学保护修复森林生态系统。新造幼林地和其他应当封山育林的地方,由当地人民政府组织封山育林。

各级人民政府应当对国务院确定的坡耕地、严重沙化耕地、严重石漠化耕地、严重污染耕地等需要生态修复的耕地,有计划地组织实施退耕还林还草。

各级人民政府应当对自然因素等导致的荒废和受损山体、退化林地以及宜林荒山荒地荒滩,因地制宜实施森林生态修复工程,恢复植被。

第六章 经营管理

第四十七条 【森林划定】国家根据生态保护的需要,将森林生态区位重要或者生态状况脆弱,以发挥生态效益为主要目的的林地和林地上的森林划定为公益林。未划定为公益林的林地和林地上的森林属于商品林。

第四十八条 【公益林划定】公益林由国务院和省、自治区、直辖市人民政府划定并公布。

下列区域的林地和林地上的森林,应当划定为公益林:
(一)重要江河源头汇水区域;
(二)重要江河干流及支流两岸、饮用水水源地保护区;
(三)重要湿地和重要水库周围;
(四)森林和陆生野生动物类型的自然保护区;
(五)荒漠化和水土流失严重地区的防风固沙林基干林带;
(六)沿海防护林基干林带;
(七)未开发利用的原始林地区;
(八)需要划定的其他区域。

公益林划定涉及非国有林地的,应当与权利人签订书面协议,并给予合理补偿。

公益林进行调整的,应当经原划定机关同意,并予以公布。

国家级公益林划定和管理的办法由国务院制定;地方级公益林划定和管理的办法由省、自治区、直辖市人民政府制定。

第四十九条 【公益林保护】国家对公益林实施严格保护。

县级以上人民政府林业主管部门应当有计划地组织公益林经营者对公益林中生态功能低下的疏林、残次林等低质低效林,采取林分改造、森林抚育等措施,提高公益林的质量和生态保护功能。

在符合公益林生态区位保护要求和不影响公益林生态功能的前提下,经科学论证,可以合理利用公益林林地资源和森林景观资源,适度开展林下经济、森林旅游等。利用公益林开展上述活动应当严格遵守国家有关规定。

第五十条　【发展商品林】国家鼓励发展下列商品林:
　　(一)以生产木材为主要目的的森林;
　　(二)以生产果品、油料、饮料、调料、工业原料和药材等林产品为主要目的的森林;
　　(三)以生产燃料和其他生物质能源为主要目的的森林;
　　(四)其他以发挥经济效益为主要目的的森林。
　　在保障生态安全的前提下,国家鼓励建设速生丰产、珍贵树种和大径级用材林,增加林木储备,保障木材供给安全。

第五十一条　【商品林的经营】商品林由林业经营者依法自主经营。在不破坏生态的前提下,可以采取集约化经营措施,合理利用森林、林木、林地,提高商品林经济效益。

第五十二条　【审批与手续】在林地上修筑下列直接为林业生产经营服务的工程设施,符合国家有关部门规定的标准的,由县级以上人民政府林业主管部门批准,不需要办理建设用地审批手续;超出标准需要占用林地的,应当依法办理建设用地审批手续:
　　(一)培育、生产种子、苗木的设施;
　　(二)贮存种子、苗木、木材的设施;
　　(三)集材道、运材道、防火巡护道、森林步道;
　　(四)林业科研、科普教育设施;
　　(五)野生动植物保护、护林、林业有害生物防治、森林防火、木材检疫的设施;
　　(六)供水、供电、供热、供气、通讯基础设施;
　　(七)其他直接为林业生产服务的工程设施。

第五十三条　【经营方案】国有林业企业事业单位应当编制森林经营方案,明确森林培育和管护的经营措施,报县级以上人民政府林业主管部门批准后实施。重点林区的森林经营方案由国务院林业主管部门批准后实施。
　　国家支持、引导其他林业经营者编制森林经营方案。
　　编制森林经营方案的具体办法由国务院林业主管部门制定。

第五十四条　【采伐量的管控】国家严格控制森林年采伐量。省、自治区、直辖市人民政府林业主管部门根据消耗量低于生长量和森林分类经营管理的原则,编制本行政区域的年采伐限额,经征求国务院林业主管部门意见,报本级人民政府批准后公布实施,并报国务院备案。重点林区的年采伐限额,由国务院林业主管部门编制,报国务院批准后公布实施。

第五十五条　【采伐规定】采伐森林、林木应当遵守下列规定:

（一）公益林只能进行抚育、更新和低质低效林改造性质的采伐。但是，因科研或者实验、防治林业有害生物、建设护林防火设施、营造生物防火隔离带、遭受自然灾害等需要采伐的除外。

（二）商品林应当根据不同情况，采取不同采伐方式，严格控制皆伐面积，伐育同步规划实施。

（三）自然保护区的林木，禁止采伐。但是，因防治林业有害生物、森林防火、维护主要保护对象生存环境、遭受自然灾害等特殊情况必须采伐的和实验区的竹林除外。

省级以上人民政府林业主管部门应当根据前款规定，按照森林分类经营管理、保护优先、注重效率和效益等原则，制定相应的林木采伐技术规程。

第五十六条 【采伐许可证的申请】 采伐林地上的林木应当申请采伐许可证，并按照采伐许可证的规定进行采伐；采伐自然保护区以外的竹林，不需要申请采伐许可证，但应当符合林木采伐技术规程。

农村居民采伐自留地和房前屋后个人所有的零星林木，不需要申请采伐许可证。

非林地上的农田防护林、防风固沙林、护路林、护岸护堤林和城镇林木等的更新采伐，由有关主管部门按照有关规定管理。

采挖移植林木按照采伐林木管理。具体办法由国务院林业主管部门制定。

禁止伪造、变造、买卖、租借采伐许可证。

第五十七条 【办理与核发】 采伐许可证由县级以上人民政府林业主管部门核发。

县级以上人民政府林业主管部门应当采取措施，方便申请人办理采伐许可证。

农村居民采伐自留山和个人承包集体林地上的林木，由县级人民政府林业主管部门或者其委托的乡镇人民政府核发采伐许可证。

第五十八条 【申请材料】 申请采伐许可证，应当提交有关采伐的地点、林种、树种、面积、蓄积、方式、更新措施和林木权属等内容的材料。超过省级以上人民政府林业主管部门规定面积或者蓄积量的，还应当提交伐区调查设计材料。

第五十九条 【采伐许可证的发放】 符合林木采伐技术规程的，审核发放采伐许可证的部门应当及时核发采伐许可证。但是，审核发放采伐许可证的部门不得超过年采伐限额发放采伐许可证。

第六十条 【不得核发采伐许可证的情形】 有下列情形之一的，不得核发采伐许可证：

（一）采伐封山育林期、封山育林区内的林木；

（二）上年度采伐后未按照规定完成更新造林任务；

（三）上年度发生重大滥伐案件、森林火灾或者林业有害生物灾害，未采取预防和改进措施；

（四）法律法规和国务院林业主管部门规定的禁止采伐的其他情形。

第六十一条 【更新造林】采伐林木的组织和个人应当按照有关规定完成更新造林。更新造林的面积不得少于采伐的面积，更新造林应当达到相关技术规程规定的标准。

第六十二条 【林业信贷】国家通过贴息、林权收储担保补助等措施，鼓励和引导金融机构开展涉林抵押贷款、林农信用贷款等符合林业特点的信贷业务，扶持林权收储机构进行市场化收储担保。

第六十三条 【森林保险】国家支持发展森林保险。县级以上人民政府依法对森林保险提供保险费补贴。

第六十四条 【森林认证】林业经营者可以自愿申请森林认证，促进森林经营水平提高和可持续经营。

第六十五条 【林木来源管理】木材经营加工企业应当建立原料和产品出入库台账。任何单位和个人不得收购、加工、运输明知是盗伐、滥伐等非法来源的林木。

第七章 监督检查

第六十六条 【检查查处】县级以上人民政府林业主管部门依照本法规定，对森林资源的保护、修复、利用、更新等进行监督检查，依法查处破坏森林资源等违法行为。

第六十七条 【采取措施】县级以上人民政府林业主管部门履行森林资源保护监督检查职责，有权采取下列措施：

（一）进入生产经营场所进行现场检查；

（二）查阅、复制有关文件、资料，对可能被转移、销毁、隐匿或者篡改的文件、资料予以封存；

（三）查封、扣押有证据证明来源非法的林木以及从事破坏森林资源活动的工具、设备或者财物；

（四）查封与破坏森林资源活动有关的场所。

省级以上人民政府林业主管部门对森林资源保护发展工作不力、问题突出、群众反映强烈的地区，可以约谈所在地区县级以上地方人民政府及其有关部门主要负责人，要求其采取措施及时整改。约谈整改情况应当向社会公开。

第六十八条 【损害赔偿】破坏森林资源造成生态环境损害的，县级以上人民政府自然资源主管部门、林业主管部门可以依法向人民法院提起诉讼，对侵权人提出损害赔偿要求。

第六十九条 【审计监督】审计机关按照国家有关规定对国有森林资源资产进行审计监督。

第八章 法律责任

第七十条 【行政责任】县级以上人民政府林业主管部门或者其他有关国家机关未依照本法规定履行职责的，对直接负责的主管人员和其他直接责任人员依法给予处分。

依照本法规定应当作出行政处罚决定而未作出的,上级主管部门有权责令下级主管部门作出行政处罚决定或者直接给予行政处罚。

第七十一条 【侵权责任】违反本法规定,侵害森林、林木、林地的所有者或者使用者的合法权益的,依法承担侵权责任。

第七十二条 【国有企业事业单位的法律责任】违反本法规定,国有林业企业事业单位未履行保护培育森林资源义务、未编制森林经营方案或者未按照批准的森林经营方案开展森林经营活动的,由县级以上人民政府林业主管部门责令限期改正,对直接负责的主管人员和其他直接责任人员依法给予处分。

第七十三条 【处罚规定】违反本法规定,未经县级以上人民政府林业主管部门审核同意,擅自改变林地用途的,由县级以上人民政府林业主管部门责令限期恢复植被和林业生产条件,可以处恢复植被和林业生产条件所需费用三倍以下的罚款。

虽经县级以上人民政府林业主管部门审核同意,但未办理建设用地审批手续擅自占用林地的,依照《中华人民共和国土地管理法》的有关规定处罚。

在临时使用的林地上修建永久性建筑物,或者临时使用林地期满后一年内未恢复植被或者林业生产条件的,依照本条第一款规定处罚。

第七十四条 【毁坏林木的处罚】违反本法规定,进行开垦、采石、采砂、采土或者其他活动,造成林木毁坏的,由县级以上人民政府林业主管部门责令停止违法行为,限期在原地或者异地补种毁坏株数一倍以上三倍以下的树木,可以处毁坏林木价值五倍以下的罚款;造成林地毁坏的,由县级以上人民政府林业主管部门责令停止违法行为,限期恢复植被和林业生产条件,可以处恢复植被和林业生产条件所需费用三倍以下的罚款。

违反本法规定,在幼林地砍柴、毁苗、放牧造成林木毁坏的,由县级以上人民政府林业主管部门责令停止违法行为,限期在原地或者异地补种毁坏株数一倍以上三倍以下的树木。

向林地排放重金属或者其他有毒有害物质含量超标的污水、污泥,以及可能造成林地污染的清淤底泥、尾矿、矿渣等的,依照《中华人民共和国土壤污染防治法》的有关规定处罚。

第七十五条 【标志处罚】违反本法规定,擅自移动或者毁坏森林保护标志的,由县级以上人民政府林业主管部门恢复森林保护标志,所需费用由违法者承担。

第七十六条 【盗伐滥伐的处罚】盗伐林木的,由县级以上人民政府林业主管部门责令限期在原地或者异地补种盗伐株数一倍以上五倍以下的树木,并处盗伐林木价值五倍以上十倍以下的罚款。

滥伐林木的,由县级以上人民政府林业主管部门责令限期在原地或者异地补种滥伐株数一倍以上三倍以下的树木,可以处滥伐林木价值三倍以上五倍以下的罚款。

第七十七条 【伪造、变造、买卖、租借采伐许可证的处罚】违反本法规定,伪造、变造、买卖、租借采伐许可证的,由县级以上人民政府林业主管部门没收证件和违法所得,并处违法所得一倍以上三倍以下的罚款;没有违法所得的,可以处二万元以下的罚款。

第七十八条 【收购、加工、运输非法来源的林木的处罚】违反本法规定,收购、加工、运输明知是盗伐、滥伐等非法来源的林木的,由县级以上人民政府林业主管部门责令停止违法行为,没收违法收购、加工、运输的林木或者变卖所得,可以处违法收购、加工、运输林木价款三倍以下的罚款。

第七十九条 【未完成更新造林任务的处罚】违反本法规定,未完成更新造林任务的,由县级以上人民政府林业主管部门责令限期完成;逾期未完成的,可以处未完成造林任务所需费用二倍以下的罚款;对直接负责的主管人员和其他直接责任人员,依法给予处分。

第八十条 【阻碍监督检查的处理】违反本法规定,拒绝、阻碍县级以上人民政府林业主管部门依法实施监督检查的,可以处五万元以下的罚款,情节严重的,可以责令停产停业整顿。

第八十一条 【代履行】违反本法规定,有下列情形之一的,由县级以上人民政府林业主管部门依法组织代为履行,代为履行所需费用由违法者承担:

(一)拒不恢复植被和林业生产条件,或者恢复植被和林业生产条件不符合国家有关规定;

(二)拒不补种树木,或者补种不符合国家有关规定。

恢复植被和林业生产条件、树木补种的标准,由省级以上人民政府林业主管部门制定。

第八十二条 【行政处罚权】公安机关按照国家有关规定,可以依法行使本法第七十四条第一款、第七十六条、第七十七条、第七十八条规定的行政处罚权。

违反本法规定,构成违反治安管理行为的,依法给予治安管理处罚;构成犯罪的,依法追究刑事责任。

第九章 附 则

第八十三条 【概念含义】本法下列用语的含义是:

(一)森林,包括乔木林、竹林和国家特别规定的灌木林。按照用途可以分为防护林、特种用途林、用材林、经济林和能源林。

(二)林木,包括树木和竹子。

(三)林地,是指县级以上人民政府规划确定的用于发展林业的土地。包括郁闭度 0.2 以上的乔木林地以及竹林地、灌木林地、疏林地、采伐迹地、火烧迹地、未成林造林地、苗圃地等。

第八十四条 【施行日期】本法自 2020 年 7 月 1 日起施行。

森林防火条例

1. 1988 年 1 月 16 日国务院发布
2. 2008 年 12 月 1 日国务院令第 541 号修订
3. 自 2009 年 1 月 1 日起施行

第一章 总 则

第一条 为了有效预防和扑救森林火灾,保障人民生命财产安全,保护森林资源,维护生态安全,根据《中华人民共和国森林法》,制定本条例。

第二条 本条例适用于中华人民共和国境内森林火灾的预防和扑救。但是,城市市区的除外。

第三条 森林防火工作实行预防为主、积极消灭的方针。

第四条 国家森林防火指挥机构负责组织、协调和指导全国的森林防火工作。

国务院林业主管部门负责全国森林防火的监督和管理工作,承担国家森林防火指挥机构的日常工作。

国务院其他有关部门按照职责分工,负责有关的森林防火工作。

第五条 森林防火工作实行地方各级人民政府行政首长负责制。

县级以上地方人民政府根据实际需要设立的森林防火指挥机构,负责组织、协调和指导本行政区域的森林防火工作。

县级以上地方人民政府林业主管部门负责本行政区域森林防火的监督和管理工作,承担本级人民政府森林防火指挥机构的日常工作。

县级以上地方人民政府其他有关部门按照职责分工,负责有关的森林防火工作。

第六条 森林、林木、林地的经营单位和个人,在其经营范围内承担森林防火责任。

第七条 森林防火工作涉及两个以上行政区域的,有关地方人民政府应当建立森林防火联防机制,确定联防区域,建立联防制度,实行信息共享,并加强监督检查。

第八条 县级以上人民政府应当将森林防火基础设施建设纳入国民经济和社会发展规划,将森林防火经费纳入本级财政预算。

第九条 国家支持森林防火科学研究,推广和应用先进的科学技术,提高森林防火科技水平。

第十条 各级人民政府、有关部门应当组织经常性的森林防火宣传活动,普及森林防火知识,做好森林火灾预防工作。

第十一条 国家鼓励通过保险形式转移森林火灾风险,提高林业防灾减灾能力和灾后自我救助能力。

第十二条 对在森林防火工作中作出突出成绩的单位和个人,按照国家有关规定,给予表彰和奖励。

对在扑救重大、特别重大森林火灾中表现突出的单位和个人,可以由森林防火指挥机构当场给予表彰和奖励。

第二章 森林火灾的预防

第十三条 省、自治区、直辖市人民政府林业主管部门应当按照国务院林业主管部门制定的森林火险区划等级标准,以县为单位确定本行政区域的森林火险区划等级,向社会公布,并报国务院林业主管部门备案。

第十四条 国务院林业主管部门应当根据全国森林火险区划等级和实际工作需要,编制全国森林防火规划,报国务院或者国务院授权的部门批准后组织实施。

县级以上地方人民政府林业主管部门根据全国森林防火规划,结合本地实际,编制本行政区域的森林防火规划,报本级人民政府批准后组织实施。

第十五条 国务院有关部门和县级以上地方人民政府应当按照森林防火规划,加强森林防火基础设施建设,储备必要的森林防火物资,根据实际需要整合、完善森林防火指挥信息系统。

国务院和省、自治区、直辖市人民政府根据森林防火实际需要,充分利用卫星遥感技术和现有军用、民用航空基础设施,建立相关单位参与的航空护林协作机制,完善航空护林基础设施,并保障航空护林所需经费。

第十六条 国务院林业主管部门应当按照有关规定编制国家重大、特别重大森林火灾应急预案,报国务院批准。

县级以上地方人民政府林业主管部门应当按照有关规定编制森林火灾应急预案,报本级人民政府批准,并报上一级人民政府林业主管部门备案。

县级人民政府应当组织乡(镇)人民政府根据森林火灾应急预案制定森林火灾应急处置办法;村民委员会应当按照森林火灾应急预案和森林火灾应急处置办法的规定,协助做好森林火灾应急处置工作。

县级以上人民政府及其有关部门应当组织开展必要的森林火灾应急预案的演练。

第十七条 森林火灾应急预案应当包括下列内容:

(一)森林火灾应急组织指挥机构及其职责;
(二)森林火灾的预警、监测、信息报告和处理;
(三)森林火灾的应急响应机制和措施;
(四)资金、物资和技术等保障措施;
(五)灾后处置。

第十八条 在林区依法开办工矿企业、设立旅游区或者新建开发区的,其森林防火设施应当与该建设项目同步规划、同步设计、同步施工、同步验收;在林区成片造林的,应当同时配套建设森林防火设施。

第十九条　铁路的经营单位应当负责本单位所属林地的防火工作,并配合县级以上地方人民政府做好铁路沿线森林火灾危险地段的防火工作。

电力、电信线路和石油天然气管道的森林防火责任单位,应当在森林火灾危险地段开设防火隔离带,并组织人员进行巡护。

第二十条　森林、林木、林地的经营单位和个人应当按照林业主管部门的规定,建立森林防火责任制,划定森林防火责任区,确定森林防火责任人,并配备森林防火设施和设备。

第二十一条　地方各级人民政府和国有林业企业、事业单位应当根据实际需要,成立森林火灾专业扑救队伍;县级以上地方人民政府应当指导森林经营单位和林区的居民委员会、村民委员会、企业、事业单位建立森林火灾群众扑救队伍。专业的和群众的火灾扑救队伍应当定期进行培训和演练。

第二十二条　森林、林木、林地的经营单位配备的兼职或者专职护林员负责巡护森林,管理野外用火,及时报告火情,协助有关机关调查森林火灾案件。

第二十三条　县级以上地方人民政府应当根据本行政区域内森林资源分布状况和森林火灾发生规律,划定森林防火区,规定森林防火期,并向社会公布。

森林防火期内,各级人民政府森林防火指挥机构和森林、林木、林地的经营单位和个人,应当根据森林火险预报,采取相应的预防和应急准备措施。

第二十四条　县级以上人民政府森林防火指挥机构,应当组织有关部门对森林防火区内有关单位的森林防火组织建设、森林防火责任制落实、森林防火设施建设等情况进行检查;对检查中发现的森林火灾隐患,县级以上地方人民政府林业主管部门应当及时向有关单位下达森林火灾隐患整改通知书,责令限期整改,消除隐患。

被检查单位应当积极配合,不得阻挠、妨碍检查活动。

第二十五条　森林防火期内,禁止在森林防火区野外用火。因防治病虫鼠害、冻害等特殊情况确需野外用火的,应当经县级人民政府批准,并按照要求采取防火措施,严防失火;需要进入森林防火区进行实弹演习、爆破等活动的,应当经省、自治区、直辖市人民政府林业主管部门批准,并采取必要的防火措施;中国人民解放军和中国人民武装警察部队因处置突发事件和执行其他紧急任务需要进入森林防火区的,应当经其上级主管部门批准,并采取必要的防火措施。

第二十六条　森林防火期内,森林、林木、林地的经营单位应当设置森林防火警示宣传标志,并对进入其经营范围内的人员进行森林防火安全宣传。

森林防火期内,进入森林防火区的各种机动车辆应当按照规定安装防火装置,配备灭火器材。

第二十七条　森林防火期内,经省、自治区、直辖市人民政府批准,林业主管部门、国务院确定的重点国有林区的管理机构可以设立临时性的森林防火检查站,对进入森林防火区的车辆和人员进行森林防火检查。

第二十八条 森林防火期内,预报有高温、干旱、大风等高火险天气的,县级以上地方人民政府应当划定森林高火险区,规定森林高火险期。必要时,县级以上地方人民政府可以根据需要发布命令,严禁一切野外用火;对可能引起森林火灾的居民生活用火应当严格管理。

第二十九条 森林高火险期内,进入森林高火险区的,应当经县级以上地方人民政府批准,严格按照批准的时间、地点、范围活动,并接受县级以上地方人民政府林业主管部门的监督管理。

第三十条 县级以上人民政府林业主管部门和气象主管机构应当根据森林防火需要,建设森林火险监测和预报台站,建立联合会商机制,及时制作发布森林火险预警预报信息。

气象主管机构应当无偿提供森林火险天气预报服务。广播、电视、报纸、互联网等媒体应当及时播发或者刊登森林火险天气预报。

第三章 森林火灾的扑救

第三十一条 县级以上地方人民政府应当公布森林火警电话,建立森林防火值班制度。

任何单位和个人发现森林火灾,应当立即报告。接到报告的当地人民政府或者森林防火指挥机构应当立即派人赶赴现场,调查核实,采取相应的扑救措施,并按照有关规定逐级报上级人民政府和森林防火指挥机构。

第三十二条 发生下列森林火灾,省、自治区、直辖市人民政府森林防火指挥机构应当立即报告国家森林防火指挥机构,由国家森林防火指挥机构按照规定报告国务院,并及时通报国务院有关部门:

(一)国界附近的森林火灾;

(二)重大、特别重大森林火灾;

(三)造成 3 人以上死亡或者 10 人以上重伤的森林火灾;

(四)威胁居民区或者重要设施的森林火灾;

(五)24 小时尚未扑灭明火的森林火灾;

(六)未开发原始林区的森林火灾;

(七)省、自治区、直辖市交界地区危险性大的森林火灾;

(八)需要国家支援扑救的森林火灾。

本条第一款所称"以上"包括本数。

第三十三条 发生森林火灾,县级以上地方人民政府森林防火指挥机构应当按照规定立即启动森林火灾应急预案;发生重大、特别重大森林火灾,国家森林防火指挥机构应当立即启动重大、特别重大森林火灾应急预案。

森林火灾应急预案启动后,有关森林防火指挥机构应当在核实火灾准确位置、范围以及风力、风向、火势的基础上,根据火灾现场天气、地理条件,合理确定扑救方案,划分扑救地段,确定扑救责任人,并指定负责人及时到达森林火灾现场具体指挥森林火灾的扑救。

第三十四条 森林防火指挥机构应当按照森林火灾应急预案,统一组织和指挥森林火灾的扑救。

扑救森林火灾,应当坚持以人为本、科学扑救,及时疏散、撤离受火灾威胁的群众,并做好火灾扑救人员的安全防护,尽最大可能避免人员伤亡。

第三十五条 扑救森林火灾应当以专业火灾扑救队伍为主要力量;组织群众扑救队伍扑救森林火灾的,不得动员残疾人、孕妇和未成年人以及其他不适宜参加森林火灾扑救的人员参加。

第三十六条 武装警察森林部队负责执行国家赋予的森林防火任务。武装警察森林部队执行森林火灾扑救任务,应当接受火灾发生地县级以上地方人民政府森林防火指挥机构的统一指挥;执行跨省、自治区、直辖市森林火灾扑救任务的,应当接受国家森林防火指挥机构的统一指挥。

中国人民解放军执行森林火灾扑救任务的,依照《军队参加抢险救灾条例》的有关规定执行。

第三十七条 发生森林火灾,有关部门应当按照森林火灾应急预案和森林防火指挥机构的统一指挥,做好扑救森林火灾的有关工作。

气象主管机构应当及时提供火灾地区天气预报和相关信息,并根据天气条件适时开展人工增雨作业。

交通运输主管部门应当优先组织运送森林火灾扑救人员和扑救物资。

通信主管部门应当组织提供应急通信保障。

民政部门应当及时设置避难场所和救灾物资供应点,紧急转移并妥善安置灾民,开展受灾群众救助工作。

公安机关应当维护治安秩序,加强治安管理。

商务、卫生等主管部门应当做好物资供应、医疗救护和卫生防疫等工作。

第三十八条 因扑救森林火灾的需要,县级以上人民政府森林防火指挥机构可以决定采取开设防火隔离带、清除障碍物、应急取水、局部交通管制等应急措施。

因扑救森林火灾需要征用物资、设备、交通运输工具的,由县级以上人民政府决定。扑火工作结束后,应当及时返还被征用的物资、设备和交通工具,并依照有关法律规定给予补偿。

第三十九条 森林火灾扑灭后,火灾扑救队伍应当对火灾现场进行全面检查,清理余火,并留有足够人员看守火场,经当地人民政府森林防火指挥机构检查验收合格,方可撤出看守人员。

第四章 灾后处置

第四十条 按照受害森林面积和伤亡人数,森林火灾分为一般森林火灾、较大森林火灾、重大森林火灾和特别重大森林火灾:

(一)一般森林火灾:受害森林面积在 1 公顷以下或者其他林地起火的,或者死亡 1 人以上 3 人以下的,或者重伤 1 人以上 10 人以下的;

(二)较大森林火灾:受害森林面积在 1 公顷以上 100 公顷以下的,或者死亡 3 人以上 10 人以下的,或者重伤 10 人以上 50 人以下的;

(三)重大森林火灾:受害森林面积在 100 公顷以上 1000 公顷以下的,或者死亡 10 人以上 30 人以下的,或者重伤 50 人以上 100 人以下的;

(四)特别重大森林火灾:受害森林面积在 1000 公顷以上的,或者死亡 30 人以上的,或者重伤 100 人以上的。

本条第一款所称"以上"包括本数,"以下"不包括本数。

第四十一条 县级以上人民政府林业主管部门应当会同有关部门及时对森林火灾发生原因、肇事者、受害森林面积和蓄积、人员伤亡、其他经济损失等情况进行调查和评估,向当地人民政府提出调查报告;当地人民政府应当根据调查报告,确定森林火灾责任单位和责任人,并依法处理。

森林火灾损失评估标准,由国务院林业主管部门会同有关部门制定。

第四十二条 县级以上地方人民政府林业主管部门应当按照有关要求对森林火灾情况进行统计,报上级人民政府林业主管部门和本级人民政府统计机构,并及时通报本级人民政府有关部门。

森林火灾统计报告表由国务院林业主管部门制定,报国家统计局备案。

第四十三条 森林火灾信息由县级以上人民政府森林防火指挥机构或者林业主管部门向社会发布。重大、特别重大森林火灾信息由国务院林业主管部门发布。

第四十四条 对因扑救森林火灾负伤、致残或者死亡的人员,按照国家有关规定给予医疗、抚恤。

第四十五条 参加森林火灾扑救的人员的误工补贴和生活补助以及扑救森林火灾所发生的其他费用,按照省、自治区、直辖市人民政府规定的标准,由火灾肇事单位或者个人支付;起火原因不清的,由起火单位支付;火灾肇事单位、个人或者起火单位确实无力支付的部分,由当地人民政府支付。误工补贴和生活补助以及扑救森林火灾所发生的其他费用,可以由当地人民政府先行支付。

第四十六条 森林火灾发生后,森林、林木、林地的经营单位和个人应当及时采取更新造林措施,恢复火烧迹地森林植被。

第五章 法律责任

第四十七条 违反本条例规定,县级以上地方人民政府及其森林防火指挥机构、县级以上人民政府林业主管部门或者其他有关部门及其工作人员,有下列行为之一的,由其上级行政机关或者监察机关责令改正;情节严重的,对直接负责的主管人员和其他直接责任人员依法给予处分;构成犯罪的,依法追究刑事责任:

(一)未按照有关规定编制森林火灾应急预案的;

(二)发现森林火灾隐患未及时下达森林火灾隐患整改通知书的;

(三)对不符合森林防火要求的野外用火或者实弹演习、爆破等活动予以批准的;

(四)瞒报、谎报或者故意拖延报告森林火灾的;

(五)未及时采取森林火灾扑救措施的;

(六)不依法履行职责的其他行为。

第四十八条 违反本条例规定,森林、林木、林地的经营单位或者个人未履行森林防火责任的,由县级以上地方人民政府林业主管部门责令改正,对个人处500元以上5000元以下罚款,对单位处1万元以上5万元以下罚款。

第四十九条 违反本条例规定,森林防火区内的有关单位或者个人拒绝接受森林防火检查或者接到森林火灾隐患整改通知书逾期不消除火灾隐患的,由县级以上地方人民政府林业主管部门责令改正,给予警告,对个人并处200元以上2000元以下罚款,对单位并处5000元以上1万元以下罚款。

第五十条 违反本条例规定,森林防火期内未经批准擅自在森林防火区内野外用火的,由县级以上地方人民政府林业主管部门责令停止违法行为,给予警告,对个人并处200元以上3000元以下罚款,对单位并处1万元以上5万元以下罚款。

第五十一条 违反本条例规定,森林防火期内未经批准在森林防火区内进行实弹演习、爆破等活动的,由县级以上地方人民政府林业主管部门责令停止违法行为,给予警告,并处5万元以上10万元以下罚款。

第五十二条 违反本条例规定,有下列行为之一的,由县级以上地方人民政府林业主管部门责令改正,给予警告,对个人并处500元以上2000元以下罚款,对单位并处2000元以上5000元以下罚款:

(一)森林防火期内,森林、林木、林地的经营单位未设置森林防火警示宣传标志的;

(二)森林防火期内,进入森林防火区的机动车辆未安装森林防火装置的;

(三)森林高火险期内,未经批准擅自进入森林高火险区活动的。

第五十三条 违反本条例规定,造成森林火灾,构成犯罪的,依法追究刑事责任;尚不构成犯罪的,除依照本条例第四十八条、第四十九条、第五十条、第五十一条、第五十二条的规定追究法律责任外,县级以上地方人民政府林业主管部门可以责令责任人补种树木。

第六章 附 则

第五十四条 森林消防专用车辆应当按照规定喷涂标志图案,安装警报器、标志灯具。

第五十五条 在中华人民共和国边境地区发生的森林火灾,按照中华人民共和国政府与有关国家政府签订的有关协定开展扑救工作;没有协定的,由中华人民共和国政府和有关国家政府协商办理。

第五十六条 本条例自2009年1月1日起施行。

草原防火条例

1. 1993年10月5日国务院令第130号发布
2. 2008年11月29日国务院令第542号修订
3. 自2009年1月1日起施行

第一章 总 则

第一条 为了加强草原防火工作,积极预防和扑救草原火灾,保护草原,保障人民生命和财产安全,根据《中华人民共和国草原法》,制定本条例。

第二条 本条例适用于中华人民共和国境内草原火灾的预防和扑救。但是,林区和城市市区的除外。

第三条 草原防火工作实行预防为主、防消结合的方针。

第四条 县级以上人民政府应当加强草原防火工作的组织领导,将草原防火所需经费纳入本级财政预算,保障草原火灾预防和扑救工作的开展。

草原防火工作实行地方各级人民政府行政首长负责制和部门、单位领导负责制。

第五条 国务院草原行政主管部门主管全国草原防火工作。

县级以上地方人民政府确定的草原防火主管部门主管本行政区域内的草原防火工作。

县级以上人民政府其他有关部门在各自的职责范围内做好草原防火工作。

第六条 草原的经营使用单位和个人,在其经营使用范围内承担草原防火责任。

第七条 草原防火工作涉及两个以上行政区域或者涉及森林防火、城市消防的,有关地方人民政府及有关部门应当建立联防制度,确定联防区域,制定联防措施,加强信息沟通和监督检查。

第八条 各级人民政府或者有关部门应当加强草原防火宣传教育活动,提高公民的草原防火意识。

第九条 国家鼓励和支持草原火灾预防和扑救的科学技术研究,推广先进的草原火灾预防和扑救技术。

第十条　对在草原火灾预防和扑救工作中有突出贡献或者成绩显著的单位、个人，按照国家有关规定给予表彰和奖励。

第二章　草原火灾的预防

第十一条　国务院草原行政主管部门根据草原火灾发生的危险程度和影响范围等，将全国草原划分为极高、高、中、低四个等级的草原火险区。

第十二条　国务院草原行政主管部门根据草原火险区划和草原防火工作的实际需要，编制全国草原防火规划，报国务院或者国务院授权的部门批准后组织实施。

县级以上地方人民政府草原防火主管部门根据全国草原防火规划，结合本地实际，编制本行政区域的草原防火规划，报本级人民政府批准后组织实施。

第十三条　草原防火规划应当主要包括下列内容：

（一）草原防火规划制定的依据；

（二）草原防火组织体系建设；

（三）草原防火基础设施和装备建设；

（四）草原防火物资储备；

（五）保障措施。

第十四条　县级以上人民政府应当组织有关部门和单位，按照草原防火规划，加强草原火情瞭望和监测设施、防火隔离带、防火道路、防火物资储备库(站)等基础设施建设，配备草原防火交通工具、灭火器械、观察和通信器材等装备，储存必要的防火物资，建立和完善草原防火指挥信息系统。

第十五条　国务院草原行政主管部门负责制订全国草原火灾应急预案，报国务院批准后组织实施。

县级以上地方人民政府草原防火主管部门负责制订本行政区域的草原火灾应急预案，报本级人民政府批准后组织实施。

第十六条　草原火灾应急预案应当主要包括下列内容：

（一）草原火灾应急组织机构及其职责；

（二）草原火灾预警与预防机制；

（三）草原火灾报告程序；

（四）不同等级草原火灾的应急处置措施；

（五）扑救草原火灾所需物资、资金和队伍的应急保障；

（六）人员财产撤离、医疗救治、疾病控制等应急方案。

草原火灾根据受害草原面积、伤亡人数、受灾牲畜数量以及对城乡居民点、重要设施、名胜古迹、自然保护区的威胁程度等，分为特别重大、重大、较大、一般四个等级。具体划分标准由国务院草原行政主管部门制定。

第十七条　县级以上地方人民政府应当根据草原火灾发生规律，确定本行政区域的草原防火期，并向社会公布。

第十八条 在草原防火期内,因生产活动需要在草原上野外用火的,应当经县级人民政府草原防火主管部门批准。用火单位或者个人应当采取防火措施,防止失火。

在草原防火期内,因生活需要在草原上用火的,应当选择安全地点,采取防火措施,用火后彻底熄灭余火。

除本条第一款、第二款规定的情形外,在草原防火期内,禁止在草原上野外用火。

第十九条 在草原防火期内,禁止在草原上使用枪械狩猎。

在草原防火期内,在草原上进行爆破、勘察和施工等活动的,应当经县级以上地方人民政府草原防火主管部门批准,并采取防火措施,防止失火。

在草原防火期内,部队在草原上进行实弹演习、处置突发性事件和执行其他任务,应当采取必要的防火措施。

第二十条 在草原防火期内,在草原上作业或者行驶的机动车辆,应当安装防火装置,严防漏火、喷火和闸瓦脱落引起火灾。在草原上行驶的公共交通工具上的司机和乘务人员,应当对旅客进行草原防火宣传。司机、乘务人员和旅客不得丢弃火种。

在草原防火期内,对草原上从事野外作业的机械设备,应当采取防火措施;作业人员应当遵守防火安全操作规程,防止失火。

第二十一条 在草原防火期内,经本级人民政府批准,草原防火主管部门应当对进入草原、存在火灾隐患的车辆以及可能引发草原火灾的野外作业活动进行草原防火安全检查。发现存在火灾隐患的,应当告知有关责任人员采取措施消除火灾隐患;拒不采取措施消除火灾隐患的,禁止进入草原或者在草原上从事野外作业活动。

第二十二条 在草原防火期内,出现高温、干旱、大风等高火险天气时,县级以上地方人民政府应当将极高草原火险区、高草原火险区以及一旦发生草原火灾可能造成人身重大伤亡或者财产重大损失的区域划为草原防火管制区,规定管制期限,及时向社会公布,并报上一级人民政府备案。

在草原防火管制区内,禁止一切野外用火。对可能引起草原火灾的非野外用火,县级以上地方人民政府或者草原防火主管部门应当按照管制要求,严格管理。

进入草原防火管制区的车辆,应当取得县级以上地方人民政府草原防火主管部门颁发的草原防火通行证,并服从防火管制。

第二十三条 草原上的农(牧)场、工矿企业和其他生产经营单位,以及驻军单位、自然保护区管理单位和农村集体经济组织等,应当在县级以上地方人民政府的领导和草原防火主管部门的指导下,落实草原防火责任制,加强火源管理,消除火灾隐患,做好本单位的草原防火工作。

铁路、公路、电力和电信线路以及石油天然气管道等的经营单位,应当在其草原防火责任区内,落实防火措施,防止发生草原火灾。

承包经营草原的个人对其承包经营的草原,应当加强火源管理,消除火灾隐患,履行草原防火义务。

第二十四条 省、自治区、直辖市人民政府可以根据本地的实际情况划定重点草原防火区,报国务院草原行政主管部门备案。

重点草原防火区的县级以上地方人民政府和自然保护区管理单位,应当根据需要建立专业扑火队;有关乡(镇)、村应当建立群众扑火队。扑火队应当进行专业培训,并接受县级以上地方人民政府的指挥、调动。

第二十五条 县级以上人民政府草原防火主管部门和气象主管机构,应当联合建立草原火险预报预警制度。气象主管机构应当根据草原防火的实际需要,做好草原火险气象等级预报和发布工作;新闻媒体应当及时播报草原火险气象等级预报。

第三章 草原火灾的扑救

第二十六条 从事草原火情监测以及在草原上从事生产经营活动的单位和个人,发现草原火情的,应当采取必要措施,并及时向当地人民政府或者草原防火主管部门报告。其他发现草原火情的单位和个人,也应当及时向当地人民政府或者草原防火主管部门报告。

当地人民政府或者草原防火主管部门接到报告后,应当立即组织人员赶赴现场,核实火情,采取控制和扑救措施,防止草原火灾扩大。

第二十七条 当地人民政府或者草原防火主管部门应当及时将草原火灾发生时间、地点、估测过火面积、火情发展趋势等情况报上级人民政府及其草原防火主管部门;境外草原火灾威胁到我国草原安全的,还应当报告境外草原火灾距我国边境距离、沿边境蔓延长度以及对我国草原的威胁程度等情况。

禁止瞒报、谎报或者授意他人瞒报、谎报草原火灾。

第二十八条 县级以上地方人民政府应当根据草原火灾发生情况确定火灾等级,并及时启动草原火灾应急预案。特别重大、重大草原火灾以及境外草原火灾威胁到我国草原安全的,国务院草原行政主管部门应当及时启动草原火灾应急预案。

第二十九条 草原火灾应急预案启动后,有关地方人民政府应当按照草原火灾应急预案的要求,立即组织、指挥草原火灾的扑救工作。

扑救草原火灾应当首先保障人民群众的生命安全,有关地方人民政府应当及时动员受到草原火灾威胁的居民以及其他人员转移到安全地带,并予以妥善安置;情况紧急时,可以强行组织避灾疏散。

第三十条 县级以上人民政府有关部门应当按照草原火灾应急预案的分工,做好相应的草原火灾应急工作。

气象主管机构应当做好气象监测和预报工作,及时向当地人民政府提供气象信息,并根据天气条件适时实施人工增雨。

民政部门应当及时设置避难场所和救济物资供应点,开展受灾群众救助工作。

卫生主管部门应当做好医疗救护、卫生防疫工作。

铁路、交通、航空等部门应当优先运送救灾物资、设备、药物、食品。

通信主管部门应当组织提供应急通信保障。

公安部门应当及时查处草原火灾案件,做好社会治安维护工作。

第三十一条　扑救草原火灾应当组织和动员专业扑火队和受过专业培训的群众扑火队;接到扑救命令的单位和个人,必须迅速赶赴指定地点,投入扑救工作。

扑救草原火灾,不得动员残疾人、孕妇、未成年人和老年人参加。

需要中国人民解放军和中国人民武装警察部队参加草原火灾扑救的,依照《军队参加抢险救灾条例》的有关规定执行。

第三十二条　根据扑救草原火灾的需要,有关地方人民政府可以紧急征用物资、交通工具和相关的设施、设备;必要时,可以采取清除障碍物、建设隔离带、应急取水、局部交通管制等应急管理措施。

因救灾需要,紧急征用单位和个人的物资、交通工具、设施、设备或者占用其房屋、土地的,事后应当及时返还,并依照有关法律规定给予补偿。

第三十三条　发生特别重大、重大草原火灾的,国务院草原行政主管部门应当立即派员赶赴火灾现场,组织、协调、督导火灾扑救,并做好跨省、自治区、直辖市草原防火物资的调用工作。

发生威胁林区安全的草原火灾的,有关草原防火主管部门应当及时通知有关林业主管部门。

境外草原火灾威胁到我国草原安全的,国务院草原行政主管部门应当立即派员赶赴有关现场,组织、协调、督导火灾预防,并及时将有关情况通知外交部。

第三十四条　国家实行草原火灾信息统一发布制度。特别重大、重大草原火灾以及威胁到我国草原安全的境外草原火灾信息,由国务院草原行政主管部门发布;其他草原火灾信息,由省、自治区、直辖市人民政府草原防火主管部门发布。

第三十五条　重点草原防火区的县级以上地方人民政府可以根据草原火灾应急预案的规定,成立草原防火指挥部,行使本章规定的本级人民政府在草原火灾扑救中的职责。

第四章　灾后处置

第三十六条　草原火灾扑灭后,有关地方人民政府草原防火主管部门或者其指定的单位应当对火灾现场进行全面检查,清除余火,并留有足够的人员看守火场。经草原防火主管部门检查验收合格,看守人员方可撤出。

第三十七条　草原火灾扑灭后,有关地方人民政府应当组织有关部门及时做好灾民安置和救助工作,保障灾民的基本生活条件,做好卫生防疫工作,防止传染病的发生和传播。

第三十八条 草原火灾扑灭后,有关地方人民政府应当组织有关部门及时制定草原恢复计划,组织实施补播草籽和人工种草等技术措施,恢复草场植被,并做好畜禽检疫工作,防止动物疫病的发生。

第三十九条 草原火灾扑灭后,有关地方人民政府草原防火主管部门应当及时会同公安等有关部门,对火灾发生时间、地点、原因以及肇事人等进行调查并提出处理意见。

草原防火主管部门应当对受灾草原面积、受灾畜禽种类和数量、受灾珍稀野生动植物种类和数量、人员伤亡以及物资消耗和其他经济损失等情况进行统计,对草原火灾给城乡居民生活、工农业生产、生态环境造成的影响进行评估,并按照国务院草原行政主管部门的规定上报。

第四十条 有关地方人民政府草原防火主管部门应当严格按照草原火灾统计报表的要求,进行草原火灾统计,向上一级人民政府草原防火主管部门报告,并抄送同级公安部门、统计机构。草原火灾统计报表由国务院草原行政主管部门会同国务院公安部门制定,报国家统计部门备案。

第四十一条 对因参加草原火灾扑救受伤、致残或者死亡的人员,按照国家有关规定给予医疗、抚恤。

第五章 法律责任

第四十二条 违反本条例规定,县级以上人民政府草原防火主管部门或者其他有关部门及其工作人员,有下列行为之一的,由其上级行政机关或者监察机关责令改正;情节严重的,对直接负责的主管人员和其他直接责任人员依法给予处分;构成犯罪的,依法追究刑事责任:

(一)未按照规定制订草原火灾应急预案的;

(二)对不符合草原防火要求的野外用火或者爆破、勘察和施工等活动予以批准的;

(三)对不符合条件的车辆发放草原防火通行证的;

(四)瞒报、谎报或者授意他人瞒报、谎报草原火灾的;

(五)未及时采取草原火灾扑救措施的;

(六)不依法履行职责的其他行为。

第四十三条 截留、挪用草原防火资金或者侵占、挪用草原防火物资的,依照有关财政违法行为处罚处分的法律、法规进行处理;构成犯罪的,依法追究刑事责任。

第四十四条 违反本条例规定,有下列行为之一的,由县级以上地方人民政府草原防火主管部门责令停止违法行为,采取防火措施,并限期补办有关手续,对有关责任人员处2000元以上5000元以下罚款,对有关责任单位处5000元以上2万元以下罚款:

（一）未经批准在草原上野外用火或者进行爆破、勘察和施工等活动的；

（二）未取得草原防火通行证进入草原防火管制区的。

第四十五条 违反本条例规定,有下列行为之一的,由县级以上地方人民政府草原防火主管部门责令停止违法行为,采取防火措施,消除火灾隐患,并对有关责任人员处200元以上2000元以下罚款,对有关责任单位处2000元以上2万元以下罚款；拒不采取防火措施、消除火灾隐患的,由县级以上地方人民政府草原防火主管部门代为采取防火措施、消除火灾隐患,所需费用由违法单位或者个人承担：

（一）在草原防火期内,经批准的野外用火未采取防火措施的；

（二）在草原上作业和行驶的机动车辆未安装防火装置或者存在火灾隐患的；

（三）在草原上行驶的公共交通工具上的司机、乘务人员或者旅客丢弃火种的；

（四）在草原上从事野外作业的机械设备作业人员不遵守防火安全操作规程或者对野外作业的机械设备未采取防火措施的；

（五）在草原防火管制区内未按照规定用火的。

第四十六条 违反本条例规定,草原上的生产经营等单位未建立或者未落实草原防火责任制的,由县级以上地方人民政府草原防火主管部门责令改正,对有关责任单位处5000元以上2万元以下罚款。

第四十七条 违反本条例规定,故意或者过失引发草原火灾,构成犯罪的,依法追究刑事责任。

第六章 附 则

第四十八条 草原消防车辆应当按照规定喷涂标志图案,安装警报器、标志灯具。

第四十九条 本条例自2009年1月1日起施行。

国家森林草原火灾应急预案[①]

1. 2020年10月26日国务院办公厅印发
2. 国办函〔2020〕99号

1 总 则

1.1 指导思想

以习近平新时代中国特色社会主义思想为指导,深入贯彻落实习近平总书记关

[①] 本文有删改。

于防灾减灾救灾的重要论述和关于全面做好森林草原防灭火工作的重要指示精神，按照党中央、国务院决策部署，坚持人民至上、生命至上，进一步完善体制机制，依法有力有序有效处置森林草原火灾，最大程度减少人员伤亡和财产损失，保护森林草原资源，维护生态安全。

1.2 编制依据

《中华人民共和国森林法》、《中华人民共和国草原法》、《中华人民共和国突发事件应对法》、《森林防火条例》、《草原防火条例》和《国家突发公共事件总体应急预案》等。

1.3 适用范围

本预案适用于我国境内发生的森林草原火灾应对工作。

1.4 工作原则

森林草原火灾应对工作坚持统一领导、协调联动，分级负责、属地为主，以人为本、科学扑救，快速反应、安全高效的原则。实行地方各级人民政府行政首长负责制，森林草原火灾发生后，地方各级人民政府及其有关部门立即按照任务分工和相关预案开展处置工作。省级人民政府是应对本行政区域重大、特别重大森林草原火灾的主体，国家根据森林草原火灾应对工作需要，及时启动应急响应、组织应急救援。

1.5 灾害分级

按照受害森林草原面积、伤亡人数和直接经济损失，森林草原火灾分为一般森林草原火灾、较大森林草原火灾、重大森林草原火灾和特别重大森林草原火灾四个等级，具体分级标准按照有关法律法规执行。

2 主要任务

2.1 组织灭火行动

科学运用各种手段扑打明火、开挖（设置）防火隔离带、清理火线、看守火场，严防次生灾害发生。

2.2 解救疏散人员

组织解救、转移、疏散受威胁群众并及时妥善安置和开展必要的医疗救治。

2.3 保护重要目标

保护民生和重要军事目标并确保重大危险源安全。

2.4 转移重要物资

组织抢救、运送、转移重要物资。

2.5 维护社会稳定

加强火灾发生地区及周边社会治安和公共安全工作，严密防范各类违法犯罪行为，加强重点目标守卫和治安巡逻，维护火灾发生地区及周边社会秩序稳定。

3 组织指挥体系

3.1 森林草原防灭火指挥机构

国家森林草原防灭火指挥部负责组织、协调和指导全国森林草原防灭火工作。

国家森林草原防灭火指挥部总指挥由国务院领导同志担任，副总指挥由国务院副秘书长和公安部、应急部、国家林草局、中央军委联合参谋部负责同志担任。指挥部办公室设在应急部，由应急部、公安部、国家林草局共同派员组成，承担指挥部的日常工作。必要时，国家林草局可以按程序提请以国家森林草原防灭火指挥部名义部署相关防火工作。

县级以上地方人民政府按照"上下基本对应"的要求，设立森林（草原）防（灭）火指挥机构，负责组织、协调和指导本行政区域（辖区）森林草原防灭火工作。

3.2 指挥单位任务分工

公安部负责依法指导公安机关开展火案侦破工作，协同有关部门开展违规用火处罚工作，组织对森林草原火灾可能造成的重大社会治安和稳定问题进行预判，并指导公安机关协同有关部门做好防范处置工作；森林公安任务分工"一条不增、一条不减"，原职能保持不变，业务上接受林草部门指导。应急部协助党中央、国务院组织特别重大森林草原火灾应急处置工作；按照分级负责原则，负责综合指导各地区和相关部门的森林草原火灾防控工作，开展森林草原火灾综合监测预警工作、组织指导协调森林草原火灾的扑救及应急救援工作。国家林草局履行森林草原防火工作行业管理责任，具体负责森林草原火灾预防相关工作，指导开展防火巡护、火源管理、日常检查、宣传教育、防火设施建设等，同时负责森林草原火情早期处理相关工作。中央军委联合参谋部负责保障军委联合作战指挥中心对解放军和武警部队参加森林草原火灾抢险行动实施统一指挥，牵头组织指导相关部队抓好遂行森林草原火灾抢险任务准备，协调办理兵力调动及使用军用航空器相关事宜，协调做好应急救援航空器飞行管制和使用军用机场时的地面勤务保障工作。国家森林草原防灭火指挥部办公室发挥牵头抓总作用，强化部门联动，做到高效协同，增强工作合力。国家森林草原防灭火指挥部其他成员单位承担的具体防灭火任务按《深化党和国家机构改革方案》、"三定"规定和《国家森林草原防灭火指挥部工作规则》执行。

3.3 扑救指挥

森林草原火灾扑救工作由当地森林（草原）防（灭）火指挥机构负责指挥。同时发生3起以上或者同一火场跨两个行政区域的森林草原火灾，由上一级森林（草原）防（灭）火指挥机构指挥。跨省（自治区、直辖市）界且预判为一般森林草原火灾，由当地县级森林（草原）防（灭）火指挥机构分别指挥；跨省（自治区、直辖市）界且预判为较大森林草原火灾，由当地设区的市级森林（草原）防（灭）火指挥机构分别指挥；跨省（自治区、直辖市）界且预判为重大、特别重大森林草原火灾，由省级森林（草原）防（灭）火指挥机构分别指挥，国家森林草原防灭火指挥部负责协调、指导。特殊情况，由国家森林草原防灭火指挥部统一指挥。

地方森林（草原）防（灭）火指挥机构根据需要，在森林草原火灾现场成立火场前线指挥部，规范现场指挥机制，由地方行政首长担任总指挥，合理配置工作组，重视发挥专家作用；有国家综合性消防救援队伍参与灭火的，最高指挥员进入火场前线指挥部,参与决策和现场组织指挥,发挥专业作用;根据任务变化和救援力量规模,相应提高指挥等级。参加前方扑火的单位和个人要服从火场前线指挥部的统一指挥。

地方专业防扑火队伍、国家综合性消防救援队伍执行森林草原火灾扑救任务,接受火灾发生地县级以上地方人民政府森林(草原)防(灭)火指挥机构的指挥;执行跨省(自治区、直辖市)界森林草原火灾扑救任务的,由火场前线指挥部统一指挥;或者根据国家森林草原防灭火指挥部明确的指挥关系执行。国家综合性消防救援队伍内部实施垂直指挥。

解放军和武警部队遂行森林草原火灾扑救任务,对应接受国家和地方各级森林(草原)防(灭)火指挥机构统一领导,部队行动按照军队指挥关系和指挥权限组织实施。

3.4 专家组

各级森林(草原)防(灭)火指挥机构根据工作需要会同有关部门和单位建立本级专家组,对森林草原火灾预防、科学灭火组织指挥、力量调动使用、灭火措施、火灾调查评估规划等提出咨询意见。

4 处置力量

4.1 力量编成

扑救森林草原火灾以地方专业防扑火队伍、应急航空救援队伍、国家综合性消防救援队伍等受过专业培训的扑火力量为主,解放军和武警部队支援力量为辅,社会救援力量为补充。必要时可动员当地林区职工、机关干部及当地群众等力量协助做好扑救工作。

4.2 力量调动

根据森林草原火灾应对需要,应首先调动属地扑火力量,邻近力量作为增援力量。

跨省(自治区、直辖市)调动地方专业防扑火队伍增援扑火时,由国家森林草原防灭火指挥部统筹协调,由调出省(自治区、直辖市)森林(草原)防(灭)火指挥机构组织实施,调入省(自治区、直辖市)负责对接及相关保障。

跨省(自治区、直辖市)调动国家综合性消防救援队伍增援扑火时,由火灾发生地省级人民政府或者应急管理部门向应急部提出申请,按有关规定和权限逐级报批。

需要解放军和武警部队参与扑火时,由国家森林草原防灭火指挥部向中央军委联合参谋部提出用兵需求,或者由省级森林(草原)防(灭)火指挥机构向所在战区提出用兵需求。

5 预警和信息报告

5.1 预警

5.1.1 预警分级

根据森林草原火险指标、火行为特征和可能造成的危害程度,将森林草原火险预警级别划分为四个等级,由高到低依次用红色、橙色、黄色和蓝色表示,具体分级标准按照有关规定执行。

5.1.2 预警发布

由应急管理部门组织,各级林草、公安和气象主管部门加强会商,联合制作森林草原火险预警信息,并通过预警信息发布平台和广播、电视、报刊、网络、微信公众号以及应急广播等方式向涉险区域相关部门和社会公众发布。国家森林草原防灭火指挥部办公室适时向省级森林(草原)防(灭)火指挥机构发送预警信息,提出工作要求。

5.1.3 预警响应

当发布蓝色、黄色预警信息后,预警地区县级以上地方人民政府及其有关部门密切关注天气情况和森林草原火险预警变化,加强森林草原防火巡护、卫星林火监测和瞭望监测,做好预警信息发布和森林草原防火宣传工作,加强火源管理,落实防火装备、物资等各项扑火准备,当地各级各类森林消防队伍进入待命状态。

当发布橙色、红色预警信息后,预警地区县级以上地方人民政府及其有关部门在蓝色、黄色预警响应措施的基础上,进一步加强野外火源管理,开展森林草原防火检查,加大预警信息播报频次,做好物资调拨准备,地方专业防扑火队伍、国家综合性消防救援队伍视情对力量部署进行调整,靠前驻防。

各级森林(草原)防(灭)火指挥机构视情对预警地区森林草原防灭火工作进行督促和指导。

5.2 信息报告

地方各级森林(草原)防(灭)火指挥机构按照"有火必报"原则,及时、准确、逐级、规范报告森林草原火灾信息。以下森林草原火灾信息由国家森林草原防灭火指挥部办公室向国务院报告:

(1)重大、特别重大森林草原火灾;
(2)造成3人以上死亡或者10人以上重伤的森林草原火灾;
(3)威胁居民区或者重要设施的森林草原火灾;
(4)火场距国界或者实际控制线5公里以内,并对我国或者邻国森林草原资源构成威胁的森林草原火灾;
(5)经研判需要报告的其他重要森林草原火灾。

6 应急响应

6.1 分级响应

根据森林草原火灾初判级别、应急处置能力和预期影响后果,综合研判确定本级响应级别。按照分级响应的原则,及时调整本级扑火组织指挥机构和力量。火情发生后,按任务分工组织进行早期处置;预判可能发生一般、较大森林草原火灾,由县级森林(草原)防(灭)火指挥机构为主组织处置;预判可能发生重大、特别重大森林草原火灾,分别由设区的市级、省级森林(草原)防(灭)火指挥机构为主组织处置;必要时,应及时提高响应级别。

6.2 响应措施

火灾发生后,要先研判气象、地形、环境等情况及是否威胁人员密集居住地和重要危险设施,科学组织施救。

6.2.1 扑救火灾

立即就地就近组织地方专业防扑火队伍、应急航空救援队伍、国家综合性消防救援队伍等力量参与扑救,力争将火灾扑灭在初起阶段。必要时,组织协调当地解放军和武警部队等救援力量参与扑救。

各扑火力量在火场前线指挥部的统一调度指挥下,明确任务分工,落实扑救责任,科学组织扑救,在确保扑火人员安全情况下,迅速有序开展扑救工作,严防各类次生灾害发生。现场指挥部要认真分析地理环境、气象条件和火场态势,在扑火队伍行进、宿营地选择和扑火作业时,加强火场管理,时刻注意观察天气和火势变化,提前预设紧急避险措施,确保各类扑火人员安全。不得动员残疾人、孕妇和未成年人以及其他不适宜参加森林草原火灾扑救的人员参加扑救工作。

6.2.2 转移安置人员

当居民点、农牧点等人员密集区受到森林草原火灾威胁时,及时采取有效阻火措施,按照紧急疏散方案,有组织、有秩序地及时疏散居民和受威胁人员,确保人民群众生命安全。妥善做好转移群众安置工作,确保群众有住处、有饭吃、有水喝、有衣穿、有必要的医疗救治条件。

6.2.3 救治伤员

组织医护人员和救护车辆在扑救现场待命,如有伤病员迅速送医院治疗,必要时对重伤员实施异地救治。视情派出卫生应急队伍赶赴火灾发生地,成立临时医院或者医疗点,实施现场救治。

6.2.4 保护重要目标

当军事设施、核设施、危险化学品生产储存设施设备、油气管道、铁路线路等重要目标物和公共卫生、社会安全等重大危险源受到火灾威胁时,迅速调集专业队伍,在专业人员指导并确保救援人员安全的前提下全力消除威胁,组织抢救、运送、转移重要物资,确保目标安全。

6.2.5 维护社会治安

加强火灾受影响区域社会治安、道路交通等管理,严厉打击盗窃、抢劫、哄抢救灾物资、传播谣言、堵塞交通等违法犯罪行为。在金融单位、储备仓库等重要场所加强治安巡逻,维护社会稳定。

6.2.6 发布信息

通过授权发布、发新闻稿、接受记者采访、举行新闻发布会和通过专业网站、官方微博、微信公众号等多种方式、途径,及时、准确、客观、全面向社会发布森林草原火灾和应对工作信息,回应社会关切。加强舆论引导和自媒体管理,防止传播谣言和不实信息,及时辟谣澄清,以正视听。发布内容包括起火原因、起火时间、火灾地点、过火面积、损失情况、扑救过程和火案查处、责任追究情况等。

6.2.7 火场清理看守

森林草原火灾明火扑灭后,继续组织扑火人员做好防止复燃和余火清理工作,划分责任区域,并留足人员看守火场。经检查验收,达到无火、无烟、无汽后,扑火人员方可撤离。原则上,参与扑救的国家综合性消防救援力量、跨省(自治区、直辖市)增援的地方专业防扑火力量不担负后续清理和看守火场任务。

6.2.8 应急结束

在森林草原火灾全部扑灭、火场清理验收合格、次生灾害后果基本消除后,由启动应急响应的机构决定终止应急响应。

6.2.9 善后处置

做好遇难人员的善后工作,抚慰遇难者家属。对因扑救森林草原火灾负伤、致残或者死亡的人员,当地政府或者有关部门按照国家有关规定给予医疗、抚恤、褒扬。

6.3 国家层面应对工作

森林草原火灾发生后,根据火灾严重程度、火场发展态势和当地扑救情况,国家层面应对工作设定Ⅳ级、Ⅲ级、Ⅱ级、Ⅰ级四个响应等级,并通知相关省(自治区、直辖市)根据响应等级落实相应措施。

6.3.1 Ⅳ级响应

6.3.1.1 启动条件

(1)过火面积超过500公顷的森林火灾或者过火面积超过5000公顷的草原火灾;

(2)造成1人以上3人以下死亡或者1人以上10人以下重伤的森林草原火灾;

(3)舆情高度关注,中共中央办公厅、国务院办公厅要求核查的森林草原火灾;

(4)发生在敏感时段、敏感地区,24小时尚未得到有效控制、发展态势持续蔓延扩大的森林草原火灾;

(5)发生距国界或者实际控制线5公里以内且对我国森林草原资源构成一定威胁的境外森林火灾;

(6)发生距国界或者实际控制线5公里以外10公里以内且对我国森林草原资源构成一定威胁的境外草原火灾;

(7)同时发生3起以上危险性较大的森林草原火灾。

符合上述条件之一时,经国家森林草原防灭火指挥部办公室分析评估,认定灾情达到启动标准,由国家森林草原防灭火指挥部办公室常务副主任决定启动Ⅳ级响应。

6.3.1.2 响应措施

(1)国家森林草原防灭火指挥部办公室进入应急状态,加强卫星监测,及时连线调度火灾信息;

(2)加强对火灾扑救工作的指导,根据需要预告相邻省(自治区、直辖市)地方专业防扑火队伍、国家综合性消防救援队伍做好增援准备;

(3)根据需要提出就近调派应急航空救援飞机的建议;

(4)视情发布高森林草原火险预警信息;

(5)根据火场周边环境,提出保护重要目标物及重大危险源安全的建议;

(6)协调指导中央媒体做好报道。

6.3.2 Ⅲ级响应

6.3.2.1 启动条件

(1)过火面积超过1000公顷的森林火灾或者过火面积超过8000公顷的草原火灾;

(2)造成3人以上10人以下死亡或者10人以上50人以下重伤的森林草原火灾;

(3)发生在敏感时段、敏感地区,48小时尚未扑灭明火的森林草原火灾;

(4)境外森林火灾蔓延至我国境内;

(5)发生距国界或实际控制线5公里以内或者蔓延至我国境内的境外草原火灾。

符合上述条件之一时,经国家森林草原防灭火指挥部办公室分析评估,认定灾情达到启动标准,由国家森林草原防灭火指挥部办公室主任决定启动Ⅲ级响应。

6.3.2.2 响应措施

(1)国家森林草原防灭火指挥部办公室及时调度了解森林草原火灾最新情况,组织火场连线、视频会商调度和分析研判;根据需要派出工作组赶赴火场,协调、指导火灾扑救工作;

(2)根据需要调动相关地方专业防扑火队伍、国家综合性消防救援队伍实施跨省(自治区、直辖市)增援;

(3)根据需要调派应急航空救援飞机跨省(自治区、直辖市)增援;

(4)气象部门提供天气预报和天气实况服务,做好人工影响天气作业准备;

(5)指导做好重要目标物和重大危险源的保护;

(6)视情及时组织新闻发布会,协调指导中央媒体做好报道。

6.3.3 Ⅱ级响应

6.3.3.1 启动条件

(1)过火面积超过10000公顷的森林火灾或者过火面积超过15000公顷的草原

火灾;

（2）造成10人以上30人以下死亡或者50人以上100人以下重伤的森林草原火灾;

（3）发生在敏感时段、敏感地区,72小时未得到有效控制的森林草原火灾;

（4）境外森林草原火灾蔓延至我国境内,72小时未得到有效控制。

符合上述条件之一时,经国家森林草原防灭火指挥部办公室分析评估,认定灾情达到启动标准并提出建议,由担任应急部主要负责同志的国家森林草原防灭火指挥部副总指挥决定启动Ⅱ级响应。

6.3.3.2 响应措施

在Ⅲ级响应的基础上,加强以下应急措施:

（1）国家森林草原防灭火指挥部组织有关成员单位召开会议联合会商,分析火险形势,研究扑救措施及保障工作;会同有关部门和专家组成工作组赶赴火场,协调、指导火灾扑救工作;

（2）根据需要增派地方专业防扑火队伍、国家综合性消防救援队伍跨省（自治区、直辖市）支援,增派应急航空救援飞机跨省（自治区、直辖市）参加扑火;

（3）协调调派解放军和武警部队跨区域参加火灾扑救工作;

（4）根据火场气象条件,指导、督促当地开展人工影响天气作业;

（5）加强重要目标物和重大危险源的保护;

（6）根据需要协调做好扑火物资调拨运输、卫生应急队伍增援等工作;

（7）视情及时组织新闻发布会,协调指导中央媒体做好报道。

6.3.4 Ⅰ级响应

6.3.4.1 启动条件

（1）过火面积超过100000公顷的森林火灾或者过火面积超过150000公顷的草原火灾（含入境火）,火势持续蔓延;

（2）造成30人以上死亡或者100人以上重伤的森林草原火灾;

（3）国土安全和社会稳定受到严重威胁,有关行业遭受重创,经济损失特别巨大;

（4）火灾发生地省级人民政府已经没有能力和条件有效控制火场蔓延。

符合上述条件之一时,经国家森林草原防灭火指挥部办公室分析评估,认定灾情达到启动标准并提出建议,由国家森林草原防灭火指挥部总指挥决定启动Ⅰ级响应。必要时,国务院直接决定启动Ⅰ级响应。

6.3.4.2 响应措施

国家森林草原防灭火指挥部组织各成员单位依托应急部指挥中心全要素运行,由总指挥或者党中央、国务院指定的负责同志统一指挥调度;火场设国家森林草原防灭火指挥部火场前线指挥部,下设综合协调、抢险救援、医疗救治、火灾监测、通信保障、交通保障、社会治安、宣传报道等工作组;总指挥根据需要率工作组赴一线组

织指挥火灾扑救工作,主要随行部门为副总指挥单位,其他随行部门根据火灾扑救需求确定。采取以下措施:

(1)组织火灾发生地省(自治区、直辖市)党委和政府开展抢险救援救灾工作;

(2)增调地方专业防扑火队伍、国家综合性消防救援队伍,解放军和武警部队等跨区域参加火灾扑救工作;增调应急航空救援飞机等扑火装备及物资支援火灾扑救工作;

(3)根据省级人民政府或者省级森林(草原)防(灭)火指挥机构的请求,安排生活救助物资,增派卫生应急队伍加强伤员救治,协调实施跨省(自治区、直辖市)转移受威胁群众;

(4)指导协助抢修通信、电力、交通等基础设施,保障应急通信、电力及救援人员和物资交通运输畅通;

(5)进一步加强重要目标物和重大危险源的保护,防范次生灾害;

(6)进一步加强气象服务,紧抓天气条件组织实施人工影响天气作业;

(7)建立新闻发布和媒体采访服务管理机制,及时、定时组织新闻发布会,协调指导中央媒体做好报道,加强舆论引导工作;

(8)决定森林草原火灾扑救其他重大事项。

6.3.5 启动条件调整

根据森林草原火灾发生的地区、时间敏感程度,受害森林草原资源损失程度,经济、社会影响程度,启动国家森林草原火灾应急响应的标准可酌情调整。

6.3.6 响应终止

森林草原火灾扑救工作结束后,由国家森林草原防灭火指挥部办公室提出建议,按启动响应的相应权限终止响应,并通知相关省(自治区、直辖市)。

7 综合保障

7.1 输送保障

增援扑火力量及携行装备的机动输送,近距离以摩托化方式为主,远程以高铁、航空方式投送,由铁路、民航部门下达输送任务,由所在地森林(草原)防(灭)火指挥机构、国家综合性消防救援队伍联系所在地铁路、民航部门实施。

7.2 物资保障

应急部、国家林草局会同国家发展改革委、财政部研究建立集中管理、统一调拨,平时服务、战时应急,采储结合、节约高效的应急物资保障体系。加强重点地区森林草原防灭火物资储备库建设,优化重要物资产能保障和区域布局,针对极端情况下可能出现的阶段性物资供应短缺,建立集中生产调度机制。科学调整中央储备规模结构,合理确定灭火、防护、侦通、野外生存和大型机械等常规储备规模,适当增加高技术灭火装备、特种装备器材储备。地方森林(草原)防(灭)火指挥机构根据本地森林草原防灭火工作需要,建立本级森林草原防灭火物资储备库,储备所需的扑火机具、装备和物资。

7.3 资金保障

县级以上地方人民政府应当将森林草原防灭火基础设施建设纳入本级国民经济和社会发展规划,将防灭火经费纳入本级财政预算,保障森林草原防灭火所需支出。

8 后 期 处 置

8.1 火灾评估

县级以上地方人民政府组织有关部门对森林草原火灾发生原因、肇事者及受害森林草原面积和蓄积、人员伤亡、其他经济损失等情况进行调查和评估。必要时,上一级森林(草原)防(灭)火指挥机构可发督办函督导落实或者提级开展调查和评估。

8.2 火因火案查处

地方各级人民政府组织有关部门对森林草原火灾发生原因及时取证、深入调查,依法查处涉火案件,打击涉火违法犯罪行为,严惩火灾肇事者。

8.3 约谈整改

对森林草原防灭火工作不力导致人为火灾多发频发的地区,省级人民政府及其有关部门应及时约谈县级以上地方人民政府及其有关部门主要负责人,要求其采取措施及时整改。必要时,国家森林草原防灭火指挥部及其成员单位按任务分工直接组织约谈。

8.4 责任追究

为严明工作纪律,切实压实压紧各级各方面责任,对森林草原火灾预防和扑救工作中责任不落实、发现隐患不作为、发生事故隐瞒不报、处置不得力等失职渎职行为,依据有关法律法规追究属地责任、部门监管责任、经营主体责任、火源管理责任和组织扑救责任。有关责任追究按照《中华人民共和国监察法》等法律法规规定的权限、程序实施。

8.5 工作总结

各级森林(草原)防(灭)火指挥机构及时总结、分析火灾发生的原因和应吸取的经验教训,提出改进措施。党中央、国务院领导同志有重要指示批示的森林草原火灾和特别重大森林草原火灾,以及引起社会广泛关注和产生严重影响的重大森林草原火灾,扑救工作结束后,国家森林草原防灭火指挥部向国务院报送火灾扑救工作总结。

8.6 表彰奖励

根据有关规定,对在扑火工作中贡献突出的单位、个人给予表彰奖励;对扑火工作中牺牲人员符合评定烈士条件的,按有关规定办理。

9 附　则

9.1　涉外森林草原火灾

当发生境外火烧入或者境内火烧出情况时,已签订双边协定的按照协定执行;未签订双边协定的由国家森林草原防灭火指挥部、外交部共同研究,与相关国家联系采取相应处置措施进行扑救。

9.2　预案演练

国家森林草原防灭火指挥部办公室会同成员单位制定应急演练计划并定期组织演练。

9.3　预案管理与更新

预案实施后,国家森林草原防灭火指挥部会同有关部门组织预案学习、宣传和培训,并根据实际情况适时组织进行评估和修订。县级以上地方人民政府应急管理部门结合当地实际编制森林草原火灾应急预案,报本级人民政府批准,并报上一级人民政府应急管理部门备案,形成上下衔接、横向协同的预案体系。

9.4　以上、以下、以内、以外的含义

本预案所称以上、以内包括本数,以下、以外不包括本数。

9.5　预案解释

本预案由国家森林草原防灭火指挥部办公室负责解释。

9.6　预案实施时间

本预案自印发之日起实施。

附件:国家森林草原防灭火指挥部火场前线指挥部组成及任务分工(略)

中华人民共和国
石油天然气管道保护法

1. 2010年6月25日第十一届全国人民代表大会常务委员会第十五次会议通过
2. 2010年6月25日中华人民共和国主席令第30号公布
3. 自2010年10月1日起施行

目　录

第一章　总　则
第二章　管道规划与建设
第三章　管道运行中的保护
第四章　管道建设工程与其他建设工程相遇关系的处理

第五章　法律责任
第六章　附　　则

第一章　总　　则

第一条　【立法目的】为了保护石油、天然气管道,保障石油、天然气输送安全,维护国家能源安全和公共安全,制定本法。

第二条　【适用范围】中华人民共和国境内输送石油、天然气的管道的保护,适用本法。

城镇燃气管道和炼油、化工等企业厂区内管道的保护,不适用本法。

第三条　【石油、天然气、管道】本法所称石油包括原油和成品油,所称天然气包括天然气、煤层气和煤制气。

本法所称管道包括管道及管道附属设施。

第四条　【全国管道保护工作主管部门】国务院能源主管部门依照本法规定主管全国管道保护工作,负责组织编制并实施全国管道发展规划,统筹协调全国管道发展规划与其他专项规划的衔接,协调跨省、自治区、直辖市管道保护的重大问题。国务院其他有关部门依照有关法律、行政法规的规定,在各自职责范围内负责管道保护的相关工作。

第五条　【地方管道保护工作主管部门】省、自治区、直辖市人民政府能源主管部门和设区的市级、县级人民政府指定的部门,依照本法规定主管本行政区域的管道保护工作,协调处理本行政区域管道保护的重大问题,指导、监督有关单位履行管道保护义务,依法查处危害管道安全的违法行为。县级以上地方人民政府其他有关部门依照有关法律、行政法规的规定,在各自职责范围内负责管道保护的相关工作。

省、自治区、直辖市人民政府能源主管部门和设区的市级、县级人民政府指定的部门,统称县级以上地方人民政府主管管道保护工作的部门。

第六条　【政府监管职责】县级以上地方人民政府应当加强对本行政区域管道保护工作的领导,督促、检查有关部门依法履行管道保护职责,组织排除管道的重大外部安全隐患。

第七条　【管道企业职责】管道企业应当遵守本法和有关规划、建设、安全生产、质量监督、环境保护等法律、行政法规,执行国家技术规范的强制性要求,建立、健全本企业有关管道保护的规章制度和操作规程并组织实施,宣传管道安全与保护知识,履行管道保护义务,接受人民政府及其有关部门依法实施的监督,保障管道安全运行。

第八条　【危害管道安全行为的查处】任何单位和个人不得实施危害管道安全的行为。

对危害管道安全的行为,任何单位和个人有权向县级以上地方人民政府主管管道保护工作的部门或者其他有关部门举报。接到举报的部门应当在职责范围内及时处理。

第九条 【鼓励新技术的研发和推广】国家鼓励和促进管道保护新技术的研究开发和推广应用。

第二章 管道规划与建设

第十条 【管道规划、建设的原则】管道的规划、建设应当符合管道保护的要求,遵循安全、环保、节约用地和经济合理的原则。

第十一条 【全国管道发展规划的制定】国务院能源主管部门根据国民经济和社会发展的需要组织编制全国管道发展规划。组织编制全国管道发展规划应当征求国务院有关部门以及有关省、自治区、直辖市人民政府的意见。

全国管道发展规划应当符合国家能源规划,并与土地利用总体规划、城乡规划以及矿产资源、环境保护、水利、铁路、公路、航道、港口、电信等规划相协调。

第十二条 【管道建设规划的编制】管道企业应当根据全国管道发展规划编制管道建设规划,并将管道建设规划确定的管道建设选线方案报送拟建管道所在地县级以上地方人民政府城乡规划主管部门审核;经审核符合城乡规划的,应当依法纳入当地城乡规划。

纳入城乡规划的管道建设用地,不得擅自改变用途。

第十三条 【管道建设的选线】管道建设的选线应当避开地震活动断层和容易发生洪灾、地质灾害的区域,与建筑物、构筑物、铁路、公路、航道、港口、市政设施、军事设施、电缆、光缆等保持本法和有关法律、行政法规以及国家技术规范的强制性要求规定的保护距离。

新建管道通过的区域受地理条件限制,不能满足前款规定的管道保护要求的,管道企业应当提出防护方案,经管道保护方面的专家评审论证,并经管道所在地县级以上地方人民政府主管管道保护工作的部门批准后,方可建设。

管道建设项目应当依法进行环境影响评价。

第十四条 【管道建设使用土地的规定】管道建设使用土地,依照《中华人民共和国土地管理法》等法律、行政法规的规定执行。

依法建设的管道通过集体所有的土地或者他人取得使用权的国有土地,影响土地使用的,管道企业应当按照管道建设时土地的用途给予补偿。

第十五条 【不得阻碍管道项目的建设】依照法律和国务院的规定,取得行政许可或者已报送备案并符合开工条件的管道项目的建设,任何单位和个人不得阻碍。

第十六条 【管道工程质量管理】管道建设应当遵守法律、行政法规有关建设工程质量管理的规定。

管道企业应当依照有关法律、行政法规的规定,选择具备相应资质的勘察、设计、施工、工程监理单位进行管道建设。

管道的安全保护设施应当与管道主体工程同时设计、同时施工、同时投入使用。

管道建设使用的管道产品及其附件的质量,应当符合国家技术规范的强制性要求。

第十七条　【穿跨越重要工程的要求】穿跨越水利工程、防洪设施、河道、航道、铁路、公路、港口、电力设施、通信设施、市政设施的管道的建设,应当遵守本法和有关法律、行政法规,执行国家技术规范的强制性要求。

第十八条　【管道标志】管道企业应当按照国家技术规范的强制性要求在管道沿线设置管道标志。管道标志毁损或者安全警示不清的,管道企业应当及时修复或者更新。

第十九条　【管道建成竣工验收】管道建成后应当按照国家有关规定进行竣工验收。竣工验收应当审查管道是否符合本法规定的管道保护要求,经验收合格方可正式交付使用。

第二十条　【备案制度】管道企业应当自管道竣工验收合格之日起六十日内,将竣工测量图报管道所在地县级以上地方人民政府主管管道保护工作的部门备案;县级以上地方人民政府主管管道保护工作的部门应当将管道企业报送的管道竣工测量图分送本级人民政府规划、建设、国土资源、铁路、交通、水利、公安、安全生产监督管理等部门和有关军事机关。

第二十一条　【管道改建、搬迁或者增加防护设施的补偿】地方各级人民政府编制、调整土地利用总体规划和城乡规划,需要管道改建、搬迁或者增加防护设施的,应当与管道企业协商确定补偿方案。

第三章　管道运行中的保护

第二十二条　【巡护制度】管道企业应当建立、健全管道巡护制度,配备专门人员对管道线路进行日常巡护。管道巡护人员发现危害管道安全的情形或者隐患,应当按照规定及时处理和报告。

第二十三条　【定期检测、维修】管道企业应当定期对管道进行检测、维修,确保其处于良好状态;对管道安全风险较大的区段和场所应当进行重点监测,采取有效措施防止管道事故的发生。

对不符合安全使用条件的管道,管道企业应当及时更新、改造或者停止使用。

第二十四条　【配备保护人员和技术装备】管道企业应当配备管道保护所必需的人员和技术装备,研究开发和使用先进适用的管道保护技术,保证管道保护所必需的经费投入,并对在管道保护中做出突出贡献的单位和个人给予奖励。

第二十五条　【排除安全隐患】管道企业发现管道存在安全隐患,应当及时排除。对管道存在的外部安全隐患,管道企业自身排除确有困难的,应当向县级以上地方人民政府主管管道保护工作的部门报告。接到报告的主管管道保护工作的部门应当及时协调排除或者报请人民政府及时组织排除安全隐患。

第二十六条 【管道用地的保护】管道企业依法取得使用权的土地,任何单位和个人不得侵占。

为合理利用土地,在保障管道安全的条件下,管道企业可以与有关单位、个人约定,同意有关单位、个人种植浅根农作物。但是,因管道巡护、检测、维修造成的农作物损失,除另有约定外,管道企业不予赔偿。

第二十七条 【给予管道巡查工作便利与损害赔偿】管道企业对管道进行巡护、检测、维修等作业,管道沿线的有关单位、个人应当给予必要的便利。

因管道巡护、检测、维修等作业给土地使用权人或者其他单位、个人造成损失的,管道企业应当依法给予赔偿。

第二十八条 【禁止危害管道安全的行为】禁止下列危害管道安全的行为:

(一)擅自开启、关闭管道阀门;

(二)采用移动、切割、打孔、砸撬、拆卸等手段损坏管道;

(三)移动、毁损、涂改管道标志;

(四)在埋地管道上方巡查便道上行驶重型车辆;

(五)在地面管道线路、架空管道线路和管桥上行走或者放置重物。

第二十九条 【禁止妨害管道附属设施的行为】禁止在本法第五十八条第一项所列管道附属设施的上方架设电力线路、通信线路或者在储气库构造区域范围内进行工程挖掘、工程钻探、采矿。

第三十条 【禁止在管道线区域内的危害行为】在管道线路中心线两侧各五米地域范围内,禁止下列危害管道安全的行为:

(一)种植乔木、灌木、藤类、芦苇、竹子或者其他根系深达管道埋设部位可能损坏管道防腐层的深根植物;

(二)取土、采石、用火、堆放重物、排放腐蚀性物质、使用机械工具进行挖掘施工;

(三)挖塘、修渠、修晒场、修建水产养殖场、建温室、建家畜棚圈、建房以及修建其他建筑物、构筑物。

第三十一条 【管线和附属设施周边建筑物及距离的要求】在管道线路中心线两侧和本法第五十八条第一项所列管道附属设施周边修建下列建筑物、构筑物的,建筑物、构筑物与管道线路和管道附属设施的距离应当符合国家技术规范的强制性要求:

(一)居民小区、学校、医院、娱乐场所、车站、商场等人口密集的建筑物;

(二)变电站、加油站、加气站、储油罐、储气罐等易燃易爆物品的生产、经营、存储场所。

前款规定的国家技术规范的强制性要求,应当按照保障管道及建筑物、构筑物安全和节约用地的原则确定。

第三十二条 【在穿河管道线区域内禁止的行为】在穿越河流的管道线路中心线两侧各五百米地域范围内,禁止抛锚、拖锚、挖砂、挖泥、采石、水下爆破。但是,在保障管道安全的条件下,为防洪和航道通畅而进行的养护疏浚作业除外。

第三十三条 【在管道专用隧道区域内禁止的行为】在管道专用隧道中心线两侧各一千米地域范围内,除本条第二款规定的情形外,禁止采石、采矿、爆破。

在前款规定的地域范围内,因修建铁路、公路、水利工程等公共工程,确需实施采石、爆破作业的,应当经管道所在地县级人民政府主管管道保护工作的部门批准,并采取必要的安全防护措施,方可实施。

第三十四条 【不得擅自使用管道附属设施】未经管道企业同意,其他单位不得使用管道专用伴行道路、管道水工防护设施、管道专用隧道等管道附属设施。

第三十五条 【需向管道主管部门提出申请的施工作业】进行下列施工作业,施工单位应当向管道所在地县级人民政府主管管道保护工作的部门提出申请:

(一)穿跨越管道的施工作业;

(二)在管道线路中心线两侧各五米至五十米和本法第五十八条第一项所列管道附属设施周边一百米地域范围内,新建、改建、扩建铁路、公路、河渠,架设电力线路,埋设地下电缆、光缆,设置安全接地体、避雷接地体;

(三)在管道线路中心线两侧各二百米和本法第五十八条第一项所列管道附属设施周边五百米地域范围内,进行爆破、地震法勘探或者工程挖掘、工程钻探、采矿。

县级人民政府主管管道保护工作的部门接到申请后,应当组织施工单位与管道企业协商确定施工作业方案,并签订安全防护协议;协商不成的,主管管道保护工作的部门应当组织进行安全评审,作出是否批准作业的决定。

第三十六条 【提出申请的条件】申请进行本法第三十三条第二款、第三十五条规定的施工作业,应当符合下列条件:

(一)具有符合管道安全和公共安全要求的施工作业方案;

(二)已制定事故应急预案;

(三)施工作业人员具备管道保护知识;

(四)具有保障安全施工作业的设备、设施。

第三十七条 【开工的书面通知】进行本法第三十三条第二款、第三十五条规定的施工作业,应当在开工七日前书面通知管道企业。管道企业应当指派专门人员到现场进行管道保护安全指导。

第三十八条 【管道企业的紧急使用权与赔偿】管道企业在紧急情况下进行管道抢修作业,可以先行使用他人土地或者设施,但应当及时告知土地或者设施的所有权人或者使用权人。给土地或者设施的所有权人或者使用权人造成损失的,管道企业应当依法给予赔偿。

第三十九条 【管道事故应急预案】管道企业应当制定本企业管道事故应急预案,

并报管道所在地县级人民政府主管管道保护工作的部门备案;配备抢险救援人员和设备,并定期进行管道事故应急救援演练。

发生管道事故,管道企业应当立即启动本企业管道事故应急预案,按照规定及时通报可能受到事故危害的单位和居民,采取有效措施消除或者减轻事故危害,并依照有关事故调查处理的法律、行政法规的规定,向事故发生地县级人民政府主管管道保护工作的部门、安全生产监督管理部门和其他有关部门报告。

接到报告的主管管道保护工作的部门应当按照规定及时上报事故情况,并根据管道事故的实际情况组织采取事故处置措施或者报请人民政府及时启动本行政区域管道事故应急预案,组织进行事故应急处置与救援。

第四十条 【造成环境污染事故的处理】管道泄漏的石油和因管道抢修排放的石油造成环境污染的,管道企业应当及时治理。因第三人的行为致使管道泄漏造成环境污染的,管道企业有权向第三人追偿治理费用。

环境污染损害的赔偿责任,适用《中华人民共和国侵权责任法》和防治环境污染的法律的有关规定。

第四十一条 【泄漏石油的处理】管道泄漏的石油和因管道抢修排放的石油,由管道企业回收、处理,任何单位和个人不得侵占、盗窃、哄抢。

第四十二条 【停止使用管道的安全防护措施】管道停止运行、封存、报废的,管道企业应当采取必要的安全防护措施,并报县级以上地方人民政府主管管道保护工作的部门备案。

第四十三条 【重点保护部位由武警负责守卫】管道重点保护部位,需要由中国人民武装警察部队负责守卫的,依照《中华人民共和国人民武装警察法》和国务院、中央军事委员会的有关规定执行。

第四章 管道建设工程与其他建设工程相遇关系的处理

第四十四条 【相遇关系处理原则】管道建设工程与其他建设工程的相遇关系,依照法律的规定处理;法律没有规定的,由建设工程双方按照下列原则协商处理,并为对方提供必要的便利:

(一)后开工的建设工程服从先开工或者已建成的建设工程;
(二)同时开工的建设工程,后批准的建设工程服从先批准的建设工程。

依照前款规定,后开工或者后批准的建设工程,应当符合先开工、已建成或者先批准的建设工程的安全防护要求;需要先开工、已建成或者先批准的建设工程改建、搬迁或者增加防护设施的,后开工或者后批准的建设工程一方应当承担由此增加的费用。

管道建设工程与其他建设工程相遇的,建设工程双方应当协商确定施工作业方案并签订安全防护协议,指派专门人员现场监督、指导对方施工。

第四十五条 【与其他建设工程相遇关系的处理】经依法批准的管道建设工程,需要通过正在建设的其他建设工程的,其他工程建设单位应当按照管道建设工程的需要,预留管道通道或者预建管道通过设施,管道企业应当承担由此增加的费用。

经依法批准的其他建设工程,需要通过正在建设的管道建设工程的,管道建设单位应当按照其他建设工程的需要,预留通道或者预建相关设施,其他工程建设单位应当承担由此增加的费用。

第四十六条 【与矿采区域相遇关系的处理】管道建设工程通过矿产资源开采区域的,管道企业应当与矿产资源开采企业协商确定管道的安全防护方案,需要矿产资源开采企业按照管道安全防护要求预建防护设施或者采取其他防护措施的,管道企业应当承担由此增加的费用。

矿产资源开采企业未按照约定预建防护设施或者采取其他防护措施,造成地面塌陷、裂缝、沉降等地质灾害,致使管道需要改建、搬迁或者采取其他防护措施的,矿产资源开采企业应当承担由此增加的费用。

第四十七条 【与修建水工防护设施相遇关系的处理】铁路、公路等建设工程修建防洪、分流等水工防护设施,可能影响管道保护的,应当事先通知管道企业并注意保护下游已建成的管道水工防护设施。

建设工程修建防洪、分流等水工防护设施,使下游已建成的管道水工防护设施的功能受到影响,需要新建、改建、扩建管道水工防护设施的,工程建设单位应当承担由此增加的费用。

第四十八条 【与制定防洪、泄洪方案相遇关系的处理】县级以上地方人民政府水行政主管部门制定防洪、泄洪方案应当兼顾管道的保护。

需要在管道通过的区域泄洪的,县级以上地方人民政府水行政主管部门应当在泄洪方案确定后,及时将泄洪量和泄洪时间通知本级人民政府主管管道保护工作的部门和管道企业或者向社会公告。主管管道保护工作的部门和管道企业应当对管道采取防洪保护措施。

第四十九条 【与航道相遇关系的处理】管道与航道相遇,确需在航道中修建管道防护设施的,应当进行通航标准技术论证,并经航道主管部门批准。管道防护设施完工后,应经航道主管部门验收。

进行前款规定的施工作业,应当在批准的施工区域内设置航标,航标的设置和维护费用由管道企业承担。

第五章 法 律 责 任

第五十条 【管道企业不履行职责的法律责任】管道企业有下列行为之一的,由县级以上地方人民政府主管管道保护工作的部门责令限期改正;逾期不改正的,处二万元以上十万元以下的罚款;对直接负责的主管人员和其他直接责任人员给予处分:

(一) 未依照本法规定对管道进行巡护、检测和维修的;

（二）对不符合安全使用条件的管道未及时更新、改造或者停止使用的；

（三）未依照本法规定设置、修复或者更新有关管道标志的；

（四）未依照本法规定将管道竣工测量图报人民政府主管管道保护工作的部门备案的；

（五）未制定本企业管道事故应急预案，或者未将本企业管道事故应急预案报人民政府主管管道保护工作的部门备案的；

（六）发生管道事故，未采取有效措施消除或者减轻事故危害的；

（七）未对停止运行、封存、报废的管道采取必要的安全防护措施的。

管道企业违反本法规定的行为同时违反建设工程质量管理、安全生产、消防等其他法律的，依照其他法律的规定处罚。

管道企业给他人合法权益造成损害的，依法承担民事责任。

第五十一条 【损坏管道及其他违反治安管理的行为】采用移动、切割、打孔、砸撬、拆卸等手段损坏管道或者盗窃、哄抢管道输送、泄漏、排放的石油、天然气，尚不构成犯罪的，依法给予治安管理处罚。

第五十二条 【危害管道安全行为的法律责任】违反本法第二十九条、第三十条、第三十二条或者第三十三条第一款的规定，实施危害管道安全行为的，由县级以上地方人民政府主管管道保护工作的部门责令停止违法行为；情节较重的，对单位处一万元以上十万元以下的罚款，对个人处二百元以上二千元以下的罚款；对违法修建的建筑物、构筑物或者其他设施限期拆除；逾期未拆除的，由县级以上地方人民政府主管管道保护工作的部门组织拆除，所需费用由违法行为人承担。

第五十三条 【违反本法施工作业的法律责任】未经依法批准，进行本法第三十三条第二款或者第三十五条规定的施工作业的，由县级以上地方人民政府主管管道保护工作的部门责令停止违法行为；情节较重的，处一万元以上五万元以下的罚款；对违法修建的危害管道安全的建筑物、构筑物或者其他设施限期拆除；逾期未拆除的，由县级以上地方人民政府主管管道保护工作的部门组织拆除，所需费用由违法行为人承担。

第五十四条 【违反本法管理规定的法律责任】违反本法规定，有下列行为之一的，由县级以上地方人民政府主管管道保护工作的部门责令改正；情节严重的，处二百元以上一千元以下的罚款：

（一）擅自开启、关闭管道阀门的；

（二）移动、毁损、涂改管道标志的；

（三）在埋地管道上方巡查便道上行驶重型车辆的；

（四）在地面管道线路、架空管道线路和管桥上行走或者放置重物的；

（五）阻碍依法进行的管道建设的。

第五十五条 【造成管道企业损害的民事责任】违反本法规定，实施危害管道安全的行为，给管道企业造成损害的，依法承担民事责任。

第五十六条 【主管部门不履行职责的法律责任】县级以上地方人民政府及其主管管道保护工作的部门或者其他有关部门,违反本法规定,对应当组织排除的管道外部安全隐患不及时组织排除,发现危害管道安全的行为或者接到对危害管道安全行为的举报后不依法予以查处,或者有其他不依照本法规定履行职责的行为的,由其上级机关责令改正,对直接负责的主管人员和其他直接责任人员依法给予处分。

第五十七条 【违反本法的刑事责任】违反本法规定,构成犯罪的,依法追究刑事责任。

第六章 附　　则

第五十八条 【管道附属设施】本法所称管道附属设施包括:

（一）管道的加压站、加热站、计量站、集油站、集气站、输油站、输气站、配气站、处理场、清管站、阀室、阀井、放空设施、油库、储气库、装卸栈桥、装卸场;

（二）管道的水工防护设施、防风设施、防雷设施、抗震设施、通信设施、安全监控设施、电力设施、管堤、管桥以及管道专用涵洞、隧道等穿跨越设施;

（三）管道的阴极保护站、阴极保护测试桩、阳极地床、杂散电流排流站等防腐设施;

（四）管道穿越铁路、公路的检漏装置;

（五）管道的其他附属设施。

第五十九条 【改建、搬迁和防护】本法施行前在管道保护距离内已建成的人口密集场所和易燃易爆物品的生产、经营、存储场所,应当由所在地人民政府根据当地的实际情况,有计划、分步骤地进行搬迁、清理或者采取必要的防护措施。需要已建成的管道改建、搬迁或者采取必要的防护措施的,应当与管道企业协商确定补偿方案。

第六十条 【海上石油、天然气管道特别规定】国务院可以根据海上石油、天然气管道的具体情况,制定海上石油、天然气管道保护的特别规定。

第六十一条 【施行日期】本法自 2010 年 10 月 1 日起施行。

城镇燃气管理条例

1. 2010 年 11 月 19 日国务院令第 583 号公布
2. 根据 2016 年 2 月 6 日国务院令第 666 号《关于修改部分行政法规的决定》修订

第一章 总　　则

第一条 为了加强城镇燃气管理,保障燃气供应,防止和减少燃气安全事故,保障公民生命、财产安全和公共安全,维护燃气经营者和燃气用户的合法权益,促进燃气事业健康发展,制定本条例。

第二条　城镇燃气发展规划与应急保障、燃气经营与服务、燃气使用、燃气设施保护、燃气安全事故预防与处理及相关管理活动,适用本条例。

天然气、液化石油气的生产和进口,城市门站以外的天然气管道输送,燃气作为工业生产原料的使用,沼气、秸秆气的生产和使用,不适用本条例。

本条例所称燃气,是指作为燃料使用并符合一定要求的气体燃料,包括天然气(含煤层气)、液化石油气和人工煤气等。

第三条　燃气工作应当坚持统筹规划、保障安全、确保供应、规范服务、节能高效的原则。

第四条　县级以上人民政府应当加强对燃气工作的领导,并将燃气工作纳入国民经济和社会发展规划。

第五条　国务院建设主管部门负责全国的燃气管理工作。

县级以上地方人民政府燃气管理部门负责本行政区域内的燃气管理工作。

县级以上人民政府其他有关部门依照本条例和其他有关法律、法规的规定,在各自职责范围内负责有关燃气管理工作。

第六条　国家鼓励、支持燃气科学技术研究,推广使用安全、节能、高效、环保的燃气新技术、新工艺和新产品。

第七条　县级以上人民政府有关部门应当建立健全燃气安全监督管理制度,宣传普及燃气法律、法规和安全知识,提高全民的燃气安全意识。

第二章　燃气发展规划与应急保障

第八条　国务院建设主管部门应当会同国务院有关部门,依据国民经济和社会发展规划、土地利用总体规划、城乡规划以及能源规划,结合全国燃气资源总量平衡情况,组织编制全国燃气发展规划并组织实施。

县级以上地方人民政府燃气管理部门应当会同有关部门,依据国民经济和社会发展规划、土地利用总体规划、城乡规划、能源规划以及上一级燃气发展规划,组织编制本行政区域的燃气发展规划,报本级人民政府批准后组织实施,并报上一级人民政府燃气管理部门备案。

第九条　燃气发展规划的内容应当包括:燃气气源、燃气种类、燃气供应方式和规模、燃气设施布局和建设时序、燃气设施建设用地、燃气设施保护范围、燃气供应保障措施和安全保障措施等。

第十条　县级以上地方人民政府应当根据燃气发展规划的要求,加大对燃气设施建设的投入,并鼓励社会资金投资建设燃气设施。

第十一条　进行新区建设、旧区改造,应当按照城乡规划和燃气发展规划配套建设燃气设施或者预留燃气设施建设用地。

对燃气发展规划范围内的燃气设施建设工程,城乡规划主管部门在依法核发选址意见书时,应当就燃气设施建设是否符合燃气发展规划征求燃气管理部门的意见;不需要核发选址意见书的,城乡规划主管部门在依法核发建设用地规划许可证或者乡村建设规划许可证时,应当就燃气设施建设是否符合燃气发展规划征求燃气管理部门的意见。

燃气设施建设工程竣工后,建设单位应当依法组织竣工验收,并自竣工验收合格之日起15日内,将竣工验收情况报燃气管理部门备案。

第十二条 县级以上地方人民政府应当建立健全燃气应急储备制度,组织编制燃气应急预案,采取综合措施提高燃气应急保障能力。

燃气应急预案应当明确燃气应急气源和种类、应急供应方式、应急处置程序和应急救援措施等内容。

县级以上地方人民政府燃气管理部门应当会同有关部门对燃气供求状况实施监测、预测和预警。

第十三条 燃气供应严重短缺、供应中断等突发事件发生后,县级以上地方人民政府应当及时采取动用储备、紧急调度等应急措施,燃气经营者以及其他有关单位和个人应当予以配合,承担相关应急任务。

第三章 燃气经营与服务

第十四条 政府投资建设的燃气设施,应当通过招标投标方式选择燃气经营者。

社会资金投资建设的燃气设施,投资方可以自行经营,也可以另行选择燃气经营者。

第十五条 国家对燃气经营实行许可证制度。从事燃气经营活动的企业,应当具备下列条件:

(一)符合燃气发展规划要求;

(二)有符合国家标准的燃气气源和燃气设施;

(三)有固定的经营场所、完善的安全管理制度和健全的经营方案;

(四)企业的主要负责人、安全生产管理人员以及运行、维护和抢修人员经专业培训并考核合格;

(五)法律、法规规定的其他条件。

符合前款规定条件的,由县级以上地方人民政府燃气管理部门核发燃气经营许可证。

第十六条 禁止个人从事管道燃气经营活动。

个人从事瓶装燃气经营活动的,应当遵守省、自治区、直辖市的有关规定。

第十七条 燃气经营者应当向燃气用户持续、稳定、安全供应符合国家质量标准的燃气,指导燃气用户安全用气、节约用气,并对燃气设施定期进行安全检查。

燃气经营者应当公示业务流程、服务承诺、收费标准和服务热线等信息,并按照国家燃气服务标准提供服务。

第十八条 燃气经营者不得有下列行为：

（一）拒绝向市政燃气管网覆盖范围内符合用气条件的单位或者个人供气；

（二）倒卖、抵押、出租、出借、转让、涂改燃气经营许可证；

（三）未履行必要告知义务擅自停止供气、调整供气量，或者未经审批擅自停业或者歇业；

（四）向未取得燃气经营许可证的单位或者个人提供用于经营的燃气；

（五）在不具备安全条件的场所储存燃气；

（六）要求燃气用户购买其指定的产品或者接受其提供的服务；

（七）擅自为非自有气瓶充装燃气；

（八）销售未经许可的充装单位充装的瓶装燃气或者销售充装单位擅自为非自有气瓶充装的瓶装燃气；

（九）冒用其他企业名称或者标识从事燃气经营、服务活动。

第十九条 管道燃气经营者对其供气范围内的市政燃气设施、建筑区划内业主专有部分以外的燃气设施，承担运行、维护、抢修和更新改造的责任。

管道燃气经营者应当按照供气、用气合同的约定，对单位燃气用户的燃气设施承担相应的管理责任。

第二十条 管道燃气经营者因施工、检修等原因需要临时调整供气量或者暂停供气的，应当将作业时间和影响区域提前48小时予以公告或者书面通知燃气用户，并按照有关规定及时恢复正常供气；因突发事件影响供气的，应当采取紧急措施并及时通知燃气用户。

燃气经营者停业、歇业的，应当事先对其供气范围内的燃气用户的正常用气作出妥善安排，并在90个工作日前向所在地燃气管理部门报告，经批准方可停业、歇业。

第二十一条 有下列情况之一的，燃气管理部门应当采取措施，保障燃气用户的正常用气：

（一）管道燃气经营者临时调整供气量或者暂停供气未及时恢复正常供气的；

（二）管道燃气经营者因突发事件影响供气未采取紧急措施的；

（三）燃气经营者擅自停业、歇业的；

（四）燃气管理部门依法撤回、撤销、注销、吊销燃气经营许可的。

第二十二条 燃气经营者应当建立健全燃气质量检测制度，确保所供应的燃气质量符合国家标准。

县级以上地方人民政府质量监督、工商行政管理、燃气管理等部门应当按照职责分工，依法加强对燃气质量的监督检查。

第二十三条 燃气销售价格，应当根据购气成本、经营成本和当地经济社会发展水平合理确定并适时调整。县级以上地方人民政府价格主管部门确定和调整管道燃气销售价格,应当征求管道燃气用户、管道燃气经营者和有关方面的意见。

第二十四条　通过道路、水路、铁路运输燃气的,应当遵守法律、行政法规有关危险货物运输安全的规定以及国务院交通运输部门、国务院铁路部门的有关规定;通过道路或者水路运输燃气的,还应当分别依照有关道路运输、水路运输的法律、行政法规的规定,取得危险货物道路运输许可或者危险货物水路运输许可。

第二十五条　燃气经营者应当对其从事瓶装燃气送气服务的人员和车辆加强管理,并承担相应的责任。

从事瓶装燃气充装活动,应当遵守法律、行政法规和国家标准有关气瓶充装的规定。

第二十六条　燃气经营者应当依法经营,诚实守信,接受社会公众的监督。

燃气行业协会应当加强行业自律管理,促进燃气经营者提高服务质量和技术水平。

第四章　燃 气 使 用

第二十七条　燃气用户应当遵守安全用气规则,使用合格的燃气燃烧器具和气瓶,及时更换国家明令淘汰或者使用年限已届满的燃气燃烧器具、连接管等,并按照约定期限支付燃气费用。

单位燃气用户还应当建立健全安全管理制度,加强对操作维护人员燃气安全知识和操作技能的培训。

第二十八条　燃气用户及相关单位和个人不得有下列行为:

(一)擅自操作公用燃气阀门;
(二)将燃气管道作为负重支架或者接地引线;
(三)安装、使用不符合气源要求的燃气燃烧器具;
(四)擅自安装、改装、拆除户内燃气设施和燃气计量装置;
(五)在不具备安全条件的场所使用、储存燃气;
(六)盗用燃气;
(七)改变燃气用途或者转供燃气。

第二十九条　燃气用户有权就燃气收费、服务等事项向燃气经营者进行查询,燃气经营者应当自收到查询申请之日起5个工作日内予以答复。

燃气用户有权就燃气收费、服务等事项向县级以上地方人民政府价格主管部门、燃气管理部门以及其他有关部门进行投诉,有关部门应当自收到投诉之日起15个工作日内予以处理。

第三十条　安装、改装、拆除户内燃气设施的,应当按照国家有关工程建设标准实施作业。

第三十一条　燃气管理部门应当向社会公布本行政区域内的燃气种类和气质成分

等信息。

燃气燃烧器具生产单位应当在燃气燃烧器具上明确标识所适应的燃气种类。

第三十二条 燃气燃烧器具生产单位、销售单位应当设立或者委托设立售后服务站点，配备经考核合格的燃气燃烧器具安装、维修人员，负责售后的安装、维修服务。

燃气燃烧器具的安装、维修，应当符合国家有关标准。

第五章 燃气设施保护

第三十三条 县级以上地方人民政府燃气管理部门应当会同城乡规划等有关部门按照国家有关标准和规定划定燃气设施保护范围，并向社会公布。

在燃气设施保护范围内，禁止从事下列危及燃气设施安全的活动：

（一）建设占压地下燃气管线的建筑物、构筑物或者其他设施；
（二）进行爆破、取土等作业或者动用明火；
（三）倾倒、排放腐蚀性物质；
（四）放置易燃易爆危险物品或者种植深根植物；
（五）其他危及燃气设施安全的活动。

第三十四条 在燃气设施保护范围内，有关单位从事敷设管道、打桩、顶进、挖掘、钻探等可能影响燃气设施安全活动的，应当与燃气经营者共同制定燃气设施保护方案，并采取相应的安全保护措施。

第三十五条 燃气经营者应当按照国家有关工程建设标准和安全生产管理的规定，设置燃气设施防腐、绝缘、防雷、降压、隔离等保护装置和安全警示标志，定期进行巡查、检测、维修和维护，确保燃气设施的安全运行。

第三十六条 任何单位和个人不得侵占、毁损、擅自拆除或者移动燃气设施，不得毁损、覆盖、涂改、擅自拆除或者移动燃气设施安全警示标志。

任何单位和个人发现有可能危及燃气设施和安全警示标志的行为，有权予以劝阻、制止；经劝阻、制止无效的，应当立即告知燃气经营者或者向燃气管理部门、安全生产监督管理部门和公安机关报告。

第三十七条 新建、扩建、改建建设工程，不得影响燃气设施安全。

建设单位在开工前，应当查明建设工程施工范围内地下燃气管线的相关情况；燃气管理部门以及其他有关部门和单位应当及时提供相关资料。

建设工程施工范围内有地下燃气管线等重要燃气设施的，建设单位应当会同施工单位与管道燃气经营者共同制定燃气设施保护方案。建设单位、施工单位应当采取相应的安全保护措施，确保燃气设施运行安全；管道燃气经营者应当派专业人员进行现场指导。法律、法规另有规定的，依照有关法律、法规的规定执行。

第三十八条 燃气经营者改动市政燃气设施，应当制定改动方案，报县级以上地方人民政府燃气管理部门批准。

改动方案应当符合燃气发展规划，明确安全施工要求，有安全防护和保障正常用气的措施。

第六章　燃气安全事故预防与处理

第三十九条　燃气管理部门应当会同有关部门制定燃气安全事故应急预案,建立燃气事故统计分析制度,定期通报事故处理结果。

燃气经营者应当制定本单位燃气安全事故应急预案,配备应急人员和必要的应急装备、器材,并定期组织演练。

第四十条　任何单位和个人发现燃气安全事故或者燃气安全事故隐患等情况,应当立即告知燃气经营者,或者向燃气管理部门、公安机关消防机构等有关部门和单位报告。

第四十一条　燃气经营者应当建立健全燃气安全评估和风险管理体系,发现燃气安全事故隐患的,应当及时采取措施消除隐患。

燃气管理部门以及其他有关部门和单位应当根据各自职责,对燃气经营、燃气使用的安全状况等进行监督检查,发现燃气安全事故隐患的,应当通知燃气经营者、燃气用户及时采取措施消除隐患;不及时消除隐患可能严重威胁公共安全的,燃气管理部门以及其他有关部门和单位应当依法采取措施,及时组织消除隐患,有关单位和个人应当予以配合。

第四十二条　燃气安全事故发生后,燃气经营者应当立即启动本单位燃气安全事故应急预案,组织抢险、抢修。

燃气安全事故发生后,燃气管理部门、安全生产监督管理部门和公安机关消防机构等有关部门和单位,应当根据各自职责,立即采取措施防止事故扩大,根据有关情况启动燃气安全事故应急预案。

第四十三条　燃气安全事故经调查确定为责任事故的,应当查明原因、明确责任,并依法予以追究。

对燃气生产安全事故,依照有关生产安全事故报告和调查处理的法律、行政法规的规定报告和调查处理。

第七章　法　律　责　任

第四十四条　违反本条例规定,县级以上地方人民政府及其燃气管理部门和其他有关部门,不依法作出行政许可决定或者办理批准文件的,发现违法行为或者接到对违法行为的举报不予查处的,或者有其他未依照本条例规定履行职责的行为的,对直接负责的主管人员和其他直接责任人员,依法给予处分;直接负责的主管人员和其他直接责任人员的行为构成犯罪的,依法追究刑事责任。

第四十五条　违反本条例规定,未取得燃气经营许可证从事燃气经营活动的,由燃气管理部门责令停止违法行为,处 5 万元以上 50 万元以下罚款;有违法所得的,没收违法所得;构成犯罪的,依法追究刑事责任。

违反本条例规定,燃气经营者不按照燃气经营许可证的规定从事燃气经营活动的,由燃气管理部门责令限期改正,处 3 万元以上 20 万元以下罚款;有违法所得的,没收违法所得;情节严重的,吊销燃气经营许可证;构成犯罪的,依法追究刑事责任。

第四十六条 违反本条例规定,燃气经营者有下列行为之一的,由燃气管理部门责令限期改正,处 1 万元以上 10 万元以下罚款;有违法所得的,没收违法所得;情节严重的,吊销燃气经营许可证;造成损失的,依法承担赔偿责任;构成犯罪的,依法追究刑事责任:

(一)拒绝向市政燃气管网覆盖范围内符合用气条件的单位或者个人供气的;

(二)倒卖、抵押、出租、出借、转让、涂改燃气经营许可证的;

(三)未履行必要告知义务擅自停止供气、调整供气量,或者未经审批擅自停业或者歇业的;

(四)向未取得燃气经营许可证的单位或者个人提供用于经营的燃气的;

(五)在不具备安全条件的场所储存燃气的;

(六)要求燃气用户购买其指定的产品或者接受其提供的服务的;

(七)燃气经营者未向燃气用户持续、稳定、安全供应符合国家质量标准的燃气,或者未对燃气用户的燃气设施定期进行安全检查的。

第四十七条 违反本条例规定,擅自为非自有气瓶充装燃气或者销售未经许可的充装单位充装的瓶装燃气的,依照国家有关气瓶安全监察的规定进行处罚。

违反本条例规定,销售充装单位擅自为非自有气瓶充装的瓶装燃气的,由燃气管理部门责令改正,可以处 1 万元以下罚款。

违反本条例规定,冒用其他企业名称或者标识从事燃气经营、服务活动,依照有关反不正当竞争的法律规定进行处罚。

第四十八条 违反本条例规定,燃气经营者未按照国家有关工程建设标准和安全生产管理的规定,设置燃气设施防腐、绝缘、防雷、降压、隔离等保护装置和安全警示标志的,或者未定期进行巡查、检测、维修和维护的,或者未采取措施及时消除燃气安全事故隐患的,由燃气管理部门责令限期改正,处 1 万元以上 10 万元以下罚款。

第四十九条 违反本条例规定,燃气用户及相关单位和个人有下列行为之一的,由燃气管理部门责令限期改正;逾期不改正的,对单位可以处 10 万元以下罚款,对个人可以处 1000 元以下罚款;造成损失的,依法承担赔偿责任;构成犯罪的,依法追究刑事责任:

(一)擅自操作公用燃气阀门的;

(二)将燃气管道作为负重支架或者接地引线的;

(三)安装、使用不符合气源要求的燃气燃烧器具的;

(四)擅自安装、改装、拆除户内燃气设施和燃气计量装置的;

（五）在不具备安全条件的场所使用、储存燃气的；

（六）改变燃气用途或者转供燃气的；

（七）未设立售后服务站点或者未配备经考核合格的燃气燃烧器具安装、维修人员的；

（八）燃气燃烧器具的安装、维修不符合国家有关标准的。

盗用燃气的，依照有关治安管理处罚的法律规定进行处罚。

第五十条 违反本条例规定，在燃气设施保护范围内从事下列活动之一的，由燃气管理部门责令停止违法行为，限期恢复原状或者采取其他补救措施，对单位处5万元以上10万元以下罚款，对个人处5000元以上5万元以下罚款；造成损失的，依法承担赔偿责任；构成犯罪的，依法追究刑事责任：

（一）进行爆破、取土等作业或者动用明火的；

（二）倾倒、排放腐蚀性物质的；

（三）放置易燃易爆物品或者种植深根植物的；

（四）未与燃气经营者共同制定燃气设施保护方案，采取相应的安全保护措施，从事敷设管道、打桩、顶进、挖掘、钻探等可能影响燃气设施安全活动的。

违反本条例规定，在燃气设施保护范围内建设占压地下燃气管线的建筑物、构筑物或者其他设施的，依照有关城乡规划的法律、行政法规的规定进行处罚。

第五十一条 违反本条例规定，侵占、毁损、擅自拆除、移动燃气设施或者擅自改动市政燃气设施的，由燃气管理部门责令限期改正，恢复原状或者采取其他补救措施，对单位处5万元以上10万元以下罚款，对个人处5000元以上5万元以下罚款；造成损失的，依法承担赔偿责任；构成犯罪的，依法追究刑事责任。

违反本条例规定，毁损、覆盖、涂改、擅自拆除或者移动燃气设施安全警示标志的，由燃气管理部门责令限期改正，恢复原状，可以处5000元以下罚款。

第五十二条 违反本条例规定，建设工程施工范围内有地下燃气管线等重要燃气设施，建设单位未会同施工单位与管道燃气经营者共同制定燃气设施保护方案，或者建设单位、施工单位未采取相应的安全保护措施的，由燃气管理部门责令改正，处1万元以上10万元以下罚款；造成损失的，依法承担赔偿责任；构成犯罪的，依法追究刑事责任。

第八章　附　　则

第五十三条 本条例下列用语的含义：

（一）燃气设施，是指人工煤气生产厂、燃气储配站、门站、气化站、混气站、加气站、灌装站、供应站、调压站、市政燃气管网等的总称，包括市政燃气设施、建筑区划内业主专有部分以外的燃气设施以及户内燃气设施等。

（二）燃气燃烧器具，是指以燃气为燃料的燃烧器具，包括居民家庭和商业用户所使用的燃气灶、热水器、沸水器、采暖器、空调器等器具。
第五十四条 农村的燃气管理参照本条例的规定执行。
第五十五条 本条例自2011年3月1日起施行。

机关、团体、企业、事业单位消防安全管理规定

1. 2001年11月14日公安部令第61号发布
2. 自2002年5月1日起施行

第一章 总 则

第一条 为了加强和规范机关、团体、企业、事业单位的消防安全管理,预防火灾和减少火灾危害,根据《中华人民共和国消防法》,制定本规定。

第二条 本规定适用于中华人民共和国境内的机关、团体、企业、事业单位(以下统称单位)自身的消防安全管理。

法律、法规另有规定的除外。

第三条 单位应当遵守消防法律、法规、规章(以下统称消防法规),贯彻预防为主、防消结合的消防工作方针,履行消防安全职责,保障消防安全。

第四条 法人单位的法定代表人或者非法人单位的主要负责人是单位的消防安全责任人,对本单位的消防安全工作全面负责。

第五条 单位应当落实逐级消防安全责任制和岗位消防安全责任制,明确逐级和岗位消防安全职责,确定各级、各岗位的消防安全责任人。

第二章 消防安全责任

第六条 单位的消防安全责任人应当履行下列消防安全职责:

(一)贯彻执行消防法规,保障单位消防安全符合规定,掌握本单位的消防安全情况;

(二)将消防工作与本单位的生产、科研、经营、管理等活动统筹安排,批准实施年度消防工作计划;

(三)为本单位的消防安全提供必要的经费和组织保障;

(四)确定逐级消防安全责任,批准实施消防安全制度和保障消防安全的操作规程;

(五)组织防火检查,督促落实火灾隐患整改,及时处理涉及消防安全的重大问题;

(六)根据消防法规的规定建立专职消防队、义务消防队;

(七)组织制定符合本单位实际的灭火和应急疏散预案,并实施演练。

第七条 单位可以根据需要确定本单位的消防安全管理人。消防安全管理人对单位的消防安全责任人负责,实施和组织落实下列消防安全管理工作:

(一)拟订年度消防工作计划,组织实施日常消防安全管理工作;

(二)组织制订消防安全制度和保障消防安全的操作规程并检查督促其落实;

(三)拟订消防安全工作的资金投入和组织保障方案;

(四)组织实施防火检查和火灾隐患整改工作;

(五)组织实施对本单位消防设施、灭火器材和消防安全标志的维护保养,确保其完好有效,确保疏散通道和安全出口畅通;

(六)组织管理专职消防队和义务消防队;

(七)在员工中组织开展消防知识、技能的宣传教育和培训,组织灭火和应急疏散预案的实施和演练;

(八)单位消防安全责任人委托的其他消防安全管理工作。

消防安全管理人应当定期向消防安全责任人报告消防安全情况,及时报告涉及消防安全的重大问题。未确定消防安全管理人的单位,前款规定的消防安全管理工作由单位消防安全责任人负责实施。

第八条 实行承包、租赁或者委托经营、管理时,产权单位应当提供符合消防安全要求的建筑物,当事人在订立的合同中依照有关规定明确各方的消防安全责任;消防车通道、涉及公共消防安全的疏散设施和其他建筑消防设施应当由产权单位或者委托管理的单位统一管理。

承包、承租或者受委托经营、管理的单位应当遵守本规定,在其使用、管理范围内履行消防安全职责。

第九条 对于有两个以上产权单位和使用单位的建筑物,各产权单位、使用单位对消防车通道、涉及公共消防安全的疏散设施和其他建筑消防设施应当明确管理责任,可以委托统一管理。

第十条 居民住宅区的物业管理单位应当在管理范围内履行下列消防安全职责:

(一)制定消防安全制度,落实消防安全责任,开展消防安全宣传教育;

(二)开展防火检查,消除火灾隐患;

(三)保障疏散通道、安全出口、消防车通道畅通;

(四)保障公共消防设施、器材以及消防安全标志完好有效。

其他物业管理单位应当对受委托管理范围内的公共消防安全管理工作负责。

第十一条 举办集会、焰火晚会、灯会等具有火灾危险的大型活动的主办单位、承办单位以及提供场地的单位,应当在订立的合同中明确各方的消防安全责任。

第十二条 建筑工程施工现场的消防安全由施工单位负责。实行施工总承包的,由总承包单位负责。分包单位向总承包单位负责,服从总承包单位对施工现场的消防安全管理。

对建筑物进行局部改建、扩建和装修的工程,建设单位应当与施工单位在订立的合同中明确各方对施工现场的消防安全责任。

第三章 消防安全管理

第十三条 下列范围的单位是消防安全重点单位,应当按照本规定的要求,实行严格管理:

(一)商场(市场)、宾馆(饭店)、体育场(馆)、会堂、公共娱乐场所等公众聚集场所(以下统称公众聚集场所);

(二)医院、养老院和寄宿制的学校、托儿所、幼儿园;

(三)国家机关;

(四)广播电台、电视台和邮政、通信枢纽;

(五)客运车站、码头、民用机场;

(六)公共图书馆、展览馆、博物馆、档案馆以及具有火灾危险性的文物保护单位;

(七)发电厂(站)和电网经营企业;

(八)易燃易爆化学物品的生产、充装、储存、供应、销售单位;

(九)服装、制鞋等劳动密集型生产、加工企业;

(十)重要的科研单位;

(十一)其他发生火灾可能性较大以及一旦发生火灾可能造成重大人身伤亡或者财产损失的单位。

高层办公楼(写字楼)、高层公寓楼等高层公共建筑,城市地下铁道、地下观光隧道等地下公共建筑和城市重要的交通隧道,粮、棉、木材、百货等物资集中的大型仓库和堆场,国家和省级等重点工程的施工现场,应当按照本规定对消防安全重点单位的要求,实行严格管理。

第十四条 消防安全重点单位及其消防安全责任人、消防安全管理人应当报当地公安消防机构备案。

第十五条 消防安全重点单位应当设置或者确定消防工作的归口管理职能部门,并确定专职或者兼职的消防管理人员;其他单位应当确定专职或者兼职消防管理人员,可以确定消防工作的归口管理职能部门。归口管理职能部门和专兼职消防管理人员在消防安全责任人或者消防安全管理人的领导下开展消防安全管理工作。

第十六条 公众聚集场所应当在具备下列消防安全条件后,向当地公安消防机构申报进行消防安全检查,经检查合格后方可开业使用:

(一)依法办理建筑工程消防设计审核手续,并经消防验收合格;

(二)建立健全消防安全组织,消防安全责任明确;

(三)建立消防安全管理制度和保障消防安全的操作规程;

(四)员工经过消防安全培训;

（五）建筑消防设施齐全、完好有效；

（六）制定灭火和应急疏散预案。

第十七条 举办集会、焰火晚会、灯会等具有火灾危险的大型活动，主办或者承办单位应当在具备消防安全条件后，向公安消防机构申报对活动现场进行消防安全检查，经检查合格后方可举办。

第十八条 单位应当按照国家有关规定，结合本单位的特点，建立健全各项消防安全制度和保障消防安全的操作规程，并公布执行。

单位消防安全制度主要包括以下内容：消防安全教育、培训；防火巡查、检查；安全疏散设施管理；消防（控制室）值班；消防设施、器材维护管理；火灾隐患整改；用火、用电安全管理；易燃易爆危险物品和场所防火防爆；专职和义务消防队的组织管理；灭火和应急疏散预案演练；燃气和电气设备的检查和管理（包括防雷、防静电）；消防安全工作考评和奖惩；其他必要的消防安全内容。

第十九条 单位应当将容易发生火灾、一旦发生火灾可能严重危及人身和财产安全以及对消防安全有重大影响的部位确定为消防安全重点部位，设置明显的防火标志，实行严格管理。

第二十条 单位应当对动用明火实行严格的消防安全管理。禁止在具有火灾、爆炸危险的场所使用明火；因特殊情况需要进行电、气焊等明火作业的，动火部门和人员应当按照单位的用火管理制度办理审批手续，落实现场监护人，在确认无火灾、爆炸危险后方可动火施工。动火施工人员应当遵守消防安全规定，并落实相应的消防安全措施。

公众聚集场所或者两个以上单位共同使用的建筑物局部施工需要使用明火时，施工单位和使用单位应当共同采取措施，将施工区和使用区进行防火分隔，清除动火区域的易燃、可燃物，配置消防器材，专人监护，保证施工及使用范围的消防安全。

公共娱乐场所在营业期间禁止动火施工。

第二十一条 单位应当保障疏散通道、安全出口畅通，并设置符合国家规定的消防安全疏散指示标志和应急照明设施，保持防火门、防火卷帘、消防安全疏散指示标志、应急照明、机械排烟送风、火灾事故广播等设施处于正常状态。

严禁下列行为：

（一）占用疏散通道；

（二）在安全出口或者疏散通道上安装栅栏等影响疏散的障碍物；

（三）在营业、生产、教学、工作等期间将安全出口上锁、遮挡或者将消防安全疏散指示标志遮挡、覆盖；

（四）其他影响安全疏散的行为。

第二十二条 单位应当遵守国家有关规定，对易燃易爆危险物品的生产、使用、储存、销售、运输或者销毁实行严格的消防安全管理。

第二十三条　单位应当根据消防法规的有关规定,建立专职消防队、义务消防队,配备相应的消防装备、器材,并组织开展消防业务学习和灭火技能训练,提高预防和扑救火灾的能力。

第二十四条　单位发生火灾时,应当立即实施灭火和应急疏散预案,务必做到及时报警,迅速扑救火灾,及时疏散人员。邻近单位应当给予支援。任何单位、人员都应当无偿为报火警提供便利,不得阻拦报警。

单位应当为公安消防机构抢救人员、扑救火灾提供便利和条件。

火灾扑灭后,起火单位应当保护现场,接受事故调查,如实提供火灾事故的情况,协助公安消防机构调查火灾原因,核定火灾损失,查明火灾事故责任。未经公安消防机构同意,不得擅自清理灾现场。

第四章　防火检查

第二十五条　消防安全重点单位应当进行每日防火巡查,并确定巡查的人员、内容、部位和频次。其他单位可以根据需要组织防火巡查。巡查的内容应当包括:

(一)用火、用电有无违章情况;

(二)安全出口、疏散通道是否畅通,安全疏散指示标志、应急照明是否完好;

(三)消防设施、器材和消防安全标志是否在位、完整;

(四)常闭式防火门是否处于关闭状态,防火卷帘下是否堆放物品影响使用;

(五)消防安全重点部位的人员在岗情况;

(六)其他消防安全情况。

公众聚集场所在营业期间的防火巡查应当至少每二小时一次;营业结束时应当对营业现场进行检查,消除遗留火种。医院、养老院、寄宿制的学校、托儿所、幼儿园应当加强夜间防火巡查,其他消防安全重点单位可以结合实际组织夜间防火巡查。

防火巡查人员应当及时纠正违章行为,妥善处置火灾危险,无法当场处置的,应当立即报告。发现初起火灾应当立即报警并及时扑救。

防火巡查应当填写巡查记录,巡查人员及其主管人员应当在巡查记录上签名。

第二十六条　机关、团体、事业单位应当至少每季度进行一次防火检查,其他单位应当至少每月进行一次防火检查。检查的内容应当包括:

(一)火灾隐患的整改情况以及防范措施的落实情况;

(二)安全疏散通道、疏散指示标志、应急照明和安全出口情况;

(三)消防车通道、消防水源情况;

(四)灭火器材配置及有效情况;

(五)用火、用电有无违章情况;

（六）重点工种人员以及其他员工消防知识的掌握情况；

（七）消防安全重点部位的管理情况；

（八）易燃易爆危险物品和场所防火防爆措施的落实情况以及其他重要物资的防火安全情况；

（九）消防（控制室）值班情况和设施运行、记录情况；

（十）防火巡查情况；

（十一）消防安全标志的设置情况和完好、有效情况；

（十二）其他需要检查的内容。

防火检查应当填写检查记录。检查人员和被检查部门负责人应当在检查记录上签名。

第二十七条　单位应当按照建筑消防设施检查维修保养有关规定的要求，对建筑消防设施的完好有效情况进行检查和维修保养。

第二十八条　设有自动消防设施的单位，应当按照有关规定定期对其自动消防设施进行全面检查测试，并出具检测报告，存档备查。

第二十九条　单位应当按照有关规定定期对灭火器进行维护保养和维修检查。对灭火器应当建立档案资料，记明配置类型、数量、设置位置、检查维修单位（人员）、更换药剂的时间等有关情况。

第五章　火灾隐患整改

第三十条　单位对存在的火灾隐患，应当及时予以消除。

第三十一条　对下列违反消防安全规定的行为，单位应当责成有关人员当场改正并督促落实：

（一）违章进入生产、储存易燃易爆危险物品场所的；

（二）违章使用明火作业或者在具有火灾、爆炸危险的场所吸烟、使用明火等违反禁令的；

（三）将安全出口上锁、遮挡，或者占用、堆放物品影响疏散通道畅通的；

（四）消火栓、灭火器材被遮挡影响使用或者被挪作他用的；

（五）常闭式防火门处于开启状态，防火卷帘下堆放物品影响使用的；

（六）消防设施管理、值班人员和防火巡查人员脱岗的；

（七）违章关闭消防设施、切断消防电源的；

（八）其他可以当场改正的行为。

违反前款规定的情况以及改正情况应当有记录并存档备查。

第三十二条　对不能当场改正的火灾隐患，消防工作归口管理职能部门或者专兼职消防管理人员应当根据本单位的管理分工，及时将存在的火灾隐患向单位的消防安全管理人或者消防安全责任人报告，提出整改方案。消防安全管理人或者消防安全责任人应当确定整改的措施、期限以及负责整改的部门、人员，并落实整改资金。

在火灾隐患未消除之前,单位应当落实防范措施,保障消防安全。不能确保消防安全,随时可能引发火灾或者一旦发生火灾将严重危及人身安全的,应当将危险部位停产停业整改。

第三十三条 火灾隐患整改完毕,负责整改的部门或者人员应当将整改情况记录报送消防安全责任人或者消防安全管理人签字确认后存档备查。

第三十四条 对于涉及城市规划布局而不能自身解决的重大火灾隐患,以及机关、团体、事业单位确无能力解决的重大火灾隐患,单位应当提出解决方案并及时向其上级主管部门或者当地人民政府报告。

第三十五条 对公安消防机构责令限期改正的火灾隐患,单位应当在规定的期限内改正并写出火灾隐患整改复函,报送公安消防机构。

第六章 消防安全宣传教育和培训

第三十六条 单位应当通过多种形式开展经常性的消防安全宣传教育。消防安全重点单位对每名员工应当至少每年进行一次消防安全培训。宣传教育和培训内容应当包括:

（一）有关消防法规、消防安全制度和保障消防安全的操作规程；

（二）本单位、本岗位的火灾危险性和防火措施；

（三）有关消防设施的性能、灭火器材的使用方法；

（四）报火警、扑救初起火灾以及自救逃生的知识和技能。

公众聚集场所对员工的消防安全培训应当至少每半年进行一次,培训的内容还应当包括组织、引导在场群众疏散的知识和技能。

单位应当组织新上岗和进入新岗位的员工进行上岗前的消防安全培训。

第三十七条 公众聚集场所在营业、活动期间,应当通过张贴图画、广播、闭路电视等向公众宣传防火、灭火、疏散逃生等常识。

学校、幼儿园应当通过寓教于乐等多种形式对学生和幼儿进行消防安全常识教育。

第三十八条 下列人员应当接受消防安全专门培训:

（一）单位的消防安全责任人、消防安全管理人；

（二）专、兼职消防管理人员；

（三）消防控制室的值班、操作人员；

（四）其他依照规定应当接受消防安全专门培训的人员。

前款规定中的第(三)项人员应当持证上岗。

第七章 灭火、应急疏散预案和演练

第三十九条 消防安全重点单位制定的灭火和应急疏散预案应当包括下列内容:

（一）组织机构,包括:灭火行动组、通讯联络组、疏散引导组、安全防护救护组；

（二）报警和接警处置程序；

（三）应急疏散的组织程序和措施；

（四）扑救初起火灾的程序和措施；

（五）通讯联络、安全防护救护的程序和措施。

第四十条　消防安全重点单位应当按照灭火和应急疏散预案，至少每半年进行一次演练，并结合实际，不断完善预案。其他单位应当结合本单位实际，参照制定相应的应急方案，至少每年组织一次演练。

消防演练时，应当设置明显标识并事先告知演练范围内的人员。

第八章　消防档案

第四十一条　消防安全重点单位应当建立健全消防档案。消防档案应当包括消防安全基本情况和消防安全管理情况。消防档案应当详实，全面反映单位消防工作的基本情况，并附有必要的图表，根据情况变化及时更新。

单位应当对消防档案统一保管、备查。

第四十二条　消防安全基本情况应当包括以下内容：

（一）单位基本概况和消防安全重点部位情况；

（二）建筑物或者场所施工、使用或者开业前的消防设计审核、消防验收以及消防安全检查的文件、资料；

（三）消防管理组织机构和各级消防安全责任人；

（四）消防安全制度；

（五）消防设施、灭火器材情况；

（六）专职消防队、义务消防队人员及其消防装备配备情况；

（七）与消防安全有关的重点工种人员情况；

（八）新增消防产品、防火材料的合格证明材料；

（九）灭火和应急疏散预案。

第四十三条　消防安全管理情况应当包括以下内容：

（一）公安消防机构填发的各种法律文书；

（二）消防设施定期检查记录、自动消防设施全面检查测试的报告以及维修保养的记录；

（三）火灾隐患及其整改情况记录；

（四）防火检查、巡查记录；

（五）有关燃气、电气设备检测(包括防雷、防静电)等记录资料；

（六）消防安全培训记录；

（七）灭火和应急疏散预案的演练记录；

（八）火灾情况记录；

(九)消防奖惩情况记录。

前款规定中的第(二)、(三)、(四)、(五)项记录,应当记明检查的人员、时间、部位、内容、发现的火灾隐患以及处理措施等;第(六)项记录,应当记明培训的时间、参加人员、内容等;第(七)项记录,应当记明演练的时间、地点、内容、参加部门以及人员等。

第四十四条 其他单位应当将本单位的基本概况、公安消防机构填发的各种法律文书、与消防工作有关的材料和记录等统一保管备查。

第九章 奖　　惩

第四十五条 单位应当将消防安全工作纳入内部检查、考核、评比内容。对在消防安全工作中成绩突出的部门(班组)和个人,单位应当给予表彰奖励。对未依法履行消防安全职责或者违反单位消防安全制度的行为,应当依照有关规定对责任人员给予行政纪律处分或者其他处理。

第四十六条 违反本规定,依法应当给予行政处罚的,依照有关法律、法规予以处罚;构成犯罪的,依法追究刑事责任。

第十章 附　　则

第四十七条 公安消防机构对本规定的执行情况依法实施监督,并对自身滥用职权、玩忽职守、徇私舞弊的行为承担法律责任。

第四十八条 本规定自 2002 年 5 月 1 日起施行。本规定施行以前公安部发布的规章中的有关规定与本规定不一致的,以本规定为准。

三、安全生产管理

1. 综　　合

中华人民共和国安全生产法(节录)

1. 2002年6月29日第九届全国人民代表大会常务委员会第二十八次会议通过
2. 根据2009年8月27日第十一届全国人民代表大会常务委员会第十次会议《关于修改部分法律的决定》第一次修正
3. 根据2014年8月31日第十二届全国人民代表大会常务委员会第十次会议《关于修改〈中华人民共和国安全生产法〉的决定》第二次修正
4. 根据2021年6月10日第十三届全国人民代表大会常务委员会第二十九次会议《关于修改〈中华人民共和国安全生产法〉的决定》第三次修正

第二章　生产经营单位的安全生产保障

第二十条　【生产经营单位应当具备安全生产条件】生产经营单位应当具备本法和有关法律、行政法规和国家标准或者行业标准规定的安全生产条件;不具备安全生产条件的,不得从事生产经营活动。

第二十一条　【生产经营单位的主要负责人的职责】生产经营单位的主要负责人对本单位安全生产工作负有下列职责:

　　(一)建立健全并落实本单位全员安全生产责任制,加强安全生产标准化建设;

　　(二)组织制定并实施本单位安全生产规章制度和操作规程;

　　(三)组织制定并实施本单位安全生产教育和培训计划;

　　(四)保证本单位安全生产投入的有效实施;

　　(五)组织建立并落实安全风险分级管控和隐患排查治理双重预防工作机制,督促、检查本单位的安全生产工作,及时消除生产安全事故隐患;

　　(六)组织制定并实施本单位的生产安全事故应急救援预案;

　　(七)及时、如实报告生产安全事故。

第二十二条　【全员安全生产责任制】生产经营单位的全员安全生产责任制应当明确各岗位的责任人员、责任范围和考核标准等内容。

生产经营单位应当建立相应的机制,加强对全员安全生产责任制落实情况的监督考核,保证全员安全生产责任制的落实。

第二十三条　【安全投入保障义务】生产经营单位应当具备的安全生产条件所必需的资金投入,由生产经营单位的决策机构、主要负责人或者个人经营的投资人予以保证,并对由于安全生产所必需的资金投入不足导致的后果承担责任。

有关生产经营单位应当按照规定提取和使用安全生产费用,专门用于改善安全生产条件。安全生产费用在成本中据实列支。安全生产费用提取、使用和监督管理的具体办法由国务院财政部门会同国务院应急管理部门征求国务院有关部门意见后制定。

第二十四条　【安全生产管理机构及人员的设置、配备】矿山、金属冶炼、建筑施工、运输单位和危险物品的生产、经营、储存、装卸单位,应当设置安全生产管理机构或者配备专职安全生产管理人员。

前款规定以外的其他生产经营单位,从业人员超过一百人的,应当设置安全生产管理机构或者配备专职安全生产管理人员;从业人员在一百人以下的,应当配备专职或者兼职的安全生产管理人员。

第二十五条　【安全生产管理机构及管理人员的职责】生产经营单位的安全生产管理机构以及安全生产管理人员履行下列职责：

(一)组织或者参与拟订本单位安全生产规章制度、操作规程和生产安全事故应急救援预案;

(二)组织或者参与本单位安全生产教育和培训,如实记录安全生产教育和培训情况;

(三)组织开展危险源辨识和评估,督促落实本单位重大危险源的安全管理措施;

(四)组织或者参与本单位应急救援演练;

(五)检查本单位的安全生产状况,及时排查生产安全事故隐患,提出改进安全生产管理的建议;

(六)制止和纠正违章指挥、强令冒险作业、违反操作规程的行为;

(七)督促落实本单位安全生产整改措施。

生产经营单位可以设置专职安全生产分管负责人,协助本单位主要负责人履行安全生产管理职责。

第二十六条　【履职要求与履职保障】生产经营单位的安全生产管理机构以及安全生产管理人员应当恪尽职守,依法履行职责。

生产经营单位作出涉及安全生产的经营决策,应当听取安全生产管理机构以及安全生产管理人员的意见。

生产经营单位不得因安全生产管理人员依法履行职责而降低其工资、福利等待遇或者解除与其订立的劳动合同。

危险物品的生产、储存单位以及矿山、金属冶炼单位的安全生产管理人员的任免,应当告知主管的负有安全生产监督管理职责的部门。

第二十七条　【知识和管理能力】生产经营单位的主要负责人和安全生产管理人员必须具备与本单位所从事的生产经营活动相应的安全生产知识和管理能力。

危险物品的生产、经营、储存、装卸单位以及矿山、金属冶炼、建筑施工、运输单位的主要负责人和安全生产管理人员,应当由主管的负有安全生产监督管理职责的部门对其安全生产知识和管理能力考核合格。考核不得收费。

危险物品的生产、储存、装卸单位以及矿山、金属冶炼单位应当有注册安全工程师从事安全生产管理工作。鼓励其他生产经营单位聘用注册安全工程师从事安全生产管理工作。注册安全工程师按专业分类管理,具体办法由国务院人力资源和社会保障部门、国务院应急管理部门会同国务院有关部门制定。

第二十八条　【安全生产教育和培训】生产经营单位应当对从业人员进行安全生产教育和培训,保证从业人员具备必要的安全生产知识,熟悉有关的安全生产规章制度和安全操作规程,掌握本岗位的安全操作技能,了解事故应急处理措施,知悉自身在安全生产方面的权利和义务。未经安全生产教育和培训合格的从业人员,不得上岗作业。

生产经营单位使用被派遣劳动者的,应当将被派遣劳动者纳入本单位从业人员统一管理,对被派遣劳动者进行岗位安全操作规程和安全操作技能的教育和培训。劳务派遣单位应当对被派遣劳动者进行必要的安全生产教育和培训。

生产经营单位接收中等职业学校、高等学校学生实习的,应当对实习学生进行相应的安全生产教育和培训,提供必要的劳动防护用品。学校应当协助生产经营单位对实习学生进行安全生产教育和培训。

生产经营单位应当建立安全生产教育和培训档案,如实记录安全生产教育和培训的时间、内容、参加人员以及考核结果等情况。

第二十九条　【技术更新的安全教育培训】生产经营单位采用新工艺、新技术、新材料或者使用新设备,必须了解、掌握其安全技术特性,采取有效的安全防护措施,并对从业人员进行专门的安全生产教育和培训。

第三十条　【特种作业人员安全管理规定】生产经营单位的特种作业人员必须按照国家有关规定经专门的安全作业培训,取得相应资格,方可上岗作业。

特种作业人员的范围由国务院应急管理部门会同国务院有关部门确定。

第三十一条　【建设项目安全设施"三同时"制度】生产经营单位新建、改建、扩建工程项目(以下统称建设项目)的安全设施,必须与主体工程同时设计、同时施工、同时投入生产和使用。安全设施投资应当纳入建设项目概算。

第三十二条　【特殊建设项目安全评价】矿山、金属冶炼建设项目和用于生产、储存、装卸危险物品的建设项目,应当按照国家有关规定进行安全评价。

第三十三条　【建设项目安全设计审查】建设项目安全设施的设计人、设计单位应当对安全设施设计负责。

  矿山、金属冶炼建设项目和用于生产、储存、装卸危险物品的建设项目的安全设施设计应当按照国家有关规定报经有关部门审查,审查部门及其负责审查的人员对审查结果负责。

第三十四条　【建设项目安全设施施工与验收】矿山、金属冶炼建设项目和用于生产、储存、装卸危险物品的建设项目的施工单位必须按照批准的安全设施设计施工,并对安全设施的工程质量负责。

  矿山、金属冶炼建设项目和用于生产、储存、装卸危险物品的建设项目竣工投入生产或者使用前,应当由建设单位负责组织对安全设施进行验收;验收合格后,方可投入生产和使用。负有安全生产监督管理职责的部门应当加强对建设单位验收活动和验收结果的监督核查。

第三十五条　【安全警示标志】生产经营单位应当在有较大危险因素的生产经营场所和有关设施、设备上,设置明显的安全警示标志。

第三十六条　【安全设备管理】安全设备的设计、制造、安装、使用、检测、维修、改造和报废,应当符合国家标准或者行业标准。

  生产经营单位必须对安全设备进行经常性维护、保养,并定期检测,保证正常运转。维护、保养、检测应当作好记录,并由有关人员签字。

  生产经营单位不得关闭、破坏直接关系生产安全的监控、报警、防护、救生设备、设施,或者篡改、隐瞒、销毁其相关数据、信息。

  餐饮等行业的生产经营单位使用燃气的,应当安装可燃气体报警装置,并保障其正常使用。

第三十七条　【特种设备安全管理】生产经营单位使用的危险物品的容器、运输工具,以及涉及人身安全、危险性较大的海洋石油开采特种设备和矿山井下特种设备,必须按照国家有关规定,由专业生产单位生产,并经具有专业资质的检测、检验机构检测、检验合格,取得安全使用证或者安全标志,方可投入使用。检测、检验机构对检测、检验结果负责。

第三十八条　【工艺、设备淘汰制度】国家对严重危及生产安全的工艺、设备实行淘汰制度,具体目录由国务院应急管理部门会同国务院有关部门制定并公布。法律、行政法规对目录的制定另有规定的,适用其规定。

  省、自治区、直辖市人民政府可以根据本地区实际情况制定并公布具体目录,对前款规定以外的危及生产安全的工艺、设备予以淘汰。

  生产经营单位不得使用应当淘汰的危及生产安全的工艺、设备。

第三十九条　【危险物品的监管】生产、经营、运输、储存、使用危险物品或者处置废弃危险物品的,由有关主管部门依照有关法律、法规的规定和国家标准或者行业标准审批并实施监督管理。

  生产经营单位生产、经营、运输、储存、使用危险物品或者处置废弃危险物品,必须执行有关法律、法规和国家标准或者行业标准,建立专门的安全管理制度,采取可靠的安全措施,接受有关主管部门依法实施的监督管理。

第四十条　【重大危险源安全管理】生产经营单位对重大危险源应当登记建档,进行定期检测、评估、监控,并制定应急预案,告知从业人员和相关人员在紧急情况下应当采取的应急措施。

生产经营单位应当按照国家有关规定将本单位重大危险源及有关安全措施、应急措施报有关地方人民政府应急管理部门和有关部门备案。有关地方人民政府应急管理部门和有关部门应当通过相关信息系统实现信息共享。

第四十一条　【风险管控和隐患排查治理】生产经营单位应当建立安全风险分级管控制度,按照安全风险分级采取相应的管控措施。

生产经营单位应当建立健全并落实生产安全事故隐患排查治理制度,采取技术、管理措施,及时发现并消除事故隐患。事故隐患排查治理情况应当如实记录,并通过职工大会或者职工代表大会、信息公示栏等方式向从业人员通报。其中,重大事故隐患排查治理情况应当及时向负有安全生产监督管理职责的部门和职工大会或者职工代表大会报告。

县级以上地方各级人民政府负有安全生产监督管理职责的部门应当将重大事故隐患纳入相关信息系统,建立健全重大事故隐患治理督办制度,督促生产经营单位消除重大事故隐患。

第四十二条　【生产经营场所和员工宿舍安全管理】生产、经营、储存、使用危险物品的车间、商店、仓库不得与员工宿舍在同一座建筑物内,并应当与员工宿舍保持安全距离。

生产经营场所和员工宿舍应当设有符合紧急疏散要求、标志明显、保持畅通的出口、疏散通道。禁止占用、锁闭、封堵生产经营场所或者员工宿舍的出口、疏散通道。

第四十三条　【危险作业现场安全管理】生产经营单位进行爆破、吊装、动火、临时用电以及国务院应急管理部门会同国务院有关部门规定的其他危险作业,应当安排专门人员进行现场安全管理,确保操作规程的遵守和安全措施的落实。

第四十四条　【从业人员安全管理】生产经营单位应当教育和督促从业人员严格执行本单位的安全生产规章制度和安全操作规程;并向从业人员如实告知作业场所和工作岗位存在的危险因素、防范措施以及事故应急措施。

生产经营单位应当关注从业人员的身体、心理状况和行为习惯,加强对从业人员的心理疏导、精神慰藉,严格落实岗位安全生产责任,防范从业人员行为异常导致事故发生。

第四十五条　【生产经营单位提供劳动防护用品】生产经营单位必须为从业人员提供符合国家标准或者行业标准的劳动防护用品,并监督、教育从业人员按照使用规则佩戴、使用。

第四十六条　【检查职责及重大事故隐患报告】生产经营单位的安全生产管理人员应当根据本单位的生产经营特点,对安全生产状况进行经常性检查;对检查中发现的安全问题,应当立即处理;不能处理的,应当及时报告本单位有关负责人,有关负责人应当及时处理。检查及处理情况应当如实记录在案。

生产经营单位的安全生产管理人员在检查中发现重大事故隐患,依照前款规定向本单位有关负责人报告,有关负责人不及时处理的,安全生产管理人员可以向主管的负有安全生产监督管理职责的部门报告,接到报告的部门应当依法及时处理。

第四十七条　【经费保障】生产经营单位应当安排用于配备劳动防护用品、进行安全生产培训的经费。

第四十八条　【交叉作业的安全管理】两个以上生产经营单位在同一作业区域内进行生产经营活动,可能危及对方生产安全的,应当签订安全生产管理协议,明确各自的安全生产管理职责和应当采取的安全措施,并指定专职安全生产管理人员进行安全检查与协调。

第四十九条　【发包与出租的安全生产责任】生产经营单位不得将生产经营项目、场所、设备发包或者出租给不具备安全生产条件或者相应资质的单位或者个人。

生产经营项目、场所发包或者出租给其他单位的,生产经营单位应当与承包单位、承租单位签订专门的安全生产管理协议,或者在承包合同、租赁合同中约定各自的安全生产管理职责;生产经营单位对承包单位、承租单位的安全生产工作统一协调、管理,定期进行安全检查,发现安全问题的,应当及时督促整改。

矿山、金属冶炼建设项目和用于生产、储存、装卸危险物品的建设项目的施工单位应当加强对施工项目的安全管理,不得倒卖、出租、出借、挂靠或者以其他形式非法转让施工资质,不得将其承包的全部建设工程转包给第三人或者将其承包的全部建设工程支解以后以分包的名义分别转包给第三人,不得将工程分包给不具备相应资质条件的单位。

第五十条　【事故发生时主要负责人职责】生产经营单位发生生产安全事故时,单位的主要负责人应当立即组织抢救,并不得在事故调查处理期间擅离职守。

第五十一条　【工伤保险和安全生产责任保险】生产经营单位必须依法参加工伤保险,为从业人员缴纳保险费。

国家鼓励生产经营单位投保安全生产责任保险;属于国家规定的高危行业、领域的生产经营单位,应当投保安全生产责任保险。具体范围和实施办法由国务院应急管理部门会同国务院财政部门、国务院保险监督管理机构和相关行业主管部门制定。

第四章　安全生产的监督管理

第六十二条　【政府和应急管理部门职责】县级以上地方各级人民政府应当根据本

行政区域内的安全生产状况,组织有关部门按照职责分工,对本行政区域内容易发生重大生产安全事故的生产经营单位进行严格检查。

应急管理部门应当按照分类分级监督管理的要求,制定安全生产年度监督检查计划,并按照年度监督检查计划进行监督检查,发现事故隐患,应当及时处理。

第六十三条 【安全生产事项的审批、验收】负有安全生产监督管理职责的部门依照有关法律、法规的规定,对涉及安全生产的事项需要审查批准(包括批准、核准、许可、注册、认证、颁发证照等,下同)或者验收的,必须严格依照有关法律、法规和国家标准或者行业标准规定的安全生产条件和程序进行审查;不符合有关法律、法规和国家标准或者行业标准规定的安全生产条件的,不得批准或者验收通过。对未依法取得批准或者验收合格的单位擅自从事有关活动的,负责行政审批的部门发现或者接到举报后应当立即予以取缔,并依法予以处理。对已经依法取得批准的单位,负责行政审批的部门发现其不再具备安全生产条件的,应当撤销原批准。

第六十四条 【审批、验收的禁止性规定】负有安全生产监督管理职责的部门对涉及安全生产的事项进行审查、验收,不得收取费用;不得要求接受审查、验收的单位购买其指定品牌或者指定生产、销售单位的安全设备、器材或者其他产品。

第六十五条 【现场检查权】应急管理部门和其他负有安全生产监督管理职责的部门依法开展安全生产行政执法工作,对生产经营单位执行有关安全生产的法律、法规和国家标准或者行业标准的情况进行监督检查,行使以下职权:

(一)进入生产经营单位进行检查,调阅有关资料,向有关单位和人员了解情况;

(二)对检查中发现的安全生产违法行为,当场予以纠正或者要求限期改正;对依法应当给予行政处罚的行为,依照本法和其他有关法律、行政法规的规定作出行政处罚决定;

(三)对检查中发现的事故隐患,应当责令立即排除;重大事故隐患排除前或者排除过程中无法保证安全的,应当责令从危险区域内撤出作业人员,责令暂时停产停业或者停止使用相关设施、设备;重大事故隐患排除后,经审查同意,方可恢复生产经营和使用;

(四)对有根据认为不符合保障安全生产的国家标准或者行业标准的设施、设备、器材以及违法生产、储存、使用、经营、运输的危险物品予以查封或者扣押,对违法生产、储存、使用、经营危险物品的作业场所予以查封,并依法作出处理决定。

监督检查不得影响被检查单位的正常生产经营活动。

第六十六条 【配合监督检查】生产经营单位对负有安全生产监督管理职责的部门的监督检查人员(以下统称安全生产监督检查人员)依法履行监督检查职责,应当予以配合,不得拒绝、阻挠。

第六十七条 【安全生产监督检查人员的工作原则】安全生产监督检查人员应当忠于职守,坚持原则,秉公执法。

安全生产监督检查人员执行监督检查任务时,必须出示有效的行政执法证件;对涉及被检查单位的技术秘密和业务秘密,应当为其保密。

第六十八条 【书面记录】安全生产监督检查人员应当将检查的时间、地点、内容、发现的问题及其处理情况,作出书面记录,并由检查人员和被检查单位的负责人签字;被检查单位的负责人拒绝签字的,检查人员应当将情况记录在案,并向负有安全生产监督管理职责的部门报告。

第六十九条 【各部门联合检查】负有安全生产监督管理职责的部门在监督检查中,应当互相配合,实行联合检查;确需分别进行检查的,应当互通情况,发现存在的安全问题应当由其他有关部门进行处理的,应当及时移送其他有关部门并形成记录备查,接受移送的部门应当及时进行处理。

第七十条 【强制停止生产经营活动】负有安全生产监督管理职责的部门依法对存在重大事故隐患的生产经营单位作出停产停业、停止施工、停止使用相关设施或者设备的决定,生产经营单位应当依法执行,及时消除事故隐患。生产经营单位拒不执行,有发生生产安全事故的现实危险的,在保证安全的前提下,经本部门主要负责人批准,负有安全生产监督管理职责的部门可以采取通知有关单位停止供电、停止供应民用爆炸物品等措施,强制生产经营单位履行决定。通知应当采用书面形式,有关单位应当予以配合。

负有安全生产监督管理职责的部门依照前款规定采取停止供电措施,除有危及生产安全的紧急情形外,应当提前二十四小时通知生产经营单位。生产经营单位依法履行行政决定、采取相应措施消除事故隐患的,负有安全生产监督管理职责的部门应当及时解除前款规定的措施。

第七十一条 【监察】监察机关依照监察法的规定,对负有安全生产监督管理职责的部门及其工作人员履行安全生产监督管理职责实施监察。

第七十二条 【安全生产服务机构资质与义务】承担安全评价、认证、检测、检验职责的机构应当具备国家规定的资质条件,并对其作出的安全评价、认证、检测、检验结果的合法性、真实性负责。资质条件由国务院应急管理部门会同国务院有关部门制定。

承担安全评价、认证、检测、检验职责的机构应当建立并实施服务公开和报告公开制度,不得租借资质、挂靠、出具虚假报告。

第七十三条 【举报核查】负有安全生产监督管理职责的部门应当建立举报制度,公开举报电话、信箱或者电子邮件地址等网络举报平台,受理有关安全生产的举报;受理的举报事项经调查核实后,应当形成书面材料;需要落实整改措施的,报经有关负责人签字并督促落实。对不属于本部门职责,需要由其他有关部门进行调查处理的,转交其他有关部门处理。

涉及人员死亡的举报事项，应当由县级以上人民政府组织核查处理。

第七十四条　【举报权利和公益诉讼】任何单位或者个人对事故隐患或者安全生产违法行为，均有权向负有安全生产监督管理职责的部门报告或者举报。

因安全生产违法行为造成重大事故隐患或者导致重大事故，致使国家利益或者社会公共利益受到侵害的，人民检察院可以根据民事诉讼法、行政诉讼法的相关规定提起公益诉讼。

第七十五条　【居民委员会、村民委员会对安全隐患的报告义务】居民委员会、村民委员会发现其所在区域内的生产经营单位存在事故隐患或者安全生产违法行为时，应当向当地人民政府或者有关部门报告。

第七十六条　【举报奖励】县级以上各级人民政府及其有关部门对报告重大事故隐患或者举报安全生产违法行为的有功人员，给予奖励。具体奖励办法由国务院应急管理部门会同国务院财政部门制定。

第七十七条　【舆论监督】新闻、出版、广播、电影、电视等单位有进行安全生产公益宣传教育的义务，有对违反安全生产法律、法规的行为进行舆论监督的权利。

第七十八条　【违法行为信息库】负有安全生产监督管理职责的部门应当建立安全生产违法行为信息库，如实记录生产经营单位及其有关从业人员的安全生产违法行为信息；对违法行为情节严重的生产经营单位及其有关从业人员，应当及时向社会公告，并通报行业主管部门、投资主管部门、自然资源主管部门、生态环境主管部门、证券监督管理机构以及有关金融机构。有关部门和机构应当对存在失信行为的生产经营单位及其有关从业人员采取加大执法检查频次、暂停项目审批、上调有关保险费率、行业或者职业禁入等联合惩戒措施，并向社会公示。

负有安全生产监督管理职责的部门应当加强对生产经营单位行政处罚信息的及时归集、共享、应用和公开，对生产经营单位作出处罚决定后七个工作日内在监督管理部门公示系统予以公开曝光，强化对违法失信生产经营单位及其有关从业人员的社会监督，提高全社会安全生产诚信水平。

第五章　生产安全事故的应急救援与调查处理

第七十九条　【加强生产安全事故应急能力建设】国家加强生产安全事故应急能力建设，在重点行业、领域建立应急救援基地和应急救援队伍，并由国家安全生产应急救援机构统一协调指挥；鼓励生产经营单位和其他社会力量建立应急救援队伍，配备相应的应急救援装备和物资，提高应急救援的专业化水平。

国务院应急管理部门牵头建立全国统一的生产安全事故应急救援信息系统，国务院交通运输、住房和城乡建设、水利、民航等有关部门和县级以上地方人民政府建立健全相关行业、领域、地区的生产安全事故应急救援信息系统，实现互联互通、信息共享，通过推行网上安全信息采集、安全监管和监测预警，提升监管的精准化、智能化水平。

第八十条　【各级人民政府建立应急救援体系】县级以上地方各级人民政府应当组织有关部门制定本行政区域内生产安全事故应急救援预案,建立应急救援体系。

乡镇人民政府和街道办事处,以及开发区、工业园区、港区、风景区等应当制定相应的生产安全事故应急救援预案,协助人民政府有关部门或者按照授权依法履行生产安全事故应急救援工作职责。

第八十一条　【生产经营单位制定应急救援预案】生产经营单位应当制定本单位生产安全事故应急救援预案,与所在地县级以上地方人民政府组织制定的生产安全事故应急救援预案相衔接,并定期组织演练。

第八十二条　【高危行业生产经营单位的应急救援义务】危险物品的生产、经营、储存单位以及矿山、金属冶炼、城市轨道交通运营、建筑施工单位应当建立应急救援组织;生产经营规模较小的,可以不建立应急救援组织,但应当指定兼职的应急救援人员。

危险物品的生产、经营、储存、运输单位以及矿山、金属冶炼、城市轨道交通运营、建筑施工单位应当配备必要的应急救援器材、设备和物资,并进行经常性维护、保养,保证正常运转。

第八十三条　【安全事故报告和抢救义务】生产经营单位发生生产安全事故后,事故现场有关人员应当立即报告本单位负责人。

单位负责人接到事故报告后,应当迅速采取有效措施,组织抢救,防止事故扩大,减少人员伤亡和财产损失,并按照国家有关规定立即如实报告当地负有安全生产监督管理职责的部门,不得隐瞒不报、谎报或者迟报,不得故意破坏事故现场、毁灭有关证据。

第八十四条　【行政机关事故报告义务】负有安全生产监督管理职责的部门接到事故报告后,应当立即按照国家有关规定上报事故情况。负有安全生产监督管理职责的部门和有关地方人民政府对事故情况不得隐瞒不报、谎报或者迟报。

第八十五条　【事故抢救】有关地方人民政府和负有安全生产监督管理职责的部门的负责人接到生产安全事故报告后,应当按照生产安全事故应急救援预案的要求立即赶到事故现场,组织事故抢救。

参与事故抢救的部门和单位应当服从统一指挥,加强协同联动,采取有效的应急救援措施,并根据事故救援的需要采取警戒、疏散等措施,防止事故扩大和次生灾害的发生,减少人员伤亡和财产损失。

事故抢救过程中应当采取必要措施,避免或者减少对环境造成的危害。

任何单位和个人都应当支持、配合事故抢救,并提供一切便利条件。

第八十六条　【事故调查处理的原则】事故调查处理应当按照科学严谨、依法依规、实事求是、注重实效的原则,及时、准确地查清事故原因,查明事故性质和责任,评估应急处置工作,总结事故教训,提出整改措施,并对事故责任单位和人员提出处理建议。事故调查报告应当依法及时向社会公布。事故调查和处理的具体办法由国务院制定。

事故发生单位应当及时全面落实整改措施,负有安全生产监督管理职责的部门应当加强监督检查。

负责事故调查处理的国务院有关部门和地方人民政府应当在批复事故调查报告后一年内,组织有关部门对事故整改和防范措施落实情况进行评估,并及时向社会公开评估结果;对不履行职责导致事故整改和防范措施没有落实的有关单位和人员,应当按照有关规定追究责任。

第八十七条 【责任事故的法律后果】生产经营单位发生生产安全事故,经调查确定为责任事故的,除了应当查明事故单位的责任并依法予以追究外,还应当查明对安全生产的有关事项负有审查批准和监督职责的行政部门的责任,对有失职、渎职行为的,依照本法第九十条的规定追究法律责任。

第八十八条 【不得阻挠和干涉对事故的依法调查处理】任何单位和个人不得阻挠和干涉对事故的依法调查处理。

第八十九条 【定期统计分析生产安全事故情况】县级以上地方各级人民政府应急管理部门应当定期统计分析本行政区域内发生生产安全事故的情况,并定期向社会公布。

安全生产许可证条例

1. 2004 年 1 月 13 日国务院令第 397 号公布
2. 根据 2013 年 7 月 18 日国务院令第 638 号《关于废止和修改部分行政法规的决定》第一次修订
3. 根据 2014 年 7 月 29 日国务院令第 653 号《关于修改部分行政法规的决定》第二次修订

第一条 为了严格规范安全生产条件,进一步加强安全生产监督管理,防止和减少生产安全事故,根据《中华人民共和国安全生产法》的有关规定,制定本条例。

第二条 国家对矿山企业、建筑施工企业和危险化学品、烟花爆竹、民用爆炸物品生产企业(以下统称企业)实行安全生产许可制度。

企业未取得安全生产许可证的,不得从事生产活动。

第三条 国务院安全生产监督管理部门负责中央管理的非煤矿矿山企业和危险化学品、烟花爆竹生产企业安全生产许可证的颁发和管理。

省、自治区、直辖市人民政府安全生产监督管理部门负责前款规定以外的非煤矿矿山企业和危险化学品、烟花爆竹生产企业安全生产许可证的颁发和管理,并接受国务院安全生产监督管理部门的指导和监督。

国家煤矿安全监察机构负责中央管理的煤矿企业安全生产许可证的颁发和管理。

在省、自治区、直辖市设立的煤矿安全监察机构负责前款规定以外的其他煤矿企业安全生产许可证的颁发和管理,并接受国家煤矿安全监察机构的指导和监督。

第四条 省、自治区、直辖市人民政府建设主管部门负责建筑施工企业安全生产许可证的颁发和管理,并接受国务院建设主管部门的指导和监督。

第五条 省、自治区、直辖市人民政府民用爆炸物品行业主管部门负责民用爆炸物品生产企业安全生产许可证的颁发和管理,并接受国务院民用爆炸物品行业主管部门的指导和监督。

第六条 企业取得安全生产许可证,应当具备下列安全生产条件:

(一)建立、健全安全生产责任制,制定完备的安全生产规章制度和操作规程;

(二)安全投入符合安全生产要求;

(三)设置安全生产管理机构,配备专职安全生产管理人员;

(四)主要负责人和安全生产管理人员经考核合格;

(五)特种作业人员经有关业务主管部门考核合格,取得特种作业操作资格证书;

(六)从业人员经安全生产教育和培训合格;

(七)依法参加工伤保险,为从业人员缴纳保险费;

(八)厂房、作业场所和安全设施、设备、工艺符合有关安全生产法律、法规、标准和规程的要求;

(九)有职业危害防治措施,并为从业人员配备符合国家标准或者行业标准的劳动防护用品;

(十)依法进行安全评价;

(十一)有重大危险源检测、评估、监控措施和应急预案;

(十二)有生产安全事故应急救援预案、应急救援组织或者应急救援人员,配备必要的应急救援器材、设备;

(十三)法律、法规规定的其他条件。

第七条 企业进行生产前,应当依照本条例的规定向安全生产许可证颁发管理机关申请领取安全生产许可证,并提供本条例第六条规定的相关文件、资料。安全生产许可证颁发管理机关应当自收到申请之日起 45 日内审查完毕,经审查符合本条例规定的安全生产条件的,颁发安全生产许可证;不符合本条例规定的安全生产条件的,不予颁发安全生产许可证,书面通知企业并说明理由。

煤矿企业应当以矿(井)为单位,依照本条例的规定取得安全生产许可证。

第八条 安全生产许可证由国务院安全生产监督管理部门规定统一的式样。

第九条 安全生产许可证的有效期为3年。安全生产许可证有效期满需要延期的,企业应当于期满前3个月向原安全生产许可证颁发管理机关办理延期手续。

企业在安全生产许可证有效期内,严格遵守有关安全生产的法律法规,未发生死亡事故的,安全生产许可证有效期届满时,经原安全生产许可证颁发管理机关同意,不再审查,安全生产许可证有效期延期3年。

第十条 安全生产许可证颁发管理机关应当建立、健全安全生产许可证档案管理制度,并定期向社会公布企业取得安全生产许可证的情况。

第十一条 煤矿企业安全生产许可证颁发管理机关、建筑施工企业安全生产许可证颁发管理机关、民用爆炸物品生产企业安全生产许可证颁发管理机关,应当每年向同级安全生产监督管理部门通报其安全生产许可证颁发和管理情况。

第十二条 国务院安全生产监督管理部门和省、自治区、直辖市人民政府安全生产监督管理部门对建筑施工企业、民用爆炸物品生产企业、煤矿企业取得安全生产许可证的情况进行监督。

第十三条 企业不得转让、冒用安全生产许可证或者使用伪造的安全生产许可证。

第十四条 企业取得安全生产许可证后,不得降低安全生产条件,并应当加强日常安全生产管理,接受安全生产许可证颁发管理机关的监督检查。

安全生产许可证颁发管理机关应当加强对取得安全生产许可证的企业的监督检查,发现其不再具备本条例规定的安全生产条件的,应当暂扣或者吊销安全生产许可证。

第十五条 安全生产许可证颁发管理机关工作人员在安全生产许可证颁发、管理和监督检查工作中,不得索取或者接受企业的财物,不得谋取其他利益。

第十六条 监察机关依照《中华人民共和国行政监察法》的规定,对安全生产许可证颁发管理机关及其工作人员履行本条例规定的职责实施监察。

第十七条 任何单位或者个人对违反本条例规定的行为,有权向安全生产许可证颁发管理机关或者监察机关等有关部门举报。

第十八条 安全生产许可证颁发管理机关工作人员有下列行为之一的,给予降级或者撤职的行政处分;构成犯罪的,依法追究刑事责任:

(一)向不符合本条例规定的安全生产条件的企业颁发安全生产许可证的;

(二)发现企业未依法取得安全生产许可证擅自从事生产活动,不依法处理的;

(三)发现取得安全生产许可证的企业不再具备本条例规定的安全生产条件,不依法处理的;

(四)接到对违反本条例规定行为的举报后,不及时处理的;

(五)在安全生产许可证颁发、管理和监督检查工作中,索取或者接受企业的财物,或者谋取其他利益的。

第十九条 违反本条例规定,未取得安全生产许可证擅自进行生产的,责令停止生产,没收违法所得,并处10万元以上50万元以下的罚款;造成重大事故或者其他严重后果,构成犯罪的,依法追究刑事责任。

第二十条 违反本条例规定,安全生产许可证有效期满未办理延期手续,继续进行生产的,责令停止生产,限期补办延期手续,没收违法所得,并处5万元以上10万元以下的罚款;逾期仍不办理延期手续,继续进行生产的,依照本条例第十九条的规定处罚。

第二十一条 违反本条例规定,转让安全生产许可证的,没收违法所得,处10万元以上50万元以下的罚款,并吊销其安全生产许可证;构成犯罪的,依法追究刑事责任;接受转让的,依照本条例第十九条的规定处罚。

冒用安全生产许可证或者使用伪造的安全生产许可证的,依照本条例第十九条的规定处罚。

第二十二条 本条例施行前已经进行生产的企业,应当自本条例施行之日起1年内,依照本条例的规定向安全生产许可证颁发管理机关申请办理安全生产许可证;逾期不办理安全生产许可证,或者经审查不符合本条例规定的安全生产条件,未取得安全生产许可证,继续进行生产的,依照本条例第十九条的规定处罚。

第二十三条 本条例规定的行政处罚,由安全生产许可证颁发管理机关决定。

第二十四条 本条例自公布之日起施行。

生产安全事故应急条例

1. 2019年2月17日国务院令第708号公布
2. 自2019年4月1日起施行

第一章 总 则

第一条 为了规范生产安全事故应急工作,保障人民群众生命和财产安全,根据《中华人民共和国安全生产法》和《中华人民共和国突发事件应对法》,制定本条例。

第二条 本条例适用于生产安全事故应急工作;法律、行政法规另有规定的,适用其规定。

第三条 国务院统一领导全国的生产安全事故应急工作,县级以上地方人民政府统一领导本行政区域内的生产安全事故应急工作。生产安全事故应急工作涉及两个以上行政区域的,由有关行政区域共同的上一级人民政府负责,或者由各有关行政区域的上一级人民政府共同负责。

县级以上人民政府应急管理部门和其他对有关行业、领域的安全生产工作实施监督管理的部门(以下统称负有安全生产监督管理职责的部门)在各自职责范围内,做好有关行业、领域的生产安全事故应急工作。

县级以上人民政府应急管理部门指导、协调本级人民政府其他负有安全生产监督管理职责的部门和下级人民政府的生产安全事故应急工作。

乡、镇人民政府以及街道办事处等地方人民政府派出机关应当协助上级人民政府有关部门依法履行生产安全事故应急工作职责。

第四条 生产经营单位应当加强生产安全事故应急工作,建立、健全生产安全事故应急工作责任制,其主要负责人对本单位的生产安全事故应急工作全面负责。

第二章 应 急 准 备

第五条 县级以上人民政府及其负有安全生产监督管理职责的部门和乡、镇人民政府以及街道办事处等地方人民政府派出机关,应当针对可能发生的生产安全事故的特点和危害,进行风险辨识和评估,制定相应的生产安全事故应急救援预案,并依法向社会公布。

生产经营单位应当针对本单位可能发生的生产安全事故的特点和危害,进行风险辨识和评估,制定相应的生产安全事故应急救援预案,并向本单位从业人员公布。

第六条 生产安全事故应急救援预案应当符合有关法律、法规、规章和标准的规定,具有科学性、针对性和可操作性,明确规定应急组织体系、职责分工以及应急救援程序和措施。

有下列情形之一的,生产安全事故应急救援预案制定单位应当及时修订相关预案:

(一)制定预案所依据的法律、法规、规章、标准发生重大变化;
(二)应急指挥机构及其职责发生调整;
(三)安全生产面临的风险发生重大变化;
(四)重要应急资源发生重大变化;
(五)在预案演练或者应急救援中发现需要修订预案的重大问题;
(六)其他应当修订的情形。

第七条 县级以上人民政府负有安全生产监督管理职责的部门应当将其制定的生产安全事故应急救援预案报送本级人民政府备案;易燃易爆物品、危险化学品等危险物品的生产、经营、储存、运输单位,矿山、金属冶炼、城市轨道交通运营、建筑施工单位,以及宾馆、商场、娱乐场所、旅游景区等人员密集场所经营单位,应当将其制定的生产安全事故应急救援预案按照国家有关规定报送县级以上人民政府负有安全生产监督管理职责的部门备案,并依法向社会公布。

第八条 县级以上地方人民政府以及县级以上人民政府负有安全生产监督管理职责的部门,乡、镇人民政府以及街道办事处等地方人民政府派出机关,应当至少每

2年组织1次生产安全事故应急救援预案演练。

易燃易爆物品、危险化学品等危险物品的生产、经营、储存、运输单位,矿山、金属冶炼、城市轨道交通运营、建筑施工单位,以及宾馆、商场、娱乐场所、旅游景区等人员密集场所经营单位,应当至少每半年组织1次生产安全事故应急救援预案演练,并将演练情况报送所在地县级以上地方人民政府负有安全生产监督管理职责的部门。

县级以上地方人民政府负有安全生产监督管理职责的部门应当对本行政区域内前款规定的重点生产经营单位的生产安全事故应急救援预案演练进行抽查;发现演练不符合要求的,应当责令限期改正。

第九条 县级以上人民政府应当加强对生产安全事故应急救援队伍建设的统一规划、组织和指导。

县级以上人民政府负有安全生产监督管理职责的部门根据生产安全事故应急工作的实际需要,在重点行业、领域单独建立或者依托有条件的生产经营单位、社会组织共同建立应急救援队伍。

国家鼓励和支持生产经营单位和其他社会力量建立提供社会化应急救援服务的应急救援队伍。

第十条 易燃易爆物品、危险化学品等危险物品的生产、经营、储存、运输单位,矿山、金属冶炼、城市轨道交通运营、建筑施工单位,以及宾馆、商场、娱乐场所、旅游景区等人员密集场所经营单位,应当建立应急救援队伍;其中,小型企业或者微型企业等规模较小的生产经营单位,可以不建立应急救援队伍,但应当指定兼职的应急救援人员,并且可以与邻近的应急救援队伍签订应急救援协议。

工业园区、开发区等产业聚集区域内的生产经营单位,可以联合建立应急救援队伍。

第十一条 应急救援队伍的应急救援人员应当具备必要的专业知识、技能、身体素质和心理素质。

应急救援队伍建立单位或者兼职应急救援人员所在单位应当按照国家有关规定对应急救援人员进行培训;应急救援人员经培训合格后,方可参加应急救援工作。

应急救援队伍应当配备必要的应急救援装备和物资,并定期组织训练。

第十二条 生产经营单位应当及时将本单位应急救援队伍建立情况按照国家有关规定报送县级以上人民政府负有安全生产监督管理职责的部门,并依法向社会公布。

县级以上人民政府负有安全生产监督管理职责的部门应当定期将本行业、本领域的应急救援队伍建立情况报送本级人民政府,并依法向社会公布。

第十三条 县级以上地方人民政府应当根据本行政区域内可能发生的生产安全事故的特点和危害,储备必要的应急救援装备和物资,并及时更新和补充。

易燃易爆物品、危险化学品等危险物品的生产、经营、储存、运输单位，矿山、金属冶炼、城市轨道交通运营、建筑施工单位，以及宾馆、商场、娱乐场所、旅游景区等人员密集场所经营单位，应当根据本单位可能发生的生产安全事故的特点和危害，配备必要的灭火、排水、通风以及危险物品稀释、掩埋、收集等应急救援器材、设备和物资，并进行经常性维护、保养，保证正常运转。

第十四条　下列单位应当建立应急值班制度，配备应急值班人员：

（一）县级以上人民政府及其负有安全生产监督管理职责的部门；

（二）危险物品的生产、经营、储存、运输单位以及矿山、金属冶炼、城市轨道交通运营、建筑施工单位；

（三）应急救援队伍。

规模较大、危险性较高的易燃易爆物品、危险化学品等危险物品的生产、经营、储存、运输单位应当成立应急处置技术组，实行 24 小时应急值班。

第十五条　生产经营单位应当对从业人员进行应急教育和培训，保证从业人员具备必要的应急知识，掌握风险防范技能和事故应急措施。

第十六条　国务院负有安全生产监督管理职责的部门应当按照国家有关规定建立生产安全事故应急救援信息系统，并采取有效措施，实现数据互联互通、信息共享。

生产经营单位可以通过生产安全事故应急救援信息系统办理生产安全事故应急救援预案备案手续，报送应急救援预案演练情况和应急救援队伍建设情况；但依法需要保密的除外。

第三章　应　急　救　援

第十七条　发生生产安全事故后，生产经营单位应当立即启动生产安全事故应急救援预案，采取下列一项或者多项应急救援措施，并按照国家有关规定报告事故情况：

（一）迅速控制危险源，组织抢救遇险人员；

（二）根据事故危害程度，组织现场人员撤离或者采取可能的应急措施后撤离；

（三）及时通知可能受到事故影响的单位和人员；

（四）采取必要措施，防止事故危害扩大和次生、衍生灾害发生；

（五）根据需要请求邻近的应急救援队伍参加救援，并向参加救援的应急救援队伍提供相关技术资料、信息和处置方法；

（六）维护事故现场秩序，保护事故现场和相关证据；

（七）法律、法规规定的其他应急救援措施。

第十八条　有关地方人民政府及其部门接到生产安全事故报告后，应当按照国家有关规定上报事故情况，启动相应的生产安全事故应急救援预案，并按照应急救援预案的规定采取下列一项或者多项应急救援措施：

（一）组织抢救遇险人员，救治受伤人员，研判事故发展趋势以及可能造成的危害；

（二）通知可能受到事故影响的单位和人员，隔离事故现场，划定警戒区域，疏散受到威胁的人员，实施交通管制；

（三）采取必要措施，防止事故危害扩大和次生、衍生灾害发生，避免或者减少事故对环境造成的危害；

（四）依法发布调用和征用应急资源的决定；

（五）依法向应急救援队伍下达救援命令；

（六）维护事故现场秩序，组织安抚遇险人员和遇险遇难人员亲属；

（七）依法发布有关事故情况和应急救援工作的信息；

（八）法律、法规规定的其他应急救援措施。

有关地方人民政府不能有效控制生产安全事故的，应当及时向上级人民政府报告。上级人民政府应当及时采取措施，统一指挥应急救援。

第十九条　应急救援队伍接到有关人民政府及其部门的救援命令或者签有应急救援协议的生产经营单位的救援请求后，应当立即参加生产安全事故应急救援。

应急救援队伍根据救援命令参加生产安全事故应急救援所耗费用，由事故责任单位承担；事故责任单位无力承担的，由有关人民政府协调解决。

第二十条　发生生产安全事故后，有关人民政府认为有必要的，可以设立由本级人民政府及其有关部门负责人、应急救援专家、应急救援队伍负责人、事故发生单位负责人等人员组成的应急救援现场指挥部，并指定现场指挥部总指挥。

第二十一条　现场指挥部实行总指挥负责制，按照本级人民政府的授权组织制定并实施生产安全事故现场应急救援方案，协调、指挥有关单位和个人参加现场应急救援。

参加生产安全事故现场应急救援的单位和个人应当服从现场指挥部的统一指挥。

第二十二条　在生产安全事故应急救援过程中，发现可能直接危及应急救援人员生命安全的紧急情况时，现场指挥部或者统一指挥应急救援的人民政府应当立即采取相应措施消除隐患，降低或者化解风险，必要时可以暂时撤离应急救援人员。

第二十三条　生产安全事故发生地人民政府应当为应急救援人员提供必需的后勤保障，并组织通信、交通运输、医疗卫生、气象、水文、地质、电力、供水等单位协助应急救援。

第二十四条　现场指挥部或者统一指挥生产安全事故应急救援的人民政府及其有关部门应当完整、准确地记录应急救援的重要事项，妥善保存相关原始资料和证据。

第二十五条　生产安全事故的威胁和危害得到控制或者消除后，有关人民政府应当决定停止执行依照本条例和有关法律、法规采取的全部或者部分应急救援措施。

第二十六条 有关人民政府及其部门根据生产安全事故应急救援需要依法调用和征用的财产,在使用完毕或者应急救援结束后,应当及时归还。财产被调用、征用或者调用、征用后毁损、灭失的,有关人民政府及其部门应当按照国家有关规定给予补偿。

第二十七条 按照国家有关规定成立的生产安全事故调查组应当对应急救援工作进行评估,并在事故调查报告中作出评估结论。

第二十八条 县级以上地方人民政府应当按照国家有关规定,对在生产安全事故应急救援中伤亡的人员及时给予救治和抚恤;符合烈士评定条件的,按照国家有关规定评定为烈士。

第四章 法律责任

第二十九条 地方各级人民政府和街道办事处等地方人民政府派出机关以及县级以上人民政府有关部门违反本条例规定的,由其上级行政机关责令改正;情节严重的,对直接负责的主管人员和其他直接责任人员依法给予处分。

第三十条 生产经营单位未制定生产安全事故应急救援预案、未定期组织应急救援预案演练、未对从业人员进行应急教育和培训,生产经营单位的主要负责人在本单位发生生产安全事故时不立即组织抢救的,由县级以上人民政府负有安全生产监督管理职责的部门依照《中华人民共和国安全生产法》有关规定追究法律责任。

第三十一条 生产经营单位未对应急救援器材、设备和物资进行经常性维护、保养,导致发生严重生产安全事故或者生产安全事故危害扩大,或者在本单位发生生产安全事故后未立即采取相应的应急救援措施,造成严重后果的,由县级以上人民政府负有安全生产监督管理职责的部门依照《中华人民共和国突发事件应对法》有关规定追究法律责任。

第三十二条 生产经营单位未将生产安全事故应急救援预案报送备案、未建立应急值班制度或者配备应急值班人员的,由县级以上人民政府负有安全生产监督管理职责的部门责令限期改正;逾期未改正的,处3万元以上5万元以下的罚款,对直接负责的主管人员和其他直接责任人员处1万元以上2万元以下的罚款。

第三十三条 违反本条例规定,构成违反治安管理行为的,由公安机关依法给予处罚;构成犯罪的,依法追究刑事责任。

第五章 附 则

第三十四条 储存、使用易燃易爆物品、危险化学品等危险物品的科研机构、学校、医院等单位的安全事故应急工作,参照本条例有关规定执行。

第三十五条 本条例自2019年4月1日起施行。

应急管理部行政复议和行政应诉工作办法

1. 2024年4月4日应急管理部令第15号公布
2. 自2024年6月1日起施行

第一章 总 则

第一条 为规范应急管理部行政复议和行政应诉工作，依法履行行政复议和行政应诉职责，发挥行政复议化解行政争议的主渠道作用，保护公民、法人和其他组织的合法权益，根据《中华人民共和国行政复议法》《中华人民共和国行政诉讼法》等规定，制定本办法。

第二条 应急管理部办理行政复议案件、行政应诉事项，适用本办法。

国家消防救援局、国家矿山安全监察局、中国地震局办理法定管辖的行政复议案件、行政应诉事项，参照本办法的相关规定执行。

第三条 应急管理部法制工作机构是应急管理部行政复议机构（以下简称行政复议机构），负责办理应急管理部行政复议事项；应急管理部法制工作机构同时组织办理应急管理部行政应诉有关事项。

第四条 应急管理部履行行政复议、行政应诉职责，遵循合法、公正、公开、高效、便民、为民的原则，坚持有错必纠，尊重并执行法院生效裁判，保障法律、法规的正确实施。

第二章 行政复议申请

第五条 公民、法人或者其他组织可以依照《中华人民共和国行政复议法》第十一条规定的行政复议范围，向应急管理部申请行政复议。

第六条 下列事项不属于行政复议范围：

（一）国防、外交等国家行为；

（二）行政法规、规章或者应急管理部制定、发布的具有普遍约束力的决定、命令等规范性文件；

（三）应急管理部对本机关工作人员的奖惩、任免等决定；

（四）应急管理部对民事纠纷作出的调解。

第七条 公民、法人或者其他组织认为应急管理部的行政行为所依据的有关规范性文件（不含规章）不合法，在对行政行为申请行政复议时，可以一并向应急管理部提出对该规范性文件的附带审查申请。

第八条 依法申请行政复议的公民、法人或者其他组织是申请人。

申请人以外的同被申请行政复议的行政行为或者行政复议案件处理结果有

利害关系的公民、法人或者其他组织,可以作为第三人申请参加行政复议,或者由行政复议机构通知其作为第三人参加行政复议。

第三人不参加行政复议,不影响行政复议案件的审理。

第九条 申请人、第三人可以委托1至2名律师、基层法律服务工作者或者其他代理人代为参加行政复议。

申请人、第三人委托代理人的,应当向行政复议机构提交授权委托书、委托人及被委托人的身份证明文件。授权委托书应当载明委托事项、权限和期限。申请人、第三人变更或者解除代理人权限的,应当书面告知行政复议机构。

第十条 公民、法人或者其他组织对应急管理部作出的行政行为不服申请行政复议的,应急管理部是被申请人;对应急管理部管理的法律、行政法规、部门规章授权的组织作出的行政行为不服申请行政复议的,该组织是被申请人。

应急管理部与其他行政机关以共同的名义作出同一行政行为的,应急管理部与共同作出行政行为的行政机关是被申请人。

应急管理部委托的组织作出行政行为的,应急管理部是被申请人。

第十一条 应急管理部为被申请人的,由原承办该行政行为有关事项的司局(单位)提出书面答复。应急管理部管理的法律、行政法规、部门规章授权的组织为被申请人的,由该组织提出书面答复。

第十二条 公民、法人或者其他组织认为行政行为侵犯其合法权益的,符合行政复议法律法规和本办法规定的管辖和受理情形的,可以自知道或者应当知道该行政行为之日起60日内向应急管理部提出行政复议申请;但是法律规定的申请期限超过60日的除外。

因不可抗力或者其他正当理由耽误法定申请期限的,申请期限自障碍消除之日起继续计算。

有关行政行为作出时,未告知公民、法人或者其他组织申请行政复议的权利、行政复议机关和申请期限的,申请期限自公民、法人或者其他组织知道或者应当知道申请行政复议的权利、行政复议机关和申请期限之日起计算,但是自知道或者应当知道行政行为内容之日起最长不得超过一年。

第十三条 因不动产提出的行政复议申请自行政行为作出之日起超过二十年,其他行政复议申请自行政行为作出之日起超过五年的,应急管理部不予受理。

第十四条 申请人申请行政复议,可以书面申请;书面申请有困难的,也可以口头申请。

书面申请的,可以通过邮寄或者应急管理部指定的互联网渠道等方式提交行政复议申请书,也可以当面提交行政复议申请书。

口头申请的,应急管理部应当当场记录申请人的基本情况、行政复议请求、申请行政复议的主要事实、理由和时间。

申请人对两个以上行政行为不服的,应当分别申请行政复议。

第十五条 应急管理部管辖下列行政复议案件：

（一）对应急管理部作出的行政行为不服的；

（二）对应急管理部依法设立的派出机构依照法律、行政法规、部门规章规定，以派出机构的名义作出的行政行为不服的；

（三）对应急管理部管理的法律、行政法规、部门规章授权的组织作出的行政行为不服的。

第三章 行政复议受理、审理和决定

第一节 行政复议受理

第十六条 应急管理部收到行政复议申请后，应当在5日内进行审查。对符合下列规定的，应当予以受理：

（一）有明确的申请人和符合《中华人民共和国行政复议法》规定的被申请人；

（二）申请人与被申请行政复议的行政行为有利害关系；

（三）有具体的行政复议请求和理由；

（四）在法定申请期限内提出；

（五）属于《中华人民共和国行政复议法》规定的行政复议范围；

（六）属于应急管理部的管辖范围；

（七）行政复议机关未受理过该申请人就同一行政行为提出的行政复议申请，并且人民法院未受理过该申请人就同一行政行为提起的行政诉讼。

对不符合前款规定的行政复议申请，应急管理部应当在审查期限内决定不予受理并说明理由；不属于应急管理部管辖的，还应当在不予受理决定中告知申请人有管辖权的行政复议机关。

行政复议申请的审查期限届满，应急管理部未作出不予受理决定的，审查期限届满之日起视为受理。

第十七条 行政复议申请材料不齐全或者表述不清楚，无法判断行政复议申请是否符合本办法第十六条第一款规定的，应急管理部应当自收到申请之日起5日内书面通知申请人补正。补正通知应当一次性载明需要补正的事项。

申请人应当自收到补正通知之日起10日内提交补正材料。有正当理由不能按期补正的，应急管理部可以延长合理的补正期限。无正当理由逾期不补正的，视为申请人放弃行政复议申请，并记录在案。

应急管理部收到补正材料后，依照本办法第十六条的规定处理。

第十八条 应急管理部受理行政复议申请后，发现该行政复议申请不符合本办法第十六条第一款规定的，应当依法决定驳回申请并说明理由。

第二节 行政复议审理

第十九条 应急管理部受理行政复议申请后，依照《中华人民共和国行政复议法》

适用普通程序或者简易程序进行审理。行政复议机构应当指定行政复议人员负责办理行政复议案件。

行政复议人员对办理行政复议案件过程中知悉的国家秘密、商业秘密和个人隐私,应当予以保密。

第二十条　应急管理部依照法律、法规、规章审理行政复议案件。

第二十一条　行政复议期间有《中华人民共和国行政复议法》第三十九条规定的情形之一的,行政复议中止。行政复议中止的原因消除后,应当及时恢复行政复议案件的审理。

中止、恢复行政复议案件的审理,应急管理部应当书面告知当事人。

第二十二条　行政复议期间有《中华人民共和国行政复议法》第四十一条规定的情形之一的,行政复议终止。

第二十三条　行政复议期间行政行为不停止执行;但是有《中华人民共和国行政复议法》第四十二条规定的情形之一的,应当停止执行。

第二十四条　被申请人对其作出的行政行为的合法性、适当性负有举证责任。

有下列情形之一的,申请人应当提供证据:

(一)认为被申请人不履行法定职责的,提供曾经要求被申请人履行法定职责的证据,但是被申请人应当依职权主动履行法定职责或者申请人因正当理由不能提供的除外;

(二)提出行政赔偿请求的,提供受行政行为侵害而造成损害的证据,但是因被申请人原因导致申请人无法举证的,由被申请人承担举证责任;

(三)法律、法规规定需要申请人提供证据的其他情形。

有关证据经行政复议机构审查属实,才能作为认定行政复议案件事实的根据。

第二十五条　行政复议期间,被申请人不得自行向申请人和其他有关单位或者个人收集证据;自行收集的证据不作为认定行政行为合法性、适当性的依据。

行政复议期间,申请人或者第三人提出被申请行政复议的行政行为作出时没有提出的理由或者证据的,经行政复议机构同意,被申请人可以补充证据。

第二十六条　行政复议期间,申请人、第三人及其委托代理人可以按照规定查阅、复制被申请人提出的书面答复、作出行政行为的证据、依据和其他有关材料,除涉及国家秘密、商业秘密、个人隐私或者可能危及国家安全、公共安全、社会稳定的情形外,行政复议机构应当同意。

第二十七条　适用普通程序审理的行政复议案件,行政复议机构应当自行政复议申请受理之日起7日内,将行政复议申请书副本或者行政复议申请笔录复印件发送本办法第十一条规定的承办司局(单位)或者授权的组织。有关承办司局(单位)或者授权的组织应当自收到行政复议申请书副本或者行政复议申请笔录复印件之日起10日内提出书面答复,制作行政复议答复书,并提交作出行政行为的证据、依据和其他有关材料,径送行政复议机构。

行政复议答复书应当载明下列事项:

(一)作出行政行为的事实依据及有关的证据材料;

(二)作出行政行为所依据的法律、法规、规章和规范性文件的具体条款;

(三)对申请人具体复议请求的意见和理由;

(四)作出答复的日期。

提交的证据材料应当分类编号,并简要说明证据材料的来源、证明对象和内容。

应急管理部管理的法律、行政法规、部门规章授权的组织为被申请人的,行政复议答复书还应当载明被申请人的名称、地址和法定代表人的姓名、职务。

第二十八条 适用普通程序审理的行政复议案件,行政复议机构应当当面或者通过互联网、电话等方式听取当事人的意见,并将听取的意见记录在案。因当事人原因不能听取意见的,可以书面审理。

第二十九条 审理重大、疑难、复杂的行政复议案件,行政复议机构应当依法组织听证。

行政复议机构认为有必要听证,或者申请人请求听证的,行政复议机构可以组织听证。

申请人无正当理由拒不参加听证的,视为放弃听证权利。

被申请人的负责人应当参加听证。不能参加的,应当说明理由并委托相应的工作人员参加听证。

第三十条 行政复议机构组织听证的,按照下列程序进行:

(一)行政复议机构应当于举行听证的 5 日前将听证的时间、地点和拟听证事项等书面通知当事人;

(二)听证由一名行政复议人员任主持人,两名以上行政复议人员任听证员,一名记录员制作听证笔录;

(三)举行听证时,被申请人应当提供书面答复及相关证据、依据等材料,证明其行政行为的合法性、适当性,申请人、第三人可以提出证据进行申辩和质证;

(四)听证笔录应当经听证参加人确认无误后签字或者盖章。

第三十一条 应急管理部审理下列行政复议案件,认为事实清楚、权利义务关系明确、争议不大的,可以适用简易程序:

(一)被申请行政复议的行政行为为当场作出;

(二)被申请行政复议的行政行为是警告或者通报批评;

(三)案件涉及款额三千元以下;

(四)属于政府信息公开案件。

除前款规定以外的行政复议案件,当事人各方同意适用简易程序的,可以适用简易程序。

适用简易程序审理的行政复议案件,行政复议机构应当自受理行政复议申请之日起3日内,将行政复议申请书副本或者行政复议申请笔录复印件发送本办法第十一条规定的承办司局(单位)或者授权的组织。有关承办司局(单位)或者授权的组织应当自收到行政复议申请书副本或者行政复议申请笔录复印件之日起5日内,提出书面答复,制作行政复议答复书,并提交作出行政行为的证据、依据和其他有关材料,径送行政复议机构。

适用简易程序审理的行政复议案件,可以书面审理。

第三十二条 适用简易程序审理的行政复议案件,行政复议机构认为不宜适用简易程序的,经行政复议机构的负责人批准,可以转为普通程序审理。

第三节 行政复议决定

第三十三条 应急管理部依法审理行政复议案件,由行政复议机构对行政行为进行审查,提出意见,经应急管理部负责人同意或者集体讨论通过后,依照《中华人民共和国行政复议法》的相关规定,以应急管理部的名义作出变更行政行为、撤销或者部分撤销行政行为、确认行政行为违法、责令被申请人在一定期限内履行法定职责、确认行政行为无效、维持行政行为等行政复议决定。

应急管理部依法对行政协议争议、行政赔偿事项等进行处理,作出有关行政复议决定。

应急管理部不得作出对申请人更为不利的变更决定,但是第三人提出相反请求的除外。

第三十四条 适用普通程序审理的行政复议案件,应急管理部应当自受理申请之日起60日内作出行政复议决定;但是法律规定的行政复议期限少于60日的除外。情况复杂,不能在规定期限内作出行政复议决定的,经行政复议机构的负责人批准,可以适当延长,并书面告知当事人;但是延长期限最多不得超过30日。

适用简易程序审理的行政复议案件,应急管理部应当自受理申请之日起30日内作出行政复议决定。

第三十五条 应急管理部办理行政复议案件,可以进行调解。

调解应当遵循合法、自愿的原则,不得损害国家利益、社会公共利益和他人合法权益,不得违反法律、法规的强制性规定。

当事人经调解达成协议的,应急管理部应当制作行政复议调解书,经各方当事人签字或者签章,并加盖应急管理部印章,即具有法律效力。

调解未达成协议或者调解书生效前一方反悔的,应急管理部应当依法审查或者及时作出行政复议决定。

第三十六条 当事人在行政复议决定作出前可以自愿达成和解,和解内容不得损害国家利益、社会公共利益和他人合法权益,不得违反法律、法规的强制性规定。

当事人达成和解后,由申请人向行政复议机构撤回行政复议申请。行政复议机构准予撤回行政复议申请、行政复议机关决定终止行政复议的,申请人不得再以同一事实和理由提出行政复议申请。但是,申请人能够证明撤回行政复议申请违背其真实意愿的除外。

第三十七条 应急管理部作出行政复议决定,应当制作行政复议决定书,并加盖应急管理部印章。

行政复议决定书一经送达,即发生法律效力。

第三十八条 应急管理部根据被申请行政复议的行政行为的公开情况,按照国家有关规定将行政复议决定书向社会公开。

第四章 行政应诉

第三十九条 人民法院送达的行政应诉通知书等应诉材料由应急管理部法制工作机构统一接收。公文收发部门或者其他司局(单位)收到有关材料的,应当于1日内转送应急管理部法制工作机构。

第四十条 应急管理部法制工作机构接到行政应诉通知书等应诉材料5日内,应当组织协调有关司局(单位)共同研究拟订行政应诉方案,确定出庭应诉人员。

有关司局(单位)应当指派专人负责案件调查、收集证据材料,提出初步答辩意见,协助应急管理部法制工作机构组织开展应诉工作。

应急管理部法制工作机构起草行政诉讼答辩状后,按照程序需要有关司局(单位)会签的,有关司局(单位)应当在2日内会签完毕。

第四十一条 应急管理部法制工作机构提出一名代理人,有关司局(单位)提出一名代理人,按照程序报请批准后,作为行政诉讼代理人;必要时,可以委托律师担任行政诉讼代理人,但不得仅委托律师出庭。

应急管理部法制工作机构负责为行政诉讼代理人办理授权委托书等材料。

第四十二条 在人民法院一审判决书或者裁定书送达后,应急管理部法制工作机构应当组织协调有关司局(单位)提出是否上诉的意见,按照程序报请审核。决定上诉的,提出上诉状,在法定期限内向人民法院提交。

对人民法院已发生法律效力的判决、裁定,应急管理部法制工作机构可以组织协调有关司局(单位)提出是否申请再审的意见,按照程序报请审核。决定申请再审的,提出再审申请书,在法定期限内向人民法院提交。

第四十三条 在行政诉讼过程中人民法院发出司法建议书、人民检察院发出检察建议书的,由应急管理部法制工作机构统一接收。经登记后转送有关司局(单位)办理。

有关司局(单位)应当在收到司法建议书、检察建议书之日起20日内拟出答复意见,经应急管理部法制工作机构审核后,按照程序报请审核,并在规定期限内回复人民法院、人民检察院。人民法院、人民检察院对回复时限另有规定的除外。

第五章 附　　则

第四十四条　行政机关及其工作人员违反《中华人民共和国行政复议法》规定的，应急管理部可以向监察机关或者公职人员任免机关、单位移送有关人员违法的事实材料，接受移送的监察机关或者公职人员任免机关、单位应当依法处理。

应急管理部在办理行政复议案件过程中，发现公职人员涉嫌贪污贿赂、失职渎职等职务违法或者职务犯罪的问题线索，应当依照有关规定移送监察机关，由监察机关依法调查处置。

第四十五条　应急管理部对不属于本机关受理的行政复议申请，能够明确属于国家消防救援局、国家矿山安全监察局、中国地震局职责范围的，应当将该申请转送有关部门，并告知申请人。

第四十六条　本办法关于行政复议、行政应诉期间有关"1日""2日""3日""5日""7日""10日"的规定是指工作日，不含法定休假日。

第四十七条　本办法自2024年6月1日起施行。原国家安全生产监督管理总局2007年10月8日公布的《安全生产行政复议规定》同时废止。

安全生产违法行为行政处罚办法

1. 2007年11月30日国家安全生产监督管理总局令第15号公布
2. 根据2015年4月2日国家安全生产监督管理总局令第77号《关于修改〈《生产安全事故报告和调查处理条例》罚款处罚暂行规定〉等四部规章的决定》修正

第一章 总　　则

第一条　为了制裁安全生产违法行为，规范安全生产行政处罚工作，依照行政处罚法、安全生产法及其他有关法律、行政法规的规定，制定本办法。

第二条　县级以上人民政府安全生产监督管理部门对生产经营单位及其有关人员在生产经营活动中违反有关安全生产的法律、行政法规、部门规章、国家标准、行业标准和规程的违法行为（以下统称安全生产违法行为）实施行政处罚，适用本办法。

煤矿安全监察机构依照本办法和煤矿安全监察行政处罚办法，对煤矿、煤矿安全生产中介机构等生产经营单位及其有关人员的安全生产违法行为实施行政处罚。

有关法律、行政法规对安全生产违法行为行政处罚的种类、幅度或者决定机关另有规定的，依照其规定。

第三条　对安全生产违法行为实施行政处罚，应当遵循公平、公正、公开的原则。

安全生产监督管理部门或者煤矿安全监察机构(以下统称安全监管监察部门)及其行政执法人员实施行政处罚,必须以事实为依据。行政处罚应当与安全生产违法行为的事实、性质、情节以及社会危害程度相当。

第四条 生产经营单位及其有关人员对安全监管监察部门给予的行政处罚,依法享有陈述权、申辩权和听证权;对行政处罚不服的,有权依法申请行政复议或者提起行政诉讼;因违法给予行政处罚受到损害的,有权依法申请国家赔偿。

第二章 行政处罚的种类、管辖

第五条 安全生产违法行为行政处罚的种类:
(一)警告;
(二)罚款;
(三)没收违法所得、没收非法开采的煤炭产品、采掘设备;
(四)责令停产停业整顿、责令停产停业、责令停止建设、责令停止施工;
(五)暂扣或者吊销有关许可证,暂停或者撤销有关执业资格、岗位证书;
(六)关闭;
(七)拘留;
(八)安全生产法律、行政法规规定的其他行政处罚。

第六条 县级以上安全监管监察部门应当按照本章的规定,在各自的职责范围内对安全生产违法行为行政处罚行使管辖权。

安全生产违法行为的行政处罚,由安全生产违法行为发生地的县级以上安全监管监察部门管辖。中央企业及其所属企业、有关人员的安全生产违法行为的行政处罚,由安全生产违法行为发生地的设区的市级以上安全监管监察部门管辖。

暂扣、吊销有关许可证和暂停、撤销有关执业资格、岗位证书的行政处罚,由发证机关决定。其中,暂扣有关许可证和暂停有关执业资格、岗位证书的期限一般不得超过6个月;法律、行政法规另有规定的,依照其规定。

给予关闭的行政处罚,由县级以上安全监管监察部门报请县级以上人民政府按照国务院规定的权限决定。

给予拘留的行政处罚,由县级以上安全监管监察部门建议公安机关依照治安管理处罚法的规定决定。

第七条 两个以上安全监管监察部门因行政处罚管辖权发生争议的,由其共同的上一级安全监管监察部门指定管辖。

第八条 对报告或者举报的安全生产违法行为,安全监管监察部门应当受理;发现不属于自己管辖的,应当及时移送有管辖权的部门。

受移送的安全监管监察部门对管辖权有异议的,应当报请共同的上一级安全监管监察部门指定管辖。

第九条 安全生产违法行为涉嫌犯罪的,安全监管监察部门应当将案件移送司法机关,依法追究刑事责任;尚不够刑事处罚但依法应当给予行政处罚的,由安全监管监察部门管辖。

第十条 上级安全监管监察部门可以直接查处下级安全监管监察部门管辖的案件,也可以将自己管辖的案件交由下级安全监管监察部门管辖。

下级安全监管监察部门可以将重大、疑难案件报请上级安全监管监察部门管辖。

第十一条 上级安全监管监察部门有权对下级安全监管监察部门违法或者不适当的行政处罚予以纠正或者撤销。

第十二条 安全监管监察部门根据需要,可以在其法定职权范围内委托符合《行政处罚法》第十九条规定条件的组织或者乡、镇人民政府以及街道办事处、开发区管理机构等地方人民政府的派出机构实施行政处罚。受委托的单位在委托范围内,以委托的安全监管监察部门名义实施行政处罚。

委托的安全监管监察部门应当监督检查受委托的单位实施行政处罚,并对其实施行政处罚的后果承担法律责任。

第三章 行政处罚的程序

第十三条 安全生产行政执法人员在执行公务时,必须出示省级以上安全生产监督管理部门或者县级以上地方人民政府统一制作的有效行政执法证件。其中对煤矿进行安全监察,必须出示国家安全生产监督管理总局统一制作的煤矿安全监察员证。

第十四条 安全监管监察部门及其行政执法人员在监督检查时发现生产经营单位存在事故隐患的,应当按照下列规定采取现场处理措施:

(一)能够立即排除的,应当责令立即排除;

(二)重大事故隐患排除前或者排除过程中无法保证安全的,应当责令从危险区域撤出作业人员,并责令暂时停产停业、停止建设、停止施工或者停止使用相关设施、设备,限期排除隐患。

隐患排除后,经安全监管监察部门审查同意,方可恢复生产经营和使用。

本条第一款第(二)项规定的责令暂时停产停业、停止建设、停止施工或者停止使用相关设施、设备的期限一般不超过6个月;法律、行政法规另有规定的,依照其规定。

第十五条 对有根据认为不符合安全生产的国家标准或者行业标准的在用设施、设备、器材,违法生产、储存、使用、经营、运输的危险物品,以及违法生产、储存、使用、经营危险物品的作业场所,安全监管监察部门应当依照《行政强制法》的规定予以查封或者扣押。查封或者扣押的期限不得超过30日,情况复杂的,经安全监管监察部门负责人批准,最多可以延长30日,并在查封或者扣押期限内作出处理决定:

（一）对违法事实清楚、依法应当没收的非法财物予以没收；

（二）法律、行政法规规定应当销毁的，依法销毁；

（三）法律、行政法规规定应当解除查封、扣押的，作出解除查封、扣押的决定。

实施查封、扣押，应当制作并当场交付查封、扣押决定书和清单。

第十六条 安全监管监察部门依法对存在重大事故隐患的生产经营单位作出停产停业、停止施工、停止使用相关设施、设备的决定，生产经营单位应当依法执行，及时消除事故隐患。生产经营单位拒不执行，有发生生产安全事故的现实危险的，在保证安全的前提下，经本部门主要负责人批准，安全监管监察部门可以采取通知有关单位停止供电、停止供应民用爆炸物品等措施，强制生产经营单位履行决定。通知应当采用书面形式，有关单位应当予以配合。

安全监管监察部门依照前款规定采取停止供电措施，除有危及生产安全的紧急情形外，应当提前24小时通知生产经营单位。生产经营单位依法履行行政决定、采取相应措施消除事故隐患的，安全监管监察部门应当及时解除前款规定的措施。

第十七条 生产经营单位被责令限期改正或者限期进行隐患排除治理的，应当在规定限期内完成。因不可抗力无法在规定限期内完成的，应当在进行整改或者治理的同时，于限期届满前10日内提出书面延期申请，安全监管监察部门应当在收到申请之日起5日内书面答复是否准予延期。

生产经营单位提出复查申请或者整改、治理限期届满的，安全监管监察部门应当自申请或者限期届满之日起10日内进行复查，填写复查意见书，由被复查单位和安全监管监察部门复查人员签名后存档。逾期未整改、未治理或者整改、治理不合格的，安全监管监察部门应当依法给予行政处罚。

第十八条 安全监管监察部门在作出行政处罚决定前，应当填写行政处罚告知书，告知当事人作出行政处罚决定的事实、理由、依据，以及当事人依法享有的权利，并送达当事人。当事人应当在收到行政处罚告知书之日起3日内进行陈述、申辩，或者依法提出听证要求，逾期视为放弃上述权利。

第十九条 安全监管监察部门应当充分听取当事人的陈述和申辩，对当事人提出的事实、理由和证据，应当进行复核；当事人提出的事实、理由和证据成立的，安全监管监察部门应当采纳。

安全监管监察部门不得因当事人陈述或者申辩而加重处罚。

第二十条 安全监管监察部门对安全生产违法行为实施行政处罚，应当符合法定程序，制作行政执法文书。

第一节 简易程序

第二十一条 违法事实确凿并有法定依据，对个人处以50元以下罚款、对生产经营单位处以1000元以下罚款或者警告的行政处罚的,安全生产行政执法人员可以当场作出行政处罚决定。

第二十二条 安全生产行政执法人员当场作出行政处罚决定,应当填写预定格式、编有号码的行政处罚决定书并当场交付当事人。

安全生产行政执法人员当场作出行政处罚决定后应当及时报告,并在5日内报所属安全监管监察部门备案。

第二节 一般程序

第二十三条 除依照简易程序当场作出的行政处罚外,安全监管监察部门发现生产经营单位及其有关人员有应当给予行政处罚的行为的,应当予以立案,填写立案审批表,并全面、客观、公正地进行调查,收集有关证据。对确需立即查处的安全生产违法行为,可以先行调查取证,并在5日内补办立案手续。

第二十四条 对已经立案的案件,由立案审批人指定两名或者两名以上安全生产行政执法人员进行调查。

有下列情形之一的,承办案件的安全生产行政执法人员应当回避:

(一)本人是本案的当事人或者当事人的近亲属的;

(二)本人或者其近亲属与本案有利害关系的;

(三)与本人有其他利害关系,可能影响案件的公正处理的。

安全生产行政执法人员的回避,由派出其进行调查的安全监管监察部门的负责人决定。进行调查的安全监管监察部门负责人的回避,由该部门负责人集体讨论决定。回避决定作出之前,承办案件的安全生产行政执法人员不得擅自停止对案件的调查。

第二十五条 进行案件调查时,安全生产行政执法人员不得少于两名。当事人或者有关人员应当如实回答安全生产行政执法人员的询问,并协助调查或者检查,不得拒绝、阻挠或者提供虚假情况。

询问或者检查应当制作笔录。笔录应当记载时间、地点、询问和检查情况,并由被询问人、被检查单位和安全生产行政执法人员签名或者盖章;被询问人、被检查单位要求补正的,应当允许。被询问人或者被检查单位拒绝签名或者盖章的,安全生产行政执法人员应当在笔录上注明原因并签名。

第二十六条 安全生产行政执法人员应当收集、调取与案件有关的原始凭证作为证据。调取原始凭证确有困难的,可以复制,复制件应当注明"经核对与原件无异"的字样和原始凭证存放的单位及其处所,并由出具证据的人员签名或者单位盖章。

第二十七条 安全生产行政执法人员在收集证据时,可以采取抽样取证的方法;在证据可能灭失或者以后难以取得的情况下,经本单位负责人批准,可以先行登记保存,并应当在7日内作出处理决定:

（一）违法事实成立依法应当没收的,作出行政处罚决定,予以没收;依法应当扣留或者封存的,予以扣留或者封存;

（二）违法事实不成立,或者依法不应当予以没收、扣留、封存的,解除登记保存。

第二十八条 安全生产行政执法人员对与案件有关的物品、场所进行勘验检查时,应当通知当事人到场,制作勘验笔录,并由当事人核对无误后签名或者盖章。当事人拒绝到场的,可以邀请在场的其他人员作证,并在勘验笔录中注明原因并签名;也可以采用录音、录像等方式记录有关物品、场所的情况后,再进行勘验检查。

第二十九条 案件调查终结后,负责承办案件的安全生产行政执法人员应当填写案件处理呈批表,连同有关证据材料一并报本部门负责人审批。

安全监管监察部门负责人应当及时对案件调查结果进行审查,根据不同情况,分别作出以下决定:

（一）确有应受行政处罚的违法行为的,根据情节轻重及具体情况,作出行政处罚决定;

（二）违法行为轻微,依法可以不予行政处罚的,不予行政处罚;

（三）违法事实不能成立,不得给予行政处罚;

（四）违法行为涉嫌犯罪的,移送司法机关处理。

对严重安全生产违法行为给予责令停产停业整顿、责令停产停业、责令停止建设、责令停止施工、吊销有关许可证、撤销有关执业资格或者岗位证书、5万元以上罚款、没收违法所得、没收非法开采的煤炭产品或者采掘设备价值5万元以上的行政处罚的,应当由安全监管监察部门的负责人集体讨论决定。

第三十条 安全监管监察部门依照本办法第二十九条的规定给予行政处罚,应当制作行政处罚决定书。行政处罚决定书应当载明下列事项:

（一）当事人的姓名或者名称、地址或者住址;

（二）违法事实和证据;

（三）行政处罚的种类和依据;

（四）行政处罚的履行方式和期限;

（五）不服行政处罚决定,申请行政复议或者提起行政诉讼的途径和期限;

（六）作出行政处罚决定的安全监管监察部门的名称和作出决定的日期。

行政处罚决定书必须盖有作出行政处罚决定的安全监管监察部门的印章。

第三十一条 行政处罚决定书应当在宣告后当场交付当事人;当事人不在场的,安全监管监察部门应当在7日内依照民事诉讼法的有关规定,将行政处罚决定书送达当事人或者其他的法定受送达人:

（一）送达必须有送达回执,由受送达人在送达回执上注明收到日期,签名或者盖章;

（二）送达应当直接送交受送达人。受送达人是个人的,本人不在交他的同

住成年家属签收,并在行政处罚决定书送达回执的备注栏内注明与受送达人的关系;

(三)受送达人是法人或者其他组织的,应当由法人的法定代表人、其他组织的主要负责人或者该法人、组织负责收件的人签收;

(四)受送达人指定代收人的,交代收人签收并注明受当事人委托的情况;

(五)直接送达确有困难的,可以挂号邮寄送达,也可以委托当地安全监管监察部门代为送达,代为送达的安全监管监察部门收到文书后,必须立即交受送达人签收;

(六)当事人或者他的同住成年家属拒绝接收的,送达人应当邀请有关基层组织或者所在单位的代表到场,说明情况,在行政处罚决定书送达回执上记明拒收的事由和日期,由送达人、见证人签名或者盖章,将行政处罚决定书留在当事人的住所;也可以把行政处罚决定书留在受送达人的住所,并采用拍照、录像等方式记录送达过程,即视为送达;

(七)受送达人下落不明,或者用以上方式无法送达的,可以公告送达,自公告发布之日起经过60日,即视为送达。公告送达,应当在案卷中注明原因和经过。

安全监管监察部门送达其他行政处罚执法文书,按照前款规定办理。

第三十二条 行政处罚案件应当自立案之日起30日内作出行政处罚决定;由于客观原因不能完成的,经安全监管监察部门负责人同意,可以延长,但不得超过90日;特殊情况需进一步延长的,应当经上一级安全监管监察部门批准,可延长至180日。

第三节 听证程序

第三十三条 安全监管监察部门作出责令停产停业整顿、责令停产停业、吊销有关许可证、撤销有关执业资格、岗位证书或者较大数额罚款的行政处罚决定之前,应当告知当事人有要求举行听证的权利;当事人要求听证的,安全监管监察部门应当组织听证,不得向当事人收取听证费用。

前款所称较大数额罚款,为省、自治区、直辖市人大常委会或者人民政府规定的数额;没有规定数额的,其数额对个人罚款为2万元以上,对生产经营单位罚款为5万元以上。

第三十四条 当事人要求听证的,应当在安全监管监察部门依照本办法第十八条规定告知后3日内以书面方式提出。

第三十五条 当事人提出听证要求后,安全监管监察部门应当在收到书面申请之日起15日内举行听证会,并在举行听证会的7日前,通知当事人举行听证的时间、地点。

当事人应当按期参加听证。当事人有正当理由要求延期的,经组织听证的安全监管监察部门负责人批准可以延期1次;当事人未按期参加听证,并且未事先说明理由的,视为放弃听证权利。

第三十六条 听证参加人由听证主持人、听证员、案件调查人员、当事人及其委托代理人、书记员组成。

听证主持人、听证员、书记员应当由组织听证的安全监管监察部门负责人指定的非本案调查人员担任。

当事人可以委托1至2名代理人参加听证,并提交委托书。

第三十七条 除涉及国家秘密、商业秘密或者个人隐私外,听证应当公开举行。

第三十八条 当事人在听证中的权利和义务:

(一)有权对案件涉及的事实、适用法律及有关情况进行陈述和申辩;

(二)有权对案件调查人员提出的证据质证并提出新的证据;

(三)如实回答主持人的提问;

(四)遵守听证会场纪律,服从听证主持人指挥。

第三十九条 听证按照下列程序进行:

(一)书记员宣布听证会场纪律、当事人的权利和义务。听证主持人宣布案由,核实听证参加人名单,宣布听证开始;

(二)案件调查人员提出当事人的违法事实、出示证据,说明拟作出的行政处罚的内容及法律依据;

(三)当事人或者其委托代理人对案件的事实、证据、适用的法律等进行陈述和申辩,提交新的证据材料;

(四)听证主持人就案件的有关问题向当事人、案件调查人员、证人询问;

(五)案件调查人员、当事人或者其委托代理人相互辩论;

(六)当事人或者其委托代理人作最后陈述;

(七)听证主持人宣布听证结束。

听证笔录应当当场交当事人核对无误后签名或者盖章。

第四十条 有下列情形之一的,应当中止听证:

(一)需要重新调查取证的;

(二)需要通知新证人到场作证的;

(三)因不可抗力无法继续进行听证的。

第四十一条 有下列情形之一的,应当终止听证:

(一)当事人撤回听证要求的;

(二)当事人无正当理由不按时参加听证的;

(三)拟作出的行政处罚决定已经变更,不适用听证程序的。

第四十二条 听证结束后,听证主持人应当依据听证情况,填写听证会报告书,提出处理意见并附听证笔录报安全监管监察部门负责人审查。安全监管监察部门依照本办法第二十九条的规定作出决定。

第四章　行政处罚的适用

第四十三条　生产经营单位的决策机构、主要负责人、个人经营的投资人(包括实际控制人,下同)未依法保证下列安全生产所必需的资金投入之一,致使生产经营单位不具备安全生产条件的,责令限期改正,提供必需的资金,可以对生产经营单位处1万元以上3万元以下罚款,对生产经营单位的主要负责人、个人经营的投资人处5000元以上1万元以下罚款;逾期未改正的,责令生产经营单位停产停业整顿:

(一)提取或者使用安全生产费用;
(二)用于配备劳动防护用品的经费;
(三)用于安全生产教育和培训的经费;
(四)国家规定的其他安全生产所必须的资金投入。

生产经营单位主要负责人、个人经营的投资人有前款违法行为,导致发生生产安全事故的,依照《生产安全事故罚款处罚规定(试行)》的规定给予处罚。

第四十四条　生产经营单位的主要负责人未依法履行安全生产管理职责,导致生产安全事故发生的,依照《生产安全事故罚款处罚规定(试行)》的规定给予处罚。

第四十五条　生产经营单位及其主要负责人或者其他人员有下列行为之一的,给予警告,并可以对生产经营单位处1万元以上3万元以下罚款,对其主要负责人、其他有关人员处1000元以上1万元以下的罚款:

(一)违反操作规程或者安全管理规定作业的;
(二)违章指挥从业人员或者强令从业人员违章、冒险作业的;
(三)发现从业人员违章作业不加制止的;
(四)超过核定的生产能力、强度或者定员进行生产的;
(五)对被查封或者扣押的设施、设备、器材、危险物品和作业场所,擅自启封或者使用的;
(六)故意提供虚假情况或者隐瞒存在的事故隐患以及其他安全问题的;
(七)拒不执行安全监管监察部门依法下达的安全监管监察指令的。

第四十六条　危险物品的生产、经营、储存单位以及矿山、金属冶炼单位有下列行为之一的,责令改正,并可以处1万元以上3万元以下的罚款:

(一)未建立应急救援组织或者生产经营规模较小、未指定兼职应急救援人员的;
(二)未配备必要的应急救援器材、设备和物资,并进行经常性维护、保养,保证正常运转的。

第四十七条　生产经营单位与从业人员订立协议,免除或者减轻其对从业人员因生产安全事故伤亡依法应承担的责任,该协议无效;对生产经营单位的主要负责人、个人经营的投资人按照下列规定处以罚款:

（一）在协议中减轻因生产安全事故伤亡对从业人员依法应承担的责任的，处2万元以上5万元以下的罚款；

（二）在协议中免除因生产安全事故伤亡对从业人员依法应承担的责任的，处5万元以上10万元以下的罚款。

第四十八条　生产经营单位不具备法律、行政法规和国家标准、行业标准规定的安全生产条件，经责令停产停业整顿仍不具备安全生产条件的，安全监管监察部门应当提请有管辖权的人民政府予以关闭；人民政府决定关闭的，安全监管监察部门应当依法吊销其有关许可证。

第四十九条　生产经营单位转让安全生产许可证的，没收违法所得，吊销安全生产许可证，并按照下列规定处以罚款：

（一）接受转让的单位和个人未发生生产安全事故的，处10万元以上30万元以下的罚款；

（二）接受转让的单位和个人发生生产安全事故但没有造成人员死亡的，处30万元以上40万元以下的罚款；

（三）接受转让的单位和个人发生人员死亡生产安全事故的，处40万元以上50万元以下的罚款。

第五十条　知道或者应当知道生产经营单位未取得安全生产许可证或者其他批准文件擅自从事生产经营活动，仍为其提供生产经营场所、运输、保管、仓储等条件的，责令立即停止违法行为，有违法所得的，没收违法所得，并处违法所得1倍以上3倍以下的罚款，但是最高不得超过3万元；没有违法所得的，并处5000元以上1万元以下的罚款。

第五十一条　生产经营单位及其有关人员弄虚作假、骗取或者勾结、串通行政审批工作人员取得安全生产许可证书及其他批准文件的，撤销许可及批准文件，并按照下列规定处以罚款：

（一）生产经营单位有违法所得的，没收违法所得，并处违法所得1倍以上3倍以下的罚款，但是最高不得超过3万元；没有违法所得的，并处5000元以上1万元以下的罚款；

（二）对有关人员处1000元以上1万元以下的罚款。

有前款规定违法行为的生产经营单位及其有关人员在3年内不得再次申请该行政许可。

生产经营单位及其有关人员未依法办理安全生产许可证书变更手续的，责令限期改正，并对生产经营单位处1万元以上3万元以下的罚款，对有关人员处1000元以上5000元以下的罚款。

第五十二条　未取得相应资格、资质证书的机构及其有关人员从事安全评价、认证、检测、检验工作，责令停止违法行为，并按照下列规定处以罚款：

（一）机构有违法所得的，没收违法所得，并处违法所得1倍以上3倍以下的

罚款,但是最高不得超过 3 万元;没有违法所得的,并处 5000 元以上 1 万元以下的罚款;

(二)有关人员处 5000 元以上 1 万元以下的罚款。

第五十三条 生产经营单位及其有关人员触犯不同的法律规定,有两个以上应当给予行政处罚的安全生产违法行为的,安全监管监察部门应当适用不同的法律规定,分别裁量,合并处罚。

第五十四条 对同一生产经营单位及其有关人员的同一安全生产违法行为,不得给予两次以上罚款的行政处罚。

第五十五条 生产经营单位及其有关人员有下列情形之一的,应当从重处罚:

(一)危及公共安全或者其他生产经营单位安全的,经责令限期改正,逾期未改正的;

(二)一年内因同一违法行为受到两次以上行政处罚的;

(三)拒不整改或者整改不力,其违法行为呈持续状态的;

(四)拒绝、阻碍或者以暴力威胁行政执法人员的。

第五十六条 生产经营单位及其有关人员有下列情形之一的,应当依法从轻或者减轻行政处罚:

(一)已满 14 周岁不满 18 周岁的公民实施安全生产违法行为的;

(二)主动消除或者减轻安全生产违法行为危害后果的;

(三)受他人胁迫实施安全生产违法行为的;

(四)配合安全监管监察部门查处安全生产违法行为,有立功表现的;

(五)主动投案,向安全监管监察部门如实交待自己的违法行为的;

(六)具有法律、行政法规规定的其他从轻或者减轻处罚情形的。

有从轻处罚情节的,应当在法定处罚幅度的中档以下确定行政处罚标准,但不得低于法定处罚幅度的下限。

本条第一款第(四)项所称的立功表现,是指当事人有揭发他人安全生产违法行为,并经查证属实;或者提供查处其他安全生产违法行为的重要线索,并经查证属实;或者阻止他人实施安全生产违法行为;或者协助司法机关抓捕其他违法犯罪嫌疑人的行为。

安全生产违法行为轻微并及时纠正,没有造成危害后果的,不予行政处罚。

第五章 行政处罚的执行和备案

第五十七条 安全监管监察部门实施行政处罚时,应当同时责令生产经营单位及其有关人员停止、改正或者限期改正违法行为。

第五十八条 本办法所称的违法所得,按照下列规定计算:

(一)生产、加工产品的,以生产、加工产品的销售收入作为违法所得;

(二)销售商品的,以销售收入作为违法所得;

（三）提供安全生产中介、租赁等服务的,以服务收入或者报酬作为违法所得;

（四）销售收入无法计算的,按当地同类同等规模的生产经营单位的平均销售收入计算;

（五）服务收入、报酬无法计算的,按照当地同行业同种服务的平均收入或者报酬计算。

第五十九条 行政处罚决定依法作出后,当事人应当在行政处罚决定的期限内,予以履行;当事人逾期不履的,作出行政处罚决定的安全监管监察部门可以采取下列措施:

（一）到期不缴纳罚款的,每日按罚款数额的3%加处罚款,但不得超过罚款数额;

（二）根据法律规定,将查封、扣押的设施、设备、器材和危险物品拍卖所得价款抵缴罚款;

（三）申请人民法院强制执行。

当事人对行政处罚决定不服申请行政复议或者提起行政诉讼的,行政处罚不停止执行,法律另有规定的除外。

第六十条 安全生产行政执法人员当场收缴罚款的,应当出具省、自治区、直辖市财政部门统一制发的罚款收据;当场收缴的罚款,应当自收缴罚款之日起2日内,交至所属安全监管监察部门;安全监管监察部门应当在2日内将罚款缴付指定的银行。

第六十一条 除依法应当予以销毁的物品外,需要将查封、扣押的设施、设备、器材和危险物品拍卖抵缴罚款的,依照法律或者国家有关规定处理。销毁物品,依照国家有关规定处理;没有规定的,经县级以上安全监管监察部门负责人批准,由两名以上安全生产行政执法人员监督销毁,并制作销毁记录。处理物品,应当制作清单。

第六十二条 罚款、没收违法所得的款项和没收非法开采的煤炭产品、采掘设备,必须按照有关规定上缴,任何单位和个人不得截留、私分或者变相私分。

第六十三条 县级安全生产监督管理部门处以5万元以上罚款、没收违法所得、没收非法生产的煤炭产品或者采掘设备价值5万元以上、责令停产停业、停止建设、停止施工、停产停业整顿、吊销有关资格、岗位证书或者许可证的行政处罚的,应当自作出行政处罚决定之日起10日内报设区的市级安全生产监督管理部门备案。

第六十四条 设区的市级安全生产监管监察部门处以10万元以上罚款、没收违法所得、没收非法生产的煤炭产品或者采掘设备价值10万元以上、责令停产停业、停止建设、停止施工、停产停业整顿、吊销有关资格、岗位证书或者许可证的行政处罚的,应当自作出行政处罚决定之日起10日内报省级安全监管监察部门备案。

第六十五条 省级安全监管监察部门处以50万元以上罚款、没收违法所得、没收非法生产的煤炭产品或者采掘设备价值50万元以上、责令停产停业、停止建设、停止施工、停产停业整顿、吊销有关资格、岗位证书或者许可证的行政处罚的,应当自作出行政处罚决定之日起 10 日内报国家安全生产监督管理总局或者国家煤矿安全监察局备案。

对上级安全监管监察部门交办案件给予行政处罚的,由决定行政处罚的安全监管监察部门自作出行政处罚决定之日起 10 日内报上级安全监管监察部门备案。

第六十六条 行政处罚执行完毕后,案件材料应当按照有关规定立卷归档。

案卷立案归档后,任何单位和个人不得擅自增加、抽取、涂改和销毁案卷材料。未经安全监管监察部门负责人批准,任何单位和个人不得借阅案卷。

第六章 附 则

第六十七条 安全生产监督管理部门所用的行政处罚文书式样,由国家安全生产监督管理总局统一制定。

煤矿安全监察机构所用的行政处罚文书式样,由国家煤矿安全监察局统一制定。

第六十八条 本办法所称的生产经营单位,是指合法和非法从事生产或者经营活动的基本单元,包括企业法人、不具备企业法人资格的合伙组织、个体工商户和自然人等生产经营主体。

第六十九条 本办法自 2008 年 1 月 1 日起施行。原国家安全生产监督管理局(国家煤矿安全监察局)2003 年 5 月 19 日公布的《安全生产违法行为行政处罚办法》、2001 年 4 月 27 日公布的《煤矿安全监察程序暂行规定》同时废止。

生产安全事故信息报告和处置办法

1. 2009 年 6 月 16 日国家安全生产监督管理总局令第 21 号公布
2. 自 2009 年 7 月 1 日起施行

第一章 总 则

第一条 为了规范生产安全事故信息的报告和处置工作,根据《安全生产法》、《生产安全事故报告和调查处理条例》等有关法律、行政法规,制定本办法。

第二条 生产经营单位报告生产安全事故信息和安全生产监督管理部门、煤矿安全监察机构对生产安全事故信息的报告和处置工作,适用本办法。

第三条 本办法规定的应当报告和处置的生产安全事故信息(以下简称事故信息),是指已经发生的生产安全事故和较大涉险事故的信息。

第四条 事故信息的报告应当及时、准确和完整,信息的处置应当遵循快速高效、协同配合、分级负责的原则。

安全生产监督管理部门负责各类生产经营单位的事故信息报告和处置工作。煤矿安全监察机构负责煤矿的事故信息报告和处置工作。

第五条 安全生产监督管理部门、煤矿安全监察机构应当建立事故信息报告和处置制度,设立事故信息调度机构,实行24小时不间断调度值班,并向社会公布值班电话,受理事故信息报告和举报。

第二章 事故信息的报告

第六条 生产经营单位发生生产安全事故或者较大涉险事故,其单位负责人接到事故信息报告后应当于1小时内报告事故发生地县级安全生产监督管理部门、煤矿安全监察分局。

发生较大以上生产安全事故的,事故发生单位在依照第一款规定报告的同时,应当在1小时内报告省级安全生产监督管理部门、省级煤矿安全监察机构。

发生重大、特别重大生产安全事故的,事故发生单位在依照本条第一款、第二款规定报告的同时,可以立即报告国家安全生产监督管理总局、国家煤矿安全监察局。

第七条 安全生产监督管理部门、煤矿安全监察机构接到事故发生单位的事故信息报告后,应当按照下列规定上报事故情况,同时书面通知同级公安机关、劳动保障部门、工会、人民检察院和有关部门:

(一)一般事故和较大涉险事故逐级上报至设区的市级安全生产监督管理部门、省级煤矿安全监察机构;

(二)较大事故逐级上报至省级安全生产监督管理部门、省级煤矿安全监察机构;

(三)重大事故、特别重大事故逐级上报至国家安全生产监督管理总局、国家煤矿安全监察局。

前款规定的逐级上报,每一级上报时间不得超过2小时。安全生产监督管理部门依照前款规定上报事故情况时,应当同时报告本级人民政府。

第八条 发生较大生产安全事故或者社会影响重大的事故的,县级、市级安全生产监督管理部门或者煤矿安全监察分局接到事故报告后,在依照本办法第七条规定逐级上报的同时,应当在1小时内先用电话快报省级安全生产监督管理部门、省级煤矿安全监察机构,随后补报文字报告;乡镇安监站(办)可以根据事故情况越级直接报告省级安全生产监督管理部门、省级煤矿安全监察机构。

第九条 发生重大、特别重大生产安全事故或者社会影响恶劣的事故的,县级、市级安全生产监督管理部门或者煤矿安全监察分局接到事故报告后,在依照本办法第七条规定逐级上报的同时,应当在1小时内先用电话快报省级安全生产监督管理部门、省级煤矿安全监察机构,随后补报文字报告;必要时,可以直接用电话报告国家安全生产监督管理总局、国家煤矿安全监察局。

省级安全生产监督管理部门、省级煤矿安全监察机构接到事故报告后,应当在1小时内先用电话快报国家安全生产监督管理总局、国家煤矿安全监察局,随后补报文字报告。

国家安全生产监督管理总局、国家煤矿安全监察局接到事故报告后,应当在1小时内先用电话快报国务院总值班室,随后补报文字报告。

第十条 报告事故信息,应当包括下列内容:

(一)事故发生单位的名称、地址、性质、产能等基本情况;

(二)事故发生的时间、地点以及事故现场情况;

(三)事故的简要经过(包括应急救援情况);

(四)事故已经造成或者可能造成的伤亡人数(包括下落不明、涉险的人数)和初步估计的直接经济损失;

(五)已经采取的措施;

(六)其他应当报告的情况。

使用电话快报,应当包括下列内容:

(一)事故发生单位的名称、地址、性质;

(二)事故发生的时间、地点;

(三)事故已经造成或者可能造成的伤亡人数(包括下落不明、涉险的人数)。

第十一条 事故具体情况暂时不清楚的,负责事故报告的单位可以先报事故概况,随后补报事故全面情况。

事故信息报告后出现新情况的,负责事故报告的单位应当依照本办法第六条、第七条、第八条、第九条的规定及时续报。较大涉险事故、一般事故、较大事故每日至少续报1次;重大事故、特别重大事故每日至少续报2次。

自事故发生之日起30日内(道路交通、火灾事故自发生之日起7日内),事故造成的伤亡人数发生变化的,应于当日续报。

第十二条 安全生产监督管理部门、煤矿安全监察机构接到任何单位或者个人的事故信息举报后,应当立即与事故单位或者下一级安全生产监督管理部门、煤矿安全监察机构联系,并进行调查核实。

下一级安全生产监督管理部门、煤矿安全监察机构接到上级安全生产监督管理部门、煤矿安全监察机构的事故信息举报核查通知后,应当立即组织查证核实,并在2个月内向上一级安全生产监督管理部门、煤矿安全监察机构报告核实结果。

对发生较大涉险事故的,安全生产监督管理部门、煤矿安全监察机构依照本条第二款规定向上一级安全生产监督管理部门、煤矿安全监察机构报告核实结果;对发生生产安全事故的,安全生产监督管理部门、煤矿安全监察机构应当在5日内对事故情况进行初步查证,并将事故初步查证的简要情况报告上一级安全生产监督管理部门、煤矿安全监察机构,详细核实结果在 2 个月内报告。

第十三条 事故信息经初步查证后,负责查证的安全生产监督管理部门、煤矿安全监察机构应当立即报告本级人民政府和上一级安全生产监督管理部门、煤矿安全监察机构,并书面通知公安机关、劳动保障部门、工会、人民检察院和有关部门。

第十四条 安全生产监督管理部门与煤矿安全监察机构之间,安全生产监督管理部门、煤矿安全监察机构与其他负有安全生产监督管理职责的部门之间,应当建立有关事故信息的通报制度,及时沟通事故信息。

第十五条 对于事故信息的每周、每月、每年的统计报告,按照有关规定执行。

第三章 事故信息的处置

第十六条 安全生产监督管理部门、煤矿安全监察机构应当建立事故信息处置责任制,做好事故信息的核实、跟踪、分析、统计工作。

第十七条 发生生产安全事故或者较大涉险事故后,安全生产监督管理部门、煤矿安全监察机构应当立即研究、确定并组织实施相关处置措施。安全生产监督管理部门、煤矿安全监察机构负责人按照职责分工负责相关工作。

第十八条 安全生产监督管理部门、煤矿安全监察机构接到生产安全事故报告后,应当按照下列规定派员立即赶赴事故现场:

(一)发生一般事故的,县级安全生产监督管理部门、煤矿安全监察分局负责人立即赶赴事故现场;

(二)发生较大事故的,设区的市级安全生产监督管理部门、省级煤矿安全监察局负责人应当立即赶赴事故现场;

(三)发生重大事故的,省级安全监督管理部门、省级煤矿安全监察局负责人立即赶赴事故现场;

(四)发生特别重大事故的,国家安全生产监督管理总局、国家煤矿安全监察局负责人立即赶赴事故现场。

上级安全生产监督管理部门、煤矿安全监察机构认为必要的,可以派员赶赴事故现场。

第十九条 安全生产监督管理部门、煤矿安全监察机构负责人及其有关人员赶赴事故现场后,应当随时保持与本单位的联系。有关事故信息发生重大变化的,应当依照本办法有关规定及时向本单位或者上级安全生产监督管理部门、煤矿安全监察机构报告。

第二十条 安全生产监督管理部门、煤矿安全监察机构应当依照有关规定定期向社会公布事故信息。

任何单位和个人不得擅自发布事故信息。

第二十一条 安全生产监督管理部门、煤矿安全监察机构应当根据事故信息报告的情况,启动相应的应急救援预案,或者组织有关应急救援队伍协助地方人民政府开展应急救援工作。

第二十二条 安全生产监督管理部门、煤矿安全监察机构按照有关规定组织或者参加事故调查处理工作。

第四章 罚 则

第二十三条 安全生产监督管理部门、煤矿安全监察机构及其工作人员未依法履行事故信息报告和处置职责的,依照有关规定予以处理。

第二十四条 生产经营单位及其有关人员对生产安全事故迟报、漏报、谎报或者瞒报的,依照有关规定予以处罚。

第二十五条 生产经营单位对较大涉险事故迟报、漏报、谎报或者瞒报的,给予警告,并处3万元以下的罚款。

第五章 附 则

第二十六条 本办法所称的较大涉险事故是指:

（一）涉险10人以上的事故；

（二）造成3人以上被困或者下落不明的事故；

（三）紧急疏散人员500人以上的事故；

（四）因生产安全事故对环境造成严重污染（人员密集场所、生活水源、农田、河流、水库、湖泊等）的事故；

（五）危及重要场所和设施安全（电站、重要水利设施、危化品库、油气站和车站、码头、港口、机场及其他人员密集场所等）的事故；

（六）其他较大涉险事故。

第二十七条 省级安全生产监督管理部门、省级煤矿安全监察机构可以根据本办法的规定,制定具体的实施办法。

第二十八条 本办法自2009年7月1日起施行。

生产安全事故应急预案管理办法

1. 2016年6月3日国家安全生产监督管理总局令第88号公布
2. 根据2019年7月11日应急管理部令第2号《关于修改〈生产安全事故应急预案管理办法〉的决定》修正

第一章 总 则

第一条 为规范生产安全事故应急预案管理工作,迅速有效处置生产安全事故,依据《中华人民共和国突发事件应对法》《中华人民共和国安全生产法》《生产安全事故应急条例》等法律、行政法规和《突发事件应急预案管理办法》（国办发

〔2013〕101号),制定本办法。

第二条 生产安全事故应急预案(以下简称应急预案)的编制、评审、公布、备案、实施及监督管理工作,适用本办法。

第三条 应急预案的管理实行属地为主、分级负责、分类指导、综合协调、动态管理的原则。

第四条 应急管理部负责全国应急预案的综合协调管理工作。国务院其他负有安全生产监督管理职责的部门在各自职责范围内,负责相关行业、领域应急预案的管理工作。

县级以上地方各级人民政府应急管理部门负责本行政区域内应急预案的综合协调管理工作。县级以上地方各级人民政府其他负有安全生产监督管理职责的部门按照各自的职责负责有关行业、领域应急预案的管理工作。

第五条 生产经营单位主要负责人负责组织编制和实施本单位的应急预案,并对应急预案的真实性和实用性负责;各分管负责人应当按照职责分工落实应急预案规定的职责。

第六条 生产经营单位应急预案分为综合应急预案、专项应急预案和现场处置方案。

综合应急预案,是指生产经营单位为应对各种生产安全事故而制定的综合性工作方案,是本单位应对生产安全事故的总体工作程序、措施和应急预案体系的总纲。

专项应急预案,是指生产经营单位为应对某一种或者多种类型生产安全事故,或者针对重要生产设施、重大危险源、重大活动防止生产安全事故而制定的专项性工作方案。

现场处置方案,是指生产经营单位根据不同生产安全事故类型,针对具体场所、装置或者设施所制定的应急处置措施。

第二章 应急预案的编制

第七条 应急预案的编制应当遵循以人为本、依法依规、符合实际、注重实效的原则,以应急处置为核心,明确应急职责、规范应急程序、细化保障措施。

第八条 应急预案的编制应当符合下列基本要求:

(一)有关法律、法规、规章和标准的规定;
(二)本地区、本部门、本单位的安全生产实际情况;
(三)本地区、本部门、本单位的危险性分析情况;
(四)应急组织和人员的职责分工明确,并有具体的落实措施;
(五)有明确、具体的应急程序和处置措施,并与其应急能力相适应;
(六)有明确的应急保障措施,满足本地区、本部门、本单位的应急工作需要;
(七)应急预案基本要素齐全、完整,应急预案附件提供的信息准确;

（八）应急预案内容与相关应急预案相互衔接。

第九条 编制应急预案应当成立编制工作小组，由本单位有关负责人任组长，吸收与应急预案有关的职能部门和单位的人员，以及有现场处置经验的人员参加。

第十条 编制应急预案前，编制单位应当进行事故风险辨识、评估和应急资源调查。

事故风险辨识、评估，是指针对不同事故种类及特点，识别存在的危险危害因素，分析事故可能产生的直接后果以及次生、衍生后果，评估各种后果的危害程度和影响范围，提出防范和控制事故风险措施的过程。

应急资源调查，是指全面调查本地区、本单位第一时间可以调用的应急资源状况和合作区域内可以请求援助的应急资源状况，并结合事故风险辨识评估结论制定应急措施的过程。

第十一条 地方各级人民政府应急管理部门和其他负有安全生产监督管理职责的部门应当根据法律、法规、规章和同级人民政府以及上一级人民政府应急管理部门和其他负有安全生产监督管理职责的部门的应急预案，结合工作实际，组织编制相应的部门应急预案。

部门应急预案应当根据本地区、本部门的实际情况，明确信息报告、响应分级、指挥权移交、警戒疏散等内容。

第十二条 生产经营单位应当根据有关法律、法规、规章和相关标准，结合本单位组织管理体系、生产规模和可能发生的事故特点，与相关预案保持衔接，确立本单位的应急预案体系，编制相应的应急预案，并体现自救互救和先期处置等特点。

第十三条 生产经营单位风险种类多、可能发生多种类型事故的，应当组织编制综合应急预案。

综合应急预案应当规定应急组织机构及其职责、应急预案体系、事故风险描述、预警及信息报告、应急响应、保障措施、应急预案管理等内容。

第十四条 对于某一种或者多种类型的事故风险，生产经营单位可以编制相应的专项应急预案，或将专项应急预案并入综合应急预案。

专项应急预案应当规定应急指挥机构与职责、处置程序和措施等内容。

第十五条 对于危险性较大的场所、装置或者设施，生产经营单位应当编制现场处置方案。

现场处置方案应当规定应急工作职责、应急处置措施和注意事项等内容。

事故风险单一、危险性小的生产经营单位，可以只编制现场处置方案。

第十六条 生产经营单位应急预案应当包括向上级应急管理机构报告的内容、应急组织机构和人员的联系方式、应急物资储备清单等附件信息。附件信息发生变化时，应当及时更新，确保准确有效。

第十七条 生产经营单位组织应急预案编制过程中，应当根据法律、法规、规章的规定或者实际需要，征求相关应急救援队伍、公民、法人或者其他组织的意见。

第十八条 生产经营单位编制的各类应急预案之间应当相互衔接，并与相关人民政府及其部门、应急救援队伍和涉及的其他单位的应急预案相衔接。

第十九条 生产经营单位应当在编制应急预案的基础上,针对工作场所、岗位的特点,编制简明、实用、有效的应急处置卡。

应急处置卡应当规定重点岗位、人员的应急处置程序和措施,以及相关联络人员和联系方式,便于从业人员携带。

第三章 应急预案的评审、公布和备案

第二十条 地方各级人民政府应急管理部门应当组织有关专家对本部门编制的部门应急预案进行审定;必要时,可以召开听证会,听取社会有关方面的意见。

第二十一条 矿山、金属冶炼企业和易燃易爆物品、危险化学品的生产、经营(带储存设施的,下同)、储存、运输企业,以及使用危险化学品达到国家规定数量的化工企业、烟花爆竹生产、批发经营企业和中型规模以上的其他生产经营单位,应当对本单位编制的应急预案进行评审,并形成书面评审纪要。

前款规定以外的其他生产经营单位可以根据自身需要,对本单位编制的应急预案进行论证。

第二十二条 参加应急预案评审的人员应当包括有关安全生产及应急管理方面的专家。

评审人员与所评审应急预案的生产经营单位有利害关系的,应当回避。

第二十三条 应急预案的评审或者论证应当注重基本要素的完整性、组织体系的合理性、应急处置程序和措施的针对性、应急保障措施的可行性、应急预案的衔接性等内容。

第二十四条 生产经营单位的应急预案经评审或者论证后,由本单位主要负责人签署,向本单位从业人员公布,并及时发放到本单位有关部门、岗位和相关应急救援队伍。

事故风险可能影响周边其他单位、人员的,生产经营单位应当将有关事故风险的性质、影响范围和应急防范措施告知周边的其他单位和人员。

第二十五条 地方各级人民政府应急管理部门的应急预案,应当报同级人民政府备案,同时抄送上一级人民政府应急管理部门,并依法向社会公布。

地方各级人民政府其他负有安全生产监督管理职责的部门的应急预案,应当抄送同级人民政府应急管理部门。

第二十六条 易燃易爆物品、危险化学品等危险物品的生产、经营、储存、运输单位,矿山、金属冶炼、城市轨道交通运营、建筑施工单位,以及宾馆、商场、娱乐场所、旅游景区等人员密集场所经营单位,应当在应急预案公布之日起20个工作日内,按照分级属地原则,向县级以上人民政府应急管理部门和其他负有安全生产监督管理职责的部门进行备案,并依法向社会公布。

前款所列单位属于中央企业的,其总部(上市公司)的应急预案,报国务院主

管的负有安全生产监督管理职责的部门备案,并抄送应急管理部;其所属单位的应急预案报所在地的省、自治区、直辖市或者设区的市级人民政府主管的负有安全生产监督管理职责的部门备案,并抄送同级人民政府应急管理部门。

本条第一款所列单位不属于中央企业的,其中非煤矿山、金属冶炼和危险化学品生产、经营、储存、运输企业,以及使用危险化学品达到国家规定数量的化工企业、烟花爆竹生产、批发经营企业的应急预案,按照隶属关系报所在地县级以上地方人民政府应急管理部门备案;本款前述单位以外的其他生产经营单位应急预案的备案,由省、自治区、直辖市人民政府负有安全生产监督管理职责的部门确定。

油气输送管道运营单位的应急预案,除按照本条第一款、第二款的规定备案外,还应当抄送所经行政区域的县级人民政府应急管理部门。

海洋石油开采企业的应急预案,除按照本条第一款、第二款的规定备案外,还应当抄送所经行政区域的县级人民政府应急管理部门和海洋石油安全监管机构。

煤矿企业的应急预案除按照本条第一款、第二款的规定备案外,还应当抄送所在地的煤矿安全监察机构。

第二十七条 生产经营单位申报应急预案备案,应当提交下列材料:

(一)应急预案备案申报表;

(二)本办法第二十一条所列单位,应当提供应急预案评审意见;

(三)应急预案电子文档;

(四)风险评估结果和应急资源调查清单。

第二十八条 受理备案登记的负有安全生产监督管理职责的部门应当在5个工作日内对应急预案材料进行核对,材料齐全的,应当予以备案并出具应急预案备案登记表;材料不齐全的,不予备案并一次性告知需要补齐的材料。逾期不予备案又不说明理由的,视为已经备案。

对于实行安全生产许可的生产经营单位,已经进行应急预案备案的,在申请安全生产许可证时,可以不提供相应的应急预案,仅提供应急预案备案登记表。

第二十九条 各级人民政府负有安全生产监督管理职责的部门应当建立应急预案备案登记建档制度,指导、督促生产经营单位做好应急预案的备案登记工作。

第四章 应急预案的实施

第三十条 各级人民政府应急管理部门、各类生产经营单位应当采取多种形式开展应急预案的宣传教育,普及生产安全事故避险、自救和互救知识,提高从业人员和社会公众的安全意识与应急处置技能。

第三十一条 各级人民政府应急管理部门应当将本部门应急预案的培训纳入安全生产培训工作计划,并组织实施本行政区域内重点生产经营单位的应急预案培训工作。

生产经营单位应当组织开展本单位的应急预案、应急知识、自救互救和避险逃生技能的培训活动,使有关人员了解应急预案内容,熟悉应急职责、应急处置程序和措施。

应急培训的时间、地点、内容、师资、参加人员和考核结果等情况应当如实记入本单位的安全生产教育和培训档案。

第三十二条 各级人民政府应急管理部门应当至少每两年组织一次应急预案演练,提高本部门、本地区生产安全事故应急处置能力。

第三十三条 生产经营单位应当制定本单位的应急预案演练计划,根据本单位的事故风险特点,每年至少组织一次综合应急预案演练或者专项应急预案演练,每半年至少组织一次现场处置方案演练。

易燃易爆物品、危险化学品等危险物品的生产、经营、储存、运输单位,矿山、金属冶炼、城市轨道交通运营、建筑施工单位,以及宾馆、商场、娱乐场所、旅游景区等人员密集场所经营单位,应当至少每半年组织一次生产安全事故应急预案演练,并将演练情况报送所在地县级以上地方人民政府负有安全生产监督管理职责的部门。

县级以上地方人民政府负有安全生产监督管理职责的部门应当对本行政区域内前款规定的重点生产经营单位的生产安全事故应急救援预案演练进行抽查;发现演练不符合要求的,应当责令限期改正。

第三十四条 应急预案演练结束后,应急预案演练组织单位应当对应急预案演练效果进行评估,撰写应急预案演练评估报告,分析存在的问题,并对应急预案提出修订意见。

第三十五条 应急预案编制单位应当建立应急预案定期评估制度,对预案内容的针对性和实用性进行分析,并对应急预案是否需要修订作出结论。

矿山、金属冶炼、建筑施工企业和易燃易爆物品、危险化学品等危险物品的生产、经营、储存、运输企业、使用危险化学品达到国家规定数量的化工企业、烟花爆竹生产、批发经营企业和中型规模以上的其他生产经营单位,应当每三年进行一次应急预案评估。

应急预案评估可以邀请相关专业机构或者有关专家、有实际应急救援工作经验的人员参加,必要时可以委托安全生产技术服务机构实施。

第三十六条 有下列情形之一的,应急预案应当及时修订并归档:

(一)依据的法律、法规、规章、标准及上位预案中的有关规定发生重大变化的;

(二)应急指挥机构及其职责发生调整的;

(三)安全生产面临的风险发生重大变化的;

(四)重要应急资源发生重大变化的;

(五)在应急演练和事故应急救援中发现需要修订预案的重大问题的;

（六）编制单位认为应当修订的其他情况。

第三十七条 应急预案修订涉及组织指挥体系与职责、应急处置程序、主要处置措施、应急响应分级等内容变更的，修订工作应当参照本办法规定的应急预案编制程序进行，并按照有关应急预案报备程序重新备案。

第三十八条 生产经营单位应当按照应急预案的规定，落实应急指挥体系、应急救援队伍、应急物资及装备，建立应急物资、装备配备及其使用档案，并对应急物资、装备进行定期检测和维护，使其处于适用状态。

第三十九条 生产经营单位发生事故时，应当第一时间启动应急响应，组织有关力量进行救援，并按照规定将事故信息及应急响应启动情况报告事故发生地县级以上人民政府应急管理部门和其他负有安全生产监督管理职责的部门。

第四十条 生产安全事故应急处置和应急救援结束后，事故发生单位应当对应急预案实施情况进行总结评估。

第五章 监督管理

第四十一条 各级人民政府应急管理部门和煤矿安全监察机构应当将生产经营单位应急预案工作纳入年度监督检查计划，明确检查的重点内容和标准，并严格按照计划开展执法检查。

第四十二条 地方各级人民政府应急管理部门应当每年对应急预案的监督管理工作情况进行总结，并报上一级人民政府应急管理部门。

第四十三条 对于在应急预案管理工作中做出显著成绩的单位和人员，各级人民政府应急管理部门、生产经营单位可以给予表彰和奖励。

第六章 法律责任

第四十四条 生产经营单位有下列情形之一的，由县级以上人民政府应急管理等部门依照《中华人民共和国安全生产法》第九十四条的规定，责令限期改正，可以处5万元以下罚款；逾期未改正的，责令停产停业整顿，并处5万元以上10万元以下的罚款，对直接负责的主管人员和其他直接责任人员处1万元以上2万元以下的罚款：

（一）未按照规定编制应急预案的；

（二）未按照规定定期组织应急预案演练的。

第四十五条 生产经营单位有下列情形之一的，由县级以上人民政府应急管理部门责令限期改正，可以处1万元以上3万元以下的罚款：

（一）在应急预案编制前未按照规定开展风险辨识、评估和应急资源调查的；

（二）未按照规定开展应急预案评审的；

（三）事故风险可能影响周边单位、人员的，未将事故风险的性质、影响范围和应急防范措施告知周边单位和人员的；

（四）未按照规定开展应急预案评估的；

（五）未按照规定进行应急预案修订的；

（六）未落实应急预案规定的应急物资及装备的。

生产经营单位未按照规定进行应急预案备案的，由县级以上人民政府应急管理等部门依照职责责令限期改正；逾期未改正的，处3万元以上5万元以下的罚款，对直接负责的主管人员和其他直接责任人员处1万元以上2万元以下的罚款。

第七章 附 则

第四十六条 《生产经营单位生产安全事故应急预案备案申报表》和《生产经营单位生产安全事故应急预案备案登记表》由应急管理部统一制定。

第四十七条 各省、自治区、直辖市应急管理部门可以依据本办法的规定，结合本地区实际制定实施细则。

第四十八条 对储存、使用易燃易爆物品、危险化学品等危险物品的科研机构、学校、医院等单位的安全事故应急预案的管理，参照本办法的有关规定执行。

第四十九条 本办法自2016年7月1日起施行。

国家安全生产事故灾难应急预案

2006年1月22日国务院发布

1 总 则

1.1 编制目的

规范安全生产事故灾难的应急管理和应急响应程序，及时有效地实施应急救援工作，最大程度地减少人员伤亡、财产损失，维护人民群众的生命安全和社会稳定。

1.2 编制依据

依据《中华人民共和国安全生产法》、《国家突发公共事件总体应急预案》和《国务院关于进一步加强安全生产工作的决定》等法律法规及有关规定，制定本预案。

1.3 适用范围

本预案适用于下列安全生产事故灾难的应对工作：

（1）造成30人以上死亡（含失踪），或危及30人以上生命安全，或者100人以上中毒（重伤），或者需要紧急转移安置10万人以上，或者直接经济损失1亿元以上的特别重大安全生产事故灾难。

（2）超出省（区、市）人民政府应急处置能力，或者跨省级行政区、跨多个领域（行业和部门）的安全生产事故灾难。

（3）需要国务院安全生产委员会（以下简称国务院安委会）处置的安全生产事故灾难。

1.4 工作原则

(1) 以人为本,安全第一。把保障人民群众的生命安全和身体健康、最大程度地预防和减少安全生产事故灾难造成的人员伤亡作为首要任务。切实加强应急救援人员的安全防护。充分发挥人的主观能动性,充分发挥专业救援力量的骨干作用和人民群众的基础作用。

(2) 统一领导,分级负责。在国务院统一领导和国务院安委会组织协调下,各省(区、市)人民政府和国务院有关部门按照各自职责和权限,负责有关安全生产事故灾难的应急管理和应急处置工作。企业要认真履行安全生产责任主体的职责,建立安全生产应急预案和应急机制。

(3) 条块结合,属地为主。安全生产事故灾难现场应急处置的领导和指挥以地方人民政府为主,实行地方各级人民政府行政首长负责制。有关部门应当与地方人民政府密切配合,充分发挥指导和协调作用。

(4) 依靠科学,依法规范。采用先进技术,充分发挥专家作用,实行科学民主决策。采用先进的救援装备和技术,增强应急救援能力。依法规范应急救援工作,确保应急预案的科学性、权威性和可操作性。

(5) 预防为主,平战结合。贯彻落实"安全第一,预防为主"的方针,坚持事故灾难应急与预防工作相结合。做好预防、预测、预警和预报工作,做好常态下的风险评估、物资储备、队伍建设、完善装备、预案演练等工作。

2 组织体系及相关机构职责

2.1 组织体系

全国安全生产事故灾难应急救援组织体系由国务院安委会、国务院有关部门、地方各级人民政府安全生产事故灾难应急领导机构、综合协调指挥机构、专业协调指挥机构、应急支持保障部门、应急救援队伍和生产经营单位组成。

国家安全生产事故灾难应急领导机构为国务院安委会,综合协调指挥机构为国务院安委会办公室,国家安全生产应急救援指挥中心具体承担安全生产事故灾难应急管理工作,专业协调指挥机构为国务院有关部门管理的专业领域应急救援指挥机构。

地方各级人民政府的安全生产事故灾难应急机构由地方政府确定。

应急救援队伍主要包括消防部队、专业应急救援队伍、生产经营单位的应急救援队伍、社会力量、志愿者队伍及有关国际救援力量等。

国务院安委会各成员单位按照职责履行本部门的安全生产事故灾难应急救援和保障方面的职责,负责制订、管理并实施有关应急预案。

2.2 现场应急救援指挥部及职责

现场应急救援指挥以属地为主,事发地省(区、市)人民政府成立现场应急救援指挥部。现场应急救援指挥部负责指挥所有参与应急救援的队伍和人员,及时向国务院报告事故灾难事态发展及救援情况,同时抄送国务院安委会办公室。

涉及多个领域、跨省级行政区或影响特别重大的事故灾难,根据需要由国务院安委会或者国务院有关部门组织成立现场应急救援指挥部,负责应急救援协调指挥工作。

3 预警预防机制

3.1 事故灾难监控与信息报告

国务院有关部门和省(区、市)人民政府应当加强对重大危险源的监控,对可能引发特别重大事故的险情,或者其他灾害、灾难可能引发安全生产事故灾难的重要信息应及时上报。

特别重大安全生产事故灾难发生后,事故现场有关人员应当立即报告单位负责人,单位负责人接到报告后,应当立即报告当地人民政府和上级主管部门。中央企业在上报当地政府的同时应当上报企业总部。当地人民政府接到报告后应当立即报告上级政府,国务院有关部门、单位、中央企业和事故灾难发生地的省(区、市)人民政府应当在接到报告后2小时内,向国务院报告,同时抄送国务院安委会办公室。

自然灾害、公共卫生和社会安全方面的突发事件可能引发安全生产事故灾难的信息,有关各级、各类应急指挥机构均应及时通报同级安全生产事故灾难应急救援指挥机构,安全生产事故灾难应急救援指挥机构应当及时分析处理,并按照分级管理的程序逐级上报,紧急情况下,可越级上报。

发生安全生产事故灾难的有关部门、单位要及时、主动向国务院安委会办公室、国务院有关部门提供与事故应急救援有关的资料。事故灾难发生地安全监管部门提供事故前监督检查的有关资料,为国务院安委会办公室、国务院有关部门研究制订救援方案提供参考。

3.2 预警行动

各级、各部门安全生产事故灾难应急机构接到可能导致安全生产事故灾难的信息后,按照应急预案及时研究确定应对方案,并通知有关部门、单位采取相应行动预防事故发生。

4 应急响应

4.1 分级响应

Ⅰ级应急响应行动(具体标准见1.3)由国务院安委会办公室或国务院有关部门组织实施。当国务院安委会办公室或国务院有关部门进行Ⅰ级应急响应行动时,事发地各级人民政府应当按照相应的预案全力以赴组织救援,并及时向国务院及国务院安委会办公室、国务院有关部门报告救援工作进展情况。

Ⅱ级及以下应急响应行动的组织实施由省级人民政府决定。地方各级人民政府根据事故灾难或险情的严重程度启动相应的应急预案,超出其应急救援处置能力时,及时报请上一级应急救援指挥机构启动上一级应急预案实施救援。

4.1.1 国务院有关部门的响应

Ⅰ级响应时,国务院有关部门启动并实施本部门相关的应急预案,组织应急救援,并及时向国务院及国务院安委会办公室报告救援工作进展情况。需要其他部门应急力量支援时,及时提出请求。

根据发生的安全生产事故灾难的类别,国务院有关部门按照其职责和预案进行响应。

4.1.2 国务院安委会办公室的响应

(1)及时向国务院报告安全生产事故灾难基本情况、事态发展和救援进展情况。

(2)开通与事故灾难发生地的省级应急救援指挥机构、现场应急救援指挥部、相关专业应急救援指挥机构的通信联系,随时掌握事态发展情况。

(3)根据有关部门和专家的建议,通知相关应急救援指挥机构随时待命,为地方或专业应急救援指挥机构提供技术支持。

(4)派出有关人员和专家赶赴现场参加、指导现场应急救援,必要时协调专业应急力量增援。

(5)对可能或者已经引发自然灾害、公共卫生和社会安全突发事件的,国务院安委会办公室要及时上报国务院,同时负责通报相关领域的应急救援指挥机构。

(6)组织协调特别重大安全生产事故灾难应急救援工作。

(7)协调落实其他有关事项。

4.2 指挥和协调

进入Ⅰ级响应后,国务院有关部门及其专业应急救援指挥机构立即按照预案组织相关应急救援力量,配合地方政府组织实施应急救援。

国务院安委会办公室根据事故灾难的情况开展应急救援协调工作。通知有关部门及其应急机构、救援队伍和事发地毗邻省(区、市)人民政府应急救援指挥机构,相关机构按照各自应急预案提供增援或保障。有关应急队伍在现场应急救援指挥部统一指挥下,密切配合,共同实施抢险救援和紧急处置行动。

现场应急救援指挥部负责现场应急救援的指挥,现场应急救援指挥部成立前,事发单位和先期到达的应急救援队伍必须迅速、有效地实施先期处置,事故灾难发生地人民政府负责协调,全力控制事故灾难发展态势,防止次生、衍生和耦合事故(事件)发生,果断控制或切断事故灾害链。

中央企业发生事故灾难时,其总部应全力调动相关资源,有效开展应急救援工作。

4.3 紧急处置

现场处置主要依靠本行政区域内的应急处置力量。事故灾难发生后,发生事故的单位和当地人民政府按照应急预案迅速采取措施。

根据事态发展变化情况,出现急剧恶化的特殊险情时,现场应急救援指挥部在充分考虑专家和有关方面意见的基础上,依法及时采取紧急处置措施。

4.4 医疗卫生救助

事发地卫生行政主管部门负责组织开展紧急医疗救护和现场卫生处置工作。

卫生部或国务院安委会办公室根据地方人民政府的请求,及时协调有关专业医疗救护机构和专科医院派出有关专家、提供特种药品和特种救治装备进行支援。

事故灾难发生地疾病控制中心根据事故类型,按照专业规程进行现场防疫工作。

4.5 应急人员的安全防护

现场应急救援人员应根据需要携带相应的专业防护装备,采取安全防护措施,严格执行应急救援人员进入和离开事故现场的相关规定。

现场应急救援指挥部根据需要具体协调、调集相应的安全防护装备。

4.6 群众的安全防护

现场应急救援指挥部负责组织群众的安全防护工作,主要工作内容如下:

(1)企业应当与当地政府、社区建立应急互动机制,确定保护群众安全需要采取的防护措施。

(2)决定应急状态下群众疏散、转移和安置的方式、范围、路线、程序。

(3)指定有关部门负责实施疏散、转移。

(4)启用应急避难场所。

(5)开展医疗防疫和疾病控制工作。

(6)负责治安管理。

4.7 社会力量的动员与参与

现场应急救援指挥部组织调动本行政区域社会力量参与应急救援工作。

超出事发地省级人民政府处置能力时,省级人民政府向国务院申请本行政区域外的社会力量支援,国务院办公厅协调有关省级人民政府、国务院有关部门组织社会力量进行支援。

4.8 现场检测与评估

根据需要,现场应急救援指挥部成立事故现场检测、鉴定与评估小组,综合分析和评价检测数据,查找事故原因,评估事故发展趋势,预测事故后果,为制订现场抢救方案和事故调查提供参考。检测与评估报告要及时上报。

4.9 信息发布

国务院安委会办公室会同有关部门具体负责特别重大安全生产事故灾难信息的发布工作。

4.10 应急结束

当遇险人员全部得救,事故现场得以控制,环境符合有关标准,导致次生、衍生事故隐患消除后,经现场应急救援指挥部确认和批准,现场应急处置工作结束,应急救援队伍撤离现场。由事故发生地省级人民政府宣布应急结束。

5 后期处置

5.1 善后处置

省级人民政府会同相关部门(单位)负责组织特别重大安全生产事故灾难的善后处置工作,包括人员安置、补偿,征用物资补偿,灾后重建,污染物收集、清理与处理等事项。尽快消除事故影响,妥善安置和慰问受害及受影响人员,保证社会稳定,尽快恢复正常秩序。

5.2 保险

安全生产事故灾难发生后,保险机构及时开展应急救援人员保险受理和受灾人员保险理赔工作。

5.3 事故灾难调查报告、经验教训总结及改进建议

特别重大安全生产事故灾难由国务院安全生产监督管理部门负责组成调查组进行调查;必要时,国务院直接组成调查组或者授权有关部门组成调查组。

安全生产事故灾难善后处置工作结束后,现场应急救援指挥部分析总结应急救援经验教训,提出改进应急救援工作的建议,完成应急救援总结报告并及时上报。

6 保障措施

6.1 通信与信息保障

建立健全国家安全生产事故灾难应急救援综合信息网络系统和重大安全生产事故灾难信息报告系统;建立完善救援力量和资源信息数据库;规范信息获取、分析、发布、报送格式和程序,保证应急机构之间的信息资源共享,为应急决策提供相关信息支持。

有关部门应急救援指挥机构和省级应急救援指挥机构负责本部门、本地区相关信息收集、分析和处理,定期向国务院安委会办公室报送有关信息,重要信息和变更信息要及时报送,国务院安委会办公室负责收集、分析和处理全国安全生产事故灾难应急救援有关信息。

6.2 应急支援与保障

6.2.1 救援装备保障

各专业应急救援队伍和企业根据实际情况和需要配备必要的应急救援装备。专业应急救援指挥机构应当掌握本专业的特种救援装备情况,各专业队伍按规程配备救援装备。

6.2.2 应急队伍保障

矿山、危险化学品、交通运输等行业或领域的企业应当依法组建和完善救援队伍。各级、各行业安全生产应急救援机构负责检查并掌握相关应急救援力量的建设和准备情况。

6.2.3 交通运输保障

发生特别重大安全生产事故灾难后,国务院安委会办公室或有关部门根据救援

需要及时协调民航、交通和铁路等行政主管部门提供交通运输保障。地方人民政府有关部门对事故现场进行道路交通管制,根据需要开设应急救援特别通道,道路受损时应迅速组织抢修,确保救灾物资、器材和人员运送及时到位,满足应急处置工作需要。

6.2.4 医疗卫生保障

县级以上各级人民政府应当加强急救医疗服务网络的建设,配备相应的医疗救治药物、技术、设备和人员,提高医疗卫生机构应对安全生产事故灾难的救治能力。

6.2.5 物资保障

国务院有关部门和县级以上人民政府及其有关部门、企业,应当建立应急救援设施、设备、救治药品和医疗器械等储备制度,储备必要的应急物资和装备。

各专业应急救援机构根据实际情况,负责监督应急物资的储备情况、掌握应急物资的生产加工能力储备情况。

6.2.6 资金保障

生产经营单位应当做好事故应急救援必要的资金准备。安全生产事故灾难应急救援资金首先由事故责任单位承担,事故责任单位暂时无力承担的,由当地政府协调解决。国家处置安全生产事故灾难所需工作经费按照《财政应急保障预案》的规定解决。

6.2.7 社会动员保障

地方各级人民政府根据需要动员和组织社会力量参与安全生产事故灾难的应急救援。国务院安委会办公室协调调用事发地以外的有关社会应急力量参与增援时,地方人民政府要为其提供各种必要保障。

6.2.8 应急避难场所保障

直辖市、省省城市和大城市人民政府负责提供特别重大事故灾难发生时人员避难需要的场所。

6.3 技术储备与保障

国务院安委会办公室成立安全生产事故灾难应急救援专家组,为应急救援提供技术支持和保障。要充分利用安全生产技术支撑体系的专家和机构,研究安全生产应急救援重大问题,开发应急技术和装备。

6.4 宣传、培训和演习

6.4.1 公众信息交流

国务院安委会办公室和有关部门组织应急法律法规和事故预防、避险、避灾、自救、互救常识的宣传工作,各种媒体提供相关支持。

地方各级人民政府结合本地实际,负责本地相关宣传、教育工作,提高全民的危机意识。

企业与所在地政府、社区建立互动机制,向周边群众宣传相关应急知识。

6.4.2 培训

有关部门组织各级应急管理机构以及专业救援队伍的相关人员进行上岗前培

训和业务培训。

有关部门、单位可根据自身实际情况,做好兼职应急救援队伍的培训,积极组织社会志愿者的培训,提高公众自救、互救能力。

地方各级人民政府将突发公共事件应急管理内容列入行政干部培训的课程。

6.4.3 演习

各专业应急机构每年至少组织一次安全生产事故灾难应急救援演习。国务院安委会办公室每两年至少组织一次联合演习。各企事业单位应当根据自身特点,定期组织本单位的应急救援演习。演习结束后应及时进行总结。

6.5 监督检查

国务院安委会办公室对安全生产事故灾难应急预案实施的全过程进行监督检查。

7 附 则

7.1 预案管理与更新

随着应急救援相关法律法规的制定、修改和完善,部门职责或应急资源发生变化,以及实施过程中发现存在问题或出现新的情况,应及时修订完善本预案。

本预案有关数量的表述中,"以上"含本数,"以下"不含本数。

7.2 奖励与责任追究

7.2.1 奖励

在安全生产事故灾难应急救援工作中有下列表现之一的单位和个人,应依据有关规定给予奖励:

(1)出色完成应急处置任务,成绩显著的。

(2)防止或抢救事故灾难有功,使国家、集体和人民群众的财产免受损失或者减少损失的。

(3)对应急救援工作提出重大建议,实施效果显著的。

(4)有其他特殊贡献的。

7.2.2 责任追究

在安全生产事故灾难应急救援工作中有下列行为之一的,按照法律、法规及有关规定,对有关责任人员视情节和危害后果,由其所在单位或者上级机关给予行政处分;其中,对国家公务员和国家行政机关任命的其他人员,分别由任免机关或者监察机关给予行政处分;属于违反治安管理行为的,由公安机关依照有关法律法规的规定予以处罚;构成犯罪的,由司法机关依法追究刑事责任:

(1)不按照规定制订事故应急预案,拒绝履行应急准备义务的。

(2)不按照规定报告、通报事故灾难真实情况的。

(3)拒不执行安全生产事故灾难应急预案,不服从命令和指挥,或者在应急响应时临阵脱逃的。

（4）盗窃、挪用、贪污应急工作资金或者物资的。
（5）阻碍应急工作人员依法执行任务或者进行破坏活动的。
（6）散布谣言，扰乱社会秩序的。
（7）有其他危害应急工作行为的。

7.3　国际沟通与协作

国务院安委会办公室和有关部门积极建立与国际应急机构的联系，组织参加国际救援活动，开展国际间的交流与合作。

7.4　预案实施时间

本预案自印发之日起施行。

生产安全事故罚款处罚规定

1. 2024年1月10日应急管理部令第14号公布
2. 自2024年3月1日起施行

第一条　为防止和减少生产安全事故，严格追究生产安全事故发生单位及其有关责任人员的法律责任，正确适用事故罚款的行政处罚，依照《中华人民共和国行政处罚法》《中华人民共和国安全生产法》《生产安全事故报告和调查处理条例》等规定，制定本规定。

第二条　应急管理部门和矿山安全监察机构对生产安全事故发生单位（以下简称事故发生单位）及其主要负责人、其他负责人、安全生产管理人员以及直接负责的主管人员、其他直接责任人员等有关责任人员依照《中华人民共和国安全生产法》和《生产安全事故报告和调查处理条例》实施罚款的行政处罚，适用本规定。

第三条　本规定所称事故发生单位是指对事故发生负有责任的生产经营单位。

本规定所称主要负责人是指有限责任公司、股份有限公司的董事长、总经理或者个人经营的投资人，其他生产经营单位的厂长、经理、矿长（含实际控制人）等人员。

第四条　本规定所称事故发生单位主要负责人、其他负责人、安全生产管理人员以及直接负责的主管人员、其他直接责任人员的上一年年收入，属于国有生产经营单位的，是指该单位上级主管部门所确定的上一年年收入总额；属于非国有生产经营单位的，是指经财务、税务部门核定的上一年年收入总额。

生产经营单位提供虚假资料或者由于财务、税务部门无法核定等原因致使有关人员的上一年年收入难以确定的，按照下列办法确定：

（一）主要负责人的上一年年收入，按照本省、自治区、直辖市上一年度城镇单位就业人员平均工资的5倍以上10倍以下计算；

(二)其他负责人、安全生产管理人员以及直接负责的主管人员、其他直接责任人员的上一年年收入,按照本省、自治区、直辖市上一年度城镇单位就业人员平均工资的1倍以上5倍以下计算。

第五条 《生产安全事故报告和调查处理条例》所称的迟报、漏报、谎报和瞒报,依照下列情形认定:

(一)报告事故的时间超过规定时限的,属于迟报;

(二)因过失对应当上报的事故或者事故发生的时间、地点、类别、伤亡人数、直接经济损失等内容遗漏未报的,属于漏报;

(三)故意不如实报告事故发生的时间、地点、初步原因、性质、伤亡人数和涉险人数、直接经济损失等有关内容的,属于谎报;

(四)隐瞒已经发生的事故,超过规定时限未向应急管理部门、矿山安全监察机构和有关部门报告,经查证属实的,属于瞒报。

第六条 对事故发生单位及其有关责任人员处以罚款的行政处罚,依照下列规定决定:

(一)对发生特别重大事故的单位及其有关责任人员罚款的行政处罚,由应急管理部决定;

(二)对发生重大事故的单位及其有关责任人员罚款的行政处罚,由省级人民政府应急管理部门决定;

(三)对发生较大事故的单位及其有关责任人员罚款的行政处罚,由设区的市级人民政府应急管理部门决定;

(四)对发生一般事故的单位及其有关责任人员罚款的行政处罚,由县级人民政府应急管理部门决定。

上级应急管理部门可以指定下一级应急管理部门对事故发生单位及其有关责任人员实施行政处罚。

第七条 对煤矿事故发生单位及其有关责任人员处以罚款的行政处罚,依照下列规定执行:

(一)对发生特别重大事故的煤矿及其有关责任人员罚款的行政处罚,由国家矿山安全监察局决定;

(二)对发生重大事故、较大事故和一般事故的煤矿及其有关责任人员罚款的行政处罚,由国家矿山安全监察局省级局决定。

上级矿山安全监察机构可以指定下一级矿山安全监察机构对事故发生单位及其有关责任人员实施行政处罚。

第八条 特别重大事故以下等级事故,事故发生地与事故发生单位所在地不在同一个县级以上行政区域的,由事故发生地的应急管理部门或者矿山安全监察机构依照本规定第六条或者第七条规定的权限实施行政处罚。

第九条 应急管理部门和矿山安全监察机构对事故发生单位及其有关责任人员实

施罚款的行政处罚,依照《中华人民共和国行政处罚法》《安全生产违法行为行政处罚办法》等规定的程序执行。

第十条 应急管理部门和矿山安全监察机构在作出行政处罚前,应当告知当事人依法享有的陈述、申辩、要求听证等权利;当事人对行政处罚不服的,有权依法申请行政复议或者提起行政诉讼。

第十一条 事故发生单位主要负责人有《中华人民共和国安全生产法》第一百一十条、《生产安全事故报告和调查处理条例》第三十五条、第三十六条规定的下列行为之一的,依照下列规定处以罚款:

(一)事故发生单位主要负责人在事故发生后不立即组织事故抢救,或者在事故调查处理期间擅离职守,或者瞒报、谎报、迟报事故,或者事故发生后逃匿的,处上一年年收入60%至80%的罚款;贻误事故抢救或者造成事故扩大或者影响事故调查或者造成重大社会影响的,处上一年年收入80%至100%的罚款;

(二)事故发生单位主要负责人漏报事故的,处上一年年收入40%至60%的罚款;贻误事故抢救或者造成事故扩大或者影响事故调查或者造成重大社会影响的,处上一年年收入60%至80%的罚款;

(三)事故发生单位主要负责人伪造、故意破坏事故现场,或者转移、隐匿资金、财产、销毁有关证据、资料,或者拒绝接受调查,或者拒绝提供有关情况和资料,或者在事故调查中作伪证,或者指使他人作伪证的,处上一年年收入60%至80%的罚款;贻误事故抢救或者造成事故扩大或者影响事故调查或者造成重大社会影响的,处上一年年收入80%至100%的罚款。

第十二条 事故发生单位直接负责的主管人员和其他直接责任人员有《生产安全事故报告和调查处理条例》第三十六条规定的行为之一的,处上一年年收入60%至80%的罚款;贻误事故抢救或者造成事故扩大或者影响事故调查或者造成重大社会影响的,处上一年年收入80%至100%的罚款。

第十三条 事故发生单位有《生产安全事故报告和调查处理条例》第三十六条第一项至第五项规定的行为之一的,依照下列规定处以罚款:

(一)发生一般事故的,处100万元以上150万元以下的罚款;
(二)发生较大事故的,处150万元以上200万元以下的罚款;
(三)发生重大事故的,处200万元以上250万元以下的罚款;
(四)发生特别重大事故的,处250万元以上300万元以下的罚款。

事故发生单位有《生产安全事故报告和调查处理条例》第三十六条第一项至第五项规定的行为之一的,贻误事故抢救或者造成事故扩大或者影响事故调查或者造成重大社会影响的,依照下列规定处以罚款:

(一)发生一般事故的,处300万元以上350万元以下的罚款;
(二)发生较大事故的,处350万元以上400万元以下的罚款;
(三)发生重大事故的,处400万元以上450万元以下的罚款;

(四)发生特别重大事故的,处 450 万元以上 500 万元以下的罚款。

第十四条 事故发生单位对一般事故负有责任的,依照下列规定处以罚款:

(一)造成 3 人以下重伤(包括急性工业中毒,下同),或者 300 万元以下直接经济损失的,处 30 万元以上 50 万元以下的罚款;

(二)造成 1 人死亡,或者 3 人以上 6 人以下重伤,或者 300 万元以上 500 万元以下直接经济损失的,处 50 万元以上 70 万元以下的罚款;

(三)造成 2 人死亡,或者 6 人以上 10 人以下重伤,或者 500 万元以上 1000 万元以下直接经济损失的,处 70 万元以上 100 万元以下的罚款。

第十五条 事故发生单位对较大事故发生负有责任的,依照下列规定处以罚款:

(一)造成 3 人以上 5 人以下死亡,或者 10 人以上 20 人以下重伤,或者 1000 万元以上 2000 万元以下直接经济损失的,处 100 万元以上 120 万元以下的罚款;

(二)造成 5 人以上 7 人以下死亡,或者 20 人以上 30 人以下重伤,或者 2000 万元以上 3000 万元以下直接经济损失的,处 120 万元以上 150 万元以下的罚款;

(三)造成 7 人以上 10 人以下死亡,或者 30 人以上 50 人以下重伤,或者 3000 万元以上 5000 万元以下直接经济损失的,处 150 万元以上 200 万元以下的罚款。

第十六条 事故发生单位对重大事故发生负有责任的,依照下列规定处以罚款:

(一)造成 10 人以上 13 人以下死亡,或者 50 人以上 60 人以下重伤,或者 5000 万元以上 6000 万元以下直接经济损失的,处 200 万元以上 400 万元以下的罚款;

(二)造成 13 人以上 15 人以下死亡,或者 60 人以上 70 人以下重伤,或者 6000 万元以上 7000 万元以下直接经济损失的,处 400 万元以上 600 万元以下的罚款;

(三)造成 15 人以上 30 人以下死亡,或者 70 人以上 100 人以下重伤,或者 7000 万元以上 1 亿元以下直接经济损失的,处 600 万元以上 1000 万元以下的罚款。

第十七条 事故发生单位对特别重大事故发生负有责任的,依照下列规定处以罚款:

(一)造成 30 人以上 40 人以下死亡,或者 100 人以上 120 人以下重伤,或者 1 亿元以上 1.5 亿元以下直接经济损失的,处 1000 万元以上 1200 万元以下的罚款;

(二)造成 40 人以上 50 人以下死亡,或者 120 人以上 150 人以下重伤,或者 1.5 亿元以上 2 亿元以下直接经济损失的,处 1200 万元以上 1500 万元以下的罚款;

(三)造成 50 人以上死亡,或者 150 人以上重伤,或者 2 亿元以上直接经济损失的,处 1500 万元以上 2000 万元以下的罚款。

第十八条 发生生产安全事故,有下列情形之一的,属于《中华人民共和国安全生产法》第一百一十四条第二款规定的情节特别严重、影响特别恶劣的情形,可以按照法律规定罚款数额的 2 倍以上 5 倍以下对事故发生单位处以罚款:

(一)关闭、破坏直接关系生产安全的监控、报警、防护、救生设备、设施,或者篡改、隐瞒、销毁其相关数据、信息的;

(二)因存在重大事故隐患被依法责令停产停业、停止施工、停止使用有关设备、设施、场所或者立即采取排除危险的整改措施,而拒不执行的;

(三)涉及安全生产的事项未经依法批准或者许可,擅自从事矿山开采、金属冶炼、建筑施工,以及危险物品生产、经营、储存等高度危险的生产作业活动,或者未依法取得有关证照尚在从事生产经营活动的;

(四)拒绝、阻碍行政执法的;

(五)强令他人违章冒险作业,或者明知存在重大事故隐患而不排除,仍冒险组织作业的;

(六)其他情节特别严重、影响特别恶劣的情形。

第十九条 事故发生单位主要负责人未依法履行安全生产管理职责,导致事故发生的,依照下列规定处以罚款:

(一)发生一般事故的,处上一年年收入 40% 的罚款;

(二)发生较大事故的,处上一年年收入 60% 的罚款;

(三)发生重大事故的,处上一年年收入 80% 的罚款;

(四)发生特别重大事故的,处上一年年收入 100% 的罚款。

第二十条 事故发生单位其他负责人和安全生产管理人员未依法履行安全生产管理职责,导致事故发生的,依照下列规定处以罚款:

(一)发生一般事故的,处上一年年收入 20% 至 30% 的罚款;

(二)发生较大事故的,处上一年年收入 30% 至 40% 的罚款;

(三)发生重大事故的,处上一年年收入 40% 至 50% 的罚款;

(四)发生特别重大事故的,处上一年年收入 50% 的罚款。

第二十一条 个人经营的投资人未依照《中华人民共和国安全生产法》的规定保证安全生产所必需的资金投入,致使生产经营单位不具备安全生产条件,导致发生生产安全事故的,依照下列规定对个人经营的投资人处以罚款:

(一)发生一般事故的,处 2 万元以上 5 万元以下的罚款;

(二)发生较大事故的,处 5 万元以上 10 万元以下的罚款;

(三)发生重大事故的,处 10 万元以上 15 万元以下的罚款;

(四)发生特别重大事故的,处 15 万元以上 20 万元以下的罚款。

第二十二条 违反《中华人民共和国安全生产法》《生产安全事故报告和调查处理条例》和本规定,存在对事故发生负有责任以及谎报、瞒报事故等两种以上应当处以罚款的行为的,应急管理部门或者矿山安全监察机构应当分别裁量,合并作出处罚决定。

第二十三条 在事故调查中发现需要对存在违法行为的其他单位及其有关人员处以罚款的,依照相关法律、法规和规章的规定实施。

第二十四条 本规定自 2024 年 3 月 1 日起施行。原国家安全生产监督管理总局 2007 年 7 月 12 日公布,2011 年 9 月 1 日第一次修正、2015 年 4 月 2 日第二次修正的《生产安全事故罚款处罚规定(试行)》同时废止。

2. 危险化学品、有毒物品安全生产

中华人民共和国监控化学品管理条例

1. 1995 年 12 月 27 日国务院令第 190 号发布
2. 根据 2011 年 1 月 8 日国务院令第 588 号《关于废止和修改部分行政法规的决定》修订

第一条 为了加强对监控化学品的管理,保障公民的人身安全和保护环境,制定本条例。

第二条 在中华人民共和国境内从事监控化学品的生产、经营和使用活动,必须遵守本条例。

第三条 本条例所称监控化学品,是指下列各类化学品:
  第一类:可作为化学武器的化学品;
  第二类:可作为生产化学武器前体的化学品;
  第三类:可作为生产化学武器主要原料的化学品;
  第四类:除炸药和纯碳氢化合物外的特定有机化学品。
  前款各类监控化学品的名录由国务院化学工业主管部门提出,报国务院批准后公布。

第四条 国务院化学工业主管部门负责全国监控化学品的管理工作。省、自治区、直辖市人民政府化学工业主管部门负责本行政区域内监控化学品的管理工作。

第五条 生产、经营或者使用监控化学品的,应当依照本条例和国家有关规定向国务院化学工业主管部门或者省、自治区、直辖市人民政府化学工业主管部门申报生产、经营或者使用监控化学品的有关资料、数据和使用目的,接受化学工业主管部门的检查监督。

第六条 国家严格控制第一类监控化学品的生产。
  为科研、医疗、制造药物或者防护目的需要生产第一类监控化学品的,应当报国务院化学工业主管部门批准，并在国务院化学工业主管部门指定的小型设施中生产。

严禁在未经国务院化学工业主管部门指定的设施中生产第一类监控化学品。

第七条 国家对第二类、第三类监控化学品和第四类监控化学品中含磷、硫、氟的特定有机化学品的生产，实行特别许可制度；未经特别许可的，任何单位和个人均不得生产。特别许可办法，由国务院化学工业主管部门制定。

第八条 新建、扩建或者改建用于生产第二类、第三类监控化学品和第四类监控化学品中含磷、硫、氟的特定有机化学品的设施，应当向所在地省、自治区、直辖市人民政府化学工业主管部门提出申请，经省、自治区、直辖市人民政府化学工业主管部门审查签署意见，报国务院化学工业主管部门批准后，方可开工建设；工程竣工后，经所在地省、自治区、直辖市人民政府化学工业主管部门验收合格，并报国务院化学工业主管部门批准后，方可投产使用。

新建、扩建或者改建用于生产第四类监控化学品中不含磷、硫、氟的特定有机化学品的设施，应当在开工生产前向所在地省、自治区、直辖市人民政府化学工业主管部门备案。

第九条 监控化学品应当在专用的化工仓库中储存，并设专人管理。监控化学品的储存条件应当符合国家有关规定。

第十条 储存监控化学品的单位，应当建立严格的出库、入库检查制度和登记制度；发现丢失、被盗时，应当立即报告当地公安机关和所在地省、自治区、直辖市人民政府化学工业主管部门；省、自治区、直辖市人民政府化学工业主管部门应当积极配合公安机关进行查处。

第十一条 对变质或者过期失效的监控化学品，应当及时处理。处理方案报所在地省、自治区、直辖市人民政府化学工业主管部门批准后实施。

第十二条 为科研、医疗、制造药物或者防护目的需要使用第一类监控化学品的，应当向国务院化学工业主管部门提出申请，经国务院化学工业主管部门审查批准后，凭批准文件同国务院化学工业主管部门指定的生产单位签订合同，并将合同副本报送国务院化学工业主管部门备案。

第十三条 需要使用第二类监控化学品的，应当向所在地省、自治区、直辖市人民政府化学工业主管部门提出申请，经省、自治区、直辖市人民政府化学工业主管部门审查批准后，凭批准文件同国务院化学工业主管部门指定的经销单位签订合同，并将合同副本报送所在地省、自治区、直辖市人民政府化学工业主管部门备案。

第十四条 国务院化学工业主管部门会同国务院对外经济贸易主管部门指定的单位（以下简称被指定单位），可以从事第一类监控化学品和第二类、第三类监控化学品及其生产技术、专用设备的进出口业务。

需要进口或者出口第一类监控化学品和第二类、第三类监控化学品及其生产技术、专用设备的，应当委托被指定单位代理进口或者出口。除被指定单位外，任何单位和个人均不得从事这类进出口业务。

第十五条　国家严格控制第一类监控化学品的进口和出口。非为科研、医疗、制造药物或者防护目的,不得进口第一类监控化学品。

　　接受委托进口第一类监控化学品的被指定单位,应当向国务院化学工业主管部门提出申请,并提交产品最终用途的说明和证明;经国务院化学工业主管部门审查签署意见后,报国务院审查批准。被指定单位凭国务院的批准文件向国务院对外经济贸易主管部门申请领取进口许可证。

第十六条　接受委托进口第二类、第三类监控化学品及其生产技术、专用设备的被指定单位,应当向国务院化学工业主管部门提出申请,并提交所进口的化学品、生产技术或者专用设备最终用途的说明和证明;经国务院化学工业主管部门审查批准后,被指定单位凭国务院化学工业主管部门的批准文件向国务院对外经济贸易主管部门申请领取进口许可证。

第十七条　接受委托出口第一类监控化学品的被指定单位,应当向国务院化学工业主管部门提出申请,并提交进口国政府或者政府委托机构出具的所进口的化学品仅用于科研、医疗、制造药物或者防护目的和不转口第三国的保证书;经国务院化学工业主管部门审查签署意见后,报国务院审查批准。被指定单位凭国务院的批准文件向国务院对外经济贸易主管部门申请领取出口许可证。

第十八条　接受委托出口第二类、第三类监控化学品及其生产技术、专用设备的被指定单位,应当向国务院化学工业主管部门提出申请,并提交进口国政府或者政府委托机构出具的所进口的化学品、生产技术、专用设备不用于生产化学武器和不转口第三国的保证书;经国务院化学工业主管部门审查批准后,被指定单位凭国务院化学工业主管部门的批准文件向国务院对外经济贸易主管部门申请领取出口许可证。

第十九条　使用监控化学品的,应当与其申报的使用目的相一致;需要改变使用目的的,应当报原审批机关批准。

第二十条　使用第一类、第二类监控化学品的,应当按照国家有关规定,定期向所在地省、自治区、直辖市人民政府化学工业主管部门报告消耗此类监控化学品的数量和使用此类监控化学品生产最终产品的数量。

第二十一条　违反本条例规定,生产监控化学品的,由省、自治区、直辖市人民政府化学工业主管部门责令限期改正;逾期不改正的,可以处20万元以下的罚款;情节严重的,可以提请省、自治区、直辖市人民政府责令停产整顿。

第二十二条　违反本条例规定,使用监控化学品的,由省、自治区、直辖市人民政府化学工业主管部门责令限期改正;逾期不改正的,可以处5万元以下的罚款。

第二十三条　违反本条例规定,经营监控化学品的,由省、自治区、直辖市人民政府化学工业主管部门没收其违法经营的监控化学品和违法所得,可以并处违法经营额1倍以上2倍以下的罚款。

第二十四条 违反本条例规定,隐瞒、拒报有关监控化学品的资料、数据,或者妨碍、阻挠化学工业主管部门依照本条例的规定履行检查监督职责的,由省、自治区、直辖市人民政府化学工业主管部门处以 5 万元以下的罚款。

第二十五条 违反本条例规定,构成违反治安管理行为的,依照《中华人民共和国治安管理处罚法》的有关规定处罚;构成犯罪的,依法追究刑事责任。

第二十六条 在本条例施行前已经从事生产、经营或者使用监控化学品的,应当依照本条例的规定,办理有关手续。

第二十七条 本条例自发布之日起施行。

易制毒化学品管理条例

1. 2005 年 8 月 26 日国务院令第 445 号公布
2. 根据 2014 年 7 月 29 日国务院令第 653 号《关于修改部分行政法规的决定》第一次修订
3. 根据 2016 年 2 月 6 日国务院令第 666 号《关于修改部分行政法规的决定》第二次修订
4. 根据 2018 年 9 月 18 日国务院令第 703 号《关于修改部分行政法规的决定》第三次修订

第一章 总　则

第一条 为了加强易制毒化学品管理,规范易制毒化学品的生产、经营、购买、运输和进口、出口行为,防止易制毒化学品被用于制造毒品,维护经济和社会秩序,制定本条例。

第二条 国家对易制毒化学品的生产、经营、购买、运输和进口、出口实行分类管理和许可制度。

易制毒化学品分为三类。第一类是可以用于制毒的主要原料,第二类、第三类是可以用于制毒的化学配剂。易制毒化学品的具体分类和品种,由本条例附表列示。

易制毒化学品的分类和品种需要调整的,由国务院公安部门会同国务院药品监督管理部门、安全生产监督管理部门、商务主管部门、卫生主管部门和海关总署提出方案,报国务院批准。

省、自治区、直辖市人民政府认为有必要在本行政区域内调整分类或者增加本条例规定以外的品种的,应当向国务院公安部门提出,由国务院公安部门会同国务院有关行政主管部门提出方案,报国务院批准。

第三条 国务院公安部门、药品监督管理部门、安全生产监督管理部门、商务主管部门、卫生主管部门、海关总署、价格主管部门、铁路主管部门、交通主管部门、市场监督管理部门、生态环境主管部门在各自的职责范围内,负责全国的易制毒化学品有关管理工作;县级以上地方各级人民政府有关行政主管部门在各自的职责范围内,负责本行政区域内的易制毒化学品有关管理工作。

县级以上地方各级人民政府应当加强对易制毒化学品管理工作的领导,及时协调解决易制毒化学品管理工作中的问题。

第四条 易制毒化学品的产品包装和使用说明书,应当标明产品的名称(含学名和通用名)、化学分子式和成分。

第五条 易制毒化学品的生产、经营、购买、运输和进口、出口,除应当遵守本条例的规定外,属于药品和危险化学品的,还应当遵守法律、其他行政法规对药品和危险化学品的有关规定。

禁止走私或者非法生产、经营、购买、转让、运输易制毒化学品。

禁止使用现金或者实物进行易制毒化学品交易。但是,个人合法购买第一类中的药品类易制毒化学品药品制剂和第三类易制毒化学品的除外。

生产、经营、购买、运输和进口、出口易制毒化学品的单位,应当建立单位内部易制毒化学品管理制度。

第六条 国家鼓励向公安机关等有关行政主管部门举报涉及易制毒化学品的违法行为。接到举报的部门应当为举报者保密。对举报属实的,县级以上人民政府及有关行政主管部门应当给予奖励。

第二章 生产、经营管理

第七条 申请生产第一类易制毒化学品,应当具备下列条件,并经本条例第八条规定的行政主管部门审批,取得生产许可证后,方可进行生产:

(一)属依法登记的化工产品生产企业或者药品生产企业;

(二)有符合国家标准的生产设备、仓储设施和污染物处理设施;

(三)有严格的安全生产管理制度和环境突发事件应急预案;

(四)企业法定代表人和技术、管理人员具有安全生产和易制毒化学品的有关知识,无毒品犯罪记录;

(五)法律、法规、规章规定的其他条件。

申请生产第一类中的药品类易制毒化学品,还应当在仓储场所等重点区域设置电视监控设施以及与公安机关联网的报警装置。

第八条 申请生产第一类中的药品类易制毒化学品的,由省、自治区、直辖市人民政府药品监督管理部门审批;申请生产第一类中的非药品类易制毒化学品的,由省、自治区、直辖市人民政府安全生产监督管理部门审批。

前款规定的行政主管部门应当自收到申请之日起60日内,对申请人提交的申请材料进行审查。对符合规定的,发给生产许可证,或者在企业已经取得的有关生产许可证件上标注;不予许可的,应当书面说明理由。

审查第一类易制毒化学品生产许可申请材料时,根据需要,可以进行实地核查和专家评审。

第九条 申请经营第一类易制毒化学品,应当具备下列条件,并经本条例第十条规定的行政主管部门审批,取得经营许可证后,方可进行经营:

(一)属依法登记的化工产品经营企业或者药品经营企业;

(二)有符合国家规定的经营场所,需要储存、保管易制毒化学品的,还应当有符合国家技术标准的仓储设施;

(三)有易制毒化学品的经营管理制度和健全的销售网络;

(四)企业法定代表人和销售、管理人员具有易制毒化学品的有关知识,无毒品犯罪记录;

(五)法律、法规、规章规定的其他条件。

第十条 申请经营第一类中的药品类易制毒化学品的,由省、自治区、直辖市人民政府药品监督管理部门审批;申请经营第一类中的非药品类易制毒化学品的,由省、自治区、直辖市人民政府安全生产监督管理部门审批。

前款规定的行政主管部门应当自收到申请之日起30日内,对申请人提交的申请材料进行审查。对符合规定的,发给经营许可证,或者在企业已经取得的有关经营许可证件上标注;不予许可的,应当书面说明理由。

审查第一类易制毒化学品经营许可申请材料时,根据需要,可以进行实地核查。

第十一条 取得第一类易制毒化学品生产许可或者依照本条例第十三条第一款规定已经履行第二类、第三类易制毒化学品备案手续的生产企业,可以经销自产的易制毒化学品。但是,在厂外设立销售网点经销第一类易制毒化学品的,应当依照本条例的规定取得经营许可。

第一类中的药品类易制毒化学品药品单方制剂,由麻醉药品定点经营企业经销,且不得零售。

第十二条 取得第一类易制毒化学品生产、经营许可的企业,应当凭生产、经营许可证到市场监督管理部门办理经营范围变更登记。未经变更登记,不得进行第一类易制毒化学品的生产、经营。

第一类易制毒化学品生产、经营许可证被依法吊销的,行政主管部门应当自作出吊销决定之日起5日内通知市场监督管理部门;被吊销许可证的企业,应当及时到市场监督管理部门办理经营范围变更或者企业注销登记。

第十三条 生产第二类、第三类易制毒化学品的,应当自生产之日起30日内,将生产的品种、数量等情况,向所在地的设区的市级人民政府安全生产监督管理部门备案。

经营第二类易制毒化学品的,应当自经营之日起30日内,将经营的品种、数量、主要流向等情况,向所在地的设区的市级人民政府安全生产监督管理部门备案;经营第三类易制毒化学品的,应当自经营之日起30日内,将经营的品种、数量、主要流向等情况,向所在地的县级人民政府安全生产监督管理部门备案。

前两款规定的行政主管部门应当于收到备案材料的当日发给备案证明。

第三章 购买管理

第十四条 申请购买第一类易制毒化学品,应当提交下列证件,经本条例第十五条规定的行政主管部门审批,取得购买许可证:

(一)经营企业提交企业营业执照和合法使用需要证明;

(二)其他组织提交登记证书(成立批准文件)和合法使用需要证明。

第十五条 申请购买第一类中的药品类易制毒化学品的,由所在地的省、自治区、直辖市人民政府药品监督管理部门审批;申请购买第一类中的非药品类易制毒化学品的,由所在地的省、自治区、直辖市人民政府公安机关审批。

前款规定的行政主管部门应当自收到申请之日起10日内,对申请人提交的申请材料和证件进行审查。对符合规定的,发给购买许可证;不予许可的,应当书面说明理由。

审查第一类易制毒化学品购买许可申请材料时,根据需要,可以进行实地核查。

第十六条 持有麻醉药品、第一类精神药品购买印鉴卡的医疗机构购买第一类中的药品类易制毒化学品的,无须申请第一类易制毒化学品购买许可证。

个人不得购买第一类、第二类易制毒化学品。

第十七条 购买第二类、第三类易制毒化学品的,应当在购买前将所需购买的品种、数量,向所在地的县级人民政府公安机关备案。个人自用购买少量高锰酸钾的,无须备案。

第十八条 经营单位销售第一类易制毒化学品时,应当查验购买许可证和经办人的身份证明。对委托代购的,还应当查验购买人持有的委托文书。

经营单位在查验无误、留存上述证明材料的复印件后,方可出售第一类易制毒化学品;发现可疑情况的,应当立即向当地公安机关报告。

第十九条 经营单位应当建立易制毒化学品销售台账,如实记录销售的品种、数量、日期、购买方等情况。销售台账和证明材料复印件应当保存2年备查。

第一类易制毒化学品的销售情况,应当自销售之日5日内报当地公安机关备案;第一类易制毒化学品的使用单位,应当建立使用台账,并保存2年备查。

第二类、第三类易制毒化学品的销售情况,应当自销售之日起30日内报当地公安机关备案。

第四章 运输管理

第二十条 跨设区的市级行政区域(直辖市为跨市界)或者在国务院公安部门确定

的禁毒形势严峻的重点地区跨县级行政区域运输第一类易制毒化学品的,由运出地的设区的市级人民政府公安机关审批;运输第二类易制毒化学品的,由运出地的县级人民政府公安机关审批。经审批取得易制毒化学品运输许可证后,方可运输。

运输第三类易制毒化学品的,应当在运输前向运出地的县级人民政府公安机关备案。公安机关应当于收到备案材料的当日发给备案证明。

第二十一条 申请易制毒化学品运输许可,应当提交易制毒化学品的购销合同,货主是企业的,应当提交营业执照;货主是其他组织的,应当提交登记证书(成立批准文件);货主是个人的,应当提交其个人身份证明。经办人还应当提交本人的身份证明。

公安机关应当自收到第一类易制毒化学品运输许可申请之日起10日内,收到第二类易制毒化学品运输许可申请之日起3日内,对申请人提交的申请材料进行审查。对符合规定的,发给运输许可证;不予许可的,应当书面说明理由。

审查第一类易制毒化学品运输许可申请材料时,根据需要,可以进行实地核查。

第二十二条 对许可运输第一类易制毒化学品的,发给一次有效的运输许可证。

对许可运输第二类易制毒化学品的,发给3个月有效的运输许可证;6个月内运输安全状况良好的,发给12个月有效的运输许可证。

易制毒化学品运输许可证应当载明拟运输的易制毒化学品的品种、数量、运入地、货主及收货人、承运人情况以及运输许可证种类。

第二十三条 运输供教学、科研使用的100克以下的麻黄素样品和供医疗机构制剂配方使用的小包装麻黄素以及医疗机构或者麻醉药品经营企业购买麻黄素片剂6万片以下、注射剂1.5万支以下,货主或者承运人持有依法取得的购买许可证明或者麻醉药品调拨单的,无须申请易制毒化学品运输许可。

第二十四条 接受货主委托运输的,承运人应当查验货主提供的运输许可证或者备案证明,并查验所运货物与运输许可证或者备案证明载明的易制毒化学品品种等情况是否相符;不相符的,不得承运。

运输易制毒化学品,运输人员应当自启运起全程携带运输许可证或者备案证明。公安机关应当在易制毒化学品的运输过程中进行检查。

运输易制毒化学品,应当遵守国家有关货物运输的规定。

第二十五条 因治疗疾病需要,患者、患者近亲属或者患者委托的人凭医疗机构出具的医疗诊断书和本人的身份证明,可以随身携带第一类中的药品类易制毒化学品药品制剂,但是不得超过医用单张处方的最大剂量。

医用单张处方最大剂量,由国务院卫生主管部门规定、公布。

第五章 进口、出口管理

第二十六条 申请进口或者出口易制毒化学品,应当提交下列材料,经国务院商务

主管部门或者其委托的省、自治区、直辖市人民政府商务主管部门审批,取得进口或者出口许可证后,方可从事进口、出口活动:

（一）对外贸易经营者备案登记证明复印件;
（二）营业执照副本;
（三）易制毒化学品生产、经营、购买许可证或者备案证明;
（四）进口或者出口合同(协议)副本;
（五）经办人的身份证明。

申请易制毒化学品出口许可的,还应当提交进口方政府主管部门出具的合法使用易制毒化学品的证明或者进口方合法使用的保证文件。

第二十七条 受理易制毒化学品进口、出口申请的商务主管部门应当自收到申请材料之日起20日内,对申请材料进行审查,必要时可以进行实地核查。对符合规定的,发给进口或者出口许可证;不予许可的,应当书面说明理由。

对进口第一类中的药品类易制毒化学品的,有关的商务主管部门在作出许可决定前,应当征得国务院药品监督管理部门的同意。

第二十八条 麻黄素等属于重点监控物品范围的易制毒化学品,由国务院商务主管部门会同国务院有关部门核定的企业进口、出口。

第二十九条 国家对易制毒化学品的进口、出口实行国际核查制度。易制毒化学品国际核查目录及核查的具体办法,由国务院商务主管部门会同国务院公安部门规定、公布。

国际核查所用时间不计算在许可期限之内。

对向毒品制造、贩运情形严重的国家或者地区出口易制毒化学品以及本条例规定品种以外的化学品的,可以在国际核查措施以外实施其他管制措施,具体办法由国务院商务主管部门会同国务院公安部门、海关总署等有关部门规定、公布。

第三十条 进口、出口或者过境、转运、通运易制毒化学品的,应当如实向海关申报,并提交进口或者出口许可证。海关凭许可证办理通关手续。

易制毒化学品在境外与保税区、出口加工区等海关特殊监管区域、保税场所之间进出的,适用前款规定。

易制毒化学品在境内与保税区、出口加工区等海关特殊监管区域、保税场所之间进出的,或者在上述海关特殊监管区域、保税场所之间进出的,无须申请易制毒化学品进口或者出口许可证。

进口第一类中的药品类易制毒化学品,还应当提交药品监督管理部门出具的进口药品通关单。

第三十一条 进出境人员随身携带第一类中的药品类易制毒化学品药品制剂和高锰酸钾,应当以自用且数量合理为限,并接受海关监管。

进出境人员不得随身携带前款规定以外的易制毒化学品。

第六章 监督检查

第三十二条 县级以上人民政府公安机关、负责药品监督管理的部门、安全生产监督管理部门、商务主管部门、卫生主管部门、价格主管部门、铁路主管部门、交通主管部门、市场监督管理部门、生态环境主管部门和海关，应当依照本条例和有关法律、行政法规的规定，在各自的职责范围内，加强对易制毒化学品生产、经营、购买、运输、价格以及进口、出口的监督检查；对非法生产、经营、购买、运输易制毒化学品，或者走私易制毒化学品的行为，依法予以查处。

前款规定的行政主管部门在进行易制毒化学品监督检查时，可以依法查看现场、查阅和复制有关资料、记录有关情况、扣押相关的证据材料和违法物品；必要时，可以临时查封有关场所。

被检查的单位或者个人应当如实提供有关情况和材料、物品，不得拒绝或者隐匿。

第三十三条 对依法收缴、查获的易制毒化学品，应当在省、自治区、直辖市或者设区的市级人民政府公安机关、海关或者生态环境主管部门的监督下，区别易制毒化学品的不同情况进行保管、回收，或者依照环境保护法律、行政法规的有关规定，由有资质的单位在生态环境主管部门的监督下销毁。其中，对收缴、查获的第一类中的药品类易制毒化学品，一律销毁。

易制毒化学品违法单位或者个人无力提供保管、回收或者销毁费用的，保管、回收或者销毁的费用在回收所得中开支，或者在有关行政主管部门的禁毒经费中列支。

第三十四条 易制毒化学品丢失、被盗、被抢的，发案单位应当立即向当地公安机关报告，并同时报告当地的县级人民政府负责药品监督管理的部门、安全生产监督管理部门、商务主管部门或者卫生主管部门。接到报案的公安机关应当及时立案查处，并向上级公安机关报告；有关行政主管部门应当逐级上报并配合公安机关的查处。

第三十五条 有关行政主管部门应当将易制毒化学品许可以及依法吊销许可的情况通报有关公安机关和市场监督管理部门；市场监督管理部门应当将生产、经营易制毒化学品企业依法变更或者注销登记的情况通报有关公安机关和行政主管部门。

第三十六条 生产、经营、购买、运输或者进口、出口易制毒化学品的单位，应当于每年3月31日前向许可或者备案的行政主管部门和公安机关报告本单位上年度易制毒化学品的生产、经营、购买、运输或者进口、出口情况；有条件的生产、经营、购买、运输或者进口、出口单位，可以与有关行政主管部门建立计算机联网，及时通报有关经营情况。

第三十七条 县级以上人民政府有关行政主管部门应当加强协调合作，建立易制毒化学品管理情况、监督检查情况以及案件处理情况的通报、交流机制。

第七章 法律责任

第三十八条 违反本条例规定,未经许可或者备案擅自生产、经营、购买、运输易制毒化学品,伪造申请材料骗取易制毒化学品生产、经营、购买或者运输许可证,使用他人的或者伪造、变造、失效的许可证生产、经营、购买、运输易制毒化学品的,由公安机关没收非法生产、经营、购买或者运输的易制毒化学品、用于非法生产易制毒化学品的原料以及非法生产、经营、购买或者运输易制毒化学品的设备、工具,处非法生产、经营、购买或者运输的易制毒化学品货值10倍以上20倍以下的罚款,货值的20倍不足1万元的,按1万元罚款;有违法所得的,没收违法所得;有营业执照的,由市场监督管理部门吊销营业执照;构成犯罪的,依法追究刑事责任。

对有前款规定违法行为的单位或者个人,有关行政主管部门可以自作出行政处罚决定之日起3年内,停止受理其易制毒化学品生产、经营、购买、运输或者进口、出口许可申请。

第三十九条 违反本条例规定,走私易制毒化学品的,由海关没收走私的易制毒化学品;有违法所得的,没收违法所得,并依照海关法律、行政法规给予行政处罚;构成犯罪的,依法追究刑事责任。

第四十条 违反本条例规定,有下列行为之一的,由负有监督管理职责的行政主管部门给予警告,责令限期改正,处1万元以上5万元以下的罚款;对违反规定生产、经营、购买的易制毒化学品可以予以没收;逾期不改正的,责令限期停产停业整顿;逾期整顿不合格的,吊销相应的许可证:

(一)易制毒化学品生产、经营、购买、运输或者进口、出口单位未按规定建立安全管理制度的;

(二)将许可证或者备案证明转借他人使用的;

(三)超出许可的品种、数量生产、经营、购买易制毒化学品的;

(四)生产、经营、购买单位不记录或者不如实记录交易情况、不按规定保存交易记录或者不如实、不及时向公安机关和有关行政主管部门备案销售情况的;

(五)易制毒化学品丢失、被盗、被抢后未及时报告,造成严重后果的;

(六)除个人合法购买第一类中的药品类易制毒化学品药品制剂以及第三类易制毒化学品外,使用现金或者实物进行易制毒化学品交易的;

(七)易制毒化学品的产品包装和使用说明书不符合本条例规定要求的;

(八)生产、经营易制毒化学品的单位不如实或者不按时向有关行政主管部门和公安机关报告年度生产、经销和库存等情况的。

企业的易制毒化学品生产经营许可被依法吊销后,未及时到市场监督管理部门办理经营范围变更或者企业注销登记的,依照前款规定,对易制毒化学品予以没收,并处罚款。

第四十一条 运输的易制毒化学品与易制毒化学品运输许可证或者备案证明载明

的品种、数量、运入地、货主及收货人、承运人等情况不符,运输许可证种类不当,或者运输人员未全程携带运输许可证或者备案证明的,由公安机关责令停运整改,处 5000 元以上 5 万元以下的罚款;有危险物品运输资质的,运输主管部门可以依法吊销其运输资质。

个人携带易制毒化学品不符合品种、数量规定的,没收易制毒化学品,处 1000 元以上 5000 元以下的罚款。

第四十二条 生产、经营、购买、运输或者进口、出口易制毒化学品的单位或者个人拒不接受有关行政主管部门监督检查的,由负有监督管理职责的行政主管部门责令改正,对直接负责的主管人员以及其他直接责任人员给予警告;情节严重的,对单位处 1 万元以上 5 万元以下的罚款,对直接负责的主管人员以及其他直接责任人员处 1000 元以上 5000 元以下的罚款;有违反治安管理行为的,依法给予治安管理处罚;构成犯罪的,依法追究刑事责任。

第四十三条 易制毒化学品行政主管部门工作人员在管理工作中有应当许可而不许可、不应当许可而滥许可,不依法受理备案,以及其他滥用职权、玩忽职守、徇私舞弊行为的,依法给予行政处分;构成犯罪的,依法追究刑事责任。

第八章 附 则

第四十四条 易制毒化学品生产、经营、购买、运输和进口、出口许可证,由国务院有关行政主管部门根据各自的职责规定式样并监制。

第四十五条 本条例自 2005 年 11 月 1 日起施行。

本条例施行前已经从事易制毒化学品生产、经营、购买、运输或者进口、出口业务的,应当自本条例施行之日起 6 个月内,依照本条例的规定重新申请许可。

附表:

易制毒化学品的分类和品种目录

第一类

1. 1-苯基-2-丙酮
2. 3,4-亚甲基二氧苯基-2-丙酮
3. 胡椒醛
4. 黄樟素
5. 黄樟油
6. 异黄樟素
7. N-乙酰邻氨基苯酸
8. 邻氨基苯甲酸

9. 麦角酸*

10. 麦角胺*

11. 麦角新碱*

12. 麻黄素、伪麻黄素、消旋麻黄素、去甲麻黄素、甲基麻黄素、麻黄浸膏、麻黄浸膏粉等麻黄素类物质*

第二类

1. 苯乙酸
2. 醋酸酐
3. 三氯甲烷
4. 乙醚
5. 哌啶

第三类

1. 甲苯
2. 丙酮
3. 甲基乙基酮
4. 高锰酸钾
5. 硫酸
6. 盐酸

说明：

一、第一类、第二类所列物质可能存在的盐类，也纳入管制。

二、带有*标记的品种为第一类中的药品类易制毒化学品，第一类中的药品类易制毒化学品包括原料药及其单方制剂。

危险化学品安全管理条例

1. 2002年1月26日国务院令第344号公布
2. 2011年3月2日国务院令第591号修订公布
3. 根据2013年12月7日国务院令第645号《关于修改部分行政法规的决定》修订

第一章 总　　则

第一条　为了加强危险化学品的安全管理，预防和减少危险化学品事故，保障人民群众生命财产安全，保护环境，制定本条例。

第二条　危险化学品生产、储存、使用、经营和运输的安全管理，适用本条例。

废弃危险化学品的处置，依照有关环境保护的法律、行政法规和国家有关规定执行。

第三条 本条例所称危险化学品,是指具有毒害、腐蚀、爆炸、燃烧、助燃等性质,对人体、设施、环境具有危害的剧毒化学品和其他化学品。

危险化学品目录,由国务院安全生产监督管理部门会同国务院工业和信息化、公安、环境保护、卫生、质量监督检验检疫、交通运输、铁路、民用航空、农业主管部门,根据化学品危险特性的鉴别和分类标准确定、公布,并适时调整。

第四条 危险化学品安全管理,应当坚持安全第一、预防为主、综合治理的方针,强化和落实企业的主体责任。

生产、储存、使用、经营、运输危险化学品的单位(以下统称危险化学品单位)的主要负责人对本单位的危险化学品安全管理工作全面负责。

危险化学品单位应当具备法律、行政法规规定和国家标准、行业标准要求的安全条件,建立、健全安全管理规章制度和岗位安全责任制度,对从业人员进行安全教育、法制教育和岗位技术培训。从业人员应当接受教育和培训,考核合格后上岗作业;对有资格要求的岗位,应当配备依法取得相应资格的人员。

第五条 任何单位和个人不得生产、经营、使用国家禁止生产、经营、使用的危险化学品。

国家对危险化学品的使用有限制性规定的,任何单位和个人不得违反限制性规定使用危险化学品。

第六条 对危险化学品的生产、储存、使用、经营、运输实施安全监督管理的有关部门(以下统称负有危险化学品安全监督管理职责的部门),依照下列规定履行职责:

(一)安全生产监督管理部门负责危险化学品安全监督管理综合工作,组织确定、公布、调整危险化学品目录,对新建、改建、扩建生产、储存危险化学品(包括使用长输管道输送危险化学品,下同)的建设项目进行安全条件审查,核发危险化学品安全生产许可证、危险化学品安全使用许可证和危险化学品经营许可证,并负责危险化学品登记工作。

(二)公安机关负责危险化学品的公共安全管理,核发剧毒化学品购买许可证、剧毒化学品道路运输通行证,并负责危险化学品运输车辆的道路交通安全管理。

(三)质量监督检验检疫部门负责核发危险化学品及其包装物、容器(不包括储存危险化学品的固定式大型储罐,下同)生产企业的工业产品生产许可证,并依法对其产品质量实施监督,负责对进出口危险化学品及其包装实施检验。

(四)环境保护主管部门负责废弃危险化学品处置的监督管理,组织危险化学品的环境危害性鉴定和环境风险程度评估,确定实施重点环境管理的危险化学品,负责危险化学品环境管理登记和新化学物质环境管理登记;依照职责分工调查相关危险化学品环境污染事故和生态破坏事件,负责危险化学品事故现场的应急环境监测。

（五）交通运输主管部门负责危险化学品道路运输、水路运输的许可以及运输工具的安全管理，对危险化学品水路运输安全实施监督，负责危险化学品道路运输企业、水路运输企业驾驶人员、船员、装卸管理人员、押运人员、申报人员、集装箱装箱现场检查员的资格认定。铁路监管部门负责危险化学品铁路运输及其运输工具的安全管理。民用航空主管部门负责危险化学品航空运输以及航空运输企业及其运输工具的安全管理。

（六）卫生主管部门负责危险化学品毒性鉴定的管理，负责组织、协调危险化学品事故受伤人员的医疗卫生救援工作。

（七）工商行政管理部门依据有关部门的许可证件，核发危险化学品生产、储存、经营、运输企业营业执照，查处危险化学品经营企业违法采购危险化学品的行为。

（八）邮政管理部门负责依法查处寄递危险化学品的行为。

第七条 负有危险化学品安全监督管理职责的部门依法进行监督检查，可以采取下列措施：

（一）进入危险化学品作业场所实施现场检查，向有关单位和人员了解情况，查阅、复制有关文件、资料；

（二）发现危险化学品事故隐患，责令立即消除或者限期消除；

（三）对不符合法律、行政法规、规章规定或者国家标准、行业标准要求的设施、设备、装置、器材、运输工具，责令立即停止使用；

（四）经本部门主要负责人批准，查封违法生产、储存、使用、经营危险化学品的场所，扣押违法生产、储存、使用、经营、运输的危险化学品以及用于违法生产、使用、运输危险化学品的原材料、设备、运输工具；

（五）发现影响危险化学品安全的违法行为，当场予以纠正或者责令限期改正。

负有危险化学品安全监督管理职责的部门依法进行监督检查，监督检查人员不得少于2人，并应当出示执法证件；有关单位和个人对依法进行的监督检查应当予以配合，不得拒绝、阻碍。

第八条 县级以上人民政府应当建立危险化学品安全监督管理工作协调机制，支持、督促负有危险化学品安全监督管理职责的部门依法履行职责，协调、解决危险化学品安全监督管理工作中的重大问题。

负有危险化学品安全监督管理职责的部门应当相互配合、密切协作，依法加强对危险化学品的安全监督管理。

第九条 任何单位和个人对违反本条例规定的行为，有权向负有危险化学品安全监督管理职责的部门举报。负有危险化学品安全监督管理职责的部门接到举报，应当及时依法处理；对不属于本部门职责的，应当及时移送有关部门处理。

第十条 国家鼓励危险化学品生产企业和使用危险化学品从事生产的企业采用有利于提高安全保障水平的先进技术、工艺、设备以及自动控制系统,鼓励对危险化学品实行专门储存、统一配送、集中销售。

第二章 生产、储存安全

第十一条 国家对危险化学品的生产、储存实行统筹规划、合理布局。

国务院工业和信息化主管部门以及国务院其他有关部门依据各自职责,负责危险化学品生产、储存的行业规划和布局。

地方人民政府组织编制城乡规划,应当根据本地区的实际情况,按照确保安全的原则,规划适当区域专门用于危险化学品的生产、储存。

第十二条 新建、改建、扩建生产、储存危险化学品的建设项目(以下简称建设项目),应当由安全生产监督管理部门进行安全条件审查。

建设单位应当对建设项目进行安全条件论证,委托具备国家规定的资质条件的机构对建设项目进行安全评价,并将安全条件论证和安全评价的情况报告报建设项目所在地设区的市级以上人民政府安全生产监督管理部门;安全生产监督管理部门应当自收到报告之日起45日内作出审查决定,并书面通知建设单位。具体办法由国务院安全生产监督管理部门制定。

新建、改建、扩建储存、装卸危险化学品的港口建设项目,由港口行政管理部门按照国务院交通运输主管部门的规定进行安全条件审查。

第十三条 生产、储存危险化学品的单位,应当对其铺设的危险化学品管道设置明显标志,并对危险化学品管道定期检查、检测。

进行可能危及危险化学品管道安全的施工作业,施工单位应当在开工的7日前书面通知管道所属单位,并与管道所属单位共同制定应急预案,采取相应的安全防护措施。管道所属单位应当指派专门人员到现场进行管道安全保护指导。

第十四条 危险化学品生产企业进行生产前,应当依照《安全生产许可证条例》的规定,取得危险化学品安全生产许可证。

生产列入国家实行生产许可证制度的工业产品目录的危险化学品的企业,应当依照《中华人民共和国工业产品生产许可证管理条例》的规定,取得工业产品生产许可证。

负责颁发危险化学品安全生产许可证、工业产品生产许可证的部门,应当将其颁发许可证的情况及时向同级工业和信息化主管部门、环境保护主管部门和公安机关通报。

第十五条 危险化学品生产企业应当提供与其生产的危险化学品相符的化学品安全技术说明书,并在危险化学品包装(包括外包装件)上粘贴或者拴挂与包装内危险化学品相符的化学品安全标签。化学品安全技术说明书和化学品安全标签所载明的内容应当符合国家标准的要求。

危险化学品生产企业发现其生产的危险化学品有新的危险特性的,应当立即公告,并及时修订其化学品安全技术说明书和化学品安全标签。

第十六条 生产实施重点环境管理的危险化学品的企业,应当按照国务院环境保护主管部门的规定,将该危险化学品向环境中释放等相关信息向环境保护主管部门报告。环境保护主管部门可以根据情况采取相应的环境风险控制措施。

第十七条 危险化学品的包装应当符合法律、行政法规、规章的规定以及国家标准、行业标准的要求。

危险化学品包装物、容器的材质以及危险化学品包装的型式、规格、方法和单件质量(重量),应当与所包装的危险化学品的性质和用途相适应。

第十八条 生产列入国家实行生产许可证制度的工业产品目录的危险化学品包装物、容器的企业,应当依照《中华人民共和国工业产品生产许可证管理条例》的规定,取得工业产品生产许可证;其生产的危险化学品包装物、容器经国务院质量监督检验检疫部门认定的检验机构检验合格,方可出厂销售。

运输危险化学品的船舶及其配载的容器,应当按照国家船舶检验规范进行生产,并经海事管理机构认定的船舶检验机构检验合格,方可投入使用。

对重复使用的危险化学品包装物、容器,使用单位在重复使用前应当进行检查;发现存在安全隐患的,应当维修或者更换。使用单位应当对检查情况作出记录,记录的保存期限不得少于2年。

第十九条 危险化学品生产装置或者储存数量构成重大危险源的危险化学品储存设施(运输工具加油站、加气站除外),与下列场所、设施、区域的距离应当符合国家有关规定:

(一)居住区以及商业中心、公园等人员密集场所;

(二)学校、医院、影剧院、体育场(馆)等公共设施;

(三)饮用水源、水厂以及水源保护区;

(四)车站、码头(依法经许可从事危险化学品装卸作业的除外)、机场以及通信干线、通信枢纽、铁路线路、道路交通干线、水路交通干线、地铁风亭以及地铁站出入口;

(五)基本农田保护区、基本草原、畜禽遗传资源保护区、畜禽规模化养殖场(养殖小区)、渔业水域以及种子、种畜禽、水产苗种生产基地;

(六)河流、湖泊、风景名胜区、自然保护区;

(七)军事禁区、军事管理区;

(八)法律、行政法规规定的其他场所、设施、区域。

已建的危险化学品生产装置或者储存数量构成重大危险源的危险化学品储存设施不符合前款规定的,由所在地设区的市级人民政府安全生产监督管理部门会同有关部门监督其所属单位在规定期限内进行整改;需要转产、停产、搬迁、关闭的,由本级人民政府决定并组织实施。

储存数量构成重大危险源的危险化学品储存设施的选址,应当避开地震活动断层和容易发生洪灾、地质灾害的区域。

本条例所称重大危险源,是指生产、储存、使用或者搬运危险化学品,且危险化学品的数量等于或者超过临界量的单元(包括场所和设施)。

第二十条 生产、储存危险化学品的单位,应当根据其生产、储存的危险化学品的种类和危险特性,在作业场所设置相应的监测、监控、通风、防晒、调温、防火、灭火、防爆、泄压、防毒、中和、防潮、防雷、防静电、防腐、防泄漏以及防护围堤或者隔离操作等安全设施、设备,并按照国家标准、行业标准或者国家有关规定对安全设施、设备进行经常性维护、保养,保证安全设施、设备的正常使用。

生产、储存危险化学品的单位,应当在其作业场所和安全设施、设备上设置明显的安全警示标志。

第二十一条 生产、储存危险化学品的单位,应当在其作业场所设置通信、报警装置,并保证处于适用状态。

第二十二条 生产、储存危险化学品的企业,应当委托具备国家规定的资质条件的机构,对本企业的安全生产条件每3年进行一次安全评价,提出安全评价报告。安全评价报告的内容应当包括对安全生产条件存在的问题进行整改的方案。

生产、储存危险化学品的企业,应当将安全评价报告以及整改方案的落实情况报所在地县级人民政府安全生产监督管理部门备案。在港区内储存危险化学品的企业,应当将安全评价报告以及整改方案的落实情况报港口行政管理部门备案。

第二十三条 生产、储存剧毒化学品或者国务院公安部门规定的可用于制造爆炸物品的危险化学品(以下简称易制爆危险化学品)的单位,应当如实记录其生产、储存的剧毒化学品、易制爆危险化学品的数量、流向,并采取必要的安全防范措施,防止剧毒化学品、易制爆危险化学品丢失或者被盗;发现剧毒化学品、易制爆危险化学品丢失或者被盗的,应当立即向当地公安机关报告。

生产、储存剧毒化学品、易制爆危险化学品的单位,应当设置治安保卫机构,配备专职治安保卫人员。

第二十四条 危险化学品应当储存在专用仓库、专用场地或者专用储存室(以下统称专用仓库)内,并由专人负责管理;剧毒化学品以及储存数量构成重大危险源的其他危险化学品,应当在专用仓库内单独存放,并实行双人收发、双人保管制度。

危险化学品的储存方式、方法以及储存数量应当符合国家标准或者国家有关规定。

第二十五条 储存危险化学品的单位应当建立危险化学品出入库核查、登记制度。

对剧毒化学品以及储存数量构成重大危险源的其他危险化学品,储存单位应当将其储存数量、储存地点以及管理人员的情况,报所在地县级人民政府安全生产监督管理部门(在港区内储存的,报港口行政管理部门)和公安机关备案。

第二十六条　危险化学品专用仓库应当符合国家标准、行业标准的要求,并设置明显的标志。储存剧毒化学品、易制爆危险化学品的专用仓库,应当按照国家有关规定设置相应的技术防范设施。

储存危险化学品的单位应当对其危险化学品专用仓库的安全设施、设备定期进行检测、检验。

第二十七条　生产、储存危险化学品的单位转产、停产、停业或者解散的,应当采取有效措施,及时、妥善处置其危险化学品生产装置、储存设施以及库存的危险化学品,不得丢弃危险化学品;处置方案应当报所在地县级人民政府安全生产监督管理部门、工业和信息化主管部门、环境保护主管部门和公安机关备案。安全生产监督管理部门应当会同环境保护主管部门和公安机关对处置情况进行监督检查,发现未依照规定处置的,应当责令其立即处置。

第三章　使用安全

第二十八条　使用危险化学品的单位,其使用条件(包括工艺)应当符合法律、行政法规的规定和国家标准、行业标准的要求,并根据所使用的危险化学品的种类、危险特性以及使用量和使用方式,建立、健全使用危险化学品的安全管理规章制度和安全操作规程,保证危险化学品的安全使用。

第二十九条　使用危险化学品从事生产并且使用量达到规定数量的化工企业(属于危险化学品生产企业的除外,下同),应当依照本条例的规定取得危险化学品安全使用许可证。

前款规定的危险化学品使用量的数量标准,由国务院安全生产监督管理部门会同国务院公安部门、农业主管部门确定并公布。

第三十条　申请危险化学品安全使用许可证的化工企业,除应当符合本条例第二十八条的规定外,还应当具备下列条件:

(一)有与所使用的危险化学品相适应的专业技术人员;

(二)有安全管理机构和专职安全管理人员;

(三)有符合国家规定的危险化学品事故应急预案和必要的应急救援器材、设备;

(四)依法进行了安全评价。

第三十一条　申请危险化学品安全使用许可证的化工企业,应当向所在地设区的市级人民政府安全生产监督管理部门提出申请,并提交其符合本条例第三十条规定条件的证明材料。设区的市级人民政府安全生产监督管理部门应当依法进行审查,自收到证明材料之日起45日内作出批准或者不予批准的决定。予以批准的,颁发危险化学品安全使用许可证;不予批准的,书面通知申请人并说明理由。

安全生产监督管理部门应当将其颁发危险化学品安全使用许可证的情况及

时向同级环境保护主管部门和公安机关通报。

第三十二条 本条例第十六条关于生产实施重点环境管理的危险化学品的企业的规定,适用于使用实施重点环境管理的危险化学品从事生产的企业;第二十条、第二十一条、第二十三条第一款、第二十七条关于生产、储存危险化学品的单位的规定,适用于使用危险化学品的单位;第二十二条关于生产、储存危险化学品的企业的规定,适用于使用危险化学品从事生产的企业。

第四章 经营安全

第三十三条 国家对危险化学品经营(包括仓储经营,下同)实行许可制度。未经许可,任何单位和个人不得经营危险化学品。

依法设立的危险化学品生产企业在其厂区范围内销售本企业生产的危险化学品,不需要取得危险化学品经营许可。

依照《中华人民共和国港口法》的规定取得港口经营许可证的港口经营人,在港区内从事危险化学品仓储经营,不需要取得危险化学品经营许可。

第三十四条 从事危险化学品经营的企业应当具备下列条件:

(一)有符合国家标准、行业标准的经营场所,储存危险化学品的,还应当有符合国家标准、行业标准的储存设施;

(二)从业人员经过专业技术培训并经考核合格;

(三)有健全的安全管理规章制度;

(四)有专职安全管理人员;

(五)有符合国家规定的危险化学品事故应急预案和必要的应急救援器材、设备;

(六)法律、法规规定的其他条件。

第三十五条 从事剧毒化学品、易制爆危险化学品经营的企业,应当向所在地设区的市级人民政府安全生产监督管理部门提出申请,从事其他危险化学品经营的企业,应当向所在地县级人民政府安全生产监督管理部门提出申请(有储存设施的,应当向所在地设区的市级人民政府安全生产监督管理部门提出申请)。申请人应当提交其符合本条例第三十四条规定条件的证明材料。设区的市级人民政府安全生产监督管理部门或者县级人民政府安全生产监督管理部门应当依法进行审查,并对申请人的经营场所、储存设施进行现场核查,自收到证明材料之日起30日内作出批准或者不予批准的决定。予以批准的,颁发危险化学品经营许可证;不予批准的,书面通知申请人并说明理由。

设区的市级人民政府安全生产监督管理部门和县级人民政府安全生产监督管理部门应当将其颁发危险化学品经营许可证的情况及时向同级环境保护主管部门和公安机关通报。

申请人持危险化学品经营许可证向工商行政管理部门办理登记手续后,方可从事危险化学品经营活动。法律、行政法规或者国务院规定经营危险化学品还需要经其他有关部门许可的,申请人向工商行政管理部门办理登记手续时还应当持相应的许可证件。

第三十六条 危险化学品经营企业储存危险化学品的,应当遵守本条例第二章关于储存危险化学品的规定。危险化学品商店内只能存放民用小包装的危险化学品。

第三十七条 危险化学品经营企业不得向未经许可从事危险化学品生产、经营活动的企业采购危险化学品,不得经营没有化学品安全技术说明书或者化学品安全标签的危险化学品。

第三十八条 依法取得危险化学品安全生产许可证、危险化学品安全使用许可证、危险化学品经营许可证的企业,凭相应的许可证件购买剧毒化学品、易制爆危险化学品。民用爆炸物品生产企业凭民用爆炸物品生产许可证购买易制爆危险化学品。

前款规定以外的单位购买剧毒化学品的,应当向所在地县级人民政府公安机关申请取得剧毒化学品购买许可证;购买易制爆危险化学品的,应当持本单位出具的合法用途说明。

个人不得购买剧毒化学品(属于剧毒化学品的农药除外)和易制爆危险化学品。

第三十九条 申请取得剧毒化学品购买许可证,申请人应当向所在地县级人民政府公安机关提交下列材料:

(一)营业执照或者法人证书(登记证书)的复印件;
(二)拟购买的剧毒化学品品种、数量的说明;
(三)购买剧毒化学品用途的说明;
(四)经办人的身份证明。

县级人民政府公安机关应当自收到前款规定的材料之日起 3 日内,作出批准或者不予批准的决定。予以批准的,颁发剧毒化学品购买许可证;不予批准的,书面通知申请人并说明理由。

剧毒化学品购买许可证管理办法由国务院公安部门制定。

第四十条 危险化学品生产企业、经营企业销售剧毒化学品、易制爆危险化学品,应当查验本条例第三十八条第一款、第二款规定的相关许可证件或者证明文件,不得向不具有相关许可证件或者证明文件的单位销售剧毒化学品、易制爆危险化学品。对持剧毒化学品购买许可证购买剧毒化学品的,应当按照许可证载明的品种、数量销售。

禁止向个人销售剧毒化学品(属于剧毒化学品的农药除外)和易制爆危险化学品。

第四十一条 危险化学品生产企业、经营企业销售剧毒化学品、易制爆危险化学品,应当如实记录购买单位的名称、地址、经办人的姓名、身份证号码以及所购买的剧毒化学品、易制爆危险化学品的品种、数量、用途。销售记录以及经办人的身份证明复印件、相关许可证件复印件或者证明文件的保存期限不得少于1年。

剧毒化学品、易制爆危险化学品的销售企业、购买单位应当在销售、购买后5日内，将所销售、购买的剧毒化学品、易制爆危险化学品的品种、数量以及流向信息报所在地县级人民政府公安机关备案，并输入计算机系统。

第四十二条 使用剧毒化学品、易制爆危险化学品的单位不得出借、转让其购买的剧毒化学品、易制爆危险化学品；因转产、停产、搬迁、关闭等确需转让的，应当向具有本条例第三十八条第一款、第二款规定的相关许可证件或者证明文件的单位转让，并在转让后将有关情况及时向所在地县级人民政府公安机关报告。

第五章 运 输 安 全

第四十三条 从事危险化学品道路运输、水路运输的，应当分别依照有关道路运输、水路运输的法律、行政法规的规定，取得危险货物道路运输许可、危险货物水路运输许可，并向工商行政管理部门办理登记手续。

危险化学品道路运输企业、水路运输企业应当配备专职安全管理人员。

第四十四条 危险化学品道路运输企业、水路运输企业的驾驶人员、船员、装卸管理人员、押运人员、申报人员、集装箱装箱现场检查员应当经交通运输主管部门考核合格，取得从业资格。具体办法由国务院交通运输主管部门制定。

危险化学品的装卸作业应当遵守安全作业标准、规程和制度，并在装卸管理人员的现场指挥或者监控下进行。水路运输危险化学品的集装箱装箱作业应当在集装箱装箱现场检查员的指挥或者监控下进行，并符合积载、隔离的规范和要求；装箱作业完毕后，集装箱装箱现场检查员应当签署装箱证明书。

第四十五条 运输危险化学品，应当根据危险化学品的危险特性采取相应的安全防护措施，并配备必要的防护用品和应急救援器材。

用于运输危险化学品的槽罐以及其他容器应当封口严密，能够防止危险化学品在运输过程中因温度、湿度或者压力的变化发生渗漏、洒漏；槽罐以及其他容器的溢流和泄压装置应当设置准确、起闭灵活。

运输危险化学品的驾驶人员、船员、装卸管理人员、押运人员、申报人员、集装箱装箱现场检查员，应当了解所运输的危险化学品的危险特性及其包装物、容器的使用要求和出现危险情况时的应急处置方法。

第四十六条 通过道路运输危险化学品的，托运人应当委托依法取得危险货物道路运输许可的企业承运。

第四十七条 通过道路运输危险化学品的，应当按照运输车辆的核定载质量装载危险化学品，不得超载。

危险化学品运输车辆应当符合国家标准要求的安全技术条件，并按照国家有关规定定期进行安全技术检验。

危险化学品运输车辆应当悬挂或者喷涂符合国家标准要求的警示标志。

第四十八条　通过道路运输危险化学品的，应当配备押运人员，并保证所运输的危险化学品处于押运人员的监控之下。

运输危险化学品途中因住宿或者发生影响正常运输的情况，需要较长时间停车的，驾驶人员、押运人员应当采取相应的安全防范措施；运输剧毒化学品或者易制爆危险化学品的，还应当向当地公安机关报告。

第四十九条　未经公安机关批准，运输危险化学品的车辆不得进入危险化学品运输车辆限制通行的区域。危险化学品运输车辆限制通行的区域由县级人民政府公安机关划定，并设置明显的标志。

第五十条　通过道路运输剧毒化学品的，托运人应当向运输始发地或者目的地县级人民政府公安机关申请剧毒化学品道路运输通行证。

申请剧毒化学品道路运输通行证，托运人应当向县级人民政府公安机关提交下列材料：

（一）拟运输的剧毒化学品品种、数量的说明；

（二）运输始发地、目的地、运输时间和运输路线的说明；

（三）承运人取得危险货物道路运输许可、运输车辆取得营运证以及驾驶人员、押运人员取得上岗资格的证明文件；

（四）本条例第三十八条第一款、第二款规定的购买剧毒化学品的相关许可证件，或者海关出具的进出口证明文件。

县级人民政府公安机关应当自收到前款规定的材料之日起7日内，作出批准或者不予批准的决定。予以批准的，颁发剧毒化学品道路运输通行证；不予批准的，书面通知申请人并说明理由。

剧毒化学品道路运输通行证管理办法由国务院公安部门制定。

第五十一条　剧毒化学品、易制爆危险化学品在道路运输途中丢失、被盗、被抢或者出现流散、泄漏等情况的，驾驶人员、押运人员应当立即采取相应的警示措施和安全措施，并向当地公安机关报告。公安机关接到报告后，应当根据实际情况立即向安全生产监督管理部门、环境保护主管部门、卫生主管部门通报。有关部门应当采取必要的应急处置措施。

第五十二条　通过水路运输危险化学品的，应当遵守法律、行政法规以及国务院交通运输主管部门关于危险货物水路运输安全的规定。

第五十三条　海事管理机构应当根据危险化学品的种类和危险特性，确定船舶运输危险化学品的相关安全运输条件。

拟交付船舶运输的化学品的相关安全运输条件不明确的，货物所有人或者代理人应当委托相关技术机构进行评估，明确相关安全运输条件并经海事管理机构确认后，方可交付船舶运输。

第五十四条　禁止通过内河封闭水域运输剧毒化学品以及国家规定禁止通过内河

运输的其他危险化学品。

前款规定以外的内河水域,禁止运输国家规定禁止通过内河运输的剧毒化学品以及其他危险化学品。

禁止通过内河运输的剧毒化学品以及其他危险化学品的范围,由国务院交通运输主管部门会同国务院环境保护主管部门、工业和信息化主管部门、安全生产监督管理部门,根据危险化学品的危险特性、危险化学品对人体和水环境的危害程度以及消除危害后果的难易程度等因素规定并公布。

第五十五条 国务院交通运输主管部门应当根据危险化学品的危险特性,对通过内河运输本条例第五十四条规定以外的危险化学品(以下简称通过内河运输危险化学品)实行分类管理,对各类危险化学品的运输方式、包装规范和安全防护措施等分别作出规定并监督实施。

第五十六条 通过内河运输危险化学品,应当由依法取得危险货物水路运输许可的水路运输企业承运,其他单位和个人不得承运。托运人应当委托依法取得危险货物水路运输许可的水路运输企业承运,不得委托其他单位和个人承运。

第五十七条 通过内河运输危险化学品,应当使用依法取得危险货物适装证书的运输船舶。水路运输企业应当针对所运输的危险化学品的危险特性,制定运输船舶危险化学品事故应急救援预案,并为运输船舶配备充足、有效的应急救援器材和设备。

通过内河运输危险化学品的船舶,其所有人或者经营人应当取得船舶污染损害责任保险证书或者财务担保证明。船舶污染损害责任保险证书或者财务担保证明的副本应当随船携带。

第五十八条 通过内河运输危险化学品,危险化学品包装物的材质、型式、强度以及包装方法应当符合水路运输危险化学品包装规范的要求。国务院交通运输主管部门对单船运输的危险化学品数量有限制性规定的,承运人应当按照规定安排运输数量。

第五十九条 用于危险化学品运输作业的内河码头、泊位应当符合国家有关安全规范,与饮用水取水口保持国家规定的距离。有关管理单位应当制定码头、泊位危险化学品事故应急预案,并为码头、泊位配备充足、有效的应急救援器材和设备。

用于危险化学品运输作业的内河码头、泊位,经交通运输主管部门按照国家有关规定验收合格后方可投入使用。

第六十条 船舶载运危险化学品进出内河港口,应当将危险化学品的名称、危险特性、包装以及进出港时间等事项,事先报告海事管理机构。海事管理机构接到报告后,应当在国务院交通运输主管部门规定的时间内作出是否同意的决定,通知报告人,同时通报港口行政管理部门。定船舶、定航线、定货种的船舶可以定期报告。

在内河港口内进行危险化学品的装卸、过驳作业,应当将危险化学品的名称、危险特性、包装和作业的时间、地点等事项报告港口行政管理部门。港口行政管理部门接到报告后,应当在国务院交通运输主管部门规定的时间内作出是否同意的决定,通知报告人,同时通报海事管理机构。

载运危险化学品的船舶在内河航行,通过过船建筑物的,应当提前向交通运输主管部门申报,并接受交通运输主管部门的管理。

第六十一条 载运危险化学品的船舶在内河航行、装卸或者停泊,应当悬挂专用的警示标志,按照规定显示专用信号。

载运危险化学品的船舶在内河航行,按照国务院交通运输主管部门的规定需要引航的,应当申请引航。

第六十二条 载运危险化学品的船舶在内河航行,应当遵守法律、行政法规和国家其他有关饮用水水源保护的规定。内河航道发展规划应当与依法经批准的饮用水水源保护区划定方案相协调。

第六十三条 托运危险化学品的,托运人应当向承运人说明所托运的危险化学品的种类、数量、危险特性以及发生危险情况的应急处置措施,并按照国家有关规定对所托运的危险化学品妥善包装,在外包装上设置相应的标志。

运输危险化学品需要添加抑制剂或者稳定剂的,托运人应当添加,并将有关情况告知承运人。

第六十四条 托运人不得在托运的普通货物中夹带危险化学品,不得将危险化学品匿报或者谎报为普通货物托运。

任何单位和个人不得交寄危险化学品或者在邮件、快件内夹带危险化学品,不得将危险化学品匿报或者谎报为普通物品交寄。邮政企业、快递企业不得收寄危险化学品。

对涉嫌违反本条第一款、第二款规定的,交通运输主管部门、邮政管理部门可以依法开拆查验。

第六十五条 通过铁路、航空运输危险化学品的安全管理,依照有关铁路、航空运输的法律、行政法规、规章的规定执行。

第六章 危险化学品登记与事故应急救援

第六十六条 国家实行危险化学品登记制度,为危险化学品安全管理以及危险化学品事故预防和应急救援提供技术、信息支持。

第六十七条 危险化学品生产企业、进口企业,应当向国务院安全生产监督管理部门负责危险化学品登记的机构(以下简称危险化学品登记机构)办理危险化学品登记。

危险化学品登记包括下列内容:

(一)分类和标签信息;

(二)物理、化学性质;

（三）主要用途；
（四）危险特性；
（五）储存、使用、运输的安全要求；
（六）出现危险情况的应急处置措施。

对同一企业生产、进口的同一品种的危险化学品，不进行重复登记。危险化学品生产企业、进口企业发现其生产、进口的危险化学品有新的危险特性的，应当及时向危险化学品登记机构办理登记内容变更手续。

危险化学品登记的具体办法由国务院安全生产监督管理部门制定。

第六十八条 危险化学品登记机构应当定期向工业和信息化、环境保护、公安、卫生、交通运输、铁路、质量监督检验检疫等部门提供危险化学品登记的有关信息和资料。

第六十九条 县级以上地方人民政府安全生产监督管理部门应当会同工业和信息化、环境保护、公安、卫生、交通运输、铁路、质量监督检验检疫等部门，根据本地区实际情况，制定危险化学品事故应急预案，报本级人民政府批准。

第七十条 危险化学品单位应当制定本单位危险化学品事故应急预案，配备应急救援人员和必要的应急救援器材、设备，并定期组织应急救援演练。

危险化学品单位应当将其危险化学品事故应急预案报所在地设区的市级人民政府安全生产监督管理部门备案。

第七十一条 发生危险化学品事故，事故单位主要负责人应当立即按照本单位危险化学品应急预案组织救援，并向当地安全生产监督管理部门和环境保护、公安、卫生主管部门报告；道路运输、水路运输过程中发生危险化学品事故的，驾驶人员、船员或者押运人员还应当向事故发生地交通运输主管部门报告。

第七十二条 发生危险化学品事故，有关地方人民政府应当立即组织安全生产监督管理、环境保护、公安、卫生、交通运输等有关部门，按照本地区危险化学品事故应急预案组织实施救援，不得拖延、推诿。

有关地方人民政府及其有关部门应当按照下列规定，采取必要的应急处置措施，减少事故损失，防止事故蔓延、扩大：

（一）立即组织营救和救治受害人员，疏散、撤离或者采取其他措施保护危害区域内的其他人员；

（二）迅速控制危害源，测定危险化学品的性质、事故的危害区域及危害程度；

（三）针对事故对人体、动植物、土壤、水源、大气造成的现实危害和可能产生的危害，迅速采取封闭、隔离、洗消等措施；

（四）对危险化学品事故造成的环境污染和生态破坏状况进行监测、评估，并采取相应的环境污染治理和生态修复措施。

第七十三条 有关危险化学品单位应当为危险化学品事故应急救援提供技术指导

和必要的协助。

第七十四条 危险化学品事故造成环境污染的,由设区的市级以上人民政府环境保护主管部门统一发布有关信息。

第七章 法律责任

第七十五条 生产、经营、使用国家禁止生产、经营、使用的危险化学品的,由安全生产监督管理部门责令停止生产、经营、使用活动,处20万元以上50万元以下的罚款,有违法所得的,没收违法所得;构成犯罪的,依法追究刑事责任。

有前款规定行为的,安全生产监督管理部门还应当责令其对所生产、经营、使用的危险化学品进行无害化处理。

违反国家关于危险化学品使用的限制性规定使用危险化学品的,依照本条第一款的规定处理。

第七十六条 未经安全条件审查,新建、改建、扩建生产、储存危险化学品的建设项目,由安全生产监督管理部门责令停止建设,限期改正;逾期不改正的,处50万元以上100万元以下的罚款;构成犯罪的,依法追究刑事责任。

未经安全条件审查,新建、改建、扩建储存、装卸危险化学品的港口建设项目的,由港口行政管理部门依照前款规定予以处罚。

第七十七条 未依法取得危险化学品安全生产许可证从事危险化学品生产,或者未依法取得工业产品生产许可证从事危险化学品及其包装物、容器生产的,分别依照《安全生产许可证条例》《中华人民共和国工业产品生产许可证管理条例》的规定处罚。

违反本条例规定,化工企业未取得危险化学品安全使用许可证,使用危险化学品从事生产的,由安全生产监督管理部门责令限期改正,处10万元以上20万元以下的罚款;逾期不改正的,责令停产整顿。

违反本条例规定,未取得危险化学品经营许可证从事危险化学品经营的,由安全生产监督管理部门责令停止经营活动,没收违法经营的危险化学品以及违法所得,并处10万元以上20万元以下的罚款;构成犯罪的,依法追究刑事责任。

第七十八条 有下列情形之一的,由安全生产监督管理部门责令改正,可以处5万元以下的罚款;拒不改正的,处5万元以上10万元以下的罚款;情节严重的,责令停产停业整顿:

(一)生产、储存危险化学品的单位未对其铺设的危险化学品管道设置明显的标志,或者未对危险化学品管道定期检查、检测的;

(二)进行可能危及危险化学品管道安全的施工作业,施工单位未按照规定书面通知管道所属单位,或者未与管道所属单位共同制定应急预案、采取相应的安全防护措施,或者管道所属单位未指派专门人员到现场进行管道安全保护指导的;

（三）危险化学品生产企业未提供化学品安全技术说明书，或者未在包装（包括外包装件）上粘贴、拴挂化学品安全标签的；

（四）危险化学品生产企业提供的化学品安全技术说明书与其生产的危险化学品不相符，或者在包装（包括外包装件）粘贴、拴挂的化学品安全标签与包装内危险化学品不相符，或者化学品安全技术说明书、化学品安全标签所载明的内容不符合国家标准要求的；

（五）危险化学品生产企业发现其生产的危险化学品有新的危险特性不立即公告，或者不及时修订其化学品安全技术说明书和化学品安全标签的；

（六）危险化学品经营企业经营没有化学品安全技术说明书和化学品安全标签的危险化学品的；

（七）危险化学品包装物、容器的材质以及包装的型式、规格、方法和单件质量（重量）与所包装的危险化学品的性质和用途不相适应的；

（八）生产、储存危险化学品的单位未在作业场所和安全设施、设备上设置明显的安全警示标志，或者未在作业场所设置通信、报警装置的；

（九）危险化学品专用仓库未设专人负责管理，或者对储存的剧毒化学品以及储存数量构成重大危险源的其他危险化学品未实行双人收发、双人保管制度的；

（十）储存危险化学品的单位未建立危险化学品出入库核查、登记制度的；

（十一）危险化学品专用仓库未设置明显标志的；

（十二）危险化学品生产企业、进口企业不办理危险化学品登记，或者发现其生产、进口的危险化学品有新的危险特性不办理危险化学品登记内容变更手续的。

从事危险化学品仓储经营的港口经营人有前款规定情形的，由港口行政管理部门依照前款规定予以处罚。储存剧毒化学品、易制爆危险化学品的专用仓库未按照国家有关规定设置相应的技术防范设施的，由公安机关依照前款规定予以处罚。

生产、储存剧毒化学品、易制爆危险化学品的单位未设置治安保卫机构、配备专职治安保卫人员的，依照《企业事业单位内部治安保卫条例》的规定处罚。

第七十九条 危险化学品包装物、容器生产企业销售未经检验或者经检验不合格的危险化学品包装物、容器的，由质量监督检验检疫部门责令改正，处10万元以上20万元以下的罚款，有违法所得的，没收违法所得；拒不改正的，责令停产停业整顿；构成犯罪的，依法追究刑事责任。

将未经检验合格的运输危险化学品的船舶及其配载的容器投入使用的，由海事管理机构依照前款规定予以处罚。

第八十条 生产、储存、使用危险化学品的单位有下列情形之一的，由安全生产监督管理部门责令改正，处5万元以上10万元以下的罚款；拒不改正的，责令停产停业整顿直至由原发证机关吊销其相关许可证件,并由工商行政管理部门责令其办理经营范围变更登记或者吊销其营业执照;有关责任人员构成犯罪的,依法追究刑事责任:

(一)对重复使用的危险化学品包装物、容器,在重复使用前不进行检查的;

(二)未根据其生产、储存的危险化学品的种类和危险特性,在作业场所设置相关安全设施、设备,或者未按照国家标准、行业标准或者国家有关规定对安全设施、设备进行经常性维护、保养的;

(三)未依照本条例规定对其安全生产条件定期进行安全评价的;

(四)未将危险化学品储存在专用仓库内,或者未将剧毒化学品以及储存数量构成重大危险源的其他危险化学品在专用仓库内单独存放的;

(五)危险化学品的储存方式、方法或者储存数量不符合国家标准或者国家有关规定的;

(六)危险化学品专用仓库不符合国家标准、行业标准的要求的;

(七)未对危险化学品专用仓库的安全设施、设备定期进行检测、检验的。

从事危险化学品仓储经营的港口经营人有前款规定情形的,由港口行政管理部门依照前款规定予以处罚。

第八十一条 有下列情形之一的,由公安机关责令改正,可以处 1 万元以下的罚款;拒不改正的,处 1 万元以上 5 万元以下的罚款:

(一)生产、储存、使用剧毒化学品、易制爆危险化学品的单位不如实记录生产、储存、使用的剧毒化学品、易制爆危险化学品的数量、流向的;

(二)生产、储存、使用剧毒化学品、易制爆危险化学品的单位发现剧毒化学品、易制爆危险化学品丢失或者被盗,不立即向公安机关报告的;

(三)储存剧毒化学品的单位未将剧毒化学品的储存数量、储存地点以及管理人员的情况报所在地县级人民政府公安机关备案的;

(四)危险化学品生产企业、经营企业不如实记录剧毒化学品、易制爆危险化学品购买单位的名称、地址、经办人的姓名、身份证号码以及所购买的剧毒化学品、易制爆危险化学品的品种、数量、用途,或者保存销售记录和相关材料的时间少于 1 年的;

(五)剧毒化学品、易制爆危险化学品的销售企业、购买单位未在规定的时限内将所销售、购买的剧毒化学品、易制爆危险化学品的品种、数量以及流向信息报所在地县级人民政府公安机关备案的;

(六)使用剧毒化学品、易制爆危险化学品的单位依照本条例规定转让其购买的剧毒化学品、易制爆危险化学品,未将有关情况向所在地县级人民政府公安机关报告的。

生产、储存危险化学品的企业或者使用危险化学品从事生产的企业未按照本条例规定将安全评价报告以及整改方案的落实情况报安全生产监督管理部门或者港口行政管理部门备案,或者储存危险化学品的单位未将其剧毒化学品以及储存数量构成重大危险源的其他危险化学品的储存数量、储存地点以及管理人员的情况报安全生产监督管理部门或者港口行政管理部门备案的,分别由安全生产监督管理部门或者港口行政管理部门依照前款规定予以处罚。

生产实施重点环境管理的危险化学品的企业或者使用实施重点环境管理的危险化学品从事生产的企业未按照规定将相关信息向环境保护主管部门报告的,由环境保护主管部门依照本条第一款的规定予以处罚。

第八十二条 生产、储存、使用危险化学品的单位转产、停产、停业或者解散,未采取有效措施及时、妥善处置其危险化学品生产装置、储存设施以及库存的危险化学品,或者丢弃危险化学品的,由安全生产监督管理部门责令改正,处 5 万元以上 10 万元以下的罚款;构成犯罪的,依法追究刑事责任。

生产、储存、使用危险化学品的单位转产、停产、停业或者解散,未依照本条例规定将其危险化学品生产装置、储存设施以及库存危险化学品的处置方案报有关部门备案的,分别由有关部门责令改正,可以处 1 万元以下的罚款;拒不改正的,处 1 万元以上 5 万元以下的罚款。

第八十三条 危险化学品经营企业向未经许可违法从事危险化学品生产、经营活动的企业采购危险化学品的,由工商行政管理部门责令改正,处 10 万元以上 20 万元以下的罚款;拒不改正的,责令停业整顿直至由原发证机关吊销其危险化学品经营许可证,并由工商行政管理部门责令其办理经营范围变更登记或者吊销其营业执照。

第八十四条 危险化学品生产企业、经营企业有下列情形之一的,由安全生产监督管理部门责令改正,没收违法所得,并处 10 万元以上 20 万元以下的罚款;拒不改正的,责令停产停业整顿直至吊销其危险化学品安全生产许可证、危险化学品经营许可证,并由工商行政管理部门责令其办理经营范围变更登记或者吊销其营业执照:

(一)向不具有本条例第三十八条第一款、第二款规定的相关许可证件或者证明文件的单位销售剧毒化学品、易制爆危险化学品的;

(二)不按照剧毒化学品购买许可证载明的品种、数量销售剧毒化学品的;

(三)向个人销售剧毒化学品(属于剧毒化学品的农药除外)、易制爆危险化学品的。

不具有本条例第三十八条第一款、第二款规定的相关许可证件或者证明文件的单位购买剧毒化学品、易制爆危险化学品,或者个人购买剧毒化学品(属于剧毒化学品的农药除外)、易制爆危险化学品的,由公安机关没收所购买的剧毒化学品、易制爆危险化学品,可以并处 5000 元以下的罚款。

使用剧毒化学品、易制爆危险化学品的单位出借或者向不具有本条例第三十八条第一款、第二款规定的相关许可证件的单位转让其购买的剧毒化学品、易制爆危险化学品，或者向个人转让其购买的剧毒化学品（属于剧毒化学品的农药除外）、易制爆危险化学品的，由公安机关责令改正，处10万元以上20万元以下的罚款；拒不改正的，责令停产停业整顿。

第八十五条　未依法取得危险货物道路运输许可、危险货物水路运输许可，从事危险化学品道路运输、水路运输的，分别依照有关道路运输、水路运输的法律、行政法规的规定处罚。

第八十六条　有下列情形之一的，由交通运输主管部门责令改正，处5万元以上10万元以下的罚款；拒不改正的，责令停产停业整顿；构成犯罪的，依法追究刑事责任：

（一）危险化学品道路运输企业、水路运输企业的驾驶人员、船员、装卸管理人员、押运人员、申报人员、集装箱装箱现场检查员未取得从业资格上岗作业的；

（二）运输危险化学品，未根据危险化学品的危险特性采取相应的安全防护措施，或者未配备必要的防护用品和应急救援器材的；

（三）使用未依法取得危险货物适装证书的船舶，通过内河运输危险化学品的；

（四）通过内河运输危险化学品的承运人违反国务院交通运输主管部门对单船运输的危险化学品数量的限制性规定运输危险化学品的；

（五）用于危险化学品运输作业的内河码头、泊位不符合国家有关安全规范，或者未与饮用水取水口保持国家规定的安全距离，或者未经交通运输主管部门验收合格投入使用的；

（六）托运人不向承运人说明所托运的危险化学品的种类、数量、危险特性以及发生危险情况的应急处置措施，或者未按照国家有关规定对所托运的危险化学品妥善包装并在外包装上设置相应标志的；

（七）运输危险化学品需要添加抑制剂或者稳定剂，托运人未添加或者未将有关情况告知承运人的。

第八十七条　有下列情形之一的，由交通运输主管部门责令改正，处10万元以上20万元以下的罚款，有违法所得的，没收违法所得；拒不改正的，责令停产停业整顿；构成犯罪的，依法追究刑事责任：

（一）委托未依法取得危险货物道路运输许可、危险货物水路运输许可的企业承运危险化学品的；

（二）通过内河封闭水域运输剧毒化学品以及国家规定禁止通过内河运输的其他危险化学品的；

（三）通过内河运输国家规定禁止通过内河运输的剧毒化学品以及其他危险化学品的；

（四）在托运的普通货物中夹带危险化学品，或者将危险化学品谎报或者匿报为普通货物托运的。

在邮件、快件内夹带危险化学品,或者将危险化学品谎报为普通物品交寄的,依法给予治安管理处罚;构成犯罪的,依法追究刑事责任。

邮政企业、快递企业收寄危险化学品的,依照《中华人民共和国邮政法》的规定处罚。

第八十八条 有下列情形之一的,由公安机关责令改正,处5万元以上10万元以下的罚款;构成违反治安管理行为的,依法给予治安管理处罚;构成犯罪的,依法追究刑事责任:

(一)超过运输车辆的核定载质量装载危险化学品的;

(二)使用安全技术条件不符合国家标准要求的车辆运输危险化学品的;

(三)运输危险化学品的车辆未经公安机关批准进入危险化学品运输车辆限制通行的区域的;

(四)未取得剧毒化学品道路运输通行证,通过道路运输剧毒化学品的。

第八十九条 有下列情形之一的,由公安机关责令改正,处1万元以上5万元以下的罚款;构成违反治安管理行为的,依法给予治安管理处罚:

(一)危险化学品运输车辆未悬挂或者喷涂警示标志,或者悬挂或者喷涂的警示标志不符合国家标准要求的;

(二)通过道路运输危险化学品,不配备押运人员的;

(三)运输剧毒化学品或者易制爆危险化学品途中需要较长时间停车,驾驶人员、押运人员不向当地公安机关报告的;

(四)剧毒化学品、易制爆危险化学品在道路运输途中丢失、被盗、被抢或者发生流散、泄露等情况,驾驶人员、押运人员不采取必要的警示措施和安全措施,或者不向当地公安机关报告的。

第九十条 对发生交通事故负有全部责任或者主要责任的危险化学品道路运输企业,由公安机关责令消除安全隐患,未消除安全隐患的危险化学品运输车辆,禁止上道路行驶。

第九十一条 有下列情形之一的,由交通运输主管部门责令改正,可以处1万元以下的罚款;拒不改正的,处1万元以上5万元以下的罚款:

(一)危险化学品道路运输企业、水路运输企业未配备专职安全管理人员的;

(二)用于危险化学品运输作业的内河码头、泊位的管理单位未制定码头、泊位危险化学品事故应急救援预案,或者未为码头、泊位配备充足、有效的应急救援器材和设备的。

第九十二条 有下列情形之一的,依照《中华人民共和国内河交通安全管理条例》的规定处罚:

(一)通过内河运输危险化学品的水路运输企业未制定运输船舶危险化学品事故应急救援预案,或者未为运输船舶配备充足、有效的应急救援器材和设备的;

(二)通过内河运输危险化学品的船舶的所有人或者经营人未取得船舶污染

损害责任保险证书或者财务担保证明的;

（三）船舶载运危险化学品进出内河港口,未将有关事项事先报告海事管理机构并经其同意的;

（四）载运危险化学品的船舶在内河航行、装卸或者停泊,未悬挂专用的警示标志,或者未按照规定显示专用信号,或者未按照规定申请引航的。

未向港口行政管理部门报告并经其同意,在港口内进行危险化学品的装卸、过驳作业的,依照《中华人民共和国港口法》的规定处罚。

第九十三条 伪造、变造或者出租、出借、转让危险化学品安全生产许可证、工业产品生产许可证,或者使用伪造、变造的危险化学品安全生产许可证、工业产品生产许可证的,分别依照《安全生产许可证条例》、《中华人民共和国工业产品生产许可证管理条例》的规定处罚。

伪造、变造或者出租、出借、转让本条例规定的其他许可证,或者使用伪造、变造的本条例规定的其他许可证的,分别由相关许可证的颁发管理机关处10万元以上20万元以下的罚款,有违法所得的,没收违法所得;构成违反治安管理行为的,依法给予治安管理处罚;构成犯罪的,依法追究刑事责任。

第九十四条 危险化学品单位发生危险化学品事故,其主要负责人不立即组织救援或者不立即向有关部门报告的,依照《生产安全事故报告和调查处理条例》的规定处罚。

危险化学品单位发生危险化学品事故,造成他人人身伤害或者财产损失的,依法承担赔偿责任。

第九十五条 发生危险化学品事故,有关地方人民政府及其有关部门不立即组织实施救援,或者不采取必要的应急处置措施减少事故损失,防止事故蔓延、扩大的,对直接负责的主管人员和其他直接责任人员依法给予处分;构成犯罪的,依法追究刑事责任。

第九十六条 负有危险化学品安全监督管理职责的部门的工作人员,在危险化学品安全监督管理工作中滥用职权、玩忽职守、徇私舞弊,构成犯罪的,依法追究刑事责任;尚不构成犯罪的,依法给予处分。

第八章 附 则

第九十七条 监控化学品、属于危险化学品的药品和农药的安全管理,依照本条例的规定执行;法律、行政法规另有规定的,依照其规定。

民用爆炸物品、烟花爆竹、放射性物品、核能物质以及用于国防科研生产的危险化学品的安全管理,不适用本条例。

法律、行政法规对燃气的安全管理另有规定的,依照其规定。

危险化学品容器属于特种设备的,其安全管理依照有关特种设备安全的法律、行政法规的规定执行。

第九十八条　危险化学品的进出口管理，依照有关对外贸易的法律、行政法规、规章的规定执行；进口的危险化学品的储存、使用、经营、运输的安全管理，依照本条例的规定执行。

　　危险化学品环境管理登记和新化学物质环境管理登记，依照有关环境保护的法律、行政法规、规章的规定执行。危险化学品环境管理登记，按照国家有关规定收取费用。

第九十九条　公众发现、捡拾的无主危险化学品，由公安机关接收。公安机关接收或者有关部门依法没收的危险化学品，需要进行无害化处理的，交由环境保护主管部门组织其认定的专业单位进行处理，或者交由有关危险化学品生产企业进行处理。处理所需费用由国家财政负担。

第一百条　化学品的危险特性尚未确定的，由国务院安全生产监督管理部门、国务院环境保护主管部门、国务院卫生主管部门分别负责组织对该化学品的物理危险性、环境危害性、毒理特性进行鉴定。根据鉴定结果，需要调整危险化学品目录的，依照本条例第三条第二款的规定办理。

第一百零一条　本条例施行前已经使用危险化学品从事生产的化工企业，依照本条例规定需要取得危险化学品安全使用许可证的，应当在国务院安全生产监督管理部门规定的期限内，申请取得危险化学品安全使用许可证。

第一百零二条　本条例自2011年12月1日起施行。

危险化学品登记管理办法

1. 2012年7月1日国家安全生产监督管理总局令第53号公布
2. 自2012年8月1日起施行

第一章　总　　则

第一条　为了加强对危险化学品的安全管理，规范危险化学品登记工作，为危险化学品事故预防和应急救援提供技术、信息支持，根据《危险化学品安全管理条例》，制定本办法。

第二条　本办法适用于危险化学品生产企业、进口企业（以下统称登记企业）生产或者进口《危险化学品目录》所列危险化学品的登记和管理工作。

第三条　国家实行危险化学品登记制度。危险化学品登记实行企业申请、两级审核、统一发证、分级管理的原则。

第四条　国家安全生产监督管理总局负责全国危险化学品登记的监督管理工作。

　　县级以上地方各级人民政府安全生产监督管理部门负责本行政区域内危险

化学品登记的监督管理工作。

第二章 登 记 机 构

第五条 国家安全生产监督管理总局化学品登记中心（以下简称登记中心），承办全国危险化学品登记的具体工作和技术管理工作。

省、自治区、直辖市人民政府安全生产监督管理部门设立危险化学品登记办公室或者危险化学品登记中心（以下简称登记办公室），承办本行政区域内危险化学品登记的具体工作和技术管理工作。

第六条 登记中心履行下列职责：

（一）组织、协调和指导全国危险化学品登记工作；

（二）负责全国危险化学品登记内容审核、危险化学品登记证的颁发和管理工作；

（三）负责管理与维护全国危险化学品登记信息管理系统（以下简称登记系统）以及危险化学品登记信息的动态统计分析工作；

（四）负责管理与维护国家危险化学品事故应急咨询电话，并提供24小时应急咨询服务；

（五）组织化学品危险性评估，对未分类的化学品统一进行危险性分类；

（六）对登记办公室进行业务指导，负责全国登记办公室危险化学品登记人员的培训工作；

（七）定期将危险化学品的登记情况通报国务院有关部门，并向社会公告。

第七条 登记办公室履行下列职责：

（一）组织本行政区域内危险化学品登记工作；

（二）对登记企业申报材料的规范性、内容一致性进行审查；

（三）负责本行政区域内危险化学品登记信息的统计分析工作；

（四）提供危险化学品事故预防与应急救援信息支持；

（五）协助本行政区域内安全生产监督管理部门开展登记培训，指导登记企业实施危险化学品登记工作。

第八条 登记中心和登记办公室（以下统称登记机构）从事危险化学品登记的工作人员（以下简称登记人员）应当具有化工、化学、安全工程等相关专业大学专科以上学历，并经统一业务培训，取得培训合格证，方可上岗作业。

第九条 登记办公室应当具备下列条件：

（一）有3名以上登记人员；

（二）有严格的责任制度、保密制度、档案管理制度和数据库维护制度；

（三）配备必要的办公设备、设施。

第三章 登记的时间、内容和程序

第十条 新建的生产企业应当在竣工验收前办理危险化学品登记。

进口企业应当在首次进口前办理危险化学品登记。

第十一条 同一企业生产、进口同一品种危险化学品的,按照生产企业进行一次登记,但应当提交进口危险化学品的有关信息。

进口企业进口不同制造商的同一品种危险化学品的,按照首次进口制造商的危险化学品进行一次登记,但应当提交其他制造商的危险化学品的有关信息。

生产企业、进口企业多次进口同一制造商的同一品种危险化学品的,只进行一次登记。

第十二条 危险化学品登记应当包括下列内容:

(一)分类和标签信息,包括危险化学品的危险性类别、象形图、警示词、危险性说明、防范说明等;

(二)物理、化学性质,包括危险化学品的外观与性状、溶解性、熔点、沸点等物理性质,闪点、爆炸极限、自燃温度、分解温度等化学性质;

(三)主要用途,包括企业推荐的产品合法用途、禁止或者限制的用途等;

(四)危险特性,包括危险化学品的物理危险性、环境危害性和毒理特性;

(五)储存、使用、运输的安全要求,其中,储存的安全要求包括对建筑条件、库房条件、安全条件、环境卫生条件、温度和湿度条件的要求,使用的安全要求包括使用时的操作条件、作业人员防护措施、使用现场危害控制措施等,运输的安全要求包括对运输或者输送方式的要求、危害信息向有关运输人员的传递手段、装卸及运输过程中的安全措施等;

(六)出现危险情况的应急处置措施,包括危险化学品在生产、使用、储存、运输过程中发生火灾、爆炸、泄漏、中毒、窒息、灼伤等化学品事故时的应急处理方法,应急咨询服务电话等。

第十三条 危险化学品登记按照下列程序办理:

(一)登记企业通过登记系统提出申请;

(二)登记办公室在3个工作日内对登记企业提出的申请进行初步审查,符合条件的,通过登记系统通知登记企业办理登记手续;

(三)登记企业接到登记办公室通知后,按照有关要求在登记系统中如实填写登记内容,并向登记办公室提交有关纸质登记材料;

(四)登记办公室在收到登记企业的登记材料之日起20个工作日内,对登记材料和登记内容逐项进行审查,必要时可进行现场核查,符合要求的,将登记材料提交给登记中心;不符合要求的,通过登记系统告知登记企业并说明理由;

(五)登记中心在收到登记办公室提交的登记材料之日起15个工作日内,对登记材料和登记内容进行审核,符合要求的,通过登记办公室向登记企业发放危险化学品登记证;不符合要求的,通过登记系统告知登记办公室、登记企业并说明理由。

登记企业修改登记材料和整改问题所需时间,不计算在前款规定的期限内。

第十四条 登记企业办理危险化学品登记时,应当提交下列材料,并对其内容的真实性负责:

(一)危险化学品登记表一式2份;

(二)生产企业的工商营业执照,进口企业的对外贸易经营者备案登记表、中华人民共和国进出口企业资质证书、中华人民共和国外商投资企业批准证书或者台港澳侨投资企业批准证书复制件1份;

(三)与其生产、进口的危险化学品相符并符合国家标准的化学品安全技术说明书、化学品安全标签各1份;

(四)满足本办法第二十二条规定的应急咨询服务电话号码或者应急咨询服务委托书复制件1份;

(五)办理登记的危险化学品产品标准(采用国家标准或者行业标准的,提供所采用的标准编号)。

第十五条 登记企业在危险化学品登记证有效期内,企业名称、注册地址、登记品种、应急咨询服务电话发生变化,或者发现其生产、进口的危险化学品有新的危险特性的,应当在15个工作日内向登记办公室提出变更申请,并按照下列程序办理登记内容变更手续:

(一)通过登记系统填写危险化学品登记变更申请表,并向登记办公室提交涉及变更事项的证明材料1份;

(二)登记办公室初步审查登记企业的登记变更申请,符合条件的,通知登记企业提交变更后的登记材料,并对登记材料进行审查,符合要求的,提交给登记中心;不符合要求的,通过登记系统告知登记企业并说明理由;

(三)登记中心对登记办公室提交的登记材料进行审核,符合要求且属于危险化学品登记证载明事项的,通过登记办公室向登记企业发放登记变更后的危险化学品登记证并收回原证;符合要求但不属于危险化学品登记证载明事项的,通过登记办公室向登记企业提供书面证明文件。

第十六条 危险化学品登记证有效期为3年。登记证有效期满后,登记企业继续从事危险化学品生产或者进口的,应当在登记证有效期届满前3个月提出复核换证申请,并按下列程序办理复核换证:

(一)通过登记系统填写危险化学品复核换证申请表;

(二)登记办公室审查登记企业的复核换证申请,符合条件的,通过登记系统告知登记企业提交本规定第十四条规定的登记材料;不符合条件的,通过登记系统告知登记企业并说明理由;

(三)按照本办法第十三条第一款第三项、第四项、第五项规定的程序办理复核换证手续。

第十七条 危险化学品登记证分为正本、副本,正本为悬挂式,副本为折页式。正本、副本具有同等法律效力。

危险化学品登记证正本、副本应当载明证书编号、企业名称、注册地址、企业性质、登记品种、有效期、发证机关、发证日期等内容。其中,企业性质应当注明危险化学品生产企业、危险化学品进口企业或者危险化学品生产企业(兼进口)。

第四章 登记企业的职责

第十八条 登记企业应当对本企业的各类危险化学品进行普查,建立危险化学品管理档案。

危险化学品管理档案应当包括危险化学品名称、数量、标识信息、危险性分类和化学品安全技术说明书、化学品安全标签等内容。

第十九条 登记企业应当按照规定向登记机构办理危险化学品登记,如实填报登记内容和提交有关材料,并接受安全生产监督管理部门依法进行的监督检查。

第二十条 登记企业应当指定人员负责危险化学品登记的相关工作,配合登记人员在必要时对本企业危险化学品登记内容进行核查。

登记企业从事危险化学品登记的人员应当具备危险化学品登记相关知识和能力。

第二十一条 对危险特性尚未确定的化学品,登记企业应当按照国家关于化学品危险性鉴定的有关规定,委托具有国家规定资质的机构对其进行危险性鉴定;属于危险化学品的,应当依照本办法的规定进行登记。

第二十二条 危险化学品生产企业应当设立由专职人员24小时值守的国内固定服务电话,针对本办法第十二条规定的内容向用户提供危险化学品事故应急咨询服务,为危险化学品事故应急救援提供技术指导和必要的协助。专职值守人员应当熟悉本企业危险化学品的危险特性和应急处置技术,准确回答有关咨询问题。

危险化学品生产企业不能提供前款规定应急咨询服务的,应当委托登记机构代理应急咨询服务。

危险化学品进口企业应当自行或者委托进口代理商、登记机构提供符合本条第一款要求的应急咨询服务,并在其进口的危险化学品安全标签上标明应急咨询服务电话号码。

从事代理应急咨询服务的登记机构,应当设立由专职人员24小时值守的国内固定服务电话,建有完善的化学品应急救援数据库,配备在线数字录音设备和8名以上专业人员,能够同时受理3起以上应急咨询,准确提供化学品泄漏、火灾、爆炸、中毒等事故应急处置有关信息和建议。

第二十三条 登记企业不得转让、冒用或者使用伪造的危险化学品登记证。

第五章 监督管理

第二十四条 安全生产监督管理部门应当将危险化学品登记情况纳入危险化学品安全执法检查内容,对登记企业未按照规定予以登记的,依法予以处理。

第二十五条 登记办公室应当对本行政区域内危险化学品的登记数据及时进行汇

总、统计、分析,并报告省、自治区、直辖市人民政府安全生产监督管理部门。

第二十六条 登记中心应当定期向国务院工业和信息化、环境保护、公安、卫生、交通运输、铁路、质量监督检验检疫等部门提供危险化学品登记的有关信息和资料,并向社会公告。

第二十七条 登记办公室应当在每年1月31日前向所属省、自治区、直辖市人民政府安全生产监督管理部门和登记中心书面报告上一年度本行政区域内危险化学品登记的情况。

登记中心应当在每年2月15日前向国家安全生产监督管理总局书面报告上一年度全国危险化学品登记的情况。

第六章 法律责任

第二十八条 登记机构的登记人员违规操作、弄虚作假、滥发证书,在规定限期内无故不予登记且无明确答复,或者泄露登记企业商业秘密的,责令改正,并追究有关责任人员的责任。

第二十九条 登记企业不办理危险化学品登记,登记品种发生变化或者发现其生产、进口的危险化学品有新的危险特性不办理危险化学品登记内容变更手续的,责令改正,可以处5万元以下的罚款;拒不改正的,处5万元以上10万元以下的罚款;情节严重的,责令停产停业整顿。

第三十条 登记企业有下列行为之一的,责令改正,可以处3万元以下的罚款:

(一)未向用户提供应急咨询服务或者应急咨询服务不符合本办法第二十二条规定的;

(二)在危险化学品登记证有效期内企业名称、注册地址、应急咨询服务电话发生变化,未按规定按时办理危险化学品登记变更手续的;

(三)危险化学品登记证有效期满后,未按规定申请复核换证,继续进行生产或者进口的;

(四)转让、冒用或者使用伪造的危险化学品登记证,或者不如实填报登记内容、提交有关材料的;

(五)拒绝、阻挠登记机构对本企业危险化学品登记情况进行现场核查的。

第七章 附则

第三十一条 本办法所称危险化学品进口企业,是指依法设立且取得工商营业执照,并取得下列证明文件之一,从事危险化学品进口的企业:

(一)对外贸易经营者备案登记表;

(二)中华人民共和国进出口企业资质证书;

(三)中华人民共和国外商投资企业批准证书;

(四)台港澳侨投资企业批准证书。

第三十二条 登记企业在本办法施行前已经取得的危险化学品登记证,其有效期不变；有效期满后继续从事危险化学品生产、进口活动的，应当依照本办法的规定办理危险化学品登记证复核换证手续。

第三十三条 危险化学品登记证由国家安全生产监督管理总局统一印制。

第三十四条 本办法自 2012 年 8 月 1 日起施行。原国家经济贸易委员会 2002 年 10 月 8 日公布的《危险化学品登记管理办法》同时废止。

3. 行业安全生产

建设工程安全生产管理条例（节录）

1. 2003 年 11 月 24 日国务院令第 393 号公布
2. 自 2004 年 2 月 1 日起施行

第六章 生产安全事故的应急救援和调查处理

第四十七条 县级以上地方人民政府建设行政主管部门应当根据本级人民政府的要求，制定本行政区域内建设工程特大生产安全事故应急救援预案。

第四十八条 施工单位应当制定本单位生产安全事故应急救援预案，建立应急救援组织或者配备应急救援人员，配备必要的应急救援器材、设备，并定期组织演练。

第四十九条 施工单位应当根据建设工程施工的特点、范围，对施工现场易发生重大事故的部位、环节进行监控，制定施工现场生产安全事故应急救援预案。实行施工总承包的，由总承包单位统一组织编制建设工程生产安全事故应急救援预案，工程总承包单位和分包单位按照应急救援预案，各自建立应急救援组织或者配备应急救援人员，配备救援器材、设备，并定期组织演练。

第五十条 施工单位发生生产安全事故，应当按照国家有关伤亡事故报告和调查处理的规定，及时、如实地向负责安全生产监督管理的部门、建设行政主管部门或者其他有关部门报告；特种设备发生事故的，还应当同时向特种设备安全监督管理部门报告。接到报告的部门应当按照国家有关规定，如实上报。

　　实行施工总承包的建设工程，由总承包单位负责上报事故。

第五十一条 发生生产安全事故后，施工单位应当采取措施防止事故扩大，保护事故现场。需要移动现场物品时，应当做出标记和书面记录，妥善保管有关证物。

第五十二条 建设工程生产安全事故的调查、对事故责任单位和责任人的处罚与处理，按照有关法律、法规的规定执行。

建设工程质量管理条例

1. 2000年1月30日国务院令第279号公布施行
2. 根据2017年10月7日国务院令第687号《关于修改部分行政法规的决定》第一次修订
3. 根据2019年4月23日国务院令第714号《关于修改部分行政法规的决定》第二次修订

第一章　总　　则

第一条　为了加强对建设工程质量的管理，保证建设工程质量，保护人民生命和财产安全，根据《中华人民共和国建筑法》，制定本条例。

第二条　凡在中华人民共和国境内从事建设工程的新建、扩建、改建等有关活动及实施对建设工程质量监督管理的，必须遵守本条例。本条例所称建设工程，是指土木工程、建筑工程、线路管道和设备安装工程及装修工程。

第三条　建设单位、勘察单位、设计单位、施工单位、工程监理单位依法对建设工程质量负责。

第四条　县级以上人民政府建设行政主管部门和其他有关部门应当加强对建设工程质量的监督管理。

第五条　从事建设工程活动，必须严格执行基本建设程序，坚持先勘察、后设计、再施工的原则。

县级以上人民政府及其有关部门不得超越权限审批建设项目或者擅自简化基本建设程序。

第六条　国家鼓励采用先进的科学技术和管理方法，提高建设工程质量。

第二章　建设单位的质量责任和义务

第七条　建设单位应当将工程发包给具有相应资质等级的单位。

建设单位不得将建设工程肢解发包。

第八条　建设单位应当依法对工程建设项目的勘察、设计、施工、监理以及与工程建设有关的重要设备、材料等的采购进行招标。

第九条　建设单位必须向有关的勘察、设计、施工、工程监理等单位提供与建设工程有关的原始资料。

原始资料必须真实、准确、齐全。

第十条　建设工程发包单位不得迫使承包方以低于成本的价格竞标，不得任意压缩合理工期。

建设单位不得明示或者暗示设计单位或者施工单位违反工程建设强制性标准,降低建设工程质量。

第十一条 施工图设计文件审查的具体办法,由国务院建设行政主管部门、国务院其他有关部门制定。

施工图设计文件未经审查批准的,不得使用。

第十二条 实行监理的建设工程,建设单位应当委托具有相应资质等级的工程监理单位进行监理,也可以委托具有工程监理相应资质等级并与被监理工程的施工承包单位没有隶属关系或者其他利害关系的该工程的设计单位进行监理。

下列建设工程必须实行监理:

(一)国家重点建设工程;

(二)大中型公用事业工程;

(三)成片开发建设的住宅小区工程;

(四)利用外国政府或者国际组织贷款、援助资金的工程;

(五)国家规定必须实行监理的其他工程。

第十三条 建设单位在开工前,应当按照国家有关规定办理工程质量监督手续,工程质量监督手续可以与施工许可证或者开工报告合并办理。

第十四条 按照合同约定,由建设单位采购建筑材料、建筑构配件和设备的,建设单位应当保证建筑材料、建筑构配件和设备符合设计文件和合同要求。

建设单位不得明示或者暗示施工单位使用不合格的建筑材料、建筑构配件和设备。

第十五条 涉及建筑主体和承重结构变动的装修工程,建设单位应当在施工前委托原设计单位或者具有相应资质等级的设计单位提出设计方案;没有设计方案的,不得施工。

房屋建筑使用者在装修过程中,不得擅自变动房屋建筑主体和承重结构。

第十六条 建设单位收到建设工程竣工报告后,应当组织设计、施工、工程监理等有关单位进行竣工验收。

建设工程竣工验收应当具备下列条件:

(一)完成建设工程设计和合同约定的各项内容;

(二)有完整的技术档案和施工管理资料;

(三)有工程使用的主要建筑材料、建筑构配件和设备的进场试验报告;

(四)有勘察、设计、施工、工程监理等单位分别签署的质量合格文件;

(五)有施工单位签署的工程保修书。

建设工程经验收合格的,方可交付使用。

第十七条 建设单位应当严格按照国家有关档案管理的规定,及时收集、整理建设项目各环节的文件资料,建立、健全建设项目档案,并在建设工程竣工验收后,及时向建设行政主管部门或者其他有关部门移交建设项目档案。

第三章 勘察、设计单位的质量责任和义务

第十八条 从事建设工程勘察、设计的单位应当依法取得相应等级的资质证书,并在其资质等级许可的范围内承揽工程。

禁止勘察、设计单位超越其资质等级许可的范围或者以其他勘察、设计单位的名义承揽工程。禁止勘察、设计单位允许其他单位或者个人以本单位的名义承揽工程。

勘察、设计单位不得转包或者违法分包所承揽的工程。

第十九条 勘察、设计单位必须按照工程建设强制性标准进行勘察、设计,并对其勘察、设计的质量负责。

注册建筑师、注册结构工程师等注册执业人员应当在设计文件上签字,对设计文件负责。

第二十条 勘察单位提供的地质、测量、水文等勘察成果必须真实、准确。

第二十一条 设计单位应当根据勘察成果文件进行建设工程设计。

设计文件应当符合国家规定的设计深度要求,注明工程合理使用年限。

第二十二条 设计单位在设计文件中选用的建筑材料、建筑构配件和设备,应当注明规格、型号、性能等技术指标,其质量要求必须符合国家规定的标准。

除有特殊要求的建筑材料、专用设备、工艺生产线等外,设计单位不得指定生产厂、供应商。

第二十三条 设计单位应当就审查合格的施工图设计文件向施工单位作出详细说明。

第二十四条 设计单位应当参与建设工程质量事故分析,并对因设计造成的质量事故,提出相应的技术处理方案。

第四章 施工单位的质量责任和义务

第二十五条 施工单位应当依法取得相应等级的资质证书,并在其资质等级许可的范围内承揽工程。

禁止施工单位超越本单位资质等级许可的业务范围或者以其他施工单位的名义承揽工程。禁止施工单位允许其他单位或者个人以本单位的名义承揽工程。

施工单位不得转包或者违法分包工程。

第二十六条 施工单位对建设工程的施工质量负责。

施工单位应当建立质量责任制,确定工程项目的项目经理、技术负责人和施工管理负责人。

建设工程实行总承包的,总承包单位应当对全部建设工程质量负责;建设工程勘察、设计、施工、设备采购的一项或者多项实行总承包的,总承包单位应当对其承包的建设工程或者采购的设备的质量负责。

第二十七条 总承包单位依法将建设工程分包给其他单位的,分包单位应当按照分

包合同的约定对其分包工程的质量向总承包单位负责,总承包单位与分包单位对分包工程的质量承担连带责任。

第二十八条 施工单位必须按照工程设计图纸和施工技术标准施工,不得擅自修改工程设计,不得偷工减料。

施工单位在施工过程中发现设计文件和图纸有差错的,应当及时提出意见和建议。

第二十九条 施工单位必须按照工程设计要求、施工技术标准和合同约定,对建筑材料、建筑构配件、设备和商品混凝土进行检验,检验应当有书面记录和专人签字;未经检验或者检验不合格的,不得使用。

第三十条 施工单位必须建立、健全施工质量的检验制度,严格工序管理,作好隐蔽工程的质量检查和记录。隐蔽工程在隐蔽前,施工单位应当通知建设单位和建设工程质量监督机构。

第三十一条 施工人员对涉及结构安全的试块、试件以及有关材料,应当在建设单位或者工程监理单位监督下现场取样,并送具有相应资质等级的质量检测单位进行检测。

第三十二条 施工单位对施工中出现质量问题的建设工程或者竣工验收不合格的建设工程,应当负责返修。

第三十三条 施工单位应当建立、健全教育培训制度,加强对职工的教育培训;未经教育培训或者考核不合格的人员,不得上岗作业。

第五章 工程监理单位的质量责任和义务

第三十四条 工程监理单位应当依法取得相应等级的资质证书,并在其资质等级许可的范围内承担工程监理业务。

禁止工程监理单位超越本单位资质等级许可的范围或者以其他工程监理单位的名义承担工程监理业务。禁止工程监理单位允许其他单位或者个人以本单位的名义承担工程监理业务。

工程监理单位不得转让工程监理业务。

第三十五条 工程监理单位与被监理工程的施工承包单位以及建筑材料、建筑构配件和设备供应单位有隶属关系或者其他利害关系的,不得承担该项建设工程的监理业务。

第三十六条 工程监理单位应当依照法律、法规以及有关技术标准、设计文件和建设工程承包合同,代表建设单位对施工质量实施监理,并对施工质量承担监理责任。

第三十七条 工程监理单位应当选派具备相应资格的总监理工程师和监理工程师进驻施工现场。

未经监理工程师签字,建筑材料、建筑构配件和设备不得在工程上使用或者安装,施工单位不得进行下一道工序的施工。未经总监理工程师签字,建设单位不拨付工程款,不进行竣工验收。

第三十八条 监理工程师应当按照工程监理规范的要求,采取旁站、巡视和平行检验等形式,对建设工程实施监理。

第六章 建设工程质量保修

第三十九条 建设工程实行质量保修制度。

建设工程承包单位在向建设单位提交工程竣工验收报告时,应当向建设单位出具质量保修书。质量保修书中应当明确建设工程的保修范围、保修期限和保修责任等。

第四十条 在正常使用条件下,建设工程的最低保修期限为:

(一)基础设施工程、房屋建筑的地基基础工程和主体结构工程,为设计文件规定的该工程的合理使用年限;

(二)屋面防水工程、有防水要求的卫生间、房间和外墙面的防渗漏,为5年;

(三)供热与供冷系统,为2个采暖期、供冷期;

(四)电气管线、给排水管道、设备安装和装修工程,为2年。

其他项目的保修期限由发包方与承包方约定。

建设工程的保修期,自竣工验收合格之日起计算。

第四十一条 建设工程在保修范围和保修期限内发生质量问题的,施工单位应当履行保修义务,并对造成的损失承担赔偿责任。

第四十二条 建设工程在超过合理使用年限后需要继续使用的,产权所有人应当委托具有相应资质等级的勘察、设计单位鉴定,并根据鉴定结果采取加固、维修等措施,重新界定使用期。

第七章 监督管理

第四十三条 国家实行建设工程质量监督管理制度。

国务院建设行政主管部门对全国的建设工程质量实施统一监督管理。国务院铁路、交通、水利等有关部门按照国务院规定的职责分工,负责对全国的有关专业建设工程质量的监督管理。

县级以上地方人民政府建设行政主管部门对本行政区域内的建设工程质量实施监督管理。县级以上地方人民政府交通、水利等有关部门在各自的职责范围内,负责对本行政区域内的专业建设工程质量的监督管理。

第四十四条 国务院建设行政主管部门和国务院铁路、交通、水利等有关部门应当加强对有关建设工程质量的法律、法规和强制性标准执行情况的监督检查。

第四十五条 国务院发展计划部门按照国务院规定的职责,组织稽察特派员,对国家出资的重大建设项目实施监督检查。

国务院经济贸易主管部门按照国务院规定的职责,对国家重大技术改造项目实施监督检查。

第四十六条　建设工程质量监督管理，可以由建设行政主管部门或者其他有关部门委托的建设工程质量监督机构具体实施。

从事房屋建筑工程和市政基础设施工程质量监督的机构，必须按照国家有关规定经国务院建设行政主管部门或者省、自治区、直辖市人民政府建设行政主管部门考核；从事专业建设工程质量监督的机构，必须按照国家有关规定经国务院有关部门或者省、自治区、直辖市人民政府有关部门考核。经考核合格后，方可实施质量监督。

第四十七条　县级以上地方人民政府建设行政主管部门和其他有关部门应当加强对有关建设工程质量的法律、法规和强制性标准执行情况的监督检查。

第四十八条　县级以上人民政府建设行政主管部门和其他有关部门履行监督检查职责时，有权采取下列措施：

（一）要求被检查的单位提供有关工程质量的文件和资料；

（二）进入被检查单位的施工现场进行检查；

（三）发现有影响工程质量的问题时，责令改正。

第四十九条　建设单位应当自建设工程竣工验收合格之日起15日内，将建设工程竣工验收报告和规划、公安消防、环保等部门出具的认可文件或者准许使用文件报建设行政主管部门或者其他有关部门备案。

建设行政主管部门或者其他有关部门发现建设单位在竣工验收过程中有违反国家有关建设工程质量管理规定行为的，责令停止使用，重新组织竣工验收。

第五十条　有关单位和个人对县级以上人民政府建设行政主管部门和其他有关部门进行的监督检查应当支持与配合，不得拒绝或者阻碍建设工程质量监督检查人员依法执行职务。

第五十一条　供水、供电、供气、公安消防等部门或者单位不得明示或者暗示建设单位、施工单位购买其指定的生产供应单位的建筑材料、建筑构配件和设备。

第五十二条　建设工程发生质量事故，有关单位应当在24小时内向当地建设行政主管部门和其他有关部门报告。对重大质量事故，事故发生地的建设行政主管部门和其他有关部门应当按照事故类别和等级向当地人民政府和上级建设行政主管部门和其他有关部门报告。

特别重大质量事故的调查程序按照国务院有关规定办理。

第五十三条　任何单位和个人对建设工程的质量事故、质量缺陷都有权检举、控告、投诉。

第八章　罚　　则

第五十四条　违反本条例规定，建设单位将建设工程发包给不具有相应资质等级的勘察、设计、施工单位或者委托给不具有相应资质等级的工程监理单位的，责令改正,处50万元以上100万元以下的罚款。

第五十五条 违反本条例规定,建设单位将建设工程肢解发包的,责令改正,处工程合同价款百分之零点五以上百分之一以下的罚款;对全部或者部分使用国有资金的项目,并可以暂停项目执行或者暂停资金拨付。

第五十六条 违反本条例规定,建设单位有下列行为之一的,责令改正,处20万元以上50万元以下的罚款:
　　(一)迫使承包方以低于成本的价格竞标的;
　　(二)任意压缩合理工期的;
　　(三)明示或者暗示设计单位或者施工单位违反工程建设强制性标准,降低工程质量的;
　　(四)施工图设计文件未经审查或者审查不合格,擅自施工的;
　　(五)建设项目必须实行工程监理而未实行工程监理的;
　　(六)未按照国家规定办理工程质量监督手续的;
　　(七)明示或者暗示施工单位使用不合格的建筑材料、建筑构配件和设备的;
　　(八)未按照国家规定将竣工验收报告、有关认可文件或者准许使用文件报送备案的。

第五十七条 违反本条例规定,建设单位未取得施工许可证或者开工报告未经批准,擅自施工的,责令停止施工,限期改正,处工程合同价款百分之一以上百分之二以下的罚款。

第五十八条 违反本条例规定,建设单位有下列行为之一的,责令改正,处工程合同价款百分之二以上百分之四以下的罚款;造成损失的,依法承担赔偿责任:
　　(一)未组织竣工验收,擅自交付使用的;
　　(二)验收不合格,擅自交付使用的;
　　(三)对不合格的建设工程按照合格工程验收的。

第五十九条 违反本条例规定,建设工程竣工验收后,建设单位未向建设行政主管部门或者其他有关部门移交建设项目档案的,责令改正,处1万元以上10万元以下的罚款。

第六十条 违反本条例规定,勘察、设计、施工、工程监理单位超越本单位资质等级承揽工程的,责令停止违法行为,对勘察、设计单位或者工程监理单位处合同约定的勘察费、设计费或者监理酬金1倍以上2倍以下的罚款;对施工单位处工程合同价款百分之二以上百分之四以下的罚款,可以责令停业整顿,降低资质等级;情节严重的,吊销资质证书;有违法所得的,予以没收。

　　未取得资质证书承揽工程的,予以取缔,依照前款规定处以罚款;有违法所得的,予以没收。

　　以欺骗手段取得资质证书承揽工程的,吊销资质证书,依照本条第一款规定处以罚款;有违法所得的,予以没收。

第六十一条　违反本条例规定,勘察、设计、施工、工程监理单位允许其他单位或者个人以本单位名义承揽工程的,责令改正,没收违法所得,对勘察、设计单位和工程监理单位处合同约定的勘察费、设计费和监理酬金 1 倍以上 2 倍以下的罚款;对施工单位处工程合同价款百分之二以上百分之四以下的罚款;可以责令停业整顿,降低资质等级;情节严重的,吊销资质证书。

第六十二条　违反本条例规定,承包单位将承包的工程转包或者违法分包的,责令改正,没收违法所得,对勘察、设计单位处合同约定的勘察费、设计费百分之二十五以上百分之五十以下的罚款;对施工单位处工程合同价款百分之零点五以上百分之一以下的罚款;可以责令停业整顿,降低资质等级;情节严重的,吊销资质证书。

工程监理单位转让工程监理业务的,责令改正,没收违法所得,处合同约定的监理酬金百分之二十五以上百分之五十以下的罚款;可以责令停业整顿,降低资质等级;情节严重的,吊销资质证书。

第六十三条　违反本条例规定,有下列行为之一的,责令改正,处 10 万元以上 30 万元以下的罚款:

(一)勘察单位未按照工程建设强制性标准进行勘察的;
(二)设计单位未根据勘察成果文件进行工程设计的;
(三)设计单位指定建筑材料、建筑构配件的生产厂、供应商的;
(四)设计单位未按照工程建设强制性标准进行设计的。

有前款所列行为,造成工程质量事故的,责令停业整顿,降低资质等级;情节严重的,吊销资质证书;造成损失的,依法承担赔偿责任。

第六十四条　违反本条例规定,施工单位在施工中偷工减料的,使用不合格的建筑材料、建筑构配件和设备的,或者有不按照工程设计图纸或者施工技术标准施工的其他行为的,责令改正,处工程合同价款百分之二以上百分之四以下的罚款;造成建设工程质量不符合规定的质量标准的,负责返工、修理,并赔偿因此造成的损失;情节严重的,责令停业整顿,降低资质等级或者吊销资质证书。

第六十五条　违反本条例规定,施工单位未对建筑材料、建筑构配件、设备和商品混凝土进行检验,或者未对涉及结构安全的试块、试件以及有关材料取样检测的,责令改正,处 10 万元以上 20 万元以下的罚款;情节严重的,责令停业整顿,降低资质等级或者吊销资质证书;造成损失的,依法承担赔偿责任。

第六十六条　违反本条例规定,施工单位不履行保修义务或者拖延履行保修义务的,责令改正,处 10 万元以上 20 万元以下的罚款,并对在保修期内因质量缺陷造成的损失承担赔偿责任。

第六十七条　工程监理单位有下列行为之一的,责令改正,处 50 万元以上 100 万元以下的罚款,降低资质等级或者吊销资质证书;有违法所得的,予以没收;造成损失的,承担连带赔偿责任:

（一）与建设单位或者施工单位串通，弄虚作假、降低工程质量的；

（二）将不合格的建设工程、建筑材料、建筑构配件和设备按照合格签字的。

第六十八条 违反本条例规定，工程监理单位与被监理工程的施工承包单位以及建筑材料、建筑构配件和设备供应单位有隶属关系或者其他利害关系承担该项建设工程的监理业务的，责令改正，处5万元以上10万元以下的罚款，降低资质等级或者吊销资质证书；有违法所得的，予以没收。

第六十九条 违反本条例规定，涉及建筑主体或者承重结构变动的装修工程，没有设计方案擅自施工的，责令改正，处50万元以上100万元以下的罚款；房屋建筑使用者在装修过程中擅自变动房屋建筑主体和承重结构的，责令改正，处5万元以上10万元以下的罚款。

有前款所列行为，造成损失的，依法承担赔偿责任。

第七十条 发生重大工程质量事故隐瞒不报、谎报或者拖延报告期限的，对直接负责的主管人员和其他责任人员依法给予行政处分。

第七十一条 违反本条例规定，供水、供电、供气、公安消防等部门或者单位明示或者暗示建设单位或者施工单位购买其指定的生产供应单位的建筑材料、建筑构配件和设备的，责令改正。

第七十二条 违反本条例规定，注册建筑师、注册结构工程师、监理工程师等注册执业人员因过错造成质量事故的，责令停止执业1年；造成重大质量事故的，吊销执业资格证书，5年以内不予注册；情节特别恶劣的，终身不予注册。

第七十三条 依照本条例规定，给予单位罚款处罚的，对单位直接负责的主管人员和其他直接责任人员处单位罚款数额百分之五以上百分之十以下的罚款。

第七十四条 建设单位、设计单位、施工单位、工程监理单位违反国家规定，降低工程质量标准，造成重大安全事故，构成犯罪的，对直接责任人员依法追究刑事责任。

第七十五条 本条例规定的责令停业整顿，降低资质等级和吊销资质证书的行政处罚，由颁发资质证书的机关决定；其他行政处罚，由建设行政主管部门或者其他有关部门依照法定职权决定。

依照本条例规定被吊销资质证书的，由工商行政管理部门吊销其营业执照。

第七十六条 国家机关工作人员在建设工程质量监督管理工作中玩忽职守、滥用职权、徇私舞弊，构成犯罪的，依法追究刑事责任；尚不构成犯罪的，依法给予行政处分。

第七十七条 建设、勘察、设计、施工、工程监理单位的工作人员因调动工作、退休等原因离开该单位后，被发现在该单位工作期间违反国家有关建设工程质量管理规定，造成重大工程质量事故的，仍应当依法追究法律责任。

第九章 附 则

第七十八条 本条例所称肢解发包，是指建设单位将应当由一个承包单位完成的建设工程分解成若干部分发包给不同的承包单位的行为。

本条例所称违法分包,是指下列行为:

(一)总承包单位将建设工程分包给不具备相应资质条件的单位的;

(二)建设工程总承包合同中未有约定,又未经建设单位认可,承包单位将其承包的部分建设工程交由其他单位完成的;

(三)施工总承包单位将建设工程主体结构的施工分包给其他单位的;

(四)分包单位将其承包的建设工程再分包的。

本条例所称转包,是指承包单位承包建设工程后,不履行合同约定的责任和义务,将其承包的全部建设工程转给他人或者将其承包的全部建设工程肢解以后以分包的名义分别转给其他单位承包的行为。

第七十九条 本条例规定的罚款和没收的违法所得,必须全部上缴国库。

第八十条 抢险救灾及其他临时性房屋建筑和农民自建低层住宅的建设活动,不适用本条例。

第八十一条 军事建设工程的管理,按照中央军事委员会的有关规定执行。

第八十二条 本条例自发布之日起施行。

建设工程抗震管理条例

1. 2021年7月19日国务院令第744号公布
2. 自2021年9月1日起施行

第一章 总 则

第一条 为了提高建设工程抗震防灾能力,降低地震灾害风险,保障人民生命财产安全,根据《中华人民共和国建筑法》、《中华人民共和国防震减灾法》等法律,制定本条例。

第二条 在中华人民共和国境内从事建设工程抗震的勘察、设计、施工、鉴定、加固、维护等活动及其监督管理,适用本条例。

第三条 建设工程抗震应当坚持以人为本、全面设防、突出重点的原则。

第四条 国务院住房和城乡建设主管部门对全国的建设工程抗震实施统一监督管理。国务院交通运输、水利、工业和信息化、能源等有关部门按照职责分工,负责对全国有关专业建设工程抗震的监督管理。

县级以上地方人民政府住房和城乡建设主管部门对本行政区域内的建设工程抗震实施监督管理。县级以上地方人民政府交通运输、水利、工业和信息化、能源等有关部门在各自职责范围内,负责对本行政区域内有关专业建设工程抗震的监督管理。

县级以上人民政府其他有关部门应当依照本条例和其他有关法律、法规的规定,在各自职责范围内负责建设工程抗震相关工作。

第五条 从事建设工程抗震相关活动的单位和人员,应当依法对建设工程抗震负责。

第六条 国家鼓励和支持建设工程抗震技术的研究、开发和应用。

各级人民政府应当组织开展建设工程抗震知识宣传普及,提高社会公众抗震防灾意识。

第七条 国家建立建设工程抗震调查制度。

县级以上人民政府应当组织有关部门对建设工程抗震性能、抗震技术应用、产业发展等进行调查,全面掌握建设工程抗震基本情况,促进建设工程抗震管理水平提高和科学决策。

第八条 建设工程应当避开抗震防灾专项规划确定的危险地段。确实无法避开的,应当采取符合建设工程使用功能要求和适应地震效应的抗震设防措施。

第二章 勘察、设计和施工

第九条 新建、扩建、改建建设工程,应当符合抗震设防强制性标准。

国务院有关部门和国务院标准化行政主管部门依据职责依法制定和发布抗震设防强制性标准。

第十条 建设单位应当对建设工程勘察、设计和施工全过程负责,在勘察、设计和施工合同中明确拟采用的抗震设防强制性标准,按照合同要求对勘察设计成果文件进行核验,组织工程验收,确保建设工程符合抗震设防强制性标准。

建设单位不得明示或者暗示勘察、设计、施工等单位和从业人员违反抗震设防强制性标准,降低工程抗震性能。

第十一条 建设工程勘察文件中应当说明抗震场地类别,对场地地震效应进行分析,并提出工程选址、不良地质处置等建议。

建设工程设计文件中应当说明抗震设防烈度、抗震设防类别以及拟采用的抗震设防措施。采用隔震减震技术的建设工程,设计文件中应当对隔震减震装置技术性能、检验检测、施工安装和使用维护等提出明确要求。

第十二条 对位于高烈度设防地区、地震重点监视防御区的下列建设工程,设计单位应当在初步设计阶段按照国家有关规定编制建设工程抗震设防专篇,并作为设计文件组成部分:

(一)重大建设工程;

(二)地震时可能发生严重次生灾害的建设工程;

(三)地震时使用功能不能中断或者需要尽快恢复的建设工程。

第十三条 对超限高层建筑工程,设计单位应当在设计文件中予以说明,建设单位应当在初步设计阶段将设计文件等材料报送省、自治区、直辖市人民政府住房和城乡建设主管部门进行抗震设防审批。住房和城乡建设主管部门应当组织专家审查,对采取的抗震设防措施合理可行的,予以批准。超限高层建筑工程抗震设防审批意见应当作为施工图设计和审查的依据。

前款所称超限高层建筑工程,是指超出国家现行标准所规定的适用高度和适用结构类型的高层建筑工程以及体型特别不规则的高层建筑工程。

第十四条　工程总承包单位、施工单位及工程监理单位应当建立建设工程质量责任制度,加强对建设工程抗震设防措施施工质量的管理。

国家鼓励工程总承包单位、施工单位采用信息化手段采集、留存隐蔽工程施工质量信息。

施工单位应当按照抗震设防强制性标准进行施工。

第十五条　建设单位应当将建筑的设计使用年限、结构体系、抗震设防烈度、抗震设防类别等具体情况和使用维护要求记入使用说明书,并将使用说明书交付使用人或者买受人。

第十六条　建筑工程根据使用功能以及在抗震救灾中的作用等因素,分为特殊设防类、重点设防类、标准设防类和适度设防类。学校、幼儿园、医院、养老机构、儿童福利机构、应急指挥中心、应急避难场所、广播电视等建筑,应当按照不低于重点设防类的要求采取抗震设防措施。

位于高烈度设防地区、地震重点监视防御区的新建学校、幼儿园、医院、养老机构、儿童福利机构、应急指挥中心、应急避难场所、广播电视等建筑应当按照国家有关规定采用隔震减震等技术,保证发生本区域设防地震时能够满足正常使用要求。

国家鼓励在除前款规定以外的建设工程中采用隔震减震等技术,提高抗震性能。

第十七条　国务院有关部门和国务院标准化行政主管部门应当依据各自职责推动隔震减震装置相关技术标准的制定,明确通用技术要求。鼓励隔震减震装置生产企业制定严于国家标准、行业标准的企业标准。

隔震减震装置生产经营企业应当建立唯一编码制度和产品检验合格印鉴制度,采集、存储隔震减震装置生产、经营、检测等信息,确保隔震减震装置质量信息可追溯。隔震减震装置质量应当符合有关产品质量法律、法规和国家相关技术标准的规定。

建设单位应当组织勘察、设计、施工、工程监理单位建立隔震减震工程质量可追溯制度,利用信息化手段对隔震减震装置采购、勘察、设计、进场检测、安装施工、竣工验收等全过程的信息资料进行采集和存储,并纳入建设项目档案。

第十八条　隔震减震装置用于建设工程前,施工单位应当在建设单位或者工程监理单位监督下进行取样,送建设单位委托的具有相应建设工程质量检测资质的机构进行检测。禁止使用不合格的隔震减震装置。

实行施工总承包的,隔震减震装置属于建设工程主体结构的施工,应当由总承包单位自行完成。

工程质量检测机构应当建立建设工程过程数据和结果数据、检测影像资料及检测报告记录与留存制度,对检测数据和检测报告的真实性、准确性负责,不得出具虚假的检测数据和检测报告。

第三章 鉴定、加固和维护

第十九条 国家实行建设工程抗震性能鉴定制度。

按照《中华人民共和国防震减灾法》第三十九条规定应当进行抗震性能鉴定的建设工程,由所有权人委托具有相应技术条件和技术能力的机构进行鉴定。

国家鼓励对除前款规定以外的未采取抗震设防措施或者未达到抗震设防强制性标准的已经建成的建设工程进行抗震性能鉴定。

第二十条 抗震性能鉴定结果应当对建设工程是否存在严重抗震安全隐患以及是否需要进行抗震加固作出判定。

抗震性能鉴定结果应当真实、客观、准确。

第二十一条 建设工程所有权人应当对存在严重抗震安全隐患的建设工程进行安全监测,并在加固前采取停止或者限制使用等措施。

对抗震性能鉴定结果判定需要进行抗震加固且具备加固价值的已经建成的建设工程,所有权人应当进行抗震加固。

位于高烈度设防地区、地震重点监视防御区的学校、幼儿园、医院、养老机构、儿童福利机构、应急指挥中心、应急避难场所、广播电视等已经建成的建筑进行抗震加固时,应当经充分论证后采用隔震减震等技术,保证其抗震性能符合抗震设防强制性标准。

第二十二条 抗震加固应当依照《建设工程质量管理条例》等规定执行,并符合抗震设防强制性标准。

竣工验收合格后,应当通过信息化手段或者在建设工程显著部位设置永久性标牌等方式,公示抗震加固时间、后续使用年限等信息。

第二十三条 建设工程所有权人应当按照规定对建设工程抗震构件、隔震沟、隔震缝、隔震减震装置及隔震标识进行检查、修缮和维护,及时排除安全隐患。

任何单位和个人不得擅自变动、损坏或者拆除建设工程抗震构件、隔震沟、隔震缝、隔震减震装置及隔震标识。

任何单位和个人发现擅自变动、损坏或者拆除建设工程抗震构件、隔震沟、隔震缝、隔震减震装置及隔震标识的行为,有权予以制止,并向住房和城乡建设主管部门或者其他有关监督管理部门报告。

第四章 农村建设工程抗震设防

第二十四条 各级人民政府和有关部门应当加强对农村建设工程抗震设防的管理,

提高农村建设工程抗震性能。

第二十五条　县级以上人民政府对经抗震性能鉴定未达到抗震设防强制性标准的农村村民住宅和乡村公共设施建设工程抗震加固给予必要的政策支持。

实施农村危房改造、移民搬迁、灾后恢复重建等，应当保证建设工程达到抗震设防强制性标准。

第二十六条　县级以上地方人民政府应当编制、发放适合农村的实用抗震技术图集。

农村村民住宅建设可以选用抗震技术图集，也可以委托设计单位进行设计，并根据图集或者设计的要求进行施工。

第二十七条　县级以上地方人民政府应当加强对农村村民住宅和乡村公共设施建设工程抗震的指导和服务，加强技术培训，组织建设抗震示范住房，推广应用抗震性能好的结构形式及建造方法。

第五章　保障措施

第二十八条　县级以上人民政府应当加强对建设工程抗震管理工作的组织领导，建立建设工程抗震管理工作机制，将相关工作纳入本级国民经济和社会发展规划。

县级以上人民政府应当将建设工程抗震工作所需经费列入本级预算。

县级以上地方人民政府应当组织有关部门，结合本地区实际开展地震风险分析，并按照风险程度实行分类管理。

第二十九条　县级以上地方人民政府对未采取抗震设防措施或者未达到抗震设防强制性标准的老旧房屋抗震加固给予必要的政策支持。

国家鼓励建设工程所有权人结合电梯加装、节能改造等开展抗震加固，提升老旧房屋抗震性能。

第三十条　国家鼓励金融机构开发、提供金融产品和服务，促进建设工程抗震防灾能力提高，支持建设工程抗震相关产业发展和新技术应用。

县级以上地方人民政府鼓励和引导社会力量参与抗震性能鉴定、抗震加固。

第三十一条　国家鼓励科研教育机构设立建设工程抗震技术实验室和人才实训基地。

县级以上人民政府应当依法对建设工程抗震新技术产业化项目用地、融资等给予政策支持。

第三十二条　县级以上人民政府住房和城乡建设主管部门或者其他有关监督管理部门应当制定建设工程抗震新技术推广目录，加强对建设工程抗震管理和技术人员的培训。

第三十三条　地震灾害发生后，县级以上人民政府住房和城乡建设主管部门或者其他有关监督管理部门应当开展建设工程安全应急评估和建设工程震害调查，收集、保存相关资料。

第六章 监督管理

第三十四条 县级以上人民政府住房和城乡建设主管部门和其他有关监督管理部门应当按照职责分工,加强对建设工程抗震设防强制性标准执行情况的监督检查。

县级以上人民政府住房和城乡建设主管部门应当会同有关部门建立完善建设工程抗震设防数据信息库,并与应急管理、地震等部门实时共享数据。

第三十五条 县级以上人民政府住房和城乡建设主管部门或者其他有关监督管理部门履行建设工程抗震监督管理职责时,有权采取以下措施:

(一)对建设工程或者施工现场进行监督检查;

(二)向有关单位和人员调查了解相关情况;

(三)查阅、复制被检查单位有关建设工程抗震的文件和资料;

(四)对抗震结构材料、构件和隔震减震装置实施抽样检测;

(五)查封涉嫌违反抗震设防强制性标准的施工现场;

(六)发现可能影响抗震质量的问题时,责令相关单位进行必要的检测、鉴定。

第三十六条 县级以上人民政府住房和城乡建设主管部门或者其他有关监督管理部门开展监督检查时,可以委托专业机构进行抽样检测、抗震性能鉴定等技术支持工作。

第三十七条 县级以上人民政府住房和城乡建设主管部门或者其他有关监督管理部门应当建立建设工程抗震责任企业及从业人员信用记录制度,将相关信用记录纳入全国信用信息共享平台。

第三十八条 任何单位和个人对违反本条例规定的违法行为,有权进行举报。

接到举报的住房和城乡建设主管部门或者其他有关监督管理部门应当进行调查,依法处理,并为举报人保密。

第七章 法律责任

第三十九条 违反本条例规定,住房和城乡建设主管部门或者其他有关监督管理部门工作人员在监督管理工作中玩忽职守、滥用职权、徇私舞弊的,依法给予处分。

第四十条 违反本条例规定,建设单位明示或者暗示勘察、设计、施工等单位和从业人员违反抗震设防强制性标准,降低工程抗震性能的,责令改正,处20万元以上50万元以下的罚款;情节严重的,处50万元以上500万元以下的罚款;造成损失的,依法承担赔偿责任。

违反本条例规定,建设单位未经超限高层建筑工程抗震设防审批进行施工的,责令停止施工,限期改正,处20万元以上100万元以下的罚款;造成损失的,依法承担赔偿责任。

违反本条例规定,建设单位未组织勘察、设计、施工、工程监理单位建立隔震减震工程质量可追溯制度的,或者未对隔震减震装置采购、勘察、设计、进场检测、安装施工、竣工验收等全过程的信息资料进行采集和存储,并纳入建设项目档案的,责令改正,处10万元以上30万元以下的罚款;造成损失的,依法承担赔偿责任。

第四十一条　违反本条例规定,设计单位有下列行为之一的,责令改正,处10万元以上30万元以下的罚款;情节严重的,责令停业整顿,降低资质等级或者吊销资质证书;造成损失的,依法承担赔偿责任:
　　(一)未按照超限高层建筑工程抗震设防审批意见进行施工图设计;
　　(二)未在初步设计阶段将建设工程抗震设防专篇作为设计文件组成部分;
　　(三)未按照抗震设防强制性标准进行设计。

第四十二条　违反本条例规定,施工单位在施工中未按照抗震设防强制性标准进行施工的,责令改正,处工程合同价款2%以上4%以下的罚款;造成建设工程不符合抗震设防强制性标准的,负责返工、加固,并赔偿因此造成的损失;情节严重的,责令停业整顿,降低资质等级或者吊销资质证书。

第四十三条　违反本条例规定,施工单位未对隔震减震装置取样送检或者使用不合格隔震减震装置的,责令改正,处10万元以上20万元以下的罚款;情节严重的,责令停业整顿,并处20万元以上50万元以下的罚款,降低资质等级或者吊销资质证书;造成损失的,依法承担赔偿责任。

第四十四条　违反本条例规定,工程质量检测机构未建立建设工程过程数据和结果数据、检测影像资料及检测报告记录与留存制度的,责令改正,处10万元以上30万元以下的罚款;情节严重的,吊销资质证书;造成损失的,依法承担赔偿责任。
　　违反本条例规定,工程质量检测机构出具虚假的检测数据或者检测报告的,责令改正,处10万元以上30万元以下的罚款;情节严重的,吊销资质证书和负有直接责任的注册执业人员的执业资格证书,其直接负责的主管人员和其他直接责任人员终身禁止从事工程质量检测业务;造成损失的,依法承担赔偿责任。

第四十五条　违反本条例规定,抗震性能鉴定机构未按照抗震设防强制性标准进行抗震性能鉴定的,责令改正,处10万元以上30万元以下的罚款;情节严重的,责令停业整顿,并处30万元以上50万元以下的罚款;造成损失的,依法承担赔偿责任。
　　违反本条例规定,抗震性能鉴定机构出具虚假鉴定结果的,责令改正,处10万元以上30万元以下的罚款;情节严重的,责令停业整顿,并处30万元以上50万元以下的罚款,吊销负有直接责任的注册执业人员的执业资格证书,其直接负责的主管人员和其他直接责任人员终身禁止从事抗震性能鉴定业务;造成损失的,依法承担赔偿责任。

第四十六条　违反本条例规定,擅自变动、损坏或者拆除建设工程抗震构件、隔震沟、隔震缝、隔震减震装置及隔震标识的,责令停止违法行为,恢复原状或者采取其他补救措施,对个人处5万元以上10万元以下的罚款,对单位处10万元以上30万元以下的罚款;造成损失的,依法承担赔偿责任。

第四十七条 依照本条例规定,给予单位罚款处罚的,对其直接负责的主管人员和其他直接责任人员处单位罚款数额5%以上10%以下的罚款。

本条例规定的降低资质等级或者吊销资质证书的行政处罚,由颁发资质证书的机关决定;其他行政处罚,由住房和城乡建设主管部门或者其他有关监督管理部门依照法定职权决定。

第四十八条 违反本条例规定,构成犯罪的,依法追究刑事责任。

第八章 附 则

第四十九条 本条例下列用语的含义:

(一)建设工程:主要包括土木工程、建筑工程、线路管道和设备安装工程等。

(二)抗震设防强制性标准:是指包括抗震设防类别、抗震性能要求和抗震设防措施等内容的工程建设强制性标准。

(三)地震时使用功能不能中断或者需要尽快恢复的建设工程:是指发生地震后提供应急医疗、供水、供电、交通、通信等保障或者应急指挥、避难疏散功能的建设工程。

(四)高烈度设防地区:是指抗震设防烈度为8度及以上的地区。

(五)地震重点监视防御区:是指未来5至10年内存在发生破坏性地震危险或者受破坏性地震影响,可能造成严重的地震灾害损失的地区和城市。

第五十条 抢险救灾及其他临时性建设工程不适用本条例。

军事建设工程的抗震管理,中央军事委员会另有规定的,适用有关规定。

第五十一条 本条例自2021年9月1日起施行。

民用爆炸物品安全管理条例

1. 2006年5月10日国务院令第466号公布
2. 根据2014年7月29日国务院令第653号《关于修改部分行政法规的决定》修订

第一章 总 则

第一条 为了加强对民用爆炸物品的安全管理,预防爆炸事故发生,保障公民生命、财产安全和公共安全,制定本条例。

第二条 民用爆炸物品的生产、销售、购买、进出口、运输、爆破作业和储存以及硝酸铵的销售、购买,适用本条例。

本条例所称民用爆炸物品,是指用于非军事目的、列入民用爆炸物品品名表的各类火药、炸药及其制品和雷管、导火索等点火、起爆器材。

民用爆炸物品品名表,由国务院民用爆炸物品行业主管部门会同国务院公安部门制订、公布。

第三条 国家对民用爆炸物品的生产、销售、购买、运输和爆破作业实行许可证制度。

未经许可,任何单位或者个人不得生产、销售、购买、运输民用爆炸物品,不得从事爆破作业。

严禁转让、出借、转借、抵押、赠送、私藏或者非法持有民用爆炸物品。

第四条 民用爆炸物品行业主管部门负责民用爆炸物品生产、销售的安全监督管理。

公安机关负责民用爆炸物品公共安全管理和民用爆炸物品购买、运输、爆破作业的安全监督管理,监控民用爆炸物品流向。

安全生产监督、铁路、交通、民用航空主管部门依照法律、行政法规的规定,负责做好民用爆炸物品的有关安全监督管理工作。

民用爆炸物品行业主管部门、公安机关、工商行政管理部门按照职责分工,负责组织查处非法生产、销售、购买、储存、运输、邮寄、使用民用爆炸物品的行为。

第五条 民用爆炸物品生产、销售、购买、运输和爆破作业单位(以下称民用爆炸物品从业单位)的主要负责人是本单位民用爆炸物品安全管理责任人,对本单位的民用爆炸物品安全管理工作全面负责。

民用爆炸物品从业单位是治安保卫工作的重点单位,应当依法设置治安保卫机构或者配备治安保卫人员,设置技术防范设施,防止民用爆炸物品丢失、被盗、被抢。

民用爆炸物品从业单位应当建立安全管理制度、岗位安全责任制度,制订安全防范措施和事故应急预案,设置安全管理机构或者配备专职安全管理人员。

第六条 无民事行为能力人、限制民事行为能力人或者曾因犯罪受过刑事处罚的人,不得从事民用爆炸物品的生产、销售、购买、运输和爆破作业。

民用爆炸物品从业单位应当加强对本单位从业人员的安全教育、法制教育和岗位技术培训,从业人员经考核合格的,方可上岗作业;对有资格要求的岗位,应当配备具有相应资格的人员。

第七条 国家建立民用爆炸物品信息管理系统,对民用爆炸物品实行标识管理,监控民用爆炸物品流向。

民用爆炸物品生产企业、销售企业和爆破作业单位应当建立民用爆炸物品登记制度,如实将本单位生产、销售、购买、运输、储存、使用民用爆炸物品的品种、数量和流向信息输入计算机系统。

第八条 任何单位或者个人都有权举报违反民用爆炸物品安全管理规定的行为;接到举报的主管部门、公安机关应当立即查处,并为举报人员保密,对举报有功人员给予奖励。

第九条 国家鼓励民用爆炸物品从业单位采用提高民用爆炸物品安全性能的新技术,鼓励发展民用爆炸物品生产、配送、爆破作业一体化的经营模式。

第二章 生　　产

第十条 设立民用爆炸物品生产企业,应当遵循统筹规划、合理布局的原则。

第十一条 申请从事民用爆炸物品生产的企业,应当具备下列条件:

（一）符合国家产业结构规划和产业技术标准；

（二）厂房和专用仓库的设计、结构、建筑材料、安全距离以及防火、防爆、防雷、防静电等安全设备、设施符合国家有关标准和规范；

（三）生产设备、工艺符合有关安全生产的技术标准和规程；

（四）有具备相应资格的专业技术人员、安全生产管理人员和生产岗位人员；

（五）有健全的安全管理制度、岗位安全责任制度；

（六）法律、行政法规规定的其他条件。

第十二条 申请从事民用爆炸物品生产的企业,应当向国务院民用爆炸物品行业主管部门提交申请书、可行性研究报告以及能够证明其符合本条例第十一条规定条件的有关材料。国务院民用爆炸物品行业主管部门应当自受理申请之日起45日内进行审查,对符合条件的,核发《民用爆炸物品生产许可证》;对不符合条件的,不予核发《民用爆炸物品生产许可证》,书面向申请人说明理由。

民用爆炸物品生产企业为调整生产能力及品种进行改建、扩建的,应当依照前款规定申请办理《民用爆炸物品生产许可证》。

民用爆炸物品生产企业持《民用爆炸物品生产许可证》到工商行政管理部门办理工商登记,并在办理工商登记后3日内,向所在地县级人民政府公安机关备案。

第十三条 取得《民用爆炸物品生产许可证》的企业应当在基本建设完成后,向省、自治区、直辖市人民政府民用爆炸物品行业主管部门申请安全生产许可。省、自治区、直辖市人民政府民用爆炸物品行业主管部门应当依照《安全生产许可证条例》的规定对其进行查验,对符合条件的,核发《民用爆炸物品安全生产许可证》。民用爆炸物品生产企业取得《民用爆炸物品安全生产许可证》后,方可生产民用爆炸物品。

第十四条 民用爆炸物品生产企业应当严格按照《民用爆炸物品生产许可证》核定的品种和产量进行生产,生产作业应当严格执行安全技术规程的规定。

第十五条 民用爆炸物品生产企业应当对民用爆炸物品做出警示标识、登记标识,对雷管编码打号。民用爆炸物品警示标识、登记标识和雷管编码规则,由国务院公安部门会同国务院民用爆炸物品行业主管部门规定。

第十六条 民用爆炸物品生产企业应当建立健全产品检验制度,保证民用爆炸物品的质量符合相关标准。民用爆炸物品的包装,应当符合法律、行政法规的规定以及相关标准。

第十七条 试验或者试制民用爆炸物品,必须在专门场地或者专门的试验室进行。严禁在生产车间或者仓库内试验或者试制民用爆炸物品。

第三章 销售和购买

第十八条 申请从事民用爆炸物品销售的企业,应当具备下列条件:

(一)符合对民用爆炸物品销售企业规划的要求;
(二)销售场所和专用仓库符合国家有关标准和规范;
(三)有具备相应资格的安全管理人员、仓库管理人员;
(四)有健全的安全管理制度、岗位安全责任制度;
(五)法律、行政法规规定的其他条件。

第十九条 申请从事民用爆炸物品销售的企业,应当向所在地省、自治区、直辖市人民政府民用爆炸物品行业主管部门提交申请书、可行性研究报告以及能够证明其符合本条例第十八条规定条件的有关材料。省、自治区、直辖市人民政府民用爆炸物品行业主管部门应当自受理申请之日起30日内进行审查,并对申请单位的销售场所和专用仓库等经营设施进行查验,对符合条件的,核发《民用爆炸物品销售许可证》;对不符合条件的,不予核发《民用爆炸物品销售许可证》,书面向申请人说明理由。

民用爆炸物品销售企业持《民用爆炸物品销售许可证》到工商行政管理部门办理工商登记后,方可销售民用爆炸物品。

民用爆炸物品销售企业应当在办理工商登记后3日内,向所在地县级人民政府公安机关备案。

第二十条 民用爆炸物品生产企业凭《民用爆炸物品生产许可证》,可以销售本企业生产的民用爆炸物品。

民用爆炸物品生产企业销售本企业生产的民用爆炸物品,不得超出核定的品种、产量。

第二十一条 民用爆炸物品使用单位申请购买民用爆炸物品的,应当向所在地县级人民政府公安机关提出购买申请,并提交下列有关材料:

(一)工商营业执照或者事业单位法人证书;
(二)《爆破作业单位许可证》或者其他合法使用的证明;
(三)购买单位的名称、地址、银行账户;
(四)购买的品种、数量和用途说明。

受理申请的公安机关应当自受理申请之日起5日内对提交的有关材料进行审查,对符合条件的,核发《民用爆炸物品购买许可证》;对不符合条件的,不予核发《民用爆炸物品购买许可证》,书面向申请人说明理由。

《民用爆炸物品购买许可证》应当载明许可购买的品种、数量、购买单位以及许可的有效期限。

第二十二条 民用爆炸物品生产企业凭《民用爆炸物品生产许可证》购买属于民用爆炸物品的原料,民用爆炸物品销售企业凭《民用爆炸物品销售许可证》向民用爆炸物品生产企业购买民用爆炸物品,民用爆炸物品使用单位凭《民用爆炸物品购买许可证》购买民用爆炸物品,还应当提供经办人的身份证明。

销售民用爆炸物品的企业,应当查验前款规定的许可证和经办人的身份证明;对持《民用爆炸物品购买许可证》购买的,应当按照许可的品种、数量销售。

第二十三条 销售、购买民用爆炸物品,应当通过银行账户进行交易,不得使用现金或者实物进行交易。

销售民用爆炸物品的企业,应当将购买单位的许可证、银行账户转账凭证、经办人的身份证明复印件保存2年备查。

第二十四条 销售民用爆炸物品的企业,应当自民用爆炸物品买卖成交之日起3日内,将销售的品种、数量和购买单位向所在地省、自治区、直辖市人民政府民用爆炸物品行业主管部门和所在地县级人民政府公安机关备案。

购买民用爆炸物品的单位,应当自民用爆炸物品买卖成交之日起3日内,将购买的品种、数量向所在地县级人民政府公安机关备案。

第二十五条 进出口民用爆炸物品,应当经国务院民用爆炸物品行业主管部门审批。进出口民用爆炸物品审批办法,由国务院民用爆炸物品行业主管部门会同国务院公安部门、海关总署规定。

进出口单位应当将进出口的民用爆炸物品的品种、数量向收货地或者出境口岸所在地县级人民政府公安机关备案。

第四章　运　　输

第二十六条 运输民用爆炸物品,收货单位应当向运达地县级人民政府公安机关提出申请,并提交包括下列内容的材料:

(一)民用爆炸物品生产企业、销售企业、使用单位以及进出口单位分别提供的《民用爆炸物品生产许可证》、《民用爆炸物品销售许可证》、《民用爆炸物品购买许可证》或者进出口批准证明;

(二)运输民用爆炸物品的品种、数量、包装材料和包装方式;

(三)运输民用爆炸物品的特性、出现险情的应急处置方法;

(四)运输时间、起始地点、运输路线、经停地点。

受理申请的公安机关应当自受理申请之日起3日内对提交的有关材料进行审查,对符合条件的,核发《民用爆炸物品运输许可证》;对不符合条件的,不予核发《民用爆炸物品运输许可证》,书面向申请人说明理由。

《民用爆炸物品运输许可证》应当载明收货单位、销售企业、承运人,一次性运输有效期限、起始地点、运输路线、经停地点、民用爆炸物品的品种、数量。

第二十七条 运输民用爆炸物品的,应当凭《民用爆炸物品运输许可证》,按照许可的品种、数量运输。

第二十八条 经由道路运输民用爆炸物品的,应当遵守下列规定:

(一)携带《民用爆炸物品运输许可证》;

(二)民用爆炸物品的装载符合国家有关标准和规范,车厢内不得载人;

(三)运输车辆安全技术状况应当符合国家有关安全技术标准的要求,并按照规定悬挂或者安装符合国家标准的易燃易爆危险物品警示标志;

(四)运输民用爆炸物品的车辆应当保持安全车速;

(五)按照规定的路线行驶,途中经停应当有专人看守,并远离建筑设施和人口稠密的地方,不得在许可以外的地点经停;

(六)按照安全操作规程装卸民用爆炸物品,并在装卸现场设置警戒,禁止无关人员进入;

(七)出现危险情况立即采取必要的应急处置措施,并报告当地公安机关。

第二十九条 民用爆炸物品运达目的地,收货单位应当进行验收后在《民用爆炸物品运输许可证》上签注,并在3日内将《民用爆炸物品运输许可证》交回发证机关核销。

第三十条 禁止携带民用爆炸物品搭乘公共交通工具或者进入公共场所。

禁止邮寄民用爆炸物品,禁止在托运的货物、行李、包裹、邮件中夹带民用爆炸物品。

第五章 爆破作业

第三十一条 申请从事爆破作业的单位,应当具备下列条件:

(一)爆破作业属于合法的生产活动;

(二)有符合国家有关标准和规范的民用爆炸物品专用仓库;

(三)有具备相应资格的安全管理人员、仓库管理人员和具备国家规定执业资格的爆破作业人员;

(四)有健全的安全管理制度、岗位安全责任制度;

(五)有符合国家标准、行业标准的爆破作业专用设备;

(六)法律、行政法规规定的其他条件。

第三十二条 申请从事爆破作业的单位,应当按照国务院公安部门的规定,向有关人民政府公安机关提出申请,并提供能够证明其符合本条例第三十一条规定条件的有关材料。受理申请的公安机关应当自受理申请之日起20日内进行审查,对符合条件的,核发《爆破作业单位许可证》;对不符合条件的,不予核发《爆破作业单位许可证》,书面向申请人说明理由。

营业性爆破作业单位持《爆破作业单位许可证》到工商行政管理部门办理工

商登记后,方可从事营业性爆破作业活动。

爆破作业单位应当在办理工商登记后3日内,向所在地县级人民政府公安机关备案。

第三十三条 爆破作业单位应当对本单位的爆破作业人员、安全管理人员、仓库管理人员进行专业技术培训。爆破作业人员应当经设区的市级人民政府公安机关考核合格,取得《爆破作业人员许可证》后,方可从事爆破作业。

第三十四条 爆破作业单位应当按照其资质等级承接爆破作业项目,爆破作业人员应当按照其资格等级从事爆破作业。爆破作业的分级管理办法由国务院公安部门规定。

第三十五条 在城市、风景名胜区和重要工程设施附近实施爆破作业的,应当向爆破作业所在地设区的市级人民政府公安机关提出申请,提交《爆破作业单位许可证》和具有相应资质的安全评估企业出具的爆破设计、施工方案评估报告。受理申请的公安机关应当自受理申请之日起20日内对提交的有关材料进行审查,对符合条件的,作出批准的决定;对不符合条件的,作出不予批准的决定,并书面向申请人说明理由。

实施前款规定的爆破作业,应当由具有相应资质的安全监理企业进行监理,由爆破作业所在地县级人民政府公安机关负责组织实施安全警戒。

第三十六条 爆破作业单位跨省、自治区、直辖市行政区域从事爆破作业的,应当事先将爆破作业项目的有关情况向爆破作业所在地县级人民政府公安机关报告。

第三十七条 爆破作业单位应当如实记载领取、发放民用爆炸物品的品种、数量、编号以及领取、发放人员姓名。领取民用爆炸物品的数量不得超过当班用量,作业后剩余的民用爆炸物品必须当班清退回库。

爆破作业单位应当将领取、发放民用爆炸物品的原始记录保存2年备查。

第三十八条 实施爆破作业,应当遵守国家有关标准和规范,在安全距离以外设置警示标志并安排警戒人员,防止无关人员进入;爆破作业结束后应当及时检查、排除未引爆的民用爆炸物品。

第三十九条 爆破作业单位不再使用民用爆炸物品时,应当将剩余的民用爆炸物品登记造册,报所在地县级人民政府公安机关组织监督销毁。

发现、拣拾无主民用爆炸物品的,应当立即报告当地公安机关。

第六章 储 存

第四十条 民用爆炸物品应当储存在专用仓库内,并按照国家规定设置技术防范设施。

第四十一条 储存民用爆炸物品应当遵守下列规定:

(一)建立出入库检查、登记制度,收存和发放民用爆炸物品必须进行登记,做到账目清楚,账物相符;

(二)储存的民用爆炸物品数量不得超过储存设计容量,对性质相抵触的民用爆炸物品必须分库储存,严禁在库房内存放其他物品;

(三)专用仓库应当指定专人管理、看护,严禁无关人员进入仓库区内,严禁在仓库区内吸烟和用火,严禁把其他容易引起燃烧、爆炸的物品带入仓库区内,严禁在库房内住宿和进行其他活动;

(四)民用爆炸物品丢失、被盗、被抢,应当立即报告当地公安机关。

第四十二条 在爆破作业现场临时存放民用爆炸物品的,应当具备临时存放民用爆炸物品的条件,并设专人管理、看护,不得在不具备安全存放条件的场所存放民用爆炸物品。

第四十三条 民用爆炸物品变质和过期失效的,应当及时清理出库,并予以销毁。销毁前应当登记造册,提出销毁实施方案,报省、自治区、直辖市人民政府民用爆炸物品行业主管部门、所在地县级人民政府公安机关组织监督销毁。

第七章 法律责任

第四十四条 非法制造、买卖、运输、储存民用爆炸物品,构成犯罪的,依法追究刑事责任;尚不构成犯罪,有违反治安管理行为的,依法给予治安管理处罚。

违反本条例规定,在生产、储存、运输、使用民用爆炸物品中发生重大事故,造成严重后果或者后果特别严重,构成犯罪的,依法追究刑事责任。

违反本条例规定,未经许可生产、销售民用爆炸物品的,由民用爆炸物品行业主管部门责令停止非法生产、销售活动,处10万元以上50万元以下的罚款,并没收非法生产、销售的民用爆炸物品及其违法所得。

违反本条例规定,未经许可购买、运输民用爆炸物品或者从事爆破作业的,由公安机关责令停止非法购买、运输、爆破作业活动,处5万元以上20万元以下的罚款,并没收非法购买、运输以及从事爆破作业使用的民用爆炸物品及其违法所得。

民用爆炸物品行业主管部门、公安机关对没收的非法民用爆炸物品,应当组织销毁。

第四十五条 违反本条例规定,生产、销售民用爆炸物品的企业有下列行为之一的,由民用爆炸物品行业主管部门责令限期改正,处10万元以上50万元以下的罚款;逾期不改正的,责令停产停业整顿;情节严重的,吊销《民用爆炸物品生产许可证》或者《民用爆炸物品销售许可证》:

(一)超出生产许可的品种、产量进行生产、销售的;

(二)违反安全技术规程生产作业的;

(三)民用爆炸物品的质量不符合相关标准的;

(四)民用爆炸物品的包装不符合法律、行政法规的规定以及相关标准的;

(五)超出购买许可的品种、数量销售民用爆炸物品的;

（六）向没有《民用爆炸物品生产许可证》、《民用爆炸物品销售许可证》、《民用爆炸物品购买许可证》的单位销售民用爆炸物品的；

（七）民用爆炸物品生产企业销售本企业生产的民用爆炸物品未按照规定向民用爆炸物品行业主管部门备案的；

（八）未经审批进出口民用爆炸物品的。

第四十六条 违反本条例规定,有下列情形之一的,由公安机关责令限期改正,处5万元以上20万元以下的罚款；逾期不改正的,责令停产停业整顿：

（一）未按照规定对民用爆炸物品做出警示标识、登记标识或者未对雷管编码打号的；

（二）超出购买许可的品种、数量购买民用爆炸物品的；

（三）使用现金或者实物进行民用爆炸物品交易的；

（四）未按照规定保存购买单位的许可证、银行账户转账凭证、经办人的身份证明复印件的；

（五）销售、购买、进出口民用爆炸物品,未按照规定向公安机关备案的；

（六）未按照规定建立民用爆炸物品登记制度,如实将本单位生产、销售、购买、运输、储存、使用民用爆炸物品的品种、数量和流向信息输入计算机系统的；

（七）未按照规定将《民用爆炸物品运输许可证》交回发证机关核销的。

第四十七条 违反本条例规定,经由道路运输民用爆炸物品,有下列情形之一的,由公安机关责令改正,处5万元以上20万元以下的罚款：

（一）违反运输许可事项的；

（二）未携带《民用爆炸物品运输许可证》的；

（三）违反有关标准和规范混装民用爆炸物品的；

（四）运输车辆未按照规定悬挂或者安装符合国家标准的易燃易爆危险物品警示标志的；

（五）未按照规定的路线行驶,途中经停没有专人看守或者在许可以外的地点经停的；

（六）装载民用爆炸物品的车厢载人的；

（七）出现危险情况未立即采取必要的应急处置措施、报告当地公安机关的。

第四十八条 违反本条例规定,从事爆破作业的单位有下列情形之一的,由公安机关责令停止违法行为或者限期改正,处10万元以上50万元以下的罚款；逾期不改正的,责令停产停业整顿；情节严重的,吊销《爆破作业单位许可证》：

（一）爆破作业单位未按照其资质等级从事爆破作业的；

（二）营业性爆破作业单位跨省、自治区、直辖市行政区域实施爆破作业,未按照规定事先向爆破作业所在地的县级人民政府公安机关报告的；

（三）爆破作业单位未按照规定建立民用爆炸物品领取登记制度、保存领取登记记录的；

（四）违反国家有关标准和规范实施爆破作业的。

爆破作业人员违反国家有关标准和规范的规定实施爆破作业的，由公安机关责令限期改正，情节严重的，吊销《爆破作业人员许可证》。

第四十九条 违反本条例规定，有下列情形之一的，由民用爆炸物品行业主管部门、公安机关按照职责责令限期改正，可以并处5万元以上20万元以下的罚款；逾期不改正的，责令停产停业整顿；情节严重的，吊销许可证：

（一）未按照规定在专用仓库设置技术防范设施的；

（二）未按照规定建立出入库检查、登记制度或者收存和发放民用爆炸物品，致使账物不符的；

（三）超量储存、在非专用仓库储存或者违反储存标准和规范储存民用爆炸物品的；

（四）有本条例规定的其他违反民用爆炸物品储存管理规定行为的。

第五十条 违反本条例规定，民用爆炸物品从业单位有下列情形之一的，由公安机关处2万元以上10万元以下的罚款；情节严重的，吊销其许可证；有违反治安管理行为的，依法给予治安管理处罚：

（一）违反安全管理制度，致使民用爆炸物品丢失、被盗、被抢的；

（二）民用爆炸物品丢失、被盗、被抢，未按照规定向当地公安机关报告或者故意隐瞒不报的；

（三）转让、出借、转借、抵押、赠送民用爆炸物品的。

第五十一条 违反本条例规定，携带民用爆炸物品搭乘公共交通工具或者进入公共场所，邮寄或者在托运的货物、行李、包裹、邮件中夹带民用爆炸物品，构成犯罪的，依法追究刑事责任；尚不构成犯罪的，由公安机关依法给予治安管理处罚，没收非法的民用爆炸物品，处1000元以上1万元以下的罚款。

第五十二条 民用爆炸物品从业单位的主要负责人未履行本条例规定的安全管理责任，导致发生重大伤亡事故或者造成其他严重后果，构成犯罪的，依法追究刑事责任；尚不构成犯罪的，对主要负责人给予撤职处分，对个人经营的投资人处2万元以上20万元以下的罚款。

第五十三条 民用爆炸物品行业主管部门、公安机关、工商行政管理部门的工作人员，在民用爆炸物品安全监督管理工作中滥用职权、玩忽职守或者徇私舞弊，构成犯罪的，依法追究刑事责任；尚不构成犯罪的，依法给予行政处分。

第八章 附 则

第五十四条 《民用爆炸物品生产许可证》、《民用爆炸物品销售许可证》，由国务院民用爆炸物品行业主管部门规定式样；《民用爆炸物品购买许可证》、《民用爆炸物品运输许可证》、《爆破作业单位许可证》、《爆破作业人员许可证》，由国务院公安部门规定式样。

第五十五条 本条例自 2006 年 9 月 1 日起施行。1984 年 1 月 6 日国务院发布的《中华人民共和国民用爆炸物品管理条例》同时废止。

烟花爆竹安全管理条例

1. 2006 年 1 月 21 日国务院令第 455 号公布
2. 根据 2016 年 2 月 6 日国务院令第 666 号《关于修改部分行政法规的决定》修订

第一章 总 则

第一条 为了加强烟花爆竹安全管理,预防爆炸事故发生,保障公共安全和人身、财产的安全,制定本条例。

第二条 烟花爆竹的生产、经营、运输和燃放,适用本条例。

本条例所称烟花爆竹,是指烟花爆竹制品和用于生产烟花爆竹的民用黑火药、烟火药、引火线等物品。

第三条 国家对烟花爆竹的生产、经营、运输和举办焰火晚会以及其他大型焰火燃放活动,实行许可证制度。

未经许可,任何单位或者个人不得生产、经营、运输烟花爆竹,不得举办焰火晚会以及其他大型焰火燃放活动。

第四条 安全生产监督管理部门负责烟花爆竹的安全生产监督管理;公安部门负责烟花爆竹的公共安全管理;质量监督检验部门负责烟花爆竹的质量监督和进出口检验。

第五条 公安部门、安全生产监督管理部门、质量监督检验部门、工商行政管理部门应当按照职责分工,组织查处非法生产、经营、储存、运输、邮寄烟花爆竹以及非法燃放烟花爆竹的行为。

第六条 烟花爆竹生产、经营、运输企业和焰火晚会以及其他大型焰火燃放活动主办单位的主要负责人,对本单位的烟花爆竹安全工作负责。

烟花爆竹生产、经营、运输企业和焰火晚会以及其他大型焰火燃放活动主办单位应当建立健全安全责任制,制定各项安全管理制度和操作规程,并对从业人员定期进行安全教育、法制教育和岗位技术培训。

中华全国供销合作总社应当加强对本系统企业烟花爆竹经营活动的管理。

第七条 国家鼓励烟花爆竹生产企业采用提高安全程度和提升行业整体水平的新工艺、新配方和新技术。

第二章 生 产 安 全

第八条 生产烟花爆竹的企业,应当具备下列条件:

三、安全生产管理

（一）符合当地产业结构规划；

（二）基本建设项目经过批准；

（三）选址符合城乡规划，并与周边建筑、设施保持必要的安全距离；

（四）厂房和仓库的设计、结构和材料以及防火、防爆、防雷、防静电等安全设备、设施符合国家有关标准和规范；

（五）生产设备、工艺符合安全标准；

（六）产品品种、规格、质量符合国家标准；

（七）有健全的安全生产责任制；

（八）有安全生产管理机构和专职安全生产管理人员；

（九）依法进行了安全评价；

（十）有事故应急救援预案、应急救援组织和人员，并配备必要的应急救援器材、设备；

（十一）法律、法规规定的其他条件。

第九条 生产烟花爆竹的企业，应当在投入生产前向所在地设区的市人民政府安全生产监督管理部门提出安全审查申请，并提交能够证明符合本条例第八条规定条件的有关材料。设区的市人民政府安全生产监督管理部门应当自收到材料之日起20日内提出安全审查初步意见，报省、自治区、直辖市人民政府安全生产监督管理部门审查。省、自治区、直辖市人民政府安全生产监督管理部门应当自受理申请之日起45日内进行安全审查，对符合条件的，核发《烟花爆竹安全生产许可证》；对不符合条件的，应当说明理由。

第十条 生产烟花爆竹的企业为扩大生产能力进行基本建设或者技术改造的，应当依照本条例的规定申请办理安全生产许可证。

生产烟花爆竹的企业，持《烟花爆竹安全生产许可证》到工商行政管理部门办理登记手续后，方可从事烟花爆竹生产活动。

第十一条 生产烟花爆竹的企业，应当按照安全生产许可证核定的产品种类进行生产，生产工序和生产作业应当执行有关国家标准和行业标准。

第十二条 生产烟花爆竹的企业，应当对生产作业人员进行安全生产知识教育，对从事药物混合、造粒、筛选、装药、筑药、压药、切引、搬运等危险工序的作业人员进行专业技术培训。从事危险工序的作业人员经设区的市人民政府安全生产监督管理部门考核合格，方可上岗作业。

第十三条 生产烟花爆竹使用的原料，应当符合国家标准的规定。生产烟花爆竹使用的原料，国家标准有用量限制的，不得超过规定的用量。不得使用国家标准规定禁止使用或者禁忌配伍的物质生产烟花爆竹。

第十四条 生产烟花爆竹的企业，应当按照国家标准的规定，在烟花爆竹产品上标注燃放说明，并在烟花爆竹包装物上印制易燃易爆危险物品警示标志。

第十五条 生产烟花爆竹的企业，应当对黑火药、烟火药、引火线的保管采取必要的安全技术措施,建立购买、领用、销售登记制度,防止黑火药、烟火药、引火线丢失。黑火药、烟火药、引火线丢失的,企业应当立即向当地安全生产监督管理部门和公安部门报告。

第三章　经营安全

第十六条　烟花爆竹的经营分为批发和零售。

从事烟花爆竹批发的企业和零售经营者的经营布点,应当经安全生产监督管理部门审批。

禁止在城市市区布设烟花爆竹批发场所;城市市区的烟花爆竹零售网点,应当按照严格控制的原则合理布设。

第十七条　从事烟花爆竹批发的企业,应当具备下列条件:

（一）具有企业法人条件;

（二）经营场所与周边建筑、设施保持必要的安全距离;

（三）有符合国家标准的经营场所和储存仓库;

（四）有保管员、仓库守护员;

（五）依法进行了安全评价;

（六）有事故应急救援预案、应急救援组织和人员,并配备必要的应急救援器材、设备;

（七）法律、法规规定的其他条件。

第十八条　烟花爆竹零售经营者,应当具备下列条件:

（一）主要负责人经过安全知识教育;

（二）实行专店或者专柜销售,设专人负责安全管理;

（三）经营场所配备必要的消防器材,张贴明显的安全警示标志;

（四）法律、法规规定的其他条件。

第十九条　申请从事烟花爆竹批发的企业,应当向所在地设区的市人民政府安全生产监督管理部门提出申请,并提供能够证明符合本条例第十七条规定条件的有关材料。受理申请的安全生产监督管理部门应当自受理申请之日起 30 日内对提交的有关材料和经营场所进行审查,对符合条件的,核发《烟花爆竹经营（批发）许可证》;对不符合条件的,应当说明理由。

申请从事烟花爆竹零售的经营者,应当向所在地县级人民政府安全生产监督管理部门提出申请,并提供能够证明符合本条例第十八条规定条件的有关材料。受理申请的安全生产监督管理部门应当自受理申请之日起 20 日内对提交的有关材料和经营场所进行审查,对符合条件的,核发《烟花爆竹经营（零售）许可证》;对不符合条件的,应当说明理由。

《烟花爆竹经营（零售）许可证》,应当载明经营负责人、经营场所地址、经营期限、烟花爆竹种类和限制存放量。

第二十条 从事烟花爆竹批发的企业,应当向生产烟花爆竹的企业采购烟花爆竹,向从事烟花爆竹零售的经营者供应烟花爆竹。从事烟花爆竹零售的经营者,应当向从事烟花爆竹批发的企业采购烟花爆竹。

从事烟花爆竹批发的企业、零售经营者不得采购和销售非法生产、经营的烟花爆竹。

从事烟花爆竹批发的企业,不得向从事烟花爆竹零售的经营者供应按照国家标准规定应由专业燃放人员燃放的烟花爆竹。从事烟花爆竹零售的经营者,不得销售按照国家标准规定应由专业燃放人员燃放的烟花爆竹。

第二十一条 生产、经营黑火药、烟火药、引火线的企业,不得向未取得烟花爆竹安全生产许可的任何单位或者个人销售黑火药、烟火药和引火线。

第四章 运输安全

第二十二条 经由道路运输烟花爆竹的,应当经公安部门许可。

经由铁路、水路、航空运输烟花爆竹的,依照铁路、水路、航空运输安全管理的有关法律、法规、规章的规定执行。

第二十三条 经由道路运输烟花爆竹的,托运人应当向运达地县级人民政府公安部门提出申请,并提交下列有关材料:

(一)承运人从事危险货物运输的资质证明;

(二)驾驶员、押运员从事危险货物运输的资格证明;

(三)危险货物运输车辆的道路运输证明;

(四)托运人从事烟花爆竹生产、经营的资质证明;

(五)烟花爆竹的购销合同及运输烟花爆竹的种类、规格、数量;

(六)烟花爆竹的产品质量和包装合格证明;

(七)运输车辆牌号、运输时间、起始地点、行驶路线、经停地点。

第二十四条 受理申请的公安部门应当自受理申请之日起 3 日内对提交的有关材料进行审查,对符合条件的,核发《烟花爆竹道路运输许可证》;对不符合条件的,应当说明理由。

《烟花爆竹道路运输许可证》应当载明托运人、承运人、一次性运输有效期限、起始地点、行驶路线、经停地点、烟花爆竹的种类、规格和数量。

第二十五条 经由道路运输烟花爆竹的,除应当遵守《中华人民共和国道路交通安全法》外,还应当遵守下列规定:

(一)随车携带《烟花爆竹道路运输许可证》;

(二)不得违反运输许可事项;

(三)运输车辆悬挂或者安装符合国家标准的易燃易爆危险物品警示标志;

(四)烟花爆竹的装载符合国家有关标准和规范;

(五)装载烟花爆竹的车厢不得载人;

(六)运输车辆限速行驶,途中经停必须有专人看守;

(七)出现危险情况立即采取必要的措施,并报告当地公安部门。

第二十六条 烟花爆竹运达目的地后,收货人应当在3日内将《烟花爆竹道路运输许可证》交回发证机关核销。

第二十七条 禁止携带烟花爆竹搭乘公共交通工具。

禁止邮寄烟花爆竹,禁止在托运的行李、包裹、邮件中夹带烟花爆竹。

第五章 燃 放 安 全

第二十八条 燃放烟花爆竹,应当遵守有关法律、法规和规章的规定。县级以上地方人民政府可以根据本行政区域的实际情况,确定限制或者禁止燃放烟花爆竹的时间、地点和种类。

第二十九条 各级人民政府和政府有关部门应当开展社会宣传活动,教育公民遵守有关法律、法规和规章,安全燃放烟花爆竹。

广播、电视、报刊等新闻媒体,应当做好安全燃放烟花爆竹的宣传、教育工作。

未成年人的监护人应当对未成年人进行安全燃放烟花爆竹的教育。

第三十条 禁止在下列地点燃放烟花爆竹:

(一)文物保护单位;

(二)车站、码头、飞机场等交通枢纽以及铁路线路安全保护区内;

(三)易燃易爆物品生产、储存单位;

(四)输变电设施安全保护区内;

(五)医疗机构、幼儿园、中小学校、敬老院;

(六)山林、草原等重点防火区;

(七)县级以上地方人民政府规定的禁止燃放烟花爆竹的其他地点。

第三十一条 燃放烟花爆竹,应当按照燃放说明燃放,不得以危害公共安全和人身、财产安全的方式燃放烟花爆竹。

第三十二条 举办焰火晚会以及其他大型焰火燃放活动,应当按照举办的时间、地点、环境、活动性质、规模以及燃放烟花爆竹的种类、规格和数量,确定危险等级,实行分级管理。分级管理的具体办法,由国务院公安部门规定。

第三十三条 申请举办焰火晚会以及其他大型焰火燃放活动,主办单位应当按照分级管理的规定,向有关人民政府公安部门提出申请,并提交下列有关材料:

(一)举办焰火晚会以及其他大型焰火燃放活动的时间、地点、环境、活动性质、规模;

(二)燃放烟花爆竹的种类、规格、数量;

(三)燃放作业方案;

(四)燃放作业单位、作业人员符合行业标准规定条件的证明。

受理申请的公安部门应当自受理申请之日起20日内对提交的有关材料进行

审查，对符合条件的，核发《焰火燃放许可证》；对不符合条件的，应当说明理由。

第三十四条 焰火晚会以及其他大型焰火燃放活动燃放作业单位和作业人员，应当按照焰火燃放安全规程和经许可的燃放作业方案进行燃放作业。

第三十五条 公安部门应当加强对危险等级较高的焰火晚会以及其他大型焰火燃放活动的监督检查。

第六章 法律责任

第三十六条 对未经许可生产、经营烟花爆竹制品，或者向未取得烟花爆竹安全生产许可的单位或者个人销售黑火药、烟火药、引火线的，由安全生产监督管理部门责令停止非法生产、经营活动，处2万元以上10万元以下的罚款，并没收非法生产、经营的物品及违法所得。

对未经许可经由道路运输烟花爆竹的，由公安部门责令停止非法运输活动，处1万元以上5万元以下的罚款，并没收非法运输的物品及违法所得。

非法生产、经营、运输烟花爆竹，构成违反治安管理行为的，依法给予治安管理处罚；构成犯罪的，依法追究刑事责任。

第三十七条 生产烟花爆竹的企业有下列行为之一的，由安全生产监督管理部门责令限期改正，处1万元以上5万元以下的罚款；逾期不改正的，责令停产停业整顿，情节严重的，吊销安全生产许可证：

（一）未按照安全生产许可证核定的产品种类进行生产的；

（二）生产工序或者生产作业不符合有关国家标准、行业标准的；

（三）雇佣未经设区的市人民政府安全生产监督管理部门考核合格的人员从事危险工序作业的；

（四）生产烟花爆竹使用的原料不符合国家标准规定的，或者使用的原料超过国家标准规定的用量限制的；

（五）使用按照国家标准规定禁止使用或者禁忌配伍的物质生产烟花爆竹的；

（六）未按照国家标准的规定在烟花爆竹产品上标注燃放说明，或者未在烟花爆竹的包装物上印制易燃易爆危险物品警示标志的。

第三十八条 从事烟花爆竹批发的企业向从事烟花爆竹零售的经营者供应非法生产、经营的烟花爆竹，或者供应按照国家标准规定应由专业燃放人员燃放的烟花爆竹的，由安全生产监督管理部门责令停止违法行为，处2万元以上10万元以下的罚款，并没收非法经营的物品及违法所得；情节严重的，吊销烟花爆竹经营许可证。

从事烟花爆竹零售的经营者销售非法生产、经营的烟花爆竹，或者销售按照国家标准规定应由专业燃放人员燃放的烟花爆竹的，由安全生产监督管理部门责令停止违法行为，处1000元以上5000元以下的罚款，并没收非法经营的物品及违法所得；情节严重的，吊销烟花爆竹经营许可证。

第三十九条 生产、经营、使用黑火药、烟火药、引火线的企业,丢失黑火药、烟火药、引火线未及时向当地安全生产监督管理部门和公安部门报告的,由公安部门对企业主要负责人处5000元以上2万元以下的罚款,对丢失的物品予以追缴。

第四十条 经由道路运输烟花爆竹,有下列行为之一的,由公安部门责令改正,处200元以上2000元以下的罚款:

(一)违反运输许可事项的;

(二)未随车携带《烟花爆竹道路运输许可证》的;

(三)运输车辆没有悬挂或者安装符合国家标准的易燃易爆危险物品警示标志的;

(四)烟花爆竹的装载不符合国家有关标准和规范的;

(五)装载烟花爆竹的车厢载人的;

(六)超过危险物品运输车辆规定时速行驶的;

(七)运输车辆途中经停没有专人看守的;

(八)运达目的地后,未按规定时间将《烟花爆竹道路运输许可证》交回发证机关核销的。

第四十一条 对携带烟花爆竹搭乘公共交通工具,或者邮寄烟花爆竹以及在托运的行李、包裹、邮件中夹带烟花爆竹的,由公安部门没收非法携带、邮寄、夹带的烟花爆竹,可以并处200元以上1000元以下的罚款。

第四十二条 对未经许可举办焰火晚会以及其他大型焰火燃放活动,或者焰火晚会以及其他大型焰火燃放活动燃放作业单位和作业人员违反焰火燃放安全规程、燃放作业方案进行燃放作业的,由公安部门责令停止燃放,对责任单位处1万元以上5万元以下的罚款。

在禁止燃放烟花爆竹的时间、地点燃放烟花爆竹,或者以危害公共安全和人身、财产安全的方式燃放烟花爆竹的,由公安部门责令停止燃放,处100元以上500元以下的罚款;构成违反治安管理行为的,依法给予治安管理处罚。

第四十三条 对没收的非法烟花爆竹以及生产、经营企业弃置的废旧烟花爆竹,应当就地封存,并由公安部门组织销毁、处置。

第四十四条 安全生产监督管理部门、公安部门、质量监督检验部门、工商行政管理部门的工作人员,在烟花爆竹安全监管工作中滥用职权、玩忽职守、徇私舞弊,构成犯罪的,依法追究刑事责任;尚不构成犯罪的,依法给予行政处分。

第七章 附 则

第四十五条 《烟花爆竹安全生产许可证》、《烟花爆竹经营(批发)许可证》、《烟花爆竹经营(零售)许可证》,由国务院安全生产监督管理部门规定式样;《烟花爆竹道路运输许可证》、《焰火燃放许可证》,由国务院公安部门规定式样。

第四十六条 本条例自公布之日起施行。

中华人民共和国电力法

1. 1995年12月28日第八届全国人民代表大会常务委员会第十七次会议通过
2. 根据2009年8月27日第十一届全国人民代表大会常务委员会第十次会议《关于修改部分法律的决定》第一次修正
3. 根据2015年4月24日第十二届全国人民代表大会常务委员会第十四次会议《关于修改〈中华人民共和国电力法〉等六部法律的决定》第二次修正
4. 根据2018年12月29日第十三届全国人民代表大会常务委员会第七次会议《关于修改〈中华人民共和国电力法〉等四部法律的决定》第三次修正

目　　录

第一章　总　　则
第二章　电力建设
第三章　电力生产与电网管理
第四章　电力供应与使用
第五章　电价与电费
第六章　农村电力建设和农业用电
第七章　电力设施保护
第八章　监督检查
第九章　法律责任
第十章　附　　则

第一章　总　　则

第一条　【立法目的】为了保障和促进电力事业的发展,维护电力投资者、经营者和使用者的合法权益,保障电力安全运行,制定本法。

第二条　【适用范围】本法适用于中华人民共和国境内的电力建设、生产、供应和使用活动。

第三条　【投资来源】电力事业应当适应国民经济和社会发展的需要,适当超前发展。国家鼓励、引导国内外的经济组织和个人依法投资开发电源,兴办电力生产企业。

电力事业投资,实行谁投资、谁收益的原则。

第四条　【保护设施】电力设施受国家保护。

禁止任何单位和个人危害电力设施安全或者非法侵占、使用电能。

第五条 【环保】电力建设、生产、供应和使用应当依法保护环境,采用新技术,减少有害物质排放,防治污染和其他公害。

国家鼓励和支持利用可再生能源和清洁能源发电。

第六条 【主管部门】国务院电力管理部门负责全国电力事业的监督管理。国务院有关部门在各自的职责范围内负责电力事业的监督管理。

县级以上地方人民政府经济综合主管部门是本行政区域内的电力管理部门,负责电力事业的监督管理。县级以上地方人民政府有关部门在各自的职责范围内负责电力事业的监督管理。

第七条 【企业定位】电力建设企业、电力生产企业、电网经营企业依法实行自主经营、自负盈亏,并接受电力管理部门的监督。

第八条 【扶持地区】国家帮助和扶持少数民族地区、边远地区和贫困地区发展电力事业。

第九条 【科技进步】国家鼓励在电力建设、生产、供应和使用过程中,采用先进的科学技术和管理方法,对在研究、开发、采用先进的科学技术和管理方法等方面作出显著成绩的单位和个人给予奖励。

第二章 电力建设

第十条 【发展规划】电力发展规划应当根据国民经济和社会发展的需要制定,并纳入国民经济和社会发展计划。

电力发展规划,应当体现合理利用能源、电源与电网配套发展、提高经济效益和有利于环境保护的原则。

第十一条 【电网规划】城市电网的建设与改造规划,应当纳入城市总体规划。城市人民政府应当按照规划,安排变电设施用地、输电线路走廊和电缆通道。

任何单位和个人不得非法占用变电设施用地、输电线路走廊和电缆通道。

第十二条 【政策扶持】国家通过制定有关政策,支持、促进电力建设。

地方人民政府应当根据电力发展规划,因地制宜,采取多种措施开发电源,发展电力建设。

第十三条 【投资者权益】电力投资者对其投资形成的电力,享有法定权益。并网运行的,电力投资者有优先使用权;未并网的自备电厂,电力投资者自行支配使用。

第十四条 【项目合法】电力建设项目应当符合电力发展规划,符合国家电力产业政策。

电力建设项目不得使用国家明令淘汰的电力设备和技术。

第十五条 【配套工程】输变电工程、调度通信自动化工程等电网配套工程和环境保护工程,应当与发电工程项目同时设计、同时建设、同时验收、同时投入使用。

第十六条 【使用土地】电力建设项目使用土地,应当依照有关法律、行政法规的规定办理;依法征收土地的,应当依法支付土地补偿费和安置补偿费,做好迁移居民的安置工作。

电力建设应当贯彻切实保护耕地、节约利用土地的原则。

地方人民政府对电力事业依法使用土地和迁移居民,应当予以支持和协助。

第十七条　【用水】地方人民政府应当支持电力企业为发电工程建设勘探水源和依法取水、用水。电力企业应当节约用水。

第三章　电力生产与电网管理

第十八条　【运行原则】电力生产与电网运行应当遵循安全、优质、经济的原则。

电网运行应当连续、稳定,保证供电可靠性。

第十九条　【安全生产】电力企业应当加强安全生产管理,坚持安全第一、预防为主的方针,建立、健全安全生产责任制度。

电力企业应当对电力设施定期进行检修和维护,保证其正常运行。

第二十条　【燃料】发电燃料供应企业、运输企业和电力生产企业应当依照国务院有关规定或者合同约定供应、运输和接卸燃料。

第二十一条　【调度】电网运行实行统一调度、分级管理。任何单位和个人不得非法干预电网调度。

第二十二条　【并网】国家提倡电力生产企业与电网、电网与电网并网运行。具有独立法人资格的电力生产企业要求将生产的电力并网运行的,电网经营企业应当接受。

并网运行必须符合国家标准或者电力行业标准。

并网双方应当按照统一调度、分级管理和平等互利、协商一致的原则,签订并网协议,确定双方的权利和义务;并网双方达不成协议的,由省级以上电力管理部门协调决定。

第二十三条　【管理办法】电网调度管理办法,由国务院依照本法的规定制定。

第四章　电力供应与使用

第二十四条　【原则、办法】国家对电力供应和使用,实行安全用电、节约用电、计划用电的管理原则。

电力供应与使用办法由国务院依照本法的规定制定。

第二十五条　【营业区】供电企业在批准的供电营业区内向用户供电。

供电营业区的划分,应当考虑电网的结构和供电合理性等因素。一个供电营业区内只设立一个供电营业机构。

供电营业区的设立、变更,由供电企业提出申请,电力管理部门依据职责和管理权限,会同同级有关部门审查批准后,发给《电力业务许可证》。供电营业区设立、变更的具体办法,由国务院电力管理部门制定。

第二十六条　【营业机构】供电营业区内的供电营业机构,对本营业区内的用户有按照国家规定供电的义务;不得违反国家规定对其营业区内申请用电的单位和个人拒绝供电。

申请新装用电、临时用电、增加用电容量、变更用电和终止用电,应当依照规定的程序办理手续。

供电企业应当在其营业场所公告用电的程序、制度和收费标准,并提供用户须知资料。

第二十七条 【供用电合同】电力供应与使用双方应当根据平等自愿、协商一致的原则,按照国务院制定的电力供应与使用办法签订供用电合同,确定双方的权利和义务。

第二十八条 【供电质量】供电企业应当保证供给用户的供电质量符合国家标准。对公用供电设施引起的供电质量问题,应当及时处理。

用户对供电质量有特殊要求的,供电企业应当根据其必要性和电网的可能,提供相应的电力。

第二十九条 【中断供电】供电企业在发电、供电系统正常的情况下,应当连续向用户供电,不得中断。因供电设施检修、依法限电或者用户违法用电等原因,需要中断供电时,供电企业应当按照国家有关规定事先通知用户。

用户对供电企业中断供电有异议的,可以向电力管理部门投诉;受理投诉的电力管理部门应当依法处理。

第三十条 【紧急供电】因抢险救灾需要紧急供电时,供电企业必须尽速安排供电,所需供电工程费用和应付电费依照国家有关规定执行。

第三十一条 【用电计量、受电装置】用户应当安装用电计量装置。用户使用的电力电量,以计量检定机构依法认可的用电计量装置的记录为准。

用户受电装置的设计、施工安装和运行管理,应当符合国家标准或者电力行业标准。

第三十二条 【供、用电秩序】用户用电不得危害供电、用电安全和扰乱供电、用电秩序。

对危害供电、用电安全和扰乱供电、用电秩序的,供电企业有权制止。

第三十三条 【电费】供电企业应当按照国家核准的电价和用电计量装置的记录,向用户计收电费。

供电企业查电人员和抄表收费人员进入用户,进行用电安全检查或者抄表收费时,应当出示有关证件。

用户应当按照国家核准的电价和用电计量装置的记录,按时交纳电费;对供电企业查电人员和抄表收费人员依法履行职责,应当提供方便。

第三十四条 【用电】供电企业和用户应当遵守国家有关规定,采取有效措施,做好安全用电、节约用电和计划用电工作。

第五章 电价与电费

第三十五条 【电价】本法所称电价,是指电力生产企业的上网电价、电网间的互供电价、电网销售电价。

电价实行统一政策,统一定价原则,分级管理。

第三十六条 【制定电价】制定电价,应当合理补偿成本,合理确定收益,依法计入税金,坚持公平负担,促进电力建设。

第三十七条 【上网电价】上网电价实行同网同质同价。具体办法和实施步骤由国务院规定。

电力生产企业有特殊情况需另行制定上网电价的,具体办法由国务院规定。

第三十八条 【电价管理】跨省、自治区、直辖市电网和省级电网内的上网电价,由电力生产企业和电网经营企业协商提出方案,报国务院物价行政主管部门核准。

独立电网内的上网电价,由电力生产企业和电网经营企业协商提出方案,报有管理权的物价行政主管部门核准。

地方投资的电力生产企业所生产的电力,属于在省内各地区形成独立电网的或者自发自用的,其电价可以由省、自治区、直辖市人民政府管理。

第三十九条 【网间电价核准】跨省、自治区、直辖市电网和独立电网之间、省级电网和独立电网之间的互供电价,由双方协商提出方案,报国务院物价行政主管部门或者其授权的部门核准。

独立电网与独立电网之间的互供电价,由双方协商提出方案,报有管理权的物价行政主管部门核准。

第四十条 【销售电价】跨省、自治区、直辖市电网和省级电网的销售电价,由电网经营企业提出方案,报国务院物价行政主管部门或者其授权的部门核准。

独立电网的销售电价,由电网经营企业提出方案,报有管理权的物价行政主管部门核准。

第四十一条 【电价标准】国家实行分类电价和分时电价。分类标准和分时办法由国务院确定。

对同一电网内的同一电压等级、同一用电类别的用户,执行相同的电价标准。

第四十二条 【增容费】用户用电增容收费标准,由国务院物价行政主管部门会同国务院电力管理部门制定。

第四十三条 【电价合法】任何单位不得超越电价管理权限制定电价。供电企业不得擅自变更电价。

第四十四条 【价外收费】禁止任何单位和个人在电费中加收其他费用;但是,法律、行政法规另有规定的,按照规定执行。

地方集资办电在电费中加收费用的,由省、自治区、直辖市人民政府依照国务院有关规定制定办法。

禁止供电企业在收取电费时,代收其他费用。

第四十五条　【管理办法】电价的管理办法,由国务院依照本法的规定制定。

第六章　农村电力建设和农业用电

第四十六条　【发展规划】省、自治区、直辖市人民政府应当制定农村电气化发展规划,并将其纳入当地电力发展规划及国民经济和社会发展计划。

第四十七条　【扶持地区】国家对农村电气化实行优惠政策,对少数民族地区、边远地区和贫困地区的农村电力建设给予重点扶持。

第四十八条　【多种能源】国家提倡农村开发水能资源,建设中、小型水电站,促进农村电气化。

国家鼓励和支持农村利用太阳能、风能、地热能、生物质能和其他能源进行农村电源建设,增加农村电力供应。

第四十九条　【用电指标】县级以上地方人民政府及其经济综合主管部门在安排用电指标时,应当保证农业和农村用电的适当比例,优先保证农村排涝、抗旱和农业季节性生产用电。

电力企业应当执行前款的用电安排,不得减少农业和农村用电指标。

第五十条　【农村电价】农业用电价格按照保本、微利的原则确定。

农民生活用电与当地城镇居民生活用电应当逐步实行相同的电价。

第五十一条　【管理办法】农业和农村用电管理办法,由国务院依照本法的规定制定。

第七章　电力设施保护

第五十二条　【确保安全】任何单位和个人不得危害发电设施、变电设施和电力线路设施及其有关辅助设施。

在电力设施周围进行爆破及其他可能危及电力设施安全的作业的,应当按照国务院有关电力设施保护的规定,经批准并采取确保电力设施安全的措施后,方可进行作业。

第五十三条　【保护区】电力管理部门应当按照国务院有关电力设施保护的规定,对电力设施保护区设立标志。

任何单位和个人不得在依法划定的电力设施保护区内修建可能危及电力设施安全的建筑物、构筑物,不得种植可能危及电力设施安全的植物,不得堆放可能危及电力设施安全的物品。

在依法划定电力设施保护区前已经种植的植物妨碍电力设施安全的,应当修剪或者砍伐。

第五十四条　【区内作业】任何单位和个人需要在依法划定的电力设施保护区内进行可能危及电力设施安全的作业时,应当经电力管理部门批准并采取安全措施后,方可进行作业。

第五十五条 【相互协商】电力设施与公用工程、绿化工程和其他工程在新建、改建或者扩建中相互妨碍时,有关单位应当按照国家有关规定协商,达成协议后方可施工。

第八章 监督检查

第五十六条 【监督主体】电力管理部门依法对电力企业和用户执行电力法律、行政法规的情况进行监督检查。

第五十七条 【检查人员】电力管理部门根据工作需要,可以配备电力监督检查人员。

电力监督检查人员应当公正廉洁,秉公执法,熟悉电力法律、法规,掌握有关电力专业技术。

第五十八条 【检查人员权力】电力监督检查人员进行监督检查时,有权向电力企业或者用户了解有关执行电力法律、行政法规的情况,查阅有关资料,并有权进入现场进行检查。

电力企业和用户对执行监督检查任务的电力监督检查人员应当提供方便。

电力监督检查人员进行监督检查时,应当出示证件。

第九章 法律责任

第五十九条 【违反合同责任】电力企业或者用户违反供用电合同,给对方造成损失的,应当依法承担赔偿责任。

电力企业违反本法第二十八条、第二十九条第一款的规定,未保证供电质量或者未事先通知用户中断供电,给用户造成损失的,应当依法承担赔偿责任。

第六十条 【侵权责任】因电力运行事故给用户或者第三人造成损害的,电力企业应当依法承担赔偿责任。

电力运行事故由下列原因之一造成的,电力企业不承担赔偿责任:

(一)不可抗力;

(二)用户自身的过错。

因用户或者第三人的过错给电力企业或者其他用户造成损害的,该用户或者第三人应当依法承担赔偿责任。

第六十一条 【消除妨碍】违反本法第十一条第二款的规定,非法占用变电设施用地、输电线路走廊或者电缆通道的,由县级以上地方人民政府责令限期改正;逾期不改正的,强制清除障碍。

第六十二条 【违反第十四条后果】违反本法第十四条规定,电力建设项目不符合电力发展规划、产业政策的,由电力管理部门责令停止建设。

违反本法第十四条规定,电力建设项目使用国家明令淘汰的电力设备和技术的,由电力管理部门责令停止使用,没收国家明令淘汰的电力设备,并处五万元以下的罚款。

第六十三条　【违反第二十五条责任】违反本法第二十五条规定,未经许可,从事供电或者变更供电营业区的,由电力管理部门责令改正,没收违法所得,可以并处违法所得五倍以下的罚款。

第六十四条　【违反第二十六条、第二十九条责任】违反本法第二十六条、第二十九条规定,拒绝供电或者中断供电的,由电力管理部门责令改正,给予警告;情节严重的,对有关主管人员和直接责任人员给予行政处分。

第六十五条　【违反第三十二条责任】违反本法第三十二条规定,危害供电、用电安全或者扰乱供电、用电秩序的,由电力管理部门责令改正,给予警告;情节严重或者拒绝改正的,可以中止供电,可以并处五万元以下的罚款。

第六十六条　【违反第三十三条、第四十三条、第四十四条责任】违反本法第三十三条、第四十三条、第四十四条规定,未按照国家核准的电价和用电计量装置的记录向用户计收电费、超越权限制定电价或者在电费中加收其他费用的,由物价行政主管部门给予警告,责令返还违法收取的费用,可以并处违法收取费用五倍以下的罚款;情节严重的,对有关主管人员和直接责任人员给予行政处分。

第六十七条　【违反第四十九条第二款责任】违反本法第四十九条第二款规定,减少农业和农村用电指标的,由电力管理部门责令改正;情节严重的,对有关主管人员和直接责任人员给予行政处分;造成损失的,责令赔偿损失。

第六十八条　【违反第五十二条第二款、第五十四条责任】违反本法第五十二条第二款和第五十四条规定,未经批准或者未采取安全措施在电力设施周围或者在依法划定的电力设施保护区内进行作业,危及电力设施安全的,由电力管理部门责令停止作业、恢复原状并赔偿损失。

第六十九条　【违反第五十三条责任】违反本法第五十三条规定,在依法划定的电力设施保护区内修建建筑物、构筑物或者种植植物、堆放物品,危及电力设施安全的,由当地人民政府责令强制拆除、砍伐或者清除。

第七十条　【治安处罚】有下列行为之一,应当给予治安管理处罚的,由公安机关依照治安管理处罚法的有关规定予以处罚;构成犯罪的,依法追究刑事责任:

　　(一)阻碍电力建设或者电力设施抢修,致使电力建设或者电力设施抢修不能正常进行的;

　　(二)扰乱电力生产企业、变电所、电力调度机构和供电企业的秩序,致使生产、工作和营业不能正常进行的;

　　(三)殴打、公然侮辱履行职务的查电人员或者抄表收费人员的;

　　(四)拒绝、阻碍电力监督检查人员依法执行职务的。

第七十一条　【盗窃电能】盗窃电能的,由电力管理部门责令停止违法行为,追缴电费并处应交电费五倍以下的罚款;构成犯罪的,依照刑法有关规定追究刑事责任。

第七十二条 【盗窃电力设施】盗窃电力设施或者以其他方法破坏电力设施,危害公共安全的,依照刑法有关规定追究刑事责任。

第七十三条 【工作人员渎职】电力管理部门的工作人员滥用职权、玩忽职守、徇私舞弊,构成犯罪的,依法追究刑事责任;尚不构成犯罪的,依法给予行政处分。

第七十四条 【企业职工违法的刑事责任】电力企业职工违反规章制度、违章调度或者不服从调度指令,造成重大事故的,依照刑法有关规定追究刑事责任。

电力企业职工故意延误电力设施抢修或者抢险救灾供电,造成严重后果的,依照刑法有关规定追究刑事责任。

电力企业的管理人员和查电人员、抄表收费人员勒索用户、以电谋私,构成犯罪的,依法追究刑事责任;尚不构成犯罪的,依法给予行政处分。

第十章 附 则

第七十五条 【施行日期】本法自 1996 年 4 月 1 日起施行。

电力设施保护条例

1. 1987 年 9 月 15 日国务院发布
2. 根据 1998 年 1 月 7 日国务院令第 239 号《关于修改〈电力设施保护条例〉的决定》修正
3. 根据 2011 年 1 月 8 日国务院令第 588 号《关于废止和修改部分行政法规的决定》修订

第一章 总 则

第一条 为保障电力生产和建设的顺利进行,维护公共安全,特制定本条例。

第二条 本条例适用于中华人民共和国境内已建或在建的电力设施(包括发电设施、变电设施和电力线路设施及其有关辅助设施,下同)。

第三条 电力设施的保护,实行电力管理部门、公安部门、电力企业和人民群众相结合的原则。

第四条 电力设施受国家法律保护,禁止任何单位或个人从事危害电力设施的行为。任何单位和个人都有保护电力设施的义务,对危害电力设施的行为,有权制止并向电力管理部门、公安部门报告。

电力企业应加强对电力设施的保护工作,对危害电力设施安全的行为,应采取适当措施,予以制止。

第五条 国务院电力管理部门对电力设施的保护负责监督、检查、指导和协调。

第六条 县以上地方各级电力管理部门保护电力设施的职责是:

(一)监督、检查本条例及根据本条例制定的规章的贯彻执行；
(二)开展保护电力设施的宣传教育工作；
(三)会同有关部门及沿电力线路各单位,建立群众护线组织并健全责任制；
(四)会同当地公安部门,负责所辖地区电力设施的安全保卫工作。

第七条 各级公安部门负责依法查处破坏电力设施或哄抢、盗窃电力设施器材的案件。

第二章 电力设施的保护范围和保护区

第八条 发电设施、变电设施的保护范围：

(一)发电厂、变电站、换流站、开关站等厂、站内的设施；

(二)发电厂、变电站外各种专用的管道(沟)、储灰场、水井、泵站、冷却水塔、油库、堤坝、铁路、道路、桥梁、码头、燃料装卸设备、避雷装置、消防设施及其有关辅助设施；

(三)水力发电厂使用的水库、大坝、取水口、引水隧洞(含支洞口)、引水渠道、调压井(塔)、露天高压管道、厂房、尾水渠、厂房与大坝间的通信设施及其有关辅助设施。

第九条 电力线路设施的保护范围：

(一)架空电力线路：杆塔、基础、拉线、接地装置、导线、避雷线、金具、绝缘子、登杆塔的爬梯和脚钉,导线跨越航道的保护设施,巡(保)线站、巡视检修专用道路、船舶和桥梁,标志牌及其有关辅助设施；

(二)电力电缆线路：架空、地下、水底电力电缆和电缆联结装置,电缆管道、电缆隧道、电缆沟、电缆桥,电缆井、盖板、入孔、标石、水线标志牌及其有关辅助设施；

(三)电力线路上的变压器、电容器、电抗器、断路器、隔离开关、避雷器、互感器、熔断器、计量仪表装置、配电室、箱式变电站及其有关辅助设施；

(四)电力调度设施：电力调度场所、电力调度通信设施、电网调度自动化设施、电网运行控制设施。

第十条 电力线路保护区：

(一)架空电力线路保护区：导线边线向外侧水平延伸并垂直于地面所形成的两平行面内的区域,在一般地区各级电压导线的边线延伸距离如下：

1—10 千伏	5 米
35—110 千伏	10 米
154—330 千伏	15 米
500 千伏	20 米

在厂矿、城镇等人口密集地区,架空电力线路保护区的区域可略小于上述规定。但各级电压导线边线延伸的距离,不应小于导线边线在最大计算弧垂及最大

计算风偏后的水平距离和风偏后距建筑物的安全距离之和。

（二）电力电缆线路保护区：地下电缆为电缆线路地面标桩两侧各 0.75 米所形成的两平行线内的区域；海底电缆一般为线路两侧各 2 海里（港内为两侧各 100 米），江河电缆一般不小于线路两侧各 100 米（中、小河流一般不小于各 50 米）所形成的两平行线内的水域。

第三章 电力设施的保护

第十一条 县以上地方各级电力管理部门应采取以下措施，保护电力设施：

（一）在必要的架空电力线路保护区的区界上，应设立标志，并标明保护区的宽度和保护规定；

（二）在架空电力线路导线跨越重要公路和航道的区段，应设立标志，并标明导线距穿越物体之间的安全距离；

（三）地下电缆铺设后，应设立永久性标志，并将地下电缆所在位置书面通知有关部门；

（四）水底电缆敷设后，应设立永久性标志，并将水底电缆所在位置书面通知有关部门。

第十二条 任何单位或个人在电力设施周围进行爆破作业，必须按照国家有关规定，确保电力设施的安全。

第十三条 任何单位或个人不得从事下列危害发电设施、变电设施的行为：

（一）闯入发电厂、变电站内扰乱生产和工作秩序，移动、损害标志物；

（二）危及输水、输油、供热、排灰等管道（沟）的安全运行；

（三）影响专用铁路、公路、桥梁、码头的使用；

（四）在用于水力发电的水库内，进入距水工建筑物 300 米区域内炸鱼、捕鱼、游泳、划船及其他可能危及水工建筑物安全的行为；

（五）其他危害发电、变电设施的行为。

第十四条 任何单位或个人，不得从事下列危害电力线路设施的行为：

（一）向电力线路设施射击；

（二）向导线抛掷物体；

（三）在架空电力线路导线两侧各 300 米的区域内放风筝；

（四）擅自在导线上接用电器设备；

（五）擅自攀登杆塔或在杆塔上架设电力线、通信线、广播线，安装广播喇叭；

（六）利用杆塔、拉线作起重牵引地锚；

（七）在杆塔、拉线上拴牲畜、悬挂物体、攀附农作物；

（八）在杆塔、拉线基础的规定范围内取土、打桩、钻探、开挖或倾倒酸、碱、盐及其他有害化学物品；

（九）在杆塔内（不含杆塔与杆塔之间）或杆塔与拉线之间修筑道路；

（十）拆卸杆塔或拉线上的器材，移动、损坏永久性标志或标志牌；

（十一）其他危害电力线路设施的行为。

第十五条　任何单位或个人在架空电力线路保护区内，必须遵守下列规定：

（一）不得堆放谷物、草料、垃圾、矿渣、易燃物、易爆物及其他影响安全供电的物品；

（二）不得烧窑、烧荒；

（三）不得兴建建筑物、构筑物；

（四）不得种植可能危及电力设施安全的植物。

第十六条　任何单位或个人在电力电缆线路保护区内，必须遵守下列规定：

（一）不得在地下电缆保护区内堆放垃圾、矿渣、易燃物、易爆物，倾倒酸、碱、盐及其他有害化学物品，兴建建筑物、构筑物或种植树木、竹子；

（二）不得在海底电缆保护区内抛锚、拖锚；

（三）不得在江河电缆保护区内抛锚、拖锚、炸鱼、挖沙。

第十七条　任何单位或个人必须经县级以上地方电力管理部门批准，并采取安全措施后，方可进行下列作业或活动：

（一）在架空电力线路保护区内进行农田水利基本建设工程及打桩、钻探、开挖等作业；

（二）起重机械的任何部位进入架空电力线路保护区进行施工；

（三）小于导线距穿越物体之间的安全距离，通过架空电力线路保护区；

（四）在电力电缆线路保护区内进行作业。

第十八条　任何单位或个人不得从事下列危害电力设施建设的行为：

（一）非法侵占电力设施建设项目依法征收的土地；

（二）涂改、移动、损害、拔除电力设施建设的测量标桩和标记；

（三）破坏、封堵施工道路，截断施工水源或电源。

第十九条　未经有关部门依照国家有关规定批准，任何单位和个人不得收购电力设施器材。

第四章　对电力设施与其他设施互相妨碍的处理

第二十条　电力设施的建设和保护应尽量避免或减少给国家、集体和个人造成的损失。

第二十一条　新建架空电力线路不得跨越储存易燃、易爆物品仓库的区域；一般不得跨越房屋，特殊情况需要跨越房屋时，电力建设企业应采取安全措施，并与有关单位达成协议。

第二十二条　公用工程、城市绿化和其他工程在新建、改建或扩建中妨碍电力设施时，或电力设施在新建、改建或扩建中妨碍公用工程、城市绿化和其他工程时，双方有关单位必须按照本条例和国家有关规定协商，就迁移、采取必要的防护措施和补偿等问题达成协议后方可施工。

第二十三条 电力管理部门应将经批准的电力设施新建、改建或扩建的规划和计划通知城乡建设规划主管部门,并划定保护区域。

城乡建设规划主管部门应将电力设施的新建、改建或扩建的规划和计划纳入城乡建设规划。

第二十四条 新建、改建或扩建电力设施,需要损害农作物、砍伐树木、竹子,或拆迁建筑物及其他设施的,电力建设企业应按照国家有关规定给予一次性补偿。

在依法划定的电力设施保护区内种植的或自然生长的可能危及电力设施安全的树木、竹子,电力企业应依法予以修剪或砍伐。

第五章 奖励与惩罚

第二十五条 任何单位或个人有下列行为之一,电力管理部门应给予表彰或一次性物质奖励:

(一)对破坏电力设施或哄抢、盗窃电力设施器材的行为检举、揭发有功;

(二)对破坏电力设施或哄抢、盗窃电力设施器材的行为进行斗争,有效地防止事故发生;

(三)为保护电力设施而同自然灾害作斗争,成绩突出;

(四)为维护电力设施安全,做出显著成绩。

第二十六条 违反本条例规定,未经批准或未采取安全措施,在电力设施周围或在依法划定的电力设施保护区内进行爆破或其他作业,危及电力设施安全的,由电力管理部门责令停止作业、恢复原状并赔偿损失。

第二十七条 违反本条例规定,危害发电设施、变电设施和电力线路设施的,由电力管理部门责令改正;拒不改正的,处10000元以下的罚款。

第二十八条 违反本条例规定,在依法划定的电力设施保护区内进行烧窑、烧荒、抛锚、拖锚、炸鱼、挖沙作业,危及电力设施安全的,由电力管理部门责令停止作业、恢复原状并赔偿损失。

第二十九条 违反本条例规定,危害电力设施建设的,由电力管理部门责令改正、恢复原状并赔偿损失。

第三十条 凡违反本条例规定而构成违反治安管理行为的单位或个人,由公安部门根据《中华人民共和国治安管理处罚法》予以处罚;构成犯罪的,由司法机关依法追究刑事责任。

第六章 附 则

第三十一条 国务院电力管理部门可以会同国务院有关部门制定本条例的实施细则。

第三十二条 本条例自发布之日起施行。

电力安全事故应急处置和调查处理条例

1. 2011 年 7 月 7 日国务院令第 599 号公布
2. 自 2011 年 9 月 1 日起施行

第一章 总 则

第一条 为了加强电力安全事故的应急处置工作,规范电力安全事故的调查处理,控制、减轻和消除电力安全事故损害,制定本条例。

第二条 本条例所称电力安全事故,是指电力生产或者电网运行过程中发生的影响电力系统安全稳定运行或者影响电力正常供应的事故(包括热电厂发生的影响热力正常供应的事故)。

第三条 根据电力安全事故(以下简称事故)影响电力系统安全稳定运行或者影响电力(热力)正常供应的程度,事故分为特别重大事故、重大事故、较大事故和一般事故。事故等级划分标准由本条例附表列示。事故等级划分标准的部分项目需要调整的,由国务院电力监管机构提出方案,报国务院批准。

由独立的或者通过单一输电线路与外省连接的省级电网供电的省级人民政府所在地城市,以及由单一输电线路或者单一变电站供电的其他设区的市、县级市,其电网减供负荷或者造成供电用户停电的事故等级划分标准,由国务院电力监管机构另行制定,报国务院批准。

第四条 国务院电力监管机构应当加强电力安全监督管理,依法建立健全事故应急处置和调查处理的各项制度,组织或者参与事故的调查处理。

国务院电力监管机构、国务院能源主管部门和国务院其他有关部门、地方人民政府及有关部门按照国家规定的权限和程序,组织、协调、参与事故的应急处置工作。

第五条 电力企业、电力用户以及其他有关单位和个人,应当遵守电力安全管理规定,落实事故预防措施,防止和避免事故发生。

县级以上地方人民政府有关部门确定的重要电力用户,应当按照国务院电力监管机构的规定配置自备应急电源,并加强安全使用管理。

第六条 事故发生后,电力企业和其他有关单位应当按照规定及时、准确报告事故情况,开展应急处置工作,防止事故扩大,减轻事故损害。电力企业应当尽快恢复电力生产、电网运行和电力(热力)正常供应。

第七条 任何单位和个人不得阻挠和干涉对事故的报告、应急处置和依法调查处理。

第二章 事 故 报 告

第八条 事故发生后,事故现场有关人员应当立即向发电厂、变电站运行值班人员、电力调度机构值班人员或者本企业现场负责人报告。有关人员接到报告后,应当立即向上一级电力调度机构和本企业负责人报告。本企业负责人接到报告后,应当立即向国务院电力监管机构设在当地的派出机构(以下称事故发生地电力监管机构)、县级以上人民政府安全生产监督管理部门报告;热电厂事故影响热力正常供应的,还应当向供热管理部门报告;事故涉及水电厂(站)大坝安全的,还应当同时向有管辖权的水行政主管部门或者流域管理机构报告。

电力企业及其有关人员不得迟报、漏报或者瞒报、谎报事故情况。

第九条 事故发生地电力监管机构接到事故报告后,应当立即核实有关情况,向国务院电力监管机构报告;事故造成供电用户停电的,应当同时通报事故发生地县级以上地方人民政府。

对特别重大事故、重大事故,国务院电力监管机构接到事故报告后应当立即报告国务院,并通报国务院安全生产监督管理部门、国务院能源主管部门等有关部门。

第十条 事故报告应当包括下列内容:

(一)事故发生的时间、地点(区域)以及事故发生单位;

(二)已知的电力设备、设施损坏情况,停运的发电(供热)机组数量、电网减供负荷或者发电厂减少出力的数值、停电(停热)范围;

(三)事故原因的初步判断;

(四)事故发生后采取的措施、电网运行方式、发电机组运行状况以及事故控制情况;

(五)其他应当报告的情况。

事故报告后出现新情况的,应当及时补报。

第十一条 事故发生后,有关单位和人员应当妥善保护事故现场以及工作日志、工作票、操作票等相关材料,及时保存故障录波图、电力调度数据、发电机组运行数据和输变电设备运行数据等相关资料,并在事故调查组成立后将相关材料、资料移交事故调查组。

因抢救人员或者采取恢复电力生产、电网运行和电力供应等紧急措施,需要改变事故现场、移动电力设备的,应当作出标记、绘制现场简图,妥善保存重要痕迹、物证,并作出书面记录。

任何单位和个人不得故意破坏事故现场,不得伪造、隐匿或者毁灭相关证据。

第三章 事故应急处置

第十二条 国务院电力监管机构依照《中华人民共和国突发事件应对法》和《国家突发公共事件总体应急预案》,组织编制国家处置电网大面积停电事件应急预案,报国务院批准。

有关地方人民政府应当依照法律、行政法规和国家处置电网大面积停电事件应急预案,组织制定本行政区域处置电网大面积停电事件应急预案。

处置电网大面积停电事件应急预案应当对应急组织指挥体系及职责,应急处置的各项措施,以及人员、资金、物资、技术等应急保障作出具体规定。

第十三条 电力企业应当按照国家有关规定,制定本企业事故应急预案。

电力监管机构应当指导电力企业加强电力应急救援队伍建设,完善应急物资储备制度。

第十四条 事故发生后,有关电力企业应当立即采取相应的紧急处置措施,控制事故范围,防止发生电网系统性崩溃和瓦解;事故危及人身和设备安全的,发电厂、变电站运行值班人员可以按照有关规定,立即采取停运发电机组和输变电设备等紧急处置措施。

事故造成电力设备、设施损坏的,有关电力企业应当立即组织抢修。

第十五条 根据事故的具体情况,电力调度机构可以发布开启或者关停发电机组、调整发电机组有功和无功负荷、调整电网运行方式、调整供电调度计划等电力调度命令,发电企业、电力用户应当执行。

事故可能导致破坏电力系统稳定和电网大面积停电的,电力调度机构有权决定采取拉限负荷、解列电网、解列发电机组等必要措施。

第十六条 事故造成电网大面积停电的,国务院电力监管机构和国务院其他有关部门、有关地方人民政府、电力企业应当按照国家有关规定,启动相应的应急预案,成立应急指挥机构,尽快恢复电网运行和电力供应,防止各种次生灾害的发生。

第十七条 事故造成电网大面积停电的,有关地方人民政府及有关部门应当立即组织开展下列应急处置工作:

(一)加强对停电地区关系国计民生、国家安全和公共安全的重点单位的安全保卫,防范破坏社会秩序的行为,维护社会稳定;

(二)及时排除因停电发生的各种险情;

(三)事故造成重大人员伤亡或者需要紧急转移、安置受困人员的,及时组织实施救治、转移、安置工作;

(四)加强停电地区道路交通指挥和疏导,做好铁路、民航运输以及通信保障工作;

(五)组织应急物资的紧急生产和调用,保证电网恢复运行所需物资和居民基本生活资料的供给。

第十八条 事故造成重要电力用户供电中断的,重要电力用户应当按照有关技术要求迅速启动自备应急电源;启动自备应急电源无效的,电网企业应当提供必要的支援。

事故造成地铁、机场、高层建筑、商场、影剧院、体育场馆等人员聚集场所停电的,应当迅速启用应急照明,组织人员有序疏散。

第十九条 恢复电网运行和电力供应,应当优先保证重要电厂厂用电源、重要输变电设备、电力主干网架的恢复,优先恢复重要电力用户、重要城市、重点地区的电力供应。

第二十条 事故应急指挥机构或者电力监管机构应当按照有关规定,统一、准确、及时发布有关事故影响范围、处置工作进度、预计恢复供电时间等信息。

第四章 事故调查处理

第二十一条 特别重大事故由国务院或者国务院授权的部门组织事故调查组进行调查。

重大事故由国务院电力监管机构组织事故调查组进行调查。

较大事故、一般事故由事故发生地电力监管机构组织事故调查组进行调查。国务院电力监管机构认为必要的,可以组织事故调查组对较大事故进行调查。

未造成供电用户停电的一般事故,事故发生地电力监管机构也可以委托事故发生单位调查处理。

第二十二条 根据事故的具体情况,事故调查组由电力监管机构、有关地方人民政府、安全生产监督管理部门、负有安全生产监督管理职责的有关部门派人组成;有关人员涉嫌失职、渎职或者涉嫌犯罪的,应当邀请监察机关、公安机关、人民检察院派人参加。

根据事故调查工作的需要,事故调查组可以聘请有关专家协助调查。

事故调查组组长由组织事故调查组的机关指定。

第二十三条 事故调查组应当按照国家有关规定开展事故调查,并在下列期限内向组织事故调查组的机关提交事故调查报告:

(一)特别重大事故和重大事故的调查期限为60日;特殊情况下,经组织事故调查组的机关批准,可以适当延长,但延长的期限不得超过60日。

(二)较大事故和一般事故的调查期限为45日;特殊情况下,经组织事故调查组的机关批准,可以适当延长,但延长的期限不得超过45日。

事故调查期限自事故发生之日起计算。

第二十四条 事故调查报告应当包括下列内容:

(一)事故发生单位概况和事故发生经过;

(二)事故造成的直接经济损失和事故对电网运行、电力(热力)正常供应的影响情况;

(三)事故发生的原因和事故性质;

(四)事故应急处置和恢复电力生产、电网运行的情况;

(五)事故责任认定和对事故责任单位、责任人的处理建议;

(六)事故防范和整改措施。

事故调查报告应当附具有关证据材料和技术分析报告。事故调查组成员应当在事故调查报告上签字。

第二十五条 事故调查报告报经组织事故调查组的机关同意,事故调查工作即告结束;委托事故发生单位调查的一般事故,事故调查报告应当报经事故发生地电力监管机构同意。

有关机关应当依法对事故发生单位和有关人员进行处罚,对负有事故责任的国家工作人员给予处分。

事故发生单位应当对本单位负有事故责任的人员进行处理。

第二十六条 事故发生单位和有关人员应当认真吸取事故教训,落实事故防范和整改措施,防止事故再次发生。

电力监管机构、安全生产监督管理部门和负有安全生产监督管理职责的有关部门应当对事故发生单位和有关人员落实事故防范和整改措施的情况进行监督检查。

第五章 法 律 责 任

第二十七条 发生事故的电力企业主要负责人有下列行为之一的,由电力监管机构处其上一年年收入 40% 至 80% 的罚款;属于国家工作人员的,并依法给予处分;构成犯罪的,依法追究刑事责任:

(一)不立即组织事故抢救的;

(二)迟报或者漏报事故的;

(三)在事故调查处理期间擅离职守的。

第二十八条 发生事故的电力企业及其有关人员有下列行为之一的,由电力监管机构对电力企业处 100 万元以上 500 万元以下的罚款;对主要负责人、直接负责的主管人员和其他直接责任人员处其上一年年收入 60% 至 100% 的罚款,属于国家工作人员的,并依法给予处分;构成违反治安管理行为的,由公安机关依法给予治安管理处罚;构成犯罪的,依法追究刑事责任:

(一)谎报或者瞒报事故的;

(二)伪造或者故意破坏事故现场的;

(三)转移、隐匿资金、财产,或者销毁有关证据、资料的;

(四)拒绝接受调查或者拒绝提供有关情况和资料的;

(五)在事故调查中作伪证或者指使他人作伪证的;

(六)事故发生后逃匿的。

第二十九条 电力企业对事故发生负有责任的,由电力监管机构依照下列规定处以罚款:

(一)发生一般事故的,处 10 万元以上 20 万元以下的罚款;

(二)发生较大事故的,处 20 万元以上 50 万元以下的罚款;

（三）发生重大事故的,处50万元以上200万元以下的罚款；

（四）发生特别重大事故的,处200万元以上500万元以下的罚款。

第三十条 电力企业主要负责人未依法履行安全生产管理职责,导致事故发生的,由电力监管机构依照下列规定处以罚款；属于国家工作人员的,并依法给予处分；构成犯罪的,依法追究刑事责任：

（一）发生一般事故的,处其上一年年收入30%的罚款；

（二）发生较大事故的,处其上一年年收入40%的罚款；

（三）发生重大事故的,处其上一年年收入60%的罚款；

（四）发生特别重大事故的,处其上一年年收入80%的罚款。

第三十一条 电力企业主要负责人依照本条例第二十七条、第二十八条、第三十条规定受到撤职处分或者刑事处罚的,自受处分之日或者刑罚执行完毕之日起5年内,不得担任任何生产经营单位主要负责人。

第三十二条 电力监管机构、有关地方人民政府以及其他负有安全生产监督管理职责的有关部门有下列行为之一的,对直接负责的主管人员和其他直接责任人员依法给予处分；直接负责的主管人员和其他直接责任人员构成犯罪的,依法追究刑事责任：

（一）不立即组织事故抢救的；

（二）迟报、漏报或者瞒报、谎报事故的；

（三）阻碍、干涉事故调查工作的；

（四）在事故调查中作伪证或者指使他人作伪证的。

第三十三条 参与事故调查的人员在事故调查中有下列行为之一的,依法给予处分；构成犯罪的,依法追究刑事责任：

（一）对事故调查工作不负责任,致使事故调查工作有重大疏漏的；

（二）包庇、袒护负有事故责任的人员或者借机打击报复的。

第六章　附　　则

第三十四条 发生本条例规定的事故,同时造成人员伤亡或者直接经济损失,依照本条例确定的事故等级与依照《生产安全事故报告和调查处理条例》确定的事故等级不相同的,按事故等级较高者确定事故等级,依照本条例的规定调查处理；事故造成人员伤亡,构成《生产安全事故报告和调查处理条例》规定的重大事故或者特别重大事故的,依照《生产安全事故报告和调查处理条例》的规定调查处理。

电力生产或者电网运行过程中发生发电设备或者输变电设备损坏,造成直接经济损失的事故,未影响电力系统安全稳定运行以及电力正常供应的,由电力监管机构依照《生产安全事故报告和调查处理条例》的规定组成事故调查组对重大事故、较大事故、一般事故进行调查处理。

第三十五条　本条例对事故报告和调查处理未作规定的,适用《生产安全事故报告和调查处理条例》的规定。

第三十六条　核电厂核事故的应急处置和调查处理,依照《核电厂核事故应急管理条例》的规定执行。

第三十七条　本条例自 2011 年 9 月 1 日起施行。

附件:(略)

国家大面积停电事件应急预案

1．2015 年 11 月 13 日国务院办公厅印发
2．国办函〔2015〕134 号

1　总　　则

1.1　编制目的

建立健全大面积停电事件应对工作机制,提高应对效率,最大程度减少人员伤亡和财产损失,维护国家安全和社会稳定。

1.2　编制依据

依据《中华人民共和国突发事件应对法》、《中华人民共和国安全生产法》、《中华人民共和国电力法》、《生产安全事故报告和调查处理条例》、《电力安全事故应急处置和调查处理条例》、《电网调度管理条例》、《国家突发公共事件总体应急预案》及相关法律法规等,制定本预案。

1.3　适用范围

本预案适用于我国境内发生的大面积停电事件应对工作。

大面积停电事件是指由于自然灾害、电力安全事故和外力破坏等原因造成区域性电网、省级电网或城市电网大量减供负荷,对国家安全、社会稳定以及人民群众生产生活造成影响和威胁的停电事件。

1.4　工作原则

大面积停电事件应对工作坚持统一领导、综合协调,属地为主、分工负责,保障民生、维护安全,全社会共同参与的原则。大面积停电事件发生后,地方人民政府及其有关部门、能源局相关派出机构、电力企业、重要电力用户应立即按照职责分工和相关预案开展处置工作。

1.5　事件分级

按照事件严重性和受影响程度,大面积停电事件分为特别重大、重大、较大和一般四级。分级标准见附件1。

2 组织体系

2.1 国家层面组织指挥机构

能源局负责大面积停电事件应对的指导协调和组织管理工作。当发生重大、特别重大大面积停电事件时,能源局或事发地省级人民政府按程序报请国务院批准,或根据国务院领导同志指示,成立国务院工作组,负责指导、协调、支持有关地方人民政府开展大面积停电事件应对工作。必要时,由国务院或国务院授权发展改革委成立国家大面积停电事件应急指挥部,统一领导、组织和指挥大面积停电事件应对工作。应急指挥部组成及工作组职责见附件2。

2.2 地方层面组织指挥机构

县级以上地方人民政府负责指挥、协调本行政区域内大面积停电事件应对工作,要结合本地实际,明确相应组织指挥机构,建立健全应急联动机制。

发生跨行政区域的大面积停电事件时,有关地方人民政府应根据需要建立跨区域大面积停电事件应急合作机制。

2.3 现场指挥机构

负责大面积停电事件应对的人民政府根据需要成立现场指挥部,负责现场组织指挥工作。参与现场处置的有关单位和人员应服从现场指挥部的统一指挥。

2.4 电力企业

电力企业(包括电网企业、发电企业等,下同)建立健全应急指挥机构,在政府组织指挥机构领导下开展大面积停电事件应对工作。电网调度工作按照《电网调度管理条例》及相关规程执行。

2.5 专家组

各级组织指挥机构根据需要成立大面积停电事件应急专家组,成员由电力、气象、地质、水文等领域相关专家组成,对大面积停电事件应对工作提供技术咨询和建议。

3 监测预警和信息报告

3.1 监测和风险分析

电力企业要结合实际加强对重要电力设施设备运行、发电燃料供应等情况的监测,建立与气象、水利、林业、地震、公安、交通运输、国土资源、工业和信息化等部门的信息共享机制,及时分析各类情况对电力运行可能造成的影响,预估可能影响的范围和程度。

3.2 预警

3.2.1 预警信息发布

电力企业研判可能造成大面积停电事件时,要及时将有关情况报告受影响区域地方人民政府电力运行主管部门和能源局相关派出机构,提出预警信息发布建议,并视情通知重要电力用户。地方人民政府电力运行主管部门应及时组织研判,必要时报请当地人民政府批准后向社会公众发布预警,并通报同级其他相关部门和单位。当可能发生重大以上大面积停电事件时,中央电力企业同时报告能源局。

3.2.2 预警行动

预警信息发布后,电力企业要加强设备巡查检修和运行监测,采取有效措施控制事态发展;组织相关应急救援队伍和人员进入待命状态,动员后备人员做好参加应急救援和处置工作准备,并做好大面积停电事件应急所需物资、装备和设备等应急保障准备工作。重要电力用户做好自备应急电源启用准备。受影响区域地方人民政府启动应急联动机制,组织有关部门和单位做好维持公共秩序、供水供气供热、商品供应、交通物流等方面的应急准备;加强相关舆情监测,主动回应社会公众关注的热点问题,及时澄清谣言传言,做好舆论引导工作。

3.2.3 预警解除

根据事态发展,经研判不会发生大面积停电事件时,按照"谁发布、谁解除"的原则,由发布单位宣布解除预警,适时终止相关措施。

3.3 信息报告

大面积停电事件发生后,相关电力企业应立即向受影响区域地方人民政府电力运行主管部门和能源局相关派出机构报告,中央电力企业同时报告能源局。

事发地人民政府电力运行主管部门接到大面积停电事件信息报告或者监测到相关信息后,应当立即进行核实,对大面积停电事件的性质和类别作出初步认定,按照国家规定的时限、程序和要求向上级电力运行主管部门和同级人民政府报告,并通报同级其他相关部门和单位。地方各级人民政府及其电力运行主管部门应当按照有关规定逐级上报,必要时可越级上报。能源局相关派出机构接到大面积停电事件报告后,应当立即核实有关情况并向能源局报告,同时通报事发地县级以上地方人民政府。对初判为重大以上的大面积停电事件,省级人民政府和能源局要立即按程序向国务院报告。

4 应急响应

4.1 响应分级

根据大面积停电事件的严重程度和发展态势,将应急响应设定为Ⅰ级、Ⅱ级、Ⅲ级和Ⅳ级四个等级。初判发生特别重大大面积停电事件,启动Ⅰ级应急响应,由事发地省级人民政府负责指挥应对工作。必要时,由国务院或国务院授权发展改革委成立国家大面积停电事件应急指挥部,统一领导、组织和指挥大面积停电事件应对工作。初判发生重大大面积停电事件,启动Ⅱ级应急响应,由事发地省级人民政府负责指挥应对工作。初判发生较大、一般大面积停电事件,分别启动Ⅲ级、Ⅳ级应急响应,根据事件影响范围,由事发地县级或市级人民政府负责指挥应对工作。

对于尚未达到一般大面积停电事件标准,但对社会产生较大影响的其他停电事件,地方人民政府可结合实际情况启动应急响应。

应急响应启动后,可视事件造成损失情况及其发展趋势调整响应级别,避免响应不足或响应过度。

4.2 响应措施

大面积停电事件发生后,相关电力企业和重要电力用户要立即实施先期处置,全力控制事件发展态势,减少损失。各有关地方、部门和单位根据工作需要,组织采取以下措施。

4.2.1 抢修电网并恢复运行

电力调度机构合理安排运行方式,控制停电范围;尽快恢复重要输变电设备、电力主干网架运行;在条件具备时,优先恢复重要电力用户、重要城市和重点地区的电力供应。

电网企业迅速组织力量抢修受损电网设备设施,根据应急指挥机构要求,向重要电力用户及重要设施提供必要的电力支援。

发电企业保证设备安全,抢修受损设备,做好发电机组并网运行准备,按照电力调度指令恢复运行。

4.2.2 防范次生衍生事故

重要电力用户按照有关技术要求迅速启动自备应急电源,加强重大危险源、重要目标、重大关键基础设施隐患排查与监测预警,及时采取防范措施,防止发生次生衍生事故。

4.2.3 保障居民基本生活

启用应急供水措施,保障居民用水需求;采用多种方式,保障燃气供应和采暖期内居民生活热力供应;组织生活必需品的应急生产、调配和运输,保障停电期间居民基本生活。

4.2.4 维护社会稳定

加强涉及国家安全和公共安全的重点单位安全保卫工作,严密防范和严厉打击违法犯罪活动。加强对停电区域内繁华街区、大型居民区、大型商场、学校、医院、金融机构、机场、城市轨道交通设施、车站、码头及其他重要生产经营场所等重点地区、重点部位、人员密集场所的治安巡逻,及时疏散人员,解救被困人员,防范治安事件。加强交通疏导,维护道路交通秩序。尽快恢复企业生产经营活动。严厉打击造谣惑众、囤积居奇、哄抬物价等各种违法行为。

4.2.5 加强信息发布

按照及时准确、公开透明、客观统一的原则,加强信息发布和舆论引导,主动向社会发布停电相关信息和应对工作情况,提示相关注意事项和安保措施。加强舆情收集分析,及时回应社会关切,澄清不实信息,正确引导社会舆论,稳定公众情绪。

4.2.6 组织事态评估

及时组织对大面积停电事件影响范围、影响程度、发展趋势及恢复进度进行评估,为进一步做好应对工作提供依据。

4.3 国家层面应对
4.3.1 部门应对
初判发生一般或较大大面积停电事件时,能源局开展以下工作:
(1)密切跟踪事态发展,督促相关电力企业迅速开展电力抢修恢复等工作,指导督促地方有关部门做好应对工作;
(2)视情派出部门工作组赴现场指导协调事件应对等工作;
(3)根据中央电力企业和地方请求,协调有关方面为应对工作提供支援和技术支持;
(4)指导做好舆情信息收集、分析和应对工作。

4.3.2 国务院工作组应对
初判发生重大或特别重大大面积停电事件时,国务院工作组主要开展以下工作:
(1)传达国务院领导同志指示批示精神,督促地方人民政府、有关部门和中央电力企业贯彻落实;
(2)了解事件基本情况、造成的损失和影响、应对进展及当地需求等,根据地方和中央电力企业请求,协调有关方面派出应急队伍、调运应急物资和装备、安排专家和技术人员等,为应对工作提供支援和技术支持;
(3)对跨省级行政区域大面积停电事件应对工作进行协调;
(4)赶赴现场指导地方开展事件应对工作;
(5)指导开展事件处置评估;
(6)协调指导大面积停电事件宣传报道工作;
(7)及时向国务院报告相关情况。

4.3.3 国家大面积停电事件应急指挥部应对
根据事件应对工作需要和国务院决策部署,成立国家大面积停电事件应急指挥部。主要开展以下工作:
(1)组织有关部门和单位、专家组进行会商,研究分析事态,部署应对工作;
(2)根据需要赴事发现场,或派出前方工作组赴事发现场,协调开展应对工作;
(3)研究决定地方人民政府、有关部门和中央电力企业提出的请求事项,重要事项报国务院决策;
(4)统一组织信息发布和舆论引导工作;
(5)组织开展事件处置评估;
(6)对事件处置工作进行总结并报告国务院。

4.4 响应终止
同时满足以下条件时,由启动响应的人民政府终止应急响应:
(1)电网主干网架基本恢复正常,电网运行参数保持在稳定限额之内,主要发电厂机组运行稳定;

(2) 减供负荷恢复 80% 以上,受停电影响的重点地区、重要城市负荷恢复 90% 以上;

(3) 造成大面积停电事件的隐患基本消除;

(4) 大面积停电事件造成的重特大次生衍生事故基本处置完成。

5 后 期 处 置

5.1 处置评估

大面积停电事件应急响应终止后,履行统一领导职责的人民政府要及时组织对事件处置工作进行评估,总结经验教训,分析查找问题,提出改进措施,形成处置评估报告。鼓励开展第三方评估。

5.2 事件调查

大面积停电事件发生后,根据有关规定成立调查组,查明事件原因、性质、影响范围、经济损失等情况,提出防范、整改措施和处理处置建议。

5.3 善后处置

事发地人民政府要及时组织制订善后工作方案并组织实施。保险机构要及时开展相关理赔工作,尽快消除大面积停电事件的影响。

5.4 恢复重建

大面积停电事件应急响应终止后,需对电网网架结构和设备设施进行修复或重建的,由能源局或事发地省级人民政府根据实际工作需要组织编制恢复重建规划。相关电力企业和受影响区域地方各级人民政府应当根据规划做好受损电力系统恢复重建工作。

6 保 障 措 施

6.1 队伍保障

电力企业应建立健全电力抢修应急专业队伍,加强设备维护和应急抢修技能方面的人员培训,定期开展应急演练,提高应急救援能力。地方各级人民政府根据需要组织动员其他专业应急队伍和志愿者等参与大面积停电事件及其次生衍生灾害处置工作。军队、武警部队、公安消防等要做好应急力量支援保障。

6.2 装备物资保障

电力企业应储备必要的专业应急装备及物资,建立和完善相应保障体系。国家有关部门和地方各级人民政府要加强应急救援装备物资及生产生活物资的紧急生产、储备调拨和紧急配送工作,保障支援大面积停电事件应对工作需要。鼓励支持社会化储备。

6.3 通信、交通与运输保障

地方各级人民政府及通信主管部门要建立健全大面积停电事件应急通信保障体系,形成可靠的通信保障能力,确保应急期间通信联络和信息传递需要。交通运输部门要健全紧急运输保障体系,保障应急响应所需人员、物资、装备、器材等的运输;公安部门要加强交通应急管理,保障应急救援车辆优先通行;根据全面推进公务用车制度改革有关规定,有关单位应配备必要的应急车辆,保障应急救援需要。

6.4 技术保障

电力行业要加强大面积停电事件应对和监测先进技术、装备的研发,制定电力应急技术标准,加强电网、电厂安全应急信息化平台建设。有关部门要为电力日常监测预警及电力应急抢险提供必要的气象、地质、水文等服务。

6.5 应急电源保障

提高电力系统快速恢复能力,加强电网"黑启动"能力建设。国家有关部门和电力企业应充分考虑电源规划布局,保障各地区"黑启动"电源。电力企业应配备适量的应急发电装备,必要时提供应急电源支援。重要电力用户应按照国家有关技术要求配置应急电源,并加强维护和管理,确保应急状态下能够投入运行。

6.6 资金保障

发展改革委、财政部、民政部、国资委、能源局等有关部门和地方各级人民政府以及各相关电力企业应按照有关规定,对大面积停电事件处置工作提供必要的资金保障。

7 附 则

7.1 预案管理

本预案实施后,能源局要会同有关部门组织预案宣传、培训和演练,并根据实际情况,适时组织评估和修订。地方各级人民政府要结合当地实际制定或修订本级大面积停电事件应急预案。

7.2 预案解释

本预案由能源局负责解释。

7.3 预案实施时间

本预案自印发之日起实施。

附件:1. 大面积停电事件分级标准
　　　2. 国家大面积停电事件应急指挥部组成及工作组职责

附件1

大面积停电事件分级标准

一、特别重大大面积停电事件

1. 区域性电网:减供负荷30%以上。
2. 省、自治区电网:负荷20000兆瓦以上的减供负荷30%以上,负荷5000兆瓦以上20000兆瓦以下的减供负荷40%以上。

3. 直辖市电网：减供负荷50%以上，或60%以上供电用户停电。

4. 省、自治区人民政府所在地城市电网：负荷2000兆瓦以上的减供负荷60%以上，或70%以上供电用户停电。

二、重大大面积停电事件

1. 区域性电网：减供负荷10%以上30%以下。

2. 省、自治区电网：负荷20000兆瓦以上的减供负荷13%以上30%以下，负荷5000兆瓦以上20000兆瓦以下的减供负荷16%以上40%以下，负荷1000兆瓦以上5000兆瓦以下的减供负荷50%以上。

3. 直辖市电网：减供负荷20%以上50%以下，或30%以上60%以下供电用户停电。

4. 省、自治区人民政府所在地城市电网：负荷2000兆瓦以上的减供负荷40%以上60%以下，或50%以上70%以下供电用户停电；负荷2000兆瓦以下的减供负荷40%以上，或50%以上供电用户停电。

5. 其他设区的市电网：负荷600兆瓦以上的减供负荷60%以上，或70%以上供电用户停电。

三、较大大面积停电事件

1. 区域性电网：减供负荷7%以上10%以下。

2. 省、自治区电网：负荷20000兆瓦以上的减供负荷10%以上13%以下，负荷5000兆瓦以上20000兆瓦以下的减供负荷12%以上16%以下，负荷1000兆瓦以上5000兆瓦以下的减供负荷20%以上50%以下，负荷1000兆瓦以下的减供负荷40%以上。

3. 直辖市电网：减供负荷10%以上20%以下，或15%以上30%以下供电用户停电。

4. 省、自治区人民政府所在地城市电网：减供负荷20%以上40%以下，或30%以上50%以下供电用户停电。

5. 其他设区的市电网：负荷600兆瓦以上的减供负荷40%以上60%以下，或50%以上70%以下供电用户停电；负荷600兆瓦以下的减供负荷40%以上，或50%以上供电用户停电。

6. 县级市电网：负荷150兆瓦以上的减供负荷60%以上，或70%以上供电用户停电。

四、一般大面积停电事件

1. 区域性电网：减供负荷4%以上7%以下。

2. 省、自治区电网：负荷20000兆瓦以上的减供负荷5%以上10%以下，负荷5000兆瓦以上20000兆瓦以下的减供负荷6%以上12%以下，负荷1000兆瓦以上5000兆瓦以下的减供负荷10%以上20%以下，负荷1000兆瓦以下的减供负荷25%以上40%以下。

3. 直辖市电网:减供负荷 5% 以上 10% 以下,或 10% 以上 15% 以下供电用户停电。

4. 省、自治区人民政府所在地城市电网:减供负荷 10% 以上 20% 以下,或 15% 以上 30% 以下供电用户停电。

5. 其他设区的市电网:减供负荷 20% 以上 40% 以下,或 30% 以上 50% 以下供电用户停电。

6. 县级市电网:负荷 150 兆瓦以上的减供负荷 40% 以上 60% 以下,或 50% 以上 70% 以下供电用户停电;负荷 150 兆瓦以下的减供负荷 40% 以上,或 50% 以上供电用户停电。

上述分级标准有关数量的表述中,"以上"含本数,"以下"不含本数。

附件 2

国家大面积停电事件应急指挥部组成及工作组职责

国家大面积停电事件应急指挥部主要由发展改革委、中央宣传部(新闻办)、中央网信办、工业和信息化部、公安部、民政部、财政部、国土资源部、住房城乡建设部、交通运输部、水利部、商务部、国资委、新闻出版广电总局、安全监管总局、林业局、地震局、气象局、能源局、测绘地信局、铁路局、民航局、总参作战部、武警总部、中国铁路总公司、国家电网公司、中国南方电网有限责任公司等部门和单位组成,并可根据应对工作需要,增加有关地方人民政府、其他有关部门和相关电力企业。

国家大面积停电事件应急指挥部设立相应工作组,各工作组组成及职责分工如下:

一、电力恢复组:由发展改革委牵头,工业和信息化部、公安部、水利部、安全监管总局、林业局、地震局、气象局、能源局、测绘地信局、总参作战部、武警总部、国家电网公司、中国南方电网有限责任公司等参加,视情增加其他电力企业。

主要职责:组织进行技术研判,开展事态分析;组织电力抢修恢复工作,尽快恢复受影响区域供电工作;负责重要电力用户、重点区域的临时供电保障;负责组织跨区域的电力应急抢修恢复协调工作;协调军队、武警有关力量参与应对。

二、新闻宣传组:由中央宣传部(新闻办)牵头,中央网信办、发展改革委、工业和信息化部、公安部、新闻出版广电总局、安全监管总局、能源局等参加。

主要职责:组织开展事件进展、应急工作情况等权威信息发布,加强新闻宣传报道;收集分析国内外舆情和社会公众动态,加强媒体、电信和互联网管理,正确引导舆论;及时澄清不实信息,回应社会关切。

三、综合保障组:由发展改革委牵头,工业和信息化部、公安部、民政部、财政部、国土资源部、住房城乡建设部、交通运输部、水利部、商务部、国资委、新闻出版广电总局、能源局、铁路局、民航局、中国铁路总公司、国家电网公司、中国南方电网有限责任公司等参加,视情增加其他电力企业。

  主要职责:对大面积停电事件受灾情况进行核实,指导恢复电力抢修方案,落实人员、资金和物资;组织做好应急救援装备物资及生产生活物资的紧急生产、储备调拨和紧急配送工作;及时组织调运重要生活必需品,保障群众基本生活和市场供应;维护供水、供气、供热、通信、广播电视等设施正常运行;维护铁路、道路、水路、民航等基本交通运行;组织开展事件处置评估。

四、社会稳定组:由公安部牵头,中央网信办、发展改革委、工业和信息化部、民政部、交通运输部、商务部、能源局、总参作战部、武警总部等参加。

  主要职责:加强受影响地区社会治安管理,严厉打击借机传播谣言制造社会恐慌,以及趁机盗窃、抢劫、哄抢等违法犯罪行为;加强转移人员安置点、救灾物资存放点等重点地区治安管控;加强对重要生活必需品等商品的市场监管和调控,打击囤积居奇行为;加强对重点区域、重点单位的警戒;做好受影响人员与涉事单位、地方人民政府及有关部门矛盾纠纷化解等工作,切实维护社会稳定。

四、抢险救援工作

中华人民共和国红十字会法

1. 1993年10月31日第八届全国人民代表大会常务委员会第四次会议通过
2. 根据2009年8月27日第十一届全国人民代表大会常务委员会第十次会议《关于修改部分法律的决定》修正
3. 2017年2月24日第十二届全国人民代表大会常务委员会第二十六次会议修订
4. 自2017年5月8日起施行

目　录

第一章　总　　则
第二章　组　　织
第三章　职　　责
第四章　标志与名称
第五章　财产与监管
第六章　法律责任
第七章　附　　则

第一章　总　则

第一条　【立法目的】为了保护人的生命和健康，维护人的尊严，发扬人道主义精神，促进和平进步事业，保障和规范红十字会依法履行职责，制定本法。

第二条　【中国红十字会】中国红十字会是中华人民共和国统一的红十字组织，是从事人道主义工作的社会救助团体。

第三条　【参加红十字会】中华人民共和国公民，不分民族、种族、性别、职业、宗教信仰、教育程度，承认中国红十字会章程并缴纳会费的，可以自愿参加中国红十字会。

企业、事业单位及有关团体通过申请可以成为红十字会的团体会员。

国家鼓励自然人、法人以及其他组织参与红十字志愿服务。

国家支持在学校开展红十字青少年工作。

第四条　【红十字会章程】中国红十字会应当遵守宪法和法律，遵循国际红十字和红新月运动确立的基本原则，依照中国批准或者加入的日内瓦公约及其附加议定书和中国红十字会章程,独立自主地开展工作。

中国红十字会全国会员代表大会依法制定或者修改中国红十字会章程,章程不得与宪法和法律相抵触。

第五条 【政府支持与监督】各级人民政府对红十字会给予支持和资助,保障红十字会依法履行职责,并对其活动进行监督。

第六条 【对外关系原则】中国红十字会根据独立、平等、互相尊重的原则,发展同各国红十字会和红新月会的友好合作关系。

第二章 组 织

第七条 【各级红十字会建制】全国建立中国红十字会总会。中国红十字会总会对外代表中国红十字会。

县级以上地方按行政区域建立地方各级红十字会,根据实际工作需要配备专职工作人员。

全国性行业根据需要可以建立行业红十字会。

上级红十字会指导下级红十字会工作。

第八条 【理事会、监事会的产生及职权】各级红十字会设立理事会、监事会。理事会、监事会由会员代表大会选举产生,向会员代表大会负责并报告工作,接受其监督。

理事会民主选举产生会长和副会长。理事会执行会员代表大会的决议。

执行委员会是理事会的常设执行机构,其人员组成由理事会决定,向理事会负责并报告工作。

监事会民主推选产生监事长和副监事长。理事会、执行委员会工作受监事会监督。

第九条 【名誉会长、副会长】中国红十字会总会可以设名誉会长和名誉副会长。名誉会长和名誉副会长由中国红十字会总会理事会聘请。

第十条 【法人资格】中国红十字会总会具有社会团体法人资格;地方各级红十字会、行业红十字会依法取得社会团体法人资格。

第三章 职 责

第十一条 【红十字会职责】红十字会履行下列职责:

(一)开展救援、救灾的相关工作,建立红十字应急救援体系。在战争、武装冲突和自然灾害、事故灾难、公共卫生事件等突发事件中,对伤病人员和其他受害者提供紧急救援和人道救助;

(二)开展应急救护培训,普及应急救护、防灾避险和卫生健康知识,组织志愿者参与现场救护;

(三)参与、推动无偿献血、遗体和人体器官捐献工作,参与开展造血干细胞捐献的相关工作;

（四）组织开展红十字志愿服务、红十字青少年工作；

（五）参加国际人道主义救援工作；

（六）宣传国际红十字和红新月运动的基本原则和日内瓦公约及其附加议定书；

（七）依照国际红十字和红新月运动的基本原则，完成人民政府委托事宜；

（八）依照日内瓦公约及其附加议定书的有关规定开展工作；

（九）协助人民政府开展与其职责相关的其他人道主义服务活动。

第十二条 【优先通行】在战争、武装冲突和自然灾害、事故灾难、公共卫生事件等突发事件中，执行救援、救助任务并标有红十字标志的人员、物资和交通工具有优先通行的权利。

第十三条 【不得阻碍红十字会工作人员依法履职】任何组织和个人不得阻碍红十字会工作人员依法履行救援、救助、救护职责。

第四章 标志与名称

第十四条 【标志及作用】中国红十字会使用白底红十字标志。

红十字标志具有保护作用和标明作用。

红十字标志的保护使用，是标示在战争、武装冲突中必须受到尊重和保护的人员和设备、设施。其使用办法，依照日内瓦公约及其附加议定书的有关规定执行。

红十字标志的标明使用，是标示与红十字活动有关的人或者物。其使用办法，由国务院和中央军事委员会依据本法规定。

第十五条 【国家武装力量的医疗卫生机构使用红十字标志】国家武装力量的医疗卫生机构使用红十字标志，应当符合日内瓦公约及其附加议定书的有关规定。

第十六条 【红十字标志和名称的法律保护】红十字标志和名称受法律保护。禁止利用红十字标志和名称牟利，禁止以任何形式冒用、滥用、篡改红十字标志和名称。

第五章 财产与监管

第十七条 【财产来源】红十字会财产的主要来源：

（一）红十字会会员缴纳的会费；

（二）境内外组织和个人捐赠的款物；

（三）动产和不动产的收入；

（四）人民政府的拨款；

（五）其他合法收入。

第十八条 【国家扶持】国家对红十字会兴办的与其宗旨相符的公益事业给予扶持。

第十九条 【募捐】红十字会可以依法进行募捐活动。募捐活动应当符合《中华人民共和国慈善法》的有关规定。

第二十条 【捐赠票据、记录及税收优惠】红十字会依法接受自然人、法人以及其他组织捐赠的款物,应当向捐赠人开具由财政部门统一监(印)制的公益事业捐赠票据。捐赠人匿名或者放弃接受捐赠票据的,红十字会应当做好相关记录。

捐赠人依法享受税收优惠。

第二十一条 【捐赠款物的处分与监督】红十字会应当按照募捐方案、捐赠人意愿或者捐赠协议处分其接受的捐赠款物。

捐赠人有权查询、复制其捐赠财产管理使用的有关资料,红十字会应当及时主动向捐赠人反馈有关情况。

红十字会违反募捐方案、捐赠人意愿或者捐赠协议约定的用途,滥用捐赠财产的,捐赠人有权要求其改正;拒不改正的,捐赠人可以向人民政府民政部门投诉、举报或者向人民法院提起诉讼。

第二十二条 【财务监督】红十字会应当建立财务管理、内部控制、审计公开和监督检查制度。

红十字会的财产使用应当与其宗旨相一致。

红十字会对接受的境外捐赠款物,应当建立专项审查监督制度。

红十字会应当及时聘请依法设立的独立第三方机构,对捐赠款物的收入和使用情况进行审计,将审计结果向红十字会理事会和监事会报告,并向社会公布。

第二十三条 【信息公开】红十字会应当建立健全信息公开制度,规范信息发布,在统一的信息平台及时向社会公布捐赠款物的收入和使用情况,接受社会监督。

第二十四条 【审计、民政监督】红十字会财产的收入和使用情况依法接受人民政府审计等部门的监督。

红十字会接受社会捐赠及其使用情况,依法接受人民政府民政部门的监督。

第二十五条 【红十字会的财产不得侵占】任何组织和个人不得私分、挪用、截留或者侵占红十字会的财产。

第六章 法 律 责 任

第二十六条 【红十字会及其工作人员的违法责任】红十字会及其工作人员有下列情形之一的,由同级人民政府审计、民政等部门责令改正;情节严重的,对直接负责的主管人员和其他直接责任人员依法给予处分;造成损害的,依法承担民事责任;构成犯罪的,依法追究刑事责任:

(一)违背募捐方案、捐赠人意愿或者捐赠协议,擅自处分其接受的捐赠款物的;

(二)私分、挪用、截留或者侵占财产的;

(三)未依法向捐赠人反馈情况或者开具捐赠票据的;

(四)未依法对捐赠款物的收入和使用情况进行审计的;

(五)未依法公开信息的;

(六)法律、法规规定的其他情形。

第二十七条 【自然人、法人或其他组织的违法责任】自然人、法人或者其他组织有下列情形之一,造成损害的,依法承担民事责任;构成违反治安管理行为的,依法给予治安管理处罚;构成犯罪的,依法追究刑事责任:

(一)冒用、滥用、篡改红十字标志和名称的;
(二)利用红十字标志和名称牟利的;
(三)制造、发布、传播虚假信息,损害红十字会名誉的;
(四)盗窃、损毁或者以其他方式侵害红十字会财产的;
(五)阻碍红十字会工作人员依法履行救援、救助、救护职责的;
(六)法律、法规规定的其他情形。

红十字会及其工作人员有前款第一项、第二项所列行为的,按照前款规定处罚。

第二十八条 【政府部门及其工作人员的违法责任】各级人民政府有关部门及其工作人员在实施监督管理中滥用职权、玩忽职守、徇私舞弊的,对直接负责的主管人员和其他直接责任人员依法给予处分;构成犯罪的,依法追究刑事责任。

第七章 附 则

第二十九条 【名词解释】本法所称"国际红十字和红新月运动确立的基本原则",是指一九八六年十月日内瓦国际红十字大会第二十五次会议通过的"国际红十字和红新月运动章程"中确立的人道、公正、中立、独立、志愿服务、统一和普遍七项基本原则。

本法所称"日内瓦公约",是指中国批准的于一九四九年八月十二日订立的日内瓦四公约,即:《改善战地武装部队伤者病者境遇之日内瓦公约》、《改善海上武装部队伤者病者及遇船难者境遇之日内瓦公约》、《关于战俘待遇之日内瓦公约》和《关于战时保护平民之日内瓦公约》。

本法所称日内瓦公约"附加议定书",是指中国加入的于一九七七年六月八日订立的《一九四九年八月十二日日内瓦四公约关于保护国际性武装冲突受难者的附加议定书》和《一九四九年八月十二日日内瓦四公约关于保护非国际性武装冲突受难者的附加议定书》。

第三十条 【施行日期】本法自 2017 年 5 月 8 日起施行。

军队参加抢险救灾条例

1. 2005 年 6 月 7 日国务院、中央军事委员会令第 436 号公布
2. 自 2005 年 7 月 1 日起施行

第一条 为了发挥中国人民解放军(以下称军队)在抢险救灾中的作用,保护人民

生命和财产安全,根据国防法的规定,制定本条例。

第二条 军队是抢险救灾的突击力量,执行国家赋予的抢险救灾任务是军队的重要使命。

各级人民政府和军事机关应当按照本条例的规定,做好军队参加抢险救灾的组织、指挥、协调、保障等工作。

第三条 军队参加抢险救灾主要担负下列任务:

(一)解救、转移或者疏散受困人员;

(二)保护重要目标安全;

(三)抢救、运送重要物资;

(四)参加道路(桥梁、隧道)抢修、海上搜救、核生化救援、疫情控制、医疗救护等专业抢险;

(五)排除或者控制其他危重险情、灾情。

必要时,军队可以协助地方人民政府开展灾后重建等工作。

第四条 国务院组织的抢险救灾需要军队参加的,由国务院有关主管部门向中国人民解放军总参谋部提出,中国人民解放军总参谋部按照国务院、中央军事委员会的有关规定办理。

县级以上地方人民政府组织的抢险救灾需要军队参加的,由县级以上地方人民政府通过当地同级军事机关提出,当地同级军事机关按照国务院、中央军事委员会的有关规定办理。

在险情、灾情紧急的情况下,地方人民政府可以直接向驻军部队提出救助请求,驻军部队应当按照规定立即实施救助,并向上级报告;驻军部队发现紧急险情、灾情也应当按照规定立即实施救助,并向上级报告。

抢险救灾需要动用军用飞机(直升机)、舰艇的,按照有关规定办理。

第五条 国务院有关主管部门、县级以上地方人民政府提出需要军队参加抢险救灾的,应当说明险情或者灾情发生的种类、时间、地域、危害程度、已经采取的措施,以及需要使用的兵力、装备等情况。

第六条 县级以上地方人民政府组建的抢险救灾指挥机构,应当有当地同级军事机关的负责人参加;当地有驻军部队的,还应当有驻军部队的负责人参加。

第七条 军队参加抢险救灾应当在人民政府的统一领导下进行,具体任务由抢险救灾指挥机构赋予,部队的抢险救灾行动由军队负责指挥。

第八条 县级以上地方人民政府应当向当地军事机关及时通报有关险情、灾情的信息。

在经常发生险情、灾情的地方,县级以上地方人民政府应当组织军地双方进行实地勘察和抢险救灾演习、训练。

第九条 省军区(卫戍区、警备区)、军分区(警备区)、县(市、市辖区)人民武装部应当及时掌握当地有关险情、灾情信息,办理当地人民政府提出的军队参加抢险救灾事宜,做好人民政府与执行抢险救灾任务的部队之间的协调工作。有关军事机关应当制定参加抢险救灾预案,组织部队开展必要的抢险救灾训练。

第十条 军队参加抢险救灾时,当地人民政府应当提供必要的装备、物资、器材等保障,派出专业技术人员指导部队的抢险救灾行动;铁路、交通、民航、公安、电信、邮政、金融等部门和机构,应当为执行抢险救灾任务的部队提供优先、便捷的服务。

军队执行抢险救灾任务所需要的燃油,由执行抢险救灾任务的部队和当地人民政府共同组织保障。

第十一条 军队参加抢险救灾需要动用作战储备物资和装备器材的,必须按照规定报经批准。对消耗的部队携行装备器材和作战储备物资、装备器材,应当及时补充。

第十二条 灾害发生地人民政府应当协助执行抢险救灾任务的部队做好饮食、住宿、供水、供电、供暖、医疗和卫生防病等必需的保障工作。

地方人民政府与执行抢险救灾任务的部队应当互相通报疫情,共同做好卫生防疫工作。

第十三条 军队参加国务院组织的抢险救灾所耗费用由中央财政负担。军队参加地方人民政府组织的抢险救灾所耗费用由地方财政负担。

前款所指的费用包括:购置专用物资和器材费用,指挥通信、装备维修、燃油、交通运输等费用,补充消耗的携行装备器材和作战储备物资费用,以及人员生活、医疗的补助费用。

抢险救灾任务完成后,军队有关部门应当及时统计军队执行抢险救灾任务所耗费用,报抢险救灾指挥机构审核。

第十四条 国务院有关主管部门和县级以上地方人民政府应当在险情、灾情频繁发生或者列为灾害重点监视防御的地区储备抢险救灾专用装备、物资和器材,保障抢险救灾需要。

第十五条 军队参加重大抢险救灾行动的宣传报道,由国家和军队有关主管部门统一组织实施。新闻单位采访、报道军队参加抢险救灾行动,应当遵守国家和军队的有关规定。

第十六条 对在执行抢险救灾任务中有突出贡献的军队单位和个人,按照国家和军队的有关规定给予奖励;对死亡或者致残的人员,按照国家有关规定给予抚恤优待。

第十七条 中国人民武装警察部队参加抢险救灾,参照本条例执行。

第十八条 本条例自 2005 年 7 月 1 日起施行。

铁路交通事故应急救援和调查处理条例

1. 2007年7月11日国务院令第501号公布
2. 根据2012年11月9日国务院令第628号《关于修改和废止部分行政法规的决定》修订

第一章 总 则

第一条 为了加强铁路交通事故的应急救援工作,规范铁路交通事故调查处理,减少人员伤亡和财产损失,保障铁路运输安全和畅通,根据《中华人民共和国铁路法》和其他有关法律的规定,制定本条例。

第二条 铁路机车车辆在运行过程中与行人、机动车、非机动车、牲畜及其他障碍物相撞,或者铁路机车车辆发生冲突、脱轨、火灾、爆炸等影响铁路正常行车的铁路交通事故(以下简称事故)的应急救援和调查处理,适用本条例。

第三条 国务院铁路主管部门应当加强铁路运输安全监督管理,建立健全事故应急救援和调查处理的各项制度,按照国家规定的权限和程序,负责组织、指挥、协调事故的应急救援和调查处理工作。

第四条 铁路管理机构应当加强日常的铁路运输安全监督检查,指导、督促铁路运输企业落实事故应急救援的各项规定,按照规定的权限和程序,组织、参与、协调本辖区内事故的应急救援和调查处理工作。

第五条 国务院其他有关部门和有关地方人民政府应当按照各自的职责和分工,组织、参与事故的应急救援和调查处理工作。

第六条 铁路运输企业和其他有关单位、个人应当遵守铁路运输安全管理的各项规定,防止和避免事故的发生。

事故发生后,铁路运输企业和其他有关单位应当及时、准确地报告事故情况,积极开展应急救援工作,减少人员伤亡和财产损失,尽快恢复铁路正常行车。

第七条 任何单位和个人不得干扰、阻碍事故应急救援、铁路线路开通、列车运行和事故调查处理。

第二章 事 故 等 级

第八条 根据事故造成的人员伤亡、直接经济损失、列车脱轨辆数、中断铁路行车时间等情形,事故等级分为特别重大事故、重大事故、较大事故和一般事故。

第九条 有下列情形之一的,为特别重大事故:

(一)造成30人以上死亡,或者100人以上重伤(包括急性工业中毒,下同),或者1亿元以上直接经济损失的;

（二）繁忙干线客运列车脱轨 18 辆以上并中断铁路行车 48 小时以上的；

（三）繁忙干线货运列车脱轨 60 辆以上并中断铁路行车 48 小时以上的。

第十条 有下列情形之一的，为重大事故：

（一）造成 10 人以上 30 人以下死亡，或者 50 人以上 100 人以下重伤，或者 5000 万元以上 1 亿元以下直接经济损失的；

（二）客运列车脱轨 18 辆以上的；

（三）货运列车脱轨 60 辆以上的；

（四）客运列车脱轨 2 辆以上 18 辆以下，并中断繁忙干线铁路行车 24 小时以上或者中断其他线路铁路行车 48 小时以上的；

（五）货运列车脱轨 6 辆以上 60 辆以下，并中断繁忙干线铁路行车 24 小时以上或者中断其他线路铁路行车 48 小时以上的。

第十一条 有下列情形之一的，为较大事故：

（一）造成 3 人以上 10 人以下死亡，或者 10 人以上 50 人以下重伤，或者 1000 万元以上 5000 万元以下直接经济损失的；

（二）客运列车脱轨 2 辆以上 18 辆以下的；

（三）货运列车脱轨 6 辆以上 60 辆以下的；

（四）中断繁忙干线铁路行车 6 小时以上的；

（五）中断其他线路铁路行车 10 小时以上的。

第十二条 造成 3 人以下死亡，或者 10 人以下重伤，或者 1000 万元以下直接经济损失的，为一般事故。

除前款规定外，国务院铁路主管部门可以对一般事故的其他情形作出补充规定。

第十三条 本章所称的"以上"包括本数，所称的"以下"不包括本数。

第三章 事 故 报 告

第十四条 事故发生后，事故现场的铁路运输企业工作人员或者其他人员应当立即报告邻近铁路车站、列车调度员或者公安机关。有关单位和人员接到报告后，应当立即将事故情况报告事故发生地铁路管理机构。

第十五条 铁路管理机构接到事故报告，应当尽快核实有关情况，并立即报告国务院铁路主管部门；对特别重大事故、重大事故，国务院铁路主管部门应当立即报告国务院并通报国家安全生产监督管理等有关部门。

发生特别重大事故、重大事故、较大事故或者有人员伤亡的一般事故，铁路管理机构还应当通报事故发生地县级以上地方人民政府及其安全生产监督管理部门。

第十六条 事故报告应当包括下列内容：

（一）事故发生的时间、地点、区间（线名、公里、米）、事故相关单位和人员；

（二）发生事故的列车种类、车次、部位、计长、机车型号、牵引辆数、吨数；

（三）承运旅客人数或者货物品名、装载情况；

（四）人员伤亡情况，机车车辆、线路设施、道路车辆的损坏情况，对铁路行车的影响情况；

（五）事故原因的初步判断；

（六）事故发生后采取的措施及事故控制情况；

（七）具体救援请求。

事故报告后出现新情况的，应当及时补报。

第十七条　国务院铁路主管部门、铁路管理机构和铁路运输企业应当向社会公布事故报告值班电话，受理事故报告和举报。

第四章　事故应急救援

第十八条　事故发生后，列车司机或者运转车长应当立即停车，采取紧急处置措施；对无法处置的，应当立即报告邻近铁路车站、列车调度员进行处置。

为保障铁路旅客安全或者因特殊运输需要不宜停车的，可以不停车；但是，列车司机或者运转车长应当立即将事故情况报告邻近铁路车站、列车调度员，接到报告的邻近铁路车站、列车调度员应当立即进行处置。

第十九条　事故造成中断铁路行车的，铁路运输企业应当立即组织抢修，尽快恢复铁路正常行车；必要时，铁路运输调度指挥部门应当调整运输径路，减少事故影响。

第二十条　事故发生后，国务院铁路主管部门、铁路管理机构、事故发生地县级以上地方人民政府或者铁路运输企业应当根据事故等级启动相应的应急预案；必要时，成立现场应急救援机构。

第二十一条　现场应急救援机构根据事故应急救援工作的实际需要，可以借用有关单位和个人的设施、设备和其他物资。借用单位使用完毕应当及时归还，并支付适当费用；造成损失的，应当赔偿。

有关单位和个人应当积极支持、配合救援工作。

第二十二条　事故造成重大人员伤亡或者需要紧急转移、安置铁路旅客和沿线居民的，事故发生地县级以上地方人民政府应当及时组织开展救治和转移、安置工作。

第二十三条　国务院铁路主管部门、铁路管理机构或者事故发生地县级以上地方人民政府根据事故救援的实际需要，可以请求当地驻军、武装警察部队参与事故救援。

第二十四条　有关单位和个人应当妥善保护事故现场以及相关证据，并在事故调查组成立后将相关证据移交事故调查组。因事故救援、尽快恢复铁路正常行车需要改变事故现场的，应当做出标记，绘制现场示意图、制作现场视听资料，并做出书面记录。

任何单位和个人不得破坏事故现场,不得伪造、隐匿或者毁灭相关证据。

第二十五条 事故中死亡人员的尸体经法定机构鉴定后,应当及时通知死者家属认领;无法查找死者家属的,按照国家有关规定处理。

第五章 事故调查处理

第二十六条 特别重大事故由国务院或者国务院授权的部门组织事故调查组进行调查。

重大事故由国务院铁路主管部门组织事故调查组进行调查。

较大事故和一般事故由事故发生地铁路管理机构组织事故调查组进行调查;国务院铁路主管部门认为必要时,可以组织事故调查组对较大事故和一般事故进行调查。

根据事故的具体情况,事故调查组由有关人民政府、公安机关、安全生产监督管理部门、监察机关等单位派人组成,并应当邀请人民检察院派人参加。事故调查组认为必要时,可以聘请有关专家参与事故调查。

第二十七条 事故调查组应当按照国家有关规定开展事故调查,并在下列调查期限内向组织事故调查组的机关或者铁路管理机构提交事故调查报告:

(一)特别重大事故的调查期限为 60 日;

(二)重大事故的调查期限为 30 日;

(三)较大事故的调查期限为 20 日;

(四)一般事故的调查期限为 10 日。

事故调查期限自事故发生之日起计算。

第二十八条 事故调查处理,需要委托有关机构进行技术鉴定或者对铁路设备、设施及其他财产损失状况以及中断铁路行车造成的直接经济损失进行评估的,事故调查组应当委托具有国家规定资质的机构进行技术鉴定或者评估。技术鉴定或者评估所需时间不计入事故调查期限。

第二十九条 事故调查报告形成后,报经组织事故调查组的机关或者铁路管理机构同意,事故调查组工作即告结束。组织事故调查组的机关或者铁路管理机构应当自事故调查组工作结束之日起 15 日内,根据事故调查报告,制作事故认定书。

事故认定书是事故赔偿、事故处理以及事故责任追究的依据。

第三十条 事故责任单位和有关人员应当认真吸取事故教训,落实防范和整改措施,防止事故再次发生。

国务院铁路主管部门、铁路管理机构以及其他有关行政机关应当对事故责任单位和有关人员落实防范和整改措施的情况进行监督检查。

第三十一条 事故的处理情况,除依法应当保密的外,应当由组织事故调查组的机关或者铁路管理机构向社会公布。

第六章 事 故 赔 偿

第三十二条 事故造成人身伤亡的,铁路运输企业应当承担赔偿责任;但是人身伤亡是不可抗力或者受害人自身原因造成的,铁路运输企业不承担赔偿责任。

违章通过平交道口或者人行道,或者在铁路线路上行走、坐卧造成的人身伤亡,属于受害人自身的原因造成的人身伤亡。

第三十三条 事故造成铁路旅客人身伤亡和自带行李损失的,铁路运输企业对每名铁路旅客人身伤亡的赔偿责任限额为人民币 15 万元,对每名铁路旅客自带行李损失的赔偿责任限额为人民币 2000 元。

铁路运输企业与铁路旅客可以书面约定高于前款规定的赔偿责任限额。
(2012 年 11 月 9 日删除)

第三十四条 事故造成铁路运输企业承运的货物、包裹、行李损失的,铁路运输企业应当依照《中华人民共和国铁路法》的规定承担赔偿责任。

第三十五条 除本条例第三十三条、第三十四条的规定外,事故造成其他人身伤亡或者财产损失的,依照国家有关法律、行政法规的规定赔偿。

第三十六条 事故当事人对事故损害赔偿有争议的,可以通过协商解决,或者请求组织事故调查组的机关或者铁路管理机构组织调解,也可以直接向人民法院提起民事诉讼。

第七章 法 律 责 任

第三十七条 铁路运输企业及其职工违反法律、行政法规的规定,造成事故的,由国务院铁路主管部门或者铁路管理机构依法追究行政责任。

第三十八条 违反本条例的规定,铁路运输企业及其职工不立即组织救援,或者迟报、漏报、瞒报、谎报事故的,对单位,由国务院铁路主管部门或者铁路管理机构处 10 万元以上 50 万元以下的罚款;对个人,由国务院铁路主管部门或者铁路管理机构处 4000 元以上 2 万元以下的罚款;属于国家工作人员的,依法给予处分;构成犯罪的,依法追究刑事责任。

第三十九条 违反本条例的规定,国务院铁路主管部门、铁路管理机构以及其他行政机关未立即启动应急预案,或者迟报、漏报、瞒报、谎报事故的,对直接负责的主管人员和其他直接责任人员依法给予处分;构成犯罪的,依法追究刑事责任。

第四十条 违反本条例的规定,干扰、阻碍事故救援、铁路线路开通、列车运行和事故调查处理的,对单位,由国务院铁路主管部门或者铁路管理机构处 4 万元以上 20 万元以下的罚款;对个人,由国务院铁路主管部门或者铁路管理机构处 2000 元以上 1 万元以下的罚款;情节严重的,对单位,由国务院铁路主管部门或者铁路管理机构处 20 万元以上 100 万元以下的罚款;对个人,由国务院铁路主管部门或者铁路管理机构处 1 万元以上 5 万元以下的罚款;属于国家工作人员的,依法给予处分;构成违反治安管理行为的,由公安机关依法给予治安管理处罚;构成犯罪的,依法追究刑事责任。

第八章 附 则

第四十一条 本条例于 2007 年 9 月 1 日起施行。1979 年 7 月 16 日国务院批准发布的《火车与其他车辆碰撞和铁路路外人员伤亡事故处理暂行规定》和 1994 年 8 月 13 日国务院批准发布的《铁路旅客运输损害赔偿规定》同时废止。

自然灾害救助条例

1. 2010 年 7 月 8 日国务院令第 577 号公布
2. 根据 2019 年 3 月 2 日国务院令第 709 号《关于修改部分行政法规的决定》修订

第一章 总 则

第一条 为了规范自然灾害救助工作,保障受灾人员基本生活,制定本条例。

第二条 自然灾害救助工作遵循以人为本、政府主导、分级管理、社会互助、灾民自救的原则。

第三条 自然灾害救助工作实行各级人民政府行政领导负责制。

国家减灾委员会负责组织、领导全国的自然灾害救助工作,协调开展重大自然灾害救助活动。国务院应急管理部门负责全国的自然灾害救助工作,承担国家减灾委员会的具体工作。国务院有关部门按照各自职责做好全国的自然灾害救助相关工作。

县级以上地方人民政府或者人民政府的自然灾害救助应急综合协调机构,组织、协调本行政区域的自然灾害救助工作。县级以上地方人民政府应急管理部门负责本行政区域的自然灾害救助工作。县级以上地方人民政府有关部门按照各自职责做好本行政区域的自然灾害救助相关工作。

第四条 县级以上人民政府应当将自然灾害救助工作纳入国民经济和社会发展规划,建立健全与自然灾害救助需求相适应的资金、物资保障机制,将人民政府安排的自然灾害救助资金和自然灾害救助工作经费纳入财政预算。

第五条 村民委员会、居民委员会以及红十字会、慈善会和公募基金会等社会组织,依法协助人民政府开展自然灾害救助工作。

国家鼓励和引导单位和个人参与自然灾害救助捐赠、志愿服务等活动。

第六条 各级人民政府应当加强防灾减灾宣传教育,提高公民的防灾避险意识和自救互救能力。

村民委员会、居民委员会、企业事业单位应当根据所在地人民政府的要求,结合各自的实际情况,开展防灾减灾应急知识的宣传普及活动。

第七条　对在自然灾害救助中作出突出贡献的单位和个人,按照国家有关规定给予表彰和奖励。

第二章　救　助　准　备

第八条　县级以上地方人民政府及其有关部门应当根据有关法律、法规、规章,上级人民政府及其有关部门的应急预案以及本行政区域的自然灾害风险调查情况,制定相应的自然灾害救助应急预案。

自然灾害救助应急预案应当包括下列内容:

(一)自然灾害救助应急组织指挥体系及其职责;

(二)自然灾害救助应急队伍;

(三)自然灾害救助应急资金、物资、设备;

(四)自然灾害的预警预报和灾情信息的报告、处理;

(五)自然灾害救助应急响应的等级和相应措施;

(六)灾后应急救助和居民住房恢复重建措施。

第九条　县级以上人民政府应当建立健全自然灾害救助应急指挥技术支撑系统,并为自然灾害救助工作提供必要的交通、通信等装备。

第十条　国家建立自然灾害救助物资储备制度,由国务院应急管理部门分别会同国务院财政部门、发展改革部门、工业和信息化部门、粮食和物资储备部门制定全国自然灾害救助物资储备规划和储备库规划,并组织实施。其中,由国务院粮食和物资储备部门会同相关部门制定中央救灾物资储备库规划,并组织实施。

设区的市级以上人民政府和自然灾害多发、易发地区的县级人民政府应当根据自然灾害特点、居民人口数量和分布等情况,按照布局合理、规模适度的原则,设立自然灾害救助物资储备库。

第十一条　县级以上地方人民政府应当根据当地居民人口数量和分布等情况,利用公园、广场、体育场馆等公共设施,统筹规划设立应急避难场所,并设置明显标志。

启动自然灾害预警响应或者应急响应,需要告知居民前往应急避难场所的,县级以上地方人民政府或者人民政府的自然灾害救助应急综合协调机构应当通过广播、电视、手机短信、电子显示屏、互联网等方式,及时公告应急避难场所的具体地址和到达路径。

第十二条　县级以上地方人民政府应当加强自然灾害救助人员的队伍建设和业务培训,村民委员会、居民委员会和企业事业单位应当设立专职或者兼职的自然灾害信息员。

第三章　应　急　救　助

第十三条　县级以上人民政府或者人民政府的自然灾害救助应急综合协调机构应当根据自然灾害预警预报启动预警响应,采取下列一项或者多项措施:

(一)向社会发布规避自然灾害风险的警告,宣传避险常识和技能,提示公众

做好自救互救准备;

（二）开放应急避难场所,疏散、转移易受自然灾害危害的人员和财产,情况紧急时,实行有组织的避险转移;

（三）加强对易受自然灾害危害的乡村、社区以及公共场所的安全保障;

（四）责成应急管理等部门做好基本生活救助的准备。

第十四条 自然灾害发生并达到自然灾害救助应急预案启动条件的,县级以上人民政府或者人民政府的自然灾害救助应急综合协调机构应当及时启动自然灾害救助应急响应,采取下列一项或者多项措施：

（一）立即向社会发布政府应对措施和公众防范措施;

（二）紧急转移安置受灾人员;

（三）紧急调拨、运输自然灾害救助应急资金和物资,及时向受灾人员提供食品、饮用水、衣被、取暖、临时住所、医疗防疫等应急救助,保障受灾人员基本生活;

（四）抚慰受灾人员,处理遇难人员善后事宜;

（五）组织受灾人员开展自救互救;

（六）分析评估灾情趋势和灾区需求,采取相应的自然灾害救助措施;

（七）组织自然灾害救助捐赠活动。

对应急救助物资,各交通运输主管部门应当组织优先运输。

第十五条 在自然灾害救助应急期间,县级以上地方人民政府或者人民政府的自然灾害救助应急综合协调机构可以在本行政区域内紧急征用物资、设备、交通运输工具和场地,自然灾害救助应急工作结束后应当及时归还,并按照国家有关规定给予补偿。

第十六条 自然灾害造成人员伤亡或者较大财产损失的,受灾地区县级人民政府应急管理部门应当立即向本级人民政府和上一级人民政府应急管理部门报告。

自然灾害造成特别重大或者重大人员伤亡、财产损失的,受灾地区县级人民政府应急管理部门应当按照有关法律、行政法规和国务院应急预案规定的程序及时报告,必要时可以直接报告国务院。

第十七条 灾情稳定前,受灾地区人民政府应急管理部门应当每日逐级上报自然灾害造成的人员伤亡、财产损失和自然灾害救助工作动态等情况,并及时向社会发布。

灾情稳定后,受灾地区县级以上人民政府或者人民政府的自然灾害救助应急综合协调机构应当评估、核定并发布自然灾害损失情况。

第四章 灾后救助

第十八条 受灾地区人民政府应当在确保安全的前提下,采取就地安置与异地安置、政府安置与自行安置相结合的方式,对受灾人员进行过渡性安置。

就地安置应当选择在交通便利、便于恢复生产和生活的地点,并避开可能发生次生自然灾害的区域,尽量不占用或者少占用耕地。

受灾地区人民政府应当鼓励并组织受灾群众自救互救,恢复重建。

第十九条 自然灾害危险消除后,受灾地区人民政府应当统筹研究制订居民住房恢复重建规划和优惠政策,组织重建或者修缮因灾损毁的居民住房,对恢复重建确有困难的家庭予以重点帮扶。

居民住房恢复重建应当因地制宜、经济实用,确保房屋建设质量符合防灾减灾要求。

受灾地区人民政府应急管理等部门应当向经审核确认的居民住房恢复重建补助对象发放补助资金和物资,住房城乡建设等部门应当为受灾人员重建或者修缮因灾损毁的居民住房提供必要的技术支持。

第二十条 居民住房恢复重建补助对象由受灾人员本人申请或者由村民小组、居民小组提名。经村民委员会、居民委员会民主评议,符合救助条件的,在自然村、社区范围内公示;无异议或者经村民委员会、居民委员会民主评议异议不成立的,由村民委员会、居民委员会将评议意见和有关材料提交乡镇人民政府、街道办事处审核,报县级人民政府应急管理等部门审批。

第二十一条 自然灾害发生后的当年冬季、次年春季,受灾地区人民政府应当为生活困难的受灾人员提供基本生活救助。

受灾地区县级人民政府应急管理部门应当在每年10月底前统计、评估本行政区域受灾人员当年冬季、次年春季的基本生活困难和需求,核实救助对象,编制工作台账,制定救助工作方案,经本级人民政府批准后组织实施,并报上一级人民政府应急管理部门备案。

第五章 救助款物管理

第二十二条 县级以上人民政府财政部门、应急管理部门负责自然灾害救助资金的分配、管理并监督使用情况。

县级以上人民政府应急管理部门负责调拨、分配、管理自然灾害救助物资。

第二十三条 人民政府采购用于自然灾害救助准备和灾后恢复重建的货物、工程和服务,依照有关政府采购和招标投标的法律规定组织实施。自然灾害应急救助和灾后恢复重建中涉及紧急抢救、紧急转移安置和临时性救助的紧急采购活动,按照国家有关规定执行。

第二十四条 自然灾害救助款物专款(物)专用,无偿使用。

定向捐赠的款物,应当按照捐赠人的意愿使用。政府部门接受的捐赠人无指定意向的款物,由县级以上人民政府应急管理部门统筹安排用于自然灾害救助;社会组织接受的捐赠人无指定意向的款物,由社会组织按照有关规定用于自然灾害救助。

第二十五条 自然灾害救助款物应当用于受灾人员的紧急转移安置,基本生活救助,医疗救助,教育、医疗等公共服务设施和住房的恢复重建,自然灾害救助物资的采购、储存和运输,以及因灾遇难人员亲属的抚慰等项支出。

第二十六条　受灾地区人民政府应急管理、财政等部门和有关社会组织应当通过报刊、广播、电视、互联网,主动向社会公开所接受的自然灾害救助款物和捐赠款物的来源、数量及其使用情况。

受灾地区村民委员会、居民委员会应当公布救助对象及其接受救助款物数额和使用情况。

第二十七条　各级人民政府应当建立健全自然灾害救助款物和捐赠款物的监督检查制度,并及时受理投诉和举报。

第二十八条　县级以上人民政府监察机关、审计机关应当依法对自然灾害救助款物和捐赠款物的管理使用情况进行监督检查,应急管理、财政等部门和有关社会组织应当予以配合。

第六章　法律责任

第二十九条　行政机关工作人员违反本条例规定,有下列行为之一的,由任免机关或者监察机关依照法律法规给予处分;构成犯罪的,依法追究刑事责任:

(一)迟报、谎报、瞒报自然灾害损失情况,造成后果的;

(二)未及时组织受灾人员转移安置,或者在提供基本生活救助、组织恢复重建过程中工作不力,造成后果的;

(三)截留、挪用、私分自然灾害救助款物或者捐赠款物的;

(四)不及时归还征用的财产,或者不按照规定给予补偿的;

(五)有滥用职权、玩忽职守、徇私舞弊的其他行为的。

第三十条　采取虚报、隐瞒、伪造等手段,骗取自然灾害救助款物或者捐赠款物的,由县级以上人民政府应急管理部门责令限期退回违法所得的款物;构成犯罪的,依法追究刑事责任。

第三十一条　抢夺或者聚众哄抢自然灾害救助款物或者捐赠款物的,由县级以上人民政府应急管理部门责令停止违法行为;构成违反治安管理行为的,由公安机关依法给予治安管理处罚;构成犯罪的,依法追究刑事责任。

第三十二条　以暴力、威胁方法阻碍自然灾害救助工作人员依法执行职务,构成违反治安管理行为的,由公安机关依法给予治安管理处罚;构成犯罪的,依法追究刑事责任。

第七章　附　　则

第三十三条　发生事故灾难、公共卫生事件、社会安全事件等突发事件,需要由县级以上人民政府应急管理部门开展生活救助的,参照本条例执行。

第三十四条　法律、行政法规对防灾、抗灾、救灾另有规定的,从其规定。

第三十五条　本条例自 2010 年 9 月 1 日起施行。

国家自然灾害救助应急预案

1. 2024年1月20日国务院办公厅发布
2. 国办函〔2024〕11号

1　总则
　　1.1　编制目的
　　1.2　编制依据
　　1.3　适用范围
　　1.4　工作原则
2　组织指挥体系
　　2.1　国家防灾减灾救灾委员会
　　2.2　国家防灾减灾救灾委员会办公室
　　2.3　专家委员会
3　灾害救助准备
4　灾情信息报告和发布
　　4.1　灾情信息报告
　　4.2　灾情信息发布
5　国家应急响应
　　5.1　一级响应
　　5.2　二级响应
　　5.3　三级响应
　　5.4　四级响应
　　5.5　启动条件调整
　　5.6　响应联动
　　5.7　响应终止
6　灾后救助
　　6.1　过渡期生活救助
　　6.2　倒损住房恢复重建
　　6.3　冬春救助
7　保障措施
　　7.1　资金保障
　　7.2　物资保障
　　7.3　通信和信息保障

7.4 装备和设施保障

7.5 人力资源保障

7.6 社会动员保障

7.7 科技保障

7.8 宣传和培训

8 附则

8.1 术语解释

8.2 责任与奖惩

8.3 预案管理

8.4 参照情形

8.5 预案实施时间

1 总 则

1.1 编制目的

以习近平新时代中国特色社会主义思想为指导，深入贯彻落实习近平总书记关于防灾减灾救灾工作的重要指示批示精神，加强党中央对防灾减灾救灾工作的集中统一领导，按照党中央、国务院决策部署，建立健全自然灾害救助体系和运行机制，提升救灾救助工作法治化、规范化、现代化水平，提高防灾减灾救灾和灾害处置保障能力，最大程度减少人员伤亡和财产损失，保障受灾群众基本生活，维护受灾地区社会稳定。

1.2 编制依据

《中华人民共和国防洪法》、《中华人民共和国防震减灾法》、《中华人民共和国气象法》、《中华人民共和国森林法》、《中华人民共和国草原法》、《中华人民共和国防沙治沙法》、《中华人民共和国红十字会法》、《自然灾害救助条例》以及突发事件总体应急预案、突发事件应对有关法律法规等。

1.3 适用范围

本预案适用于我国境内遭受重特大自然灾害时国家层面开展的灾害救助等工作。

1.4 工作原则

坚持人民至上、生命至上，切实把确保人民生命财产安全放在第一位落到实处；坚持统一指挥、综合协调、分级负责、属地管理为主；坚持党委领导、政府负责、社会参与、群众自救，充分发挥基层群众性自治组织和公益性社会组织的作用；坚持安全第一、预防为主，推动防范救援救灾一体化，实现高效有序衔接，强化灾害防抗救全过程管理。

2 组织指挥体系

2.1 国家防灾减灾救灾委员会

国家防灾减灾救灾委员会深入学习贯彻习近平总书记关于防灾减灾救灾工作

的重要指示批示精神，贯彻落实党中央、国务院有关决策部署，统筹指导、协调和监督全国防灾减灾救灾工作，研究审议国家防灾减灾救灾的重大政策、重大规划、重要制度以及防御灾害方案并负责组织实施工作，指导建立自然灾害防治体系；协调推动防灾减灾救灾法律法规体系建设，协调解决防灾救灾重大问题，统筹协调开展防灾减灾救灾科普宣传教育和培训，协调开展防灾减灾救灾国际交流与合作；完成党中央、国务院交办的其他事项。

国家防灾减灾救灾委员会负责统筹指导全国的灾害救助工作，协调开展重特大自然灾害救助活动。国家防灾减灾救灾委员会成员单位按照各自职责做好灾害救助相关工作。

2.2 国家防灾减灾救灾委员会办公室

国家防灾减灾救灾委员会办公室负责与相关部门、地方的沟通联络、政策协调、信息通报等，组织开展灾情会商评估、灾害救助等工作，协调落实相关支持政策和措施。主要包括：

(1) 组织开展灾情会商核定、灾情趋势研判及救灾需求评估；

(2) 协调解决灾害救助重大问题，并研究提出支持措施，推动相关成员单位加强与受灾地区的工作沟通；

(3) 调度灾情和救灾工作进展动态，按照有关规定统一发布灾情以及受灾地区需求，并向各成员单位通报；

(4) 组织指导开展重特大自然灾害损失综合评估，督促做好倒损住房恢复重建工作；

(5) 跟踪督促灾害救助重大决策部署的贯彻落实，推动重要支持措施落地见效，做好中央救灾款物监督和管理，健全完善救灾捐赠款物管理制度。

2.3 专家委员会

国家防灾减灾救灾委员会设立专家委员会，对国家防灾减灾救灾工作重大决策和重要规划提供政策咨询和建议，为国家重特大自然灾害的灾情评估、灾害救助和灾后恢复重建提出咨询意见。

3 灾害救助准备

气象、自然资源、水利、农业农村、海洋、林草、地震等部门及时向国家防灾减灾救灾委员会办公室和履行救灾职责的国家防灾减灾救灾委员会成员单位通报灾害预警预报信息，自然资源部门根据需要及时提供地理信息数据。国家防灾减灾救灾委员会办公室根据灾害预警预报信息，结合可能受影响地区的自然条件、人口和经济社会发展状况，对可能出现的灾情进行预评估，当可能威胁人民生命财产安全、影响基本生活，需要提前采取应对措施时，视情采取以下一项或多项措施：

(1) 向可能受影响的省（自治区、直辖市）防灾减灾救灾委员会或应急管理部门通报预警预报信息，提出灾害救助准备工作要求；

(2)加强应急值守,密切跟踪灾害风险变化和发展趋势,对灾害可能造成的损失进行动态评估,及时调整相关措施;

(3)做好救灾物资准备,紧急情况下提前调拨。启动与交通运输、铁路、民航等部门和单位的应急联动机制,做好救灾物资调运准备;

(4)提前派出工作组,实地了解灾害风险,检查指导各项灾害救助准备工作;

(5)根据工作需要,向国家防灾减灾救灾委员会成员单位通报灾害救助准备工作情况,重要情况及时向党中央、国务院报告;

(6)向社会发布预警及相关工作开展情况。

4 灾情信息报告和发布

县级以上应急管理部门按照党中央、国务院关于突发灾害事件信息报送的要求,以及《自然灾害情况统计调查制度》和《特别重大自然灾害损失统计调查制度》等有关规定,做好灾情信息统计报送、核查评估、会商核定和部门间信息共享等工作。

4.1 灾情信息报告

4.1.1 地方各级应急管理部门应严格落实灾情信息报告责任,健全工作制度,规范工作流程,确保灾情信息报告及时、准确、全面,坚决杜绝迟报、瞒报、漏报、虚报灾情信息等情况。

4.1.2 地方各级应急管理部门在接到灾害事件报告后,应在规定时限内向本级党委和政府以及上级应急管理部门报告。县级人民政府有关涉灾部门应及时将本行业灾情通报同级应急管理部门。接到重特大自然灾害事件报告后,地方各级应急管理部门应第一时间向本级党委和政府以及上级应急管理部门报告,同时通过电话或国家应急指挥综合业务系统及时向应急管理部报告。

4.1.3 通过国家自然灾害灾情管理系统汇总上报的灾情信息,要按照《自然灾害情况统计调查制度》和《特别重大自然灾害损失统计调查制度》等规定报送,首报要快,核报要准。特殊紧急情况下(如断电、断路、断网等),可先通过卫星电话、传真等方式报告,后续及时通过系统补报。

4.1.4 地震、山洪、地质灾害等突发性灾害发生后,遇有死亡和失踪人员相关信息认定困难的情况,受灾地区应急管理部门应按照因灾死亡和失踪人员信息"先报后核"的原则,第一时间先上报信息,后续根据认定结果进行核报。

4.1.5 受灾地区应急管理部门要建立因灾死亡和失踪人员信息比对机制,主动与公安、自然资源、交通运输、水利、农业农村、卫生健康等部门沟通协调;对造成重大人员伤亡的灾害事件,及时开展信息比对和跨地区、跨部门会商。部门间数据不一致或定性存在争议的,会同相关部门联合开展调查并出具调查报告,向本级党委和政府报告,同时抄报上一级应急管理部门。

4.1.6 重特大自然灾害灾情稳定前,相关地方各级应急管理部门执行灾24

小时零报告制度,逐级上报上级应急管理部门。灾情稳定后,受灾地区应急管理部门要及时组织相关部门和专家开展灾情核查,客观准确核定各类灾害损失,并及时组织上报。

4.1.7 对于干旱灾害,地方各级应急管理部门应在旱情初显、群众生产生活受到一定影响时,初报灾情;在旱情发展过程中,每10日至少续报一次灾情,直至灾情解除;灾情解除后及时核报。

4.1.8 县级以上人民政府要建立健全灾情会商制度,由县级以上人民政府防灾减灾救灾委员会或应急管理部门针对重特大自然灾害过程、年度灾情等,及时组织相关涉灾部门开展灾情会商,通报灾情信息,全面客观评估、核定灾情,确保各部门灾情数据口径一致。灾害损失等灾情信息要及时通报本级防灾减灾救灾委员会有关成员单位。

4.2 灾情信息发布

灾情信息发布坚持实事求是、及时准确、公开透明的原则。发布形式包括授权发布、组织报道、接受记者采访、举行新闻发布会等。受灾地区人民政府要主动通过应急广播、突发事件预警信息发布系统、重点新闻网站或政府网站、微博、微信、客户端等发布信息。各级广播电视行政管理部门和相关单位应配合应急管理等部门做好预警预报、灾情等信息发布工作。

灾情稳定前,受灾地区县级以上人民政府防灾减灾救灾委员会或应急管理部门应及时向社会滚动发布灾害造成的人员伤亡、财产损失以及救助工作动态、成效、下一步安排等情况;灾情稳定后,应及时评估、核定并按有关规定发布灾害损失情况。

关于灾情核定和发布工作,法律法规另有规定的,从其规定。

5 国家应急响应

根据自然灾害的危害程度、灾害救助工作需要等因素,国家自然灾害救助应急响应分为一级、二级、三级、四级。一级响应级别最高。

5.1 一级响应

5.1.1 启动条件

(一)发生重特大自然灾害,一次灾害过程出现或经会商研判可能出现下列情况之一的,可启动一级响应:

(1)一省(自治区、直辖市)死亡和失踪200人以上(含本数,下同)可启动响应,其相邻省(自治区、直辖市)死亡和失踪160人以上200人以下的可联动启动;

(2)一省(自治区、直辖市)紧急转移安置和需紧急生活救助200万人以上;

(3)一省(自治区、直辖市)倒塌和严重损坏房屋30万间或10万户以上;

(4)干旱灾害造成缺粮或缺水等生活困难,需政府救助人数占该省(自治区、直辖市)农牧业人口30%以上或400万人以上。

(二)党中央、国务院认为需要启动一级响应的其他事项。

5.1.2 启动程序

灾害发生后,国家防灾减灾救灾委员会办公室经分析评估,认定灾情达到启动条件,向国家防灾减灾救灾委员会提出启动一级响应的建议,国家防灾减灾救灾委员会报党中央、国务院决定。必要时,党中央、国务院直接决定启动一级响应。

5.1.3 响应措施

国家防灾减灾救灾委员会主任组织协调国家层面灾害救助工作,指导支持受灾省(自治区、直辖市)灾害救助工作。国家防灾减灾救灾委员会及其成员单位采取以下措施:

(1)会商研判灾情和救灾形势,研究部署灾害救助工作,对指导支持受灾地区救灾重大事项作出决定,有关情况及时向党中央、国务院报告。

(2)派出由有关部门组成的工作组,赴受灾地区指导灾害救助工作,核查灾情,慰问受灾群众。根据灾情和救灾工作需要,应急管理部可派出先期工作组,赴受灾地区指导开展灾害救助工作。

(3)汇总统计灾情。国家防灾减灾救灾委员会办公室及时掌握灾情和救灾工作动态信息,按照有关规定统一发布灾情,及时发布受灾地区需求。国家防灾减灾救灾委员会有关成员单位做好灾情、受灾地区需求、救灾工作动态等信息共享,每日向国家防灾减灾救灾委员会办公室报告有关情况。必要时,国家防灾减灾救灾委员会专家委员会组织专家开展灾情发展趋势及受灾地区需求评估。

(4)下拨救灾款物。财政部会同应急管理部迅速启动中央救灾资金快速核拨机制,根据初步判断的灾情及时预拨中央自然灾害救灾资金。灾情稳定后,根据地方申请和应急管理部会同有关部门对灾情的核定情况进行清算,支持做好灾害救助工作。国家发展改革委及时下达灾后应急恢复重建中央预算内投资。应急管理部会同国家粮食和储备局紧急调拨中央生活类救灾物资,指导、监督基层救灾应急措施落实和救灾款物发放。交通运输、铁路、民航等部门和单位协调指导开展救灾物资、人员运输与重要通道快速修复等工作,充分发挥物流保通保畅工作机制作用,保障各类救灾物资运输畅通和人员及时转运。

(5)投入救灾力量。应急管理部迅速调派国家综合性消防救援队伍、专业救援队伍投入救灾工作,积极帮助受灾地区转移受灾群众、运送发放救灾物资等。国务院国资委督促中央企业积极参与抢险救援、基础设施抢修恢复等工作,全力支援救灾工作。中央社会工作部统筹指导有关部门和单位,协调组织志愿服务力量参与灾害救助工作。军队有关单位根据国家有关部门和地方人民政府请求,组织协调解放军、武警部队、民兵参与救灾,协助受灾地区人民政府做好灾害救助工作。

(6)安置受灾群众。应急管理部会同有关部门指导受灾地区统筹安置受灾群众,加强集中安置点管理服务,保障受灾群众基本生活。国家卫生健康委、国家疾控局及时组织医疗卫生队伍赴受灾地区协助开展医疗救治、灾后防疫和心理援助等卫生应急工作。

(7)恢复受灾地区秩序。公安部指导加强受灾地区社会治安和道路交通应急管理。国家发展改革委、农业农村部、商务部、市场监管总局、国家粮食和储备局等有关部门做好保障市场供应工作,防止价格大幅波动。应急管理部、国家发展改革委、工业和信息化部组织协调救灾物资装备、防护和消杀用品、药品和医疗器械等生产供应工作。金融监管总局指导做好受灾地区保险理赔和金融支持服务。

(8)抢修基础设施。住房城乡建设部指导灾后房屋建筑和市政基础设施工程的安全应急评估等工作。水利部指导受灾地区水利水电工程设施修复、蓄滞洪区运用及补偿、水利行业供水和村镇应急供水工作。国家能源局指导监管范围内的水电工程修复及电力应急保障等工作。

(9)提供技术支撑。工业和信息化部组织做好受灾地区应急通信保障工作。自然资源部及时提供受灾地区地理信息数据,组织受灾地区现场影像获取等应急测绘,开展灾情监测和空间分析,提供应急测绘保障服务。生态环境部及时监测因灾害导致的生态环境破坏、污染、变化等情况,开展受灾地区生态环境状况调查评估。

(10)启动救灾捐赠。应急管理部会同民政部组织开展全国性救灾捐赠活动,指导具有救灾宗旨的社会组织加强捐赠款物管理、分配和使用;会同外交部、海关总署等有关部门和单位办理外国政府、国际组织等对我中央政府的国际援助事宜。中国红十字会总会依法开展相关救灾工作,开展救灾募捐等活动。

(11)加强新闻宣传。中央宣传部统筹负责新闻宣传和舆论引导工作,指导有关部门和地方建立新闻发布与媒体采访服务管理机制,及时组织新闻发布会,协调指导各级媒体做好新闻宣传。中央网信办、广电总局等按职责组织做好新闻报道和舆论引导工作。

(12)开展损失评估。灾情稳定后,根据党中央、国务院关于灾害评估和恢复重建工作的统一部署,应急管理部会同国务院有关部门,指导受灾省(自治区、直辖市)人民政府组织开展灾害损失综合评估工作,按有关规定统一发布灾害损失情况。

(13)国家防灾减灾救灾委员会其他成员单位按照职责分工,做好有关工作。

(14)国家防灾减灾救灾委员会办公室及时汇总各部门开展灾害救助等工作情况并按程序向党中央、国务院报告。

5.2 二级响应

5.2.1 启动条件

发生重特大自然灾害,一次灾害过程出现或会商研判可能出现下列情况之一的,可启动二级响应:

(1)一省(自治区、直辖市)死亡和失踪100人以上200人以下(不含本数,下同)可启动响应,其相邻省(自治区、直辖市)死亡和失踪80人以上100人以下的可联动启动;

(2)一省(自治区、直辖市)紧急转移安置和需紧急生活救助100万人以上200

万人以下；

（3）一省（自治区、直辖市）倒塌和严重损坏房屋20万间或7万户以上、30万间或10万户以下；

（4）干旱灾害造成缺粮或缺水等生活困难，需政府救助人数占该省（自治区、直辖市）农牧业人口25%以上30%以下或300万人以上400万人以下。

5.2.2 启动程序

灾害发生后，国家防灾减灾救灾委员会办公室经分析评估，认定灾情达到启动条件，向国家防灾减灾救灾委员会提出启动二级响应的建议，国家防灾减灾救灾委员会副主任（应急管理部主要负责同志）报国家防灾减灾救灾委员会主任决定。

5.2.3 响应措施

国家防灾减灾救灾委员会副主任（应急管理部主要负责同志）组织协调国家层面灾害救助工作，指导支持受灾省（自治区、直辖市）灾害救助工作。国家防灾减灾救灾委员会及其成员单位采取以下措施：

（1）会商研判灾情和救灾形势，研究落实救灾支持政策和措施，重要情况及时向党中央、国务院报告。

（2）派出由有关部门组成的工作组，赴受灾地区指导灾害救助工作，核查灾情，慰问受灾群众。

（3）国家防灾减灾救灾委员会办公室及时掌握灾情和救灾工作动态信息，按照有关规定统一发布灾情，及时发布受灾地区需求。国家防灾减灾救灾委员会有关成员单位做好灾情、受灾地区需求、救灾工作动态等信息共享，每日向国家防灾减灾救灾委员会办公室报告有关情况。必要时，国家防灾减灾救灾委员会专家委员会组织专家开展灾情发展趋势及受灾地区需求评估。

（4）财政部会同应急管理部迅速启动中央救灾资金快速核拨机制，根据初步判断的灾情及时预拨中央自然灾害救灾资金。灾情稳定后，根据地方申请和应急管理部会同有关部门对灾情的核定情况进行清算，支持做好灾害救助工作。国家发展改革委及时下达灾后应急恢复重建中央预算内投资。应急管理部会同国家粮食和储备局紧急调拨中央生活类救灾物资，指导、监督基层救灾应急措施落实和救灾款物发放。交通运输、铁路、民航等部门和单位协调指导开展救灾物资、人员运输与重要通道快速修复等工作，充分发挥物流保通保畅工作机制作用，保障各类救灾物资运输畅通和人员及时转运。

（5）应急管理部迅速调派国家综合性消防救援队伍、专业救援队伍投入救灾工作，积极帮助受灾地区转移受灾群众、运送发放救灾物资等。军队有关单位根据国家有关部门和地方人民政府请求，组织协调解放军、武警部队、民兵参与救灾，协助受灾地区人民政府做好灾害救助工作。

（6）国家卫生健康委、国家疾控局根据需要，及时派出医疗卫生队伍赴受灾地区协助开展医疗救治、灾后防疫和心理援助等卫生应急工作。自然资源部及时提供受灾地区地理信息数据,组织受灾地区现场影像获取等应急测绘,开展灾情监测和空间分析,提供应急测绘保障服务。国务院国资委督促中央企业积极参与抢险救援、基础设施抢修恢复等工作。金融监管总局指导做好受灾地区保险理赔和金融支持服务。

(7)应急管理部会同民政部指导受灾省(自治区、直辖市)开展救灾捐赠活动。中央社会工作部统筹指导有关部门和单位,协调组织志愿服务力量参与灾害救助工作。中国红十字会总会依法开展相关救灾工作,开展救灾募捐等活动。

(8)中央宣传部统筹负责新闻宣传和舆论引导工作,指导有关部门和地方视情及时组织新闻发布会,协调指导各级媒体做好新闻宣传。中央网信办、广电总局等按职责组织做好新闻报道和舆论引导工作。

(9)灾情稳定后,受灾省(自治区、直辖市)人民政府组织开展灾害损失综合评估工作,及时将评估结果报送国家防灾减灾救灾委员会。国家防灾减灾救灾委员会办公室组织核定并按有关规定统一发布灾害损失情况。

(10)国家防灾减灾救灾委员会其他成员单位按照职责分工,做好有关工作。

(11)国家防灾减灾救灾委员会办公室及时汇总各部门开展灾害救助等工作情况并上报。

5.3 三级响应

5.3.1 启动条件

发生重特大自然灾害,一次灾害过程出现或会商研判可能出现下列情况之一的,可启动三级响应:

(1)一省(自治区、直辖市)死亡和失踪50人以上100人以下可启动响应,其相邻省(自治区、直辖市)死亡和失踪40人以上50人以下的可联动启动;

(2)一省(自治区、直辖市)紧急转移安置和需紧急生活救助50万人以上100万人以下;

(3)一省(自治区、直辖市)倒塌和严重损坏房屋10万间或3万户以上、20万间或7万户以下;

(4)干旱灾害造成缺粮或缺水等生活困难,需政府救助人数占该省(自治区、直辖市)农牧业人口20%以上25%以下或200万人以上300万人以下。

5.3.2 启动程序

灾害发生后,国家防灾减灾救灾委员会办公室经分析评估,认定灾情达到启动条件,向国家防灾减灾救灾委员会提出启动三级响应的建议,国家防灾减灾救灾委员会副主任(应急管理部主要负责同志)决定启动三级响应,并向国家防灾减灾救灾委员会主任报告。

5.3.3 响应措施

国家防灾减灾救灾委员会副主任(应急管理部主要负责同志)或其委托的国家防灾减灾救灾委员会办公室副主任(应急管理部分管负责同志)组织协调国家层面

灾害救助工作,指导支持受灾省(自治区、直辖市)灾害救助工作。国家防灾减灾救灾委员会及其成员单位采取以下措施：

(1)国家防灾减灾救灾委员会办公室组织有关成员单位及受灾省(自治区、直辖市)分析灾情形势,研究落实救灾支持政策和措施,有关情况及时上报国家防灾减灾救灾委员会主任、副主任并通报有关成员单位。

(2)派出由有关部门组成的工作组,赴受灾地区指导灾害救助工作,核查灾情,慰问受灾群众。

(3)国家防灾减灾救灾委员会办公室及时掌握并按照有关规定统一发布灾情和救灾工作动态信息。

(4)财政部会同应急管理部迅速启动中央救灾资金快速核拨机制,根据初步判断的灾情及时预拨部分中央自然灾害救灾资金。灾情稳定后,根据地方申请和应急管理部会同有关部门对灾情的核定情况进行清算,支持做好灾害救助工作。国家发展改革委及时下达灾后应急恢复重建中央预算内投资。应急管理部会同国家粮食和储备局紧急调拨中央生活类救灾物资,指导、监督基层救灾应急措施落实和救灾款物发放。交通运输、铁路、民航等部门和单位协调指导开展救灾物资、人员运输与重要通道快速修复等工作,充分发挥物流保通保畅工作机制作用,保障各类救灾物资运输畅通和人员及时转运。

(5)应急管理部迅速调派国家综合性消防救援队伍、专业救援队伍投入救灾工作,积极帮助受灾地区转移受灾群众、运送发放救灾物资等。军队有关单位根据国家有关部门和地方人民政府请求,组织协调解放军、武警部队、民兵参与救灾,协助受灾地区人民政府做好灾害救助工作。

(6)国家卫生健康委、国家疾控局指导受灾省(自治区、直辖市)做好医疗救治、灾后防疫和心理援助等卫生应急工作。金融监管总局指导做好受灾地区保险理赔和金融支持服务。

(7)中央社会工作部统筹指导有关部门和单位,协调组织志愿服务力量参与灾害救助工作。中国红十字会总会依法开展相关救灾工作。受灾省(自治区、直辖市)根据需要规范有序组织开展救灾捐赠活动。

(8)灾情稳定后,应急管理部指导受灾省(自治区、直辖市)评估、核定灾害损失情况。

(9)国家防灾减灾救灾委员会其他成员单位按照职责分工,做好有关工作。

5.4 四级响应

5.4.1 启动条件

发生重特大自然灾害,一次灾害过程出现或会商研判可能出现下列情况之一的,可启动四级响应：

(1)一省(自治区、直辖市)死亡和失踪20人以上50人以下;

(2)一省(自治区、直辖市)紧急转移安置和需紧急生活救助10万人以上50万人以下；

(3) 一省(自治区、直辖市)倒塌和严重损坏房屋1万间或3000户以上、10万间或3万户以下；

(4) 干旱灾害造成缺粮或缺水等生活困难,需政府救助人数占该省(自治区、直辖市)农牧业人口15%以上20%以下或100万人以上200万人以下。

5.4.2 启动程序

灾害发生后,国家防灾减灾救灾委员会办公室经分析评估,认定灾情达到启动条件,国家防灾减灾救灾委员会办公室副主任(应急管理部分管负责同志)决定启动四级响应,并向国家防灾减灾救灾委员会副主任(应急管理部主要负责同志)报告。

5.4.3 响应措施

国家防灾减灾救灾委员会办公室组织协调国家层面灾害救助工作,指导支持受灾省(自治区、直辖市)灾害救助工作。国家防灾减灾救灾委员会及其成员单位采取以下措施：

(1) 国家防灾减灾救灾委员会办公室组织有关部门和单位分析灾情形势,研究落实救灾支持政策和措施,有关情况及时上报国家防灾减灾救灾委员会主任、副主任并通报有关成员单位。

(2) 国家防灾减灾救灾委员会办公室派出工作组,赴受灾地区协助指导地方开展灾害救助工作,核查灾情,慰问受灾群众。必要时,可由有关部门组成联合工作组。

(3) 国家防灾减灾救灾委员会办公室及时掌握并按照有关规定统一发布灾情和救灾工作动态信息。

(4) 财政部会同应急管理部迅速启动中央救灾资金快速核拨机制,根据初步判断的灾情及时预拨部分中央自然灾害救灾资金。灾情稳定后,根据地方申请和应急管理部会同有关部门对灾情的核定情况进行清算,支持做好灾害救助工作。国家发展改革委及时下达灾后应急恢复重建中央预算内投资。应急管理部会同国家粮食和储备局紧急调拨中央生活类救灾物资,指导、监督基层救灾应急措施落实和救灾款物发放。交通运输、铁路、民航等部门和单位协调指导开展救灾物资、人员运输与重要通道快速修复等工作,充分发挥物流保通保畅工作机制作用,保障各类救灾物资运输畅通和人员及时转运。

(5) 应急管理部迅速调派国家综合性消防救援队伍、专业救援队伍投入救灾工作,积极帮助受灾地区转移受灾群众、运送发放救灾物资等。军队有关单位根据国家有关部门和地方人民政府请求,组织协调解放军、武警部队、民兵参与救灾,协助受灾地区人民政府做好灾害救助工作。

(6) 国家卫生健康委、国家疾控局指导受灾省(自治区、直辖市)做好医疗救治、灾后防疫和心理援助等卫生应急工作。

(7)国家防灾减灾救灾委员会其他成员单位按照职责分工,做好有关工作。

5.5 启动条件调整

对灾害发生在敏感地区、敏感时间或救助能力薄弱的革命老区、民族地区、边疆地区、欠发达地区等特殊情况,或灾害对受灾省(自治区、直辖市)经济社会造成重大影响时,相关应急响应启动条件可酌情降低。

5.6 响应联动

对已启动国家防汛抗旱防台风、地震、地质灾害、森林草原火灾应急响应的,国家防灾减灾救灾委员会办公室要强化灾情态势会商,必要时按照本预案规定启动国家自然灾害救助应急响应。

省(自治区、直辖市)启动三级以上省级自然灾害救助应急响应的,应及时向应急管理部报告。启动国家自然灾害救助应急响应后,国家防灾减灾救灾委员会办公室、应急管理部向相关省(自治区、直辖市)通报,所涉及省(自治区、直辖市)要立即启动省级自然灾害救助应急响应,并加强会商研判,根据灾情发展变化及时作出调整。

5.7 响应终止

救灾应急工作结束后,经研判,国家防灾减灾救灾委员会办公室提出建议,按启动响应的相应权限终止响应。

6 灾后救助

6.1 过渡期生活救助

6.1.1 灾害救助应急工作结束后,受灾地区应急管理部门及时组织将因灾房屋倒塌或严重损坏需恢复重建无房可住人员、因次生灾害威胁在外安置无法返家人员、因灾损失严重缺少生活来源人员等纳入过渡期生活救助范围。

6.1.2 对启动国家自然灾害救助应急响应的灾害,国家防灾减灾救灾委员会办公室、应急管理部要指导受灾地区应急管理部门统计摸排受灾群众过渡期生活救助需求情况,明确需救助人员规模,及时建立台账,并统计生活救助物资等需求。

6.1.3 根据省级财政、应急管理部门的资金申请以及需救助人员规模,财政部会同应急管理部按相关政策规定下达过渡期生活救助资金。应急管理部指导做好过渡期生活救助的人员核定、资金发放等工作,督促做好受灾群众过渡期基本生活保障工作。

6.1.4 国家防灾减灾救灾委员会办公室、应急管理部、财政部监督检查受灾地区过渡期生活救助政策和措施的落实情况,视情通报救助工作开展情况。

6.2 倒损住房恢复重建

6.2.1 因灾倒损住房恢复重建由受灾地区县级人民政府负责组织实施,提供资金支持,制定完善因灾倒损住房恢复重建补助资金管理有关标准规范,确保补助资金规范有序发放到受灾群众手中。

6.2.2 恢复重建资金等通过政府救助、社会互助、自行筹措、政策优惠等多种途径解决，并鼓励通过邻里帮工帮料、以工代赈等方式实施恢复重建。积极发挥商业保险经济补偿作用，发展城乡居民住宅地震巨灾保险、农村住房保险、灾害民生保险等相关保险，完善市场化筹集恢复重建资金机制，帮助解决受灾群众基本住房问题。

6.2.3 恢复重建规划和房屋设计要尊重群众意愿，加强全国自然灾害综合风险普查成果转化运用，因地制宜确定方案，科学安排项目选址，合理布局，避开地震断裂带、洪涝灾害高风险区、地质灾害隐患点等，避让地质灾害极高和高风险区。无法避让地质灾害极高和高风险区的，必须采取工程防治措施，提高抗灾设防能力，确保安全。

6.2.4 对启动国家自然灾害救助应急响应的灾害，应急管理部根据省级应急管理部门倒损住房核定情况，视情组织评估组，参考其他灾害管理部门评估数据，对因灾倒损住房情况进行综合评估，明确需恢复重建救助对象规模。

6.2.5 根据省级财政、应急管理部门的资金申请以及需恢复重建救助对象规模，财政部会同应急管理部按相关政策规定下达因灾倒损住房恢复重建补助资金。

6.2.6 倒损住房恢复重建工作结束后，地方应急管理部门应采取实地调查、抽样调查等方式，对本地因灾倒损住房恢复重建补助资金管理使用工作开展绩效评价，并将评价结果报上一级应急管理部门。应急管理部收到省级应急管理部门上报的本行政区域内绩效评价情况后，通过实地抽查等方式，对全国因灾倒损住房恢复重建补助资金管理使用工作进行绩效评价。

6.2.7 住房城乡建设部门负责倒损住房恢复重建的技术服务和指导，强化质量安全管理。自然资源部门负责做好灾后重建项目地质灾害危险性评估审查，根据评估结论指导地方做好必要的综合治理；做好国土空间规划、计划安排和土地整治，同时做好建房选址，加快用地、规划审批，简化审批手续。其他有关部门按照各自职责，制定优惠政策，支持做好住房恢复重建工作。

6.3 冬春救助

6.3.1 受灾地区人民政府负责解决受灾群众在灾害发生后的当年冬季、次年春季遇到的基本生活困难。国家防灾减灾救灾委员会办公室、应急管理部、财政部根据党中央、国务院有关部署加强统筹指导，地方各级应急管理部门、财政部门抓好落实。

6.3.2 国家防灾减灾救灾委员会办公室、应急管理部每年9月下旬开展受灾群众冬春生活困难情况调查，并会同省级应急管理部门开展受灾群众生活困难状况评估，核实情况，明确全国需救助人员规模。

6.3.3 受灾地区县级应急管理部门应在每年10月底前统计、评估本行政区域受灾群众当年冬季、次年春季的基本生活救助需求，核实救助人员，编制工作台账，制定救助工作方案，经本级党委和政府批准后组织实施，并报上一级应急管理部门备案。

6.3.4　根据省级财政、应急管理部门的资金申请以及全国需救助人员规模,财政部会同应急管理部按相关政策规定下达中央冬春救助资金,专项用于帮助解决受灾群众冬春基本生活困难。

6.3.5　地方各级应急管理部门会同有关部门组织调拨发放衣被等物资,应急管理部会同财政部、国家粮食和储备局根据地方申请视情调拨中央救灾物资予以支持。

7　保障措施

7.1　资金保障

7.1.1　县级以上地方党委和政府将灾害救助工作纳入国民经济和社会发展规划,建立健全与灾害救助需求相适应的资金、物资保障机制,将自然灾害救灾资金和灾害救助工作经费纳入财政预算。

7.1.2　中央财政每年综合考虑有关部门灾情预测和此前年度实际支出等因素,合理安排中央自然灾害救灾资金预算,支持地方党委和政府履行自然灾害救灾主体责任,用于组织开展重特大自然灾害救灾和受灾群众救助等工作。

7.1.3　财政部、应急管理部建立健全中央救灾资金快速核拨机制,根据灾情和救灾工作进展,按照及时快速、充分保障的原则预拨救灾资金,满足受灾地区灾害救助工作资金急需。灾情稳定后,及时对预拨资金进行清算。国家发展改革委及时下达灾后应急恢复重建中央预算内投资。

7.1.4　中央和地方各级人民政府根据经济社会发展水平、自然灾害生活救助成本等因素,适时调整自然灾害救助政策和相关补助标准,着力解决好受灾群众急难愁盼问题。

7.2　物资保障

7.2.1　充分利用现有国家储备仓储资源,合理规划、建设中央救灾物资储备库;设区的市级及以上人民政府、灾害多发易发地区的县级人民政府、交通不便或灾害事故风险等级高地区的乡镇人民政府,应根据灾害特点、居民人口数量和分布等情况,按照布局合理、规模适度的原则,设立救灾物资储备库(点)。优化救灾物资储备库布局,完善救灾物资储备库的仓储条件、设施和功能,形成救灾物资储备网络。救灾物资储备库(点)建设应统筹考虑各行业应急处置、抢险救灾等方面需要。

7.2.2　制定救灾物资保障规划,科学合理确定储备品种和规模。省、市、县、乡级人民政府应参照中央应急物资品种要求,结合本地区灾害事故特点,储备能够满足本行政区域启动二级响应需求的救灾物资,并留有安全冗余。建立健全救灾物资采购和储备制度,每年根据应对重特大自然灾害需求,及时补充更新救灾物资。按照实物储备和能力储备相结合的原则,提升企业产能保障能力,优化救灾物资产能布局。依托国家应急资源管理平台,搭建重要救灾物资生产企业数据库。建立健全应急状态下集中生产调度和紧急采购供应机制,提升救灾物资保障的社会协同能力。

7.2.3 依托应急管理、粮食和储备等部门中央级、区域级、省级骨干库建立救灾物资调运配送中心。建立健全救灾物资紧急调拨和运输制度,配备运输车辆装备,优化仓储运输衔接,提升救灾物资前沿投送能力。充分发挥各级物流保通保畅工作机制作用,提高救灾物资装卸、流转效率。增强应急调运水平,与市场化程度高、集散能力强的物流企业建立战略合作,探索推进救灾物资集装单元化储运能力建设。

7.2.4 制定完善救灾物资品种目录和质量技术标准、储备库(点)建设和管理标准,加强救灾物资保障全过程信息化管理。建立健全救灾物资应急征用补偿机制。

7.3 通信和信息保障

7.3.1 工业和信息化部健全国家应急通信保障体系,增强通信网络容灾抗毁韧性,加强基层应急通信装备预置,提升受灾地区应急通信抢通、保通、畅通能力。

7.3.2 加强国家自然灾害灾情管理系统建设,指导地方基于应急宽带VSAT卫星网和战备应急短波网等建设、管理应急通信网络,确保中央和地方各级党委和政府、军队有关指挥机构及时准确掌握重大灾情。

7.3.3 充分利用现有资源、设备,完善灾情和数据共享平台,健全灾情共享机制,强化数据及时共享。加强灾害救助工作信息化建设。

7.4 装备和设施保障

7.4.1 国家防灾减灾救灾委员会有关成员单位应协调为基层配备灾害救助必需的设备和装备。县级以上地方党委和政府要配置完善调度指挥、会商研判、业务保障等设施设备和系统,为防灾重点区域和高风险乡镇、村组配备必要装备,提升基层自救互救能力。

7.4.2 县级以上地方党委和政府应根据发展规划、国土空间总体规划等,结合居民人口数量和分布等情况,统筹推进应急避难场所规划、建设和管理工作,明确相关技术标准,统筹利用学校、公园绿地、广场、文体场馆等公共设施和场地空间建设综合性应急避难场所,科学合理确定应急避难场所数量规模、等级类别、服务半径、设施设备物资配置指标等,并设置明显标志。灾害多发易发地区可规划建设专用应急避难场所。

7.4.3 灾情发生后,县级以上地方党委和政府要视情及时启用开放各类应急避难场所,科学设置受灾群众安置点,避开山洪、地质灾害隐患点及其他危险区域,避免次生灾害。同时,要加强安置点消防安全、卫生医疗、防疫消杀、食品安全、治安等保障,确保安置点安全有序。

7.5 人力资源保障

7.5.1 加强自然灾害各类专业救灾队伍建设、灾害管理人员队伍建设,提高灾害救助能力。支持、培育和发展相关社会组织、社会工作者和志愿者队伍,鼓励和引导其在救灾工作中发挥积极作用。

7.5.2 组织应急管理、自然资源、住房城乡建设、生态环境、交通运输、水利、农业农村、商务、卫生健康、林草、地震、消防救援、气象、电力、红十字会等方面专家,重点开展灾情会商、赴受灾地区现场评估及灾害管理的业务咨询工作。

7.5.3 落实灾害信息员培训制度,建立健全覆盖省、市、县、乡镇(街道)、村(社区)的灾害信息员队伍。村民委员会、居民委员会和企事业单位应设立专职或者兼职的灾害信息员。

7.6 社会动员保障

7.6.1 建立健全灾害救助协同联动机制,引导社会力量有序参与。

7.6.2 完善非灾区支援灾区、轻灾区支援重灾区的救助对口支援机制。

7.6.3 健全完善灾害应急救援救助平台,引导社会力量和公众通过平台开展相关活动,持续优化平台功能,不断提升平台能力。

7.6.4 科学组织、有效引导,充分发挥乡镇党委和政府、街道办事处、村民委员会、居民委员会、企事业单位、社会组织、社会工作者和志愿者在灾害救助中的作用。

7.7 科技保障

7.7.1 建立健全应急减灾卫星、气象卫星、海洋卫星、资源卫星、航空遥感等对地监测系统,发展地面应用系统和航空平台系统,建立基于遥感、地理信息系统、模拟仿真、计算机网络等技术的"天地空"一体化灾害监测预警、分析评估和应急决策支持系统。开展地方空间技术减灾应用示范和培训工作。

7.7.2 组织应急管理、自然资源、生态环境、交通运输、水利、农业农村、卫生健康、林草、地震、消防救援、气象等方面专家开展自然灾害综合风险普查,及时完善全国自然灾害风险和防治区划图,制定相关技术和管理标准。

7.7.3 支持鼓励高等院校、科研院所、企事业单位和社会组织开展灾害相关领域的科学研究,加强对全球先进应急装备的跟踪研究,加大技术装备开发、推广应用力度,建立合作机制,鼓励防灾减灾救灾政策理论研究。

7.7.4 利用空间与重大灾害国际宪章、联合国灾害管理与应急反应天基信息平台等国际合作机制,拓展灾害遥感信息资源渠道,加强国际合作。

7.7.5 开展国家应急广播相关技术、标准研究,建立健全国家应急广播体系,实现灾情预警预报和减灾救灾信息全面立体覆盖。通过国家突发事件预警信息发布系统及时向公众发布灾害预警信息,综合运用各类手段确保直达基层一线。

7.8 宣传和培训

进一步加强突发事件应急科普宣教工作,组织开展全国性防灾减灾救灾宣传活动,利用各种媒体宣传应急法律法规和灾害预防、避险、避灾、自救、互救、保险常识,组织好"全国防灾减灾日"、"国际减灾日"、"世界急救日"、"世界气象日"、"全国科普日"、"全国科技活动周"、"全国消防日"和"国际民防日"等活动,加强防灾减灾救灾科普宣传,提高公民防灾减灾救灾意识和能力。积极推进社区减灾活动,推动综合减灾示范社区建设,筑牢防灾减灾救灾人民防线。

组织开展对地方各级党委和政府分管负责人、灾害管理人员和专业救援队伍、社会工作者和志愿者的培训。

8 附 则

8.1 术语解释

本预案所称自然灾害主要包括洪涝、干旱等水旱灾害,台风、风雹、低温冷冻、高温、雪灾、沙尘暴等气象灾害,地震灾害,崩塌、滑坡、泥石流等地质灾害,风暴潮、海浪、海啸、海冰等海洋灾害,森林草原火灾和重大生物灾害等。

8.2 责任与奖惩

各地区、各部门要切实压实责任,严格落实任务要求,对在灾害救助过程中表现突出、作出突出贡献的集体和个人,按照国家有关规定给予表彰奖励;对玩忽职守造成损失的,依据国家有关法律法规追究当事人责任,构成犯罪的,依法追究其刑事责任。

8.3 预案管理

8.3.1 本预案由应急管理部负责组织编制,报国务院批准后实施。预案实施过程中,应急管理部应结合重特大自然灾害应对处置情况,适时召集有关部门和专家开展复盘、评估,并根据灾害救助工作需要及时修订完善。

8.3.2 有关部门和单位可根据实际制定落实本预案任务的工作手册、行动方案等,确保责任落实到位。

8.3.3 地方各级党委和政府的防灾减灾救灾综合协调机构,应根据本预案修订本级自然灾害救助应急预案,省级预案报应急管理部备案。应急管理部加强对地方各级自然灾害救助应急预案的指导检查,督促地方动态完善预案。

8.3.4 国家防灾减灾救灾委员会办公室协调国家防灾减灾救灾委员会成员单位制定本预案宣传培训和演练计划,并定期组织演练。

8.3.5 本预案由国家防灾减灾救灾委员会办公室负责解释。

8.4 参照情形

发生自然灾害以外的其他类型突发事件,根据需要可参照本预案开展救助工作。

8.5 预案实施时间

本预案自印发之日起实施。

国务院办公厅关于加强水上搜救工作的通知

1. 2019 年 10 月 31 日发布
2. 国办函〔2019〕109 号

各省、自治区、直辖市人民政府，国务院有关部门：

　　水上搜救是国家突发事件应急体系的重要组成部分，是我国履行国际公约的重要内容，对保障人民群众生命财产安全、保护海洋生态环境、服务国家发展战略、提升国际影响力具有重要作用。改革开放特别是党的十八大以来，我国充分发挥国家海上搜救体制机制优势，稳步推进水上搜救体系建设，管理运行制度化、队伍装备正规化、决策指挥科学化、理念视野国际化、内部管理窗口化建设均取得显著成效，水上搜救能力和水平有了长足进步。但与此同时，水上搜救工作仍存在责任落实不到位、法规标准不健全、保障能力不适应等突出问题，难以满足新时代经济社会发展需要和人民群众期盼。为加强水上搜救工作，经国务院同意，现将有关事项通知如下：

一、健全水上搜救体制。国家海上搜救机构要做好全国海上搜救和船舶污染应急工作的统一组织、协调，制定完善工作预案和规章制度，指导地方开展有关工作。地方各级人民政府要落实预防与应对水上突发事件的属地责任，建立健全水上搜救组织、协调、指挥和保障体系，水上搜救所需经费要纳入同级财政预算，确保水上搜救机构高效有序运行。

二、完善联席会议制度。国家海上搜救部际联席会议要统筹全国海上搜救和船舶污染应急反应工作，发挥好联席会议、联络员会议、紧急会商、联合演习、专家咨询等优势。交通运输部要发挥好国家海上搜救部际联席会议牵头单位作用，完善综合协调机制，加强督促指导。地方各级人民政府要根据本地区实际建立水上搜救联席会议制度，形成"政府领导、统一指挥、属地为主、专群结合、就近就便、快速高效"的工作格局。

三、注重内河水上搜救协同。地方各级人民政府要根据实际建立适应需求、科学部署的应急值守动态调整机制，区域联动、行业协同的联合协作机制，加快推进内河巡航救助一体化建设，加强公务船艇日常巡航，强化执法和救助功能。非水网地区属地政府要建设辖区水上救援力量，加强应急物资储备，强化协调联动，不断提升内陆湖泊、水库等水上搜救能力。

四、加强信息资源共享。国家海上搜救部际联席会议、地方各级水上搜救联席会议的成员单位，要充分利用交通运输、工业和信息化、自然资源、水利、应急管理、气象等部门资源，提升预测预防预警能力，切实履行好水上搜救反应、抢险救灾、支持保障、善后处置等职责。

五、完善水上搜救规划和预案体系。抓好国家水上交通安全监管和救助系统布局规划、国家重大海上溢油应急能力建设规划的落实。加强国家海上搜救应急预案和国家重大海上溢油应急处置预案的宣贯落实,及时更新配套预案和操作手册,定期组织应急演练。根据工作实际编制水上搜救能力建设专项规划,优化搜救基地布局和装备配置,推进水域救援、巡航救助、水上医学救援、航空救助等基地建设。

六、加强法规和标准体系建设。国家海上搜救部际联席会议要推动完善海上搜救相关法规规章,明确海上搜救工作责任,指导各级水上搜救机构制定和完善水上搜救值班值守、平台建设、搜救指挥、装备配备、险情处置等工作标准,形成全流程、全业务链的标准体系,实现水上搜救工作规范化、科学化。

七、注重装备研发配备和技术应用。加强深远海救助打捞关键技术及装备研发应用,提升深远海和夜航搜救能力。加强内陆湖泊、水库等水域救援和深水救捞装备建设,实现深潜装备轻型化远程投送,提升长江等内河应急搜救能力。推动人工智能、新一代信息技术、卫星通信等在水上搜救工作中的应用,实现"12395"水上遇险求救电话全覆盖。科学布局建设船舶溢油应急物资设备库并定期维护保养,加强日常演习演练,提升船舶污染和重大海上溢油的应急处置能力。

八、建设现代化水上搜救人才队伍。加强国家专业救助打捞队伍和国家海上搜救部际联席会议成员单位所属水上搜救、水域救援力量建设,开放共享训练条件,强化搜救培训教育。充分发挥商船、渔船、社会志愿者等社会力量的作用,鼓励引导社会搜救队伍和志愿者队伍有序发展。组建跨地区、跨部门、多专业的水上搜救专家队伍,建立相对稳定的应急专家库,为做好有关工作提供技术支撑。

九、加强水上搜救交流与合作。国家海上搜救机构要弘扬国际人道主义精神,按照有关国际公约认真履行国际搜救义务,加强国内外重大事故应急案例研究,积极参与国际救援行动,树立负责任大国形象。加强区域与国际交流合作,学习借鉴国际先进的理念、技术和经验,提高我国海上搜救履职能力和国际影响力。

十、推广普及水上搜救文化。牢固树立生命至上、安全第一的思想,组织开展形式多样、生动活泼的宣传教育活动,提升全社会水上安全意识。建立激励机制,加大先进人物、感人事迹宣传力度,提升从业人员社会认同感、职业自豪感和工作积极性,为做好水上搜救工作创造良好氛围。

国家海上搜救应急预案

2006年1月23日国务院发布

1 总 则

1.1 编制目的

建立国家海上搜救应急反应机制,迅速、有序、高效地组织海上突发事件的应急反应行动,救助遇险人员,控制海上突发事件扩展,最大程度地减少海上突发事件造成的人员伤亡和财产损失。

履行中华人民共和国缔结或参加的有关国际公约;实施双边和多边海上搜救应急反应协定。

1.2 编制依据

1.2.1 国内法律、行政法规及有关规定

《中华人民共和国海上交通安全法》、《中华人民共和国安全生产法》、《中华人民共和国内河交通安全管理条例》、《中华人民共和国无线电管理条例》和《国家突发公共事件总体应急预案》等。

1.2.2 我国加入或缔结的国际公约、协议

《联合国海洋法公约》、《1974年国际海上人命安全公约》、《国际民航公约》、《1979年国际海上搜寻救助公约》、《中美海上搜救协定》、《中朝海上搜救协定》等我国加入或缔结的有关国际公约、协议。

1.3 适用范围

1.3.1 我国管辖水域和承担的海上搜救责任区内海上突发事件的应急反应行动。

1.3.2 发生在我国管辖水域和搜救责任区外,涉及中国籍船舶、船员遇险或可能对我国造成重大影响或损害的海上突发事件的应急反应行动。

1.3.3 参与海上突发事件应急行动的单位、船舶、航空器、设施及人员。

1.4 工作原则

(1)政府领导,社会参与,依法规范。

政府领导:政府对海上搜救工作实行统一领导,形成高效应急反应机制,及时、有效地组织社会资源,形成合力。

社会参与:依照海上突发事件应急组织体系框架,形成专业力量与社会力量相结合,多部门参加,多学科技术支持,全社会参与的应对海上突发事件机制。

依法规范:依照有关法律、法规,明确各相关部门、单位、个人的责任、权利和义

务,规范应急反应的组织、协调、指挥行为。

(2)统一指挥,分级管理,属地为主。

统一指挥:对海上突发事件应急反应行动实行统一指挥,保证搜救机构组织的各方应急力量行动协调,取得最佳效果。

分级管理:根据海上突发事件的发生区域、性质、程度与实施救助投入的力量所需,实施分级管理。

属地为主:由海上突发事件发生地海上搜救机构实施应急指挥,确保及时分析判断形势,正确决策,相机处置,提高应急反应行动的及时性和有效性。

(3)防应结合,资源共享,团结协作。

防应结合:"防"是指做好自然灾害的预警工作,减少自然灾害引发海上突发事件的可能;"应"是指保证海上突发事件发生后,及时对海上遇险人员进行救助,减少损失。防应并重,确保救助。

资源共享:充分利用常备资源,广泛调动各方资源,避免重复建设,发挥储备资源的作用。

团结协作:充分发挥参与救助各方力量的自身优势和整体效能,相互配合,形成合力。

(4)以人为本,科学决策,快速高效。

以人为本:充分履行政府公共服务职能,快速高效地救助人命。

科学决策:运用现代科技手段,保证信息畅通;充分发挥专家的咨询作用,果断决策,保证应急指挥的权威性。

快速高效:建立应急机制,保证指挥畅通;强化人员培训,提高从业人员素质;提高应急力量建设,提高应急反应的效能和水平。

2 国家海上搜救应急组织指挥体系及职责任务

国家海上搜救应急组织指挥体系由应急领导机构、运行管理机构、咨询机构、应急指挥机构、现场指挥、应急救助力量等组成。

2.1 应急领导机构

建立国家海上搜救部际联席会议制度,研究、议定海上搜救重要事宜,指导全国海上搜救应急反应工作。在交通部设立中国海上搜救中心,作为国家海上搜救的指挥工作机构,负责国家海上搜救部际联席会议的日常工作,并承担海上搜救运行管理机构的工作。

部际联席会议成员单位根据各自职责,结合海上搜救应急反应行动实际情况,发挥相应作用,承担海上搜救应急反应、抢险救灾、支持保障、善后处理等应急工作。

2.2 运行管理机构

中国海上搜救中心以交通部为主承担海上搜救的运行管理工作。

2.3 咨询机构

咨询机构包括海上搜救专家组和其他相关咨询机构。

2.3.1 搜救专家组

国家海上搜救专家组由航运、海事、航空、消防、医疗卫生、环保、石油化工、海洋工程、海洋地质、气象、安全管理等行业专家、专业技术人员组成,负责提供海上搜救技术咨询。

2.3.2 其他相关咨询机构

其他相关咨询机构应中国海上搜救中心要求,提供相关的海上搜救咨询服务。

2.4 应急指挥机构

应急指挥机构包括:中国海上搜救中心及地方各级政府建立的海上搜救机构。

沿海及内河主要通航水域的各省(区、市)成立以省(区、市)政府领导任主任,相关部门和当地驻军组成的省级海上搜救机构。根据需要,省级海上搜救机构可设立搜救分支机构。

2.4.1 省级海上搜救机构

省级海上搜救机构承担本省(区、市)海上搜救责任区的海上应急组织指挥工作。

2.4.2 海上搜救分支机构

海上搜救分支机构是市(地)级或县级海上应急组织指挥机构,其职责由省级海上搜救机构确定。

2.5 现场指挥(员)

海上突发事件应急反应的现场指挥(员)由负责组织海上突发事件应急反应的应急指挥机构指定,按照应急指挥机构指令承担现场协调工作。

2.6 海上应急救助力量

海上应急救助力量包括各级政府部门投资建设的专业救助力量和军队、武警救助力量,政府部门所属公务救助力量,其他可投入救助行动的民用船舶与航空器,企事业单位、社会团体、个人等社会人力和物力资源。

服从应急指挥机构的协调、指挥,参加海上应急行动及相关工作。

3 预警和预防机制

预警和预防是通过分析预警信息,作出相应判断,采取预防措施,防止自然灾害造成事故或做好应急反应准备。

3.1 信息监测与报告

预警信息包括:气象、海洋、水文、地质等自然灾害预报信息;其他可能威胁海上人命、财产、环境安全或造成海上突发事件发生的信息。

预警信息监测部门根据各自职责分别通过信息播发渠道向有关方面发布气象、海洋、水文、地质等自然灾害预警信息。

3.2 预警预防行动

3.2.1 从事海上活动的有关单位、船舶和人员应注意接收预警信息,根据不同预警级别,采取相应的防范措施,防止或减少海上突发事件对人命、财产和环境造成危害。

3.2.2 各级海上搜救机构,根据风险信息,有针对性地做好应急救助准备。

3.3 预警支持系统

预警支持系统由公共信息播发系统、海上安全信息播发系统等组成,相关风险信息发布责任部门应制定预案,保证信息的及时准确播发。

4 海上突发事件的险情分级与上报

4.1 海上突发事件险情分级

根据国家突发事件险情上报的有关规定,并结合海上突发事件的特点及突发事件对人命安全、海洋环境的危害程度和事态发展趋势,将海上突发事件险情信息分为特大、重大、较大、一般四级。

4.2 海上突发事件险情信息的处理

海上搜救机构接到海上突发事件险情信息后,对险情信息进行分析与核实,并按照有关规定和程序逐级上报。

中国海上搜救中心按照有关规定,立即向国务院报告,同时通报国务院有关部门。

5 海上突发事件的应急响应和处置

5.1 海上遇险报警

5.1.1 发生海上突发事件时,可通过海上通信无线电话、海岸电台、卫星地面站、应急无线电示位标或公众通信网(海上救助专用电话号"12395")等方式报警。

5.1.2 发送海上遇险信息时,应包括以下内容:
(1)事件发生的时间、位置。
(2)遇险状况。
(3)船舶、航空器或遇险者的名称、种类、国籍、呼号、联系方式。

5.1.3 报警者尽可能提供下列信息:
(1)船舶或航空器的主要尺度、所有人、代理人、经营人、承运人。
(2)遇险人员的数量及伤亡情况。
(3)载货情况,特别是危险货物,货物的名称、种类、数量。
(4)事发直接原因、已采取的措施、救助请求。
(5)事发现场的气象、海况信息,包括风力、风向、流向、流速、潮汐、水温、浪高等。

5.1.4 使用的报警设备应按规定做好相关报警与信息的预设工作。

5.2 海上遇险信息的分析与核实

海上搜救机构通过直接或间接的途径对海上遇险信息进行核实与分析。

5.3 遇险信息的处置

(1)发生海上突发事件,事发地在本责任区的,按规定启动本级预案。

(2)发生海上突发事件,事发地不在本责任区的,接警的海上搜救机构应立即直接向所在责任区海上搜救机构通报并同时向上级搜救机构报告。

(3)中国海上搜救中心直接接到的海上突发事件报警,要立即通知搜救责任区的省级海上搜救机构和相关部门。

(4)海上突发事件发生在香港特别行政区水域、澳门特别行政区水域和台湾、金门、澎湖、马祖岛屿附近水域的,可由有关省级搜救机构按照已有搜救联络协议进行通报,无联络协议的,由中国海上搜救中心予以联络。

(5)海上突发事件发生地不在我国海上搜救责任区的,中国海上搜救中心应通报有关国家的海上搜救机构。有中国籍船舶、船员遇险的,中国海上搜救中心除按上述(2)、(3)项报告外,还应及时与有关国家的海上搜救机构或我驻外使领馆联系,通报信息,协助救助,掌握救助进展情况,并与外交部互通信息。

(6)涉及海上保安事件,按海上保安事件处置程序处理和通报。

涉及船舶造成污染的,按有关船舶油污应急反应程序处理和通报。

5.4 指挥与控制

5.4.1 最初接到海上突发事件信息的海上搜救机构自动承担应急指挥机构的职责,并启动预案反应,直至海上突发事件应急反应工作已明确移交给责任区海上搜救机构或上一级海上搜救机构指定新的应急指挥机构时为止。

5.4.2 应急指挥机构按规定程序向上一级搜救机构请示、报告和做出搜救决策。实施应急行动时,应急指挥机构可指定现场指挥。

5.5 紧急处置

5.5.1 应急指挥机构的任务

在险情确认后,承担应急指挥的机构立即进入应急救援行动状态:

(1)按照险情的级别通知有关人员进入指挥位置。

(2)在已掌握情况基础上,确定救助区域,明确实施救助工作任务与具体救助措施。

(3)根据已制定的应急预案,调动应急力量执行救助任务。

(4)通过船舶报告系统调动事发附近水域船舶前往实施救助。

(5)建立应急通信机制。

(6)指定现场指挥。

(7)动用航空器实施救助的,及时通报空管机构。

(8)事故救助现场需实施海上交通管制的,及时由责任区海事管理机构发布航行通(警)告并组织实施管制行动。

(9)根据救助情况,及时调整救助措施。

5.5.2 搜救指令的内容

对需动用的、当时有能力进行海上搜救的救助力量,搜救机构应及时下达行动指令,明确任务。

5.5.3 海上突发事件处置保障措施

根据救助行动情况及需要,搜救机构应及时对下列事项进行布置:
(1)遇险人员的医疗救护。
(2)当险情可能对公众造成危害时,通知有关部门组织人员疏散或转移。
(3)做出维护治安的安排。
(4)指令有关部门提供海上突发事件应急反应的支持保障。

5.5.4 救助力量与现场指挥的任务

(1)专业救助力量应将值班待命的布设方案和值班计划按搜救机构的要求向搜救机构报告,值班计划临时调整的,应提前向搜救机构报告,调整到位后,要进行确认报告。
(2)救助力量与现场指挥应执行搜救机构的指令,按搜救机构的要求将出动情况、已实施的行动情况、险情现场及救助进展情况向搜救机构报告,并及时提出有利于应急行动的建议。

5.6 分级响应

海上突发事件应急反应按照海上搜救分支机构、省级海上搜救机构、中国海上搜救中心从低到高依次响应。

(1)任何海上突发事件,搜救责任区内最低一级海上搜救机构应首先进行响应。
(2)责任区海上搜救机构应急力量不足或无法控制事件扩展时,请求上一级海上搜救机构开展应急响应。
(3)上一级搜救机构应对下一级搜救机构的应急响应行动给予指导。
(4)无论何种情况,均不免除各省级搜救机构对其搜救责任区内海上突发事件全面负责的责任,亦不影响各省级搜救机构先期或将要采取的有效救助行动。

5.7 海上应急反应通信

海上搜救机构在实施海上应急行动时,可根据现场具体情况,指定参加应急活动所有部门的应急通信方式。通信方式包括:
(1)海上通信,常用海上遇险报警、海上突发事件应急反应通信方式。
(2)公众通信网,包括电话、传真、因特网。
(3)其他一切可用手段。

5.8 海上医疗援助

5.8.1 医疗援助的方式

各级海上搜救机构会同当地卫生主管部门指定当地具备一定医疗技术和条件的医疗机构承担海上医疗援助任务。

5.8.2 医疗援助的实施
海上医疗援助一般由实施救助行动所在地的医疗机构承担,力量不足时,可通过海上搜救机构逐级向上请求支援。

5.9 应急行动人员的安全防护
(1)参与海上应急行动的单位负责本单位人员的安全防护。各级海上搜救机构应对参与救援行动单位的安全防护工作提供指导。

(2)化学品应急人员进入和离开现场应先登记,进行医学检查,有人身伤害立即采取救治措施。

(3)参与应急行动人员的安全防护装备不足时,实施救助行动的海上搜救机构可请求上一级海上搜救机构协调解决。

5.10 遇险旅客及其他人员的安全防护
在实施救助行动中,应根据险情现场与环境情况,组织做好遇险旅客及其他人员的安全防护工作,告知旅客及其他人员可能存在的危害和防护措施,及时调集应急人员和防护器材、装备、药品。

5.10.1 海上搜救机构要对海上突发事件可能次生、衍生的危害采取必要的措施,对海上突发事件可能影响的范围内船舶、设施及人员的安全防护、疏散方式做出安排。

5.10.2 在海上突发事件影响范围内可能涉及陆上人员安全的情况下,海上搜救机构应通报地方政府采取防护或疏散措施。

5.10.3 船舶、浮动设施和民用航空器的所有人、经营人应制订在紧急情况下对遇险旅客及其他人员采取的应急防护、疏散措施;在救助行动中要服从海上搜救机构的指挥,对遇险旅客及其他人员采取应急防护、疏散措施,并做好安置工作。

5.11 社会力量动员与参与
5.11.1 社会动员

(1)各级人民政府可根据海上突发事件的等级、发展趋势、影响程度等在本行政区域内依法发布社会动员令。

(2)当应急力量不足时,由当地政府动员本地区机关、企事业单位、各类民间组织和志愿人员等社会力量参与或支援海上应急救援行动。

5.11.2 社会动员时海上搜救机构的行动

(1)指导所动员的社会力量,携带必要的器材、装备赶赴指定地点。

(2)根据参与应急行动人员的具体情况进行工作安排与布置。

5.12 救助效果评估与处置方案调整
5.12.1 目的

跟踪应急行动的进展,查明险情因素和造成事件扩展和恶化因素,控制危险源和污染源,对措施的有效性进行分析、评价,调整应急行动方案,以便有针对性地采取有效措施,尽可能减少险情造成的损失和降低危害,提高海上突发事件应急反应效率和救助成功率。
  5.12.2 方式
  由海上搜救机构在指挥应急行动中组织、实施,具体包括:
  (1)指导救援单位组织专人,使用专用设备、仪器进行现场检测、分析。
  (2)组织专家或专业咨询机构对事件进行分析、研究。
  (3)使用计算机辅助支持系统进行分析、评估。
  5.12.3 内容
  (1)调查险情的主要因素。
  (2)判断事件的发展趋势。
  (3)采取有针对性措施对危险源进行控制、处置。
  (4)对现场进行检测,分析、评价措施的有效性。
  (5)针对海上突发事件衍生出的新情况、新问题,采取进一步的措施。
  (6)对应急行动方案进行调整和完善。
  5.13 海上应急行动的终止
  负责组织指挥海上突发事件应急反应的海上搜救机构,根据下列情况决定是否终止应急行动:
  (1)所有可能存在遇险人员的区域均已搜寻。
  (2)幸存者在当时的气温、水温、风、浪条件下得以生存的可能性已完全不存在。
  (3)海上突发事件应急反应已获得成功或紧急情况已不复存在。
  (4)海上突发事件的危害已彻底消除或已控制,不再有扩展或复发的可能。
  5.14 信息发布
  中国海上搜救中心负责向社会发布海上突发事件的信息,必要时可授权下级海上搜救应急指挥机构向社会发布本责任区内海上突发事件的信息。
  信息发布要及时、主动、客观、准确。信息发布通过新闻发布会、电视、广播、报刊、杂志等媒体作用,邀请记者现场报道形式进行。

6 后 期 处 置

  6.1 善后处置
  6.1.1 伤员的处置
  当地医疗卫生部门负责获救伤病人员的救治。
  6.1.2 获救人员的处置
  当地政府民政部门或获救人员所在单位负责获救人员的安置;港澳台或外籍人员,由当地政府港澳台办或外事办负责安置;外籍人员由公安部门或外交部门负责遣返。
  6.1.3 死亡人员的处置
  当地政府民政部门或死亡人员所在单位负责死亡人员的处置;港澳台或外籍死

亡人员,由当地政府港澳台办或外事办负责处置。

6.2 社会救助
对被救人员的社会救助,由当地政府民政部门负责组织。

6.3 保险
6.3.1 参加现场救助的政府公务人员由其所在单位办理人身意外伤害保险。

6.3.2 参加救助的专业救助人员由其所属单位办理人身意外伤害保险。

6.3.3 国家金融保险机构要及时介入海上突发事件的处置工作,按规定开展赔付工作。

6.4 搜救效果和应急经验总结
6.4.1 搜救效果的总结评估

(1)海上搜救机构负责搜救效果的调查工作,实行分级调查的原则。

(2)海上交通事故的调查处理,按照国家有关规定处理。

6.4.2 应急经验总结和改进建议

(1)海上搜救机构负责应急经验的总结工作,实行分级总结的原则。

(2)海上搜救分支机构负责一般和较大应急工作的总结;省级海上搜救机构负责重大应急工作的总结;中国海上搜救中心负责特大应急工作的总结。

7 应急保障

7.1 通信与信息保障
各有关通信管理部门、单位均应按照各自的职责要求,制订有关海上应急通信线路、设备、设施等使用、管理、保养制度;落实责任制,确保海上应急通信畅通。

7.2 应急力量与应急保障
7.2.1 应急力量和装备保障

(1)省级海上搜救机构收集本地区可参与海上应急行动人员的数量、专长、通信方式和分布情况信息。

(2)专业救助力量应按照海上搜救机构的要求配备搜救设备和救生器材。

(3)省级海上搜救机构依据《海上搜救力量指定指南》,收集本地区应急设备的类型、数量、性能和布局信息。

7.2.2 交通运输保障

(1)建立海上应急运输保障机制,为海上应急指挥人员赶赴事发现场,以及应急器材的运送提供保障。

(2)省级海上搜救机构及其分支机构应配备应急专用交通工具,确保应急指挥人员、器材及时到位。

(3)省级海上搜救机构及其分支机构应与本地区的运输部门建立交通工具紧急征用机制,为应急行动提供保障。

7.2.3 医疗保障
建立医疗联动机制,明确海上医疗咨询、医疗援助或医疗移送和收治伤员的任务。

7.2.4 治安保障
(1)省级海上搜救机构及其分支机构与同级公安部门建立海上应急现场治安秩序保障机制,保障海上应急行动的顺利开展。

(2)相关公安部门应为海上应急现场提供治安保障。

7.2.5 资金保障
(1)应急资金保障由各级财政部门纳入财政预算,按照分级负担的原则,合理承担应由政府承担的应急保障资金。具体参照《财政应急保障预案》有关规定执行。

(2)中国海上搜救中心、省级海上搜救机构及其分支机构应按规定使用、管理搜救经费,定期向同级政府汇报经费的使用情况,接受政府部门的审计与监督。

7.2.6 社会动员保障
当应急力量不足时,由当地政府动员本地区机关、企事业单位、各类民间组织和志愿人员等社会力量参与或支援海上应急救援行动。

7.3 宣传、培训与演习

7.3.1 公众信息交流
公众信息交流的目的是使公众了解海上安全知识,提高公众的安全意识,增强应对海上突发事件能力。

(1)海上搜救机构要组织编制海上险情预防、应急等安全知识宣传资料,通过媒体主渠道和适当方式开展海上安全知识宣传工作。

(2)海上搜救机构要通过媒体和适当方式公布海上应急预案信息,介绍应对海上突发事件的常识。

7.3.2 培训
(1)海上搜救机构工作人员应通过专业培训和在职培训,掌握履行其职责所需的相关知识。

(2)专业救助力量、有关人员的适任培训由应急指挥机构认可的机构进行,并应取得应急指挥机构颁发的相应证书。

(3)被指定为海上救援力量的相关人员的应急技能和安全知识培训,由各自单位组织,海上搜救机构负责相关指导工作。

7.3.3 演习
中国海上搜救中心应举行如下海上搜救演习:

(1)每两年举行一次综合演习。不定期与周边国家、地区海上搜救机构举行海上突发事件应急处置联合演习。

(2)每年举行一次海上搜救项目的单项演习,并将海上医疗咨询和医疗救援纳入演习内容。

（3）每半年举行一次由各成员单位和各级海上搜救机构参加的应急通信演习。

8 附 则

8.1 名词术语和缩写的定义与说明

（1）海上突发事件是指船舶、设施在海上发生火灾、爆炸、碰撞、搁浅、沉没，油类物质或危险化学品泄漏以及民用航空器海上遇险造成或可能造成人员伤亡、财产损失的事件。

（2）海上搜救责任区是指由一搜救机构所承担的处置海上突发事件的责任区域。

（3）本预案中所指"海上"包括内河水域。

（4）本预案有关数量的表述中，"以上"含本数，"以下"不含本数。

8.2 预案管理与更新

（1）交通部负责国家海上搜救应急预案的编制及修改工作。

（2）本应急预案的附录，属技术指导性文件的，由中国海上搜救中心审定；属行政规章的，其修改工作由发布机关负责。

（3）省级海上搜救机构及其分支机构负责编制各自的海上应急反应预案，报同级人民政府批准，并及时报送中国海上搜救中心。

（4）专业搜救力量制定的预案应报同级应急指挥机构批准后实施，并接受应急指挥机构的监督检查。

8.3 国际协作

（1）收到周边国家或地区请求对在其搜救责任区开展的海上突发事件应急反应给予救援时，视情提供包括船舶、航空器、人员和设备的援助。

（2）在其他国家的救助机构提出外籍船舶或航空器为搜寻救助海难人员的目的进入或越过我国领海或领空的申请时，要及时与国家有关主管部门联系，并将是否准许情况回复给提出请求的搜救机构。

（3）与周边国家共同搜救区内的海上突发事件应急反应，需协调有关国家派出搜救力量，提供必要的援助。

（4）与周边国家搜救机构一起做出搜救合作和协调的行动计划和安排。

（5）为搜寻海上突发事件发生地点和救助海上突发事件遇险人员，救助力量需进入或越过其他国家领海或领空，由中国海上搜救中心与有关国家或地区海上搜救机构联系，说明详细计划和必要性。

8.4 奖励与责任追究

8.4.1 在参加海上应急行动中牺牲的军人或其他人员，由军事部门或省、自治区、直辖市人民政府，按照《革命烈士褒扬条例》的规定批准为革命烈士。

8.4.2 军人或其他人员参加海上应急行动致残的，由民政部门按相关规定给予抚恤优待。

8.4.3 对海上应急工作作出突出贡献的人员,由中国海上搜救中心或省级海上搜救机构报交通部或省级人民政府按照规定,给予奖励。

8.4.4 对按海上搜救机构协调参加海上搜救的船舶,由中国海上搜救中心或省级海上搜救中心给予适当的奖励、补偿或表扬。奖励、补偿或表扬的具体规定由中国海上搜救中心另行制订。

8.4.5 对推诿、故意拖延、不服从、干扰海上搜救机构协调指挥,未按本预案规定履行职责或违反本预案有关新闻发布规定的单位、责任人,由海上搜救机构予以通报,并建议其上级主管部门依照有关规定追究行政责任或给予党纪处分;对违反海事管理法律、法规的,由海事管理机关给予行政处罚;构成犯罪的,依法追究刑事责任。

8.4.6 对滥用职权、玩忽职守的搜救机构工作人员,依照有关规定给予行政和党纪处分;构成犯罪的,依法追究刑事责任。

8.5 预案实施时间

本预案自印发之日起施行。

国家突发公共事件医疗卫生救援应急预案

2006年2月26日国务院发布

1 总　　则

1.1 编制目的

保障自然灾害、事故灾难、公共卫生、社会安全事件等突发公共事件(以下简称突发公共事件)发生后,各项医疗卫生救援工作迅速、高效、有序地进行,提高卫生部门应对各类突发公共事件的应急反应能力和医疗卫生救援水平,最大程度地减少人员伤亡和健康危害,保障人民群众身体健康和生命安全,维护社会稳定。

1.2 编制依据

依据《中华人民共和国传染病防治法》、《中华人民共和国食品卫生法》、《中华人民共和国职业病防治法》、《中华人民共和国放射性污染防治法》、《中华人民共和国安全生产法》以及《突发公共卫生事件应急条例》、《医疗机构管理条例》、《核电厂核事故应急管理条例》和《国家突发公共事件总体应急预案》,制定本预案。

1.3 适用范围

本预案适用于突发公共事件所导致的人员伤亡、健康危害的医疗卫生救援工作。突发公共卫生事件应急工作按照《国家突发公共卫生事件应急预案》的有关规定执行。

1.4 工作原则

统一领导、分级负责;属地管理、明确职责;依靠科学、依法规范;反应及时、措施果断;整合资源、信息共享;平战结合、常备不懈;加强协作、公众参与。

2 医疗卫生救援的事件分级

根据突发公共事件导致人员伤亡和健康危害情况将医疗卫生救援事件分为特别重大(Ⅰ级)、重大(Ⅱ级)、较大(Ⅲ级)和一般(Ⅳ级)四级。

2.1 特别重大事件(Ⅰ级)

(1)一次事件出现特别重大人员伤亡,且危重人员多,或者核事故和突发放射事件、化学品泄漏事故导致大量人员伤亡,事件发生地省级人民政府或有关部门请求国家在医疗卫生救援工作上给予支持的突发公共事件。

(2)跨省(区、市)的有特别严重人员伤亡的突发公共事件。

(3)国务院及其有关部门确定的其他需要开展医疗卫生救援工作的特别重大突发公共事件。

2.2 重大事件(Ⅱ级)

(1)一次事件出现重大人员伤亡,其中,死亡和危重病例超过5例的突发公共事件。

(2)跨市(地)的有严重人员伤亡的突发公共事件。

(3)省级人民政府及其有关部门确定的其他需要开展医疗卫生救援工作的重大突发公共事件。

2.3 较大事件(Ⅲ级)

(1)一次事件出现较大人员伤亡,其中,死亡和危重病例超过3例的突发公共事件。

(2)市(地)级人民政府及其有关部门确定的其他需要开展医疗卫生救援工作的较大突发公共事件。

2.4 一般事件(Ⅳ级)

(1)一次事件出现一定数量人员伤亡,其中,死亡和危重病例超过1例的突发公共事件。

(2)县级人民政府及其有关部门确定的其他需要开展医疗卫生救援工作的一般突发公共事件。

3 医疗卫生救援组织体系

各级卫生行政部门要在同级人民政府或突发公共事件应急指挥机构的统一领导、指挥下,与有关部门密切配合、协调一致,共同应对突发公共事件,做好突发公共事件的医疗卫生救援工作。

医疗卫生救援组织机构包括:各级卫生行政部门成立的医疗卫生救援领导小

组、专家组和医疗卫生救援机构[指各级各类医疗机构,包括医疗急救中心(站)、综合医院、专科医院、化学中毒和核辐射事故应急医疗救治专业机构、疾病预防控制机构和卫生监督机构]、现场医疗卫生救援指挥部。

3.1 医疗卫生救援领导小组

国务院卫生行政部门成立突发公共事件医疗卫生救援领导小组,领导、组织、协调、部署特别重大突发公共事件的医疗卫生救援工作。国务院卫生行政部门卫生应急办公室负责日常工作。

省、市(地)、县级卫生行政部门成立相应的突发公共事件医疗卫生救援领导小组,领导本行政区域内突发公共事件医疗卫生救援工作,承担各类突发公共事件医疗卫生救援的组织、协调任务,并指定机构负责日常工作。

3.2 专家组

各级卫生行政部门应组建专家组,对突发公共事件医疗卫生救援工作提供咨询建议、技术指导和支持。

3.3 医疗卫生救援机构

各级各类医疗机构承担突发公共事件的医疗卫生救援任务。其中,各级医疗急救中心(站)、化学中毒和核辐射事故应急医疗救治专业机构承担突发公共事件现场医疗卫生救援和伤员转送;各级疾病预防控制机构和卫生监督机构根据各自职能做好突发公共事件中的疾病预防控制和卫生监督工作。

3.4 现场医疗卫生救援指挥部

各级卫生行政部门根据实际工作需要在突发公共事件现场设立现场医疗卫生救援指挥部,统一指挥、协调现场医疗卫生救援工作。

4 医疗卫生救援应急响应和终止

4.1 医疗卫生救援应急分级响应

4.1.1 Ⅰ级响应

(1)Ⅰ级响应的启动

符合下列条件之一者,启动医疗卫生救援应急的Ⅰ级响应:

a. 发生特别重大突发公共事件,国务院启动国家突发公共事件总体应急预案。

b. 发生特别重大突发公共事件,国务院有关部门启动国家突发公共事件专项应急预案。

c. 其他符合医疗卫生救援特别重大事件(Ⅰ级)级别的突发公共事件。

(2)Ⅰ级响应行动

国务院卫生行政部门接到关于医疗卫生救援特别重大事件的有关指示、通报或报告后,应立即启动医疗卫生救援领导小组工作,组织专家对伤病员及救治情况进行综合评估,组织和协调医疗卫生救援机构开展现场医疗卫生救援,指导和协调落实医疗救治等措施,并根据需要及时派出专家和专业队伍支援地方,及时向国务院和国家相关突发公共事件应急指挥机构报告和反馈有关处理情况。凡属启动国家总体应急预案和专项应急预案的响应,医疗卫生救援领导小组按相关规定启动工作。

事件发生地的省(区、市)人民政府卫生行政部门在国务院卫生行政部门的指挥下,结合本行政区域的实际情况,组织、协调开展突发公共事件的医疗卫生救援。

4.1.2 Ⅱ级响应

(1) Ⅱ级响应的启动

符合下列条件之一者,启动医疗卫生救援应急的Ⅱ级响应:

a. 发生重大突发公共事件,省级人民政府启动省级突发公共事件应急预案。

b. 发生重大突发公共事件,省级有关部门启动省级突发公共事件专项应急预案。

c. 其他符合医疗卫生救援重大事件(Ⅱ级)级别的突发公共事件。

(2) Ⅱ级响应行动

省级卫生行政部门接到关于医疗卫生救援重大事件的有关指示、通报或报告后,应立即启动医疗卫生救援领导小组工作,组织专家对伤病员及救治情况进行综合评估。同时,迅速组织医疗卫生救援应急队伍和有关人员到达突发公共事件现场,组织开展医疗救治,并分析突发公共事件的发展趋势,提出应急处理工作建议,及时向本级人民政府和突发公共事件应急指挥机构报告有关处理情况。凡属启动省级应急预案和省级专项应急预案的响应,医疗卫生救援领导小组按相关规定启动工作。

国务院卫生行政部门对省级卫生行政部门负责的突发公共事件医疗卫生救援工作进行督导,根据需要和事件发生地省级人民政府和有关部门的请求,组织国家医疗卫生救援应急队伍和有关专家进行支援,并及时向有关省份通报情况。

4.1.3 Ⅲ级响应

(1) Ⅲ级响应的启动

符合下列条件之一者,启动医疗卫生救援应急的Ⅲ级响应:

a. 发生较大突发公共事件,市(地)级人民政府启动市(地)级突发公共事件应急预案。

b. 其他符合医疗卫生救援较大事件(Ⅲ级)级别的突发公共事件。

(2) Ⅲ级响应行动

市(地)级卫生行政部门接到关于医疗卫生救援较大事件的有关指示、通报或报告后,应立即启动医疗卫生救援领导小组工作,组织专家对伤病员及救治情况进行综合评估。同时,迅速组织开展现场医疗卫生救援工作,并及时向本级人民政府和突发公共事件应急指挥机构报告有关处理情况。凡属启动市(地)级应急预案的响应,医疗卫生救援领导小组按相关规定启动工作。

省级卫生行政部门接到医疗卫生救援较大事件报告后,要对事件发生地突发公共事件医疗卫生救援工作进行督导,必要时组织专家提供技术指导和支持,并适时向本省(区、市)有关地区发出通报。

4.1.4 Ⅳ级响应

(1)Ⅳ级响应的启动

符合下列条件之一者,启动医疗卫生救援应急的Ⅳ级响应:

a. 发生一般突发公共事件,县级人民政府启动县级突发公共事件应急预案。

b. 其他符合医疗卫生救援一般事件(Ⅳ级)级别的突发公共事件。

(2)Ⅳ级响应行动

县级卫生行政部门接到关于医疗卫生救援一般事件的有关指示、通报或报告后,应立即启动医疗卫生救援领导小组工作,组织医疗卫生救援机构开展突发公共事件的现场处理工作,组织专家对伤病员及救治情况进行调查、确认和评估,同时向本级人民政府和突发公共事件应急指挥机构报告有关处理情况。凡属启动县级应急预案的响应,医疗卫生救援领导小组按相关规定启动工作。

市(地)级卫生行政部门在必要时应当快速组织专家对突发公共事件医疗卫生救援进行技术指导。

4.2 现场医疗卫生救援及指挥

医疗卫生救援应急队伍在接到救援指令后要及时赶赴现场,并根据现场情况全力开展医疗卫生救援工作。在实施医疗卫生救援的过程中,既要积极开展救治,又要注重自我防护,确保安全。

为了及时准确掌握现场情况,做好现场医疗卫生救援指挥工作,使医疗卫生救援工作紧张有序地进行,有关卫生行政部门应在事发现场设置现场医疗卫生救援指挥部,主要或分管领导同志要亲临现场,靠前指挥,减少中间环节,提高决策效率,加快抢救进程。现场医疗卫生救援指挥部要接受突发公共事件现场处置指挥机构的领导,加强与现场各救援部门的沟通与协调。

4.2.1 现场抢救

到达现场的医疗卫生救援应急队伍,要迅速将伤员转送出危险区,本着"先救命后治伤、先救重后救轻"的原则开展工作,按照国际统一的标准对伤病员进行检伤分类,分别用蓝、黄、红、黑四种颜色,对轻、重、危重伤病员和死亡人员作出标志(分类标记用塑料材料制成腕带),扣系在伤病员或死亡人员的手腕或脚踝部位,以便后续救治辨认或采取相应的措施。

4.2.2 转送伤员

当现场环境处于危险或在伤病员情况允许时,要尽快将伤病员转送并做好以下工作:

(1)对已经检伤分类待送的伤病员进行复检。对有活动性大出血或转运途中有生命危险的急危重症者,应就地先予抢救、治疗,做必要的处理后再进行监护下转运。

（2）认真填写转运卡提交接纳的医疗机构,并报现场医疗卫生救援指挥部汇总。

（3）在转运中,医护人员必须在医疗仓内密切观察伤病员病情变化,并确保治疗持续进行。

（4）在转运过程中要科学搬运,避免造成二次损伤。

（5）合理分流伤病员或按现场医疗卫生救援指挥部指定的地点转送,任何医疗机构不得以任何理由拒诊、拒收伤病员。

4.3 疾病预防控制和卫生监督工作

突发公共事件发生后,有关卫生行政部门要根据情况组织疾病预防控制和卫生监督等有关专业机构和人员,开展卫生学调查和评价、卫生执法监督,采取有效的预防控制措施,防止各类突发公共事件造成的次生或衍生突发公共卫生事件的发生,确保大灾之后无大疫。

4.4 信息报告和发布

医疗急救中心(站)和其他医疗机构接到突发公共事件的报告后,在迅速开展应急医疗卫生救援工作的同时,立即将人员伤亡、抢救等情况报告现场医疗卫生救援指挥部或当地卫生行政部门。

现场医疗卫生救援指挥部、承担医疗卫生救援任务的医疗机构要每日向上级卫生行政部门报告伤病员情况、医疗救治进展等,重要情况要随时报告。有关卫生行政部门要及时向本级人民政府和突发公共事件应急指挥机构报告有关情况。

各级卫生行政部门要认真做好突发公共事件医疗卫生救援信息发布工作。

4.5 医疗卫生救援应急响应的终止

突发公共事件现场医疗卫生救援工作完成,伤病员在医疗机构得到救治,经本级人民政府或同级突发公共事件应急指挥机构批准,或经同级卫生行政部门批准,医疗卫生救援领导小组可宣布医疗卫生救援应急响应终止,并将医疗卫生救援应急响应终止的信息报告上级卫生行政部门。

5 医疗卫生救援的保障

突发公共事件应急医疗卫生救援机构和队伍的建设,是国家突发公共卫生事件预防控制体系建设的重要组成部分,各级卫生行政部门应遵循"平战结合、常备不懈"的原则,加强突发公共事件医疗卫生救援工作的组织和队伍建设,组建医疗卫生救援应急队伍,制订各种医疗卫生救援应急技术方案,保证突发公共事件医疗卫生救援工作的顺利开展。

5.1 信息系统

在充分利用现有资源的基础上建设医疗救治信息网络,实现医疗机构与卫生行政部门之间,以及卫生行政部门与相关部门间的信息共享。

5.2 急救机构

各直辖市、省会城市可根据服务人口和医疗救治的需求,建立一个相应规模的医疗急救中心(站),并完善急救网络。每个市(地)、县(市)可依托综合力量较强的医疗机构建立急救机构。

5.3 化学中毒与核辐射医疗救治机构

按照"平战结合"的原则,依托专业防治机构或综合医院建立化学中毒医疗救治和核辐射应急医疗救治专业机构,依托实力较强的综合医院建立化学中毒、核辐射应急医疗救治专业科室。

5.4 医疗卫生救援应急队伍

各级卫生行政部门组建综合性医疗卫生救援应急队伍,并根据需要建立特殊专业医疗卫生救援应急队伍。

各级卫生行政部门要保证医疗卫生救援工作队伍的稳定,严格管理,定期开展培训和演练,提高应急救治能力。

医疗卫生救援演练需要公众参与的,必须报经本级人民政府同意。

5.5 物资储备

卫生行政部门提出医疗卫生救援应急药品、医疗器械、设备、快速检测器材和试剂、卫生防护用品等物资的储备计划建议。发展改革部门负责组织应急物资的生产、储备和调运,保证供应,维护市场秩序,保持物价稳定。应急储备物资使用后要及时补充。

5.6 医疗卫生救援经费

财政部门负责安排由政府承担的突发公共事件医疗卫生救援所必需的经费,并做好经费使用情况监督工作。

自然灾害导致的人员伤亡,各级财政按照有关规定承担医疗救治费用或给予补助。

安全生产事故引起的人员伤亡,事故发生单位应向医疗急救中心(站)或相关医疗机构支付医疗卫生救援过程中发生的费用,有关部门应负责督促落实。

社会安全突发事件中发生的人员伤亡,由有关部门确定的责任单位或责任人承担医疗救治费用,有关部门应负责督促落实。各级财政可根据有关政策规定或本级人民政府的决定对医疗救治费用给予补助。

各类保险机构要按照有关规定对参加人身、医疗、健康等保险的伤亡人员,做好理赔工作。

5.7 医疗卫生救援的交通运输保障

各级医疗卫生救援应急队伍要根据实际工作需要配备救护车辆、交通工具和通讯设备。

铁路、交通、民航、公安(交通管理)等有关部门,要保证医疗卫生救援人员和物资运输的优先安排、优先调度、优先放行,确保运输安全畅通。情况特别紧急时,对现场及相关通道实行交通管制,开设应急救援"绿色通道",保证医疗卫生救援工作的顺利开展。

5.8 其他保障

公安机关负责维护突发公共事件现场治安秩序,保证现场医疗卫生救援工作的顺利进行。

科技部门制定突发公共事件医疗卫生救援应急技术研究方案,组织科研力量开展医疗卫生救援应急技术科研攻关,统一协调、解决检测技术及药物研发和应用中的科技问题。

海关负责突发公共事件医疗卫生救援急需进口特殊药品、试剂、器材的优先通关验放工作。

食品药品监管部门负责突发公共事件医疗卫生救援药品、医疗器械和设备的监督管理,参与组织特殊药品的研发和生产,并组织对特殊药品进口的审批。

红十字会按照《中国红十字会总会自然灾害与突发公共事件应急预案》,负责组织群众开展现场自救和互救,做好相关工作。并根据突发公共事件的具体情况,向国内外发出呼吁,依法接受国内外组织和个人的捐赠,提供急需的人道主义援助。

总后卫生部负责组织军队有关医疗卫生技术人员和力量,支持和配合突发公共事件医疗卫生救援工作。

6 医疗卫生救援的公众参与

各级卫生行政部门要做好突发公共事件医疗卫生救援知识普及的组织工作;中央和地方广播、电视、报刊、互联网等媒体要扩大对社会公众的宣传教育;各部门、企事业单位、社会团体要加强对所属人员的宣传教育;各医疗卫生机构要做好宣传资料的提供和师资培训工作。在广泛普及医疗卫生救援知识的基础上逐步组建以公安干警、企事业单位安全员和卫生员为骨干的群众性救助网络,经过培训和演练提高其自救、互救能力。

7 附 则

7.1 责任与奖惩

突发公共事件医疗卫生救援工作实行责任制和责任追究制。

各级卫生行政部门,对突发公共事件医疗卫生救援工作作出贡献的先进集体和个人要给予表彰和奖励。对失职、渎职的有关责任人,要依据有关规定严肃追究责任,构成犯罪,依法追究刑事责任。

7.2 预案制定与修订

本预案由国务院卫生行政部门组织制定并报国务院审批发布。各地区可结合实际制定本地区的突发公共事件医疗卫生救援应急预案。

本预案定期进行评审,根据突发公共事件医疗卫生救援实施过程中发现的问题及时进行修订和补充。

7.3 预案实施时间

本预案自印发之日起实施。

矿山救援规程

1. 2024年4月28日应急管理部令第16号发布
2. 自2024年7月1日起施行

第一章 总 则

第一条 为了快速、安全、有效处置矿山生产安全事故，保护矿山从业人员和应急救援人员的生命安全，根据《中华人民共和国安全生产法》《中华人民共和国矿山安全法》和《生产安全事故应急条例》《煤矿安全生产条例》等有关法律、行政法规，制定本规程。

第二条 在中华人民共和国领域内从事煤矿、金属非金属矿山及尾矿库生产安全事故应急救援工作（以下统称矿山救援工作），适用本规程。

第三条 矿山救援工作应当以人为本，坚持人民至上、生命至上，贯彻科学施救原则，全力以赴抢救遇险人员，确保应急救援人员安全，防范次生灾害事故，避免或者减少事故对环境造成的危害。

第四条 矿山企业应当建立健全应急值守、信息报告、应急响应、现场处置、应急投入等规章制度，按照国家有关规定编制应急救援预案，组织应急救援演练，储备应急救援装备和物资，其主要负责人对本单位的矿山救援工作全面负责。

第五条 矿山救援队（矿山救护队，下同）是处置矿山生产安全事故的专业应急救援队伍。所有矿山都应当有矿山救援队为其服务。

矿山企业应当建立专职矿山救援队；规模较小、不具备建立专职矿山救援队条件的，应当建立兼职矿山救援队，并与邻近的专职矿山救援队签订应急救援协议。专职矿山救援队至服务矿山的行车时间一般不超过30分钟。

县级以上人民政府有关部门根据实际需要建立的矿山救援队按照有关法律法规的规定执行。

第六条 矿山企业应当及时将本单位矿山救援队的建立、变更、撤销和驻地、服务范围、主要装备、人员编制、主要负责人、接警电话等基本情况报送所在地应急管理部门和矿山安全监察机构。

第七条 矿山企业应当与为其服务的矿山救援队建立应急通信联系。煤矿、金属非金属矿山及尾矿库企业应当分别按照《煤矿安全规程》《金属非金属矿山安全规程》《尾矿库安全规程》有关规定向矿山救援队提供必要、真实、准确的图纸资料和应急救援预案。

第八条 发生生产安全事故后，矿山企业应当立即启动应急救援预案，采取措施组织抢救,全力做好矿山救援及相关工作,并按照国家有关规定及时上报事故情况。

第九条 矿山救援队应当坚持"加强准备、严格训练、主动预防、积极抢救"的工作原则;在接到服务矿山企业的救援通知或者有关人民政府及相关部门的救援命令后,应当立即参加事故灾害应急救援。

第二章 矿山救援队伍

第一节 组织与任务

第十条 专职矿山救援队应当符合下列规定:

(一)根据服务矿山的数量、分布、生产规模、灾害程度等情况和矿山救援工作需要,设立大队或者独立中队;

(二)大队和独立中队下设办公、战训、装备、后勤等管理机构,配备相应的管理和工作人员;

(三)大队由不少于2个中队组成,设大队长1人、副大队长不少于2人、总工程师1人、副总工程师不少于1人;

(四)独立中队和大队所属中队由不少于3个小队组成,设中队长1人、副中队长不少于2人、技术员不少于1人,以及救援车辆驾驶、仪器维修和氧气充填人员;

(五)小队由不少于9人组成,设正、副小队长各1人,是执行矿山救援工作任务的最小集体。

第十一条 专职矿山救援队应急救援人员应当具备下列条件:

(一)熟悉矿山救援工作业务,具有相应的矿山专业知识;

(二)大队指挥员由在中队指挥员岗位工作不少于3年或者从事矿山生产、安全、技术管理工作不少于5年的人员担任,中队指挥员由从事矿山救援工作或者矿山生产、安全、技术管理工作不少于3年的人员担任,小队指挥员由从事矿山救援工作不少于2年的人员担任;

(三)大队指挥员年龄一般不超过55岁,中队指挥员年龄一般不超过50岁,小队指挥员和队员年龄一般不超过45岁;根据工作需要,允许保留少数(不超过应急救援人员总数的1/3)身体健康、有技术专长、救援经验丰富的超龄人员,超龄年限不大于5岁;

(四)新招收的队员应当具有高中(中专、中技、中职)以上文化程度,具备相应的身体素质和心理素质,年龄一般不超过30岁。

第十二条 专职矿山救援队的主要任务是:

(一)抢救事故灾害遇险人员;

(二)处置矿山生产安全事故及灾害;

(三)参加排放瓦斯、启封火区、反风演习、井巷揭煤等需要佩用氧气呼吸器作业的安全技术工作;

（四）做好服务矿山企业预防性安全检查，参与消除事故隐患工作；

（五）协助矿山企业做好从业人员自救互救和应急知识的普及教育，参与服务矿山企业应急救援演练；

（六）承担兼职矿山救援队的业务指导工作；

（七）根据需要和有关部门的救援命令，参与其他事故灾害应急救援工作。

第十三条 兼职矿山救援队应当符合下列规定：

（一）根据矿山生产规模、自然条件和灾害情况确定队伍规模，一般不少于2个小队，每个小队不少于9人；

（二）应急救援人员主要由矿山生产一线班组长、业务骨干、工程技术人员和管理人员等兼职担任；

（三）设正、副队长和装备仪器管理人员，确保救援装备处于完好和备用状态；

（四）队伍直属矿长领导，业务上接受矿总工程师（技术负责人）和专职矿山救援队的指导。

第十四条 兼职矿山救援队的主要任务是：

（一）参与矿山生产安全事故初期控制和处置，救助遇险人员；

（二）协助专职矿山救援队参与矿山救援工作；

（三）协助专职矿山救援队参与矿山预防性安全检查和安全技术工作；

（四）参与矿山从业人员自救互救和应急知识宣传教育，参加矿山应急救援演练。

第十五条 矿山救援队应急救援人员应当遵守下列规定：

（一）热爱矿山救援事业，全心全意为矿山安全生产服务；

（二）遵守和执行安全生产和应急救援法律、法规、规章和标准；

（三）加强业务知识学习和救援专业技能训练，适应矿山救援工作需要；

（四）熟练掌握装备仪器操作技能，做好装备仪器的维护保养，保持装备完好；

（五）按照规定参加应急值班，坚守岗位，随时做好救援出动准备；

（六）服从命令，听从指挥，积极主动完成矿山救援等各项工作任务。

第二节 建设与管理

第十六条 矿山救援队应当加强标准化建设。标准化建设的主要内容包括组织机构及人员、装备与设施、培训与训练、业务工作、救援准备、技术操作、现场急救、综合体质、队列操练、综合管理等。

第十七条 矿山救援队应当按照有关标准和规定使用和管理队徽、队旗，统一规范着装并佩戴标志标识；加强思想政治、职业作风和救援文化建设，强化救援理念、职责和使命教育，遵守礼节礼仪，严肃队容风纪；服从命令、听从指挥，保持高度的组织性、纪律性。

第十八条 专职矿山救援队的日常管理包括下列内容：

（一）建立岗位责任制，明确全员岗位职责；

（二）建立交接班、学习培训、训练演练、救援总结讲评、装备管理、内务管理、档案管理、会议、考勤和评比检查等工作制度；

（三）设置组织机构牌板、队伍部署与服务区域矿山分布图、值班日程表、接警记录牌板和评比检查牌板，值班室配置录音电话、报警装置、时钟、接警和交接班记录簿；

（四）制定年度、季度和月度工作计划，建立工作日志和接警信息、交接班、事故救援、装备设施维护保养、学习与总结讲评、培训与训练、预防性安全检查、安全技术工作等工作记录；

（五）保存人员信息、技术资料、救援报告、工作总结、文件资料、会议材料等档案资料；

（六）针对服务矿山企业的分布、灾害特点及可能发生的生产安全事故类型等情况，制定救援行动预案，并与服务矿山企业的应急救援预案相衔接；

（七）营造功能齐备、利于应急、秩序井然、卫生整洁并具有浓厚应急救援职业文化氛围的驻地环境；

（八）集体宿舍保持整洁，不乱放杂物、无乱贴乱画，室内物品摆放整齐，墙壁悬挂物品一条线、床上卧具叠放整齐一条线，保持窗明壁净；

（九）应急救援人员做到着装规范、配套、整洁，遵守作息时间和考勤制度，举止端正、精神饱满、语言文明，常洗澡、常理发、常换衣服，患病应当早报告、早治疗。

兼职矿山救援队的日常管理可以结合矿山企业实际，参照本条上述内容执行。

第十九条 矿山救援队应当建立24小时值班制度。大队、中队至少各由1名指挥员在岗带班。应急值班以小队为单位，各小队按计划轮流担任值班小队和待机小队，值班和待机小队的救援装备应当置于矿山救援车上或者便于快速取用的地点，保持应急准备状态。

第二十条 矿山救援队执行矿山救援任务、参加安全技术工作和开展预防性安全检查时，应当穿戴矿山救援防护服装，佩带并按规定佩用氧气呼吸器，携带相关装备、仪器和用品。

第二十一条 任何人不得擅自调动专职矿山救援队、救援装备物资和救援车辆从事与应急救援无关的活动。

第三章 救援装备与设施

第二十二条 矿山救援队应当配备处置矿山生产安全事故的基本装备（见附录1至

附录5),并根据救援工作实际需要配备其他必要的救援装备,积极采用新技术、新装备。

第二十三条 矿山救援队值班车辆应当放置值班小队和小队人员的基本装备。

第二十四条 矿山救援队应当根据服务矿山企业实际情况和可能发生的生产安全事故,明确列出处置各类事故需要携带的救援装备;需要携带其他装备赴现场的,由带队指挥员根据事故具体情况确定。

第二十五条 救援装备、器材、防护用品和检测仪器应当符合国家标准或者行业标准,满足矿山救援工作的特殊需要。各种仪器仪表应当按照有关要求定期检定或者校准。

第二十六条 矿山救援队应当定期检查在用和库存救援装备的状况及数量,做到账、物、卡"三相符",并及时进行报废、更新和备品备件补充。

第二十七条 专职矿山救援队应当建有接警值班室、值班休息室、办公室、会议室、学习室、电教室、装备室、修理室、氧气充填室、气体分析化验室、装备器材库、车库、演习训练场所及设施、体能训练场所及设施、宿舍、浴室、食堂等。

兼职矿山救援队应当设置接警值班室、学习室、装备室、修理室、装备器材库、氧气充填室和训练设施等。

第二十八条 氧气充填室及室内物品和相关操作应当符合下列要求:

(一)氧气充填室的建设符合安全要求,建立严格的管理制度,室内使用防爆设施,保持通风良好,严禁烟火,严禁存放易燃易爆物品;

(二)氧气充填泵由培训合格的充填工按照规程进行操作;

(三)氧气充填泵在20兆帕压力时,不漏油、不漏气、不漏水、无杂音;

(四)氧气瓶实瓶和空瓶分别存放,标明充填日期,挂牌管理,并采取防止倾倒措施;

(五)定期检查氧气瓶,存放氧气瓶时轻拿轻放,距暖气片或者高温点的距离在2米以上;

(六)新购进或者经水压试验后的氧气瓶,充填前进行2次充、放氧气后,方可使用。

第二十九条 矿山救援队使用氧气瓶、氧气和氢氧化钙应当符合下列要求:

(一)氧气符合医用标准;

(二)氢氧化钙每季度化验1次,二氧化碳吸收率不得低于33%,水分在16%至20%之间,粉尘率不大于3%,使用过的氢氧化钙不得重复使用;

(三)氧气呼吸器内的氢氧化钙,超过3个月的必须更换,否则不得使用;

(四)使用的氧气瓶应当符合国家规定标准,每3年进行除锈(垢)清洗和水压试验,达不到标准的不得使用。

第三十条 气体分析化验室应当能够分析化验矿井空气和灾变气体中的氧气、氮气、二氧化碳、一氧化碳、甲烷、乙烷、丙烷、乙烯、乙炔、氢气、二氧化硫、硫化氢和氮氧化物等成分,保持室内整洁,温度在15至23摄氏度之间,严禁使用明火。气体分析化验仪器设备不得阳光曝晒,保持备品数量充足。

化验员应当及时对送检气样进行分析化验,填写化验单并签字,经技术负责人审核后提交送样单位,化验单存根保存期限不低于2年。

第三十一条　矿山救援队的救援装备、车辆和设施应当由专人管理,定期检查、维护和保养,保持完好和备用状态。救援装备不得露天存放,救援车辆应当专车专用。

第四章　救援培训与训练

第三十二条　矿山企业应当对从业人员进行应急教育和培训,保证从业人员具备必要的应急知识,掌握自救互救、安全避险技能和事故应急措施。

矿山救援队应急救援人员应当接受应急救援知识和技能培训,经培训合格后方可参加矿山救援工作。

第三十三条　矿山救援队应急救援人员的培训时间应当符合下列规定:

(一)大队指挥员及战训等管理机构负责人、中队正职指挥员及技术员的岗位培训不少于30天(144学时),每两年至少复训一次,每次不少于14天(60学时);

(二)副中队长,独立中队战训等管理机构负责人,正、副小队长的岗位培训不少于45天(180学时),每两年至少复训一次,每次不少于14天(60学时);

(三)专职矿山救援队队员、战训等管理机构工作人员的岗位培训不少于90天(372学时),编队实习90天,每年至少复训一次,每次不少于14天(60学时);

(四)兼职矿山救援队应急救援人员的岗位培训不少于45天(180学时),每年至少复训一次,每次不少于14天(60学时)。

第三十四条　矿山救援培训应当包括下列主要内容:

(一)矿山安全生产与应急救援相关法律、法规、规章、标准和有关文件;

(二)矿山救援队伍的组织与管理;

(三)矿井通风安全基础理论与灾变通风技术;

(四)应急救援基础知识、基本技能、心理素质;

(五)矿山救援装备、仪器的使用与管理;

(六)矿山生产安全事故及灾害应急救援技术和方法;

(七)矿山生产安全事故及灾害遇险人员的现场急救、自救互救、应急避险、自我防护、心理疏导;

(八)矿山企业预防性安全检查、安全技术工作、隐患排查与治理和应急救援预案编制;

(九)典型事故灾害应急救援案例研究分析;

(十)应急管理与应急救援其他相关内容。

第三十五条　矿山企业应当至少每半年组织1次生产安全事故应急救援预案演练,

服务矿山企业的矿山救援队应当参加演练。演练计划、方案、记录和总结评估报告等资料保存期限不少于2年。

第三十六条 矿山救援队应当按计划组织开展日常训练。训练应当包括综合体能、队列操练、心理素质、灾区环境适应性、救援专业技能、救援装备和仪器操作、现场急救、应急救援演练等主要内容。

第三十七条 矿山救援大队、独立中队应当每年至少开展1次综合性应急救援演练,内容包括应急响应、救援指挥、灾区探察、救援方案制定与实施、协同联动和突发情况应对等;中队应当每季度至少开展1次应急救援演练和高温浓烟训练,内容包括闻警出动、救援准备、灾区探察、事故处置、抢救遇险人员和高温浓烟环境作业等;小队应当每月至少开展1次佩用氧气呼吸器的单项训练,每次训练时间不少于3小时;兼职矿山救援队应当每半年至少进行1次矿山生产安全事故先期处置和遇险人员救助演练,每季度至少进行1次佩用氧气呼吸器的训练,时间不少于3小时。

第三十八条 安全生产应急救援机构应当定期组织举办矿山救援技术竞赛。鼓励矿山救援队参加国际矿山救援技术交流活动。

第五章 矿山救援一般规定

第一节 先期处置

第三十九条 矿山发生生产安全事故后,涉险区域人员应当视现场情况,在安全条件下积极抢救人员和控制灾情,并立即上报;不具备条件的,应当立即撤离至安全地点。井下涉险人员在撤离时应当根据需要使用自救器,在撤离受阻的情况下紧急避险待救。矿山企业带班领导和涉险区域的区、队、班组长等应当组织人员抢救、撤离和避险。

第四十条 矿山值班调度员接到事故报告后,应当立即采取应急措施,通知涉险区域人员撤离险区,报告矿山企业负责人,通知矿山救援队、医疗急救机构和本企业有关人员等到现场救援。矿山企业负责人应当迅速采取有效措施组织抢救,并按照国家有关规定立即如实报告事故情况。

第二节 闻警出动、到达现场和返回驻地

第四十一条 矿山救援队出动救援应当遵守下列规定:

(一)值班员接到救援通知后,首先按响预警铃,记录发生事故单位和事故时间、地点、类别、可能遇险人数及通知人姓名、单位、联系电话,随后立即发出警报,并向值班指挥员报告;

(二)值班小队在预警铃响后立即开始出动准备,在警报发出后1分钟内出动,不需乘车的,出动时间不得超过2分钟;

(三)处置矿井生产安全事故,待机小队随同值班小队出动;

(四)值班员记录出动小队编号及人数、带队指挥员、出动时间、携带装备等

情况,并向矿山救援队主要负责人报告;

(五)及时向所在地应急管理部门和矿山安全监察机构报告出动情况。

第四十二条 矿山救援队到达事故地点后,应当立即了解事故情况,领取救援任务,做好救援准备,按照现场指挥部命令和应急救援方案及矿山救援队行动方案,实施灾区探察和抢险救援。

第四十三条 矿山救援队完成救援任务后,经现场指挥部同意,可以返回驻地。返回驻地后,应急救援人员应当立即对救援装备、器材进行检查和维护,使之恢复到完好和备用状态。

第三节 救援指挥

第四十四条 矿山救援队参加矿山救援工作,带队指挥员应当参与制定应急救援方案,在现场指挥部的统一调度指挥下,具体负责指挥矿山救援队的矿山救援行动。

矿山救援队参加其他事故灾害应急救援时,应当在现场指挥部的统一调度指挥下实施应急救援行动。

第四十五条 多支矿山救援队参加矿山救援工作时,应当服从现场指挥部的统一管理和调度指挥,由服务于发生事故矿山的专职矿山救援队指挥员或者其他胜任人员具体负责协调、指挥各矿山救援队联合实施救援处置行动。

第四十六条 矿山救援队带队指挥员应当根据应急救援方案和事故情况,组织制定矿山救援队行动方案和安全保障措施;执行灾区探察和救援任务时,应当至少有1名中队或者中队以上指挥员在现场带队。

第四十七条 现场带队指挥员应当向救援小队说明事故情况、探察和救援任务、行动计划和路线、安全保障措施和注意事项,带领救援小队完成工作任务。矿山救援队执行任务时应当避免使用临时混编小队。

第四十八条 矿山救援队在救援过程中遇到危及应急救援人员生命安全的突发情况时,现场带队指挥员有权作出撤出危险区域的决定,并及时报告现场指挥部。

第四节 救援保障

第四十九条 在处置重特大或者复杂矿山生产安全事故时,应当设立地面基地;条件允许的,应当设立井下基地。

应急救援人员的后勤保障应当按照《生产安全事故应急条例》的规定执行。同时,鼓励矿山救援队加强自我保障能力。

第五十条 地面基地应当设置在便于救援行动的安全地点,并且根据事故情况和救援力量投入情况配备下列人员、设备、设施和物资:

(一)气体化验员、医护人员、通信员、仪器修理员和汽车驾驶员,必要时配备心理医生;

(二)必要的救援装备、器材、通信设备和材料;

(三)应急救援人员的后勤保障物资和临时工作、休息场所。

第五十一条 井下基地应当设置在靠近灾区的安全地点,并且配备下列人员、设备和物资:

(一)指挥人员、值守人员、医护人员;

(二)直通现场指挥部和灾区的通信设备;

(三)必要的救援装备、气体检测仪器、急救药品和器材;

(四)食物、饮料等后勤保障物资。

第五十二条 井下基地应当安排专人检测有毒有害气体浓度和风量、观测风流方向、检查巷道支护等情况,发现情况异常时,基地指挥人员应当立即采取应急措施,通知灾区救援小队,并报告现场指挥部。改变井下基地位置,应当经过矿山救援队带队指挥员同意,报告现场指挥部,并通知灾区救援小队。

第五十三条 矿山救援队在组织救援小队执行矿井灾区探察和救援任务时,应当设立待机小队。待机小队的位置由带队指挥员根据现场情况确定。

第五十四条 矿山救援队在救援过程中必须保证下列通信联络:

(一)地面基地与井下基地;

(二)井下基地与救援小队;

(三)救援小队与待机小队;

(四)应急救援人员之间。

第五十五条 矿山救援队在救援过程中使用音响信号和手势联络应当符合下列规定:

(一)在灾区内行动的音响信号:

1. 一声表示停止工作或者停止前进;

2. 二声表示离开危险区;

3. 三声表示前进或者工作;

4. 四声表示返回;

5. 连续不断声音表示请求援助或者集合。

(二)在竖井和倾斜巷道使用绞车的音响信号:

1. 一声表示停止;

2. 二声表示上升;

3. 三声表示下降;

4. 四声表示慢上;

5. 五声表示慢下。

(三)应急救援人员在灾区报告氧气压力的手势:

1. 伸出拳头表示 10 兆帕;

2. 伸出五指表示 5 兆帕;

3. 伸出一指表示 1 兆帕;

4. 手势要放在灯头前表示。

第五十六条 矿山救援队在救援过程中应当根据需要定时、定点取样分析化验灾区气体成分,为制定应急救援方案和措施提供参考依据。

第五节 灾区行动基本要求

第五十七条 救援小队进入矿井灾区探察或者救援,应急救援人员不得少于6人,应当携带灾区探察基本装备(见附录6)及其他必要装备。

第五十八条 应急救援人员应当在入井前检查氧气呼吸器是否完好,其个人防护氧气呼吸器、备用氧气呼吸器及备用氧气瓶的氧气压力均不得低于18兆帕。

如果不能确认井筒、井底车场或者巷道内有无有毒有害气体,应急救援人员应当在入井前或者进入巷道前佩用氧气呼吸器。

第五十九条 应急救援人员在井下待命或者休息时,应当选择在井下基地或者具有新鲜风流的安全地点。如需脱下氧气呼吸器,必须经现场带队指挥员同意,并就近置于安全地点,确保有突发情况时能够及时佩用。

第六十条 应急救援人员应当注意观察氧气呼吸器的氧气压力,在返回到井下基地时应当至少保留5兆帕压力的氧气余量。在倾角小于15度的巷道行进时,应当将允许消耗氧气量的二分之一用于前进途中、二分之一用于返回途中;在倾角大于或者等于15度的巷道中行进时,应当将允许消耗氧气量的三分之二用于上行途中、三分之一用于下行途中。

第六十一条 矿山救援队在致人窒息或者有毒有害气体积存的灾区执行任务应当做到:

(一)随时检测有毒有害气体、氧气浓度和风量,观测风向和其他变化;

(二)小队长每间隔不超过20分钟组织应急救援人员检查并报告1次氧气呼吸器氧气压力,根据最低的氧气压力确定返回时间;

(三)应急救援人员必须在彼此可见或者可听到信号的范围内行动,严禁单独行动;如果该灾区地点距离新鲜风流处较近,并且救援小队全体人员在该地点无法同时开展救援,现场带队指挥员可派不少于2名队员进入该地点作业,并保持联系。

第六十二条 矿山救援队在致人窒息或者有毒有害气体积存的灾区抢救遇险人员应当做到:

(一)引导或者运送遇险人员时,为遇险人员佩用全面罩正压氧气呼吸器或者自救器;

(二)对受伤、窒息或者中毒人员进行必要急救处理,并送至安全地点;

(三)处理和搬运伤员时,防止伤员拉扯氧气呼吸器软管或者面罩;

(四)抢救长时间被困遇险人员,请专业医护人员配合,运送时采取护目措施,避免灯光和井口外光线直射遇险人员眼睛;

(五)有多名遇险人员待救的,按照"先重后轻、先易后难"的顺序抢救;无法一次全部救出的,为待救遇险人员佩用全面罩正压氧气呼吸器或者自救器。

第六十三条 在高温、浓烟、塌冒、爆炸和水淹等灾区,无需抢救人员的,矿山救援队不得进入;因抢救人员需要进入时,应当采取安全保障措施。

第六十四条 应急救援人员出现身体不适或者氧气呼吸器发生故障难以排除时,救援小队全体人员应当立即撤到安全地点,并报告现场指挥部。

第六十五条 应急救援人员在灾区工作1个氧气呼吸器班后,应当至少休息8小时;只有在后续矿山救援队未到达且急需抢救人员时,方可根据体质情况,在氧气呼吸器补充氧气、更换药品和降温冷却材料并校验合格后重新投入工作。

第六十六条 矿山救援队在完成救援任务撤出灾区时,应当将携带的救援装备带出灾区。

第六节 灾区探察

第六十七条 矿山救援队参加矿井生产安全事故应急救援,应当进行灾区探察。灾区探察的主要任务是探明事故类别、波及范围、破坏程度、遇险人员数量和位置、矿井通风、巷道支护等情况,检测灾区氧气和有毒有害气体浓度、矿尘、温度、风向、风速等。

第六十八条 矿山救援队在进行灾区探察前,应当了解矿井巷道布置等基本情况,确认灾区是否切断电源,明确探察任务、具体计划和注意事项,制定遇有撤退路线被堵等突发情况的应急措施,检查氧气呼吸器和所需装备仪器,做好充分准备。

第六十九条 矿山救援队在灾区探察时应当做到:

(一)探察小队与待机小队保持通信联系,在需要待机小队抢救人员时,调派其他小队作为待机小队;

(二)首先将探察小队派往可能存在遇险人员最多的地点,灾区范围大或者巷道复杂的,可以组织多个小队分区段探察;

(三)探察小队在遭遇危险情况或者通信中断时立即回撤,待机小队在探察小队遇险、通信中断或者未按预定时间返回时立即进入救援;

(四)进入灾区时,小队长在队前,副小队长在队后,返回时相反;搜救遇险人员时,小队队形与巷道中线斜交前进;

(五)探察小队携带救生索等必要装备,行进时注意暗井、溜煤眼、淤泥和巷道支护等情况,视线不清或者水深时使用探险棍探测前进,队员之间用联络绳联结;

(六)明确探察小队人员分工,分别检查通风、气体浓度、温度和顶板等情况并记录,探察过的巷道要签字留名做好标记,并绘制探察路线示意图,在图纸上标记探察结果;

(七)探察过程中发现遇险人员立即抢救,将其护送至安全地点,无法一次救出遇险人员时,立即通知待机小队进入救援,带队指挥员根据实际情况决定是否

安排队伍继续实施灾区探察;

（八）在发现遇险人员地点做出标记,检测气体浓度,并在图纸上标明遇险人员位置及状态,对遇难人员逐一编号;

（九）探察小队行进中在巷道交叉口设置明显标记,完成任务后按计划路线或者原路返回。

第七十条 探察结束后,现场带队指挥员应当立即向布置任务的指挥员汇报探察结果。

第七节 救援记录和总结报告

第七十一条 矿山救援队应当记录参加救援的过程及重要事项;发生应急救援人员伤亡的,应当按照有关规定及时上报。

第七十二条 救援结束后,矿山救援队应当对救援工作进行全面总结,编写应急救援报告（附事故现场示意图）,填写《应急救援登记卡》（见附录7）,并于7日内上报所在地应急管理部门和矿山安全监察机构。

第六章 救援方法和行动原则
第一节 矿井火灾事故救援

第七十三条 矿山救援队参加矿井火灾事故救援应当了解下列情况:

（一）火灾类型、发火时间、火源位置、火势及烟雾大小、波及范围、遇险人员分布和矿井安全避险系统情况;

（二）灾区有毒有害气体、温度、通风系统状态、风流方向、风量大小和矿尘爆炸性;

（三）顶板、巷道围岩和支护状况;

（四）灾区供电状况;

（五）灾区供水管路和消防器材的实际状况及数量;

（六）矿井火灾事故专项应急预案及其实施状况。

第七十四条 首先到达事故矿井的矿山救援队,救援力量的分派原则如下:

（一）进风井井口建筑物发生火灾,派一个小队处置火灾,另一个小队到井下抢救人员和扑灭井底车场可能发生的火灾;

（二）井筒或者井底车场发生火灾,派一个小队灭火,另一个小队到受火灾威胁区域抢救人员;

（三）矿井进风侧的硐室、石门、平巷、下山或者上山发生火灾,火烟可能威胁到其他地点时,派一个小队灭火,另一个小队进入灾区抢救人员;

（四）采区巷道、硐室或者工作面发生火灾,派一个小队从最短的路线进入回风侧抢救人员,另一个小队从进风侧抢救人员和灭火;

（五）回风井井口建筑物、回风井筒或者回风井底车场及其毗连的巷道发生火灾,派一个小队灭火,另一个小队抢救人员。

第七十五条　矿山救援队在矿井火灾事故救援过程中,应当指定专人检测瓦斯等易燃易爆气体和矿尘,观测灾区气体和风流变化,当甲烷浓度超过2%并且继续上升,风量突然发生较大变化,或者风流出现逆转征兆时,应当立即撤到安全地点,采取措施排除危险,采用保障安全的灭火方法。

第七十六条　处置矿井火灾时,矿井通风调控应当遵守下列原则:

（一）控制火势和烟雾蔓延,防止火灾扩大;

（二）防止引起瓦斯或者矿尘爆炸,防止火风压引起风流逆转;

（三）保障应急救援人员安全,并有利于抢救遇险人员;

（四）创造有利的灭火条件。

第七十七条　灭火过程中,根据灾情可以采取局部反风、全矿井反风、风流短路、停止通风或者减少风量等措施。采取上述措施时,应当防止瓦斯等易燃易爆气体积聚到爆炸浓度引起爆炸,防止发生风流紊乱,保障应急救援人员安全。采取反风或者风流短路措施前,必须将原进风侧人员或者受影响区域内人员撤到安全地点。

第七十八条　矿山救援队应当根据矿井火灾的实际情况选择灭火方法,条件具备的应当采用直接灭火方法。直接灭火时,应当设专人观测进风侧风向、风量和气体浓度变化,分析风流紊乱的可能性及撤退通道的安全性,必要时采取控风措施;应当监测回风侧瓦斯和一氧化碳等气体浓度变化,观察烟雾变化情况,分析灭火效果和爆炸危险性,发现危险迹象及时撤离。

第七十九条　用水灭火时,应当具备下列条件:

（一）火源明确;

（二）水源、人力和物力充足;

（三）回风道畅通;

（四）甲烷浓度不超过2%。

第八十条　用水或者注浆灭火应当遵守下列规定:

（一）从进风侧进行灭火,并采取防止溃水措施,同时将回风侧人员撤出;

（二）为控制火势,可以采取设置水幕、清除可燃物等措施;

（三）从火焰外围喷洒并逐步移向火源中心,不得将水流直接对准火焰中心;

（四）灭火过程中保持足够的风量和回风道畅通,使水蒸气直接排入回风道;

（五）向火源大量灌水或者从上部灌浆时,不得靠近火源地点作业;用水快速淹没火区时,火区密闭附近及其下方区域不得有人。

第八十一条　扑灭电气火灾,应当首先切断电源。在切断电源前,必须使用不导电的灭火器材进行灭火。

第八十二条　扑灭瓦斯燃烧引起的火灾时,可采用干粉、惰性气体、泡沫灭火,不得随意改变风量,防止事故扩大。

第八十三条　下列情况下,应当采用隔绝灭火或者综合灭火方法:

(一)缺乏灭火器材；

(二)火源点不明确、火区范围大、难以接近火源；

(三)直接灭火无效或者对灭火人员危险性较大。

第八十四条　采用隔绝灭火方法应当遵守下列规定：

(一)在保证安全的情况下,合理确定封闭火区范围；

(二)封闭火区时,首先建造临时密闭,经观测风向、风量、烟雾和气体分析,确认无爆炸危险后,再建造永久密闭或者防爆密闭(防爆密闭墙最小厚度见附录8)。

第八十五条　封闭火区应当遵守下列规定：

(一)多条巷道需要封闭的,先封闭支巷,后封闭主巷；

(二)火区主要进风巷和回风巷中的密闭留有通风孔,其他密闭可以不留通风孔；

(三)选择进风巷和回风巷同时封闭的,在两处密闭上预留通风孔,封堵通风孔时统一指挥、密切配合,以最快速度同时封堵,完成密闭工作后迅速撤至安全地点；

(四)封闭有爆炸危险火区时,先采取注入惰性气体等抑爆措施,后在安全位置构筑进、回风密闭；

(五)封闭火区过程中,设专人检测风流和气体变化,发现瓦斯等易燃易爆气体浓度迅速增加时,所有人员立即撤至安全地点,并向现场指挥部报告。

第八十六条　建造火区密闭应当遵守下列规定：

(一)密闭墙的位置选择在围岩稳定、无破碎带、无裂隙和巷道断面较小的地点,距巷道交叉口不小于10米；

(二)拆除或者断开管路、金属网、电缆和轨道等金属导体；

(三)密闭墙留设观测孔、措施孔和放水孔。

第八十七条　火区封闭后应当遵守下列规定：

(一)所有人员立即撤出危险区；进入检查或者加固密闭墙在24小时后进行,火区条件复杂的,酌情延长时间；

(二)火区密闭被爆炸破坏的,严禁派矿山救援队探察或者恢复密闭；只有在采取惰化火区等措施、经检测无爆炸危险后方可作业,否则,在距火区较远的安全地点建造密闭；

(三)条件允许的,可以采取均压灭火措施；

(四)定期检测和分析密闭内的气体成分及浓度、温度、内外空气压差和密闭漏风情况,发现火区有异常变化时,采取措施及时处置。

第八十八条　矿山救援队在高温、浓烟下开展救援工作应当遵守下列规定：

(一)井下巷道内温度超过30摄氏度的,控制佩用氧气呼吸器持续作业时间；温度超过40摄氏度的,不得佩用氧气呼吸器作业,抢救人员时严格限制持续

作业时间(见附录9);

（二）采取降温措施,改善工作环境,井下基地配备含0.75%食盐的温开水;

（三）高温巷道内空气升温梯度达到每分钟0.5至1摄氏度时,小队返回井下基地,并及时报告基地指挥员;

（四）严禁进入烟雾弥漫至能见度小于1米的巷道;

（五）发现应急救援人员身体异常的,小队返回井下基地并通知待机小队。

第八十九条　处置进风井口建筑物火灾,应当采取防止火灾气体及火焰侵入井下的措施,可以立即反风或者关闭井口防火门;不能反风的,根据矿井实际情况决定是否停止主要通风机。同时,采取措施进行灭火。

第九十条　处置正在开凿井筒的井口建筑物火灾,通往遇险人员作业地点的通道被火切断时,可以利用原有的铁风筒及各类适合供风的管路设施向遇险人员送风,同时采取措施进行灭火。

第九十一条　处置进风井筒火灾,为防止火灾气体侵入井下巷道,可以采取反风或者停止主要通风机运转的措施。

第九十二条　处置回风井筒火灾,应当保持原有风流方向,为防止火势增大,可以适当减少风量。

第九十三条　处置井底车场火灾应当采取下列措施:

（一）进风井井底车场和毗连硐室发生火灾,进行反风或者风流短路,防止火灾气体侵入工作区;

（二）回风井井底车场发生火灾,保持正常风流方向,可以适当减少风量;

（三）直接灭火和阻止火灾蔓延;

（四）为防止混凝土支架和砌碹巷道上面木垛燃烧,可在碹上打眼或者破碹,安设水幕或者灌注防灭火材料;

（五）保护可能受到火灾危及的井筒、爆炸物品库、变电所和水泵房等关键地点。

第九十四条　处置井下硐室火灾应当采取下列措施:

（一）着火硐室位于矿井总进风道的,进行反风或者风流短路;

（二）着火硐室位于矿井一翼或者采区总进风流所经两巷道连接处的,在安全的前提下进行风流短路,条件具备时也可以局部反风;

（三）爆炸物品库着火的,在安全的前提下先将雷管和导爆索运出,后将其他爆炸材料运出;因危险不能运出时,关闭防火门,人员撤至安全地点;

（四）绞车房着火的,将连接的矿车固定,防止烧断钢丝绳,造成跑车伤人;

（五）蓄电池机车充电硐室着火的,切断电源,停止充电,加强通风并及时运出蓄电池;

（六）硐室无防火门的,挂风障控制入风,积极灭火。

第九十五条　处置井下巷道火灾应当采取下列措施:

（一）倾斜上行风流巷道发生火灾，保持正常风流方向，可以适当减少风量，防止与着火巷道并联的巷道发生风流逆转；

（二）倾斜下行风流巷道发生火灾，防止发生风流逆转，不得在着火巷道由上向下接近火源灭火，可以利用平行下山和联络巷接近火源灭火；

（三）在倾斜巷道从下向上灭火时，防止冒落岩石和燃烧物掉落伤人；

（四）矿井或者一翼总进风道中的平巷、石门或者其他水平巷道发生火灾，根据具体情况采取反风、风流短路或者正常通风，采取风流短路时防止风流紊乱；

（五）架线式电机车巷道发生火灾，先切断电源，并将线路接地，接地点在可见范围内；

（六）带式输送机运输巷道发生火灾，先停止输送机，关闭电源，后进行灭火。

第九十六条 处置独头巷道火灾应当采取下列措施：

（一）矿山救援队到达现场后，保持局部通风机通风原状，即风机停止运转的不要开启，风机开启的不要停止，进行探察后再采取处置措施；

（二）水平独头巷道迎头发生火灾，且甲烷浓度不超过2%的，在通风的前提下直接灭火，灭火后检查和处置阴燃火点，防止复燃；

（三）水平独头巷道中段发生火灾，灭火时注意火源以里巷道内瓦斯情况，防止积聚的瓦斯经过火点，情况不明的，在安全地点进行封闭；

（四）倾斜独头巷道迎头发生火灾，且甲烷浓度不超过2%时，在加强通风的情况下可以直接灭火；甲烷浓度超过2%时，应急救援人员立即撤离，并在安全地点进行封闭；

（五）倾斜独头巷道中段发生火灾，不得直接灭火，在安全地点进行封闭；

（六）局部通风机已经停止运转，且无需抢救人员的，无论火源位于何处，均在安全地点进行封闭，不得进入直接灭火。

第九十七条 处置回采工作面火灾应当采取下列措施：

（一）工作面着火，在进风侧进行灭火；在进风侧灭火难以奏效的，可以进行局部反风，从反风后的进风侧灭火，并在回风侧设置水幕；

（二）工作面进风巷着火，为抢救人员和控制火势，可以进行局部反风或者减少风量，减少风量时防止灾区缺氧和瓦斯等有毒有害气体积聚；

（三）工作面回风巷着火，防止采空区瓦斯涌出和积聚造成瓦斯爆炸；

（四）急倾斜工作面着火，不得在火源上方或者火源下方直接灭火，防止水蒸气或者火区塌落物伤人；有条件的可以从侧面利用保护台板或者保护盖接近火源灭火；

（五）工作面有爆炸危险时，应急救援人员立即撤到安全地点，禁止直接灭火。

第九十八条 采空区或者巷道冒落带发生火灾，应当保持通风系统稳定，检查与火区相连的通道，防止瓦斯涌入火区。

第二节 瓦斯、矿尘爆炸事故救援

第九十九条 矿山救援队参加瓦斯、矿尘爆炸事故救援,应当全面探察灾区遇险人员数量及分布地点、有毒有害气体、巷道破坏程度、是否存在火源等情况。

第一百条 首先到达事故矿井的矿山救援队,救援力量的分派原则如下:

(一)井筒、井底车场或者石门发生爆炸,在确定没有火源、无爆炸危险后,派一个小队抢救人员,另一个小队恢复通风,通风设施损坏暂时无法恢复的,全部进行抢救人员;

(二)采掘工作面发生爆炸,派一个小队沿回风侧、另一个小队沿进风侧进入抢救人员,在此期间通风系统维持原状。

第一百零一条 为排除爆炸产生的有毒有害气体和抢救人员,应当在探察确认无火源的前提下,尽快恢复通风。如果有毒有害气体严重威胁爆源下风侧人员,在上风侧人员已经撤离的情况下,可以采取反风措施,反风后矿山救援队进入原下风侧引导人员撤离灾区。

第一百零二条 爆炸产生火灾时,矿山救援队应当同时进行抢救人员和灭火,并采取措施防止再次发生爆炸。

第一百零三条 矿山救援队参加瓦斯、矿尘爆炸事故救援应当遵守下列规定:

(一)切断灾区电源,并派专人值守;

(二)检查灾区内有毒有害气体浓度、温度和通风设施情况,发现有再次爆炸危险时,立即撤至安全地点;

(三)进入灾区行动防止碰撞、摩擦等产生火花;

(四)灾区巷道较长、有毒有害气体浓度较大、支架损坏严重的,在确认没有火源的情况下,先恢复通风、维护支架,确保应急救援人员安全;

(五)已封闭采空区发生爆炸,严禁派人进入灾区进行恢复密闭工作,采取注入惰性气体和远距离封闭等措施。

第三节 煤与瓦斯突出事故救援

第一百零四条 发生煤与瓦斯突出事故后,矿山企业应当立即对灾区采取停电和撤人措施,在按规定排出瓦斯后,方可恢复送电。

第一百零五条 矿山救援队应当探察遇险人员数量及分布地点、通风系统及设施破坏程度、突出的位置、突出物堆积状态、巷道堵塞程度、瓦斯浓度和波及范围等情况,发现火源立即扑灭。

第一百零六条 采掘工作面发生煤与瓦斯突出事故,矿山救援队应当派一个小队从回风侧、另一个小队从进风侧进入事故地点抢救人员。

第一百零七条 矿山救援队发现遇险人员应当立即抢救,为其佩用全面罩正压氧气呼吸器或者自救器,引导、护送遇险人员撤离灾区。遇险人员被困灾区时,应当利用压风、供水管路或者施工钻孔等为其输送新鲜空气,并组织力量清理堵塞物或者开掘绕道抢救人员。在有突出危险的煤层中掘进绕道抢救人员时,应当采取防突措施。

第一百零八条 处置煤与瓦斯突出事故,不得停风或者反风,防止风流紊乱扩大灾情。通风系统和通风设施被破坏的,应当设置临时风障、风门和安装局部通风机恢复通风。

第一百零九条 突出造成风流逆转时,应当在进风侧设置风障,清理回风侧的堵塞物,使风流尽快恢复正常。

第一百一十条 突出引起火灾时,应当采用综合灭火或者惰性气体灭火。突出引起回风井口瓦斯燃烧的,应当采取控制风量的措施。

第一百一十一条 排放灾区瓦斯时,应当撤出排放混合风流经过巷道的所有人员,以最短路线将瓦斯引入回风道。回风井口50米范围内不得有火源,并设专人监视。

第一百一十二条 清理突出的煤矸时,应当采取防止煤尘飞扬、冒顶片帮、瓦斯超限及再次发生突出的安全保障措施。

第一百一十三条 处置煤(岩)与二氧化碳突出事故,可以参照处置煤与瓦斯突出事故的相关规定执行,并且应当加大灾区风量。

第四节 矿井透水事故救援

第一百一十四条 矿山救援队参加矿井透水事故救援,应当了解灾区情况和水源、透水点、事故前人员分布、矿井有生存条件的地点及进入该地点的通道等情况,分析计算被困人员所在空间体积及空间内氧气、二氧化碳、瓦斯等气体浓度,估算被困人员维持生存时间。

第一百一十五条 矿山救援队应当探察遇险人员位置,涌水通道、水量及水流动线路,巷道及水泵设施受水淹程度,巷道破坏及堵塞情况,瓦斯、二氧化碳、硫化氢等有毒有害气体情况和通风状况等。

第一百一十六条 采掘工作面发生透水,矿山救援队应当首先进入下部水平抢救人员,再进入上部水平抢救人员。

第一百一十七条 被困人员所在地点高于透水后水位的,可以利用打钻等方法供给新鲜空气、饮料和食物,建立通信联系;被困人员所在地点低于透水后水位的,不得打钻,防止钻孔泄压扩大灾情。

第一百一十八条 矿井涌水量超过排水能力,全矿或者水平有被淹危险时,在下部水平人员救出后,可以向下部水平或者采空区放水;下部水平人员尚未撤出,主要排水设备受到被淹威胁时,可以构筑临时防水墙,封堵泵房口和通往下部水平的巷道。

第一百一十九条 矿山救援队参加矿井透水事故救援应当遵守下列规定:

(一)透水威胁水泵安全时,在人员撤至安全地点后,保护泵房不被水淹;

（二）应急救援人员经过巷道有被淹危险时，立即返回井下基地；

（三）排水过程中保持通风，加强有毒有害气体检测，防止有毒有害气体涌出造成危害；

（四）排水后进行探察或者抢救人员时，注意观察巷道情况，防止冒顶和底板塌陷；

（五）通过局部积水巷道时，采用探险棍探测前进；水深过膝，无需抢救人员的，不得涉水进入灾区。

第一百二十条　矿山救援队处置上山巷道透水应当注意下列事项：

（一）检查并加固巷道支护，防止二次透水、积水和淤泥冲击；

（二）透水点下方不具备存储水和沉积物有效空间的，将人员撤至安全地点；

（三）保证人员通信联系和撤离路线安全畅通。

第五节　冒顶片帮、冲击地压事故救援

第一百二十一条　矿山救援队参加冒顶片帮事故救援，应当了解事故发生原因、巷道顶板特性、事故前人员分布位置和压风管路设置等情况，指定专人检查氧气和瓦斯等有毒有害气体浓度、监测巷道涌水量、观察周围巷道顶板和支护情况，保障应急救援人员作业安全和撤离路线安全畅通。

第一百二十二条　矿井通风系统遭到破坏的，应当迅速恢复通风；周围巷道和支护遭到破坏的，应当进行加固处理。当瓦斯等有毒有害气体威胁救援作业安全或者可能再次发生冒顶片帮时，应急救援人员应当迅速撤至安全地点，采取措施消除威胁。

第一百二十三条　矿山救援队搜救遇险人员时，可以采用呼喊、敲击或者采用探测仪器判断被困人员位置、与被困人员联系。应急救援人员和被困人员通过敲击发出救援联络信号内容如下：

（一）敲击五声表示寻求联络；

（二）敲击四声表示询问被困人员数量（被困人员按实际人数敲击回复）；

（三）敲击三声表示收到；

（四）敲击二声表示停止。

第一百二十四条　应急救援人员可以采用掘小巷、掘绕道、使用临时支护通过冒落区或者施工大口径救生钻孔等方式，快速构建救援通道营救遇险人员，同时利用压风管、水管或者钻孔等向被困人员提供新鲜空气、饮料和食物。

第一百二十五条　应急救援人员清理大块矸石、支柱、支架、金属网、钢梁等冒落物和巷道堵塞物营救被困人员时，在现场安全的情况下，可以使用千斤顶、液压起重器具、液压剪、起重气垫、多功能钳、金属切割机等工具进行处置，使用工具应当注意避免误伤被困人员。

第一百二十六条　矿山救援队参加冲击地压事故救援应当遵守下列规定：

（一）分析再次发生冲击地压灾害的可能性，确定合理的救援方案和路线；

（二）迅速恢复灾区通风，恢复独头巷道通风时，按照排放瓦斯的要求进行；

（三）加强巷道支护，保障作业空间安全，防止再次冒顶；

（四）设专人观察顶板及周围支护情况，检查通风、瓦斯和矿尘，防止发生次生事故。

第六节　矿井提升运输事故救援

第一百二十七条　矿井发生提升运输事故，矿山企业应当根据情况立即停止事故设备运行，必要时切断其供电电源，停止事故影响区域作业，组织抢救遇险人员，采取恢复通风、通信和排水等措施。

第一百二十八条　矿山救援队应当了解事故发生原因、矿井提升运输系统及设备、遇险人员数量和可能位置以及矿井通风、通信、排水等情况，探察井筒（巷道）破坏程度、提升容器坠落或者运输车辆滑落位置、遇险人员状况以及井筒（巷道）内通风、杂物堆积、氧气和有毒有害气体浓度、积水水位等情况。

第一百二十九条　矿山救援队在探察搜救过程中，发现遇险人员立即救出至安全地点，对伤员进行止血、包扎和骨折固定等紧急处理后，迅速移交专业医护人员送医院救治；不能立即救出的，在采取技术措施后施救。

第一百三十条　应急救援人员在使用起重、破拆、扩张、牵引、切割等工具处置罐笼、人车（矿车）及堆积杂物进行施救时，应当指定专人检查瓦斯等有毒有害气体和氧气浓度、观察井筒和巷道情况，采取防范措施确保作业安全；同时，应当采取措施避免被困人员受到二次伤害。

第一百三十一条　矿山救援队参加矿井坠罐事故救援应当遵守下列规定：

（一）提升人员井筒发生事故，可以选择其他安全出口入井探察搜救；

（二）需要使用事故井筒的，清理井口并设专人把守警戒，对井筒、救援提升系统及设备进行安全评估、检查和提升测试，确保提升安全可靠；

（三）当罐笼坠入井底时，可以通过排水通道抢救遇险人员，积水较多的采取排水措施，井底较深的采取局部通风措施，防止人员窒息；

（四）搜救时注意观察井筒上部是否有物品坠落危险，必要时在井筒上部断面安设防护盖板，保障救援安全。

第一百三十二条　矿山救援队参加矿井卡罐事故救援应当遵守下列规定：

（一）清理井架、井口附着物，井口设专人值守警戒，防止救援过程中坠物伤人；

（二）有梯子间的井筒，先行探察井筒内有毒有害气体和氧气浓度以及梯子间安全状况，在保证安全的情况下可以通过梯子间向下搜救；

（三）需要通过提升系统及设备进行探察搜救的，在经评估、检查和测试，确保提升系统及设备安全可靠后方可实施；

（四）应急救援人员佩带保险带，所带工具系绳入套防止掉落，配备使用通信工具保持联络；

（五）应急救援人员到达卡罐位置，先观察卡罐状况，必要时采取稳定或者加固措施，防止施救时罐笼再次坠落；

（六）救援时间较长时，可以通过绳索和吊篮等方式为被困人员输送食物、饮料、相关药品及通信工具，维持被困人员生命体征和情绪稳定。

第一百三十三条　矿山救援队参加倾斜井巷跑车事故救援应当遵守下列规定：

（一）采取紧急制动和固定跑车车辆措施，防止施救时车辆再次滑落；

（二）在事故巷道采取设置警戒线、警示灯等警戒措施，并设专人值守，禁止无关车辆和人员通行；

（三）起重、搬移、挪动矿车时，防止车辆侧翻伤人，保护应急救援人员和遇险人员安全；

（四）注意观察事故现场周边设施、设备、巷道的变化情况，防止巷道构件塌落伤人，必要时加固巷道、消除隐患。

第七节　淤泥、黏土、矿渣、流砂溃决事故救援

第一百三十四条　矿井发生淤泥、黏土、矿渣或者流砂溃决事故，矿山企业应当将下部水平作业人员撤至安全地点。

第一百三十五条　应急救援人员应当加强有毒有害气体检测，采用呼喊和敲击等方法与被困人员进行联系，采取措施向被困人员输送新鲜空气、饮料和食物，在清理溃决物的同时，采用打钻和扩小巷等方法营救被困人员。

第一百三十六条　开采急倾斜煤层或者矿体的，在黏土、淤泥、矿渣或者流砂流入下部水平巷道时，应急救援人员应当从上部水平巷道开展救援工作，严禁从下部接近充满溃决物的巷道。

第一百三十七条　因受条件限制，需从倾斜巷道下部清理淤泥、黏土、矿渣或者流砂时，应当制定专门措施，设置牢固的阻挡设施和有安全退路的躲避硐室，并设专人观察。出现险情时，应急救援人员立即撤离或者进入躲避硐室。溃决物下方没有安全阻挡设施的，严禁进行清理作业。

第八节　炮烟中毒窒息、炸药爆炸和矸石山事故救援

第一百三十八条　矿山救援队参加炮烟中毒窒息事故救援应当遵守下列规定：

（一）加强通风，监测有毒有害气体；

（二）独头巷道或者采空区发生炮烟中毒窒息事故，在没有爆炸危险的情况下，采用局部通风的方式稀释炮烟浓度；

（三）尽快给遇险人员佩用全面罩正压氧气呼吸器或者自救器，给中毒窒息人员供氧并让其静卧保暖，将遇险人员撤离炮烟事故区域，运送至安全地点交医护人员救治。

第一百三十九条 矿山救援队参加炸药爆炸事故救援应当遵守下列规定：

（一）了解炸药和雷管数量、放置位置等情况，分析再次爆炸的危险性，制定安全防范措施；

（二）探察爆炸现场人员、有毒有害气体和巷道与硐室坍塌等情况；

（三）抢救遇险人员，运出爆破器材，控制并扑灭火源；

（四）恢复矿井通风系统，排除烟雾。

第一百四十条 矿山救援队参加矸石山自燃或者爆炸事故救援应当遵守下列规定：

（一）查明自燃或者爆炸范围、周围温度和产生气体成分及浓度；

（二）可以采用注入泥浆、飞灰、石灰水、凝胶和泡沫等灭火措施；

（三）直接灭火时，防止水煤气爆炸，避开矸石山垮塌面和开挖暴露面；

（四）清理爆炸产生的高温抛落物时，应急救援人员佩戴手套、防护面罩或者眼镜，穿隔热服，使用工具清理；

（五）设专人观测矸石山状态及变化，发现危险情况立即撤离至安全地点。

第九节　露天矿坍塌、排土场滑坡和尾矿库溃坝事故救援

第一百四十一条 矿山救援队参加露天矿边坡坍塌或者排土场滑坡事故救援应当遵守下列规定：

（一）坍塌体（滑体）趋于稳定后，应急救援人员及抢险救援设备从坍塌体（滑体）两侧安全区域实施救援；

（二）采用生命探测仪等器材和观察、听声、呼喊、敲击等方法搜寻被困人员，判断被埋压人员位置；

（三）可以采用人工与机械相结合的方式挖掘搜救被困人员，接近被埋压人员时采用人工挖掘，在施救过程中防止造成二次伤害；

（四）分析事故影响范围，设置警戒区域，安排专人对搜救地点、坍塌体（滑体）和边坡情况进行监测，发现险情迅速组织应急救援人员撤离。

积极采用手机定位、车辆探测、3D建模等技术分析被困人员位置，利用无人机、边坡雷达、位移形变监测等设备加强监测预警。

第一百四十二条 矿山救援队参加尾矿库溃坝事故救援应当遵守下列规定：

（一）疏散周边和下游可能受到威胁的人员，设置警戒区域；

（二）用抛填块石、砂袋和打木桩等方法堵塞决堤口，加固尾矿库堤坝，进行水砂分流，实时监测坝体，保障应急救援人员安全；

（三）挖掘搜救过程中避免被困人员受到二次伤害；

（四）尾矿泥沙仍处于流动状态，对下游村庄、企业、交通干线、饮用水源地及其他环境敏感保护目标等形成威胁时，采取拦截、疏导等措施，避免事故扩大。

第七章　现场急救

第一百四十三条 矿山救援队应急救援人员应当掌握人工呼吸、心肺复苏、止血、包

扎、骨折固定和伤员搬运等现场急救技能。

第一百四十四条　矿山救援队现场急救的原则是使用徒手和无创技术迅速抢救伤员，并尽快将伤员移交给专业医护人员。

第一百四十五条　矿山救援队应当配备必要的现场急救和训练器材（见附录10、附录11）。

第一百四十六条　矿山救援队进行现场急救时应当遵守下列规定：

（一）检查现场及周围环境，确保伤员和应急救援人员安全，非必要不轻易移动伤员；

（二）接触伤员前，采取个体防护措施；

（三）研判伤员基本生命体征，了解伤员受伤原因，按照头、颈、胸、腹、骨盆、上肢、下肢、足部和背部（脊柱）顺序检查伤情；

（四）根据伤情采取相应的急救措施，脊椎受伤的采取轴向保护，颈椎损伤的采用颈托制动；

（五）根据伤员的不同伤势，采用相应的搬运方法。

第一百四十七条　抢救有毒有害气体中毒伤员应当采取下列措施：

（一）所有人员佩用防护装置，将中毒人员立即运送至通风良好的安全地点进行抢救；

（二）对中度、重度中毒人员，采取供氧和保暖措施，对严重窒息人员，在供氧的同时进行人工呼吸；

（三）对因喉头水肿导致呼吸道阻塞的窒息人员，采取措施保持呼吸道畅通；

（四）中毒人员呼吸或者心跳停止的，立即进行人工呼吸和心肺复苏，人工呼吸过程中，使用口式呼吸面罩。

第一百四十八条　抢救溺水伤员应当采取下列措施：

（一）清除溺水伤员口鼻内异物，确保呼吸道通畅；

（二）抢救效果欠佳的，立即改为俯卧式或者口对口人工呼吸；

（三）心跳停止的，按照通气优先策略，采用 A－B－C（开通气道、人工呼吸、胸外按压）方式进行心肺复苏；

（四）伤员呼吸恢复后，可以在四肢进行向心按摩，神志清醒后，可以服用温开水。

第一百四十九条　抢救触电伤员应当采取下列措施：

（一）首先立即切断电源；

（二）使伤员迅速脱离电源，并将伤员运送至通风和安全的地点，解开衣扣和裤带，检查有无呼吸和心跳，呼吸或者心跳停止的，立即进行心肺复苏；

（三）根据伤情对伤员进行包扎、止血、固定和保温。

第一百五十条　抢救烧伤伤员应当采取下列措施：

（一）立即用清洁冷水反复冲洗伤面，条件具备的，用冷水浸泡5至10分钟；

(二)脱衣困难的,立即将衣领、袖口或者裤腿剪开,反复用冷水浇泼,冷却后再脱衣,并用医用消毒大单、无菌敷料包裹伤员,覆盖伤面。

第一百五十一条 抢救休克伤员应当采取下列措施:
(一)松解伤员衣服,使伤员平卧或者下肢抬高约30度,保持伤员体温;
(二)清除伤员呼吸道内的异物,确保呼吸道畅通;
(三)迅速判断休克原因,采取相应措施;
(四)针对休克不同的病理生理反应及主要病症积极进行抢救,出血性休克尽快止血,对于四肢大出血,首先采用止血带;
(五)经初步评估和处理后尽快转送。

第一百五十二条 抢救爆震伤员应当采取下列措施:
(一)立即清除口腔和鼻腔内的异物,保持呼吸道通畅;
(二)因开放性损伤导致出血的,立即加压包扎或者压迫止血;处理烧伤创面时,禁止涂抹一切药物,使用医用消毒大单、无菌敷料包裹,不弄破水泡,防止污染;
(三)对伤员骨折进行固定,防止伤情扩大。

第一百五十三条 抢救昏迷伤员应当采取下列措施:
(一)使伤员平卧或者两头均抬高约30度;
(二)解松衣扣,清除呼吸道内的异物;
(三)可以采用刺、按人中等穴位,促其苏醒。

第一百五十四条 应急救援人员对伤员采取必要的抢救措施后,应当尽快交由专业医护人员将伤员转送至医院进行综合治疗。

第八章 预防性安全检查和安全技术工作

第一节 预防性安全检查

第一百五十五条 矿山救援队应当按照主动预防的工作要求,结合服务矿山企业安全生产工作实际,有计划地开展预防性安全检查,了解服务矿山企业基本情况,熟悉矿山救援环境条件,进行救援业务技能训练,开展事故隐患排查技术服务。矿山企业应当配合矿山救援队开展预防性安全检查工作,提供相关技术资料和图纸,及时处理检查发现的事故隐患。

第一百五十六条 矿山救援队进行矿井预防性安全检查工作,应当主要了解、检查下列内容:
(一)矿井巷道、采掘工作面、采空区、火区的分布和管理情况;
(二)矿井采掘、通风、排水、运输、供电和压风、供水、通信、监控、人员定位、紧急避险等系统的基本情况;
(三)矿井巷道支护、风量和有害气体情况;
(四)矿井硐室分布情况和防火设施;

（五）矿井火灾、水害、瓦斯、煤尘、顶板等方面灾害情况和存在的事故隐患；

（六）矿井应急救援预案、灾害预防和处理计划的编制和执行情况；

（七）地面、井下消防器材仓库地点及材料、设备的储备情况。

第一百五十七条 矿山救援队在预防性安全检查工作中，发现事故隐患应当通知矿山企业现场负责人予以处理；发现危及人身安全的紧急情况，应当立即通知现场作业人员撤离。

第一百五十八条 预防性安全检查结束后，矿山救援队应当填写预防性安全检查记录，及时向矿山企业反馈检查情况和发现的事故隐患。

第二节　安全技术工作

第一百五十九条 矿山救援队参加排放瓦斯、启封火区、反风演习、井巷揭煤等存在安全风险、需要佩用氧气呼吸器进行的非事故性技术操作和安全监护作业，属于安全技术工作。

开展安全技术工作，应当由矿山企业和矿山救援队研究制定工作方案和安全技术措施，并在统一指挥下实施。矿山救援队参加危险性较大的排放瓦斯、启封火区等安全技术工作，应当设立待机小队。

第一百六十条 矿山救援队参加安全技术工作，应当组织应急救援人员学习和熟悉工作方案和安全技术措施，并根据工作任务制定行动计划和安全措施。

第一百六十一条 矿山救援队应当逐项检查安全技术工作实施前的各项准备工作，符合工作方案和安全技术措施规定后方可实施。

第一百六十二条 矿山救援队参加煤矿排放瓦斯工作应当遵守下列规定：

（一）排放前，撤出回风侧巷道人员，切断回风侧巷道电源并派专人看守，检查并严密封闭回风侧区域火区；

（二）排放时，进入排放巷道的人员佩用氧气呼吸器，派专人检查瓦斯、二氧化碳、一氧化碳等气体浓度及温度，采取控制风流排放方法，排出的瓦斯与全风压风流混合处的甲烷和二氧化碳浓度均不得超过1.5%；

（三）排放结束后，与煤矿通风、安监机构一起进行现场检查，待通风正常后，方可撤出工作地点。

第一百六十三条 矿山救援队参加金属非金属矿山排放有毒有害气体工作，恢复巷道通风，可以参照矿山救援队参加煤矿排放瓦斯工作的相关规定执行。

第一百六十四条 封闭火区符合启封条件后方可启封。矿山救援队参加启封火区工作应当遵守下列规定：

（一）启封前，检查火区的温度、各种气体浓度和巷道支护等情况，切断回风流电源，撤出回风侧人员，在通往回风道交叉口处设栅栏和警示标志，并做好重新封闭的准备工作；

（二）启封时，采取锁风措施，逐段恢复通风，检查各种气体浓度和温度变化

情况,发现复燃征兆,立即重新封闭火区;

(三)启封后 3 日内,每班由矿山救援队检查通风状况,测定水温、空气温度和空气成分,并取气样进行分析,确认火区完全熄灭后,方可结束启封工作。

第一百六十五条 矿山救援队参加反风演习工作应当遵守下列规定:

(一)反风前,应急救援人员佩带氧气呼吸器、携带必要的技术装备在井下指定地点值班,同时测定矿井风量和瓦斯等有毒有害气体浓度;

(二)反风 10 分钟后,经测定风量达到正常风量的 40%,瓦斯浓度不超过规定时,及时报告现场指挥机构;

(三)恢复正常通风后,将测定的风量和瓦斯等有毒有害气体浓度报告现场指挥机构,待通风正常后方可离开工作地点。

第一百六十六条 矿山救援队参加井巷揭煤安全监护工作应当遵守下列规定:

(一)揭煤前,应急救援人员佩带氧气呼吸器、携带必要的技术装备在井下指定地点值班,配合现场作业人员检查揭煤作业相关安全设施、避灾路线及停电、撤人、警戒等安全措施落实情况;

(二)在爆破结束至少 30 分钟后,应急救援人员佩用氧气呼吸器、携带必要仪器设备进入工作面,检查爆破、揭煤、巷道、通风系统和气体参数等情况,发现煤尘骤起、有害气体浓度增大、有响声等异常情况,立即退出,关闭反向风门;

(三)揭煤工作完成后,与煤矿通风、安监机构一起进行现场检查,待通风正常后,方可撤出工作地点。

第一百六十七条 矿山救援队参加安全技术工作,应当做好自身安全防护和矿山救援准备,一旦出现危及作业人员安全的险情或者发生意外事故,立即组织作业人员撤离,抢救遇险人员,并按有关规定及时报告。

第九章 经费和职业保障

第一百六十八条 矿山救援队建立单位应当保障队伍建设及运行经费。矿山企业应当将矿山救援队建设及运行经费列入企业年度经费,可以按规定在安全生产费用等资金中列支。

专职矿山救援队按照有关规定与矿山企业签订应急救援协议收取的费用,可以作为队伍运行、开展日常服务工作和装备维护等的补充经费。

第一百六十九条 矿山救援队应急救援人员承担井下一线矿山救援任务和安全技术工作,从事高危险性作业,应当享受下列职业保障:

(一)矿井采掘一线作业人员的岗位工资、井下津贴、班中餐补贴和夜班津贴等,应急救援人员的救援岗位津贴;国家另有规定的,按照有关规定执行;

(二)佩用氧气呼吸器工作的特殊津贴;在高温、浓烟等恶劣环境中佩用氧气呼吸器工作的,特殊津贴增加一倍;

(三)工作着装按照有关规定统一配发,劳动保护用品按照井下一线职工标准发放；

（四）所在单位除执行社会保险制度外，还为矿山救援队应急救援人员购买人身意外伤害保险；

（五）矿山救援队每年至少组织应急救援人员进行1次身体检查，对不适合继续从事矿山救援工作的人员及时调整工作岗位；

（六）应急救援人员因超龄或者因病、因伤退出矿山救援队的，所在单位给予安排适当工作或者妥善安置。

第一百七十条　矿山救援队所在单位应当按照国家有关规定，对参加矿山生产安全事故或者其他灾害事故应急救援伤亡的人员及时给予救治和抚恤；符合烈士评定条件的，应当依法为其申报烈士。

第十章　附　　则

第一百七十一条　本规程下列用语的含义：

（一）独立中队，是指按照中队编制建立、独立运行管理的矿山救援队。

（二）指挥员，是矿山救援队担任副小队长及以上职务人员、技术负责人的统称。

（三）氧气呼吸器，是一种自带氧源、隔绝再生式闭路循环的个人特种呼吸保护装置。

（四）氧气充填泵，是指将氧气从大氧气瓶抽出并充入小容积氧气瓶内的升压泵。

（五）佩带氧气呼吸器，是指应急救援人员背负氧气呼吸器，但未戴防护面罩，未打开氧气瓶吸氧。

（六）佩用氧气呼吸器，是指应急救援人员背负氧气呼吸器，戴上防护面罩，打开氧气瓶吸氧。

（七）氧气呼吸器班，是指应急救援人员佩用4小时氧气呼吸器在其有效防护时间内进行工作的一段时间，1个氧气呼吸器班约为3至4小时。

（八）氧气呼吸器校验仪，是指检验氧气呼吸器的各项技术指标是否符合规定标准的专用仪器。

（九）自动苏生器，是对中毒或者窒息的伤员自动进行人工呼吸或者输氧的急救器具。

（十）灾区，是指事故灾害的发生点及波及的范围。

（十一）风障，是指在矿井巷道或者工作面内，利用帆布等软体材料构筑的阻挡或者引导风流的临时设施。

（十二）地面基地，是指在处置矿山事故灾害时，为及时供应救援装备和器材、进行灾区气体分析和提供现场医疗急救等而设在矿山地面的支持保障场所。

（十三）井下基地，是指在井下靠近灾区、通风良好、运输方便、不易受事故灾害直接影响的安全地点,为井下救援指挥、通信联络、存放救援物资、待机小队待命和急救医务人员值班等需要而设立的救援工作场所。

(十四)火风压,是指井下发生火灾时,高温烟流流经有高差的井巷所产生的附加风压。

(十五)风流逆转,是指由于煤与瓦斯突出、爆炸冲击波、矿井火风压等作用,改变了矿井通风网络中局部或者全部正常风流方向的现象。

(十六)风流短路,是指用打开风门或者挡风墙等方法,将进风巷道风流直接引向回风巷的做法。

(十七)水幕,是指通过高压水流和在巷道中安设的多组喷嘴,喷出的水雾所形成的覆盖巷道全断面的屏障。

(十八)密闭,是指为隔断风流而在巷道中设置的隔墙。

(十九)临时密闭,是指为隔断风流、隔绝火区而在巷道中设置的临时构筑物。

(二十)防火门,是指井下防止火灾蔓延和控制风流的安全设施。

(二十一)局部反风,是指在矿井主要通风机正常运转的情况下,利用通风设施,使井下局部区域风流反向流动的方法。

(二十二)风门,是指在巷道中设置的关闭时阻隔风流、开启时行人和车辆通过的通风构筑物。

(二十三)锁风,是指在启封井下火区或者缩小火区范围时,为阻止向火区进风,采取的先增设临时密闭、再拆除已设密闭,在推进过程中始终保持控制风流的一种技术方法。

(二十四)直接灭火,是指用水、干粉或者化学灭火剂、惰性气体、砂子(岩粉)等灭火材料,在火源附近或者一定距离内直接扑灭矿井火灾。

(二十五)隔绝灭火,是指在联通矿井火区的所有巷道内构筑密闭(防火墙),隔断向火区的空气供给,使火灾逐渐自行熄灭。

(二十六)均压灭火,是指利用矿井通风手段,调节矿井通风压力,使火区进、回风侧风压差趋向于零,从而消除火区漏风,使矿井火灾逐渐熄灭。

(二十七)综合灭火,是指采用封闭火区、火区均压、向火区灌注泥浆或者注入惰性气体等多种灭火措施配合使用的灭火方法。

(二十八)防水墙,是指在矿井受水害威胁的巷道内,为防止井下水突然涌入其他巷道而设置的截流墙。

第一百七十二条 本规程自 2024 年 7 月 1 日起施行。

附录(略)

民用运输机场突发事件应急救援管理规则

1. 2016年4月20日交通运输部令第45号公布
2. 自2016年5月21日起施行

第一章 总 则

第一条 为了规范民用运输机场应急救援工作，有效应对民用运输机场突发事件，避免或者减少人员伤亡和财产损失，尽快恢复机场正常运行秩序，根据《中华人民共和国民用航空法》《中华人民共和国突发事件应对法》和《民用机场管理条例》，制定本规则。

第二条 本规则适用于民用运输机场（包括军民合用机场民用部分，以下简称机场）及其邻近区域内突发事件的应急救援处置和相关的应急救援管理工作。

第三条 本规则所指民用运输机场突发事件（以下简称突发事件）是指在机场及其邻近区域内，航空器或者机场设施发生或者可能发生的严重损坏以及其它导致或者可能导致人员伤亡和财产严重损失的情况。

本规则所称机场及其邻近区域是指机场围界以内以及距机场每条跑道中心点8公里范围内的区域。

第四条 中国民用航空局（以下简称民航局）负责机场应急救援管理工作的总体监督检查。

中国民用航空地区管理局（以下简称民航地区管理局）负责本辖区内机场应急救援管理工作的日常监督检查。

机场管理机构应当按照国家、地方人民政府的有关规定和本规则的要求，制定机场突发事件应急救援预案，并负责机场应急救援工作的统筹协调和管理。使用该机场的航空器营运人和其他驻场单位应当根据在应急救援中承担的职责制定相应的突发事件应急救援预案，并与机场突发事件应急救援预案相协调，送机场管理机构备案。

机场应急救援工作应当接受机场所在地人民政府（以下统称地方人民政府）的领导。

本规则所称地方人民政府是指机场所在地县级（含）以上人民政府。

第五条 机场应急救援工作应当遵循最大限度地抢救人员生命和减少财产损失，预案完善、准备充分、救援及时、处置有效的原则。

第六条 在地方人民政府领导下、民用航空管理部门指导下，机场管理机构负责机场应急救援预案的制定、汇总和报备工作，同时负责发生突发事件时机场应急救援工作的统一指挥。

参与应急救援的单位和个人应当服从机场管理机构的统一指挥。

第二章 突发事件分类和应急救援响应等级

第七条 机场突发事件包括航空器突发事件和非航空器突发事件。

航空器突发事件包括：

（一）航空器失事；

（二）航空器空中遇险，包括故障、遭遇危险天气、危险品泄露等；

（三）航空器受到非法干扰，包括劫持、爆炸物威胁等；

（四）航空器与航空器地面相撞或与障碍物相撞，导致人员伤亡或燃油泄露等；

（五）航空器跑道事件，包括跑道外接地、冲出、偏出跑道；

（六）航空器火警；

（七）涉及航空器的其它突发事件。

非航空器突发事件包括：

（一）对机场设施的爆炸物威胁；

（二）机场设施失火；

（三）机场危险化学品泄露；

（四）自然灾害；

（五）医学突发事件；

（六）不涉及航空器的其它突发事件。

第八条 航空器突发事件的应急救援响应等级分为：

（一）原地待命：航空器空中发生故障等突发事件，但该故障仅对航空器安全着陆造成困难，各救援单位应当做好紧急出动的准备；

（二）集结待命：航空器在空中出现故障等紧急情况，随时有可能发生航空器坠毁、爆炸、起火、严重损坏，或者航空器受到非法干扰等紧急情况，各救援单位应当按照指令在指定地点集结；

（三）紧急出动：已发生航空器失事、爆炸、起火、严重损坏等情况，各救援单位应当按照指令立即出动，以最快速度赶赴事故现场。

第九条 非航空器突发事件的应急救援响应不分等级。发生非航空器突发事件时，按照相应预案实施救援。

第三章 应急救援组织机构及其职责

第十条 机场管理机构应当在地方人民政府统一领导下成立机场应急救援工作领导小组。

机场应急救援工作领导小组是机场应急救援工作的决策机构，通常应当由地方人民政府、机场管理机构、民航地区管理局或其派出机构、空中交通管理部门、有关航空器营运人和其他驻场单位负责人共同组成。

机场应急救援工作领导小组负责确定机场应急救援工作的总体方针和工作重点、审核机场突发事件应急救援预案及各应急救援成员单位之间的职责、审核确定机场应急救援演练等重要事项,并在机场应急救援过程中,对遇到的重大问题进行决策。

第十一条　机场应急救援总指挥由机场管理机构主要负责人或者其授权人担任,全面负责机场应急救援的指挥工作。

第十二条　机场管理机构应当设立机场应急救援指挥管理机构,即机场应急救援指挥中心(以下简称指挥中心),作为机场应急救援领导小组的常设办事机构,同时也是机场应急救援工作的管理机构和发生突发事件时的应急指挥机构。其具体职责包括:

（一）组织制定、汇总、修订和管理机场突发事件应急救援预案;

（二）定期检查各有关部门、单位的突发事件应急救援预案、人员培训、演练、物资储备、设备保养等工作的保障落实情况;定期修订突发事件应急救援预案中各有关部门和单位的负责人、联系人名单及电话号码;

（三）按照本规则的要求制定年度应急救援演练计划并组织或者参与实施;

（四）机场发生突发事件时,根据总指挥的指令,以及预案要求,发布应急救援指令并组织实施救援工作;

（五）根据残损航空器搬移协议,组织或者参与残损航空器的搬移工作;

（六）定期或不定期总结、汇总机场应急救援管理工作,向机场应急救援工作领导小组汇报。

第十三条　机场空中交通管理部门在机场应急救援工作中的主要职责:

（一）将获知的突发事件类型、时间、地点等情况按照突发事件应急救援预案规定的程序通知有关部门;

（二）及时了解发生突发事件航空器机长意图和事件发展情况,并通报指挥中心;

（三）负责发布因发生突发事件影响机场正常运行的航行通告;

（四）负责向指挥中心及其他参与救援的单位提供所需的气象等信息。

第十四条　机场消防部门在机场应急救援工作中的主要职责:

（一）救助被困遇险人员,防止起火,组织实施灭火工作;

（二）根据救援需要实施航空器的破拆工作;

（三）协调地方消防部门的应急支援工作;

（四）负责将罹难者遗体和受伤人员移至安全区域,并在医疗救护人员尚未到达现场的情况下,本着"自救互救"人道主义原则,实施对伤员的紧急救护工作。

第十五条　机场医疗救护部门在机场应急救援工作中的主要职责:

(一)进行伤亡人员的检伤分类、现场应急医疗救治和伤员后送工作。记录伤亡人员的伤情和后送信息;
(二)协调地方医疗救护部门的应急支援工作;
(三)进行现场医学处置及传染病防控;
(四)负责医学突发事件处置的组织实施。

第十六条 航空器营运人或其代理人在应急救援工作中的主要职责:
(一)提供有关资料。资料包括发生突发事件航空器的航班号、机型、国籍登记号、机组人员情况、旅客人员名单及身份证号码、联系电话、机上座位号、国籍、性别、行李数量、所载燃油量、所载货物及危险品等情况;
(二)在航空器起飞机场、发生突发事件的机场和原计划降落的机场设立临时接待机构和场所,并负责接待和查询工作;
(三)负责开通应急电话服务中心并负责伤亡人员亲属的通知联络工作;
(四)负责货物、邮件和行李的清点和处理工作;
(五)航空器出入境过程中发生突发事件时,负责将事件的基本情况通报海关、边防和检疫部门;
(六)负责残损航空器搬移工作。

第十七条 机场地面保障部门在机场应急救援工作中的主要职责:
(一)负责在发生突发事件现场及相关地区提供必要的电力和照明、航空燃油处置、救援物资等保障工作;
(二)负责受到破坏的机场飞行区场道、目视助航设施设备等的紧急恢复工作。

第十八条 除本规则第十二条、第十三条、第十四条、第十五条、第十六条、第十七条所涉及的单位,其他参与应急救援工作的地方救援单位的职责,由根据本规则第二十三条订立的支援协议予以明确。

第四章 突发事件应急救援预案

第十九条 机场管理机构应当依据本规则制定机场突发事件应急救援预案,该预案应当纳入地方人民政府突发事件应急救援预案体系,并协调统一。该预案应当包括下列内容:
(一)针对各种具体突发事件的应急救援预案,包括应急救援程序及检查单等;
(二)根据地方人民政府的相关规定、本规则和机场的实际情况,确定参与应急救援的各单位在机场不同突发事件中的主要职责、权力、义务和指挥权以及突发事件类型及相应的应急救援响应等级;
(三)针对不同突发事件的报告、通知程序和通知事项,其中,通知程序是指通知参加救援单位的先后次序。不同的突发事件类型,应当设置相应的通知先后次序；

（四）各类突发事件所涉及单位的名称、联系方式；

（五）机场管理机构与签订应急救援支援协议单位的应急救援资源明细表、联系方式；

（六）机场管理机构根据本规则第二十三条的要求与各相关单位签订的应急救援支援协议；

（七）应急救援设施、设备和器材的名称、数量、存放地点；

（八）机场及其邻近区域的应急救援方格网图；

（九）残损航空器的搬移及恢复机场正常运行的程序；

（十）机场管理机构与有关航空器营运人或其代理人之间有关残损航空器搬移的协议；

（十一）在各类紧急突发事件中可能产生的人员紧急疏散方案，该方案应当包括警报、广播、各相关岗位工作人员在引导人员疏散时的职责、疏散路线、对被疏散人员的临时管理措施等内容。

第二十条　机场突发事件应急救援预案应当明确机场公安机关在机场应急救援工作中的以下职责：

（一）指挥参与救援的公安民警、机场保安人员的救援行动，协调驻场武警部队及地方支援军警的救援行动；

（二）设置事件现场及相关场所安全警戒区，保护现场，维护现场治安秩序；

（三）参与核对死亡人数、死亡人员身份工作；

（四）制服、缉拿犯罪嫌疑人；

（五）组织处置爆炸物、危险品；

（六）实施地面交通管制，保障救援通道畅通；

（七）参与现场取证、记录、录像等工作。

第二十一条　制定机场突发事件应急救援预案应当考虑极端的冷、热、雪、雨、风及低能见度等天气，以及机场周围的水系、道路、凹地，避免因极端的天气和特殊的地形而影响救援工作的正常进行。

第二十二条　机场突发事件应急救援预案应当向民航地区管理局备案。

机场管理机构应当建立机场突发事件应急救援预案的动态管理制度。预案修改后，机场管理机构应当将修改后的预案及时印发给参与应急救援的相关单位，并重新报备民航地区管理局。

机场管理机构在制定机场突发事件应急救援预案的过程中，应当充分征求机场空中交通管理部门、使用机场的航空器营运人或者其代理人、航空油料供应单位及其它主要驻场单位的意见。

机场突发事件应急救援预案在向民航管理部门报备前，应当征得地方人民政府的同意。

第二十三条　机场管理机构应当与地方人民政府突发事件应对机构、消防部门、医疗救护机构、公安机关、运输企业、当地驻军等单位签订机场应急救援支援协议,就机场应急救援事项明确双方的职责。

支援协议至少应当包括下列内容:
(一)协议单位的职责、权利与义务;
(二)协议单位名称、联系人、联系电话;
(三)协议单位的救援人员、设施设备情况;
(四)根据不同突发事件等级派出救援力量的基本原则;
(五)协议单位参加救援工作的联络方式、集结地点和引导方式;
(六)协议的生效日期及修改方式;
(七)协议内容发生变化时及时通知对方的程序。

机场管理机构应当每年至少对该协议进行一次复查或者修订,对该协议中列明的联系人及联系电话,应当每月复核一次,对变化情况及时进行更新。

协议应当附有协议单位根据机场突发事件应急救援预案制定的本单位突发事件应急实施预案。

在地方人民政府突发事件应急救援预案中已明确机场突发事件地方政府各部门、企事业单位及驻军的职责和义务时,可不签署支援协议,但本规则规定的协议内容应在相关预案中明确。机场管理机构应当获知支援单位的救援力量、设施设备、联系人、联系电话等信息。

第二十四条　机场管理机构应当绘制机场应急救援综合方格网图,图示范围应当为本规则第三条所明确的机场及其邻近地区。该图除应当准确标明机场跑道、滑行道、机坪、航站楼、围场路、油库等设施外,应当重点标明消防管网及消防栓位置、消防水池及其它能够用来取得消防用水的池塘河流位置、能够供救援消防车辆行驶的道路、机场围界出入口位置、城市消防站点位置和医疗救护单位位置。

机场管理机构还应当绘制机场区域应急救援方格网图,图示范围应当为机场围界以内的地区,该图除应当标明本条前款要求标明的所有内容外,还应当标明应急救援人员设备集结等待区。

方格网图应当根据机场及其邻近区域范围和设施的变化及时更新。

机场指挥中心、各参与机场应急救援单位和部门应当张挂方格网图。机场内所有参加应急救援的救援车辆中应当配备方格网图。方格网图可以是卫星影像图或者示意图,方格网图应当清晰显示所标注的内容。

第五章　应急救援的设施设备及人员

第二十五条　机场管理机构应当建设或指定一个特定的隔离机位,供受到劫持或爆炸物威胁的航空器停放,其位置应能使其距其它航空器集中停放区、建筑物或者公共场所至少 100 米,并尽可能避开地下管网等重要设施。

第二十六条　机场管理机构应当按照《民用航空运输机场飞行区消防设施》的要求配备机场飞行区消防设施，并应保证其在机场运行期间始终处于适用状态。

机场管理机构应当按照《民用航空运输机场消防站消防装备配备》的要求配备机场各类消防车、指挥车、破拆车等消防装备的配备，并应保证其在机场运行期间始终处于适用状态。

第二十七条　机场管理机构应当按照《民用运输机场应急救护设施配备》的要求配备机场医疗急救设备、医疗器材及药品、医疗救护人员，并确保机场医疗急救设备、医疗器材及药品在机场运行期间始终处于适用状态和使用有效期内。

第二十八条　机场指挥中心及机场内各参加应急救援的单位应当安装带有时钟和录音功能的值班电话，视情设置报警装置，并在机场运行期间随时保持有人值守。值班电话线路应当至少保持一主一备的双线冗余。所有应急通话内容应当录音，应急通话记录至少应当保存 2 年。

第二十九条　机场管理机构应当设立用于应急救援的无线电专用频道，突发事件发生时，机场塔台和参与救援的单位应当使用专用频道与指挥中心保持不间断联系。公安、消防、医疗救护等重要部门应当尽可能为其救援人员配备耳麦。

为能在第一时间了解航空器在空中发生的紧急情况，指挥中心宜设置陆空对话的单向监听设备，并在机场运行期间保持守听，但不得向该系统输入任何信号。在航空器突发事件发生时，指挥中心确需进一步向机组了解情况时，应当通过空中交通管理部门与机组联系。

第三十条　机场管理机构应当制作参加应急救援人员的识别标志，识别标志应当明显醒目且易于佩戴，并能体现救援的单位和指挥人员。参加应急救援的人员均应佩戴这些标志。识别标志在夜间应具有反光功能，具体样式应当为：

救援总指挥为橙色头盔，橙色外衣，外衣前后印有"总指挥"字样；

消防指挥官为红色头盔，红色外衣，外衣前后印有"消防指挥官"字样；

医疗指挥官为白色头盔，白色外衣，外衣前后印有"医疗指挥官"字样；

公安指挥官为蓝色头盔，蓝色警服，警服外穿前后印有"公安指挥官"字样的背心。

参加救援的各单位救援人员的标识颜色应与本单位指挥人员相协调。

本条所指外衣可以是背心或者制服。

第三十一条　在邻近地区有海面和其它大面积水域的机场，机场管理机构应当按照机场所使用的最大机型满载时的旅客及机组人员数量，配置救援船只或者气筏和其他水上救生设备，也可以采取与有上述救援设备的单位以协议支援的方式来保障，但机场应当配备满足在救援初期供机场救援人员使用需要的船只或者气筏和其他水上救生的基本设备。

当突发事件发生在机场及其邻近地区的海面或大面积水域时，还应向当地国家海上搜救机构报告。

第三十二条　机场管理机构应当根据机场航空器年起降架次,配置与机场所使用航空器最大机型相匹配的残损航空器搬移设备,并在机场运行期间保证其完好适用。

年起降架次在 15 万(含)以上的机场,应当配置搬移残损航空器的专用拖车、顶升气囊、活动道面、牵引挂具以及必要的枕木、钢板、绳索等器材。年起降架次在 15 万以下,10 万(含)以上的机场,应当配置顶升气囊、活动道面、牵引挂具以及必要的枕木、钢板、绳索等器材。年起降架次在 10 万以下的机场,应当配置活动道面以及必要的枕木、挂件、绳索等器材。

活动道面配置应当满足航空器每一轮迹下的铺设长度不小于 30 米;航空器牵引挂具的配置应当满足能牵引在机场使用的各类型航空器;对于在发生突发事件起 2 小时之内机场管理机构可能取得专用拖车和顶升气囊的,机场管理机构可不配备专用拖车和顶升气囊,但应当有明确的救援支援协议。

第三十三条　机场管理机构应当配备用于机场应急救援现场指挥的车辆,该车应当配有无线通讯、传真、摄像、视频传输、电脑、照明等设备,并配有应急救援的相关资料库及主要材料的纸质文件。

第三十四条　在机场运行期间,各参加应急救援的单位在保障正常运行的同时,应按照相关标准要求保持有足够的应对突发事件的救援人员。

参加应急救援各单位的值班领导、部门领导及员工应当熟知本单位、本部门及本岗位在应急救援工作中的职责和预案。

第三十五条　参加应急救援的各单位应当每年至少对按照机场应急救援预案承担救援工作职责的相关岗位的工作人员进行一次培训,对于专职应急救援管理人员、指挥人员、消防战斗员、医疗救护人员应当进行经常性的培训,培训内容包括应急救援基础理论、法规规章、技术标准、岗位职责、突发事件应急救援预案、医疗急救常识、消防知识、旅客疏散引导及其它相关技能。

在机场航站楼工作的所有人员应当每年至少接受一次消防器材使用、人员疏散引导、熟悉建筑物布局等的培训。

第六章　应急救援的处置和基本要求

第三十六条　发生突发事件时,第一时间得知事件情况的单位,应当根据机场突发事件应急救援预案的报告程序,立即将突发事件情况报告指挥中心。

发生突发事件后,机场管理机构应当在尽可能短的时间内将突发事件的基本情况报告地方人民政府和民用航空管理部门。

民用航空管理部门在收到机场发生突发事件报告后应当立即按照事件的类型、严重程度、影响范围和本部门应急救援预案逐级向上级机关报告,直至民航局突发事件应对部门。同时,应当迅速采取积极措施,协调和帮助机场管理机构处置突发事件。

第三十七条 机场突发事件应急救援总指挥或者其授权的人应当及时准确地发布相关信息。突发事件的信息发布应当有利于救援工作的开展。其他参与应急救援的单位可以发布有关本单位工作情况的信息,但不得发布对应急救援工作可能产生妨碍的信息。

第三十八条 发生突发事件时,指挥中心应当按照突发事件应急救援预案的通知程序,迅速将突发事件的基本情况通知有关单位,通知内容应当简单、明了。

第三十九条 发生突发事件后,机场应急救援处置工作应当在总指挥的统一指挥下,由消防、公安、医疗和其他驻场单位分别在本单位职责范围内行使分指挥权,特殊情况下,总指挥可以授权支援单位行使分指挥权。

实施突发事件救援时,机场应急救援总指挥或者其授权人应当服从地方人民政府领导及其突发事件应对部门的指挥,并根据地方人民政府领导及其突发事件应对部门的要求和命令,分时段、分区域向其移交指挥权。

发生本规则第八条所指明的应急救援等级为紧急出动的突发事件时,机场管理机构应当在最短的时间内组成应急救援现场指挥部,由机场应急救援总指挥或者其授权的人担任现场指挥员,在总指挥的总体救援行动意图下,统一指挥突发事件现场的各救援单位的救援行动。

有火情的突发事件发生后,总指挥可以授权消防指挥员担任应急救援现场指挥员。

第四十条 突发事件发生后及在实施应急救援时,如需机场外的支援单位参加救援工作,应当由机场内相应的救援单位提出需求和方案,经总指挥批准后通知支援单位前来支援,紧急情况下,也可先通知支援单位到达集结地点,再向总指挥报告,经总指挥同意后参加救援工作。

第四十一条 涉及在空中的航空器突发事件需要紧急着陆时,空中交通管理部门按照相应突发事件应急救援预案协助该航空器着陆。

第四十二条 当发生本规则第八条所指明的应急救援响应等级为集结待命的突发事件时,各救援单位的人员及车辆设备应迅速按照应急救援预案的要求到达指定的集结地点集中待命,并立即向指挥中心报告,未经批准,不得离开集结位置,随时准备投入救援行动。

第四十三条 突发事件发生时,机场内行驶的车辆和行人应当避让参加救援的车辆,应急救援车辆在保证安全的条件下,可不受机场内车辆时速的限制。在服从现场交通民警的指挥下,救援车辆可以驶离规定的车道。

参加应急救援的车辆和人员需要进入运行中的跑道、滑行道及仪表着陆系统敏感区时,应当通过指挥中心征得空中交通管理部门的同意后方可进入。

机场管理机构应当制定特殊程序,以保证外援救援车辆和人员顺利、及时到达事故地点。

第四十四条 应急救援时,当需要在跑道上喷洒泡沫灭火剂时,不得因此降低机场应保持的消防救援等级的最低水平。

第四十五条 应急救援时,应当在交通方便的事发地点上风安全位置及时划定伤亡人员救治区和停放区,并用明显的标志予以标识。上述区域在夜间应当有充足的照明。

第四十六条 当航空器受到劫持或爆炸物威胁时,机场塔台管制人员应当积极配合指挥中心采取有效措施,将该航空器引导到隔离机位。

第四十七条 在实施应急救援工作时,参与救援的人员应当尽可能保护突发事件现场。

在航空器事故应急救援中,应当在事故调查组进入现场前,尽可能避免移动任何航空器残骸、散落物和罹难者遗体。如确需移动航空器残骸、散落物、罹难者遗体时,在移动前,应当进行照相、录像,有条件时应当绘制草图,以标明其移动前的状态和位置。同时,如有可能,在被移动的物体和遗体上粘贴标签,并在原位置上固定一根带有相应标签的标桩。所有发出的标签的记录应当妥善保存。

发生事故航空器驾驶舱内的任何仪表和操作部件,在被移动前,必须照相或者录像,有条件时应当绘图并做详细记录。

第四十八条 实施应急救援工作时,为保证救援工作的正常进行,机场公安机关应当在事故现场及时设立警戒线,任何非救援人员进入事故现场需经总指挥或者其授权人批准。

第四十九条 应急救援现场的灭火和人员救护工作结束后,残损航空器影响机场的正常安全运行的,机场管理机构应当配合当事航空器营运人或者其代理人,迅速将残损航空器搬离。

残损航空器的搬移责任应当由当事航空器营运人或者其代理人承担,具体搬移工作应当按照该航空器营运人或者其代理人与机场管理机构协商实施。

残损航空器搬移应当取得事故调查组负责人同意。

第五十条 应急救援工作结束后,机场应急救援工作领导小组或者其授权单位或者部门应当及时召集所有参与应急救援的单位对该次应急救援工作进行全面总结讲评,对暴露出的突发事件应急救援预案中不合理的部分及缺陷进行研究分析和修改完善,在该次应急救援工作结束 60 天内,将修改后的突发事件应急救援预案按照《民用机场使用许可规定》的要求报批后,印发实施。

机场管理机构应当在每次应对本规则第八条(三)中规定的紧急出动等级的应急救援工作结束后的 30 天内,将该次应急救援工作总结报送所在地民航地区管理局。

第五十一条 在事故调查机构进行事故调查时,机场管理机构及参与应急救援的各单位应当配合事故调查机构的调查,如实向事故调查组介绍事故现场的情况。

第七章　应急救援的日常管理和演练

第五十二条　机场管理机构及其他驻场单位应当根据应急救援预案的要求定期组织应急救援演练，以检验其突发事件发生时的驰救时间、信息传递、通信系统、应急救援处置、协调配合和决策指挥、突发事件应急救援预案等，机场管理机构及参加应急救援的驻场单位均应当将应急救援演练列入年度工作计划。

驻机场的航空器营运人、空中交通管理部门及其他参加应急救援的单位，应当配合机场管理机构，做好应急救援演练工作。

第五十三条　应急救援演练分为综合演练、单项演练和桌面演练三种类型。

综合演练是由机场应急救援工作领导小组或者其授权单位组织，机场管理机构及其各驻机场参加应急救援的单位及协议支援单位参加，针对模拟的某一类型突发事件或几种类型突发事件的组合而进行的综合实战演练。

单项演练是由机场管理机构或参加应急救援的相关单位组织，参加应急救援的一个或几个单位参加，按照本单位所承担的应急救援责任，针对某一模拟的紧急情况进行的单项实战演练。

桌面演练也称指挥所推演，是由机场管理机构或参加应急救援的相关单位组织，各救援单位参加，针对模拟的某一类型突发事件或几种类型突发事件的组合以语言表达方式进行的综合非实战演练。

第五十四条　机场应急救援综合演练应当至少每三年举行一次，未举行综合演练的年度应当至少举行一次桌面演练，机场各参加应急救援的单位每年至少应当举行一次单项演练。

第五十五条　举行综合演练时，可以邀请当地人民政府及有关部门、民航地区管理局、航空器营运人及其他有关驻场单位人员以观察员身份参加，并参加演练后的总结讲评会。

第五十六条　在举行机场应急救援演练前，机场管理机构或者组织单项演练的相关单位应当组织编制应急救援演练计划，应急救援演练计划应当按照突发事件发生、发展的进程进行编制，应急救援演练计划可以是一种或几个突发事件的综合。演练计划主要包括：

（一）演练所模拟的突发事件类型、演练地点及日期；

（二）参加演练的单位；

（三）演练的程序；

（四）演练场地的布置及模拟的紧急情况；

（五）规定的救援人员及车辆的集结地点及行走路线；

（六）演练结束和演练中止的通知方式。

应急救援演练计划制定完毕并经应急救援领导小组同意后，应当在演练实施两周前报送民航地区管理局。

第五十七条　机场管理机构在举行应急救援演练时，原则上应当采取措施保持机场应急救援的正常保障能力,尽可能地避免影响机场的正常运行。如果由于应急救援演练致使本机场的正常保障能力在演练期间不能满足相应标准要求的,应当就这一情况通知空中交通管理部门发布航行通告,并在演练后,尽快恢复应急救援的正常保障能力。

举行综合演练时,机场管理机构应当视情事先通报相关部门。

第五十八条 演练工作应当坚持指挥与督导分开的原则。演练时,应当在演练指挥机构之外另设演练督导组。

第五十九条 演练督导组应当由民航地区管理局在收到演练计划后召集。综合演练督导组应当由民用航空管理部门、地方人民政府及其有关部门、机场管理机构、相关航空器营运人、空中交通管理单位人员及特邀专家组成。

演练督导组应当在演练实施前研究并熟悉参演机场的应急救援预案和本次应急救援演练计划,全程跟踪演练进程,并在演练中提出各种实际救援中可能出现的复杂或者意外情况交指挥中心应对。

对于演练督导组提出的情况,指挥中心及相关救援单位应当做出响应。

演练督导组的具体工作程序和行为规范由民航局另行制定。

第六十条 演练督导组应当对机场应急救援演练工作进行监督检查,演练督导组应当根据演练形式和规模派出足够的督导人员,进入演练现场,对演练涉及的各个方面实施全程监督检查。

第六十一条 应急救援演练结束后,演练组织者应召集各参演单位负责人进行总结讲评。总结讲评活动中,演练督导组应当就演练的总体评价、演练的组织、演练计划、演练人员和设备等方面提出综合评价意见。

第八章 法 律 责 任

第六十二条 机场管理机构未按照本规则的要求,有下列行为之一的,由民航管理部门责令限期改正,并处以警告;情节严重的,处以1万元以上3万元以下的罚款:

(一)未按照本规则第十二条要求设立指挥中心的;

(二)未按照本规则第二十五条的要求设立隔离机位的;

(三)未按照本规则第五十条或者第六十一条的要求,在应急救援或者应急救援综合演练工作后及时进行总结讲评的。

第六十三条 机场管理机构或其他参加应急救援的单位,有下列行为之一的,由民航管理部门责令其限期改正,并处以5千元以上1万元以下罚款:

(一)未按照本规则第二十四条的要求张挂和及时更新应急救援方格网图的;

(二)未按照本规则第三十条要求制作足够的救援人员识别标志的;

(三)违反本规则第三十七条规定发布妨碍应急救援工作信息的。

第六十四条　机场管理机构有以下行为之一的,由民航地区管理局责令限期改正,处以1万元以上5万元以下的罚款:

（一）未按照本规则第二十六条、第二十七条、第二十八条、第二十九条、第三十一条、第三十二条、第三十三条的要求,配备相应的设备和器材,并保持其适用状态的;

（二）未按照本规则第七章的要求组织应急救援演练的。

第六十五条　机场管理机构或其他参加应急救援的单位,有下列行为之一的,由民航管理部门责令其限期改正,并处以5千元以上2万元以下罚款:

（一）未按照本规则第三十四条的要求,在机场运行期间保持相关标准要求的应对突发事件的救援人员,导致机场应急救援未能及时实施的;

（二）违反本规则第三十四条的要求,参加应急救援各单位的值班领导、部门领导及员工不了解本单位、本部门及本岗位在应急救援工作中的职责和预案的;

（三）未按照本规则第三十五条的要求对参加应急救援的人员进行培训的。

第六十六条　机场管理机构或者其他参加应急救援的单位有下列行为之一的,由民航管理部门处以1万元以上3万元以下罚款:

（一）违反本规则第三十六条,发现紧急情况不按规定程序报告的;

（二）违反本规则第三十八条,接到紧急情况报告,不按规定程序通知到有关单位的;

（三）违反本规则第四十四条规定在跑道上喷洒泡沫灭火剂从而降低机场应保持的消防救援等级的最低水平的;

（四）未按照本规则第四十五条规定,及时划定伤亡人员救治区和停放区的;

（五）违反本规则第四十九条的规定,残损航空器搬移工作中有关各方互相推诿,严重影响机场开放正常运行的;

（六）违反本规则第五十七条,在举行应急救援演练时未保持机场正常运行时应有的应急救援保障能力的。

第九章　附　　则

第六十七条　中华人民共和国缔结或者参加的国际条约与本规则有不同规定的,适用国际条约的规定,但中华人民共和国声明保留的条款除外。

第六十八条　在民航局制定通用机场突发事件应急救援管理规则之前,通用机场可以结合本机场的具体情况参照本规则制定突发事件应急救援预案,报所在地民航地区管理局备案。

第六十九条　在本规则规定区域外发生的突发事件,按照《中华人民共和国搜寻援救民用航空器规定》执行。

第七十条　航空器受到非法干扰和机场设施受爆炸物威胁所涉及的突发事件应急救援预案按照国家其他相关规定办理。

第七十一条 应急救援工作实行有偿服务,应当采用先救援后结算的办法。具体收费标准和收费计算方法由有关各方本着公平合理、等价有偿的原则协商确定。

第七十二条 本规则自 2016 年 5 月 21 日起施行。2000 年 4 月 3 日发布的《民用运输机场应急救援规则》(民航总局令第 90 号)同时废止。

五、能源应急管理

中华人民共和国核安全法（节录）

1. 2017年9月1日第十二届全国人民代表大会常务委员会第二十九次会议通过
2. 2017年9月1日中华人民共和国主席令第73号公布
3. 自2018年1月1日起施行

第四章 核事故应急

第五十四条　【核事故应急协调委员会】国家设立核事故应急协调委员会，组织、协调全国的核事故应急管理工作。

省、自治区、直辖市人民政府根据实际需要设立核事故应急协调委员会，组织、协调本行政区域内的核事故应急管理工作。

第五十五条　【各级核事故应急预案的制定与修订】国务院核工业主管部门承担国家核事故应急协调委员会日常工作，牵头制定国家核事故应急预案，经国务院批准后组织实施。国家核事故应急协调委员会成员单位根据国家核事故应急预案部署，制定本单位核事故应急预案，报国务院核工业主管部门备案。

省、自治区、直辖市人民政府指定的部门承担核事故应急协调委员会的日常工作，负责制定本行政区域内场外核事故应急预案，报国家核事故应急协调委员会审批后组织实施。

核设施营运单位负责制定本单位场内核事故应急预案，报国务院核工业主管部门、能源主管部门和省、自治区、直辖市人民政府指定的部门备案。

中国人民解放军和中国人民武装警察部队按照国务院、中央军事委员会的规定，制定本系统支援地方的核事故应急工作预案，报国务院核工业主管部门备案。

应急预案制定单位应当根据实际需要和情势变化，适时修订应急预案。

第五十六条　【应急培训和演练】核设施营运单位应当按照应急预案，配备应急设备，开展应急工作人员培训和演练，做好应急准备。

核设施所在地省、自治区、直辖市人民政府指定的部门，应当开展核事故应急知识普及活动，按照应急预案组织有关企业、事业单位和社区开展核事故应急演练。

第五十七条　【核事故应急准备金制度】国家建立核事故应急准备金制度，保障核事故应急准备与响应工作所需经费。核事故应急准备金管理办法，由国务院制定。

第五十八条 【核事故应急分级管理】国家对核事故应急实行分级管理。

发生核事故时,核设施营运单位应当按照应急预案的要求开展应急响应,减轻事故后果,并立即向国务院核工业主管部门、核安全监督管理部门和省、自治区、直辖市人民政府指定的部门报告核设施状况,根据需要提出场外应急响应行动建议。

第五十九条 【核事故应急救援】国家核事故应急协调委员会按照国家核事故应急预案部署,组织协调国务院有关部门、地方人民政府、核设施营运单位实施核事故应急救援工作。

中国人民解放军和中国人民武装警察部队按照国务院、中央军事委员会的规定,实施核事故应急救援工作。

核设施营运单位应当按照核事故应急救援工作的要求,实施应急响应支援。

第六十条 【应急信息发布及国际通报救援工作】国务院核工业主管部门或者省、自治区、直辖市人民政府指定的部门负责发布核事故应急信息。

国家核事故应急协调委员会统筹协调核事故应急国际通报和国际救援工作。

第六十一条 【核事故调查处理】各级人民政府及其有关部门、核设施营运单位等应当按照国务院有关规定和授权,组织开展核事故后的恢复行动、损失评估等工作。

核事故的调查处理,由国务院或者其授权的部门负责实施。

核事故场外应急行动的调查处理,由国务院或者其指定的机构负责实施。

第六十二条 【应急响应】核材料、放射性废物运输的应急应当纳入所经省、自治区、直辖市场外核事故应急预案或者辐射应急预案。发生核事故时,由事故发生地省、自治区、直辖市人民政府负责应急响应。

核电厂核事故应急管理条例

1. 1993 年 8 月 4 日国务院令第 124 号发布
2. 根据 2011 年 1 月 8 日国务院令第 588 号《关于废止和修改部分行政法规的决定》修订

第一章 总 则

第一条 为了加强核电厂核事故应急管理工作,控制和减少核事故危害,制定本条例。

第二条 本条例适用于可能或者已经引起放射性物质释放、造成重大辐射后果的核电厂核事故(以下简称核事故)应急管理工作。

第三条 核事故应急管理工作实行常备不懈,积极兼容,统一指挥,大力协同,保护公众,保护环境的方针。

第二章 应急机构及其职责

第四条 全国的核事故应急管理工作由国务院指定的部门负责,其主要职责是:

(一)拟定国家核事故应急工作政策;

(二)统一协调国务院有关部门、军队和地方人民政府的核事故应急工作;

(三)组织制定和实施国家核事故应急计划,审查批准场外核事故应急计划;

(四)适时批准进入和终止场外应急状态;

(五)提出实施核事故应急响应行动的建议;

(六)审查批准核事故公报、国际通报,提出请求国际援助的方案。

必要时,由国务院领导、组织、协调全国的核事故应急管理工作。

第五条 核电厂所在地的省、自治区、直辖市人民政府指定的部门负责本行政区域内的核事故应急管理工作,其主要职责是:

(一)执行国家核事故应急工作的法规和政策;

(二)组织制定场外核事故应急计划,做好核事故应急准备工作;

(三)统一指挥场外核事故应急响应行动;

(四)组织支援核事故应急响应行动;

(五)及时向相邻的省、自治区、直辖市通报核事故情况。

必要时,由省、自治区、直辖市人民政府领导、组织、协调本行政区域内的核事故应急管理工作。

第六条 核电厂的核事故应急机构的主要职责是:

(一)执行国家核事故应急工作的法规和政策;

(二)制定场内核事故应急计划,做好核事故应急准备工作;

(三)确定核事故应急状态等级,统一指挥本单位的核事故应急响应行动;

(四)及时向上级主管部门、国务院核安全部门和省级人民政府指定的部门报告事故情况,提出进入场外应急状态和采取应急防护措施的建议;

(五)协助和配合省级人民政府指定的部门做好核事故应急管理工作。

第七条 核电厂的上级主管部门领导核电厂的核事故应急工作。

国务院核安全部门、环境保护部门和卫生部门等有关部门在各自的职责范围内做好相应的核事故应急工作。

第八条 中国人民解放军作为核事故应急工作的重要力量,应当在核事故应急响应中实施有效的支援。

第三章 应 急 准 备

第九条 针对核电厂可能发生的核事故,核电厂的核事故应急机构、省级人民政府指定的部门和国务院指定的部门应当预先制定核事故应急计划。

核事故应急计划包括场内核事故应急计划、场外核事故应急计划和国家核事故应急计划。各级核事故应急计划应当相互衔接、协调一致。

第十条　场内核事故应急计划由核电厂核事故应急机构制定,经其主管部门审查后,送国务院核安全部门审评并报国务院指定的部门备案。

第十一条　场外核事故应急计划由核电厂所在地的省级人民政府指定的部门组织制定,报国务院指定的部门审查批准。

第十二条　国家核事故应急计划由国务院指定的部门组织制定。

国务院有关部门和中国人民解放军总部应当根据国家核事故应急计划,制定相应的核事故应急方案,报国务院指定的部门备案。

第十三条　场内核事故应急计划、场外核事故应急计划应当包括下列内容:

（一）核事故应急工作的基本任务;

（二）核事故应急响应组织及其职责;

（三）烟羽应急计划区和食入应急计划区的范围;

（四）干预水平和导出干预水平;

（五）核事故应急准备和应急响应的详细方案;

（六）应急设施、设备、器材和其他物资;

（七）核电厂核事故应急机构同省级人民政府指定的部门之间以及同其他有关方面相互配合、支援的事项及措施。

第十四条　有关部门在进行核电厂选址和设计工作时,应当考虑核事故应急工作的要求。

新建的核电厂必须在其场内和场外核事故应急计划审查批准后,方可装料。

第十五条　国务院指定的部门、省级人民政府指定的部门和核电厂的核事故应急机构应当具有必要的应急设施、设备和相互之间快速可靠的通讯联络系统。

核电厂的核事故应急机构和省级人民政府指定的部门应当具有辐射监测系统、防护器材、药械和其他物资。

用于核事故应急工作的设施、设备和通讯联络系统、辐射监测系统以及防护器材、药械等,应当处于良好状态。

第十六条　核电厂应当对职工进行核安全、辐射防护和核事故应急知识的专门教育。

省级人民政府指定的部门应当在核电厂的协助下对附近的公众进行核安全、辐射防护和核事故应急知识的普及教育。

第十七条　核电厂的核事故应急机构和省级人民政府指定的部门应当对核事故应急工作人员进行培训。

第十八条　核电厂的核事故应急机构和省级人民政府指定的部门应当适时组织不同专业和不同规模的核事故应急演习。

在核电厂首次装料前,核电厂的核事故应急机构和省级人民政府指定的部门应当组织场内、场外核事故应急演习。

第四章 应急对策和应急防护措施

第十九条 核事故应急状态分为下列四级:

(一)应急待命。出现可能导致危及核电厂核安全的某些特定情况或者外部事件,核电厂有关人员进入戒备状态。

(二)厂房应急。事故后果仅限于核电厂的局部区域,核电厂人员按照场内核事故应急计划的要求采取核事故应急响应行动,通知厂外有关核事故应急响应组织。

(三)场区应急。事故后果蔓延至整个场区,场区内的人员采取核事故应急响应行动,通知省级人民政府指定的部门,某些厂外核事故应急响应组织可能采取核事故应急响应行动。

(四)场外应急。事故后果超越场区边界,实施场内和场外核事故应急计划。

第二十条 当核电厂进入应急待命状态时,核电厂核事故应急机构应当及时向核电厂的上级主管部门和国务院核安全部门报告情况,并视情况决定是否向省级人民政府指定的部门报告。当出现可能或者已经有放射性物质释放的情况时,应当根据情况,及时决定进入厂房应急或者场区应急状态,并迅速向核电厂的上级主管部门、国务院核安全部门和省级人民政府指定的部门报告情况;在放射性物质可能或者已经扩散到核电厂场区以外时,应当迅速向省级人民政府指定的部门提出进入场外应急状态并采取应急防护措施的建议。

省级人民政府指定的部门接到核电厂核事故应急机构的事故情况报告后,应当迅速采取相应的核事故应急对策和应急防护措施,并及时向国务院指定的部门报告情况。需要决定进入场外应急状态时,应当经国务院指定的部门批准;在特殊情况下,省级人民政府指定的部门可以先行决定进入场外应急状态,但是应当立即向国务院指定的部门报告。

第二十一条 核电厂的核事故应急机构和省级人民政府指定的部门应当做好核事故后果预测与评价以及环境放射性监测等工作,为采取核事故应急对策和应急防护措施提供依据。

第二十二条 省级人民政府指定的部门应当适时选用隐蔽、服用稳定性碘制剂、控制通道、控制食物和水源、撤离、迁移、对受影响的区域去污等应急防护措施。

第二十三条 省级人民政府指定的部门在核事故应急响应过程中应当将必要的信息及时地告知当地公众。

第二十四条 在核事故现场,各核事故应急响应组织应当实行有效的剂量监督。现场核事故应急响应人员和其他人员都应当在辐射防护人员的监督和指导下活动,尽量防止接受过大剂量的照射。

第二十五条　核电厂的核事故应急机构和省级人民政府指定的部门应当做好核事故现场接受照射人员的救护、洗消、转运和医学处置工作。

第二十六条　在核事故应急进入场外应急状态时，国务院指定的部门应当及时派出人员赶赴现场，指导核事故应急响应行动，必要时提出派出救援力量的建议。

第二十七条　因核事故应急响应需要，可以实行地区封锁。省、自治区、直辖市行政区域内的地区封锁，由省、自治区、直辖市人民政府决定；跨省、自治区、直辖市的地区封锁，以及导致中断干线交通或者封锁国境的地区封锁，由国务院决定。

地区封锁的解除，由原决定机关宣布。

第二十八条　有关核事故的新闻由国务院授权的单位统一发布。

第五章　应急状态的终止和恢复措施

第二十九条　场外应急状态的终止由省级人民政府指定的部门会同核电厂核事故应急机构提出建议，报国务院指定的部门批准，由省级人民政府指定的部门发布。

第三十条　省级人民政府指定的部门应当根据受影响地区的放射性水平，采取有效的恢复措施。

第三十一条　核事故应急状态终止后，核电厂核事故应急机构应当向国务院指定的部门、核电厂的上级主管部门、国务院核安全部门和省级人民政府指定的部门提交详细的事故报告；省级人民政府指定的部门应当向国务院指定的部门提交场外核事故应急工作的总结报告。

第三十二条　核事故使核安全重要物项的安全性能达不到国家标准时，核电厂的重新起动计划应当按照国家有关规定审查批准。

第六章　资金和物资保障

第三十三条　国务院有关部门、军队、地方各级人民政府和核电厂在核事故应急准备工作中应当充分利用现有组织机构、人员、设施和设备等，努力提高核事故应急准备资金和物资的使用效益，并使核事故应急准备工作与地方和核电厂的发展规划相结合。各有关单位应当提供支援。

第三十四条　场内核事故应急准备资金由核电厂承担，列入核电厂工程项目投资概算和运行成本。

场外核事故应急准备资金由核电厂和地方人民政府共同承担，资金数额由国务院指定的部门会同有关部门审定。核电厂承担的资金，在投产前根据核电厂容量、在投产后根据实际发电量确定一定的比例交纳，由国务院计划部门综合平衡后用于地方场外核事故应急准备工作；其余部分由地方人民政府解决。具体办法由国务院指定的部门会同国务院计划部门和国务院财政部门规定。

国务院有关部门和军队所需的核事故应急准备资金，根据各自在核事故应急工作中的职责和任务，充分利用现有条件进行安排，不足部分按照各自的计划和资金渠道上报。

第三十五条　国家的和地方的物资供应部门及其他有关部门应当保证供给核事故应急所需的设备、器材和其他物资。

第三十六条　因核电厂核事故应急响应需要，执行核事故应急响应行动的行政机关有权征用非用于核事故应急响应的设备、器材和其他物资。

对征用的设备、器材和其他物资，应当予以登记并在使用后及时归还；造成损坏的，由征用单位补偿。

第七章　奖励与处罚

第三十七条　在核事故应急工作中有下列事迹之一的单位和个人，由主管部门或者所在单位给予表彰或者奖励：

（一）完成核事故应急响应任务的；

（二）保护公众安全和国家的、集体的和公民的财产，成绩显著的；

（三）对核事故应急准备与响应提出重大建议，实施效果显著的；

（四）辐射、气象预报和测报准确及时，从而减轻损失的；

（五）有其他特殊贡献的。

第三十八条　有下列行为之一的，对有关责任人员视情节和危害后果，由其所在单位或者上级机关给予行政处分；属于违反治安管理行为的，由公安机关依照治安管理处罚法的规定予以处罚；构成犯罪的，由司法机关依法追究刑事责任：

（一）不按照规定制定核事故应急计划，拒绝承担核事故应急准备义务的；

（二）玩忽职守，引起核事故发生的；

（三）不按照规定报告、通报核事故真实情况的；

（四）拒不执行核事故应急计划，不服从命令和指挥，或者在核事故应急响应时临阵脱逃的；

（五）盗窃、挪用、贪污核事故应急工作所用资金或者物资的；

（六）阻碍核事故应急工作人员依法执行职务或者进行破坏活动的；

（七）散布谣言，扰乱社会秩序的；

（八）有其他对核事故应急工作造成危害的行为的。

第八章　附　　则

第三十九条　本条例中下列用语的含义：

（一）核事故应急，是指为了控制或者缓解核事故、减轻核事故后果而采取的不同于正常秩序和正常工作程序的紧急行动。

（二）场区，是指由核电厂管理的区域。

（三）应急计划区，是指在核电厂周围建立的、制定有核事故应急计划、并预计采取核事故应急对策和应急防护措施的区域。

（四）烟羽应急计划区，是指针对放射性烟云引起的照射而建立的应急计划区。

（五）食入应急计划区，是指针对食入放射性污染的水或者食物引起照射而建立的应急计划区。

（六）干预水平，是指预先规定的用于在异常状态下确定需要对公众采取应急防护措施的剂量水平。

（七）导出干预水平，是指由干预水平推导得出的放射性物质在环境介质中的浓度或者水平。

（八）应急防护措施，是指在核事故情况下用于控制工作人员和公众所接受的剂量而采取的保护措施。

（九）核安全重要物项，是指对核电厂安全有重要意义的建筑物、构筑物、系统、部件和设施等。

第四十条 除核电厂外，其他核设施的核事故应急管理，可以根据具体情况，参照本条例的有关规定执行。

第四十一条 对可能或者已经造成放射性物质释放超越国界的核事故应急，除执行本条例的规定外，并应当执行中华人民共和国缔结或者参加的国际条约的规定，但是中华人民共和国声明保留的条款除外。

第四十二条 本条例自发布之日起施行。

国家核应急预案

2013年6月30日修订

1 总 则

1.1 编制目的

依法科学统一、及时有效应对处置核事故，最大程度控制、减轻或消除事故及其造成的人员伤亡和财产损失，保护环境，维护社会正常秩序。

1.2 编制依据

《中华人民共和国突发事件应对法》、《中华人民共和国放射性污染防治法》、《核电厂核事故应急管理条例》、《放射性物品运输安全管理条例》、《国家突发公共事件总体应急预案》和相关国际公约等。

1.3 适用范围

本预案适用于我国境内核设施及有关核活动已经或可能发生的核事故。境外发生的对我国大陆已经或可能造成影响的核事故应对工作参照本预案进行响应。

1.4 工作方针和原则

国家核应急工作贯彻执行常备不懈、积极兼容，统一指挥、大力协同，保护公众、保护环境的方针;坚持统一领导、分级负责、条块结合、快速反应、科学处置的工作原则。核事故发生后,核设施营运单位、地方政府及其有关部门和国家核事故应急协调委员会(以下简称国家核应急协调委)成员单位立即自动按照职责分工和相关预案开展前期处置工作。核设施营运单位是核事故场内应急工作的主体,省级人民政府是本行政区域核事故场外应急工作的主体。国家根据核应急工作需要给予必要的协调和支持。

2 组织体系

2.1 国家核应急组织

国家核应急协调委负责组织协调全国核事故应急准备和应急处置工作。国家核应急协调委主任委员由工业和信息化部部长担任。日常工作由国家核事故应急办公室(以下简称国家核应急办)承担。必要时,成立国家核事故应急指挥部,统一领导、组织、协调全国的核事故应对工作。指挥部总指挥由国务院领导同志担任。视情成立前方工作组,在国家核事故应急指挥部的领导下开展工作。

国家核应急协调委设立专家委员会,由核工程与核技术、核安全、辐射监测、辐射防护、环境保护、交通运输、医学、气象学、海洋学、应急管理、公共宣传等方面专家组成,为国家核应急工作重大决策和重要规划以及核事故应对工作提供咨询和建议。

国家核应急协调委设立联络员组,由成员单位司、处级和核设施营运单位所属集团公司(院)负责同志组成,承担国家核应急协调委交办的事项。

2.2 省(自治区、直辖市)核应急组织

省级人民政府根据有关规定和工作需要成立省(自治区、直辖市)核应急委员会(以下简称省核应急委),由有关职能部门、相关市县、核设施营运单位的负责同志组成,负责本行政区域核事故应急准备与应急处置工作,统一指挥本行政区域核事故场外应急响应行动。省核应急委设立专家组,提供决策咨询;设立省核事故应急办公室(以下称省核应急办),承担省核应急委的日常工作。

未成立核应急委的省级人民政府指定部门负责本行政区域核事故应急准备与应急处置工作。

必要时,由省级人民政府直接领导、组织、协调本行政区域场外核应急工作,支援核事故场内核应急响应行动。

2.3 核设施营运单位核应急组织

核设施营运单位核应急指挥部负责组织场内核应急准备与应急处置工作,统一指挥本单位的核应急响应行动,配合和协助做好场外核应急准备与响应工作,及时提出进入场外应急状态和采取场外应急防护措施的建议。核设施营运单位所属集团公司(院)负责领导协调核设施营运单位核应急准备工作,事故情况下负责调配其应急资源和力量,支援核设施营运单位的响应行动。

3 核设施核事故应急响应

3.1 响应行动

核事故发生后,各级核应急组织根据事故的性质和严重程度,实施以下全部或部分响应行动。

3.1.1 事故缓解和控制

迅速组织专业力量、装备和物资等开展工程抢险,缓解并控制事故,使核设施恢复到安全状态,最大程度防止、减少放射性物质向环境释放。

3.1.2 辐射监测和后果评价

开展事故现场和周边环境(包括空中、陆地、水体、大气、农作物、食品和饮水等)放射性监测,以及应急工作人员和公众受照剂量的监测等。实时开展气象、水文、地质、地震等观(监)测预报;开展事故工况诊断和释放源项分析,研判事故发展趋势,评价辐射后果,判定受影响区域范围,为应急决策提供技术支持。

3.1.3 人员放射性照射防护

当事故已经或可能导致碘放射性同位素释放的情况下,按照辐射防护原则及管理程序,及时组织有关工作人员和公众服用稳定碘,减少甲状腺的受照剂量。根据公众可能接受的辐射剂量和保护公众的需要,组织放射性烟羽区有关人员隐蔽;组织受影响地区居民向安全地区撤离。根据受污染地区实际情况,组织居民从受污染地区临时迁出或永久迁出,异地安置,避免或减少地面放射性沉积物的长期照射。

3.1.4 去污洗消和医疗救治

去除或降低人员、设备、场所、环境等的放射性污染;组织对辐射损伤人员和非辐射损伤人员实施医学诊断及救治,包括现场救治、地方救治和专科救治。

3.1.5 出入通道和口岸控制

根据受事故影响区域具体情况,划定警戒区,设定出入通道,严格控制各类人员、车辆、设备和物资出入。对出入境人员、交通工具、集装箱、货物、行李物品、邮包快件等实施放射性污染检测与控制。

3.1.6 市场监管和调控

针对受事故影响地区市场供应及公众心理状况,及时进行重要生活必需品的市场监管和调控。禁止或限制受污染食品和饮水的生产、加工、流通和食用,避免或减少放射性物质摄入。

3.1.7 维护社会治安

严厉打击借机传播谣言制造恐慌等违法犯罪行为;在群众安置点、抢险救援物资存放点等重点地区,增设临时警务站,加强治安巡逻;强化核事故现场等重要场所警戒保卫,根据需要做好周边地区交通管制等工作。

3.1.8 信息报告和发布

按照核事故应急报告制度的有关规定,核设施营运单位及时向国家核应急办、省核应急办、核电主管部门、核安全监管部门、所属集团公司(院)报告、通报有关核事故及核应急响应情况;接到事故报告后,国家核应急协调委、核事故发生地省级人民政府要及时、持续向国务院报告有关情况。第一时间发布准确、权威信息。核事故信息发布办法由国家核应急协调委另行制订,报国务院批准后实施。

3.1.9 国际通报和援助

国家核应急协调委统筹协调核应急国际通报与国际援助工作。按照《及早通报核事故公约》的要求,当核事故造成或可能造成超越国界的辐射影响时,国家核应急协调委通过核应急国家联络点向国际原子能机构通报。向有关国家和地区的通报工作,由外交部按照双边或多边核应急合作协议办理。

必要时,国家核应急协调委提出请求国际援助的建议,报请国务院批准后,由国家原子能机构会同外交部按照《核事故或辐射紧急情况援助公约》的有关规定办理。

3.2 指挥和协调

根据核事故性质、严重程度及辐射后果影响范围,核设施核事故应急状态分为应急待命、厂房应急、场区应急、场外应急(总体应急),分别对应Ⅳ级响应、Ⅲ级响应、Ⅱ级响应、Ⅰ级响应。

3.2.1 Ⅳ级响应

3.2.1.1 启动条件

当出现可能危及核设施安全运行的工况或事件,核设施进入应急待命状态,启动Ⅳ级响应。

3.2.1.2 应急处置

(1)核设施营运单位进入戒备状态,采取预防或缓解措施,使核设施保持或恢复到安全状态,并及时向国家核应急办、省核应急办、核电主管部门、核安全监管部门、所属集团公司(院)提出相关建议;对事故的性质及后果进行评价。

(2)省核应急组织密切关注事态发展,保持核应急通信渠道畅通;做好公众沟通工作,视情组织本省部分核应急专业力量进入待命状态。

(3)国家核应急办研究决定启动Ⅳ级响应,加强与相关省核应急组织和核设施营运单位及其所属集团公司(院)的联络沟通,密切关注事态发展,及时向国家核应急协调委成员单位通报情况。各成员单位做好相关应急准备。

3.2.1.3 响应终止

核设施营运单位组织评估,确认核设施已处于安全状态后,提出终止应急响应建议报国家和省核应急办,国家核应急办研究决定终止Ⅳ级响应。

3.2.2 Ⅲ级响应

3.2.2.1 启动条件

当核设施出现或可能出现放射性物质释放,事故后果影响范围仅限于核设施场区局部区域,核设施进入厂房应急状态,启动Ⅲ级响应。

3.2.2.2 应急处置

在Ⅳ级响应的基础上,加强以下应急措施:

(1)核设施营运单位采取控制事故措施,开展应急辐射监测和气象观测,采取保护工作人员的辐射防护措施;加强信息报告工作,及时提出相关建议;做好公众沟通工作。

(2)省核应急委组织相关成员单位、专家组会商,研究核应急工作措施;视情组织本省核应急专业力量开展辐射监测和气象观测。

(3)国家核应急协调委研究决定启动Ⅲ级响应,组织国家核应急协调委有关成员单位及专家委员会开展趋势研判、公众沟通等工作;协调、指导地方和核设施营运单位做好核应急有关工作。

3.2.2.3 响应终止

核设施营运单位组织评估,确认核设施已处于安全状态后,提出终止应急响应建议报国家核应急协调委和省核应急委,国家核应急协调委研究决定终止Ⅲ级响应。

3.2.3 Ⅱ级响应

3.2.3.1 启动条件

当核设施出现或可能出现放射性物质释放,事故后果影响扩大到整个场址区域(场内),但尚未对场址区域外公众和环境造成严重影响,核设施进入场区应急状态,启动Ⅱ级响应。

3.2.3.2 应急处置

在Ⅲ级响应的基础上,加强以下应急措施:

(1)核设施营运单位组织开展工程抢险,撤离非应急人员,控制应急人员辐射照射;进行污染区标识或场区警戒,对出入场区人员、车辆等进行污染监测;做好与外部救援力量的协同准备。

(2)省核应急委组织实施气象观测预报、辐射监测,组织专家分析研判趋势;及时发布通告,视情采取交通管制、控制出入通道、心理援助等措施;根据信息发布办法的有关规定,做好信息发布工作,协调调配本行政区域核应急资源给予核设施营运单位必要的支援,做好医疗救治准备等工作。

(3)国家核应急协调委研究决定启动Ⅱ级响应,组织国家核应急协调委相关成员单位、专家委员会会商,开展综合研判;按照有关规定组织权威信息发布,稳定社会秩序;根据有关省级人民政府、省核应急委或核设施营运单位的请求,为事故缓解和救援行动提供必要的支持;视情组织国家核应急力量指导开展辐射监测、气象观测预报、医疗救治等工作。

3.2.3.3 响应终止

核设施营运单位组织评估,确认核设施已处于安全状态后,提出终止应急响应建议报国家核应急协调委和省核应急委,国家核应急协调委研究决定终止Ⅱ级响应。

3.2.4 Ⅰ级响应

3.2.4.1 启动条件

当核设施出现或可能出现向环境释放大量放射性物质,事故后果超越场区边界,可能严重危及公众健康和环境安全,进入场外应急状态,启动Ⅰ级响应。

3.2.4.2 应急处置

(1)核设施营运单位组织工程抢险,缓解、控制事故,开展事故工况诊断、应急辐射监测;采取保护场内工作人员的防护措施,撤离非应急人员,控制应急人员辐射照射,对受伤或受照人员进行医疗救治;标识污染区,实施场区警戒,对出入场区人员、车辆等进行放射性污染监测;及时提出公众防护行动建议;对事故的性质及后果进行评估;协同外部救援力量做好抢险救援等工作;配合国家核应急协调委和省核应急委做好公众沟通和信息发布等工作。

(2)省核应急委组织实施场外应急辐射监测、气象观测预报,组织专家进行趋势分析研判,协调、调配本行政区域内核应急资源,向核设施营运单位提供必要的交通、电力、水源、通信等保障条件支援;及时发布通告,视情采取交通管制、发放稳定碘、控制出入通道、控制食品和饮水、医疗救治、心理援助、去污洗消等措施,适时组织实施受影响区域公众的隐蔽、撤离、临时避迁、永久再定居;根据信息发布办法的有关规定,做好信息发布工作,组织开展公众沟通等工作;及时向事故后果影响或可能影响的邻近省(自治区、直辖市)通报事故情况,提出相应建议。

(3)国家核应急协调委向国务院提出启动Ⅰ级响应建议,国务院决定启动Ⅰ级响应。国家核应急协调委组织协调核应急处置工作。必要时,国务院成立国家核事故应急指挥部,统一领导、组织、协调全国核应急处置工作。国家核事故应急指挥部根据工作需要设立事故抢险、辐射监测、医学救援、放射性污染物处置、群众生活保障、信息发布和宣传报道、涉外事务、社会稳定、综合协调等工作组。

国家核事故应急指挥部或国家核应急协调委对以下任务进行部署,并组织协调有关地区和部门实施:

①组织国家核应急协调委相关成员单位、专家委员会会商,开展事故工况诊断、释放源项分析、辐射后果预测评价等,科学研判趋势,决定核应急对策措施。

②派遣国家核应急专业救援队伍,调配专业核应急装备参与事故抢险工作,抑制或缓解事故、防止或控制放射性污染等。

③组织协调国家和地方辐射监测力量对已经或可能受核辐射影响区域的环境(包括空中、陆地、水体、大气、农作物、食品和饮水等)进行放射性监测。

④组织协调国家和地方医疗卫生力量和资源,指导和支援受影响地区开展辐射损伤人员医疗救治、心理援助,以及去污洗消、污染物处置等工作。

⑤统一组织核应急信息发布。

⑥跟踪重要生活必需品的市场供求信息,开展市场监管和调控。

⑦组织实施农产品出口管制,对出境人员、交通工具、集装箱、货物、行李物品、邮包快件等进行放射性沾污检测与控制。

⑧按照有关规定和国际公约的要求,做好向国际原子能机构、有关国家和地区的国际通报工作;根据需要提出国际援助请求。

⑨其他重要事项。

3.2.4.3 响应终止

当核事故已得到有效控制,放射性物质的释放已经停止或者已经控制到可接受的水平,核设施基本恢复到安全状态,由国家核应急协调委提出终止Ⅰ级响应建议,报国务院批准。视情成立的国家核事故应急指挥部在应急响应终止后自动撤销。

4 核设施核事故后恢复行动

应急响应终止后,省级人民政府及其有关部门、核设施营运单位等立即按照职责分工组织开展恢复行动。

4.1 场内恢复行动

核设施营运单位负责场内恢复行动,并制订核设施恢复规划方案,按有关规定报上级有关部门审批,报国家核应急协调委和省核应急委备案。国家核应急协调委、省核应急委、有关集团公司(院)视情对场内恢复行动提供必要的指导和支持。

4.2 场外恢复行动

省核应急委负责场外恢复行动,并制订场外恢复规划方案,经国家核应急协调委核准后报国务院批准。场外恢复行动主要任务包括:全面开展环境放射性水平调查和评价,进行综合性恢复整治;解除紧急防护行动措施,尽快恢复受影响地区生产生活等社会秩序,进一步做好转移居民的安置工作;对工作人员和公众进行剂量评估,开展科普宣传,提供咨询和心理援助等。

5 其他核事故应急响应

对乏燃料运输事故、涉核航天器坠落事故等,根据其可能产生的辐射后果及影响范围,国家和受影响省(自治区、直辖市)核应急组织及营运单位进行必要的响应。

5.1 乏燃料运输事故

乏燃料运输事故发生后,营运单位应在第一时间报告所属集团公司(院)、事故发生地省级人民政府有关部门和县级以上人民政府环境保护部门、国家核应急协调委,并按照本预案和乏燃料运输事故应急预案立即组织开展应急处置工作。必要时,国家核应急协调委组织有关成员单位予以支援。

5.2 台湾地区核事故

台湾地区发生核事故可能或已经对大陆造成辐射影响时,参照本预案组织应急响应。台办会同国家核应急办向台湾有关方面了解情况和对大陆的需求,上报国务院。国务院根据情况,协调调派国家核应急专业力量协助救援。

5.3 其他国家核事故

其他国家发生核事故已经或可能对我国产生影响时,由国家核应急协调委参照本预案统一组织开展信息收集与发布、辐射监测、部门会商、分析研判、口岸控制、市场调控、国际通报及援助等工作。必要时,成立国家核事故应急指挥部,统一领导、组织、协调核应急响应工作。

5.4 涉核航天器坠落事故

涉核航天器坠落事故已经或可能对我国局部区域产生辐射影响时,由国家核应急协调委参照本预案组织开展涉核航天器污染碎片搜寻与收集、辐射监测、环境去污、分析研判、信息通报等工作。

6 应急准备和保障措施

6.1 技术准备

国家核应急协调委依托各成员单位、相关集团公司(院)和科研院所现有能力,健全完善辐射监测、航空监测、气象监测预报、地震监测、海洋监测、辐射防护、医学应急等核应急专业技术支持体系,组织开展核应急技术研究、标准制定、救援专用装备设备以及后果评价系统和决策支持系统等核应急专用软硬件研发,指导省核应急委、核设施营运单位做好相关技术准备。省核应急委、核设施营运单位按照本预案和本级核应急预案的要求,加强有关核应急技术准备工作。

6.2 队伍准备

国家核应急协调委依托各成员单位、相关集团公司(院)和科研院所现有能力,加强突击抢险、辐射监测、去污洗消、污染控制、辐射防护、医学救援等专业救援队伍建设,配备必要的专业物资装备,强化专业培训和应急演练。省核应急委、核设施营运单位及所属集团公司(院),按照职责分工加强相关核应急队伍建设,强化日常管理和培训,切实提高应急处置能力。国家、省、核设施运营单位核应急组织加强核应急专家队伍建设,为应急指挥辅助决策、工程抢险、辐射监测、医学救治、科普宣传等提供人才保障。

6.3 物资保障

国家、省核应急组织及核设施营运单位建立健全核应急器材装备的研发、生产和储备体系,保障核事故应对工作需要。国家核应急协调委完善辐射监测与防护、医疗救治、气象监测、事故抢险、去污洗消以及动力、通信、交通运输等方面器材物资的储备机制和生产商登记机制,做好应急物资调拨和紧急配送工作方案。省核应急委储备必要的应急物资,重点加强实施场外应急所需的辐射监测、医疗救治、人员安置和供电、供水、交通运输、通信等方面物资的储备。核设施营运单位及其所属集团公司(院)重点加强缓解事故、控制事故、工程抢险所需的移动电源、供水、管线、辐射防护器材、专用工具设备等储备。

6.4 资金保障

国家、省核应急准备所需资金分别由中央财政和地方财政安排。核电厂的核应急准备所需资金由核电厂自行筹措。其他核设施的核应急准备资金按照现有资金渠道筹措。

6.5　通信和运输保障

国家、省核应急组织、核设施营运单位及其所属集团公司(院)加强核应急通信与网络系统建设,形成可靠的通信保障能力,确保核应急期间通信联络和信息传递需要。交通运输、公安等部门健全公路、铁路、航空、水运紧急运输保障体系,完善应急联动工作机制,保障应急响应所需人员、物资、装备、器材等的运输。

6.6　培训和演习

6.6.1　培训

各级核应急组织建立培训制度,定期对核应急管理人员和专业队伍进行培训。国家核应急办负责国家核应急协调委成员单位、省核应急组织和核设施营运单位核应急组织负责人及骨干的培训。省核应急组织和核设施营运单位负责各自核应急队伍专业技术培训,国家核应急办及国家核应急协调委有关成员单位给予指导。

6.6.2　演习

各级核应急组织应当根据实际情况采取桌面推演、实战演习等方式,经常开展应急演习,以检验、保持和提高核应急响应能力。国家级核事故应急联合演习由国家核应急协调委组织实施,一般3至5年举行一次;国家核应急协调委成员单位根据需要分别组织单项演练。省级核应急联合演习,一般2至4年举行一次,由省核应急委组织,核设施营运单位参加。核设施营运单位综合演习每2年组织1次,拥有3台以上运行机组的,综合演习频度适当增加。核电厂首次装投料前,由省核应急委组织场内外联合演习,核设施营运单位参加。

7　附　则

7.1　奖励和责任

对在核应急工作中作出突出贡献的先进集体和个人,按照国家有关规定给予表彰和奖励;对在核应急工作中玩忽职守造成损失的,虚报、瞒报核事故情况的,依据国家有关法律法规追究当事人的责任,构成犯罪的,依法追究其刑事责任。

7.2　预案管理

国家核应急协调委负责本预案的制订工作,报国务院批准后实施,并要在法律、行政法规、国际公约、组织指挥体系、重要应急资源等发生变化后,或根据实际应对、实战演习中发现的重大问题,及时修订完善本预案。预案实施后,国家核应急协调委组织预案宣传、培训和演习。

国家核应急协调委成员单位和省核应急委、核设施营运单位,结合各自职责和实际情况,制定本部门、本行政区域和本单位的核应急预案。省核应急预案要按有关规定报国家核应急协调委审查批准。国家核应急协调委成员单位和核设施营运单位预案报国家核应急协调委备案。

7.3　预案解释

本预案由国务院办公厅负责解释。

7.4 预案实施
本预案自印发之日起实施。

中华人民共和国生物安全法

1. 2020年10月17日第十三届全国人民代表大会常务委员会第二十二次会议通过
2. 根据2024年4月26日第十四届全国人民代表大会常务委员会第九次会议《关于修改〈中华人民共和国农业技术推广法〉、〈中华人民共和国未成年人保护法〉、〈中华人民共和国生物安全法〉的决定》修正

目　　录

第一章　总　　则
第二章　生物安全风险防控体制
第三章　防控重大新发突发传染病、动植物疫情
第四章　生物技术研究、开发与应用安全
第五章　病原微生物实验室生物安全
第六章　人类遗传资源与生物资源安全
第七章　防范生物恐怖与生物武器威胁
第八章　生物安全能力建设
第九章　法律责任
第十章　附　　则

第一章　总　　则

第一条　【立法目的】为了维护国家安全,防范和应对生物安全风险,保障人民生命健康,保护生物资源和生态环境,促进生物技术健康发展,推动构建人类命运共同体,实现人与自然和谐共生,制定本法。

第二条　【定义及本法适用范围】本法所称生物安全,是指国家有效防范和应对危险生物因子及相关因素威胁,生物技术能够稳定健康发展,人民生命健康和生态系统相对处于没有危险和不受威胁的状态,生物领域具备维护国家安全和持续发展的能力。

从事下列活动,适用本法:
(一)防控重大新发突发传染病、动植物疫情;
(二)生物技术研究、开发与应用;
(三)病原微生物实验室生物安全管理;

(四)人类遗传资源与生物资源安全管理;
(五)防范外来物种入侵与保护生物多样性;
(六)应对微生物耐药;
(七)防范生物恐怖袭击与防御生物武器威胁;
(八)其他与生物安全相关的活动。

第三条 【维护生物安全的原则】生物安全是国家安全的重要组成部分。维护生物安全应当贯彻总体国家安全观,统筹发展和安全,坚持以人为本、风险预防、分类管理、协同配合的原则。

第四条 【国家生物安全工作领导体制】坚持中国共产党对国家生物安全工作的领导,建立健全国家生物安全领导体制,加强国家生物安全风险防控和治理体系建设,提高国家生物安全治理能力。

第五条 【国家生物安全政策】国家鼓励生物科技创新,加强生物安全基础设施和生物科技人才队伍建设,支持生物产业发展,以创新驱动提升生物科技水平,增强生物安全保障能力。

第六条 【生物安全国际合作】国家加强生物安全领域的国际合作,履行中华人民共和国缔结或者参加的国际条约规定的义务,支持参与生物科技交流合作与生物安全事件国际救援,积极参与生物安全国际规则的研究与制定,推动完善全球生物安全治理。

第七条 【加强生物安全法律法规和生物安全知识宣传普及工作】各级人民政府及其有关部门应当加强生物安全法律法规和生物安全知识宣传普及工作,引导基层群众性自治组织、社会组织开展生物安全法律法规和生物安全知识宣传,促进全社会生物安全意识的提升。

相关科研院校、医疗机构以及其他企业事业单位应当将生物安全法律法规和生物安全知识纳入教育培训内容,加强学生、从业人员生物安全意识和伦理意识的培养。

新闻媒体应当开展生物安全法律法规和生物安全知识公益宣传,对生物安全违法行为进行舆论监督,增强公众维护生物安全的社会责任意识。

第八条 【危害生物安全行为的举报和处理】任何单位和个人不得危害生物安全。

任何单位和个人有权举报危害生物安全的行为;接到举报的部门应当及时依法处理。

第九条 【表彰和奖励】对在生物安全工作中做出突出贡献的单位和个人,县级以上人民政府及其有关部门按照国家规定予以表彰和奖励。

第二章 生物安全风险防控体制

第十条 【建立生物安全工作协调机制】中央国家安全领导机构负责国家生物安全工作的决策和议事协调,研究制定、指导实施国家生物安全战略和有关重大方针政策，统筹协调国家生物安全的重大事项和重要工作，建立国家生物安全工作协调机制。

省、自治区、直辖市建立生物安全工作协调机制，组织协调、督促推进本行政区域内生物安全相关工作。

第十一条 【国家生物安全工作协调机制的工作机构】国家生物安全工作协调机制由国务院卫生健康、农业农村、科学技术、外交等主管部门和有关军事机关组成，分析研判国家生物安全形势，组织协调、督促推进国家生物安全相关工作。国家生物安全工作协调机制设立办公室，负责协调机制的日常工作。

国家生物安全工作协调机制成员单位和国务院其他有关部门根据职责分工，负责生物安全相关工作。

第十二条 【国家生物安全工作协调机制的专家委员会】国家生物安全工作协调机制设立专家委员会，为国家生物安全战略研究、政策制定及实施提供决策咨询。

国务院有关部门组织建立相关领域、行业的生物安全技术咨询专家委员会，为生物安全工作提供咨询、评估、论证等技术支撑。

第十三条 【生物安全工作责任制】地方各级人民政府对本行政区域内生物安全工作负责。

县级以上地方人民政府有关部门根据职责分工，负责生物安全相关工作。

基层群众性自治组织应当协助地方人民政府以及有关部门做好生物安全风险防控、应急处置和宣传教育等工作。

有关单位和个人应当配合做好生物安全风险防控和应急处置等工作。

第十四条 【生物安全风险监测预警制度】国家建立生物安全风险监测预警制度。国家生物安全工作协调机制组织建立国家生物安全风险监测预警体系，提高生物安全风险识别和分析能力。

第十五条 【生物安全风险调查评估制度】国家建立生物安全风险调查评估制度。国家生物安全工作协调机制应当根据风险监测的数据、资料等信息，定期组织开展生物安全风险调查评估。

有下列情形之一的，有关部门应当及时开展生物安全风险调查评估，依法采取必要的风险防控措施：

（一）通过风险监测或者接到举报发现可能存在生物安全风险；

（二）为确定监督管理的重点领域、重点项目，制定、调整生物安全相关名录或者清单；

（三）发生重大新发突发传染病、动植物疫情等危害生物安全的事件；

（四）需要调查评估的其他情形。

第十六条 【生物安全信息共享制度】国家建立生物安全信息共享制度。国家生物安全工作协调机制组织建立统一的国家生物安全信息平台，有关部门应当将生物安全数据、资料等信息汇交国家生物安全信息平台，实现信息共享。

第十七条 【生物安全信息发布制度】国家建立生物安全信息发布制度。国家生物安全总体情况、重大生物安全风险警示信息、重大生物安全事件及其调查处理信息等重大生物安全信息,由国家生物安全工作协调机制成员单位根据职责分工发布;其他生物安全信息由国务院有关部门和县级以上地方人民政府及其有关部门根据职责权限发布。

　　任何单位和个人不得编造、散布虚假的生物安全信息。

第十八条 【生物安全名录和清单制度】国家建立生物安全名录和清单制度。国务院及其有关部门根据生物安全工作需要,对涉及生物安全的材料、设备、技术、活动、重要生物资源数据、传染病、动植物疫病、外来入侵物种等制定、公布名录或者清单,并动态调整。

第十九条 【生物安全标准制度】国家建立生物安全标准制度。国务院标准化主管部门和国务院其他有关部门根据职责分工,制定和完善生物安全领域相关标准。

　　国家生物安全工作协调机制组织有关部门加强不同领域生物安全标准的协调和衔接,建立和完善生物安全标准体系。

第二十条 【生物安全审查制度】国家建立生物安全审查制度。对影响或者可能影响国家安全的生物领域重大事项和活动,由国务院有关部门进行生物安全审查,有效防范和化解生物安全风险。

第二十一条 【生物安全应急制度】国家建立统一领导、协同联动、有序高效的生物安全应急制度。

　　国务院有关部门应当组织制定相关领域、行业生物安全事件应急预案,根据应急预案和统一部署开展应急演练、应急处置、应急救援和事后恢复等工作。

　　县级以上地方人民政府及其有关部门应当制定并组织、指导和督促相关企业事业单位制定生物安全事件应急预案,加强应急准备、人员培训和应急演练,开展生物安全事件应急处置、应急救援和事后恢复等工作。

　　中国人民解放军、中国人民武装警察部队按照中央军事委员会的命令,依法参加生物安全事件应急处置和应急救援工作。

第二十二条 【生物安全事件调查溯源制度】国家建立生物安全事件调查溯源制度。发生重大新发突发传染病、动植物疫情和不明原因的生物安全事件,国家生物安全工作协调机制应当组织开展调查溯源,确定事件性质,全面评估事件影响,提出意见建议。

第二十三条 【国家准入制度】国家建立首次进境或者暂停后恢复进境的动植物、动植物产品、高风险生物因子国家准入制度。

　　进出境的人员、运输工具、集装箱、货物、物品、包装物和国际航行船舶压舱水排放等应当符合我国生物安全管理要求。

　　海关对发现的进出境和过境生物安全风险,应当依法处置。经评估为生物安全高风险的人员、运输工具、货物、物品等,应当从指定的国境口岸进境,并采取严格的风险防控措施。

第二十四条 【境外重大生物安全事件应对制度】国家建立境外重大生物安全事件应对制度。境外发生重大生物安全事件的,海关依法采取生物安全紧急防控措施,加强证件核验,提高查验比例,暂停相关人员、运输工具、货物、物品等进境。必要时经国务院同意,可以采取暂时关闭有关口岸、封锁有关国境等措施。

第二十五条 【开展生物安全监督检查】县级以上人民政府有关部门应当依法开展生物安全监督检查工作,被检查单位和个人应当配合,如实说明情况,提供资料,不得拒绝、阻挠。

涉及专业技术要求较高、执法业务难度较大的监督检查工作,应当有生物安全专业技术人员参加。

第二十六条 【生物安全监督检查措施】县级以上人民政府有关部门实施生物安全监督检查,可以依法采取下列措施:

(一)进入被检查单位、地点或者涉嫌实施生物安全违法行为的场所进行现场监测、勘查、检查或者核查;

(二)向有关单位和个人了解情况;

(三)查阅、复制有关文件、资料、档案、记录、凭证等;

(四)查封涉嫌实施生物安全违法行为的场所、设施;

(五)扣押涉嫌实施生物安全违法行为的工具、设备以及相关物品;

(六)法律法规规定的其他措施。

有关单位和个人的生物安全违法信息应当依法纳入全国信用信息共享平台。

第三章 防控重大新发突发传染病、动植物疫情

第二十七条 【建立安全监测网络】国务院卫生健康、农业农村、林业草原、海关、生态环境主管部门应当建立新发突发传染病、动植物疫情、进出境检疫、生物技术环境安全监测网络,组织监测站点布局、建设,完善监测信息报告系统,开展主动监测和病原检测,并纳入国家生物安全风险监测预警体系。

第二十八条 【专业机构主动监测】疾病预防控制机构、动物疫病预防控制机构、植物病虫害预防控制机构(以下统称专业机构)应当对传染病、动植物疫病和列入监测范围的不明原因疾病开展主动监测,收集、分析、报告监测信息,预测新发突发传染病、动植物疫病的发生、流行趋势。

国务院有关部门、县级以上地方人民政府及其有关部门应当根据预测和职责权限及时发布预警,并采取相应的防控措施。

第二十九条 【发现传染病、动植物疫病应当报告】任何单位和个人发现传染病、动植物疫病的,应当及时向医疗机构、有关专业机构或者部门报告。

医疗机构、专业机构及其工作人员发现传染病、动植物疫病或者不明原因的聚集性疾病的,应当及时报告,并采取保护性措施。

依法应当报告的,任何单位和个人不得瞒报、谎报、缓报、漏报,不得授意他人瞒报、谎报、缓报,不得阻碍他人报告。

第三十条 【联防联控机制】国家建立重大新发突发传染病、动植物疫情联防联控机制。

发生重大新发突发传染病、动植物疫情,应当依照有关法律法规和应急预案的规定及时采取控制措施;国务院卫生健康、农业农村、林业草原主管部门应当立即组织疫情会商研判,将会商研判结论向中央国家安全领导机构和国务院报告,并通报国家生物安全工作协调机制其他成员单位和国务院其他有关部门。

发生重大新发突发传染病、动植物疫情,地方各级人民政府统一履行本行政区域内疫情防控职责,加强组织领导,开展群防群控、医疗救治,动员和鼓励社会力量依法有序参与疫情防控工作。

第三十一条 【加强联合防控能力建设】国家加强国境、口岸传染病和动植物疫情联合防控能力建设,建立传染病、动植物疫情防控国际合作网络,尽早发现、控制重大新发突发传染病、动植物疫情。

第三十二条 【加强动物防疫】国家保护野生动物,加强动物防疫,防止动物源性传染病传播。

第三十三条 【抗微生物药物使用和残留的管理】国家加强对抗生素药物等抗微生物药物使用和残留的管理,支持应对微生物耐药的基础研究和科技攻关。

县级以上人民政府卫生健康主管部门应当加强对医疗机构合理用药的指导和监督,采取措施防止抗微生物药物的不合理使用。县级以上人民政府农业农村、林业草原主管部门应当加强对农业生产中合理用药的指导和监督,采取措施防止抗微生物药物的不合理使用,降低在农业生产环境中的残留。

国务院卫生健康、农业农村、林业草原、生态环境等主管部门和药品监督管理部门应当根据职责分工,评估抗微生物药物残留对人体健康、环境的危害,建立抗微生物药物污染物指标评价体系。

第四章　生物技术研究、开发与应用安全

第三十四条 【生物技术研究、开发与应用活动的安全管理】国家加强对生物技术研究、开发与应用活动的安全管理,禁止从事危及公众健康、损害生物资源、破坏生态系统和生物多样性等危害生物安全的生物技术研究、开发与应用活动。

从事生物技术研究、开发与应用活动,应当符合伦理原则。

第三十五条 【单位安全负责制】从事生物技术研究、开发与应用活动的单位应当对本单位生物技术研究、开发与应用的安全负责,采取生物安全风险防控措施,制定生物安全培训、跟踪检查、定期报告等工作制度,强化过程管理。

第三十六条 【生物技术研究、开发活动的分类管理】国家对生物技术研究、开发活动实行分类管理。根据对公众健康、工业农业、生态环境等造成危害的风险程度,

将生物技术研究、开发活动分为高风险、中风险、低风险三类。

生物技术研究、开发活动风险分类标准及名录由国务院科学技术、卫生健康、农业农村等主管部门根据职责分工,会同国务院其他有关部门制定、调整并公布。

第三十七条 【从事生物技术研究、开发活动的要求】从事生物技术研究、开发活动,应当遵守国家生物技术研究开发安全管理规范。

从事生物技术研究、开发活动,应当进行风险类别判断,密切关注风险变化,及时采取应对措施。

第三十八条 【从事高风险、中风险生物技术研究、开发活动的要求】从事高风险、中风险生物技术研究、开发活动,应当由在我国境内依法成立的法人组织进行,并依法取得批准或者进行备案。

从事高风险、中风险生物技术研究、开发活动,应当进行风险评估,制定风险防控计划和生物安全事件应急预案,降低研究、开发活动实施的风险。

第三十九条 【追溯管理】国家对涉及生物安全的重要设备和特殊生物因子实行追溯管理。购买或者引进列入管控清单的重要设备和特殊生物因子,应当进行登记,确保可追溯,并报国务院有关部门备案。

个人不得购买或者持有列入管控清单的重要设备和特殊生物因子。

第四十条 【从事生物医学新技术临床研究的要求】从事生物医学新技术临床研究,应当通过伦理审查,并在具备相应条件的医疗机构内进行;进行人体临床研究操作的,应当由符合相应条件的卫生专业技术人员执行。

第四十一条 【跟踪评估制度】国务院有关部门依法对生物技术应用活动进行跟踪评估,发现存在生物安全风险的,应当及时采取有效补救和管控措施。

第五章 病原微生物实验室生物安全

第四十二条 【加强对病原微生物实验室生物安全的管理】国家加强对病原微生物实验室生物安全的管理,制定统一的实验室生物安全标准。病原微生物实验室应当符合生物安全国家标准和要求。

从事病原微生物实验活动,应当严格遵守有关国家标准和实验室技术规范、操作规程,采取安全防范措施。

第四十三条 【对病原微生物实行分类管理】国家根据病原微生物的传染性、感染后对人和动物的个体或者群体的危害程度,对病原微生物实行分类管理。

从事高致病性或者疑似高致病性病原微生物样本采集、保藏、运输活动,应当具备相应条件,符合生物安全管理规范。具体办法由国务院卫生健康、农业农村主管部门制定。

第四十四条 【设立病原微生物实验室的要求】设立病原微生物实验室,应当依法取得批准或者进行备案。

个人不得设立病原微生物实验室或者从事病原微生物实验活动。

第四十五条 【病原微生物实验室的分等级管理】国家根据对病原微生物的生物安全防护水平,对病原微生物实验室实行分等级管理。

从事病原微生物实验活动应当在相应等级的实验室进行。低等级病原微生物实验室不得从事国家病原微生物目录规定应当在高等级病原微生物实验室进行的病原微生物实验活动。

第四十六条 【从事高致病性或者疑似高致病性病原微生物实验的要求】高等级病原微生物实验室从事高致病性或者疑似高致病性病原微生物实验活动,应当经省级以上人民政府卫生健康或者农业农村主管部门批准,并将实验活动情况向批准部门报告。

对我国尚未发现或者已经宣布消灭的病原微生物,未经批准不得从事相关实验活动。

第四十七条 【加强对实验动物的管理】病原微生物实验室应当采取措施,加强对实验动物的管理,防止实验动物逃逸,对使用后的实验动物按照国家规定进行无害化处理,实现实验动物可追溯。禁止将使用后的实验动物流入市场。

病原微生物实验室应当加强对实验活动废弃物的管理,依法对废水、废气以及其他废弃物进行处置,采取措施防止污染。

第四十八条 【病原微生物实验室设立单位的管理责任】病原微生物实验室的设立单位负责实验室的生物安全管理,制定科学、严格的管理制度,定期对有关生物安全规定的落实情况进行检查,对实验室设施、设备、材料等进行检查、维护和更新,确保其符合国家标准。

病原微生物实验室设立单位的法定代表人和实验室负责人对实验室的生物安全负责。

第四十九条 【病原微生物实验室的安全保卫制度】病原微生物实验室的设立单位应当建立和完善安全保卫制度,采取安全保卫措施,保障实验室及其病原微生物的安全。

国家加强对高等级病原微生物实验室的安全保卫。高等级病原微生物实验室应当接受公安机关等部门有关实验室安全保卫工作的监督指导,严防高致病性病原微生物泄漏、丢失和被盗、被抢。

国家建立高等级病原微生物实验室人员进入审核制度。进入高等级病原微生物实验室的人员应当经实验室负责人批准。对可能影响实验室生物安全的,不予批准;对批准进入的,应当采取安全保障措施。

第五十条 【生物安全事件应急预案】病原微生物实验室的设立单位应当制定生物安全事件应急预案,定期组织开展人员培训和应急演练。发生高致病性病原微生物泄漏、丢失和被盗、被抢或者其他生物安全风险的,应当按照应急预案的规定及时采取控制措施,并按照国家规定报告。

第五十一条 【加强实验室所在地感染性疾病医疗资源配置】病原微生物实验室所

在地省级人民政府及其卫生健康主管部门应当加强实验室所在地感染性疾病医疗资源配置,提高感染性疾病医疗救治能力。

第五十二条 【生产车间及生物安全实验室的生物安全管理】企业对涉及病原微生物操作的生产车间的生物安全管理,依照有关病原微生物实验室的规定和其他生物安全管理规范进行。

涉及生物毒素、植物有害生物及其他生物因子操作的生物安全实验室的建设和管理,参照有关病原微生物实验室的规定执行。

第六章 人类遗传资源与生物资源安全

第五十三条 【加强对人类遗传资源和生物资源的监管】国家加强对我国人类遗传资源和生物资源采集、保藏、利用、对外提供等活动的管理和监督,保障人类遗传资源和生物资源安全。

国家对我国人类遗传资源和生物资源享有主权。

第五十四条 【人类遗传资源和生物资源调查】国家开展人类遗传资源和生物资源调查。

国务院卫生健康主管部门组织开展我国人类遗传资源调查,制定重要遗传家系和特定地区人类遗传资源申报登记办法。

国务院卫生健康、科学技术、自然资源、生态环境、农业农村、林业草原、中医药主管部门根据职责分工,组织开展生物资源调查,制定重要生物资源申报登记办法。

第五十五条 【伦理原则】采集、保藏、利用、对外提供我国人类遗传资源,应当符合伦理原则,不得危害公众健康、国家安全和社会公共利益。

第五十六条 【需主管部门批准的活动】从事下列活动,应当经国务院卫生健康主管部门批准:

(一)采集我国重要遗传家系、特定地区人类遗传资源或者采集国务院卫生健康主管部门规定的种类、数量的人类遗传资源;

(二)保藏我国人类遗传资源;

(三)利用我国人类遗传资源开展国际科学研究合作;

(四)将我国人类遗传资源材料运送、邮寄、携带出境。

前款规定不包括以临床诊疗、采供血服务、查处违法犯罪、兴奋剂检测和殡葬等为目的采集、保藏人类遗传资源及开展的相关活动。

为了取得相关药品和医疗器械在我国上市许可,在临床试验机构利用我国人类遗传资源开展国际合作临床试验、不涉及人类遗传资源出境的,不需要批准;但是,在开展临床试验前应当将拟使用的人类遗传资源种类、数量及用途向国务院卫生健康主管部门备案。

境外组织、个人及其设立或者实际控制的机构不得在我国境内采集、保藏我国人类遗传资源,不得向境外提供我国人类遗传资源。

第五十七条 【人类遗传资源信息境外使用规定】将我国人类遗传资源信息向境外组织、个人及其设立或者实际控制的机构提供或者开放使用的,应当向国务院卫生健康主管部门事先报告并提交信息备份。

第五十八条 【遗传资源及生物资源境外使用规定】采集、保藏、利用、运输出境我国珍贵、濒危、特有物种及其可用于再生或者繁殖传代的个体、器官、组织、细胞、基因等遗传资源,应当遵守有关法律法规。

境外组织、个人及其设立或者实际控制的机构获取和利用我国生物资源,应当依法取得批准。

第五十九条 【开展国际科学研究合作规定】利用我国生物资源开展国际科学研究合作,应当依法取得批准。

利用我国人类遗传资源和生物资源开展国际科学研究合作,应当保证中方单位及其研究人员全过程、实质性地参与研究,依法分享相关权益。

第六十条 【加强对外来物种入侵的防范和应对】国家加强对外来物种入侵的防范和应对,保护生物多样性。国务院农业农村主管部门会同国务院其他有关部门制定外来入侵物种名录和管理办法。

国务院有关部门根据职责分工,加强对外来入侵物种的调查、监测、预警、控制、评估、清除以及生态修复等工作。

任何单位和个人未经批准,不得擅自引进、释放或者丢弃外来物种。

第七章 防范生物恐怖与生物武器威胁

第六十一条 【防范生物恐怖与生物武器威胁】国家采取一切必要措施防范生物恐怖与生物武器威胁。

禁止开发、制造或者以其他方式获取、储存、持有和使用生物武器。

禁止以任何方式唆使、资助、协助他人开发、制造或者以其他方式获取生物武器。

第六十二条 【加强监管】国务院有关部门制定、修改、公布可被用于生物恐怖活动、制造生物武器的生物体、生物毒素、设备或者技术清单,加强监管,防止其被用于制造生物武器或者恐怖目的。

第六十三条 【监测、调查】国务院有关部门和有关军事机关根据职责分工,加强对可被用于生物恐怖活动、制造生物武器的生物体、生物毒素、设备或者技术进出境、进出口、获取、制造、转移和投放等活动的监测、调查,采取必要的防范和处置措施。

第六十四条 【事后恢复及应急处置】国务院有关部门、省级人民政府及其有关部门负责组织遭受生物恐怖袭击、生物武器攻击后的人员救治与安置、环境消毒、生态修复、安全监测和社会秩序恢复等工作。

国务院有关部门、省级人民政府及其有关部门应当有效引导社会舆论科学、准确报道生物恐怖袭击和生物武器攻击事件,及时发布疏散、转移和紧急避难等信息,对应急处置与恢复过程中遭受污染的区域和人员进行长期环境监测和健康监测。

第六十五条 【遗留生物武器的调查及处置】国家组织开展对我国境内战争遗留生物武器及其危害结果、潜在影响的调查。

国家组织建设存放和处理战争遗留生物武器设施,保障对战争遗留生物武器的安全处置。

第八章 生物安全能力建设

第六十六条 【生物安全事业发展规划】国家制定生物安全事业发展规划,加强生物安全能力建设,提高应对生物安全事件的能力和水平。

县级以上人民政府应当支持生物安全事业发展,按照事权划分,将支持下列生物安全事业发展的相关支出列入政府预算:

(一)监测网络的构建和运行;

(二)应急处置和防控物资的储备;

(三)关键基础设施的建设和运行;

(四)关键技术和产品的研究、开发;

(五)人类遗传资源和生物资源的调查、保藏;

(六)法律法规规定的其他重要生物安全事业。

第六十七条 【支持生物安全科技研究】国家采取措施支持生物安全科技研究,加强生物安全风险防御与管控技术研究,整合优势力量和资源,建立多学科、多部门协同创新的联合攻关机制,推动生物安全核心关键技术和重大防御产品的成果产出与转化应用,提高生物安全的科技保障能力。

第六十八条 【统筹布局全国生物安全基础设施建设】国家统筹布局全国生物安全基础设施建设。国务院有关部门根据职责分工,加快建设生物信息、人类遗传资源保藏、菌(毒)种保藏、动植物遗传资源保藏、高等级病原微生物实验室等方面的生物安全国家战略资源平台,建立共享利用机制,为生物安全科技创新提供战略保障和支撑。

第六十九条 【人才培养】国务院有关部门根据职责分工,加强生物基础科学研究人才和生物领域专业技术人才培养,推动生物基础科学学科建设和科学研究。

国家生物安全基础设施重要岗位的从业人员应当具备符合要求的资格,相关信息应当向国务院有关部门备案,并接受岗位培训。

第七十条 【风险防控的物资储备】国家加强重大新发突发传染病、动植物疫情等生物安全风险防控的物资储备。

国家加强生物安全应急药品、装备等物资的研究、开发和技术储备。国务院有关部门根据职责分工,落实生物安全应急药品、装备等物资研究、开发和技术储备的相关措施。

国务院有关部门和县级以上地方人民政府及其有关部门应当保障生物安全事件应急处置所需的医疗救护设备、救治药品、医疗器械等物资的生产、供应和调配;交通运输主管部门应当及时组织协调运输经营单位优先运送。

第七十一条 【从业人员的防护措施和医疗保障】国家对从事高致病性病原微生物实验活动、生物安全事件现场处置等高风险生物安全工作的人员,提供有效的防护措施和医疗保障。

第九章 法律责任

第七十二条 【滥用职权、玩忽职守、徇私舞弊等的法律责任】违反本法规定,履行生物安全管理职责的工作人员在生物安全工作中滥用职权、玩忽职守、徇私舞弊或者有其他违法行为的,依法给予处分。

第七十三条 【瞒报、谎报、缓报等的法律责任】违反本法规定,医疗机构、专业机构或者其工作人员瞒报、谎报、缓报、漏报,授意他人瞒报、谎报、缓报,或者阻碍他人报告传染病、动植物疫病或者不明原因的聚集性疾病的,由县级以上人民政府有关部门责令改正,给予警告;对法定代表人、主要负责人、直接负责的主管人员和其他直接责任人员,依法给予处分,并可以依法暂停一定期限的执业活动直至吊销相关执业证书。

违反本法规定,编造、散布虚假的生物安全信息,构成违反治安管理行为的,由公安机关依法给予治安管理处罚。

第七十四条 【从事国家禁止的生物技术研究、开发与应用活动的法律责任】违反本法规定,从事国家禁止的生物技术研究、开发与应用活动的,由县级以上人民政府卫生健康、科学技术、农业农村主管部门根据职责分工,责令停止违法行为,没收违法所得、技术资料和用于违法行为的工具、设备、原材料等物品,处一百万元以上一千万元以下的罚款,违法所得在一百万元以上的,处违法所得十倍以上二十倍以下的罚款,并可以依法禁止一定期限内从事相应的生物技术研究、开发与应用活动,吊销相关许可证件;对法定代表人、主要负责人、直接负责的主管人员和其他直接责任人员,依法给予处分,处十万元以上二十万元以下的罚款,十年直至终身禁止从事相应的生物技术研究、开发与应用活动,依法吊销相关执业证书。

第七十五条 【未遵守国家生物技术研究开发安全管理规范的法律责任】违反本法规定,从事生物技术研究、开发活动未遵守国家生物技术研究开发安全管理规范的,由县级以上人民政府有关部门根据职责分工,责令改正,给予警告,可以并处二万元以上二十万元以下的罚款;拒不改正或者造成严重后果的,责令停止研究、开发活动,并处二十万元以上二百万元以下的罚款。

第七十六条 【违反规定从事病原微生物实验活动的法律责任】违反本法规定,从事病原微生物实验活动未在相应等级的实验室进行，或者高等级病原微生物实验室未经批准从事高致病性、疑似高致病性病原微生物实验活动的，由县级以上地方人民政府卫生健康、农业农村主管部门根据职责分工，责令停止违法行为，监督其将用于实验活动的病原微生物销毁或者送交保藏机构，给予警告；造成传染病传播、流行或者其他严重后果的，对法定代表人、主要负责人、直接负责的主管人员和其他直接责任人员依法给予撤职、开除处分。

第七十七条　【将使用后的实验动物流入市场的法律责任】违反本法规定，将使用后的实验动物流入市场的，由县级以上人民政府科学技术主管部门责令改正，没收违法所得，并处二十万元以上一百万元以下的罚款，违法所得在二十万元以上的，并处违法所得五倍以上十倍以下的罚款；情节严重的，由发证部门吊销相关许可证件。

第七十八条　【违反管控清单及病原微生物实验室要求的法律责任】违反本法规定，有下列行为之一的，由县级以上人民政府有关部门根据职责分工，责令改正，没收违法所得，给予警告，可以并处十万元以上一百万元以下的罚款：

（一）购买或者引进列入管控清单的重要设备、特殊生物因子未进行登记，或者未报国务院有关部门备案；

（二）个人购买或者持有列入管控清单的重要设备或者特殊生物因子；

（三）个人设立病原微生物实验室或者从事病原微生物实验活动；

（四）未经实验室负责人批准进入高等级病原微生物实验室。

第七十九条　【违反规定开展国际科学研究合作的法律责任】违反本法规定，未经批准，采集、保藏我国人类遗传资源或者利用我国人类遗传资源开展国际科学研究合作的，由国务院卫生健康主管部门责令停止违法行为，没收违法所得和违法采集、保藏的人类遗传资源，并处五十万元以上五百万元以下的罚款，违法所得在一百万元以上的，并处违法所得五倍以上十倍以下的罚款；情节严重的，对法定代表人、主要负责人、直接负责的主管人员和其他直接责任人员，依法给予处分，五年内禁止从事相应活动。

第八十条　【境外组织、个人、机构违法行为的法律责任】违反本法规定，境外组织、个人及其设立或者实际控制的机构在我国境内采集、保藏我国人类遗传资源，或者向境外提供我国人类遗传资源的，由国务院卫生健康主管部门责令停止违法行为，没收违法所得和违法采集、保藏的人类遗传资源，并处一百万元以上一千万元以下的罚款；违法所得在一百万元以上的，并处违法所得十倍以上二十倍以下的罚款。

第八十一条　【擅自引进、释放、丢弃外来物种的法律责任】违反本法规定，未经批准，擅自引进外来物种的，由县级以上人民政府有关部门根据职责分工，没收引进的外来物种，并处五万元以上二十五万元以下的罚款。

违反本法规定，未经批准，擅自释放或者丢弃外来物种的，由县级以上人民政府有关部门根据职责分工,责令限期捕回、找回释放或者丢弃的外来物种,处一万元以上五万元以下的罚款。

第八十二条 【刑事责任、民事责任】违反本法规定,构成犯罪的,依法追究刑事责任;造成人身、财产或者其他损害的,依法承担民事责任。

第八十三条 【法律责任的兜底条款】违反本法规定的生物安全违法行为,本法未规定法律责任,其他有关法律、行政法规有规定的,依照其规定。

第八十四条 【对境外组织或者个人可采取必要措施】境外组织或者个人通过运输、邮寄、携带危险生物因子入境或者以其他方式危害我国生物安全的,依法追究法律责任,并可以采取其他必要措施。

第十章 附 则

第八十五条 【术语含义】本法下列术语的含义:

(一)生物因子,是指动物、植物、微生物、生物毒素及其他生物活性物质。

(二)重大新发突发传染病,是指我国境内首次出现或者已经宣布消灭再次发生,或者突然发生,造成或者可能造成公众健康和生命安全严重损害,引起社会恐慌,影响社会稳定的传染病。

(三)重大新发突发动物疫情,是指我国境内首次发生或者已经宣布消灭的动物疫病再次发生,或者发病率、死亡率较高的潜伏动物疫病突然发生并迅速传播,给养殖业生产安全造成严重威胁、危害,以及可能对公众健康和生命安全造成危害的情形。

(四)重大新发突发植物疫情,是指我国境内首次发生或者已经宣布消灭的严重危害植物的真菌、细菌、病毒、昆虫、线虫、杂草、害鼠、软体动物等再次引发病虫害,或者本地有害生物突然大范围发生并迅速传播,对农作物、林木等植物造成严重危害的情形。

(五)生物技术研究、开发与应用,是指通过科学和工程原理认识、改造、合成、利用生物而从事的科学研究、技术开发与应用等活动。

(六)病原微生物,是指可以侵犯人、动物引起感染甚至传染病的微生物,包括病毒、细菌、真菌、立克次体、寄生虫等。

(七)植物有害生物,是指能够对农作物、林木等植物造成危害的真菌、细菌、病毒、昆虫、线虫、杂草、害鼠、软体动物等生物。

(八)人类遗传资源,包括人类遗传资源材料和人类遗传资源信息。人类遗传资源材料是指含有人体基因组、基因等遗传物质的器官、组织、细胞等遗传材料。人类遗传资源信息是指利用人类遗传资源材料产生的数据等信息资料。

(九)微生物耐药,是指微生物对抗微生物药物产生抗性,导致抗微生物药物不能有效控制微生物的感染。

(十)生物武器,是指类型和数量不属于预防、保护或者其他和平用途所正当需要的、任何来源或者任何方法产生的微生物剂、其他生物剂以及生物毒素；也包括为将上述生物剂、生物毒素使用于敌对目的或者武装冲突而设计的武器、设备或者运载工具。

（十一）生物恐怖，是指故意使用致病性微生物、生物毒素等实施袭击，损害人类或者动植物健康，引起社会恐慌，企图达到特定政治目的的行为。

第八十六条　【保密管理】生物安全信息属于国家秘密的，应当依照《中华人民共和国保守国家秘密法》和国家其他有关保密规定实施保密管理。

第八十七条　【中央军事委员会另行制定规定】中国人民解放军、中国人民武装警察部队的生物安全活动，由中央军事委员会依照本法规定的原则另行规定。

第八十八条　【施行日期】本法自2021年4月15日起施行。

病原微生物实验室生物安全管理条例（节录）

1. 2004年11月12日国务院令第424号公布
2. 根据2016年2月6日国务院令第666号《关于修改部分行政法规的决定》第一次修订
3. 根据2018年3月19日国务院令第698号《关于修改和废止部分行政法规的决定》第二次修订

第五章　监　督　管　理

第四十九条　县级以上地方人民政府卫生主管部门、兽医主管部门依照各自分工，履行下列职责：

（一）对病原微生物菌（毒）种、样本的采集、运输、储存进行监督检查；

（二）对从事高致病性病原微生物相关实验活动的实验室是否符合本条例规定的条件进行监督检查；

（三）对实验室或者实验室的设立单位培训、考核其工作人员以及上岗人员的情况进行监督检查；

（四）对实验室是否按照有关国家标准、技术规范和操作规程从事病原微生物相关实验活动进行监督检查。

县级以上地方人民政府卫生主管部门、兽医主管部门，应当主要通过检查反映实验室执行国家有关法律、行政法规以及国家标准和要求的记录、档案、报告，切实履行监督管理职责。

第五十条　县级以上人民政府卫生主管部门、兽医主管部门、环境保护主管部门在履行监督检查职责时，有权进入被检查单位和病原微生物泄漏或者扩散现场调查取证、采集样品，查阅复制有关资料。需要进入从事高致病性病原微生物相关实验活动的实验室调查取证、采集样品的,应当指定或者委托专业机构实施。被检查单位应当予以配合,不得拒绝、阻挠。

第五十一条　国务院认证认可监督管理部门依照《中华人民共和国认证认可条例》的规定对实验室认可活动进行监督检查。

第五十二条　卫生主管部门、兽医主管部门、环境保护主管部门应当依据法定的职权和程序履行职责,做到公正、公平、公开、文明、高效。

第五十三条　卫生主管部门、兽医主管部门、环境保护主管部门的执法人员执行职务时,应当有2名以上执法人员参加,出示执法证件,并依照规定填写执法文书。

现场检查笔录、采样记录等文书经核对无误后,应当由执法人员和被检查人、被采样人签名。被检查人、被采样人拒绝签名的,执法人员应当在自己签名后注明情况。

第五十四条　卫生主管部门、兽医主管部门、环境保护主管部门及其执法人员执行职务,应当自觉接受社会和公民的监督。公民、法人和其他组织有权向上级人民政府及其卫生主管部门、兽医主管部门、环境保护主管部门举报地方人民政府及其有关主管部门不依照规定履行职责的情况。接到举报的有关人民政府或者其卫生主管部门、兽医主管部门、环境保护主管部门,应当及时调查处理。

第五十五条　上级人民政府卫生主管部门、兽医主管部门、环境保护主管部门发现属于下级人民政府卫生主管部门、兽医主管部门、环境保护主管部门职责范围内需要处理的事项的,应当及时告知该部门处理;下级人民政府卫生主管部门、兽医主管部门、环境保护主管部门不及时处理或者不积极履行本部门职责的,上级人民政府卫生主管部门、兽医主管部门、环境保护主管部门应当责令其限期改正;逾期不改正的,上级人民政府卫生主管部门、兽医主管部门、环境保护主管部门有权直接予以处理。

国境口岸突发公共卫生事件出入境检验检疫应急处理规定

1. 2003年11月7日国家质量监督检验检疫总局令第57号公布
2. 根据2018年4月28日海关总署令第238号《关于修改部分规章的决定》修正

第一章　总　　则

第一条　为有效预防、及时缓解、控制和消除突发公共卫生事件的危害,保障出入境人员和国境口岸公众身体健康,维护国境口岸正常的社会秩序,依据《中华人民共和国国境卫生检疫法》及其实施细则和《突发公共卫生事件应急条例》,制定本规定。

第二条 本规定所称突发公共卫生事件(以下简称突发事件)是指突然发生,造成或可能造成出入境人员和国境口岸公众健康严重损害的重大传染病疫情、群体性不明原因疾病、重大食物中毒以及其他严重影响公众健康的事件,包括:

(一)发生鼠疫、霍乱、黄热病、肺炭疽、传染性非典型肺炎病例的;

(二)乙类、丙类传染病较大规模的暴发、流行或多人死亡的;

(三)发生罕见的或者国家已宣布消除的传染病等疫情的;

(四)传染病菌种、毒种丢失的;

(五)发生临床表现相似的但致病原因不明且有蔓延趋势或可能蔓延趋势的群体性疾病的;

(六)中毒人数10人以上或者中毒死亡的;

(七)国内外发生突发事件,可能危及国境口岸的。

第三条 本规定适用于在涉及国境口岸和出入境人员、交通工具、货物、集装箱、行李、邮包等范围内,对突发事件的应急处理。

第四条 国境口岸突发事件出入境检验检疫应急处理,应当遵循预防为主、常备不懈的方针,贯彻统一领导、分级负责、反应及时、措施果断、依靠科学、加强合作的原则。

第五条 海关对参加国境口岸突发事件出入境检验检疫应急处理做出贡献的人员应给予表彰和奖励。

第二章 组织管理

第六条 海关建立国境口岸突发事件出入境检验检疫应急指挥体系。

第七条 海关总署统一协调、管理国境口岸突发事件出入境检验检疫应急指挥体系,并履行下列职责:

(一)研究制订国境口岸突发事件出入境检验检疫应急处理方案;

(二)指挥和协调全国海关做好国境口岸突发事件出入境检验检疫应急处理工作,组织调动本系统的技术力量和相关资源;

(三)检查督导全国海关有关应急工作的落实情况,督察各项应急处理措施落实到位;

(四)协调与国家相关行政主管部门的关系,建立必要的应急协调联系机制;

(五)收集、整理、分析和上报有关情报信息和事态变化情况,为国家决策提供处置意见和建议;向全国海关传达、部署上级机关有关各项命令;

(六)鼓励、支持和统一协调开展国境口岸突发事件出入境检验检疫监测、预警、反应处理等相关技术的国际交流与合作。

海关总署成立国境口岸突发事件出入境检验检疫应急处理专家咨询小组,为应急处理提供专业咨询、技术指导,为应急决策提供建议和意见。

第八条 直属海关负责所辖区域内的国境口岸突发事件出入境检验检疫应急处理工作,并履行下列职责:

(一)在本辖区组织实施国境口岸突发事件出入境检验检疫应急处理预案;

(二)调动所辖关区的力量和资源,开展应急处置工作;

(三)及时向海关总署报告应急工作情况、提出工作建议;

(四)协调与当地人民政府及其卫生行政部门以及口岸管理部门、边检等相关部门的联系。

直属海关成立国境口岸突发事件出入境检验检疫应急处理专业技术机构,承担相应工作。

第九条 隶属海关应当履行下列职责:

(一)组建突发事件出入境检验检疫应急现场指挥部,根据具体情况及时组织现场处置工作;

(二)与直属海关突发事件出入境检验检疫应急处理专业技术机构共同开展现场应急处置工作,并随时上报信息;

(三)加强与当地人民政府及其相关部门的联系与协作。

第三章 应急准备

第十条 海关总署按照《突发公共卫生事件应急条例》的要求,制订全国国境口岸突发事件出入境检验检疫应急预案。

主管海关根据全国国境口岸突发事件出入境检验检疫应急预案,结合本地口岸实际情况,制订本地国境口岸突发事件出入境检验检疫应急预案,并报上一级海关和当地政府备案。

第十一条 海关应当定期开展突发事件出入境检验检疫应急处理相关技能的培训,组织突发事件出入境检验检疫应急演练,推广先进技术。

第十二条 海关应当根据国境口岸突发事件出入境检验检疫应急预案的要求,保证应急处理人员、设施、设备、防治药品和器械等资源的配备、储备,提高应对突发事件的处理能力。

第十三条 海关应当依照法律、行政法规、规章的规定,开展突发事件应急处理知识的宣传教育,增强对突发事件的防范意识和应对能力。

第四章 报告与通报

第十四条 海关总署建立国境口岸突发事件出入境检验检疫应急报告制度,建立重大、紧急疫情信息报告系统。

有本规定第二条规定情形之一的,直属海关应当在接到报告1小时内向海关总署报告,并同时向当地政府报告。

海关总署对可能造成重大社会影响的突发事件,应当及时向国务院报告。

第十五条 隶属海关获悉有本规定第二条规定情形之一的,应当在1小时内向直属海关报告,并同时向当地政府报告。

第十六条 海关总署和主管海关应当指定专人负责信息传递工作,并将人员名单及时向所辖系统内通报。

第十七条 国境口岸有关单位和个人发现有本规定第二条规定情形之一的,应当及时、如实地向所在口岸的海关报告,不得隐瞒、缓报、谎报或者授意他人隐瞒、缓报、谎报。

第十八条 接到报告的海关应当依照本规定立即组织力量对报告事项调查核实、确证,采取必要的控制措施,并及时报告调查情况。

第十九条 海关总署应当将突发事件的进展情况,及时向国务院有关部门和直属海关通报。

接到通报的直属海关,应当及时通知本关区内的有关隶属海关。

第二十条 海关总署建立突发事件出入境检验检疫风险预警快速反应信息网络系统。

主管海关负责将发现的突发事件通过网络系统及时向上级报告,海关总署通过网络系统及时通报。

第五章 应急处理

第二十一条 突发事件发生后,发生地海关经上一级海关批准,应当对突发事件现场采取下列紧急控制措施:

(一)对现场进行临时控制,限制人员出入;对疑为人畜共患的重要疾病疫情,禁止病人或者疑似病人与易感动物接触;

(二)对现场有关人员进行医学观察,临时隔离留验;

(三)对出入境交通工具、货物、集装箱、行李、邮包等采取限制措施,禁止移运;

(四)封存可能导致突发事件发生或者蔓延的设备、材料、物品;

(五)实施紧急卫生处理措施。

第二十二条 海关应当组织专家对突发事件进行流行病学调查、现场监测、现场勘验,确定危害程度,初步判断突发事件的类型,提出启动国境口岸突发事件出入境检验检疫应急预案的建议。

第二十三条 海关总署国境口岸突发事件出入境检验检疫应急预案应当报国务院批准后实施;主管海关的国境口岸突发事件出入境检验检疫应急预案的启动,应当报上一级海关批准后实施,同时报告当地政府。

第二十四条 国境口岸突发事件出入境检验检疫技术调查、确证、处置、控制和评价工作由直属海关应急处理专业技术机构实施。

第二十五条 根据突发事件应急处理的需要,国境口岸突发事件出入境检验检疫应急处理指挥体系有权调集海关人员、储备物资、交通工具以及相关设施、设备;必要时,海关总署可以依照《中华人民共和国国境卫生检疫法》第六条的规定,提请国务院下令封锁有关的国境或者采取其他紧急措施。

第二十六条 参加国境口岸突发事件出入境检验检疫应急处理的工作人员,应当按照预案的规定,采取卫生检疫防护措施,并在专业人员的指导下进行工作。

第二十七条 出入境交通工具上发现传染病病人、疑似传染病病人,其负责人应当以最快的方式向当地口岸海关报告,海关接到报告后,应当立即组织有关人员采取相应的卫生检疫处置措施。

对出入境交通工具上的传染病病人密切接触者,应当依法予以留验和医学观察;或依照卫生检疫法律、行政法规的规定,采取控制措施。

第二十八条 海关应当对临时留验、隔离人员进行必要的检查检验,并按规定作详细记录;对需要移送的病人,应当按照有关规定将病人及时移交给有关部门或机构进行处理。

第二十九条 在突发事件中被实施留验、就地诊验、隔离处置、卫生检疫观察的病人、疑似病人和传染病病人密切接触者,在海关采取卫生检疫措施时,应当予以配合。

第六章 法律责任

第三十条 在国境口岸突发事件出入境检验检疫应急处理工作中,口岸有关单位和个人有下列情形之一的,依照有关法律法规的规定,予以警告或者罚款,构成犯罪的,依法追究刑事责任:

(一)向海关隐瞒、缓报或者谎报突发事件的;

(二)拒绝海关进入突发事件现场进行应急处理的;

(三)以暴力或其他方式妨碍海关应急处理工作人员执行公务的。

第三十一条 海关未依照本规定履行报告职责,对突发事件隐瞒、缓报、谎报或者授意他人隐瞒、缓报、谎报的,对主要负责人及其他直接责任人员予以行政处分;构成犯罪的,依法追究刑事责任。

第三十二条 突发事件发生后,海关拒不服从上级海关统一指挥,贻误采取应急控制措施时机或者违背应急预案要求拒绝上级海关对人员、物资的统一调配的,对单位予以通报批评;造成严重后果的,对主要负责人或直接责任人员予以行政处分,构成犯罪的,依法追究刑事责任。

第三十三条 突发事件发生后,海关拒不履行出入境检验检疫应急处理职责的,对上级海关的调查不予配合或者采取其他方式阻碍、干涉调查的,由上级海关责令改正,对主要负责人及其他直接责任人员予以行政处分;构成犯罪的,依法追究刑事责任。

第三十四条 海关工作人员在突发事件应急处理工作中滥用职权、玩忽职守、徇私舞弊的，对主要负责人及其他直接责任人员予以行政处分；构成犯罪的，依法追究刑事责任。

第七章 附 则

第三十五条 本规定由海关总署负责解释。

第三十六条 本规定自发布之日起施行。

突发公共卫生事件交通应急规定

1. 2004年3月4日卫生部、交通部令第2号发布
2. 自2004年5月1日起施行

第一章 总 则

第一条 为了有效预防、及时控制和消除突发公共卫生事件的危害，防止重大传染病疫情通过车辆、船舶及其乘运人员、货物传播流行，保障旅客身体健康与生命安全，保证突发公共卫生事件应急物资及时运输，维护正常的社会秩序，根据《中华人民共和国传染病防治法》、《中华人民共和国传染病防治法实施办法》、《突发公共卫生事件应急条例》、《国内交通卫生检疫条例》的有关规定，制定本规定。

第二条 本规定所称突发公共卫生事件（以下简称突发事件），是指突然发生，造成或者可能造成社会公众健康严重损害的重大传染病疫情、群体性不明原因疾病、重大食物和职业中毒以及其他严重影响公众健康的事件。

本规定所称重大传染病疫情，是指根据《突发公共卫生事件应急条例》有关规定确定的传染病疫情。

本规定所称交通卫生检疫，是指根据《国内交通卫生检疫条例》对车船、港站、乘运人员和货物等实施的卫生检验、紧急卫生处理、紧急控制、临时隔离、医学检查和留验以及其他应急卫生防范、控制、处置措施。

本规定所称检疫传染病病人、疑似检疫传染病病人，是指国务院确定并公布的检疫传染病的病人、疑似传染病病人。

本规定所称车船，是指从事道路运输、水路运输活动的客车、货车、客船（包括客渡船）和货船。

本规定所称港站，是指提供停靠车船、上下旅客、装卸货物的场所，包括汽车客运站、货运站、港口客运站、货运码头、港口堆场和仓库等。

本规定所称乘运人员，是指车船上的所有人员，包括车辆驾驶人员和乘务人员、船员、旅客等。

第三条 突发事件交通应急工作，应当遵循预防为主、常备不懈的方针，贯彻统一领

导、分级负责、反应及时、措施果断、依靠科学、加强合作的原则,在确保控制重大传染病病源传播和蔓延的前提下,做到交通不中断、客流不中断、货流不中断。

第四条 交通部根据职责,依法负责全国突发事件交通应急工作。

县级以上地方人民政府交通行政主管部门在本部门的职责范围内,依法负责本行政区域内的突发事件交通应急工作。

突发事件发生后,县级以上地方人民政府交通行政主管部门设立突发事件应急处理指挥部,负责对突发事件交通应急处理工作的领导和指挥。

县级以上人民政府交通行政主管部门履行突发事件交通应急职责,应当与同级人民政府卫生行政主管部门密切配合,协调行动。

第五条 县级以上人民政府交通行政主管部门应当建立和完善突发事件交通防范和应急责任制,保证突发事件交通应急工作的顺利进行。

第六条 任何单位和个人有权对县级以上人民政府交通行政主管部门不履行突发事件交通应急处理职责,或者不按照规定履行职责的行为向其上级人民政府交通行政主管部门举报。

对报告在车船、港站发生的突发事件或者举报突发事件交通应急渎职行为有功的单位和个人,县级以上人民政府交通行政主管部门应当予以奖励。

第二章 预防和应急准备

第七条 县级以上人民政府交通行政主管部门应当结合本行政区域或者管辖范围的交通实际情况,制定突发事件交通应急预案。

道路运输经营者、水路运输经营者应当按照有关规定,建立卫生责任制度,制定各自的突发事件应急预案。

第八条 制定突发事件交通应急预案,应当以突发事件的类别和快速反应的要求为依据,并征求同级人民政府卫生行政主管部门的意见。

为防范和处理重大传染病疫情突发事件制定的突发事件交通应急预案,应当包括以下主要内容:

(一)突发事件交通应急处理指挥部的组成和相关机构的职责;

(二)突发事件有关车船、港站重大传染病病人、疑似重大传染病病人和可能感染重大传染病病人的应急处理方案;

(三)突发事件有关污染车船、港站和污染物的应急处理方案;

(四)突发事件有关人员群体、防疫人员和救护人员的运输方案;

(五)突发事件有关药品、医疗救护设备器械等紧急物资的运输方案;

(六)突发事件有关车船、港站、道路、航道、船闸的应急维护和应急管理方案;

(七)突发事件有关交通应急信息的收集、分析、报告、通报、宣传方案;

(八)突发事件有关应急物资、运力储备与调度方案;

（九）突发事件交通应急处理执行机构及其任务；

（十）突发事件交通应急处理人员的组织和培训方案；

（十一）突发事件交通应急处理工作的检查监督方案；

（十二）突发事件交通应急处理其他有关工作方案。

为防范和处理其他突发事件制定的突发事件交通应急预案，应当包括本条前款除第（二）项、第（三）项和第（八）项规定以外的内容，并包括突发事件交通应急设施、设备以及其他有关物资的储备与调度方案。

突发事件交通应急预案应当根据突发事件的变化和实施中出现的问题及时进行修订、补充。

第九条 县级以上人民政府交通行政主管部门应当根据突发事件交通应急工作预案的要求，保证突发事件交通应急运力和有关物资储备。

第十条 道路运输经营者、水路运输经营者应当按照国家有关规定，使客车、客船、客运站保持良好的卫生状况，消除车船、港站的病媒昆虫和鼠类以及其他染疫动物的危害。

第十一条 县级以上人民政府交通行政主管部门应当开展突发事件交通应急知识的宣传教育，增强道路、水路运输从业人员和旅客对突发事件的防范意识和应对能力。

第十二条 在车船、港站发生突发事件，县级以上人民政府交通行政主管部门应当协助同级人民政府卫生行政主管部门组织专家对突发事件进行综合评估，初步判断突发事件的类型，按照有关规定向省级以上人民政府提出是否启动突发事件应急预案的建议。

第十三条 国务院或者省级人民政府决定突发事件应急预案启动后，突发事件发生地的县级以上人民政府交通行政主管部门应当根据突发事件的类别，立即启动相应的突发事件交通应急预案，并向社会公布有关突发事件交通应急预案。

第三章 应急信息报告

第十四条 县级以上人民政府交通行政主管部门应当建立突发事件交通应急值班制度、应急报告制度和应急举报制度，公布统一的突发事件报告、举报电话，保证突发事件交通应急信息畅通。

第十五条 县级以上人民政府交通行政主管部门应当按有关规定向上级人民政府交通行政主管部门报告下列有关突发事件的情况：

（一）突发事件的实际发生情况；

（二）预防、控制和处理突发事件的情况；

（三）运输突发事件紧急物资的情况；

（四）保障交通畅通的情况；

（五）突发事件应急的其他有关情况。

道路运输经营者、水路运输经营者应当按有关规定向所在地县级人民政府交通行政主管部门和卫生行政主管部门报告有关突发事件的预防、控制、处理和紧急物资运输的有关情况。

第十六条　县级以上人民政府交通行政主管部门接到有关突发事件的报告后,应当在接到报告后1小时内向上级人民政府交通行政主管部门和同级人民政府卫生行政主管部门报告,根据卫生行政主管部门的要求,立即采取有关预防和控制措施,并协助同级人民政府卫生行政主管部门组织有关人员对报告事项调查核实、确认,采取必要的控制措施。

突发事件发生地的县级以上人民政府交通行政主管部门应当在首次初步调查结束后2小时内,向上一级人民政府交通行政主管部门报告突发事件的有关调查情况。

上级人民政府交通行政主管部门接到下级人民政府交通行政主管部门有关突发事件的报告后1小时内,向本交通行政主管部门的上一级人民政府交通行政主管部门报告。

突发事件发生地的县级以上地方人民政府交通行政主管部门,应当及时向毗邻和其他有关县级以上人民政府交通行政主管部门通报突发事件的有关情况。

第十七条　任何单位和个人不得隐瞒、缓报、谎报或者授意他人隐瞒、缓报、谎报有关突发事件和突发事件交通应急情况。

第四章　疫情应急处理

第十八条　重大传染病疫情发生后,县级以上人民政府交通行政主管部门应当按照省级人民政府依法确定的检疫传染病疫区以及对出入检疫传染病疫区的交通工具及其乘运人员、物资实施交通应急处理的决定,和同级人民政府卫生行政主管部门在客运站、客运渡口、路口等设立交通卫生检疫站或者留验站,依法实施交通卫生检疫。

第十九条　重大传染病疫情发生后,县级以上人民政府交通行政主管部门应当及时将县级以上人民政府卫生行政主管部门通报的有关疫情通知有关道路运输经营者、水路运输经营者。

县级以上人民政府交通行政主管部门应当及时会同同级人民政府卫生行政主管部门对道路运输经营者、水路运输经营者以及乘运人员进行相应的卫生防疫基本知识的宣传教育。

第二十条　重大传染病疫情发生后,道路运输经营者、水路运输经营者对车船、港站、货物应当按规定进行消毒或者进行其他必要的卫生处理,并经县级以上地方人民政府卫生行政主管部门疾病预防控制机构检疫合格,领取《交通卫生检疫合格证》后,方可投入营运或者进行运输。

《交通卫生检疫合格证》的印制、发放和使用,按照交通部与卫生部等国务院有关行政主管部门联合发布的《国内交通卫生检疫条例实施方案》的有关规定执行。

第二十一条 重大传染病疫情发生后,道路旅客运输经营者、水路旅客运输经营者应当组织对驾驶人员、乘务人员和船员进行健康检查,发现有检疫症状的,不得安排上车、上船。

第二十二条 重大传染病疫情发生后,道路运输经营者、水路运输经营者应当在车船、港站以及其他经营场所的显著位置张贴有关传染病预防和控制的宣传材料,并提醒旅客不得乘坐未取得《交通卫生检疫合格证》和道路旅客运输经营资格或者水路旅客运输经营资格的车辆、船舶,不得携带或者托运染疫行李和货物。

重大传染病疫情发生后,客车、客船应当在依法批准并符合突发事件交通应急预案要求的客运站、客运渡口上下旅客。

第二十三条 重大传染病疫情发生后,旅客购买车票、船票,应当事先填写交通部会同有关部门统一制定的《旅客健康申报卡》。旅客填写确有困难的,由港站工作人员帮助填写。

客运站出售客票时,应当对《旅客健康申报卡》所有事项进行核实。没有按规定填写《旅客健康申报卡》的旅客,客运站不得售票。

途中需要上下旅客的,客车、客船应当进入中转客运站,从始发客运站乘坐车船的旅客,不得再次被要求填写《旅客健康申报卡》。

第二十四条 重大传染病疫情发生后,旅客乘坐车船,应当接受交通卫生检疫,如被初验为检疫传染病病人或者疑似检疫传染病病人、可能感染检疫传染病病人以及国务院卫生行政主管部门规定需要采取应急控制措施的传染病病人、疑似传染病病人及其密切接触者,还应当接受留验站或者卫生行政主管部门疾病预防控制机构对其实施临时隔离、医学检查或者其他应急医学措施。

客运站应当认真查验《旅客健康申报卡》和客票。对不填报《旅客健康申报卡》的旅客,应当拒绝其乘坐客车、客船,并说明理由。

第二十五条 重大传染病疫情发生后,客运站应按车次或者航班将《旅客健康申报卡》交给旅客所乘坐车船的驾驶员或者船长、乘务员。

到达终点客运站后,驾驶员、船长或者乘务员应当将《旅客健康申报卡》交终点客运站,由终点客运站保存。

在中转客运站下车船的旅客,由该车船的驾驶员、船长或者乘务员将下车船旅客的《旅客健康申报卡》交中转客运站保存。

第二十六条 车船上发现检疫传染病病人或者疑似检疫传染病病人、可能感染检疫传染病病人以及国务院卫生行政主管部门规定需要采取应急控制措施的传染病病人、疑似传染病病人及其密切接触者时,驾驶员或者船长应当组织有关人员依法采取下列临时措施:

(一)以最快的方式通知前方停靠点,并向车船的所有人或者经营人和始发客运站报告；

（二）对检疫传染病病人、疑似检疫传染病病人、可能感染检疫传染病病人以及国务院卫生行政主管部门确定的其他重大传染病病人、疑似重大传染病病人、可能感染重大传染病病人及与其密切接触者实施紧急卫生处理和临时隔离；

（三）封闭已被污染或者可能被污染的区域，禁止向外排放污物；

（四）将车船迅速驶向指定的停靠点，并将《旅客健康申报卡》、乘运人员名单移交当地县级以上地方人民政府交通行政主管部门；

（五）对承运过检疫传染病病人、疑似检疫传染病病人、可能感染检疫传染病病人以及国务院卫生行政主管部门确定的其他重大传染病病人、疑似重大传染病病人、可能感染重大传染病病人及与其密切接触者的车船和可能被污染的停靠场所实施卫生处理。

车船的前方停靠点、车船的所有人或者经营人以及始发客运站接到有关报告后，应当立即向当地县级以上地方人民政府交通行政主管部门、卫生行政主管部门报告。

县级以上地方人民政府交通行政主管部门接到报告后，应当立即和同级人民政府卫生行政主管部门组织有关人员到达现场，采取相应的交通卫生检疫措施。

第二十七条　县级以上人民政府交通行政主管部门发现正在行驶的车船载有检疫传染病病人或者疑似检疫传染病病人、可能感染检疫传染病病人以及国务院卫生行政主管部门规定需要采取应急控制措施的传染病病人、疑似传染病病人及其密切接触者，应当立即通知该客车、客船的所有人或者经营人，并通报该车船行驶路线相关的县级人民政府交通行政主管部门。

第二十八条　对拒绝交通卫生检疫可能传播检疫传染病的车船、港站和其他停靠场所、乘运人员、运输货物，县级以上地方人民政府交通行政主管部门协助卫生行政主管部门，依法采取强制消毒或者其他必要的交通卫生检疫措施。

第二十九条　重大传染病疫情发生后，县级以上人民政府交通行政主管部门发现车船近期曾经载运过检疫传染病病人或者疑似检疫传染病病人、可能感染检疫传染病病人以及国务院卫生行政主管部门规定需要采取应急控制措施的传染病病人、疑似传染病病人及其密切接触者，应当立即将有关《旅客健康申报卡》送交卫生行政主管部门或者其指定的疾病预防控制机构。

第三十条　参加重大传染病疫情交通应急处理的工作人员，应当按照有关突发事件交通应急预案的要求，采取卫生防护措施，并在专业卫生人员的指导下进行工作。

第五章　交通应急保障

第三十一条　突发事件交通应急预案启动后，县级以上人民政府交通行政主管部门应当加强对车船、港站、道路、航道、船闸、渡口的维护、检修，保证其经常处于良好的技术状态。

除因阻断检疫传染病传播途径需要或者其他法定事由并依照法定程序可以中断交通外,任何单位和个人不得以任何方式中断交通。

县级以上人民政府交通行政主管部门发现交通中断或者紧急运输受阻,应当迅速报告上一级人民政府交通行政主管部门和当地人民政府,并采取措施恢复交通。如难以迅速恢复交通,应当提请当地人民政府予以解决,或者提请上一级人民政府交通行政主管部门协助解决。

第三十二条 在非检疫传染病疫区运行的车辆上发现检疫传染病病人、疑似检疫传染病病人、可能感染检疫传染病病人以及国务院卫生行政主管部门规定需要采取应急控制措施的传染病病人、疑似传染病病人及其密切接触者,由县级以上人民政府交通行政主管部门协助同级人民政府卫生行政主管部门依法决定对该车辆及其乘运人员、货物实施交通卫生检疫。

在非检疫传染病疫区运行船舶上发现检疫传染病病人、疑似检疫传染病病人、可能感染检疫传染病病人以及国务院卫生行政主管部门规定需要采取应急控制措施的传染病病人、疑似传染病病人及其密切接触者,由海事管理机构协助同级人民政府卫生行政主管部门依法对该船舶及其乘运人员、货物实施交通卫生检疫。

在非传染病疫区跨省、自治区、直辖市运行的船舶上发现检疫传染病病人、疑似检疫传染病病人、可能感染检疫传染病病人以及国务院卫生行政主管部门规定需要采取应急控制措施的传染病病人、疑似传染病病人及其密切接触者,交通部会同卫生部依法决定对该船舶实施交通卫生检疫,命令该船舶不得停靠或者通过港站。但是,因实施卫生检疫导致中断干线交通,报国务院决定。

第六章 紧 急 运 输

第三十三条 突发事件发生后,县级以上地方人民政府交通行政主管部门应当采取措施保证突发事件应急处理所需运输的人员群体、防疫人员、医护人员以及突发事件应急处理所需的救治消毒药品、医疗救护设备器械等紧急物资及时运输。

第三十四条 依法负责处理突发事件的防疫人员、医护人员凭县级以上人民政府卫生行政主管部门出具的有关证明以及本人有效身份证件,可以优先购买客票;道路运输经营者、水路运输经营者应当保证其购得最近一次通往目的地的客票。

第三十五条 根据县级以上人民政府突发事件应急处理指挥部的命令,县级以上人民政府交通行政主管部门应当协助紧急调用有关人员、车船以及相关设施、设备。

被调用的单位和个人必须确保完成有关人员和紧急物资运输任务,不得延误和拒绝。

第三十六条 承担突发事件应急处理所需紧急运输的车船,应当使用《紧急运输通行证》。其中,跨省运送紧急物资的,应当使用交通部统一印制的《紧急运输通行证》;省内运送紧急物资的,可以使用省级交通行政主管部门统一印制的《紧急运输通行证》。使用《紧急运输通行证》的车船,按国家有关规定免交车辆通行费、船舶过闸费,并优先通行。

《紧急运输通行证》应当按照交通部的有关规定印制、发放和使用。

第三十七条 承担重大传染病疫情应急处理紧急运输任务的道路运输经营者、水路运输经营者应当遵守下列规定:

(一)车船在装卸货物前后根据需要进行清洗、消毒或者进行其他卫生处理;

(二)有关运输人员事前应当接受健康检查和有关防护知识培训,配备相应的安全防护用具;

(三)保证驾驶员休息充足,不得疲劳驾驶;

(四)进入疫区前,应当采取严格的防护措施;驶离疫区后,应当立即对车船和随行人员进行消毒或者采取其他必要卫生处理措施;

(五)紧急运输任务完成后,交回《紧急运输通行证》,对运输人员应当进行健康检查,并安排休息观察。

第三十八条 重大传染病疫情发生后,引航人员、理货人员上船引航、理货,应当事先体检,采取相应的有效防护措施,上船时应当主动出示健康合格证。

第七章 检查监督

第三十九条 县级以上人民政府交通行政主管部门应当加强对本行政区域内突发事件交通应急工作的指导和督察;上级人民政府交通行政主管部门对突发事件交通应急处理工作进行指导和督察,下级人民政府交通行政主管部门应当予以配合。

第四十条 县级以上地方人民政府交通行政主管部门的工作人员依法协助或者实施交通卫生检疫,应当携带证件,佩戴标志,热情服务,秉公执法,任何单位和个人应当予以配合,不得阻挠。

第四十一条 县级以上人民政府交通行政主管部门应当加强对《交通卫生检疫合格证》、《旅客健康申报卡》使用情况的监督检查;对已按规定使用《交通卫生检疫合格证》、《旅客健康申报卡》的车船,应当立即放行。

任何单位和个人不得擅自印制、伪造、变造、租借、转让《交通卫生检疫合格证》、《紧急运输通行证》。

任何单位和个人不得使用擅自印制、伪造、变造、租借、转让的《交通卫生检疫合格证》、《紧急运输通行证》。

第八章 法律责任

第四十二条 县级以上地方人民政府交通行政主管部门违反本规定,有下列行为之一的,对其主要负责人依法给予行政处分:

(一)未依照本规定履行报告职责,对突发事件隐瞒、缓报、谎报或者授意他人隐瞒、缓报、谎报的;

（二）未依照本规定，组织完成突发事件应急处理所需要的紧急物资的运输的；

（三）对上级人民政府交通行政主管部门进行有关调查不予配合，或者采取其他方式阻碍、干涉调查的。

县级以上人民政府交通行政主管部门违反有关规定，造成传染病传播、流行或者对社会公众健康造成其他严重危害后果的，对主要负责人、负有责任的主管人员和其他责任人员依法给予开除的行政处分；构成犯罪的，依法追究刑事责任。

第四十三条　县级以上人民政府交通行政主管部门违反本规定，有下列行为之一，由上级人民政府交通行政主管部门责令改正、通报批评、给予警告；对主要负责人、负有责任的主管人员和其他责任人员依法给予降级、撤职的行政处分：

（一）在突发事件调查、控制工作中玩忽职守、失职、渎职的；

（二）拒不履行突发事件交通应急处理职责的。

第四十四条　道路运输经营者、水路运输经营者违反本规定，对在车船上发现的检疫传染病病人、疑似检疫传染病病人，未按有关规定采取相应措施的，由县级以上地方人民政府卫生行政主管部门责令改正，给予警告，并处1000元以上5000元以下的罚款。

第四十五条　检疫传染病病人、疑似检疫传染病病人以及与其密切接触者隐瞒真实情况、逃避交通卫生检疫的，由县级以上地方人民政府卫生行政主管部门责令限期改正，给予警告，可以并处1000元以下的罚款；拒绝接受交通卫生检疫和必要的卫生处理的，给予警告，并处1000元以上5000元以下的罚款。

第四十六条　突发事件发生后，未取得相应的运输经营资格，擅自从事道路运输、水路运输；或者有其他违反有关道路运输、水路运输管理规定行为的，依照有关道路运输、水路运输管理法规、规章的规定从重给予行政处罚。

第九章　附　　则

第四十七条　群体性不明原因疾病交通应急方案，参照重大传染病交通应急方案执行。

第四十八条　本规定自2004年5月1日起施行。

国家突发公共卫生事件应急预案

2006年2月26日国务院发布

1　总　　则

1.1　编制目的

有效预防、及时控制和消除突发公共卫生事件及其危害，指导和规范各类突发公共卫生事件的应急处理工作,最大程度地减少突发公共卫生事件对公众健康造成的危害,保障公众身心健康与生命安全。

1.2 编制依据

依据《中华人民共和国传染病防治法》《中华人民共和国食品卫生法》《中华人民共和国职业病防治法》《中华人民共和国国境卫生检疫法》《突发公共卫生事件应急条例》《国内交通卫生检疫条例》和《国家突发公共事件总体应急预案》,制定本预案。

1.3 突发公共卫生事件的分级

根据突发公共卫生事件性质、危害程度、涉及范围,突发公共卫生事件划分为特别重大(Ⅰ级)、重大(Ⅱ级)、较大(Ⅲ级)和一般(Ⅳ级)四级。

其中,特别重大突发公共卫生事件主要包括:

(1)肺鼠疫、肺炭疽在大、中城市发生并有扩散趋势,或肺鼠疫、肺炭疽疫情波及2个以上的省份,并有进一步扩散趋势。

(2)发生传染性非典型肺炎、人感染高致病性禽流感病例,并有扩散趋势。

(3)涉及多个省份的群体性不明原因疾病,并有扩散趋势。

(4)发生新传染病或我国尚未发现的传染病发生或传入,并有扩散趋势,或发现我国已消灭的传染病重新流行。

(5)发生烈性病菌株、毒株、致病因子等丢失事件。

(6)周边以及与我国通航的国家和地区发生特大传染病疫情,并出现输入性病例,严重危及我国公共卫生安全的事件。

(7)国务院卫生行政部门认定的其他特别重大突发公共卫生事件。

1.4 适用范围

本预案适用于突然发生,造成或者可能造成社会公众身心健康严重损害的重大传染病、群体性不明原因疾病、重大食物和职业中毒以及因自然灾害、事故灾难或社会安全等事件引起的严重影响公众身心健康的公共卫生事件的应急处理工作。

其他突发公共事件中涉及的应急医疗救援工作,另行制定有关预案。

1.5 工作原则

(1)预防为主,常备不懈。提高全社会对突发公共卫生事件的防范意识,落实各项防范措施,做好人员、技术、物资和设备的应急储备工作。对各类可能引发突发公共卫生事件的情况要及时进行分析、预警,做到早发现、早报告、早处理。

(2)统一领导,分级负责。根据突发公共卫生事件的范围、性质和危害程度,对突发公共卫生事件实行分级管理。各级人民政府负责突发公共卫生事件应急处理的统一领导和指挥,各有关部门按照预案规定,在各自的职责范围内做好突发公共卫生事件应急处理的有关工作。

(3)依法规范,措施果断。地方各级人民政府和卫生行政部门要按照相关法律、法规和规章的规定,完善突发公共卫生事件应急体系,建立健全系统、规范的突发公共卫生事件应急处理工作制度,对突发公共卫生事件和可能发生的公共卫生事件做出快速反应,及时、有效开展监测、报告和处理工作。

(4)依靠科学,加强合作。突发公共卫生事件应急工作要充分尊重和依靠科学,要重视开展防范和处理突发公共卫生事件的科研和培训,为突发公共卫生事件应急处理提供科技保障。各有关部门和单位要通力合作、资源共享,有效应对突发公共卫生事件。要广泛组织、动员公众参与突发公共卫生事件的应急处理。

2 应急组织体系及职责

2.1 应急指挥机构

卫生部依照职责和本预案的规定,在国务院统一领导下,负责组织、协调全国突发公共卫生事件应急处理工作,并根据突发公共卫生事件应急处理工作的实际需要,提出成立全国突发公共卫生事件应急指挥部。

地方各级人民政府卫生行政部门依照职责和本预案的规定,在本级人民政府统一领导下,负责组织、协调本行政区域内突发公共卫生事件应急处理工作,并根据突发公共卫生事件应急处理工作的实际需要,向本级人民政府提出成立地方突发公共卫生事件应急指挥部的建议。

各级人民政府根据本级人民政府卫生行政部门的建议和实际工作需要,决定是否成立国家和地方应急指挥部。

地方各级人民政府及有关部门和单位要按照属地管理的原则,切实做好本行政区域内突发公共卫生事件应急处理工作。

2.1.1 全国突发公共卫生事件应急指挥部的组成和职责

全国突发公共卫生事件应急指挥部负责对特别重大突发公共卫生事件的统一领导、统一指挥,作出处理突发公共卫生事件的重大决策。指挥部成员单位根据突发公共卫生事件的性质和应急处理的需要确定。

2.1.2 省级突发公共卫生事件应急指挥部的组成和职责

省级突发公共卫生事件应急指挥部由省级人民政府有关部门组成,实行属地管理的原则,负责对本行政区域内突发公共卫生事件应急处理的协调和指挥,作出处理本行政区域内突发公共卫生事件的决策,决定要采取的措施。

2.2 日常管理机构

国务院卫生行政部门设立卫生应急办公室(突发公共卫生事件应急指挥中心),负责全国突发公共卫生事件应急处理的日常管理工作。

各省、自治区、直辖市人民政府卫生行政部门及军队、武警系统要参照国务院卫生行政部门突发公共卫生事件日常管理机构的设置及职责,结合各自实际情况,指定突发公共卫生事件的日常管理机构,负责本行政区域或本系统内突发公共卫生事件应急的协调、管理工作。

各市(地)级、县级卫生行政部门要指定机构负责本行政区域内突发公共卫生事件应急的日常管理工作。

2.3 专家咨询委员会

国务院卫生行政部门和省级卫生行政部门负责组建突发公共卫生事件专家咨询委员会。

市(地)级和县级卫生行政部门可根据本行政区域内突发公共卫生事件应急工作需要,组建突发公共卫生事件应急处理专家咨询委员会。

2.4 应急处理专业技术机构

医疗机构、疾病预防控制机构、卫生监督机构、出入境检验检疫机构是突发公共卫生事件应急处理的专业技术机构。应急处理专业技术机构要结合本单位职责开展专业技术人员处理突发公共卫生事件能力培训,提高快速应对能力和技术水平,在发生突发公共卫生事件时,要服从卫生行政部门的统一指挥和安排,开展应急处理工作。

3 突发公共卫生事件的监测、预警与报告

3.1 监测

国家建立统一的突发公共卫生事件监测、预警与报告网络体系。各级医疗、疾病预防控制、卫生监督和出入境检疫机构负责开展突发公共卫生事件的日常监测工作。

省级人民政府卫生行政部门要按照国家统一规定和要求,结合实际,组织开展重点传染病和突发公共卫生事件的主动监测。

国务院卫生行政部门和地方各级人民政府卫生行政部门要加强对监测工作的管理和监督,保证监测质量。

3.2 预警

各级人民政府卫生行政部门根据医疗机构、疾病预防控制机构、卫生监督机构提供的监测信息,按照公共卫生事件的发生、发展规律和特点,及时分析其对公众身心健康的危害程度、可能的发展趋势,及时做出预警。

3.3 报告

任何单位和个人都有权向国务院卫生行政部门和地方各级人民政府及其有关部门报告突发公共卫生事件及其隐患,也有权向上级政府部门举报不履行或者不按照规定履行突发公共卫生事件应急处理职责的部门、单位及个人。

县级以上各级人民政府卫生行政部门指定的突发公共卫生事件监测机构、各级各类医疗卫生机构、卫生行政部门、县级以上地方人民政府和检验检疫机构、食品药品监督管理机构、环境保护监测机构、教育机构等有关单位为突发公共卫生事件的责任报告单位。执行职务的各级各类医疗卫生机构的医疗卫生人员、个体开业医生为突发公共卫生事件的责任报告人。

突发公共卫生事件责任报告单位要按照有关规定及时、准确地报告突发公共卫

生事件及其处置情况。

4 突发公共卫生事件的应急反应和终止
4.1 应急反应原则

发生突发公共卫生事件时,事发地的县级、市(地)级、省级人民政府及其有关部门按照分级响应的原则,作出相应级别应急反应。同时,要遵循突发公共卫生事件发生发展的客观规律,结合实际情况和预防控制工作的需要,及时调整预警和反应级别,以有效控制事件,减少危害和影响。要根据不同类别突发公共卫生事件的性质和特点,注重分析事件的发展趋势,对事态和影响不断扩大的事件,应及时升级预警和反应级别;对范围局限、不会进一步扩散的事件,应相应降低反应级别,及时撤销预警。

国务院有关部门和地方各级人民政府及有关部门对在学校、区域性或全国性重要活动期间等发生的突发公共卫生事件,要高度重视,可相应提高报告和反应级别,确保迅速、有效控制突发公共卫生事件,维护社会稳定。

突发公共卫生事件应急处理要采取边调查、边处理、边抢救、边核实的方式,以有效措施控制事态发展。

事发地之外的地方各级人民政府卫生行政部门接到突发公共卫生事件情况通报后,要及时通知相应的医疗卫生机构,组织做好应急处理所需的人员与物资准备,采取必要的预防控制措施,防止突发公共卫生事件在本行政区域内发生,并服从上一级人民政府卫生行政部门的统一指挥和调度,支援突发公共卫生事件发生地区的应急处理工作。

4.2 应急反应措施
4.2.1 各级人民政府

(1)组织协调有关部门参与突发公共卫生事件的处理。

(2)根据突发公共卫生事件处理需要,调集本行政区域内各类人员、物资、交通工具和相关设施、设备参加应急处理工作。涉及危险化学品管理和运输安全的,有关部门要严格执行相关规定,防止事故发生。

(3)划定控制区域:甲类、乙类传染病暴发、流行时,县级以上地方人民政府报经上一级地方人民政府决定,可以宣布疫区范围;经省、自治区、直辖市人民政府决定,可以对本行政区域内甲类传染病疫区实施封锁;封锁大、中城市的疫区或者封锁跨省(区、市)的疫区,以及封锁疫区导致中断干线交通或者封锁国境的,由国务院决定。对重大食物中毒和职业中毒事故,根据污染食品扩散和职业危害因素波及的范围,划定控制区域。

(4)疫情控制措施:当地人民政府可以在本行政区域内采取限制或者停止集市、集会、影剧院演出,以及其他人群聚集的活动;停工、停业、停课;封闭或者封存被传染病病原体污染的公共饮用水源、食品以及相关物品等紧急措施;临时征用房屋、交通工具以及相关设施和设备。

(5)流动人口管理：对流动人口采取预防工作，落实控制措施，对传染病病人、疑似病人采取就地隔离、就地观察、就地治疗的措施，对密切接触者根据情况采取集中或居家医学观察。

(6)实施交通卫生检疫：组织铁路、交通、民航、质检等部门在交通站点和出入境口岸设置临时交通卫生检疫站，对出入境、进出疫区和运行中的交通工具及其乘运人员和物资、宿主动物进行检疫查验，对病人、疑似病人及其密切接触者实施临时隔离、留验和向地方卫生行政部门指定的机构移交。

(7)信息发布：突发公共卫生事件发生后，有关部门要按照有关规定作好信息发布工作，信息发布要及时主动、准确把握，实事求是，正确引导舆论，注重社会效果。

(8)开展群防群治：街道、乡(镇)以及居委会、村委会协助卫生行政部门和其他部门、医疗机构，做好疫情信息的收集、报告、人员分散隔离及公共卫生措施的实施工作。

(9)维护社会稳定：组织有关部门保障商品供应，平抑物价，防止哄抢；严厉打击造谣传谣、哄抬物价、囤积居奇、制假售假等违法犯罪和扰乱社会治安的行为。

4.2.2 卫生行政部门

(1)组织医疗机构、疾病预防控制机构和卫生监督机构开展突发公共卫生事件的调查与处理。

(2)组织突发公共卫生事件专家咨询委员会对突发公共卫生事件进行评估，提出启动突发公共卫生事件应急处理的级别。

(3)应急控制措施：根据需要组织开展应急疫苗接种、预防服药。

(4)督导检查：国务院卫生行政部门组织对全国或重点地区的突发公共卫生事件应急处理工作进行督导和检查。省、市(地)级以及县级卫生行政部门负责对本行政区域内的应急处理工作进行督察和指导。

(5)发布信息与通报：国务院卫生行政部门或经授权的省、自治区、直辖市人民政府卫生行政部门及时向社会发布突发公共卫生事件的信息或公告。国务院卫生行政部门及时向国务院各有关部门和各省、自治区、直辖市卫生行政部门以及军队有关部门通报突发公共卫生事件情况。对涉及跨境的疫情线索，由国务院卫生行政部门向有关国家和地区通报情况。

(6)制订技术标准和规范：国务院卫生行政部门对新发现的突发传染病、不明原因的群体性疾病、重大中毒事件，组织力量制订技术标准和规范，及时组织全国培训。地方各级卫生行政部门开展相应的培训工作。

(7)普及卫生知识。针对事件性质，有针对性地开展卫生知识宣教，提高公众健康意识和自我防护能力，消除公众心理障碍，开展心理危机干预工作。

(8)进行事件评估：组织专家对突发公共卫生事件的处理情况进行综合评估，

包括事件概况、现场调查处理概况、病人救治情况、所采取的措施、效果评价等。

4.2.3 医疗机构

（1）开展病人接诊、收治和转运工作，实行重症和普通病人分开管理，对疑似病人及时排除或确诊。

（2）协助疾控机构人员开展标本的采集、流行病学调查工作。

（3）做好医院内现场控制、消毒隔离、个人防护、医疗垃圾和污水处理工作，防止院内交叉感染和污染。

（4）做好传染病和中毒病人的报告。对因突发公共卫生事件而引起身体伤害的病人，任何医疗机构不得拒绝接诊。

（5）对群体性不明原因疾病和新发传染病做好病例分析与总结，积累诊断治疗的经验。重大中毒事件，按照现场救援、病人转运、后续治疗相结合的原则进行处置。

（6）开展科研与国际交流：开展与突发事件相关的诊断试剂、药品、防护用品等方面的研究。开展国际合作，加快病源查寻和病因诊断。

4.2.4 疾病预防控制机构

（1）突发公共卫生事件信息报告：国家、省、市（地）、县级疾控机构做好突发公共卫生事件的信息收集、报告与分析工作。

（2）开展流行病学调查：疾控机构人员到达现场后，尽快制订流行病学调查计划和方案，地方专业技术人员按照计划和方案，开展对突发事件累及人群的发病情况、分布特点进行调查分析，提出并实施有针对性的预防控制措施；对传染病病人、疑似病人、病原携带者及其密切接触者进行追踪调查，查明传播链，并向相关地方疾病预防控制机构通报情况。

（3）实验室检测：中国疾病预防控制中心和省级疾病预防控制机构指定的专业技术机构在地方专业机构的配合下，按有关技术规范采集足量、足够的标本，分送省级和国家应急处理功能网络实验室检测，查找致病原因。

（4）开展科研与国际交流：开展与突发事件相关的诊断试剂、疫苗、消毒方法、医疗卫生防护用品等方面的研究。开展国际合作，加快病源查寻和病因诊断。

（5）制订技术标准和规范：中国疾病预防控制中心协助卫生行政部门制订全国新发现的突发传染病、不明原因的群体性疾病、重大中毒事件的技术标准和规范。

（6）开展技术培训：中国疾病预防控制中心具体负责全国省级疾病预防控制中心突发公共卫生事件应急处理专业技术人员的应急培训。各省级疾病预防控制中心负责县级以上疾病预防控制机构专业技术人员的培训工作。

4.2.5 卫生监督机构

（1）在卫生行政部门的领导下，开展对医疗机构、疾病预防控制机构突发公共卫生事件应急处理各项措施落实情况的督导、检查。

（2）围绕突发公共卫生事件应急处理工作，开展食品卫生、环境卫生、职业卫生等的卫生监督和执法稽查。

（3）协助卫生行政部门依据《突发公共卫生事件应急条例》和有关法律法规，调查处理突发公共卫生事件应急工作中的违法行为。

4.2.6　出入境检验检疫机构

（1）突发公共卫生事件发生时，调动出入境检验检疫机构技术力量，配合当地卫生行政部门做好口岸的应急处理工作。

（2）及时上报口岸突发公共卫生事件信息和情况变化。

4.2.7　非事件发生地区的应急反应措施

未发生突发公共卫生事件的地区应根据其他地区发生事件的性质、特点、发生区域和发展趋势，分析本地区受波及的可能性和程度，重点做好以下工作：

（1）密切保持与事件发生地区的联系，及时获取相关信息。

（2）组织做好本行政区域应急处理所需的人员与物资准备。

（3）加强相关疾病与健康监测和报告工作，必要时，建立专门报告制度。

（4）开展重点人群、重点场所和重点环节的监测和预防控制工作，防患于未然。

（5）开展防治知识宣传和健康教育，提高公众自我保护意识和能力。

（6）根据上级人民政府及其有关部门的决定，开展交通卫生检疫等。

4.3　突发公共卫生事件的分级反应

特别重大突发公共卫生事件（具体标准见1.3）应急处理工作由国务院或国务院卫生行政部门和有关部门组织实施，开展突发公共卫生事件的医疗卫生应急、信息发布、宣传教育、科研攻关、国际交流与合作、应急物资与设备的调集、后勤保障以及督导检查等工作。国务院可根据突发公共卫生事件性质和应急处置工作，成立全国突发公共卫生事件应急处理指挥部，协调指挥应急处置工作。事发地省级人民政府应按照国务院或国务院有关部门的统一部署，结合本地区实际情况，组织协调市（地）、县（市）人民政府开展突发公共事件的应急处理工作。

特别重大级别以下的突发公共卫生事件应急处理工作由地方各级人民政府负责组织实施。超出本级应急处置能力时，地方各级人民政府要及时报请上级人民政府和有关部门提供指导和支持。

4.4　突发公共卫生事件应急反应的终止

突发公共卫生事件应急反应的终止需符合以下条件：突发公共卫生事件隐患或相关危险因素消除，或末例传染病病例发生后经过最长潜伏期无新的病例出现。

特别重大突发公共卫生事件由国务院卫生行政部门组织有关专家进行分析论证，提出终止应急反应的建议，报国务院或全国突发公共卫生事件应急指挥部批准后实施。

特别重大以下突发公共卫生事件由地方各级人民政府卫生行政部门组织专家进行分析论证，提出终止应急反应的建议，报本级人民政府批准后实施，并向上一级人民政府卫生行政部门报告。

上级人民政府卫生行政部门要根据下级人民政府卫生行政部门的请求,及时组织专家对突发公共卫生事件应急反应的终止的分析论证提供技术指导和支持。

5 善后处理

5.1 后期评估

突发公共卫生事件结束后,各级卫生行政部门应在本级人民政府的领导下,组织有关人员对突发公共卫生事件的处理情况进行评估。评估内容主要包括事件概况、现场调查处理概况、病人救治情况、所采取措施的效果评价、应急处理过程中存在的问题和取得的经验及改进建议。评估报告上报本级人民政府和上一级人民政府卫生行政部门。

5.2 奖励

县级以上人民政府人事部门和卫生行政部门对参加突发公共卫生事件应急处理作出贡献的先进集体和个人进行联合表彰;民政部门对在突发公共卫生事件应急处理工作中英勇献身的人员,按有关规定追认为烈士。

5.3 责任

对在突发公共卫生事件的预防、报告、调查、控制和处理过程中,有玩忽职守、失职、渎职等行为的,依据《突发公共卫生事件应急条例》及有关法律法规追究当事人的责任。

5.4 抚恤和补助

地方各级人民政府要组织有关部门对因参与应急处理工作致病、致残、死亡的人员,按照国家有关规定,给予相应的补助和抚恤;对参加应急处理一线工作的专业技术人员应根据工作需要制订合理的补助标准,给予补助。

5.5 征用物资、劳务的补偿

突发公共卫生事件应急工作结束后,地方各级人民政府应组织有关部门对应急处理期间紧急调集、征用有关单位、企业、个人的物资和劳务进行合理评估,给予补偿。

6 突发公共卫生事件应急处置的保障

突发公共卫生事件应急处理应坚持预防为主,平战结合,国务院有关部门、地方各级人民政府和卫生行政部门应加强突发公共卫生事件的组织建设,组织开展突发公共卫生事件的监测和预警工作,加强突发公共卫生事件应急处理队伍建设和技术研究,建立健全国家统一的突发公共卫生事件预防控制体系,保证突发公共卫生事件应急处理工作的顺利开展。

6.1 技术保障

6.1.1 信息系统

国家建立突发公共卫生事件应急决策指挥系统的信息、技术平台,承担突发公共卫生事件及相关信息收集、处理、分析、发布和传递等工作,采取分级负责的方式进行实施。

要在充分利用现有资源的基础上建设医疗救治信息网络,实现卫生行政部门、医疗救治机构与疾病预防控制机构之间的信息共享。

6.1.2 疾病预防控制体系

国家建立统一的疾病预防控制体系。各省(区、市)、市(地)、县(市)要加快疾病预防控制机构和基层预防保健组织建设,强化医疗卫生机构疾病预防控制的责任;建立功能完善、反应迅速、运转协调的突发公共卫生事件应急机制;健全覆盖城乡、灵敏高效、快速畅通的疫情信息网络;改善疾病预防控制机构基础设施和实验室设备条件;加强疾病控制专业队伍建设,提高流行病学调查、现场处置和实验室检测检验能力。

6.1.3 应急医疗救治体系

按照"中央指导、地方负责、统筹兼顾、平战结合、因地制宜、合理布局"的原则,逐步在全国范围内建成包括急救机构、传染病救治机构和化学中毒与核辐射救治基地在内的,符合国情、覆盖城乡、功能完善、反应灵敏、运转协调、持续发展的医疗救治体系。

6.1.4 卫生执法监督体系

国家建立统一的卫生执法监督体系。各级卫生行政部门要明确职能,落实责任,规范执法监督行为,加强卫生执法监督队伍建设。对卫生监督人员实行资格准入制度和在岗培训制度,全面提高卫生执法监督的能力和水平。

6.1.5 应急卫生救治队伍

各级人民政府卫生行政部门按照"平战结合、因地制宜,分类管理、分级负责,统一管理、协调运转"的原则建立突发公共卫生事件应急救治队伍,并加强管理和培训。

6.1.6 演练

各级人民政府卫生行政部门要按照"统一规划、分类实施、分级负责、突出重点、适应需求"的原则,采取定期和不定期相结合的形式,组织开展突发公共卫生事件的应急演练。

6.1.7 科研和国际交流

国家有计划地开展应对突发公共卫生事件相关的防治科学研究,包括现场流行病学调查方法、实验室病因检测技术、药物治疗、疫苗和应急反应装备、中医药及中西医结合防治等,尤其是开展新发、罕见传染病快速诊断方法、诊断试剂以及相关的疫苗研究,做到技术上有所储备。同时,开展应对突发公共卫生事件应急处理技术的国际交流与合作,引进国外的先进技术、装备和方法,提高我国应对突发公共卫生事件的整体水平。

6.2 物资、经费保障

6.2.1 物资储备

各级人民政府要建立处理突发公共卫生事件的物资和生产能力储备。发生突发公共卫生事件时,应根据应急处理工作需要调用储备物资。卫生应急储备物资使用后要及时补充。

6.2.2 经费保障

应保障突发公共卫生事件应急基础设施项目建设经费,按规定落实对突发公共卫生事件应急处理专业技术机构的财政补助政策和突发公共卫生事件应急处理经费。应根据需要对边远贫困地区突发公共卫生事件应急工作给予经费支持。国务院有关部门和地方各级人民政府应积极通过国际、国内等多渠道筹集资金,用于突发公共卫生事件应急处理工作。

6.3 通信与交通保障

各级应急医疗卫生救治队伍要根据实际工作需要配备通信设备和交通工具。

6.4 法律保障

国务院有关部门应根据突发公共卫生事件应急处理过程中出现的新问题、新情况,加强调查研究,起草和制订并不断完善应对突发公共卫生事件的法律、法规和规章制度,形成科学、完整的突发公共卫生事件应急法律和规章体系。

国务院有关部门和地方各级人民政府及有关部门要严格执行《突发公共卫生事件应急条例》等规定,根据本预案要求,严格履行职责,实行责任制。对履行职责不力,造成工作损失的,要追究有关当事人的责任。

6.5 社会公众的宣传教育

县级以上人民政府要组织有关部门利用广播、影视、报刊、互联网、手册等多种形式对社会公众广泛开展突发公共卫生事件应急知识的普及教育,宣传卫生科普知识,指导群众以科学的行为和方式对待突发公共卫生事件。要充分发挥有关社会团体在普及卫生应急知识和卫生科普知识方面的作用。

7 预案管理与更新

根据突发公共卫生事件的形势变化和实施中发现的问题及时进行更新、修订和补充。

国务院有关部门根据需要和本预案的规定,制定本部门职责范围内的具体工作预案。

县级以上地方人民政府根据《突发公共卫生事件应急条例》的规定,参照本预案并结合本地区实际情况,组织制定本地区突发公共卫生事件应急预案。

8 附　　则

8.1 名词术语

重大传染病疫情是指某种传染病在短时间内发生、波及范围广泛,出现大量的病人或死亡病例,其发病率远远超过常年的发病率水平的情况。

群体性不明原因疾病是指在短时间内,某个相对集中的区域内同时或者相继出现具有共同临床表现病人,且病例不断增加,范围不断扩大,又暂时不能明确诊断的疾病。

重大食物和职业中毒是指由于食品污染和职业危害的原因而造成的人数众多或者伤亡较重的中毒事件。

新传染病是指全球首次发现的传染病。

我国尚未发现传染病是指埃博拉、猴痘、黄热病、人变异性克雅氏病等在其他国家和地区已经发现，在我国尚未发现过的传染病。

我国已消灭传染病是指天花、脊髓灰质炎等传染病。

8.2 预案实施时间

本预案自印发之日起实施。

重大动物疫情应急条例

1. 2005年11月18日国务院令第450号公布
2. 根据2017年10月7日国务院令第687号《关于修改部分行政法规的决定》修订

第一章 总 则

第一条 为了迅速控制、扑灭重大动物疫情，保障养殖业生产安全，保护公众身体健康与生命安全，维护正常的社会秩序，根据《中华人民共和国动物防疫法》，制定本条例。

第二条 本条例所称重大动物疫情，是指高致病性禽流感等发病率或者死亡率高的动物疫病突然发生，迅速传播，给养殖业生产安全造成严重威胁、危害，以及可能对公众身体健康与生命安全造成危害的情形，包括特别重大动物疫情。

第三条 重大动物疫情应急工作应当坚持加强领导、密切配合，依靠科学、依法防治，群防群控、果断处置的方针，及时发现，快速反应，严格处理，减少损失。

第四条 重大动物疫情应急工作按照属地管理的原则，实行政府统一领导、部门分工负责，逐级建立责任制。

县级以上人民政府兽医主管部门具体负责组织重大动物疫情的监测、调查、控制、扑灭等应急工作。

县级以上人民政府林业主管部门、兽医主管部门按照职责分工，加强对陆生野生动物疫源疫病的监测。

县级以上人民政府其他有关部门在各自的职责范围内，做好重大动物疫情的应急工作。

第五条 出入境检验检疫机关应当及时收集境外重大动物疫情信息，加强进出境动物及其产品的检验检疫工作，防止动物疫病传入和传出。兽医主管部门要及时向出入境检验检疫机关通报国内重大动物疫情。

第六条 国家鼓励、支持开展重大动物疫情监测、预防、应急处理等有关技术的科学研究和国际交流与合作。

第七条 县级以上人民政府应当对参加重大动物疫情应急处理的人员给予适当补助，对作出贡献的人员给予表彰和奖励。

第八条 对不履行或者不按照规定履行重大动物疫情应急处理职责的行为，任何单位和个人有权检举控告。

第二章 应急准备

第九条 国务院兽医主管部门应当制定全国重大动物疫情应急预案，报国务院批准，并按照不同动物疫病病种及其流行特点和危害程度，分别制定实施方案，报国务院备案。

县级以上地方人民政府根据本地区的实际情况，制定本行政区域的重大动物疫情应急预案，报上一级人民政府兽医主管部门备案。县级以上地方人民政府兽医主管部门，应当按照不同动物疫病病种及其流行特点和危害程度，分别制定实施方案。

重大动物疫情应急预案及其实施方案应当根据疫情的发展变化和实施情况，及时修改、完善。

第十条 重大动物疫情应急预案主要包括下列内容：

（一）应急指挥部的职责、组成以及成员单位的分工；

（二）重大动物疫情的监测、信息收集、报告和通报；

（三）动物疫病的确认、重大动物疫情的分级和相应的应急处理工作方案；

（四）重大动物疫情疫源的追踪和流行病学调查分析；

（五）预防、控制、扑灭重大动物疫情所需资金的来源、物资和技术的储备与调度；

（六）重大动物疫情应急处理设施和专业队伍建设。

第十一条 国务院有关部门和县级以上地方人民政府及其有关部门，应当根据重大动物疫情应急预案的要求，确保应急处理所需的疫苗、药品、设施设备和防护用品等物资的储备。

第十二条 县级以上人民政府应当建立和完善重大动物疫情监测网络和预防控制体系，加强动物防疫基础设施和乡镇动物防疫组织建设，并保证其正常运行，提高对重大动物疫情的应急处理能力。

第十三条 县级以上地方人民政府根据重大动物疫情应急需要，可以成立应急预备队，在重大动物疫情应急指挥部的指挥下，具体承担疫情的控制和扑灭任务。

应急预备队由当地兽医行政管理人员、动物防疫工作人员、有关专家、执业兽医等组成；必要时，可以组织动员社会上有一定专业知识的人员参加。公安机关、中国人民武装警察部队应当依法协助其执行任务。

应急预备队应当定期进行技术培训和应急演练。

第十四条　县级以上人民政府及其兽医主管部门应当加强对重大动物疫情应急知识和重大动物疫病科普知识的宣传,增强全社会的重大动物疫情防范意识。

第三章　监测、报告和公布

第十五条　动物防疫监督机构负责重大动物疫情的监测,饲养、经营动物和生产、经营动物产品的单位和个人应当配合,不得拒绝和阻碍。

第十六条　从事动物隔离、疫情监测、疫病研究与诊疗、检验检疫以及动物饲养、屠宰加工、运输、经营等活动的有关单位和个人,发现动物出现群体发病或者死亡的,应当立即向所在地的县(市)动物防疫监督机构报告。

第十七条　县(市)动物防疫监督机构接到报告后,应当立即赶赴现场调查核实。初步认为属于重大动物疫情的,应当在2小时内将情况逐级报省、自治区、直辖市动物防疫监督机构,并同时报所在地人民政府兽医主管部门;兽医主管部门应当及时通报同级卫生主管部门。

省、自治区、直辖市动物防疫监督机构应当在接到报告后1小时内,向省、自治区、直辖市人民政府兽医主管部门和国务院兽医主管部门所属的动物防疫监督机构报告。

省、自治区、直辖市人民政府兽医主管部门应当在接到报告后1小时内报本级人民政府和国务院兽医主管部门。

重大动物疫情发生后,省、自治区、直辖市人民政府和国务院兽医主管部门应当在4小时内向国务院报告。

第十八条　重大动物疫情报告包括下列内容:

(一)疫情发生的时间、地点;

(二)染疫、疑似染疫动物种类和数量、同群动物数量、免疫情况、死亡数量、临床症状、病理变化、诊断情况;

(三)流行病学和疫源追踪情况;

(四)已采取的控制措施;

(五)疫情报告的单位、负责人、报告人及联系方式。

第十九条　重大动物疫情由省、自治区、直辖市人民政府兽医主管部门认定;必要时,由国务院兽医主管部门认定。

第二十条　重大动物疫情由国务院兽医主管部门按照国家规定的程序,及时准确公布;其他任何单位和个人不得公布重大动物疫情。

第二十一条　重大动物疫病应当由动物防疫监督机构采集病料。其他单位和个人采集病料的,应当具备以下条件:

(一)重大动物疫病病料采集目的、病原微生物的用途应当符合国务院兽医主管部门的规定；

（二）具有与采集病料相适应的动物病原微生物实验室条件；

（三）具有与采集病料所需要的生物安全防护水平相适应的设备，以及防止病原感染和扩散的有效措施。

从事重大动物疫病病原分离的，应当遵守国家有关生物安全管理规定，防止病原扩散。

第二十二条　国务院兽医主管部门应当及时向国务院有关部门和军队有关部门以及各省、自治区、直辖市人民政府兽医主管部门通报重大动物疫情的发生和处理情况。

第二十三条　发生重大动物疫情可能感染人群时，卫生主管部门应当对疫区内易感染的人群进行监测，并采取相应的预防、控制措施。卫生主管部门和兽医主管部门应当及时相互通报情况。

第二十四条　有关单位和个人对重大动物疫情不得瞒报、谎报、迟报，不得授意他人瞒报、谎报、迟报，不得阻碍他人报告。

第二十五条　在重大动物疫情报告期间，有关动物防疫监督机构应当立即采取临时隔离控制措施；必要时，当地县级以上地方人民政府可以作出封锁决定并采取扑杀、销毁等措施。有关单位和个人应当执行。

第四章　应 急 处 理

第二十六条　重大动物疫情发生后，国务院和有关地方人民政府设立的重大动物疫情应急指挥部统一领导、指挥重大动物疫情应急工作。

第二十七条　重大动物疫情发生后，县级以上地方人民政府兽医主管部门应当立即划定疫点、疫区和受威胁区，调查疫源，向本级人民政府提出启动重大动物疫情应急指挥系统、应急预案和对疫区实行封锁的建议，有关人民政府应当立即作出决定。

疫点、疫区和受威胁区的范围应当按照不同动物疫病病种及其流行特点和危害程度划定，具体划定标准由国务院兽医主管部门制定。

第二十八条　国家对重大动物疫情应急处理实行分级管理，按照应急预案确定的疫情等级，由有关人民政府采取相应的应急控制措施。

第二十九条　对疫点应当采取下列措施：

（一）扑杀并销毁染疫动物和易感染的动物及其产品；

（二）对病死的动物、动物排泄物、被污染饲料、垫料、污水进行无害化处理；

（三）对被污染的物品、用具、动物圈舍、场地进行严格消毒。

第三十条　对疫区应当采取下列措施：

（一）在疫区周围设置警示标志，在出入疫区的交通路口设置临时动物检疫消毒站，对出入的人员和车辆进行消毒；

（二）扑杀并销毁染疫和疑似染疫动物及其同群动物，销毁染疫和疑似染疫的动物产品，对其他易感染的动物实行圈养或者在指定地点放养，役用动物限制在疫区内使役；

（三）对易感染的动物进行监测，并按照国务院兽医主管部门的规定实施紧急免疫接种，必要时对易感染的动物进行扑杀；

（四）关闭动物及动物产品交易市场，禁止动物进出疫区和动物产品运出疫区；

（五）对动物圈舍、动物排泄物、垫料、污水和其他可能受污染的物品、场地，进行消毒或者无害化处理。

第三十一条　对受威胁区应当采取下列措施：

（一）对易感染的动物进行监测；

（二）对易感染的动物根据需要实施紧急免疫接种。

第三十二条　重大动物疫情应急处理中设置临时动物检疫消毒站以及采取隔离、扑杀、销毁、消毒、紧急免疫接种等控制、扑灭措施的，由有关重大动物疫情应急指挥部决定，有关单位和个人必须服从；拒不服从的，由公安机关协助执行。

第三十三条　国家对疫区、受威胁区内易感染的动物免费实施紧急免疫接种；对因采取扑杀、销毁等措施给当事人造成的已经证实的损失，给予合理补偿。紧急免疫接种和补偿所需费用，由中央财政和地方财政分担。

第三十四条　重大动物疫情应急指挥部根据应急处理需要，有权紧急调集人员、物资、运输工具以及相关设施、设备。

单位和个人的物资、运输工具以及相关设施、设备被征集使用的，有关人民政府应当及时归还并给予合理补偿。

第三十五条　重大动物疫情发生后，县级以上人民政府兽医主管部门应当及时提出疫点、疫区、受威胁区的处理方案，加强疫情监测、流行病学调查、疫源追踪工作，对染疫和疑似染疫动物及其同群动物和其他易感染动物的扑杀、销毁进行技术指导，并组织实施检验检疫、消毒、无害化处理和紧急免疫接种。

第三十六条　重大动物疫情应急处理中，县级以上人民政府有关部门应当在各自的职责范围内，做好重大动物疫情应急所需的物资紧急调度和运输、应急经费安排、疫区群众救济、人的疫病防治、肉食品供应、动物及其产品市场监管、出入境检验检疫和社会治安维护等工作。

中国人民解放军、中国人民武装警察部队应当支持配合驻地人民政府做好重大动物疫情的应急工作。

第三十七条　重大动物疫情应急处理中，乡镇人民政府、村民委员会、居民委员会应当组织力量，向村民、居民宣传动物疫病防治的相关知识，协助做好疫情信息的收集、报告和各项应急处理措施的落实工作。

第三十八条　重大动物疫情发生地的人民政府和毗邻地区的人民政府应当通力合

作,相互配合,做好重大动物疫情的控制、扑灭工作。

第三十九条 有关人民政府及其有关部门对参加重大动物疫情应急处理的人员,应当采取必要的卫生防护和技术指导等措施。

第四十条 自疫区内最后一头(只)发病动物及其同群动物处理完毕起,经过一个潜伏期以上的监测,未出现新的病例的,彻底消毒后,经上一级动物防疫监督机构验收合格,由原发布封锁令的人民政府宣布解除封锁,撤销疫区;由原批准机关撤销在该疫区设立的临时动物检疫消毒站。

第四十一条 县级以上人民政府应当将重大动物疫情确认、疫区封锁、扑杀及其补偿、消毒、无害化处理、疫源追踪、疫情监测以及应急物资储备等应急经费列入本级财政预算。

第五章 法 律 责 任

第四十二条 违反本条例规定,兽医主管部门及其所属的动物防疫监督机构有下列行为之一的,由本级人民政府或者上级人民政府有关部门责令立即改正、通报批评、给予警告;对主要负责人、负有责任的主管人员和其他责任人员,依法给予记大过、降级、撤职直至开除的行政处分;构成犯罪的,依法追究刑事责任:

(一)不履行疫情报告职责,瞒报、谎报、迟报或者授意他人瞒报、谎报、迟报,阻碍他人报告重大动物疫情的;

(二)在重大动物疫情报告期间,不采取临时隔离控制措施,导致动物疫情扩散的;

(三)不及时划定疫点、疫区和受威胁区,不及时向本级人民政府提出应急处理建议,或者不按照规定对疫点、疫区和受威胁区采取预防、控制、扑灭措施的;

(四)不向本级人民政府提出启动应急指挥系统、应急预案和对疫区的封锁建议的;

(五)对动物扑杀、销毁不进行技术指导或者指导不力,或者不组织实施检验检疫、消毒、无害化处理和紧急免疫接种的;

(六)其他不履行本条例规定的职责,导致动物疫病传播、流行,或者对养殖业生产安全和公众身体健康与生命安全造成严重危害的。

第四十三条 违反本条例规定,县级以上人民政府有关部门不履行应急处理职责,不执行对疫点、疫区和受威胁区采取的措施,或者对上级人民政府有关部门的疫情调查不予配合或者阻碍、拒绝的,由本级人民政府或者上级人民政府有关部门责令立即改正、通报批评、给予警告;对主要负责人、负有责任的主管人员和其他责任人员,依法给予记大过、降级、撤职直至开除的行政处分;构成犯罪的,依法追究刑事责任。

第四十四条 违反本条例规定,有关地方人民政府阻碍报告重大动物疫情,不履行应急处理职责，不按照规定对疫点、疫区和受威胁区采取预防、控制、扑灭措施，或者对上级人民政府有关部门的疫情调查不予配合或者阻碍、拒绝的，由上级人民政府责令立即改正、通报批评、给予警告；对政府主要领导人依法给予记大过、降级、撤职直至开除的行政处分；构成犯罪的，依法追究刑事责任。

第四十五条 截留、挪用重大动物疫情应急经费，或者侵占、挪用应急储备物资的，按照《财政违法行为处罚处分条例》的规定处理；构成犯罪的，依法追究刑事责任。

第四十六条 违反本条例规定，拒绝、阻碍动物防疫监督机构进行重大动物疫情监测，或者发现动物出现群体发病或者死亡，不向当地动物防疫监督机构报告的，由动物防疫监督机构给予警告，并处2000元以上5000元以下的罚款；构成犯罪的，依法追究刑事责任。

第四十七条 违反本条例规定，不符合相应条件采集重大动物疫病病料，或者在重大动物疫病病原分离时不遵守国家有关生物安全管理规定的，由动物防疫监督机构给予警告，并处5000元以下的罚款；构成犯罪的，依法追究刑事责任。

第四十八条 在重大动物疫情发生期间，哄抬物价、欺骗消费者，散布谣言、扰乱社会秩序和市场秩序的，由价格主管部门、工商行政管理部门或者公安机关依法给予行政处罚；构成犯罪的，依法追究刑事责任。

第六章 附　　则

第四十九条 本条例自公布之日起施行。

国家突发重大动物疫情应急预案

2006年2月27日国务院发布

1 总　　则

1.1 编制目的

及时、有效地预防、控制和扑灭突发重大动物疫情，最大程度地减轻突发重大动物疫情对畜牧业及公众健康造成的危害，保持经济持续稳定健康发展，保障人民身体健康安全。

1.2 编制依据

依据《中华人民共和国动物防疫法》、《中华人民共和国进出境动植物检疫法》和《国家突发公共事件总体应急预案》，制定本预案。

1.3 突发重大动物疫情分级

根据突发重大动物疫情的性质、危害程度、涉及范围，将突发重大动物疫情划分为特别重大（Ⅰ级）、重大（Ⅱ级）、较大（Ⅲ级）和一般（Ⅳ级）四级。

1.4 适用范围

本预案适用于突然发生，造成或者可能造成畜牧业生产严重损失和社会公众健康严重损害的重大动物疫情的应急处理工作。

1.5 工作原则

(1)统一领导，分级管理。各级人民政府统一领导和指挥突发重大动物疫情应急处理工作；疫情应急处理工作实行属地管理；地方各级人民政府负责扑灭本行政区域内的突发重大动物疫情，各有关部门按照预案规定，在各自的职责范围内做好疫情应急处理的有关工作。根据突发重大动物疫情的范围、性质和危害程度，对突发重大动物疫情实行分级管理。

(2)快速反应，高效运转。各级人民政府和兽医行政管理部门要依照有关法律、法规，建立和完善突发重大动物疫情应急体系、应急反应机制和应急处置制度，提高突发重大动物疫情应急处理能力；发生突发重大动物疫情时，各级人民政府要迅速作出反应，采取果断措施，及时控制和扑灭突发重大动物疫情。

(3)预防为主，群防群控。贯彻预防为主的方针，加强防疫知识的宣传，提高全社会防范突发重大动物疫情的意识；落实各项防范措施，做好人员、技术、物资和设备的应急储备工作，并根据需要定期开展技术培训和应急演练；开展疫情监测和预警预报，对各类可能引发突发重大动物疫情的情况要及时分析、预警，做到疫情早发现、快行动、严处理。突发重大动物疫情应急处理工作要依靠群众，全民防疫，动员一切资源，做到群防群控。

2 应急组织体系及职责

2.1 应急指挥机构

农业部在国务院统一领导下，负责组织、协调全国突发重大动物疫情应急处理工作。

县级以上地方人民政府兽医行政管理部门在本级人民政府统一领导下，负责组织、协调本行政区域内突发重大动物疫情应急处理工作。

国务院和县级以上地方人民政府根据本级人民政府兽医行政管理部门的建议和实际工作需要，决定是否成立全国和地方应急指挥部。

2.1.1 全国突发重大动物疫情应急指挥部的职责

国务院主管领导担任全国突发重大动物疫情应急指挥部总指挥，国务院办公厅负责同志、农业部部长担任副总指挥，全国突发重大动物疫情应急指挥部负责对特别重大突发动物疫情应急处理的统一领导、统一指挥，作出处理突发重大动物疫情的重大决策。指挥部成员单位根据突发重大动物疫情的性质和应急处理的需要确定。

指挥部下设办公室，设在农业部。负责按照指挥部要求，具体制定防治政策，部署扑灭重大动物疫情工作,并督促各地各有关部门按要求落实各项防治措施。

2.1.2　省级突发重大动物疫情应急指挥部的职责

省级突发重大动物疫情应急指挥部由省级人民政府有关部门组成,省级人民政府主管领导担任总指挥。省级突发重大动物疫情应急指挥部统一负责对本行政区域内突发重大动物疫情应急处理的指挥,作出处理本行政区域内突发重大动物疫情的决策,决定要采取的措施。

2.2　日常管理机构

农业部负责全国突发重大动物疫情应急处理的日常管理工作。

省级人民政府兽医行政管理部门负责本行政区域内突发重大动物疫情应急的协调、管理工作。

市(地)级、县级人民政府兽医行政管理部门负责本行政区域内突发重大动物疫情应急处置的日常管理工作。

2.3　专家委员会

农业部和省级人民政府兽医行政管理部门组建突发重大动物疫情专家委员会。

市(地)级和县级人民政府兽医行政管理部门可根据需要,组建突发重大动物疫情应急处理专家委员会。

2.4　应急处理机构

2.4.1　动物防疫监督机构:主要负责突发重大动物疫情报告,现场流行病学调查,开展现场临床诊断和实验室检测,加强疫病监测,对封锁、隔离、紧急免疫、扑杀、无害化处理、消毒等措施的实施进行指导、落实和监督。

2.4.2　出入境检验检疫机构:负责加强对出入境动物及动物产品的检验检疫、疫情报告、消毒处理、流行病学调查和宣传教育等。

3　突发重大动物疫情的监测、预警与报告

3.1　监测

国家建立突发重大动物疫情监测、报告网络体系。农业部和地方各级人民政府兽医行政管理部门要加强对监测工作的管理和监督,保证监测质量。

3.2　预警

各级人民政府兽医行政管理部门根据动物防疫监督机构提供的监测信息,按照重大动物疫情的发生、发展规律和特点,分析其危害程度、可能的发展趋势,及时做出相应级别的预警,依次用红色、橙色、黄色和蓝色表示特别严重、严重、较重和一般四个预警级别。

3.3　报告

任何单位和个人有权向各级人民政府及其有关部门报告突发重大动物疫情及其隐患,有权向上级政府部门举报不履行或者不按照规定履行突发重大动物疫情应急处理职责的部门、单位及个人。

3.3.1 责任报告单位和责任报告人
（1）责任报告单位
a. 县级以上地方人民政府所属动物防疫监督机构；
b. 各动物疫病国家参考实验室和相关科研院校；
c. 出入境检验检疫机构；
d. 兽医行政管理部门；
e. 县级以上地方人民政府；
f. 有关动物饲养、经营和动物产品生产、经营的单位，各类动物诊疗机构等相关单位。
（2）责任报告人
执行职务的各级动物防疫监督机构、出入境检验检疫机构的兽医人员；各类动物诊疗机构的兽医；饲养、经营动物和生产、经营动物产品的人员。

3.3.2 报告形式
各级动物防疫监督机构应按国家有关规定报告疫情；其他责任报告单位和个人以电话或书面形式报告。

3.3.3 报告时限和程序
发现可疑动物疫情时，必须立即向当地县（市）动物防疫监督机构报告。县（市）动物防疫监督机构接到报告后，应当立即赶赴现场诊断，必要时可请省级动物防疫监督机构派人协助进行诊断，认定为疑似重大动物疫情的，应当在2小时内将疫情逐级报至省级动物防疫监督机构，并同时报所在地人民政府兽医行政管理部门。省级动物防疫监督机构应当在接到报告后1小时内，向省级兽医行政管理部门和农业部报告。省级兽医行政管理部门应当在接到报告后的1小时内报省级人民政府。特别重大、重大动物疫情发生后，省级人民政府、农业部应当在4小时内向国务院报告。

认定为疑似重大动物疫情的应立即按要求采集病料样品送省级动物防疫监督机构实验室确诊，省级动物防疫监督机构不能确诊的，送国家参考实验室确诊。确诊结果应立即报农业部，并抄送省级兽医行政管理部门。

3.3.4 报告内容
疫情发生的时间、地点、发病的动物种类和品种、动物来源、临床症状、发病数量、死亡数量、是否有人员感染、已采取的控制措施、疫情报告的单位和个人、联系方式等。

4 突发重大动物疫情的应急响应和终止

4.1 应急响应的原则
发生突发重大动物疫情时，事发地的县级、市（地）级、省级人民政府及其有关部门按照分级响应的原则作出应急响应。同时，要遵循突发重大动物疫情发生发展的客观规律,结合实际情况和预防控制工作的需要,及时调整预警和响应级别。要根据不同动物疫病的性质和特点,注重分析疫情的发展趋势,对势态和影响不断扩大的疫情,应及时升级预警和响应级别;对范围局限、不会进一步扩散的疫情,应相应降低响应级别,及时撤销预警。

突发重大动物疫情应急处理要采取边调查、边处理、边核实的方式,有效控制疫情发展。

未发生突发重大动物疫情的地方,当地人民政府兽医行政管理部门接到疫情通报后,要组织做好人员、物资等应急准备工作,采取必要的预防控制措施,防止突发重大动物疫情在本行政区域内发生,并服从上一级人民政府兽医行政管理部门的统一指挥,支援突发重大动物疫情发生地的应急处理工作。

4.2 应急响应

4.2.1 特别重大突发动物疫情(Ⅰ级)的应急响应

确认特别重大突发动物疫情后,按程序启动本预案。

(1)县级以上地方各级人民政府

a.组织协调有关部门参与突发重大动物疫情的处理。

b.根据突发重大动物疫情处理需要,调集本行政区域内各类人员、物资、交通工具和相关设施、设备参加应急处理工作。

c.发布封锁令,对疫区实施封锁。

d.在本行政区域内采取限制或者停止动物及动物产品交易、扑杀染疫或相关动物,临时征用房屋、场所、交通工具;封闭被动物疫病病原体污染的公共饮用水源等紧急措施。

e.组织铁路、交通、民航、质检等部门依法在交通站点设置临时动物防疫监督检查站,对进出疫区、出入境的交通工具进行检查和消毒。

f.按国家规定做好信息发布工作。

g.组织乡镇、街道、社区以及居委会、村委会,开展群防群控。

h.组织有关部门保障商品供应,平抑物价,严厉打击造谣传谣、制假售假等违法犯罪和扰乱社会治安的行为,维护社会稳定。

必要时,可请求中央予以支持,保证应急处理工作顺利进行。

(2)兽医行政管理部门

a.组织动物防疫监督机构开展突发重大动物疫情的调查与处理;划定疫点、疫区、受威胁区。

b.组织突发重大动物疫情专家委员会对突发重大动物疫情进行评估,提出启动突发重大动物疫情应急响应的级别。

c.根据需要组织开展紧急免疫和预防用药。

d.县级以上人民政府兽医行政管理部门负责对本行政区域内应急处理工作的督导和检查。

e. 对新发现的动物疫病,及时按照国家规定,开展有关技术标准和规范的培训工作。

f. 有针对性地开展动物防疫知识宣教,提高群众防控意识和自我防护能力。

g. 组织专家对突发重大动物疫情的处理情况进行综合评估。

(3) 动物防疫监督机构

a. 县级以上动物防疫监督机构做好突发重大动物疫情的信息收集、报告与分析工作。

b. 组织疫病诊断和流行病学调查。

c. 按规定采集病料,送省级实验室或国家参考实验室确诊。

d. 承担突发重大动物疫情应急处理人员的技术培训。

(4) 出入境检验检疫机构

a. 境外发生重大动物疫情时,会同有关部门停止从疫区国家或地区输入相关动物及其产品;加强对来自疫区运输工具的检疫和防疫消毒;参与打击非法走私入境动物或动物产品等违法活动。

b. 境内发生重大动物疫情时,加强出口货物的查验,会同有关部门停止疫区和受威胁区的相关动物及其产品的出口;暂停使用位于疫区内的依法设立的出入境相关动物临时隔离检疫场。

c. 出入境检验检疫工作中发现重大动物疫情或者疑似重大动物疫情时,立即向当地兽医行政管理部门报告,并协助当地动物防疫监督机构做好疫情控制和扑灭工作。

4.2.2　重大突发动物疫情(Ⅱ级)的应急响应

确认重大突发动物疫情后,按程序启动省级疫情应急响应机制。

(1) 省级人民政府

省级人民政府根据省级人民政府兽医行政管理部门的建议,启动应急预案,统一领导和指挥本行政区域内突发重大动物疫情应急处理工作。组织有关部门和人员扑疫;紧急调集各种应急处理物资、交通工具和相关设施设备;发布或督导发布封锁令,对疫区实施封锁;依法设置临时动物防疫监督检查站查堵疫源;限制或停止动物及动物产品交易、扑杀染疫或相关动物;封锁被动物疫源污染的公共饮用水源等;按国家规定做好信息发布工作;组织乡镇、街道、社区及居委会、村委会,开展群防群控;组织有关部门保障商品供应,平抑物价,维护社会稳定。必要时,可请求中央予以支持,保证应急处理工作顺利进行。

(2) 省级人民政府兽医行政管理部门

重大突发动物疫情确认后,向农业部报告疫情。必要时,提出省级人民政府启动应急预案的建议。同时,迅速组织有关单位开展疫情应急处置工作。组织开展突发重大动物疫情的调查与处理;划定疫点、疫区、受威胁区;组织对突发重大动物疫情应急处理的评估;负责对本行政区域内应急处理工作的督导和检查;开展有关技术培训工作;有针对性地开展动物防疫知识宣教,提高群众防控意识和自我防护能力。

(3)省级以下地方人民政府

疫情发生地人民政府及有关部门在省级人民政府或省级突发重大动物疫情应急指挥部的统一指挥下,按照要求认真履行职责,落实有关控制措施。具体组织实施突发重大动物疫情应急处理工作。

(4)农业部

加强对省级兽医行政管理部门应急处理突发重大动物疫情工作的督导,根据需要组织有关专家协助疫情应急处置;并及时向有关省份通报情况。必要时,建议国务院协调有关部门给予必要的技术和物资支持。

4.2.3 较大突发动物疫情(Ⅲ级)的应急响应

(1)市(地)级人民政府

市(地)级人民政府根据本级人民政府兽医行政管理部门的建议,启动应急预案,采取相应的综合应急措施。必要时,可向上级人民政府申请资金、物资和技术援助。

(2)市(地)级人民政府兽医行政管理部门

对较大突发动物疫情进行确认,并按照规定向当地人民政府、省级兽医行政管理部门和农业部报告调查处理情况。

(3)省级人民政府兽医行政管理部门

省级兽医行政管理部门要加强对疫情发生地疫情应急处理工作的督导,及时组织专家对地方疫情应急处理工作提供技术指导和支持,并向本省有关地区发出通报,及时采取预防控制措施,防止疫情扩散蔓延。

4.2.4 一般突发动物疫情(Ⅳ级)的应急响应

县级地方人民政府根据本级人民政府兽医行政管理部门的建议,启动应急预案,组织有关部门开展疫情应急处置工作。

县级人民政府兽医行政管理部门对一般突发重大动物疫情进行确认,并按照规定向本级人民政府和上一级兽医行政管理部门报告。

市(地)级人民政府兽医行政管理部门应组织专家对疫情应急处理进行技术指导。

省级人民政府兽医行政管理部门应根据需要提供技术支持。

4.2.5 非突发重大动物疫情发生地区的应急响应

应根据发生疫情地区的疫情性质、特点、发生区域和发展趋势,分析本地区受波及的可能性和程度,重点做好以下工作:

(1)密切保持与疫情发生地的联系,及时获取相关信息。

(2)组织做好本区域应急处理所需的人员与物资准备。

(3)开展对养殖、运输、屠宰和市场环节的动物疫情监测和防控工作,防止疫病的发生、传入和扩散。

(4) 开展动物防疫知识宣传,提高公众防护能力和意识。

(5) 按规定做好公路、铁路、航空、水运交通的检疫监督工作。

4.3 应急处理人员的安全防护

要确保参与疫情应急处理人员的安全。针对不同的重大动物疫病,特别是一些重大人畜共患病,应急处理人员还应采取特殊的防护措施。

4.4 突发重大动物疫情应急响应的终止

突发重大动物疫情应急响应的终止需符合以下条件:疫区内所有的动物及其产品按规定处理后,经过该疫病的至少一个最长潜伏期无新的病例出现。

特别重大突发动物疫情由农业部对疫情控制情况进行评估,提出终止应急措施的建议,按程序报批宣布。

重大突发动物疫情由省级人民政府兽医行政管理部门对疫情控制情况进行评估,提出终止应急措施的建议,按程序报批宣布,并向农业部报告。

较大突发动物疫情由市(地)级人民政府兽医行政管理部门对疫情控制情况进行评估,提出终止应急措施的建议,按程序报批宣布,并向省级人民政府兽医行政管理部门报告。

一般突发动物疫情,由县级人民政府兽医行政管理部门对疫情控制情况进行评估,提出终止应急措施的建议,按程序报批宣布,并向上一级和省级人民政府兽医行政管理部门报告。

上级人民政府兽医行政管理部门及时组织专家对突发重大动物疫情应急措施终止的评估提供技术指导和支持。

5 善 后 处 理

5.1 后期评估

突发重大动物疫情扑灭后,各级兽医行政管理部门应在本级政府的领导下,组织有关人员对突发重大动物疫情的处理情况进行评估,提出改进建议和应对措施。

5.2 奖励

县级以上人民政府对参加突发重大动物疫情应急处理作出贡献的先进集体和个人,进行表彰;对在突发重大动物疫情应急处理工作中英勇献身的人员,按有关规定追认为烈士。

5.3 责任

对在突发重大动物疫情的预防、报告、调查、控制和处理过程中,有玩忽职守、失职、渎职等违纪违法行为的,依据有关法律法规追究当事人的责任。

5.4 灾害补偿

按照各种重大动物疫病灾害补偿的规定,确定数额等级标准,按程序进行补偿。

5.5 抚恤和补助

地方各级人民政府要组织有关部门对因参与应急处理工作致病、致残、死亡的人员，按照国家有关规定，给予相应的补助和抚恤。

5.6 恢复生产

突发重大动物疫情扑灭后，取消贸易限制及流通控制等限制性措施。根据各种重大动物疫病的特点，对疫点和疫区进行持续监测，符合要求的，方可重新引进动物，恢复畜牧业生产。

5.7 社会救助

发生重大动物疫情后，国务院民政部门应按《中华人民共和国公益事业捐赠法》和《救灾救济捐赠管理暂行办法》及国家有关政策规定，做好社会各界向疫区提供的救援物资及资金的接收，分配和使用工作。

6 突发重大动物疫情应急处置的保障

突发重大动物疫情发生后，县级以上地方人民政府应积极协调有关部门，做好突发重大动物疫情处理的应急保障工作。

6.1 通信与信息保障

县级以上指挥部应将车载电台、对讲机等通讯工具纳入紧急防疫物资储备范畴，按照规定做好储备保养工作。

根据国家有关法规对紧急情况下的电话、电报、传真、通讯频率等予以优先待遇。

6.2 应急资源与装备保障

6.2.1 应急队伍保障

县级以上各级人民政府要建立突发重大动物疫情应急处理预备队伍，具体实施扑杀、消毒、无害化处理等疫情处理工作。

6.2.2 交通运输保障

运输部门要优先安排紧急防疫物资的调运。

6.2.3 医疗卫生保障

卫生部门负责开展重大动物疫病（人畜共患病）的人间监测，作好有关预防保障工作。各级兽医行政管理部门在做好疫情处理的同时应及时通报疫情，积极配合卫生部门开展工作。

6.2.4 治安保障

公安部门、武警部队要协助做好疫区封锁和强制扑杀工作，做好疫区安全保卫和社会治安管理。

6.2.5 物资保障

各级兽医行政管理部门应按照计划建立紧急防疫物资储备库，储备足够的药品、疫苗、诊断试剂、器械、防护用品、交通及通信工具等。

6.2.6 经费保障

各级财政部门为突发重大动物疫病防治工作提供合理而充足的资金保障。

各级财政在保证防疫经费及时、足额到位的同时,要加强对防疫经费使用的管理和监督。

各级政府应积极通过国际、国内等多渠道筹集资金,用于突发重大动物疫情应急处理工作。

6.3 技术储备与保障

建立重大动物疫病防治专家委员会,负责疫病防控策略和方法的咨询,参与防控技术方案的策划、制定和执行。

设置重大动物疫病的国家参考实验室,开展动物疫病诊断技术、防治药物、疫苗等的研究,作好技术和相关储备工作。

6.4 培训和演习

各级兽医行政管理部门要对重大动物疫情处理预备队成员进行系统培训。

在没有发生突发重大动物疫情状态下,农业部每年要有计划地选择部分地区举行演练,确保预备队扑灭疫情的应急能力。地方政府可根据资金和实际需要的情况,组织训练。

6.5 社会公众的宣传教育

县级以上地方人民政府应组织有关部门利用广播、影视、报刊、互联网、手册等多种形式对社会公众广泛开展突发重大动物疫情应急知识的普及教育,宣传动物防疫科普知识,指导群众以科学的行为和方式对待突发重大动物疫情。要充分发挥有关社会团体在普及动物防疫应急知识、科普知识方面的作用。

7 各类具体工作预案的制定

农业部应根据本预案,制定各种不同重大动物疫病应急预案,并根据形势发展要求,及时进行修订。

国务院有关部门根据本预案的规定,制定本部门职责范围内的具体工作方案。

县级以上地方人民政府根据有关法律法规的规定,参照本预案并结合本地区实际情况,组织制定本地区突发重大动物疫情应急预案。

8 附 则

8.1 名词术语和缩写语的定义与说明

重大动物疫情:是指陆生、水生动物突然发生重大疫病,且迅速传播,导致动物发病率或者死亡率高,给养殖业生产安全造成严重危害,或者可能对人民身体健康与生命安全造成危害的,具有重要经济社会影响和公共卫生意义。

我国尚未发现的动物疫病:是指疯牛病、非洲猪瘟、非洲马瘟等在其他国家和地区已经发现,在我国尚未发生过的动物疫病。

我国已消灭的动物疫病:是指牛瘟、牛肺疫等在我国曾发生过,但已扑灭净化的动物疫病。

暴发:是指一定区域,短时间内发生波及范围广泛、出现大量患病动物或死亡病例,其发病率远远超过常年的发病水平。

疫点:患病动物所在的地点划定为疫点,疫点一般是指患病禽类所在的禽场(户)或其他有关屠宰、经营单位。

疫区:以疫点为中心的一定范围内的区域划定为疫区,疫区划分时注意考虑当地的饲养环境、天然屏障(如河流、山脉)和交通等因素。

受威胁区:疫区外一定范围内的区域划定为受威胁区。

本预案有关数量的表述中,"以上"含本数,"以下"不含本数。

8.2 预案管理与更新

预案要定期评审,并根据突发重大动物疫情的形势变化和实施中发现的问题及时进行修订。

8.3 预案实施时间

本预案自印发之日起实施。

六、通讯应急管理

中华人民共和国电信条例

1. 2000 年 9 月 25 日国务院令第 291 号公布
2. 根据 2014 年 7 月 29 日国务院令第 653 号《关于修改部分行政法规的决定》第一次修订
3. 根据 2016 年 2 月 6 日国务院令第 666 号《关于修改部分行政法规的决定》第二次修订

第一章 总 则

第一条 为了规范电信市场秩序，维护电信用户和电信业务经营者的合法权益，保障电信网络和信息的安全，促进电信业的健康发展，制定本条例。

第二条 在中华人民共和国境内从事电信活动或者与电信有关的活动，必须遵守本条例。

本条例所称电信，是指利用有线、无线的电磁系统或者光电系统，传送、发射或者接收语音、文字、数据、图像以及其他任何形式信息的活动。

第三条 国务院信息产业主管部门依照本条例的规定对全国电信业实施监督管理。

省、自治区、直辖市电信管理机构在国务院信息产业主管部门的领导下，依照本条例的规定对本行政区域内的电信业实施监督管理。

第四条 电信监督管理遵循政企分开、破除垄断、鼓励竞争、促进发展和公开、公平、公正的原则。

电信业务经营者应当依法经营，遵守商业道德，接受依法实施的监督检查。

第五条 电信业务经营者应当为电信用户提供迅速、准确、安全、方便和价格合理的电信服务。

第六条 电信网络和信息的安全受法律保护。任何组织或者个人不得利用电信网络从事危害国家安全、社会公共利益或者他人合法权益的活动。

第二章 电信市场

第一节 电信业务许可

第七条 国家对电信业务经营按照电信业务分类，实行许可制度。

经营电信业务，必须依照本条例的规定取得国务院信息产业主管部门或者省、自治区、直辖市电信管理机构颁发的电信业务经营许可证。

未取得电信业务经营许可证,任何组织或者个人不得从事电信业务经营活动。

第八条 电信业务分为基础电信业务和增值电信业务。

基础电信业务,是指提供公共网络基础设施、公共数据传送和基本话音通信服务的业务。增值电信业务,是指利用公共网络基础设施提供的电信与信息服务的业务。

电信业务分类的具体划分在本条例所附的《电信业务分类目录》中列出。国务院信息产业主管部门根据实际情况,可以对目录所列电信业务分类项目作局部调整,重新公布。

第九条 经营基础电信业务,须经国务院信息产业主管部门审查批准,取得《基础电信业务经营许可证》。

经营增值电信业务,业务覆盖范围在两个以上省、自治区、直辖市的,须经国务院信息产业主管部门审查批准,取得《跨地区增值电信业务经营许可证》;业务覆盖范围在一个省、自治区、直辖市行政区域内的,须经省、自治区、直辖市电信管理机构审查批准,取得《增值电信业务经营许可证》。

运用新技术试办《电信业务分类目录》未列出的新型电信业务的,应当向省、自治区、直辖市电信管理机构备案。

第十条 经营基础电信业务,应当具备下列条件:

(一)经营者为依法设立的专门从事基础电信业务的公司,且公司中国有股权或者股份不少于51%;

(二)有可行性研究报告和组网技术方案;

(三)有与从事经营活动相适应的资金和专业人员;

(四)有从事经营活动的场地及相应的资源;

(五)有为用户提供长期服务的信誉或者能力;

(六)国家规定的其他条件。

第十一条 申请经营基础电信业务,应当向国务院信息产业主管部门提出申请,并提交本条例第十条规定的相关文件。国务院信息产业主管部门应当自受理申请之日起180日内审查完毕,作出批准或者不予批准的决定。予以批准的,颁发《基础电信业务经营许可证》;不予批准的,应当书面通知申请人并说明理由。

第十二条 国务院信息产业主管部门审查经营基础电信业务的申请时,应当考虑国家安全、电信网络安全、电信资源可持续利用、环境保护和电信市场的竞争状况等因素。

颁发《基础电信业务经营许可证》,应当按照国家有关规定采用招标方式。

第十三条 经营增值电信业务,应当具备下列条件:

(一)经营者为依法设立的公司;

(二)有与开展经营活动相适应的资金和专业人员;

（三）有为用户提供长期服务的信誉或者能力；

（四）国家规定的其他条件。

第十四条 申请经营增值电信业务，应当根据本条例第九条第二款的规定，向国务院信息产业主管部门或者省、自治区、直辖市电信管理机构提出申请，并提交本条例第十三条规定的相关文件。申请经营的增值电信业务，按照国家有关规定须经有关主管部门审批的，还应当提交有关主管部门审核同意的文件。国务院信息产业主管部门或者省、自治区、直辖市电信管理机构应当自收到申请之日起60日内审查完毕，作出批准或者不予批准的决定。予以批准的，颁发《跨地区增值电信业务经营许可证》或者《增值电信业务经营许可证》；不予批准的，应当书面通知申请人并说明理由。

第十五条 电信业务经营者在经营过程中，变更经营主体、业务范围或者停止经营的，应当提前90日向原颁发许可证的机关提出申请，并办理相应手续；停止经营的，还应当按照国家有关规定做好善后工作。

第十六条 专用电信网运营单位在所在地区经营电信业务的，应当依照本条例规定的条件和程序提出申请，经批准，取得电信业务经营许可证。

第二节　电信网间互联

第十七条 电信网之间应当按照技术可行、经济合理、公平公正、相互配合的原则，实现互联互通。

主导的电信业务经营者不得拒绝其他电信业务经营者和专用网运营单位提出的互联互通要求。

前款所称主导的电信业务经营者，是指控制必要的基础电信设施并且在电信业务市场中占有较大份额，能够对其他电信业务经营者进入电信业务市场构成实质性影响的经营者。

主导的电信业务经营者由国务院信息产业主管部门确定。

第十八条 主导的电信业务经营者应当按照非歧视和透明化的原则，制定包括网间互联的程序、时限、非捆绑网络元素目录等内容的互联规程。互联规程应当报国务院信息产业主管部门审查同意。该互联规程对主导的电信业务经营者的互联互通活动具有约束力。

第十九条 公用电信网之间、公用电信网与专用电信网之间的网间互联，由网间互联双方按照国务院信息产业主管部门的网间互联管理规定进行互联协商，并订立网间互联协议。

第二十条 网间互联双方经协商未能达成网间互联协议的，自一方提出互联要求之日起60日内，任何一方均可以按照网间互联覆盖范围向国务院信息产业主管部门或者省、自治区、直辖市电信管理机构申请协调；收到申请的机关应当依照本条例第十七条第一款规定的原则进行协调，促使网间互联双方达成协议；自网间互联一方或者双方申请协调之日起 45 日内经协调仍不能达成协议的,由协调机关随机邀请电信技术专家和其他有关方面专家进行公开论证并提出网间互联方案。协调机关应当根据专家论证结论和提出的网间互联方案作出决定,强制实现互联互通。

第二十一条 网间互联双方必须在协议约定或者决定规定的时限内实现互联互通,遵守网间互联协议和国务院信息产业主管部门的相关规定,保障网间通信畅通,任何一方不得擅自中断互联互通。网间互联遇有通信技术障碍的,双方应当立即采取有效措施予以消除。网间互联双方在互联互通中发生争议的,依照本条例第二十条规定的程序和办法处理。

网间互联的通信质量应当符合国家有关标准。主导的电信业务经营者向其他电信业务经营者提供网间互联,服务质量不得低于本网内的同类业务及向其子公司或者分支机构提供的同类业务质量。

第二十二条 网间互联的费用结算与分摊应当执行国家有关规定,不得在规定标准之外加收费用。

网间互联的技术标准、费用结算办法和具体管理规定,由国务院信息产业主管部门制定。

第三节 电信资费

第二十三条 电信资费实行市场调节价。电信业务经营者应当统筹考虑生产经营成本、电信市场供求状况等因素,合理确定电信业务资费标准。

第二十四条 国家依法加强对电信业务经营者资费行为的监管,建立健全监管规则,维护消费者合法权益。

第二十五条 电信业务经营者应当根据国务院信息产业主管部门和省、自治区、直辖市电信管理机构的要求,提供准确、完备的业务成本数据及其他有关资料。

第四节 电信资源

第二十六条 国家对电信资源统一规划、集中管理、合理分配,实行有偿使用制度。

前款所称电信资源,是指无线电频率、卫星轨道位置、电信网码号等用于实现电信功能且有限的资源。

第二十七条 电信业务经营者占有、使用电信资源,应当缴纳电信资源费。具体收费办法由国务院信息产业主管部门会同国务院财政部门、价格主管部门制定,报国务院批准后公布施行。

第二十八条 电信资源的分配,应当考虑电信资源规划、用途和预期服务能力。

分配电信资源,可以采取指配的方式,也可以采用拍卖的方式。

取得电信资源使用权的,应当在规定的时限内启用所分配的资源,并达到规定的最低使用规模。未经国务院信息产业主管部门或者省、自治区、直辖市电信管理机构批准,不得擅自使用、转让、出租电信资源或者改变电信资源的用途。

第二十九条 电信资源使用者依法取得电信网码号资源后,主导的电信业务经营者和其他有关单位有义务采取必要的技术措施,配合电信资源使用者实现其电信网码号资源的功能。

法律、行政法规对电信资源管理另有特别规定的,从其规定。

第三章 电信服务

第三十条 电信业务经营者应当按照国家规定的电信服务标准向电信用户提供服务。电信业务经营者提供服务的种类、范围、资费标准和时限,应当向社会公布,并报省、自治区、直辖市电信管理机构备案。

电信用户有权自主选择使用依法开办的各类电信业务。

第三十一条 电信用户申请安装、移装电信终端设备的,电信业务经营者应当在其公布的时限内保证装机开通;由于电信业务经营者的原因逾期未能装机开通的,应当每日按照收取的安装费、移装费或者其他费用数额1%的比例,向电信用户支付违约金。

第三十二条 电信用户申告电信服务障碍的,电信业务经营者应当自接到申告之日起,城镇48小时、农村72小时内修复或者调通;不能按期修复或者调通的,应当及时通知电信用户,并免收障碍期间的月租费用。但是,属于电信终端设备的原因造成电信服务障碍的除外。

第三十三条 电信业务经营者应当为电信用户交费和查询提供方便。电信用户要求提供国内长途通信、国际通信、移动通信和信息服务等收费清单的,电信业务经营者应当免费提供。

电信用户出现异常的巨额电信费用时,电信业务经营者一经发现,应当尽可能迅速告知电信用户,并采取相应的措施。

前款所称巨额电信费用,是指突然出现超过电信用户此前3个月平均电信费用5倍以上的费用。

第三十四条 电信用户应当按照约定的时间和方式及时、足额地向电信业务经营者交纳电信费用;电信用户逾期不交纳电信费用的,电信业务经营者有权要求补交电信费用,并可以按照所欠费用每日加收3‰的违约金。

对超过收费约定期限30日仍不交纳电信费用的电信用户,电信业务经营者可以暂停向其提供电信服务。电信用户在电信业务经营者暂停服务60日内仍未补交电信费用和违约金的,电信业务经营者可以终止提供服务,并可以依法追缴欠费和违约金。

经营移动电信业务的经营者可以与电信用户约定交纳电信费用的期限、方式,不受前款规定期限的限制。

电信业务经营者应当在迟延交纳电信费用的电信用户补足电信费用、违约金后的48小时内,恢复暂停的电信服务。

第三十五条 电信业务经营者因工程施工、网络建设等原因,影响或者可能影响正常电信服务的,必须按照规定的时限及时告知用户,并向省、自治区、直辖市电信管理机构报告。

因前款原因中断电信服务的,电信业务经营者应当相应减免用户在电信服务中断期间的相关费用。

出现本条第一款规定的情形,电信业务经营者未及时告知用户的,应当赔偿由此给用户造成的损失。

第三十六条 经营本地电话业务和移动电话业务的电信业务经营者,应当免费向用户提供火警、匪警、医疗急救、交通事故报警等公益性电信服务并保障通信线路畅通。

第三十七条 电信业务经营者应当及时为需要通过中继线接入其电信网的集团用户,提供平等、合理的接入服务。

未经批准,电信业务经营者不得擅自中断接入服务。

第三十八条 电信业务经营者应当建立健全内部服务质量管理制度,并可以制定并公布施行高于国家规定的电信服务标准的企业标准。

电信业务经营者应当采取各种形式广泛听取电信用户意见,接受社会监督,不断提高电信服务质量。

第三十九条 电信业务经营者提供的电信服务达不到国家规定的电信服务标准或者其公布的企业标准的,或者电信用户对交纳电信费用持有异议的,电信用户有权要求电信业务经营者予以解决;电信业务经营者拒不解决或者电信用户对解决结果不满意的,电信用户有权向国务院信息产业主管部门或者省、自治区、直辖市电信管理机构或者其他有关部门申诉。收到申诉的机关必须对申诉及时处理,并自收到申诉之日起30日内向申诉者作出答复。

电信用户对交纳本地电话费用有异议的,电信业务经营者还应当应电信用户的要求免费提供本地电话收费依据,并有义务采取必要措施协助电信用户查找原因。

第四十条 电信业务经营者在电信服务中,不得有下列行为:

(一)以任何方式限定电信用户使用其指定的业务;

(二)限定电信用户购买其指定的电信终端设备或者拒绝电信用户使用自备的已经取得入网许可的电信终端设备;

(三)无正当理由拒绝、拖延或者中止对电信用户的电信服务;

(四)对电信用户不履行公开作出的承诺或者作容易引起误解的虚假宣传;

(五)以不正当手段刁难电信用户或者对投诉的电信用户打击报复。

第四十一条 电信业务经营者在电信业务经营活动中,不得有下列行为:

(一)以任何方式限制电信用户选择其他电信业务经营者依法开办的电信服务;

（二）对其经营的不同业务进行不合理的交叉补贴；

（三）以排挤竞争对手为目的，低于成本提供电信业务或者服务，进行不正当竞争。

第四十二条 国务院信息产业主管部门或者省、自治区、直辖市电信管理机构应当依据职权对电信业务经营者的电信服务质量和经营活动进行监督检查，并向社会公布监督抽查结果。

第四十三条 电信业务经营者必须按照国家有关规定履行相应的电信普遍服务义务。

国务院信息产业主管部门可以采取指定的或者招标的方式确定电信业务经营者具体承担电信普遍服务的义务。

电信普遍服务成本补偿管理办法，由国务院信息产业主管部门会同国务院财政部门、价格主管部门制定，报国务院批准后公布施行。

第四章 电 信 建 设

第一节 电信设施建设

第四十四条 公用电信网、专用电信网、广播电视传输网的建设应当接受国务院信息产业主管部门的统筹规划和行业管理。

属于全国性信息网络工程或者国家规定限额以上建设项目的公用电信网、专用电信网、广播电视传输网建设，在按照国家基本建设项目审批程序报批前，应当征得国务院信息产业主管部门同意。

基础电信建设项目应当纳入地方各级人民政府城市建设总体规划和村镇、集镇建设总体规划。

第四十五条 城市建设和村镇、集镇建设应当配套设置电信设施。建筑物内的电信管线和配线设施以及建设项目用地范围内的电信管道，应当纳入建设项目的设计文件，并随建设项目同时施工与验收。所需经费应当纳入建设项目概算。

有关单位或者部门规划、建设道路、桥梁、隧道或者地下铁道等，应当事先通知省、自治区、直辖市电信管理机构和电信业务经营者，协商预留电信管线等事宜。

第四十六条 基础电信业务经营者可以在民用建筑物上附挂电信线路或者设置小型天线、移动通信基站等公用电信设施，但是应当事先通知建筑物产权人或者使用人，并按照省、自治区、直辖市人民政府规定的标准向该建筑物的产权人或者其他权利人支付使用费。

第四十七条 建设地下、水底等隐蔽电信设施和高空电信设施，应当按照国家有关规定设置标志。

基础电信业务经营者建设海底电信缆线，应当征得国务院信息产业主管部门同意，并征求有关部门意见后，依法办理有关手续。海底电信缆线由国务院有关部门在海图上标出。

第四十八条 任何单位或者个人不得擅自改动或者迁移他人的电信线路及其他电信设施；遇有特殊情况必须改动或者迁移的，应当征得该电信设施产权人同意，由提出改动或者迁移要求的单位或者个人承担改动或者迁移所需费用，并赔偿由此造成的经济损失。

第四十九条 从事施工、生产、种植树木等活动，不得危及电信线路或者其他电信设施的安全或者妨碍线路畅通；可能危及电信安全时，应当事先通知有关电信业务经营者，并由从事该活动的单位或者个人负责采取必要的安全防护措施。

违反前款规定，损害电信线路或者其他电信设施或者妨碍线路畅通的，应当恢复原状或者予以修复，并赔偿由此造成的经济损失。

第五十条 从事电信线路建设，应当与已建的电信线路保持必要的安全距离；难以避开或者必须穿越，或者需要使用已建电信管道的，应当与已建电信线路的产权人协商，并签订协议；经协商不能达成协议的，根据不同情况，由国务院信息产业主管部门或者省、自治区、直辖市电信管理机构协调解决。

第五十一条 任何组织或者个人不得阻止或者妨碍基础电信业务经营者依法从事电信设施建设和向电信用户提供公共电信服务；但是，国家规定禁止或者限制进入的区域除外。

第五十二条 执行特殊通信、应急通信和抢修、抢险任务的电信车辆，经公安交通管理机关批准，在保障交通安全畅通的前提下可以不受各种禁止机动车通行标志的限制。

第二节　电信设备进网

第五十三条 国家对电信终端设备、无线电通信设备和涉及网间互联的设备实行进网许可制度。

接入公用电信网的电信终端设备、无线电通信设备和涉及网间互联的设备，必须符合国家规定的标准并取得进网许可证。

实行进网许可制度的电信设备目录，由国务院信息产业主管部门会同国务院产品质量监督部门制定并公布施行。

第五十四条 办理电信设备进网许可证的，应当向国务院信息产业主管部门提出申请，并附送经国务院产品质量监督部门认可的电信设备检测机构出具的检测报告或者认证机构出具的产品质量认证证书。

国务院信息产业主管部门应当自收到电信设备进网许可申请之日起 60 日内，对申请及电信设备检测报告或者产品质量认证证书审查完毕。经审查合格的，颁发进网许可证；经审查不合格的，应当书面答复并说明理由。

第五十五条 电信设备生产企业必须保证获得进网许可的电信设备的质量稳定、可靠，不得降低产品质量和性能。

电信设备生产企业应当在其生产的获得进网许可的电信设备上粘贴进网许可标志。

国务院产品质量监督部门应当会同国务院信息产业主管部门对获得进网许可证的电信设备进行质量跟踪和监督抽查，公布抽查结果。

第五章　电信安全

第五十六条　任何组织或者个人不得利用电信网络制作、复制、发布、传播含有下列内容的信息：

（一）反对宪法所确定的基本原则的；
（二）危害国家安全，泄露国家秘密，颠覆国家政权，破坏国家统一的；
（三）损害国家荣誉和利益的；
（四）煽动民族仇恨、民族歧视，破坏民族团结的；
（五）破坏国家宗教政策，宣扬邪教和封建迷信的；
（六）散布谣言，扰乱社会秩序，破坏社会稳定的；
（七）散布淫秽、色情、赌博、暴力、凶杀、恐怖或者教唆犯罪的；
（八）侮辱或者诽谤他人，侵害他人合法权益的；
（九）含有法律、行政法规禁止的其他内容的。

第五十七条　任何组织或者个人不得有下列危害电信网络安全和信息安全的行为：

（一）对电信网的功能或者存储、处理、传输的数据和应用程序进行删除或者修改；
（二）利用电信网从事窃取或者破坏他人信息、损害他人合法权益的活动；
（三）故意制作、复制、传播计算机病毒或者以其他方式攻击他人电信网络等电信设施；
（四）危害电信网络安全和信息安全的其他行为。

第五十八条　任何组织或者个人不得有下列扰乱电信市场秩序的行为：

（一）采取租用电信国际专线、私设转接设备或者其他方法，擅自经营国际或者香港特别行政区、澳门特别行政区和台湾地区电信业务；
（二）盗接他人电信线路，复制他人电信码号，使用明知是盗接、复制的电信设施或者码号；
（三）伪造、变造电话卡及其他各种电信服务有价凭证；
（四）以虚假、冒用的身份证件办理入网手续并使用移动电话。

第五十九条　电信业务经营者应当按照国家有关电信安全的规定，建立健全内部安全保障制度，实行安全保障责任制。

第六十条　电信业务经营者在电信网络的设计、建设和运行中，应当做到与国家安全和电信网络安全的需求同步规划，同步建设，同步运行。

第六十一条　在公共信息服务中，电信业务经营者发现电信网络中传输的信息明显属于本条例第五十六条所列内容的,应当立即停止传输,保存有关记录,并向国家有关机关报告。

第六十二条 使用电信网络传输信息的内容及其后果由电信用户负责。

电信用户使用电信网络传输的信息属于国家秘密信息的,必须依照保守国家秘密法的规定采取保密措施。

第六十三条 在发生重大自然灾害等紧急情况下,经国务院批准,国务院信息产业主管部门可以调用各种电信设施,确保重要通信畅通。

第六十四条 在中华人民共和国境内从事国际通信业务,必须通过国务院信息产业主管部门批准设立的国际通信出入口局进行。

我国内地与香港特别行政区、澳门特别行政区和台湾地区之间的通信,参照前款规定办理。

第六十五条 电信用户依法使用电信的自由和通信秘密受法律保护。除因国家安全或者追查刑事犯罪的需要,由公安机关、国家安全机关或者人民检察院依照法律规定的程序对电信内容进行检查外,任何组织或者个人不得以任何理由对电信内容进行检查。

电信业务经营者及其工作人员不得擅自向他人提供电信用户使用电信网络所传输信息的内容。

第六章 罚 则

第六十六条 违反本条例第五十六条、第五十七条的规定,构成犯罪的,依法追究刑事责任;尚不构成犯罪的,由公安机关、国家安全机关依照有关法律、行政法规的规定予以处罚。

第六十七条 有本条例第五十八条第(二)、(三)、(四)项所列行为之一,扰乱电信市场秩序,构成犯罪的,依法追究刑事责任;尚不构成犯罪的,由国务院信息产业主管部门或者省、自治区、直辖市电信管理机构依据职权责令改正,没收违法所得,处违法所得3倍以上5倍以下罚款;没有违法所得或者违法所得不足1万元的,处1万元以上10万元以下罚款。

第六十八条 违反本条例的规定,伪造、冒用、转让电信业务经营许可证、电信设备进网许可证或者编造在电信设备上标注的进网许可证编号的,由国务院信息产业主管部门或者省、自治区、直辖市电信管理机构依据职权没收违法所得,处违法所得3倍以上5倍以下罚款;没有违法所得或者违法所得不足1万元的,处1万元以上10万元以下罚款。

第六十九条 违反本条例规定,有下列行为之一的,由国务院信息产业主管部门或者省、自治区、直辖市电信管理机构依据职权责令改正,没收违法所得,处违法所得3倍以上5倍以下罚款;没有违法所得或者违法所得不足5万元的,处10万元以上100万元以下罚款;情节严重的,责令停业整顿:

（一）违反本条例第七条第三款的规定或者有本条例第五十八条第（一）项所列行为的，擅自经营电信业务的，或者超范围经营电信业务的；

（二）未通过国务院信息产业主管部门批准，设立国际通信出入口进行国际通信的；

（三）擅自使用、转让、出租电信资源或者改变电信资源用途的；

（四）擅自中断网间互联互通或者接入服务的；

（五）拒不履行普遍服务义务的。

第七十条 违反本条例的规定，有下列行为之一的，由国务院信息产业主管部门或者省、自治区、直辖市电信管理机构依据职权责令改正，没收违法所得，处违法所得 1 倍以上 3 倍以下罚款；没有违法所得或者违法所得不足 1 万元的，处 1 万元以上 10 万元以下罚款；情节严重的，责令停业整顿：

（一）在电信网间互联中违反规定加收费用的；

（二）遇有网间通信技术障碍，不采取有效措施予以消除的；

（三）擅自向他人提供电信用户使用电信网络所传输信息的内容的；

（四）拒不按照规定缴纳电信资源使用费的。

第七十一条 违反本条例第四十一条的规定，在电信业务经营活动中进行不正当竞争的，由国务院信息产业主管部门或者省、自治区、直辖市电信管理机构依据职权责令改正，处 10 万元以上 100 万元以下罚款；情节严重的，责令停业整顿。

第七十二条 违反本条例的规定，有下列行为之一的，由国务院信息产业主管部门或者省、自治区、直辖市电信管理机构依据职权责令改正，处 5 万元以上 50 万元以下罚款；情节严重的，责令停业整顿：

（一）拒绝其他电信业务经营者提出的互联互通要求的；

（二）拒不执行国务院信息产业主管部门或者省、自治区、直辖市电信管理机构依法作出的互联互通决定的；

（三）向其他电信业务经营者提供网间互联的服务质量低于本网及其子公司或者分支机构的。

第七十三条 违反本条例第三十三条第一款、第三十九条第二款的规定，电信业务经营者拒绝免费为电信用户提供国内长途通信、国际通信、移动通信和信息服务等收费清单，或者电信用户对交纳本地电话费用有异议并提出要求时，拒绝为电信用户免费提供本地电话收费依据的，由省、自治区、直辖市电信管理机构责令改正，并向电信用户赔礼道歉；拒不改正并赔礼道歉的，处以警告，并处 5000 元以上 5 万元以下的罚款。

第七十四条 违反本条例第四十条的规定，由省、自治区、直辖市电信管理机构责令改正，并向电信用户赔礼道歉，赔偿电信用户损失；拒不改正并赔礼道歉、赔偿损失的，处以警告，并处 1 万元以上 10 万元以下的罚款；情节严重的，责令停业整顿。

第七十五条　违反本条例的规定,有下列行为之一的,由省、自治区、直辖市电信管理机构责令改正,处1万元以上10万元以下的罚款:
　　(一)销售未取得进网许可的电信终端设备的;
　　(二)非法阻止或者妨碍电信业务经营者向电信用户提供公共电信服务的;
　　(三)擅自改动或者迁移他人的电信线路及其他电信设施的。
第七十六条　违反本条例的规定,获得电信设备进网许可证后降低产品质量和性能的,由产品质量监督部门依照有关法律、行政法规的规定予以处罚。
第七十七条　有本条例第五十六条、第五十七条和第五十八条所列禁止行为之一,情节严重的,由原发证机关吊销电信业务经营许可证。
　　国务院信息产业主管部门或者省、自治区、直辖市电信管理机构吊销电信业务经营许可证后,应当通知企业登记机关。
第七十八条　国务院信息产业主管部门或者省、自治区、直辖市电信管理机构工作人员玩忽职守、滥用职权、徇私舞弊,构成犯罪的,依法追究刑事责任;尚不构成犯罪的,依法给予行政处分。

第七章　附　则

第七十九条　外国的组织或者个人在中华人民共和国境内投资与经营电信业务和香港特别行政区、澳门特别行政区与台湾地区的组织或者个人在内地投资与经营电信业务的具体办法,由国务院另行制定。
第八十条　本条例自公布之日起施行。

附:

电信业务分类目录

一、基础电信业务
　　(一)固定网络国内长途及本地电话业务;
　　(二)移动网络电话和数据业务;
　　(三)卫星通信及卫星移动通信业务;
　　(四)互联网及其他公共数据传送业务;
　　(五)带宽、波长、光纤、光缆、管道及其他网络元素出租、出售业务;
　　(六)网络承载、接入及网络外包等业务;
　　(七)国际通信基础设施、国际电信业务;
　　(八)无线寻呼业务;
　　(九)转售的基础电信业务。
　　第(八)、(九)项业务比照增值电信业务管理。

二、增值电信业务

（一）电子邮件；

（二）语音信箱；

（三）在线信息库存储和检索；

（四）电子数据交换；

（五）在线数据处理与交易处理；

（六）增值传真；

（七）互联网接入服务；

（八）互联网信息服务；

（九）可视电话会议服务。

中华人民共和国无线电管理条例

1. 1993年9月11日国务院、中央军事委员会令第128号发布
2. 2016年11月11日国务院、中央军事委员会令第672号修订
3. 自2016年12月1日起施行

第一章 总 则

第一条 为了加强无线电管理，维护空中电波秩序，有效开发、利用无线电频谱资源，保证各种无线电业务的正常进行，制定本条例。

第二条 在中华人民共和国境内使用无线电频率，设置、使用无线电台（站），研制、生产、进口、销售和维修无线电发射设备，以及使用辐射无线电波的非无线电设备，应当遵守本条例。

第三条 无线电频谱资源属于国家所有。国家对无线电频谱资源实行统一规划、合理开发、有偿使用的原则。

第四条 无线电管理工作在国务院、中央军事委员会的统一领导下分工管理、分级负责，贯彻科学管理、保护资源、保障安全、促进发展的方针。

第五条 国家鼓励、支持对无线电频谱资源的科学技术研究和先进技术的推广应用，提高无线电频谱资源的利用效率。

第六条 任何单位或者个人不得擅自使用无线电频率，不得对依法开展的无线电业务造成有害干扰，不得利用无线电台（站）进行违法犯罪活动。

第七条 根据维护国家安全、保障国家重大任务、处置重大突发事件等需要，国家可以实施无线电管制。

第二章　管理机构及其职责

第八条　国家无线电管理机构负责全国无线电管理工作,依据职责拟订无线电管理的方针、政策,统一管理无线电频率和无线电台(站),负责无线电监测、干扰查处和涉外无线电管理等工作,协调处理无线电管理相关事宜。

第九条　中国人民解放军电磁频谱管理机构负责军事系统的无线电管理工作,参与拟订国家有关无线电管理的方针、政策。

第十条　省、自治区、直辖市无线电管理机构在国家无线电管理机构和省、自治区、直辖市人民政府领导下,负责本行政区域除军事系统外的无线电管理工作,根据审批权限实施无线电频率使用许可,审查无线电台(站)的建设布局和台址,核发无线电台执照及无线电台识别码(含呼号,下同),负责本行政区域无线电监测和干扰查处,协调处理本行政区域无线电管理相关事宜。

省、自治区无线电管理机构根据工作需要可以在本行政区域内设立派出机构。派出机构在省、自治区无线电管理机构的授权范围内履行职责。

第十一条　军地建立无线电管理协调机制,共同划分无线电频率,协商处理涉及军事系统与非军事系统间的无线电管理事宜。无线电管理重大问题报国务院、中央军事委员会决定。

第十二条　国务院有关部门的无线电管理机构在国家无线电管理机构的业务指导下,负责本系统(行业)的无线电管理工作,贯彻执行国家无线电管理的方针、政策和法律、行政法规、规章,依照本条例规定和国务院规定的部门职权,管理国家无线电管理机构分配给本系统(行业)使用的航空、水上无线电专用频率,规划本系统(行业)无线电台(站)的建设布局和台址,核发制式无线电台执照及无线电台识别码。

第三章　频率管理

第十三条　国家无线电管理机构负责制定无线电频率划分规定,并向社会公布。

制定无线电频率划分规定应当征求国务院有关部门和军队有关单位的意见,充分考虑国家安全和经济社会、科学技术发展以及频谱资源有效利用的需要。

第十四条　使用无线电频率应当取得许可,但下列频率除外:

(一)业余无线电台、公众对讲机、制式无线电台使用的频率;

(二)国际安全与遇险系统,用于航空、水上移动业务和无线电导航业务的国际固定频率;

(三)国家无线电管理机构规定的微功率短距离无线电发射设备使用的频率。

第十五条　取得无线电频率使用许可,应当符合下列条件:

(一)所申请的无线电频率符合无线电频率划分和使用规定,有明确具体的用途;

（二）使用无线电频率的技术方案可行；
（三）有相应的专业技术人员；
（四）对依法使用的其他无线电频率不会产生有害干扰。

第十六条 无线电管理机构应当自受理无线电频率使用许可申请之日起20个工作日内审查完毕，依照本条例第十五条规定的条件，并综合考虑国家安全需要和可用频率的情况，作出许可或者不予许可的决定。予以许可的，颁发无线电频率使用许可证；不予许可的，书面通知申请人并说明理由。

无线电频率使用许可证应当载明无线电频率的用途、使用范围、使用率要求、使用期限等事项。

第十七条 地面公众移动通信使用频率等商用无线电频率的使用许可，可以依照有关法律、行政法规的规定采取招标、拍卖的方式。

无线电管理机构采取招标、拍卖的方式确定中标人、买受人后，应当作出许可的决定，并依法向中标人、买受人颁发无线电频率使用许可证。

第十八条 无线电频率使用许可由国家无线电管理机构实施。国家无线电管理机构确定范围内的无线电频率使用许可，由省、自治区、直辖市无线电管理机构实施。

国家无线电管理机构分配给交通运输、渔业、海洋系统（行业）使用的水上无线电专用频率，由所在地省、自治区、直辖市无线电管理机构分别会同相关主管部门实施许可；国家无线电管理机构分配给民用航空系统使用的航空无线电专用频率，由国务院民用航空主管部门实施许可。

第十九条 无线电频率使用许可的期限不得超过10年。

无线电频率使用期限届满后需要继续使用的，应当在期限届满30个工作日前向作出许可决定的无线电管理机构提出延续申请。受理申请的无线电管理机构应当依照本条例第十五条、第十六条的规定进行审查并作出决定。

无线电频率使用期限届满前拟终止使用无线电频率的，应当及时向作出许可决定的无线电管理机构办理注销手续。

第二十条 转让无线电频率使用权的，受让人应当符合本条例第十五条规定的条件，并提交双方转让协议，依照本条例第十六条规定的程序报请无线电管理机构批准。

第二十一条 使用无线电频率应当按照国家有关规定缴纳无线电频率占用费。

无线电频率占用费的项目、标准，由国务院财政部门、价格主管部门制定。

第二十二条 国际电信联盟依照国际规则规划给我国使用的卫星无线电频率，由国家无线电管理机构统一分配给使用单位。

申请使用国际电信联盟非规划的卫星无线电频率，应当通过国家无线电管理机构统一提出申请。国家无线电管理机构应当及时组织有关单位进行必要的国内协调，并依照国际规则开展国际申报、协调、登记工作。

第二十三条 组建卫星通信网需要使用卫星无线电频率的,除应当符合本条例第十五条规定的条件外,还应当提供拟使用的空间无线电台、卫星轨道位置和卫星覆盖范围等信息,以及完成国内协调并开展必要国际协调的证明材料等。

第二十四条 使用其他国家、地区的卫星无线电频率开展业务,应当遵守我国卫星无线电频率管理的规定,并完成与我国申报的卫星无线电频率的协调。

第二十五条 建设卫星工程,应当在项目规划阶段对拟使用的卫星无线电频率进行可行性论证;建设须经国务院、中央军事委员会批准的卫星工程,应当在项目规划阶段与国家无线电管理机构协商确定拟使用的卫星无线电频率。

第二十六条 除因不可抗力外,取得无线电频率使用许可后超过2年不使用或者使用率达不到许可证规定要求的,作出许可决定的无线电管理机构有权撤销无线电频率使用许可,收回无线电频率。

第四章　无线电台(站)管理

第二十七条 设置、使用无线电台(站)应当向无线电管理机构申请取得无线电台执照,但设置、使用下列无线电台(站)的除外:
（一）地面公众移动通信终端;
（二）单收无线电台(站);
（三）国家无线电管理机构规定的微功率短距离无线电台(站)。

第二十八条 除本条例第二十九条规定的业余无线电台外,设置、使用无线电台(站),应当符合下列条件:
（一）有可用的无线电频率;
（二）所使用的无线电发射设备依法取得无线电发射设备型号核准证且符合国家规定的产品质量要求;
（三）有熟悉无线电管理规定、具备相关业务技能的人员;
（四）有明确具体的用途,且技术方案可行;
（五）有能够保证无线电台(站)正常使用的电磁环境,拟设置的无线电台(站)对依法使用的其他无线电台(站)不会产生有害干扰。

申请设置、使用空间无线电台,除应当符合前款规定的条件外,还应当有可利用的卫星无线电频率和卫星轨道资源。

第二十九条 申请设置、使用业余无线电台的,应当熟悉无线电管理规定,具有相应的操作技术能力,所使用的无线电发射设备应当符合国家标准和国家无线电管理的有关规定。

第三十条 设置、使用有固定台址的无线电台(站),由无线电台(站)所在地的省、自治区、直辖市无线电管理机构实施许可。设置、使用没有固定台址的无线电台,由申请人住所地的省、自治区、直辖市无线电管理机构实施许可。

设置、使用空间无线电台、卫星测控(导航)站、卫星关口站、卫星国际专线地球站、15 瓦以上的短波无线电台(站)以及涉及国家主权、安全的其他重要无线电台(站)，由国家无线电管理机构实施许可。

第三十一条 无线电管理机构应当自受理申请之日起 30 个工作日内审查完毕，依照本条例第二十八条、第二十九条规定的条件，作出许可或者不予许可的决定。予以许可的，颁发无线电台执照，需要使用无线电台识别码的，同时核发无线电台识别码；不予许可的，书面通知申请人并说明理由。

无线电台(站)需要变更、增加无线电台识别码的，由无线电管理机构核发。

第三十二条 无线电台执照应当载明无线电台(站)的台址、使用频率、发射功率、有效期、使用要求等事项。

无线电台执照的样式由国家无线电管理机构统一规定。

第三十三条 无线电台(站)使用的无线电频率需要取得无线电频率使用许可的，其无线电台执照有效期不得超过无线电频率使用许可证规定的期限；依照本条例第十四条规定不需要取得无线电频率使用许可的，其无线电台执照有效期不得超过 5 年。

无线电台执照有效期届满后需要继续使用无线电台(站)的，应当在期限届满 30 个工作日前向作出许可决定的无线电管理机构申请更换无线电台执照。受理申请的无线电管理机构应当依照本条例第三十一条的规定作出决定。

第三十四条 国家无线电管理机构向国际电信联盟统一申请无线电台识别码序列，并对无线电台识别码进行编制和分配。

第三十五条 建设固定台址的无线电台(站)的选址，应当符合城乡规划的要求，避开影响其功能发挥的建筑物、设施等。地方人民政府制定、修改城乡规划，安排可能影响大型无线电台(站)功能发挥的建设项目的，应当考虑其功能发挥的需要，并征求所在地无线电管理机构和军队电磁频谱管理机构的意见。

设置大型无线电台(站)、地面公众移动通信基站，其台址布局规划应当符合资源共享和电磁环境保护的要求。

第三十六条 船舶、航空器、铁路机车(含动车组列车，下同)设置、使用制式无线电台应当符合国家有关规定，由国务院有关部门的无线电管理机构颁发无线电台执照；需要使用无线电台识别码的，同时核发无线电台识别码。国务院有关部门应当将制式无线电台执照及无线电台识别码的核发情况定期通报国家无线电管理机构。

船舶、航空器、铁路机车设置、使用非制式无线电台的管理办法，由国家无线电管理机构会同国务院有关部门制定。

第三十七条 遇有危及国家安全、公共安全、生命财产安全的紧急情况或者为了保障重大社会活动的特殊需要，可以不经批准临时设置、使用无线电台(站)，但是应当及时向无线电台(站)所在地无线电管理机构报告，并在紧急情况消除或者重大社会活动结束后及时关闭。

第三十八条　无线电台(站)应当按照无线电台执照规定的许可事项和条件设置、使用;变更许可事项的,应当向作出许可决定的无线电管理机构办理变更手续。

无线电台(站)终止使用的,应当及时向作出许可决定的无线电管理机构办理注销手续,交回无线电台执照,拆除无线电台(站)及天线等附属设备。

第三十九条　使用无线电台(站)的单位或者个人应当对无线电台(站)进行定期维护,保证其性能指标符合国家标准和国家无线电管理的有关规定,避免对其他依法设置、使用的无线电台(站)产生有害干扰。

第四十条　使用无线电台(站)的单位或者个人应当遵守国家环境保护的规定,采取必要措施防止无线电波发射产生的电磁辐射污染环境。

第四十一条　使用无线电台(站)的单位或者个人不得故意收发无线电台执照许可事项之外的无线电信号,不得传播、公布或者利用无意接收的信息。

业余无线电台只能用于相互通信、技术研究和自我训练,并在业余业务或者卫星业余业务专用频率范围内收发信号,但是参与重大自然灾害等突发事件应急处置的除外。

第五章　无线电发射设备管理

第四十二条　研制无线电发射设备使用的无线电频率,应当符合国家无线电频率划分规定。

第四十三条　生产或者进口在国内销售、使用的无线电发射设备,应当符合产品质量等法律法规、国家标准和国家无线电管理的有关规定。

第四十四条　除微功率短距离无线电发射设备外,生产或者进口在国内销售、使用的其他无线电发射设备,应当向国家无线电管理机构申请型号核准。无线电发射设备型号核准目录由国家无线电管理机构公布。

生产或者进口应当取得型号核准的无线电发射设备,除应当符合本条例第四十三条的规定外,还应当符合无线电发射设备型号核准证核定的技术指标,并在设备上标注型号核准代码。

第四十五条　取得无线电发射设备型号核准,应当符合下列条件:

(一)申请人有相应的生产能力、技术力量、质量保证体系;

(二)无线电发射设备的工作频率、功率等技术指标符合国家标准和国家无线电管理的有关规定。

第四十六条　国家无线电管理机构应当依法对申请型号核准的无线电发射设备是否符合本条例第四十五条规定的条件进行审查,自受理申请之日起30个工作日内作出核准或者不予核准的决定。予以核准的,颁发无线电发射设备型号核准证;不予核准的,书面通知申请人并说明理由。

国家无线电管理机构应当定期将无线电发射设备型号核准的情况向社会

公布。

第四十七条 进口依照本条例第四十四条的规定应当取得型号核准的无线电发射设备，进口货物收货人、携带无线电发射设备入境的人员、寄递无线电发射设备的收件人，应当主动向海关申报，凭无线电发射设备型号核准证办理通关手续。

进行体育比赛、科学实验等活动，需要携带、寄递依照本条例第四十四条的规定应当取得型号核准而未取得型号核准的无线电发射设备临时进关的，应当经无线电管理机构批准，凭批准文件办理通关手续。

第四十八条 销售依照本条例第四十四条的规定应当取得型号核准的无线电发射设备，应当向省、自治区、直辖市无线电管理机构办理销售备案。不得销售未依照本条例规定标注型号核准代码的无线电发射设备。

第四十九条 维修无线电发射设备，不得改变无线电发射设备型号核准证核定的技术指标。

第五十条 研制、生产、销售和维修大功率无线电发射设备，应当采取措施有效抑制电波发射，不得对依法设置、使用的无线电台（站）产生有害干扰。进行实效发射试验的，应当依照本条例第三十条的规定向省、自治区、直辖市无线电管理机构申请办理临时设置、使用无线电台（站）手续。

第六章　涉外无线电管理

第五十一条 无线电频率协调的涉外事宜，以及我国境内电台与境外电台的相互有害干扰，由国家无线电管理机构会同有关单位与有关的国际组织或者国家、地区协调处理。

需要向国际电信联盟或者其他国家、地区提供无线电管理相关资料的，由国家无线电管理机构统一办理。

第五十二条 在边境地区设置、使用无线电台（站），应当遵守我国与相关国家、地区签订的无线电频率协调协议。

第五十三条 外国领导人访华、各国驻华使领馆和享有外交特权与豁免的国际组织驻华代表机构需要设置、使用无线电台（站）的，应当通过外交途径经国家无线电管理机构批准。

除使用外交邮袋装运外，外国领导人访华、各国驻华使领馆和享有外交特权与豁免的国际组织驻华代表机构携带、寄递或者以其他方式运输依照本条例第四十四条的规定应当取得型号核准而未取得型号核准的无线电发射设备入境的，应当通过外交途径经国家无线电管理机构批准后办理通关手续。

其他境外组织或者个人在我国境内设置、使用无线电台（站）的，应当按照我国有关规定经相关业务主管部门报请无线电管理机构批准；携带、寄递或者以其他方式运输依照本条例第四十四条的规定应当取得型号核准而未取得型号核准的无线电发射设备入境的，应当按照我国有关规定经相关业务主管部门报无线电管理机构批准后,到海关办理无线电发射设备入境手续,但国家无线电管理机构规定不需要批准的除外。

第五十四条 外国船舶(含海上平台)、航空器、铁路机车、车辆等设置的无线电台在我国境内使用,应当遵守我国的法律、法规和我国缔结或者参加的国际条约。

第五十五条 境外组织或者个人不得在我国境内进行电波参数测试或者电波监测。

任何单位或者个人不得向境外组织或者个人提供涉及国家安全的境内电波参数资料。

第七章 无线电监测和电波秩序维护

第五十六条 无线电管理机构应当定期对无线电频率的使用情况和在用的无线电台(站)进行检查和检测,保障无线电台(站)的正常使用,维护正常的无线电波秩序。

第五十七条 国家无线电监测中心和省、自治区、直辖市无线电监测站作为无线电管理技术机构,分别在国家无线电管理机构和省、自治区、直辖市无线电管理机构领导下,对无线电信号实施监测,查找无线电干扰源和未经许可设置、使用的无线电台(站)。

第五十八条 国务院有关部门的无线电监测站负责对本系统(行业)的无线电信号实施监测。

第五十九条 工业、科学、医疗设备,电气化运输系统、高压电力线和其他电器装置产生的无线电波辐射,应当符合国家标准和国家无线电管理的有关规定。

制定辐射无线电波的非无线电设备的国家标准和技术规范,应当征求国家无线电管理机构的意见。

第六十条 辐射无线电波的非无线电设备对已依法设置、使用的无线电台(站)产生有害干扰的,设备所有者或者使用者应当采取措施予以消除。

第六十一条 经无线电管理机构确定的产生无线电波辐射的工程设施,可能对已依法设置、使用的无线电台(站)造成有害干扰的,其选址定点由地方人民政府城乡规划主管部门和省、自治区、直辖市无线电管理机构协商确定。

第六十二条 建设射电天文台、气象雷达站、卫星测控(导航)站、机场等需要电磁环境特殊保护的项目,项目建设单位应当在确定工程选址前对其选址进行电磁兼容分析和论证,并征求无线电管理机构的意见;未进行电磁兼容分析和论证,或者未征求、采纳无线电管理机构的意见的,不得向无线电管理机构提出排除有害干扰的要求。

第六十三条 在已建射电天文台、气象雷达站、卫星测控(导航)站、机场的周边区域,不得新建阻断无线电信号传输的高大建筑、设施,不得设置、使用干扰其正常使用的设施、设备。无线电管理机构应当会同城乡规划主管部门和其他有关部门制定具体的保护措施并向社会公布。

第六十四条 国家对船舶、航天器、航空器、铁路机车专用的无线电导航、遇险救助和安全通信等涉及人身安全的无线电频率予以特别保护。任何无线电发射设备和辐射无线电波的非无线电设备对其产生有害干扰的,应当立即消除有害干扰。

第六十五条 依法设置、使用的无线电台(站)受到有害干扰的,可以向无线电管理机构投诉。受理投诉的无线电管理机构应当及时处理,并将处理情况告知投诉人。

处理无线电频率相互有害干扰,应当遵循频带外让频带内、次要业务让主要业务、后用让先用、无规划让有规划的原则。

第六十六条 无线电管理机构可以要求产生有害干扰的无线电台(站)采取维修无线电发射设备、校准发射频率或者降低功率等措施消除有害干扰;无法消除有害干扰的,可以责令产生有害干扰的无线电台(站)暂停发射。

第六十七条 对非法的无线电发射活动,无线电管理机构可以暂扣无线电发射设备或者查封无线电台(站),必要时可以采取技术性阻断措施;无线电管理机构在无线电监测、检查工作中发现涉嫌违法犯罪活动的,应当及时通报公安机关并配合调查处理。

第六十八条 省、自治区、直辖市无线电管理机构应当加强对生产、销售无线电发射设备的监督检查,依法查处违法行为。县级以上地方人民政府产品质量监督部门、工商行政管理部门应当配合监督检查,并及时向无线电管理机构通报其在产品质量监督、市场监管执法过程中发现的违法生产、销售无线电发射设备的行为。

第六十九条 无线电管理机构和无线电监测中心(站)的工作人员应当对履行职责过程中知悉的通信秘密和无线电信号保密。

第八章 法 律 责 任

第七十条 违反本条例规定,未经许可擅自使用无线电频率,或者擅自设置、使用无线电台(站)的,由无线电管理机构责令改正,没收从事违法活动的设备和违法所得,可以并处5万元以下的罚款;拒不改正的,并处5万元以上20万元以下的罚款;擅自设置、使用无线电台(站)从事诈骗等违法活动,尚不构成犯罪的,并处20万元以上50万元以下的罚款。

第七十一条 违反本条例规定,擅自转让无线电频率的,由无线电管理机构责令改正,没收违法所得;拒不改正的,并处违法所得1倍以上3倍以下的罚款;没有违法所得或者违法所得不足10万元的,处1万元以上10万元以下的罚款;造成严重后果的,吊销无线电频率使用许可证。

第七十二条 违反本条例规定,有下列行为之一的,由无线电管理机构责令改正,没收违法所得,可以并处3万元以下的罚款;造成严重后果的,吊销无线电台执照,并处3万元以上10万元以下的罚款:

（一）不按照无线电台执照规定的许可事项和要求设置、使用无线电台（站）；

（二）故意收发无线电台执照许可事项之外的无线电信号,传播、公布或者利用无意接收的信息；

（三）擅自编制、使用无线电台识别码。

第七十三条　违反本条例规定,使用无线电发射设备、辐射无线电波的非无线电设备干扰无线电业务正常进行的,由无线电管理机构责令改正,拒不改正的,没收产生有害干扰的设备,并处5万元以上20万元以下的罚款,吊销无线电台执照；对船舶、航天器、航空器、铁路机车专用无线电导航、遇险救助和安全通信等涉及人身安全的无线电频率产生有害干扰的,并处20万元以上50万元以下的罚款。

第七十四条　未按照国家有关规定缴纳无线电频率占用费的,由无线电管理机构责令限期缴纳；逾期不缴纳的,自滞纳之日起按日加收0.05%的滞纳金。

第七十五条　违反本条例规定,有下列行为之一的,由无线电管理机构责令改正；拒不改正的,没收从事违法活动的设备,并处3万元以上10万元以下的罚款；造成严重后果的,并处10万元以上30万元以下的罚款：

（一）研制、生产、销售和维修大功率无线电发射设备,未采取有效措施抑制电波发射；

（二）境外组织或者个人在我国境内进行电波参数测试或者电波监测；

（三）向境外组织或者个人提供涉及国家安全的境内电波参数资料。

第七十六条　违反本条例规定,生产或者进口在国内销售、使用的无线电发射设备未取得型号核准的,由无线电管理机构责令改正,处5万元以上20万元以下的罚款；拒不改正的,没收未取得型号核准的无线电发射设备,并处20万元以上100万元以下的罚款。

第七十七条　销售依照本条例第四十四条的规定应当取得型号核准的无线电发射设备未向无线电管理机构办理销售备案的,由无线电管理机构责令改正；拒不改正的,处1万元以上3万元以下的罚款。

第七十八条　销售依照本条例第四十四条的规定应当取得型号核准而未取得型号核准的无线电发射设备的,由无线电管理机构责令改正,没收违法销售的无线电发射设备和违法所得,可以并处违法销售的设备货值10%以下的罚款；拒不改正的,并处违法销售的设备货值10%以上30%以下的罚款。

第七十九条　维修无线电发射设备改变无线电发射设备型号核准证核定的技术指标的,由无线电管理机构责令改正；拒不改正的,处1万元以上3万元以下的罚款。

第八十条　生产、销售无线电发射设备违反产品质量管理法律法规的,由产品质量监督部门依法处罚。

进口无线电发射设备,携带、寄递或者以其他方式运输无线电发射设备入境,违反海关监管法律法规的,由海关依法处罚。

第八十一条　违反本条例规定,构成违反治安管理行为的,依法给予治安管理处罚；

构成犯罪的，依法追究刑事责任。

第八十二条 无线电管理机构及其工作人员不依照本条例规定履行职责的，对负有责任的领导人员和其他直接责任人员依法给予处分。

第九章 附 则

第八十三条 实施本条例规定的许可需要完成有关国内、国际协调或者履行国际规则规定程序的，进行协调以及履行程序的时间不计算在许可审查期限内。

第八十四条 军事系统无线电管理，按照军队有关规定执行。

涉及广播电视的无线电管理，法律、行政法规另有规定的，依照其规定执行。

第八十五条 本条例自 2016 年 12 月 1 日起施行。

国家通信保障应急预案

2011 年 12 月 10 日国务院办公厅修订公布

1 总 则

1.1 制定目的

建立健全国家通信保障（含通信恢复，下同）应急工作机制，满足突发情况下通信保障工作需要，确保通信安全畅通。

1.2 制定依据

依据《中华人民共和国突发事件应对法》、《中华人民共和国电信条例》、《中华人民共和国无线电管理条例》和国家突发事件总体应急预案等有关法律、法规和规章制度。

1.3 适用范围

本预案适用于需要国务院或国务院授权有关部门协调的通信中断、突发事件通信保障应急工作，以及党中央和国务院交办的其他重要通信保障任务。

本预案指导全国通信保障应急工作。

1.4 工作原则

在党中央、国务院领导下，通信保障工作坚持统一领导、分级负责、属地为主、快速反应，严密组织、密切协同，依靠科技、保障有力的原则。

1.5 预案体系

通信保障应急预案体系由国家通信保障应急预案、部门通信保障应急预案、地方通信保障应急预案以及通信企业通信保障应急预案组成。

2 组织指挥体系与职责

国务院或国务院授权工业和信息化部设立国家通信保障应急领导小组（以下

简称领导小组),指挥、协调全国通信保障应急处置工作。省级通信保障应急指挥机构可由省级人民政府授权省(区、市)通信管理局设立,市(地)、县级通信保障应急指挥机构由相应地方人民政府会同省(区、市)通信管理局设立,负责组织和协调本行政区域内通信保障应急工作。必要时设立现场通信保障应急指挥机构,具体负责事发现场通信保障的组织、协调工作。

领导小组办公室设在工业和信息化部,负责日常联络和事务处理工作。办公室主任由工业和信息化部主管副部长担任。

领导小组下设专家组,主要职责是承担决策咨询任务、提出处置措施建议及对有关处置方案进行综合评估等。

3 预防与预警

3.1 预防机制

基础电信运营企业在通信网络规划和建设中,要贯彻落实网络安全各项工作要求,健全网络安全防护、监测预警和应急通信保障体系建设,不断提高网络的自愈和抗毁能力;强化对网络运行安全和网间互联互通安全的监测及风险隐患排查;完善应急处置机制,修订完善各级通信保障应急预案,定期组织演练,加强网络运行安全和应急通信保障的宣传教育工作,提高应对突发事件的能力。

通信主管部门要加强对基础电信运营企业网络安全防护、安全运行和应急处置工作的检查指导。

3.2 预警分级

按影响范围,将通信预警划分为特别严重(Ⅰ级)、严重(Ⅱ级)、较严重(Ⅲ级)和一般(Ⅳ级)四个等级,依次标为红色、橙色、黄色和蓝色:

Ⅰ级(红色):电信网络出现故障或其他事件征兆,经研判可能引发2个以上省(区、市)通信大面积中断的情况。

Ⅱ级(橙色):电信网络出现故障或其他事件征兆,经研判可能引发1个省(区、市)内2个以上市(地)通信大面积中断的情况。

Ⅲ级(黄色):电信网络出现故障或其他事件征兆,经研判可能引发1个市(地)内2个以上县通信大面积中断的情况。

Ⅳ级(蓝色):电信网络出现故障或其他事件征兆,经研判可能引发1个县通信中断的情况。

发生特殊情况,可结合实际,适当调整预警相应级别。

3.3 预警监测

通信主管部门建立与有关部门的灾害预警信息共享机制,强化通信网应急指挥调度系统的预警监测功能,密切关注并及时汇总、通报、共享有关信息。

基础电信运营企业要建立和完善网络预警监测机制,加强电信网络运行监测。

3.4 预警通报

领导小组负责确认、通报Ⅰ级预警。省级通信保障应急指挥机构负责确认、通报Ⅱ、Ⅲ、Ⅳ级预警。

3.5 预警行动

经领导小组核定,达到Ⅰ级预警的,启动Ⅰ级预警行动:

(1)通知相关省(区、市)通信管理局和基础电信运营企业落实通信保障有关准备工作。

(2)研究确定通信保障应急准备措施和工作方案。

(3)紧急部署资源调度、组织动员和部门联动等各项准备工作。

(4)根据事态进展情况,适时调整预警级别或解除预警。

领导小组核定未达Ⅰ级预警条件的,由领导小组办公室及时将有关情况通报给相关省级通信保障应急指挥机构和基础电信运营企业。

Ⅱ级以下预警信息,由相关地方通信保障应急指挥机构负责采取相应级别预警行动,并将重要情况及时上报。

4 应 急 响 应

4.1 工作机制

根据突发事件影响范围、危害程度及通信保障任务重要性等因素,设定Ⅰ、Ⅱ、Ⅲ、Ⅳ四个通信保障应急响应等级。Ⅰ级响应由领导小组负责组织实施,Ⅱ级响应由相关省级通信保障应急指挥机构负责组织实施,Ⅲ级响应由相关市(地)级通信保障应急指挥机构负责组织实施,Ⅳ级响应由相关县级通信保障应急指挥机构负责组织实施。各级响应启动条件见附则7.1。

启动Ⅰ级响应后,各级通信保障应急指挥机构启动指挥联动、信息报送、会商、通信联络、信息通报和发布等工作机制,有序开展通信保障工作。

4.2 先期处置和信息报告

事件发生后,相关基础电信运营企业应立即采取有效处置措施,控制事态发展,并按照有关规定及时上报事件信息;通信保障应急指挥机构接到事件信息报告后,应立即采取应对措施,并及时上报上级通信保障应急指挥机构。

4.3 Ⅰ级响应

4.3.1 启动程序

(1)领导小组办公室立即将有关情况报告领导小组,提出启动Ⅰ级响应的建议;同时,通报各成员单位。

(2)领导小组确认后,启动并负责组织实施Ⅰ级响应。

(3)领导小组办公室通报各成员单位、各省(区、市)通信管理局。

(4)事发省(区、市)应急通信保障力量和基础电信运营企业启动相应通信保障应急指挥机构和通信保障应急预案。

(5)各成员单位启动相关应急预案,协同应对。

4.3.2 应急值守和信息报送

(1)启动应急值班制度。领导小组办公室实行24小时值守,成员单位联络员之间保持24小时通信联络。

(2)启动信息报送流程,事发地通信保障应急指挥机构、基础电信运营企业和相关成员单位按照规定的内容和频次报送信息。

(3)领导小组办公室对报送信息分析汇总,供领导小组决策参考,并根据需要向有关部门及单位通报相关信息。

4.3.3 决策部署

领导小组根据掌握的信息及国务院的有关工作要求,召开相关成员单位会商会议,协调组织跨部门、跨地区、跨企业应急通信保障队伍及应急装备的调用。

领导小组办公室组织专家组对相关信息进行分析、评估,研究提出应急处置对策和方案建议;落实领导小组的决策,向相关省(区、市)通信管理局、基础电信运营企业和相关成员单位下达通信保障和恢复任务,并监督执行情况。

相关单位接收到任务后,应立即组织保障队伍、应急通信资源展开通信保障和恢复有关工作,并及时向领导小组办公室报告任务执行情况。

4.3.4 现场指挥

按照领导小组的要求,成立以事发省(区、市)通信管理局指挥为主的现场通信保障应急指挥机构,组织、协调现场通信保障应急工作。

4.3.5 应急结束

(1)领导小组办公室视情向领导小组提出Ⅰ级响应结束建议。

(2)领导小组研究确定后,宣布Ⅰ级响应结束。

(3)相关单位终止应急响应。

Ⅱ级、Ⅲ级、Ⅳ级应急响应具体行动可参照Ⅰ级响应行动,由相应通信保障应急指挥机构结合实际在应急预案中规定。超出本级应急处置能力时,及时请求上级通信保障应急指挥机构支援。

5 后期处置

5.1 总结评估

通信保障应急工作结束后,相关通信保障应急管理机构做好突发事件中公众电信网络设施损毁情况的统计、汇总,及任务完成情况的总结和评估。领导小组负责对特别重大通信保障任务完成情况进行分析评估,提出改进意见。

5.2 征用补偿

通信保障应急工作结束后,县级以上人民政府及有关部门应及时归还征用的通信物资和装备;造成损失或无法归还的,应按有关规定予以适当补偿。

5.3 恢复与重建

突发事件应急处置工作结束后，按照领导小组和事发地省级人民政府的要求，相关省（区、市）通信管理局立即组织制定灾后恢复重建计划报工业和信息化部，并组织基础电信运营企业尽快实施。

5.4 奖励和责任追究

对在通信保障应急工作中作出突出贡献的单位和个人按规定给予奖励；对在通信保障应急工作中玩忽职守造成损失的，依据国家有关法律法规及相关规定，追究当事人的责任；构成犯罪的，依法追究刑事责任。

6 保障措施

6.1 应急通信保障队伍

工业和信息化部等部门应加强应急通信专业保障队伍建设，针对灾害分布进行合理配置，并展开相应的培训、演练及考核，提高队伍通信保障的实战能力。基础电信运营企业要按照工业和信息化部的统一部署，不断完善专业应急机动通信保障队伍和公用通信网运行维护应急梯队，加强应急通信装备的配备，以满足国家应急通信保障等工作的要求。

6.2 基础设施及物资保障

基础电信运营企业应根据地域特点和通信保障工作的需要，有针对性地配备必要的通信保障应急装备（包括基本的防护装备），尤其要加小型、便携等适应性强的应急通信装备配备，形成手段多样、能够独立组网的装备配置系列，并加强对应急装备的管理、维护和保养，健全采购、调用、补充、报废等管理制度。具有专用通信网的国务院有关部门应根据应急工作需要建立相应的通信保障机制。

6.3 交通运输保障

为保证通信保障应急车辆、物资迅速抵达抢修现场，有关部门通过组织协调必要的交通运输工具、给应急通信专用车辆配发特许通行证等方式，及时提供运输通行保障。

6.4 电力能源供应保障

各基础电信运营企业应按国家相关规定配备应急发电设备。事发地煤电油气运相关部门负责协调相关企业优先保证通信设施和现场应急通信装备的供电、供油需求，确保应急条件下通信枢纽及重要局所等关键通信节点的电力、能源供应。本地区难以协调的，由发展改革委会同煤电油气运保障工作部际协调机制有关成员单位组织协调。

6.5 地方政府支援保障

事发地人民政府负责协调当地有关行政主管部门，确保通信保障应急物资、器材、人员运送的及时到位，确保现场应急通信系统的电力、油料供应，在通信保障应急现场处置人员自备物资不足时，负责提供必要的后勤保障和社会支援力量协调等方面的工作。
6.6 资金保障
突发事件应急处置和实施重要通信保障任务所发生的通信保障费用,由财政部门参照《财政应急保障预案》执行。因电信网络安全事故造成的通信保障和恢复等处置费用,由基础电信运营企业承担。

7 附 则

7.1 启动条件
7.1.1 Ⅰ级响应启动条件
(1)公众通信网省际骨干网络中断、全国重要通信枢纽楼遭到破坏等,造成2个以上省(区、市)通信大面积中断。
(2)发生其他特别重大、重大突发事件,需要提供通信保障,但超出省级处置能力的。

7.1.2 Ⅱ级响应启动条件
(1)公众通信网省(区、市)内干线网络中断、省级重要通信枢纽楼遭到破坏等,造成省(区、市)内2个以上市(地)通信大面积中断。
(2)发生其他特别重大、重大突发事件,需省(区、市)内范围提供通信保障,但超出市(地)级处置能力的。

7.1.3 Ⅲ级响应启动条件
(1)公众通信网市(地)级网络中断、市(地)级重要通信枢纽楼遭到破坏等,造成本地网通信大面积中断。
(2)发生其他较大及以上突发事件,需要市(地)范围提供通信保障,但超出县级处置能力的。

7.1.4 Ⅳ级响应启动条件
(1)公众通信网县级网络中断,造成全县通信大面积中断。
(2)发生其他突发事件,需要提供通信保障的。

7.2 预案管理与更新
本预案由工业和信息化部会同国务院有关部门制定,报国务院批准后实施。工业和信息化部应当适时召集有关部门和专家进行评估,并根据情况变化做出相应修改后报国务院审批。

7.3 宣传、培训和演练
各省(区、市)人民政府、各级通信主管部门和基础电信运营企业应加强本预案的宣传。工业和信息化部会同国务院有关部门制定本预案培训和演练计划,定期组织预案培训及演练。

7.4 预案生效
本预案自发布之日起生效。

应急广播管理暂行办法

1. 2021年6月7日国家广播电视总局、应急管理部发布施行
2. 广电发〔2021〕37号

第一章 总 则

第一条 为加强应急广播管理，提高应急信息发布的时效性和覆盖面，预防和减轻突发事件造成的损失，提升广播电视公共服务质量和水平，依据《中华人民共和国公共文化服务保障法》《中华人民共和国突发事件应对法》《广播电视管理条例》等法律法规，制定本办法。

第二条 从事应急广播规划、建设、运行、管理及其他相关活动，适用本办法。

本办法所称应急广播是指利用广播电视、网络视听等信息传送方式，向公众或特定区域、特定人群发布应急信息的传送播出系统。

第三条 国家广播电视总局负责制定和调整全国应急广播体系建设规划，统筹全国应急广播体系建设、运行和管理，建立国家级应急广播调度控制平台和效果监测评估体系，监督管理全国应急广播播出情况。

县级以上人民政府广播电视行政部门负责根据全国应急广播体系建设规划，结合当地经济社会发展水平、自然环境条件和公共文化发展需求，制定和调整本地应急广播体系建设规划，负责本行政区域内的应急广播建设、运行和管理，建立本地应急广播调度控制平台和效果监测评估体系，建设应急广播传输覆盖网和应急广播终端，监督管理本地应急广播播出情况。

第四条 应急广播坚持服务政策宣传、服务应急管理、服务社会治理、服务基层群众的宗旨，遵循统筹规划、统一标准、分级负责、上下贯通、综合覆盖、安全可靠、因地制宜、精准高效的原则，加快应急广播体系建设，提高应急广播服务效能。

第五条 应急广播按照国家基本公共服务标准和地方实施标准，建立健全长效系统建设和运行保障机制，有效发挥应急广播"最后一公里"传播优势，提升应急广播发布的科学性、精准性、有效性，推动构建现代化的应急广播公共服务体系，面向广大人民群众提供应急广播公共服务。

第六条 严格禁止一切单位、组织和个人利用应急广播从事违反国家法律法规、危害国家安全、破坏社会稳定和民族团结、侵犯公共利益和公民权益，以及与该设施用途不相适应的活动。

第二章 播 出 管 理

第七条 应急广播播出的信息包括：

（一）国家广播电视总局批准设立的广播电视播出机构制作的节目；

（二）县级以上人民政府或其指定的应急信息发布部门发布的应急信息，如事故灾害风险预警预报、气象预警预报、突发事件、防灾减灾救灾、人员转移安置、应急科普等应急信息；

（三）县级以上人民政府发布的政策信息、社会公告等；

（四）乡（镇、街道）、村（社区）、旅游景区、企业园区等基层管理部门或基层社会治安管理部门发布的所辖区域的社会治理信息；

（五）经县级以上人民政府批准的应向公众发布的其他信息。

第八条 应急广播播出的信息类别、内容和发布范围由县级以上人民政府或其指定的应急信息发布部门确定。

第九条 应急信息在广播电视、网络视听等领域的呈现方式，由广播电视行政部门会同县级以上人民政府或其指定的应急信息发布部门确定。

第十条 应急广播播出的信息按照紧急程度、发展态势、危害程度等分为紧急类和非紧急类。应急广播应当优先播出县级以上人民政府或其指定的应急信息发布部门发布的紧急类应急信息。

第十一条 应急广播播出的信息应当使用文明用语，遵守社会主义道德规范和公序良俗，积极营造文明健康的社会风尚。

第三章 系 统 构 成

第十二条 应急广播由应急广播调度控制平台、传输覆盖网、快速传送通道、应急广播终端和效果监测评估系统等组成。

第十三条 应急广播调度控制平台承担以下任务：

（一）接收本级政府、应急信息发布部门或广播电视播出机构发布的应急信息，适配处理为应急广播消息后，根据发布要求，调度传输覆盖网或快速传送通道，传送至应急广播终端，播出应急广播信息；

（二）处理上级、下级应急广播调度控制平台发送的应急广播消息；

（三）保障传输覆盖网和应急广播终端的安全运行；

（四）监测、汇总上报应急信息播发和系统运行等情况；

（五）少数民族地区的应急广播调度控制平台可具备少数民族语言播发功能。

第十四条 传输覆盖网负责将应急广播消息传送到应急广播终端。传输覆盖网包括：

（一）中波覆盖网；

（二）短波覆盖网；

（三）调频覆盖网；

（四）地面数字电视覆盖网；

（五）有线数字电视传输覆盖网；

（六）卫星传输覆盖网；

（七）IPTV 系统；

（八）互联网电视系统；

（九）其他。

第十五条 快速传送通道是基于卫星、无线、有线等方式建立的应急信息快速接入处理和高效传输覆盖系统，承担紧急类应急信息的快速传送任务。

国家级和省级应急广播调度控制平台，应当建立基于卫星方式的快速传送通道。

第十六条 应急广播终端负责接收应急广播消息，主要包括大喇叭类、收音机类、电视机类、显示屏类、机顶盒类、视听载体类、移动接收类等通用终端或专用终端。应急广播专用终端优先播发紧急类应急信息。

第十七条 效果监测评估系统负责统计汇总应急广播系统响应情况、发布情况等，综合评估应急广播工作状态和发布效果。

第四章 技 术 要 求

第十八条 应急广播技术系统应当符合以下规定：

（一）符合国家、行业相关技术规范。

（二）使用广播电视频率应当符合中华人民共和国无线电频率划分和使用规定，并按照相关规定向广播电视行政部门申请核发频率指配证明，依照频率指配证明载明的技术参数进行发射。

（三）使用依法取得广播电视设备器材入网认定的设备、器材和软件等，提高设备运行的可靠性。

（四）针对应急广播系统特点，采取相应的防范干扰、插播等恶意破坏的技术措施。

（五）采取录音、录像或保存技术监测信息等方式对应急广播播出的质量和效果进行记录，异态信息应当保存 1 年以上。

第十九条 应急广播应当采取安全技术措施，建立应急广播安全保障体系，确保应急广播安全播出、网络安全、设施安全、信息安全。

第二十条 国家级、省级、市级、县级应急广播调度控制平台应当进行系统对接，做到互联互通，确保应急广播信息完整、准确、快速传送到指定区域范围的应急广播终端。

第二十一条 应急广播调度控制平台应具备多种格式应急信息并行处理的能力，具备精准发布、分区域响应和多区域响应的能力，避免对非相关的地区和人员发布应急信息。

第二十二条 应急广播调度控制平台应具备综合调度多种传输覆盖网络资源的能

力,本级资源不够或能力不足的情况下,可向上级应急广播调度控制平台申请支持。

第二十三条 应急广播终端部署应根据当地实际情况,满足耐高低温、耐腐蚀、耐磨损、耐潮湿等要求,安装地点和高度应综合考虑自然灾害、地理环境等因素的影响。重要安装点位应当配置备用电源。

应急广播终端应当支持基于卫星方式快速传送通道的信息接收。

第二十四条 关键应急广播设备应有备份。任何单位和个人不得侵占、挪用、哄抢、私分、截留或以其他方式破坏应急广播设施。

第五章 运行维护

第二十五条 县级以上人民政府广播电视行政部门应明确本级应急广播的运行维护机构,合理配备工作岗位和人员,落实应急广播运行维护机制,保证应急广播顺利开展。

第二十六条 应急广播运行维护机构应当建立健全技术维护、运行管理、例行检修等制度,保障技术系统运行维护、更新改造和安全防护等所需经费。

第二十七条 应急广播运行维护机构应当加强值班值守,定期对应急广播技术系统进行测试,制定应急预案,加强应急演练,做好应急准备,确保应急广播正常运行。

第二十八条 鼓励各地因地制宜,采取专兼职相结合方式,指定人员负责管理各乡(镇、街道)、村(社区)应急广播终端设施,并加强对上岗人员管理,确保应急广播终端安全高效运行。

第二十九条 县级以上人民政府广播电视行政部门组织协调本地区的应急广播统计信息和数据上报工作。

第六章 附 则

第三十条 本办法自发布之日起施行。